THE BOOKS OF SAMUEL IN THE SYRIAC VERSION
OF JACOB OF EDESSA

MONOGRAPHS
OF THE PESHITTA INSTITUTE LEIDEN

VOLUME 10

THE BOOKS OF SAMUEL
IN THE SYRIAC VERSION
OF JACOB OF EDESSA

BY

ALISON SALVESEN

BRILL

LEIDEN · BOSTON · KÖLN

1999

This book is printed on acid-free paper.

Die Deutsche Bibliothek - CIP-Einheitsaufnahme

Salvesen, Alison:
The books of Samuel in the Syriac version of Jacob of Edessa / by
Alison Salvesen. – Leiden ; Boston ; Köln : Brill, 1999
(Monographs of the Peshitta Institute Leiden ; Vol. 10)
ISBN 90-04-11543-9

Library of Congress Cataloging-in-Publication Data is also available

ISSN   0169-9008
ISBN   90 04 11543 9

PRINTED IN THE NETHERLANDS

CONTENTS

ACKNOWLEDGEMENTS

Most of the work for this project was carried out during my tenure as Pilkington Fellow at Christ Church, Oxford, 1992–94. I am very grateful to the Dean and Students and to the Pilkington family trust for the opportunity to create a complete edition of the sole surviving manuscript of Jacob of Edessa's version of Samuel.

Particular thanks are due to my husband, David Salvesen, who created the Syriac font used in this edition without knowing a letter of Syriac himself, basing it on the manuscript hand of B.M. Add. 14,429. Dick Saley, the first to carry out a detailed study of the whole manuscript, was remarkably patient with my slow progress on the project, and corresponding with him has been not only most helpful but also a great pleasure.

Various people contributed generously of their time and expertise. Sebastian Brock first suggested the project and made many useful suggestions in the final stages. Luk Van Rompay and Konrad Jenner recommended the work for publication in the Monographs of the Peshitta Institute Series. Emmanuel Papoutsakis and Carol Smith helped with proof-reading.

Though our wonderful children, Adam and Magda, have slowed the completion of this volume, they also put academic endeavour into perspective.

This volume is dedicated with love to my parents, Beryl and Neville Shepherd, in the year of their fortieth wedding anniversary.

ܠܐܘܡܢܘܬܐ ܕܝܢ ܪ̈ܒܬܐ ܘܡܥܠܝܬܐ ܕܥ̈ܒܘܕܝܐ ܟܬܒ̈ܐ
ܘܡܬܩܪܝܐ ܟܬܝܒܘܬܐ. ܗܢܘܢ ܕܡܬܚܫܚܝܢ ܒܫܘܡܠܝܗ̇.
ܗܢܘܢ ܕܝܢ ܩܪ̈ܘܝܐ ܗܢܘܢ ܕܩܪܝܢ ܒܗܘܢ ܒܟܬܒ̈ܐ ܗܢܘܢ
ܕܡܬܬܩܢܝܢ ܡܢܗ̇: ܝܕܥܝܢ ܠܗ̇. ܚܬܝܬܐܝܬ. ܘܠܗܠܝܢ
ܕܫ̈ܘܝܢ ܠܗ̇. ܘܡܘܡ̈ܘܡܐ ܕܐܝܬ ܠܗ̇ ܘܠܬܘܪ̈ܨܝܗܘܢ: ܝܬܝܪ
ܡܢܗܘܢ ܕܠܗܘܢ ܕܟܬܘ̈ܒܐ ܗܢܘܢ ܕܡܫܡܠܝܢ ܠܗ̇.

"But in the case of the great and lofty craft of making books called 'writing', it is those who make use of its completed form, namely the readers who read the books made by writing, who know it most thoroughly. They know what things are fit for it and the errors it has and their corrections, better than the writers themselves who carried it out."

(From Jacob of Edessa's letter on Syriac orthography, ed. Phillips, p. ܠ)

INTRODUCTION

Jacob of Edessa's version of the First and Second Books of Samuel is preserved in a single manuscript, British Museum Additional Manuscript 14,429. A full description of it is given in Wright's catalogue.[1] The writing is beautifully clear and legible, but a few folios have suffered damage, and the single folios following 76, 77, and 86 have been lost.

Folio 1r has the partially legible superscription, "In the year 1030 [A.D. 719], in the month of Nisan there began this book La'zar and 'Adi...."[2] Wright believed that the work of these scribes may have been that of collating and correcting, and that therefore the actual text of the manuscript could be a little earlier: he implies that the main scribe was Saba of Resh'aina, whose work is known from two other manuscripts written a few years later.[3] However, La'zar and 'Adi are also associated with Jacob's version of Daniel, dated to the following year, A.G. 1031 (A.D. 720).[4] The colophon of the Daniel manuscript says that it was made for John, anchorite of Sarîn Castra, but the place of copying is not given.

Jacob spent nine years at the monastery of Tell 'Adda working on his version of the Old Testament, before being recalled to the episcopacy of Edessa in the year of his death, 708. But there is no explanation of the purpose of his version apart from the colophon at the end of 1 Samuel which says that the text was was ܐܬܬܪܝܨ, "corrected", according to the different traditions, "that" of the Syrians, and "those" of the Greeks, in 705. In other words, the book was emended using different witnesses to the text: the single tradition of the Peshitta and the plural tradition of the Greek text, including the Syrohexapla.[5]

Jacob's Old Testament version does not seem to have been widely ac-

---

[1] W. Wright, *Catalogue of Syriac Manuscripts in the British Museum acquired since the year 1838* Part I (London 1870), LX, 37–39, and a plate of fol. 88v in Part III, pl. VII.

[2] Folio 2r has the superscription ܡܠܬܐ ܕܚܡܫ ܥܠ ܣܦܪ ܕܫܡܘܐܝܠ and below this, in a different hand ܝܘܚܢܢ ܪܝܫܕܝܪܐ ܕܒܝܬ ܣܘܪܝܢܐ: John, the abbot of Beth Severina. There is a semi-literate and semi-legible comment on 1v made by a monk of Tagrit who visited the convent of St Mary Deipara. Both folios have been damaged.

[3] Wright, *Catalogue* I, 37–39. Saba of Resh'aina was responsible for BM Add. 14,428 (Peshitta Numbers, 724 AD) and Add. 12,135 (Peshitta Ezekiel, 726 AD). Wright also compares the hand of the Samuel manuscript with that of BM. Add, 14,441, Jacob's version of Isaiah.

[4] Contained in MS Syr. 27, Bibliothèque Nationale, Paris. See W.H.P. Hatch, *Monumenta Palaeographica Vetera II: Dated Syriac Manuscripts* (Boston 1946), 98 and pl. XLVII.

[5] According to Nau, the colophon at the end of the manuscript containing Jacob's version of Genesis is very similar, and gives a date of 704, the year before the Samuel version was composed: F. Nau, "Traduction des lettres XII et XIII de Jacques d'Edesse", *ROC* 10 (1905) 197 and n.1. The version of Genesis is part of an almost complete manuscript of Jacob's version of the Pentateuch, MS Syr. 26, Bibliothèque Nationale, Paris.

cepted. What remains is a single manuscript each for the Pentateuch, Ezekiel, Isaiah, Daniel and Susanna, and a fragment of Wisdom.[6] Since, from the evidence of the Samuel manuscript, it must have been a valuable study tool, one can only speculate as to why it did not become more popular. It may have fallen victim to anti-Greek prejudice in the Syrian Orthodox Church: Jacob had had to leave the convent of Eusebona after eleven years owing to opposition to his teaching of Greek. Alternatively, his heavy editing of the Peshitta may have been offensive to traditionalists.

Judging by the synopsis of the fifteenth kephalaion of 2 Samuel, Jacob's version of Samuel must have followed the Lucianic division of books which ends at 1 Kings 2.11 with the death of King David. But the last folios of the Samuel manuscript are missing and it terminates abruptly at 1 Kings 1.49. For the work as a whole Jacob employs the titles "First/Second Book of Kingdoms", as the Greek. However, the quires have the running title "Samuel", either to identify the unbound quires in a familiar way, or to reassure readers about the content of the book.

As has long been recognised, Jacob's Samuel text is fundamentally an amalgam of the Peshitta and Greek texts. Its precise relationship to the various Greek traditions, the Peshitta and the Syrohexapla has been thoroughly investigated by Richard Saley.[7] In the course of preparing this edition I carried out a similar though rather less scientific survey. My observations support Saley's findings, that the base text for structure and vocabulary is the Peshitta and not the Syrohexapla, with much supplementary material brought in from the Greek, especially from the Lucianic tradition.[8] There are also a number of glosses that appear to derive from Jacob himself, if not from some other source now lost to us, and these range from the odd word here and there to more substantial phrases.

It is difficult to say what sort of Greek manuscripts Jacob drew on for the creation of his version of Samuel. The readings he takes from the Greek are not consistently from any one recension and do not correspond to any one extant manuscript. The Lucianic tradition is, however, a particularly strong influence on Jacob's text, which is hardly surprising given the importance of Antioch to the Syrian Orthodox Church. The Hexaplaric recension has also had an impact on the Greek behind Jacob's text, whether directly,

---

[6]   Jacob's version of Isaiah is found in British Museum Add. MS 14,441; Ezekiel in the Vatican Library, Vat. Sir. 5; the Pentateuch and Daniel and Susanna in the Bibliothèque Nationale, Paris, respectively Syr. 26 and Syr. 27, fol. 91–149. Short excerpts of each of these manuscripts have been published in various places. W. Baars gives details along with his own publication of a fragment of Jacob's version of Wisdom: "Ein neugefundenes Bruchstück aus der syrischen Bibelrevision des Jakob von Edessa", *VT* 18 (1968) 548–554, esp. 551 n.4.

[7]   R.J. Saley, *The Samuel Manuscript of Jacob of Edessa. A Study in its Underlying Textual Traditions.* Monographs of the Peshitta Institute, Leiden 9 (Leiden 1998).

[8]   Saley, *Samuel Manuscript,* 118–122.

through Greek manuscripts, or indirectly, through the medium of the Syrohexapla. But even allowing for the fact that only small portions of Syrohexapla Samuel remain, where it is available for comparison Jacob's text shows little reliance on it in terms of adopting its Syriac renderings or style in preference to the Peshitta or to his own translations from the Greek.[9] He appears to have worked directly from the Greek, inserting material he had translated himself into the base text of the Peshitta, and occasionally taking entire verses from the Septuagint where the Peshitta had nothing to correspond. Though much of Jacob's life was spent in Syria, he had also studied in Alexandria, and this may have given him an awareness of the range and value of different Greek text-types.

There is no obvious system to Jacob's working methods. It is very likely that Jacob was seeking to make up for the shortcomings of the Peshitta text of Samuel by supplying material from Greek texts, but not every addition which one might expect is in fact made. Since we do not know exactly which type of manuscripts Jacob used, it is particularly hard to tell when he made a conscious choice not to include something from the Greek.[10]

1. General features of Jacob's version of Samuel

There are a number of regular substitutions. Some reflect changes in the Syriac language since the time of the original Peshitta translation of Samuel. For instance Jacob almost always replaces the word ܠܥܣ "chew, eat" in the Peshitta with ܐܟܠ, "eat", e.g. 1 Sam 1.7,9; 9.13; 20.24; 2 Sam 9.13. The exceptions occur at 1 Sam 2.36; 20.5; 2 Sam 11.11,13; 13.11, some of which are passages where either a sexual element is present or a certain coarseness of expression may have been deliberately preserved, for instance in the context of a feast.

---

[9] The only extant passages of the Syrohexapla available for comparison with Jacob's version of Samuel are 1Sam 2.1-10, 12–17, 22–24; 7.5–12; 16.13; 20.11–23, 27–33, 35–42; 2 Sam 6.1–6, 13-14; 7.1–17; 21.1–7; 23.13–17; I Kings 1.1–49. See Saley, *Samuel Manuscript* 14, and the following note. Chapter Two of Saley's study examines in detail the Samuel manuscript's relationship to the Syrohexapla, so I have not felt it necessary to dwell on this aspect in the present work.

[10] The texts used for comparison with Jacob's Samuel version (henceforth JSam) are the Leiden edition of Peshitta Samuel edited by P.A.H. de Boer, Brooke–McLean's edition of LXX Samuel and Kings, the edition of the Antiochene text of Samuel by N. Fernández Marcos and J.R. Busto Saiz, *El Texto Antioqueno de la Biblia Griega I: 1–2 Samuel* and *II: 1–2 Reyes* (Madrid 1989, 1992), the fragments of the Syrohexapla published by W. Baars (*New Syro-Hexaplaric Texts* [Leiden 1968] 104–114), P.A.H. de Boer ("A Syro-hexaplar text of the Song of Hannah: 1 Samuel ii.1–10" in ed. D.W. Thomas and W.D. McHardy, *Hebrew and Semitic Studies* [Oxford 1963] 8–15), M.H. Goshen-Gottstein ("Neue Syrohexaplafragmente" *Biblica* 37 [1956] 175–183) and P. de Lagarde (*Bibliothecae Syriacae* [Göttingen 1892] 190–192).

ܩܪܝܬܐ is always replaced by ܡܕܝܢܬܐ, which may reflect a change in the relative meanings of the Syriac words, but the presence of πόλις in those places in the Greek is probably the overriding factor.

ܚܘܝ is often replaced by ܐܘܕܥ in the context of telling or informing, and there is no clear correspondence with Greek ἀπαγγέλλω/ἀναγγέλλω, so again there may have been a shift in the meaning of the Syriac words. Occasionally both Syriac words appear together in a passage, e.g. ܐܘܕܥ in 1 Sam 19.7,11,19, but ܚܘܝ in verses 2 and 21 of the same chapter. 1 Sam 10.15 has ܠܝ for P ܚܘܝ, but the end of the next verse retains P's ܚܘܝܗ since it follows shortly after the expression ܐܬܢܒܝ ܐܘܕܥ. 1 Sam 16.3 preserves ܐܚܘܝܟ where the meaning is "show". Other retentions of ܚܘܝ are at 1 Sam 18.20; 19.16,18,21; 23.1,13; 24.19; 25.8; 2 Sam 1.4,5,20. 1 Sam 3.18 and 2 Sam 2.4 use both verbs together.

ܓܒܪܐ in the sense of "husband" replaces P's ܒܥܠܗ in the story of Hannah (1 Sam 1.7,22,23; 2.19; 4.19) but ܒܥܠܐ in the sense of the god Baal is retained (1 Sam 7.4; 12.10).

The frequent additions of ܐܦ "also", ܗܟܝܠ "therefore", ܗܫܐ, "now", are due mainly to the presence of καί, δή, νῦν respectively in the Greek texts, but sometimes they occur without any apparent corresponding word in Greek. Other small additions are relative pronouns, once again because of the influence of Greek syntax, though they often help to define the rather ambiguous Syriac ܕ; demonstrative pronouns to reflect the Greek definite article; ܚܕ to emphasise the indefinite state (the Syriac absolute case being employed even more rarely in Jacob's time than in the Peshitta); the perfect of the verb ܗܘܐ added as an auxiliary to represent the Greek imperfect tense; ܐܝܬ with ܗܘܐ; the emphatic for the absolute with numerals.[11] Many of these traits are already found in Syh and other, non-biblical, Syriac translations from Greek.

2. *Glosses and multiple readings*

There are more creative expansions in Jacob's text, where the Peshitta and even the Greek do not provide sufficient explanation in the narrative. Notable examples occur at 1 Sam 6.19; 21.2–7;[12] 2 Sam 4.9–10; 5.8; 6.6;[13] 14.32 but there are many others.

---

[11] See Saley, *Samuel Manuscript,* 96–97.

[12] See A.G. Salvesen, "An edition of Jacob of Edessa's version of I–II Samuel," *VIIum Symposium Syriacum 1996, Uppsala,* R. Lavenant, ed. = OCA 256 (Rome 1998) 16–22; also Saley, *Samuel Manuscript,* 85, 106–108.

[13] See Saley, *Samuel Manuscript,* 108.

Sometimes Jacob does not adopt something from the Greek that one would expect. For instance, at 2 Sam 5.21 the Lucianic tradition has a theologically-motivated reading where David tells his men to burn the gods of the Philistines that they have abandoned in their flight, but Jacob's version lacks this addition.

Where the Syriac and Greek readings differ but are complementary, Jacob often preserves both renderings. This can create a rather inelegant series of verbs or nouns. Sometimes there seems no particular reason to add to an already comprehensible Peshitta text. However, at other points Jacob appears to combine readings for the sake of dramatic effect. An example would be 1 Sam 5.6,9 describing the Lord's affliction of the Ashdodites and Gittites,[14] or to improve the sense, as at 1 Sam 19.13.

Where two different but mutually exclusive readings exist (for instance involving names or numbers), one of these often appears in a marginal note, the Peshitta reading in the text and the Greek in the margin or vice versa. There are around a hundred of such marginal notes in the manuscript, and although the hand in which they are written appears to differ from that of the main text, they may have been added shortly after the version was copied from the autograph or added later from the Peshitta or Syrohexapla. However, there are a few specifically Lucianic readings which may have been translated directly from a Greek text: for example, 2 Sam 10.18; 15.12; 21.8 have a Peshitta reading in the text and a Lucianic reading in the margin. Since the marginal notes are in accord with Jacob's tendency of trying to include as much information and detail as possible, he may be responsible for most if not all of them.[15]

3. Scholia

There are five scholia in the margins of the manuscript. The first, at 1 Sam 1.1, supplies the genealogy of Samuel from Chronicles in a note beneath the title of the book. The next, at 1 Sam 13.1, is a ܦܘܫܩܐ attributed to Severus of Antioch citing the reading of Symmachus on the age of Saul when he became king. The third is explicitly termed a ܣܘܟܠܐ, again of

---

[14] See Saley, *Samuel Manuscript*, 67, 85, 103–104, and S.P. Brock, *The Recensions of the Septuaginta Version of 1 Samuel* (Quaderni di Henoch 9; Turin 1996) 72, 270. The addition must have been influenced by some verbs in the Greek traditions of this verse such as ἐξέβρασεν/-σαν (Luc.), ἐξέζεσεν (B, A), ἐφαγεδαίνισεν (Aquila and Theodotion).

[15] Compare Lash's obseravtions on the many explanatory marginal notes in MS B.M. Add. 12,159 containing Jacob's revision of the Syriac translation of the *Homilies* of Severus of Antioch: C.J.A. Lash, "The scriptural citations in the *Homiliae Cathedrales* of Severus of Antioch and the textual criticism of the Greek Old Testament," *Studia Patristica XII: Papers presented to the Sixth International Conference on Patristic Studies held in Oxford 1971*, E.A. Livingstone, ed. = TU 115 (Berlin 1975) 322.

Severus, and is attached to David's lament over Abner in 2 Sam 3.34. The fourth is an unattributed note to 2 Sam 14.26 concerning the weight of Absalom's hair. The last scholion appears at 2 Sam 24.1 as an explanation of the numbers cited in David's census. It too is unattributed. In the case of the second, third and fourth, Jacob's text agrees with the exegesis of the scholia and perhaps he included them to justify his choice of reading. (The contents of the first and fifth scholia are more in the nature of background.) The scholia are all in the same hand as the main text, and space was left for each of them.[16]

4. *The treatment of names*

Place names and personal names show a good deal of influence from the Lucianic/Antiochene Greek text. They exemplify Jacob's tendency to hybridize the Greek and Syriac traditions, for he frequently adds Syriac *matres lectionis* approximating to the Greek vowels to the consonantal structure of the Peshitta form. Thus his orthography is rather fuller than that of the Syrohexapla. Greek forms also appear in the margin for the places mentioned in 1 Sam 30, perhaps to aid the reading of the many difficult names. Some names are closer to the Peshitta than the Greek and vice versa. Most show the influence of Greek vowels and the retention of the more precise Syriac consonants.[17]

While textual fluidity in general, and especially with regard to names, was evidently acceptable to Jacob, he was also aware of textual corruption and tried to combat it. In his letter to John the Stylite he explains that John's difficulties concerning the relationship of Ṣaruia mother of Joab, Abesha and 'Ashael, to Abigea, mother of 'Amesa, arise from two scribal corruptions.[18] John's text describes 'Amesa's father as an Israelite, instead of an Ishmaelite, and "Ishai" (Eng. Jesse) has been corrupted to "Naḥash", the two names being graphically similar in Syriac.[19] So Abigea and Ṣaruia are sisters, as the Peshitta states, but the genealogy is clarified to show that they

---

[16] Similar comments and scholia appear in the margin of the manuscript of Jacob's revision of the Syriac of Severus' *Homilies* mentioned in the previous note.

[17] See Excursus II for a detailed list. For a discussion of proper names in the Greek of 1 Samuel, see Brock, *Recensions,* 311—344.

[18] W. Wright, "Two Epistles of Mar Jacob, Bishop of Edessa" *Journal of Sacred Literature* n.s. 10 (1867), ܣܘ-ܠܕ. French translation by Nau, "Traduction", 272.

[19] Wright, "Two Epistles", ܣܘ:

ܟܕ ܗܢܐ ܐܝܬ݂ܝ ܐܢܫ̈ܝ ܘܠܡ ܐܝܬ݂ܝ ܠܗ ܢܚܘܪܐ ܗ̇ܘ ܕܝܠܗ ܐܝܬ݂ܘ ܠܐܒܘܗ̇ ܕܥܡܣܐ ...... ܩܕܡܝܐ ܕܝܢ ܗ̇ܘ ܕܐܢܫ̈ܝ ܐܬܚܙܝ ܠܗ ܢܚܘܪܐ .... ܗܠܝܢ ܕܝܢ ܬܪ̈ܬܝܗܘܢ ܐܝܬ݂ܝ̈ܗܝܢ ܗ̈ܘܝ ܚܬ݂̈ܬܐ ܕܨܘܪܝܐ .... ܟܕ ܡܢ ܐܝܟܐ ..... ܘܠܡ ܗ̈ܢܝܢ ܢܚܘܪܐ ܗ̇ܢܝܢ ܐܚ̈ܘܬ݂ܐ ܕܨܘܪܝܐ.

are both daughters of Ishai/Jesse and sisters of David. Jacob omits to say that the solution is found through harmonisation with 1 Chron 2.16–17, especially in Greek,[20] and perhaps through some Greek texts of 2 Sam 17.25. Jacob's own version of 2 Sam 17.25 takes into account the emendations suggested to John.

5. *The purpose of Jacob's version*

What do all these observations tell us about Jacob's motives in creating his own version of the Old Testament? His other exegetical work such as the Hexaemeron and the scholia aim to explain difficult passages in the biblical text, and often include helpful elements from the Greek tradition.[21] Jacob's aim in his Old Testament version is likely to have been similar, primarily the clarification of the biblical text as it existed in Syriac and Greek, rather than the creation of a new standard text.

---

[20] The Peshitta does not have "Ishmaelite" or any other nationality in 1 Chron 2.17.

[21] On the scholia, see below in Excursus II.

EXCURSUS I

JACOB'S USE OF SAMUEL

The relationship of Jacob's version of Samuel to his other exegetical work on this biblical book is of relevance to a study of his methodology. The obvious choices are his revision of the Syriac version of the *Homiliae Cathedrales* of Severus of Antioch and his own scholia on the Old Testament.

Jacob's version of Severus' Homilies

In 701 Jacob finished his revision of Severus' *Homiliae Cathedrales*, which Paul of Callinicum had first translated. Brière states that Jacob's revision of Paul's work consisted of providing a more accurate translation by bringing the Syriac closer to the Greek.[22] However, there appears to be no connection between Jacob's work on Severus and his version of Samuel, as the following examples demonstrate.[23]

1 Sam 2.5[24]
JSev ܟܝܢܐ ܕܝܠܗ ܟܕܝܢܐ
JSam ܟܕܝܢܐ ܕܝܠܗ . ܘܣܓܝܐܬ
JSev follows G, and JSam follows P.

1 Sam 2.30[25]
JSev ܠܘܬܗ ܕܩܪܒܘܢ ܠܐ ܐܟܪܙ
JSam ܕܡܥܠܝܢ ܐܟܪܝܢ
JSev follows G, and JSam follows P.

---

[22] In Brière's introduction to the edition of Severus' *Homilies*, PO XXIX (1960), 7–72, especially 34. See also C.J.A. Lash, "Scriptural citations" 324–27 on Severus' biblical citations and Jacob's rendering of them.

[23] JSev = Jacob's translation of the Samuel text in his revision of Severus' *Homiliae Cathedrales*; JSam = Jacob's version of Samuel; P = Leiden Peshitta text; G = "Greek", the majority text of the Septuagint; Luc = Lucianic recension of the Septuagint, as represented by the edition of Fernández Marcos and Busto Saiz.

[24] PO IV (1906) ed. R. Duval, *Hom.* LII [9]/9 lines 14f, cf. PO XXXVI/2 (1972) ed. M. Brière, F. Graffin and C.J.A. Lash, *Hom.* XXXII 8/[398] line 19.

[25] PO XXXVI/1 (1971) ed. Brière and Graffin, *Hom.* XLIII [76]/76 line 12.

1 Sam 3.10[26]
JSev ܡܠܠ ܡܪܝܐ. ܡܛܠ ܕܫܡܥ ܥܒܕܐ ܕܝܠܟ
J Sam ܡܠܠ ܡܪܝܐ. ܡܛܠ ܕܫܡܥ ܥܒܕܟ

The only difference between the two citations is a stylistic one, ܥܒܕܐ ܕܝܠܟ (a literal rendering of σου) versus ܥܒܕܟ. Otherwise both could be renderings of Luc, and JSam is also identical to P.

1 Sam 3.20[27]
JSev
ܘܐܬܗܝܡܢ ܫܡܘܐܝܠ ܕܢܗܘܐ ܢܒܝܐ ܕܡܪܝܐ ܒܟܠܗ ܐܝܣܪܐܝܠ
JSam ܕܐܬܗܝܡܢ ܢܒܝܐ ܠܐܠܗܐ ܫܡܘܐܝܠ

JSev is a loose paraphrase of G, whereas JSam is a reordering of P.

1 Sam 7.15–17[28]
JSev
ܘܕܢ ܫܡܘܐܝܠ ܠܐܝܣܪܐܝܠ: ܟܠܗܘܢ ܝ̈ܘܡܬܐ ܕܚܝ̈ܘܗܝ܆ ܘܐܙܠ ܗܘܐ
ܐܡܝܢܐܝܬ ܟܠ ܫܢܐ ܫܢܐ: ܘܡܬܟܪܟ ܗܘܐ ܒܒܝܬܐܝܠ ܘܒܓܠܓܠܐ
ܘܒܡܨܦܝܐ. ܘܕܐܢ ܗܘܐ ܠܐܝܣܪܐܝܠ ܒܟܠܗܘܢ ܗܠܝܢ ܕܐܬܪ̈ܘܬܐ
ܡܩܕ̈ܫܬܐ: ܦܢܝܐ ܕܝܢ ܐܝܬܘܗܝ ܗܘܐ ܠܪܡܬܐ: ܘܬܡܢ ܐܝܬܘܗܝ
ܗܘܐ ܒܝܬܗ ܘܕܐܢ ܗܘܐ ܬܡܢ ܠܐܝܣܪܐܝܠ: ܘܒܢܐ ܬܡܢ ܡܕܒܚܐ
ܠܡܪܝܐ ܀

JSam
ܘܕܐܢ ܗܘܐ ܫܡܘܐܝܠ ܠܐܝܣܪܐܝܠ. ܟܠܗܘܢ ܝ̈ܘܡܬܐ ܕܚܝ̈ܘܗܝ ܀.
ܘܐܙܠ ܗܘܐ ܡܢ ܫܢܐ ܠܫܢܐ. ܘܡܬܟܪܟ ܗܘܐ ܠܒܝܬ ܐܝܠ ·
ܘܠܓܠܓܠܐ · ܘܠܡܨܦܝܐ. ܘܕܐܢ ܗܘܐ ܠܐܝܣܪܐܝܠ. ܒܟܠܗܘܢ
ܕܐܬܪ̈ܘܬܐ ܗܠܝܢ. ܘܦܢܝܐ ܗܘܐ ܠܪܡܬܐ. ܡܛܠ ܕܬܡܢ ܐܝܬܘܗܝ
ܗܘܐ ܒܝܬܗ. ܘܬܡܢ ܕܐܢ ܗܘܐ ܠܐܝܣܪܐܝܠ. ܘܒܢܐ ܬܡܢ ܡܕܒܚܐ
ܠܡܪܝܐ ܀.

JSev follows a text with Lucianic features (ܐܡܝܢܐܝܬ, ܘܬܡܢ), but has the place names ܡܨܦܝܐ and ܪܡܬܐ in conformity with the usage of P. JSam has imitated the Greek imperfect tenses, but has not adopted the idea of the "holy" places essential to Severus' argument that bishops should go around visiting monasteries and churches.

26 PO XX (1929) ed. Brière, *Hom.* LXXX [173]/339 line 9.
27 PO XXXVII/1 (1975) ed. Brière and Graffin, *Hom.* XXIII 120[120] lines 19–20.
28 PO IV (1906) ed. Duval, *Hom.* LV [67]/67 lines 9–13.

1 Sam 10.6, 9[29]

JSev

ܢܒܚܡ ܥܠܝܟ ܪܘܚܗ ܕܡܪܝܐ ܘܬܬܢܒܐ܂ ܘܬܬܗܦܟ ܠܓܒܪܐ
ܐܚܪܢܐ... ܘܚܠܦ ܠܗ ܐܠܗܐ ܠܒܐ ܐܚܪܢܐ

J Sam

ܘܢܓܢ ܥܠܝܟ ܪܘܚܗ ܕܡܪܝܐ ܘܬܬܢܒܐ ܘܬܬܗܦܟ ܠܓܒܪܐ
ܐܚܪܢܐ... ܚܠܦ ܠܗ ܐܠܗܐ ܠܒܐ ܐܚܪܢܐ

ܢܒܚܡ presumably renders G ἐφαλεῖται, in which case JSam with ܢܓܢ differs from both G and P in what is an exegetical rendering connected with the Peshitta New Testament renderings concerning the descent of the Spirit on individuals.[30] V.6b in JSam follows G, not P, but in the rest JSam is identical to G and P.

1 Sam 11.14–15[31]

JSev

ܢܐܙܠ ܠܓܠܓܠܐ: ܘܢܚܕܬ ܬܡܢ ܡܠܟܘܬܐ. ܘܐܙܠ ܟܠܗ ܥܡܐ
ܠܓܠܓܠܐ. ܘܡܫܚ ܬܡܢ ܫܡܘܐܝܠ ܠܫܐܘܠ ܠܡܠܟܐ ܩܕܡ ܡܪܝܐ.

JSam

ܢܐܙܠ ܠܓܐܠܓܐܠܐ: ܘܢܚܕܬ ܬܡܢ ܡܠܟܘܬܐ. ܘܐܙܠ ܟܠܗ ܥܡܐ
ܠܓܐܠܓܐܠܐ. ܘܐܡܠܟ ܬܡܢ ܫܡܘܐܝܠ ܠܫܐܘܠ ܩܕܡ ܡܪܝܐ.

Here it is apparent that JSam is an amalgam of G and P. Jacob adopts the singular verb for "people" with G, whereas the majority of P manuscripts have the plural, and he makes Samuel the explicit subject of the second clause as G does. This homily of Severus concerns the duty of priests and bishops to live up to their anointing, so the verb "anoint" in JSev here and in the next example is of exegetical importance. However, JSam does not adopt this reading but retains "make king" from P.

1 Sam 15.11[32]

JSev

ܐܬܬܘܝܬ ܕܡܫܚܬܗ ܠܫܐܘܠ ܠܡܠܟܐ. ܡܛܠ ܕܐܬܗܦܟ ܡܢ
ܒܬܪܝ. ܘܠܐ ܐܩܝܡ ܡ̈ܠܐ ܕܝܠܝ.

---

[29] PO XX (1929) ed. Brière, *Hom.* LXXXIII [212]/378 lines 11–12, 13.

[30] See A.G. Salvesen, "Spirits in Jacob of Edessa's revision of Samuel," *ARAM Periodical* 5 (1993) (= Festschrift for Dr Sebastian P. Brock), 481–90, and S.P. Brock, *The Holy Spirit in the Syrian Baptismal Tradition* (Poona 1979), 6–7, "[*aggen* in the Peshitta] has evidently become a technical term for the Spirit's activity from an early date in the Syriac-speaking church, for it is used to render a number of different Greek verbs", and idem, "An Early Interpretation of *pasaḥ*: *'aggen* in the Palestinian Targum" in ed. J.A. Emerton and S.C. Reif, *Interpreting the Hebrew Bible. Essays in honour of E.I.J. Rosenthal* (Cambridge 1982) 27–34.

[31] PO XX (1929) ed. Brière, *Hom.* LXXX [175]/341 line 7ff.

[32] PO XX (1929) ed. Brière, *Hom.* LXX [168]/334 lines 5ff.

JSam
ܐܢܬܬܘܬ ܕܐܡܠܟܬܟ ܡܠܟܐ ܠܐܝܣܪܐܝܠ. ܡܛܠ ܕܡܫܚܟ ܡܢ ܒܬܪ.
ܘܡܠܟ ܠܐ ܐܡܠܟܟ

JSev resembles the Lucianic tradition most closely (ܐܢܬܬܘܬ; ܘܠܐ ܐܡܠܟܟ ܡܠܟܐ ܕܝܠ). A number of Greek manuscripts (though only Theodoret of those witnesses to Luc) have ἔχρισα in contrast to ἐβασίλευσα of Vaticanus and Luc. This suits Severus' argument, but again JSam does not adopt it but agrees with P and the majority Lucianic reading. JSam follows Luc for the order in the first half of the verse, and is identical to P in the second half. JSam does not normally use the emphatic possessive -ܕܝܠ.

1 Sam 16.5[33]
JSev ܫܝܢܐ ܡܫܠܡܬܐ ܕܝܠܟ ܗܘ ܕܡܪܝܐ
JSam ܫܠܡ ܡܐܬܝܬܟ ܡܪܝܐ
JSev is a literal rendering of G. JSam follows P with the addition of ܡܪܝܐ.

2 Sam 12.7b–9a[34]
JSev
ܐܢܐ ܡܫܚܬܟ ܠܡܠܟܐ ܥܠ ܐܝܣܪܐܝܠ. ܘܐܢܐ ܦܪܩܬܟ ܡܢ
ܐܝܕܝܐ ܕܫܐܘܠ. ܘܝܗܒܬ ܠܟ ܟܠܗܘܢ ܡܐܠܝ ܕܡܪܟ. ܘܢܫ̈ܐ ܕܝܠܗ.
ܒܥܘܒܟ. ܘܝܗܒܬ ܠܟ ܒܝܬܐ ܕܐܝܣܪܐܝܠ ܘܕܝܗܘܕܐ. ܘܐܢ ܙܥܘܪܬܐ
ܐܝܬܝܗܝ ܗܘܬ ܠܟ. ܐܘܣܦܬ ܠܟ ܐܝܟ ܗܠܝܢ. ܘܠܡܢܐ ܐܫܬܝܛܬ
ܠܡܠܬܐ: ܠܡܥܒܕ ܕܒܝܫ ܩܕܡܘܗܝ.

JSam
ܐܢܐ ܡܫܚܬܟ ܕܬܗܘܐ ܥܠ ܥܡܝ ܐܝܣܪܐܝܠ. ܘܐܢܐ ܦܪܩܬܟ
ܡܢ ܐܝ̈ܕܝ ܫܐܘܠ. ܘܝܗܒܬ ܠܟ ܒܝܬ ܡܪܟ. ܘܢܫ̈ܘܗܝ ܕܡܪܟ.
ܐܬܝܗܒܬ ܒܥܘܒܟ. ܘܝܗܒܬ ܠܟ ܒܝܬ ܐܝܣܪܐܝܠ. ܘܒܝܬ ܝܗܘܕܐ.
ܐܢ ܙܥܘܪ ܗܘܐ ܠܟ. ܘܗܐ ܗܘܐ ܠܟ ܕܬܐܡܪ ܠܝ. ܘܡܘܣܦ ܗܘܝܬ
ܠܟ ܐܝܟ ܗܠܝܢ ܘܐܝܟ ܗܠܝܢ. ܠܡܢܐ ܒܣܬ ܦܘܩܕܢܗ ܕܡܪܝܐ:
ܘܥܒܕܬ ܕܒܝܫ ܩܕܡ ܡܪܝܐ.

This example illustrates well the nature of JSam compared with JSev. JSev follows the Lucianic tradition very closely indeed whereas JSam is much closer to P than G, but makes several changes: ܐܝ̈ܕܝ ܫܐܘܠ (P ܐܝ̈ܕܘܗܝ ܕܫܐܘܠ), the addition of the second ܒܝܬ, the omission of the following copula, the gloss ܠܟ. ܘܗܐ ܗܘܐ ܠܟ ܕܬܐܡܪ ܠܝ., and the alteration of tense to ܡܘܣܦ ܗܘܝܬ.

---

33 PO XXXVII/1 (1975) ed. Brière and Graffin, *Hom.* XX 54/[54] lines 10–11.
34 PO XX (1929) ed. Brière, *Hom.* LXXX [170]/336 line 2ff.

2 Sam 13.34[35]
JSev
ܘܣܠܩ ܛܠܝܐ ܕܕܘܩܐ. ܘܐܪܝܡ ܥܝ̈ܢܐ ܕܝܠܗ ܘܚܙܐ ܘܗܐ ܥܡܐ
ܣ̇ܓܝܐ ܕܐܬܝܐ ܒܐܘܪܚܐ ܗ̇ܝ ܕܗܘܘܪܐܝܡ ܡܢ ܓܒܐ ܕܛܘܪܐ.
ܘܐܬܐ ܕܘܩܐ ܘܐܘܕܥ ܠܡܠܟܐ ܘܐܡܪ. ܡܚܙܐ ܚܙܝܬ ܠܓܒܪ̈ܐ
ܡܢ ܐܘܪܚܐ ܕܗܘܘܪܐܝܡ ܡܢ ܓܒܐ ܕܛܘܪܐ.
JSam
ܘܣܠܩ ܛܠܝܐ ܕܕܘܩܐ ܘܐܪܝܡ ܥܝ̈ܢܘܗܝ. ܘܚܙܐ ܐܢܫܐ ܣ̈ܓܝܐܐ
ܕܐܬܝܢ ܒܐܘܪܚܐ ܕܗܘܘܪܐܝܡ. ܡܢ ܓܒܐ ܕܛܘܪܐ ܒܡܚܬܬܐ.
ܘܐܬܐ ܕܘܩܐ ܘܐܘܕܥ ܠܡܠܟܐ. ܘܐܡܪ. ܠܓܒܪ̈ܐ ܚܙܝܬ ܕܐܬܝܢ
ܡܢ ܐܘܪܚܐ ܕܗܘܘܪܐܝܡ ܡܢ ܓܒܐ ܕܛܘܪܐ.

JSev follows Luc, in a somewhat Syrohexaplaric translation style, e.g. ܥܝ̈ܢܐ ܕܝܠܗ for τοὺς ὀφθαλμοὺς αὐτοῦ.[36] The exception is the omission of ἐν τῇ καταβάσει, found in all witness except the Old Latin. Oddly enough, the phrase does appear in Jacob's version as ܒܡܚܬܬܐ. JSam follows P in the middle of the citation, but the first clause is from Luc as in JSev, and the last section, from ܒܡܚܬܬܐ. ܘܐܬܐ ܕܘܩܐ to the end, is added from G. The place name ܗܘܘܪܐܝܡ is similar to that found in Luc, and there is no equivalent in P.

2 Sam 18.24[36]
JSev
ܘܐܙܠ ܕܘܩܐ ܥܠ ܐܓܪܐ ܕܬܪ̈ܥܐ ܥܠ ܫܘܪܐ. ܘܐܪܝܡ ܥܝ̈ܢܘܗܝ
ܘܚܙܐ. ܘܗܐ ܓܒܪܐ ܕܪܗܛ ܠܚܘܕܘܗܝ ܠܩܘܕܡܘܗܝ. ܘܩܥܐ ܕܘܩܐ
ܘܐܘܕܥ ܠܡܠܟܐ.
JSam
ܘܣܠܩ ܕܘܩܐ ܥܠ ܐܓܪܐ ܕܬܪ̈ܥܐ ܠܘܬ ܫܘܪܐ. ܘܐܪܝܡ ܥܝ̈ܢܘܗܝ
ܘܚܙܐ. ܘܗܐ ܓܒܪܐ ܕܪܗܛ ܒܠܚܘܕܘܗܝ. ܘܩܥܐ ܕܘܩܐ. ܘܐܘܕܥ
ܠܡܠܟܐ.

JSev has the Luc preposition ἐπί = ܥܠ, but JSam adopts the majority Greek πρός/ܠܘܬ. JSam also takes ܘܗܐ, ܘܩܥܐ and ܘܐܘܕܥ from G, but not ἐνώπιον αὐτοῦ (corresponding to ܠܩܘܕܡܘܗܝ in JSev).

It is clear from these examples that Jacob was not conforming his version to the biblical text of Severus he had revised four years previously. Furthermore, Severus' use of these passages has had little impact on Jacob's version of Samuel. Jacob retains both Severus' biblical text and his use of it when he is revising the *Homilies*, but he has his own ideas when composing his

[35] PO IV (1906) ed. Duval, *Hom*. LIII [26]/26 lines 8–10.
[36] PO IV (1906) ed. Duval, Hom. LIII [26]/26 lines 11–13.

version of Samuel. However, the main difference between JSev and JSam is of course that the Peshitta provides the base for JSam and the Greek the basis for JSev.[37] It is possible that a Syrolucianic version of the Old Testament existed which could have been used for the citations, but it is unnecessary as an explanation since both Paul of Callinicum and Jacob were able to translate the Greek perfectly well themselves.

Jacob's Scholia

When it comes to Jacob's own biblical exegesis, in his *Scholia* on the Old Testament, the situation is different again.[38] Underlining represents major differences from the Peshitta, but since the manuscripts used in the edition of the scholia date from 874 AD and the ninth or tenth centuries, it is not impossible that in some cases the scholion text has moved closer to the Peshitta in the process of transmission.

1 Sam 14.32–35 (ed. Phillips, p.ܟܐ)
JSch[39]
ܐܬܥܠܒ ܥܡܐ ܥܠ ܒܘܙܬܐ ܘܢܣܒ ܥܢܐ ܘܬܘܪ̈ܐ ܘܥܓ̈ܠܐ ܘܢܟܣܘ
ܥܠ ܐܪܥܐ. ܘܐܟܠ ܗܘܐ ܥܡܐ ܥܠ ܕܡܐ. ܘܐܡܪܘܗܝ ܠܫܐܘܠ
ܟܕ ܐܡܪܝܢ. ܚܛܐ ܥܡܐ ܠܡܪܝܐ ܕܐܟܠܝܢ ܥܠ ܕܡܐ. ܣܛܠܚܬܘ.
ܓܠܠܘ ܠܝ ܠܗܪܟܐ ܟܐܦܐ ܪܒܬܐ. ܘܐܡܪ ܫܐܘܠ ܐܬܒܕܪܘ
ܒܥܡܐ ܘܐܡܪܘ ܠܗܘܢ. ܕܢܩܪܒܘܢ ܠܗܪܟܐ ܟܠܢܫ ܠܬܘܪܗ ܘܟܠܢܫ
ܠܐܡܪܗ. ܘܢܟܣܘܢ ܗܪܟܐ ܥܠ ܟܐܦܐ ܗܕܐ. ܘܠܐ ܬܚܛܘܢ ܠܡܪܝܐ
ܘܬܐܟܠܘܢ ܥܠ ܕܡܐ. ܘܩܪܒܘ ܟܠܗܘܢ ܥܡܐ ܟܠܢܫ ܗܘ ܡܕܡ
ܕܐܝܬܘܗܝ ܬܘܪܗ ܐܘ ܐܡܪܗ ܒܠܠܝܐ. ܘܢܟܣܘܢ ܗܘܘ ܬܡܢ. ܘܒܢܐ
ܬܡܢ ܫܐܘܠ ܡܕܒܚܐ ܠܡܪܝܐ. ܗܢܐ ܡܕܒܚܐ ܫܪܝ ܫܐܘܠ ܠܡܒܢܐ
ܠܡܪܝܐ ܀

[37] Brooks, the editor of the Syriac version of Severus' *Hymns*, revised by Jacob, remarks on the absence of Jacob's version from the biblical citations in the *Hymns*, and observes that the revision of the *Hymns* precded Jacob's version of the Old Testament. There appear to be no citations from Samuel in the *Hymns* of Severus in any case (E.W. Brooks, *The Hymns of Severus and Other in the Syriac Version of Paul of Edessa as revised by Jacob of Edessa*, PO VI [1911] 6 n.3).

[38] The scholia cited here appear in G. Phillips, *Scholia on Passages of the Old Testament, by Mar Jacob, Bishop of Edessa* (London/Edinburgh 1864). J.S. Assemanus mentions the topics of Jacob's scholia in Samuel and Kings found in one manuscript, but gives no further details (*Bibliotheca Orientalis Clementino-Vaticana*, 1 [Rome 1719] 489–490). Dirk Kruisheer is preparing a complete edition of Jacob's scholia: see his article "Reconstructing Jacob of Edessa's *Scholia*," *The Book of Genesis in Jewish and Oriental Christian Interpretation*, J. Frishman and L. Van Rompay, eds., Traditio Exegetica Graeca 5 (Leuven 1997) 187–196.

[39] JSch = Jacob's biblical text in his scholia, JSam = the text of Jacob's version of Samuel.

JSam

[Syriac text, 6 lines]

This passage in the scholia and its corresponding verses in Jacob are examined in detail by Saley, who compares them with the various Greek traditions.[40] Some elements introduced from the Greek in the scholion text are not present in JSam, and vice versa. In JSam Jacob returns to P in a couple of places (ܘܐܬܒܪ ܗܘ, ܘܐܬܒܪ ܗܘ ܠܗ), while introducing new phrases from G, e.g. ܒܓܬܬܝܡ = ἐν Γεθθέμ vel sim., but in a more logical position from the point of view of the narrative; ܥܡ rendering σύν; and the gloss ܕܥܒܪܬ ܥܠ ܢܡܘܣܐ, "you have transgressed the Law". This last element appears to correspond to ἡμάρτετε etc. or ܚܛܝܬܘܢ of the scholion text, but is perhaps an attempt to specify what sort of sin this was, namely an infraction of the dietary laws.

1 Sam 15.10–11 (ed. Phillips, p.ܢܚ)

JSch

[Syriac text, 3 lines]

JSam

[Syriac text, 3 lines]

JSch and JSam are both strongly influenced by G. They give two different ways of translating λέγων. ܐܬܬܥܝܩܬ and ܕܠܐ ܥܝܢܐ are both from G, the former possibly from Symmachus' ἐλυπήθη. JSam retains the P locution ܡܢ ܒܬܪܝ, but part of the Greek tradition similarly has ἀπὸ ὄπισθεν μου.

---

[40] Saley, *Samuel Manuscript*, 113–115.

The most striking divergence is that JSch has "anoint" and JSam "make king": the latter is the same as P, but both are found in G, "anoint" being the minority reading in Luc. However, neither citation is exactly the same as the Greek-based JSev examined above, ܐܬܬܘܬܝܬ ܕܡܫܝܚܘܬܗ ܠܫܐܘܠ ܠܡܠܟܘܬܐ. ܡܛܠ ܕܐܬܦܣܩ ܡܢ ܒܬܪ܆ ܘܠܐ ܐܫܟܚ ܡܟ̈ܠܐ ܕܠ.

1 Sam 16.12 (ed. Phillips, p.ܒ)

JSch

ܣܘܡܩܐ ܐܝܬܘܗܝ ܗܘܐ ܕܘܝܕ ܒܪ ܫܦܝܪ ܥܝܢ̈ܘܗܝ ܘܫܦܝܪ ܚܙܘܗ.

JSam

ܘܗܘ ܣܘܡܩܢܝ ܗܘ̈ܐ ܘܫܦܝܪ ܥܝܢ̈ܘܗܝ܆ ܘܫܦܝܪ ܚܙܘܗ

JSam adds ܘܛܒ ܒܚܙܬܐ ܕܡܪܝܐ at the end of the phrase, but this does not appear in JSch. From the context in JSch, it is likely that Jacob is quoting from memory or paraphrasing.

1 Sam 16.14 (ed. Phillips, p.ܒ)

JSch

ܥܒܪܬ ܡܢ ܫܐܘܠ ܪܘܚܐ ܕܐܠܗܐ: ܘܐܚܕܬܗ ܪܘܚܐ ܒܝܫܬܐ
ܡܢ ܩܕܡ ܡܪܝܐ ܘܡܫܢܩܐ ܗܘܬ ܠܗ.

JSam

ܘܪܘܚܗ ܕܡܪܝܐ ܐܬܪܚܩܬ ܡܢ ܫܐܘܠ. ܘܐܚܝܕܐ ܗܘܬ̇ ܘܡܫܢܩܐ
ܠܗ ܪܘܚܐ ܒܝܫܬܐ ܡܢ ܩܕܡ ܡܪܝܐ.

JSam also adds ܘܚܢܩܐ ܗܘܬ ܠܗ at the end, from G.

The order in JSch differs from P, but otherwise its text is quite close to P. JSam is influenced by G. Both JSam and JSch include Luc συνεῖχεν.

1 Sam 18.19–20 (ed. Phillips, p.ܒ)

JSch

ܘܗܘܐ ܟܕ ܕܬܬܡܟܪ ܢܕܒ ܒܪܬ ܫܐܘܠ ܠܕܘܝܕ. ܘܗ̇ܝ ܐܬܡܟܪܬ
ܠܥܕܪܝܐܝܠ ܕܡܢ ܡܚܘܠܐ ܐܬܬܐ. ܘܪܚܡܬ ܡܝܟܠ ܒܪܬ ܫܐܘܠ
ܠܕܘܝܕ. ܘܚܘܝܘ ܠܫܐܘܠ܆ ܘܫܦܪ ܦܬܓܡܐ ܒܥܝܢ̈ܘܗܝ.

JSam

ܘܗܘܐ ܕܟܕ ܕܬܬܡܟܪ ܡܝܪܘܒ ܒܪܬܗ ܕܫܐܘܠ ܠܕܘܝܕ܆ ܗܘ̇ ܗܝ
ܕܡܠܟܬ ܥܡ ܕܘܝܕ. ܘܐܬܡܟܪܬ ܠܐܕܪܝܐܝܠ ܕܡܢ ܡܚܘܠܐ
ܐܬܬܐ ܀ ܘܪܚܡܬ ܡܝܟܐܠ ܒܪܬ ܫܐܘܠ ܠܕܘܝܕ. ܘܚܘܝܘ ܠܫܐܘܠ܆
ܘܫܦܪܬ ܡܠܬܐ ܒܥܝܢ̈ܘܗܝ.

Again, JSam has more Greek elements than JSch, including the Lucianic explanation for the marriage of Nadab (P)/Merob (G) to another man. The names in JSam are closer to Luc than those in JSch.

1 Sam 26.10–11 (ed. Phillips, p.ܟܠ, ܟܒ)

JSch

ܐܠܐ ܐܢ ܡܪܝܐ ܢܓܦܝܘܗܝ܂ ܘܢܡܘܬ܂ ܐܘ ܝܘܡܗ ܢܐܬܐ ܘܢܡܘܬ
ܐܘ ܒܩܪܒܐ ܢܚܘܬ ܘܢܡܘܬ... ܐܘ ܐܘܫܛ ܐܝܕܝ ܥܠ ܡܫܝܚܗ
ܕܡܪܝܐ

JSam

ܐܠܐ ܐܢ ܡܪܝܐ ܢܓܦܝܘܗܝ: ܐܘ ܝܘܡܗ ܢܐܬܐ ܘܢܡܘܬ: ܐܘ
ܒܩܪܒܐ ܢܚܘܬ ܘܢܡܘܬ܂ ܚܣ ܠܝ ܡܢ ܡܪܝܐ ܕܐܘܫܛ ܐܝܕܝ ܥܠ
ܡܫܝܚܗ ܕܡܪܝܐ.

JSch's first ܘܢܡܘܬ is either a gloss or an intrusion from later on in the verse. The scholion text may be quoted from memory. But both texts are close to P. The only element to be influenced by G in either scholion or version is ܥܠ for ἐπί.

1 Sam 27.1,2,3 (ed. Phillips, p.ܟܠ)

JSch

ܘܐܡܪ ܕܘܝܕ ܒܠܒܗ܂ ܗܫܐ ܐܢ ܐܦܠ ܒܝܘܡܐ ܚܕ ܒܐܝܕ̈ܘܗܝ
ܕܫܐܘܠ܂ ܠܐ ܐܝܬ ܠܝ ܛܒܬܐ܂ ܐܠܐ ܐܫܬܘܙܒ ܠܐܪܥܐ
ܕܦܠܫ̈ܬܝܐ܂ ܘܢܠܐܐ ܫܐܘܠ ܠܡܒܥܝܢܝ ܬܘܒ ܒܟܠܗ ܬܚܘܡܐ
ܕܐܝܣܪܐܝܠ܂ ܘܐܫܬܘܙܒ ܡܢ ܐܝܕ̈ܘܗܝ܂ ܘܩܡ ܕܘܝܕ ܘܥܒܪ ܗܘ
ܘܫܬܡܐܐ ܓܒܪ̈ܝܢ ܕܥܡܗ: ܠܘܬ ܐܢܟܘܫ ... ܡܠܟܐ ܕܓܬ ...
ܗܘ ܘܓܒܪ̈ܘܗܝ܂ ܘܐܢܫ̈ ܒܝܬܗ ܕܕܘܝܕ܂ ܘܬܪ̈ܬܝܢ ܢܫ̈ܘܗܝ ܀

JSam

ܘܐܡܪ ܕܘܝܕ ܒܠܒܗ܂ ܗܫܐ ܐܢ ܢܦܠ ܐܢܐ ܒܝܘܡܐ ܚܕ ܒܐܝܕ̈ܘܗܝ
ܕܫܐܘܠ܂ ܠܝܬ ܠܝ ܛܒܬܐ܂ ܐܠܐ ܐܫܬܦܠܛ ܠܝ ܠܐܪܥܐ ܕܦܠܫ̈ܬܝܐ܂
ܘܢܠܐܐ ܫܐܘܠ ܘܢܫܘܚ ܡܢ ܕܠܡܒܥܝܢܝ ܒܟܠܗ ܬܚܘܡܐ ܕܐܝܣܪܐܝܠ܂
ܘܐܫܬܘܙܒ ܡܢ ܐܝܕ̈ܘܗܝ ܀ ܘܩܡ ܕܘܝܕ܂ ܘܥܒܪ ܗܘ ܘܫܬܡܐܐ
ܓܒܪ̈ܝܢ ܗܢܘܢ ܕܥܡܗ܂ ܘܐܙܠ ܠܘܬ ܐܢܟܘܫ ܒܪ ܐܡܥܟܐܝܠ
ܡܠܟܐ ܕܓܠܐܬ܂ ܘܝܬܒ ܕܘܝܕ ܥܡ ܐܢܟܘܫ ܒܓܠܐܬ܂ ܗܘ ܘܓܒܪ̈ܘܗܝ܂
ܟܠ ܚܕ܂ ܘܐܢܫ̈ ܒܝܬܗ܂ ܕܘܝܕ܂ ܘܬܪ̈ܬܝܢ ܢܫ̈ܘܗܝ.

JSch diverges very little from P, with influence from G limited to ܠܐ ܐܝܬ for οὐκ ἔσται, ܐܫܬܘܙܒ for διασωθῶ, the name ܐܢܟܘܫ = Ἀγχούς (for once the non-Lucianic form).[41] In contrast, JSam shows the influence of G in a different place, ܘܢܫܘܚ ܡܢ ܕ, καὶ ἀνῇ τοῦ, and also gives the sense of G in v.3, that the households of David's men also settled in Gath. The scholion text follows P in saying that it was David's men, his own household and his two wives who were in Gath.

---

[41] Brock, *Recensions*, 321.

Conclusion

Saley comes to the same conclusion as Goshen-Gottstein, that the Samuel texts of the scholia illustrate the textual fluidity of the Jacobite masoretic tradition at this period.[42] Certainly the examples above demonstrate that JSch is based on the Peshitta but is influenced by the Greek in a similar way to JSam. But JSch and JSam do not relate to each other in any consistent way. It is not a matter of Jacob's scholia having a text that is semi-revised towards the Greek, a revision completed in the Samuel version, since the latter often retains the Peshitta reading against the Greek. Conversely, Jacob's version of Samuel does not obviously supply material for his scholia. This suggests that whatever Jacob was doing, he was not endeavouring to produce a final, fixed Syriac text for Samuel. However, it should be noted that the place names and personal names are more Graecised in his version of Samuel, and it is possible that the scholia predate the Samuel version.

---

[42] Saley, *Samuel Manuscript*, 115, 117.

EXCURSUS II

NAMES IN JACOB'S VERSION OF SAMUEL

Jacob's treatment of personal and place names varies. For the best-known he tends to follow the Peshitta form, for other names he preserves the Semitic consonants but adds *matres lectionis*, often according to the Greek equivalent known to him. In other places Jacob transliterates the name from Greek, and below are listed the nearest equivalent forms in the extant Greek manuscripts.

This varied approach to proper names complicates the provision of equivalents in a English translation. For the most frequently-occurring names, such as David, Saul, Jerusalem, Israel, I have used the most familiar English equivalent. For the less commonly-used names I have given an approximate transliteration, Q = *Qoph*, J = initial *Yudh*, ch = *Kaph* following a vowel. Providing consistent equivalents for Jacob's *matres lectionis* was less straightforward. When Jacob uses *matres lectionis* based on the Greek, *'Alaph* corresponds to α, ε, and sometimes to αι, *Waw* to ω, ου or υ, and *Yudh* to ι, ει or η. The influence of itacism is very clear in Jacob's transliterations, and tellingly, he informs a correspondent that ἔλαιον "oil" and ἔλεον "mercy" (acc.) are pronounced the same way.[43] Was he was more interested in pronunciation than graphic reproduction of Greek forms, or do his transliterations merely reflect the orthography of the Greek manuscripts he used? In any case, in the list below and in the translation, I have tried to base the vocalisation of the forms resembling Greek names on the Greek vowels used. Such a combination of methods does at least reflect the thoroughly mixed approach of Jacob's own text, but reconstruction has involved much guesswork and no doubt some inconsistencies.

Considerations of space prevented the inclusion of comprehensive manuscript references, and I have followed Saley's groupings (Eg = Bya$_2$, Hex = Acx, Luc = boc$_2$e$_2$) for convenience. The reader is advised to consult Brooke-Maclean, Brock (*Recensions*) and Saley (*Samuel Manuscript*) for further details. An entry ——— indicates that there is no equivalent extant in that particular witness.

---

[43] For the phenomenon of itacism in Greek manuscripts, see P. Walters, *The Text of the Septuagint: Its Corruptions and their Emendation* (Cambridge 1973), 29–68.

Personal names

J = P:

		J	P	G[44]
Helqana	I.1.1	ܐܠܩܢܐ	=	Ἐλκανά
Elihu	I:1.1	ܐܠܝܗܘ	=	Ἠλείου
Ṣuph	I:1.1	ܨܘܦ	=	Σώφ Luc
Ephraim	I:1.1	ܐܦܪܝܡ	=	Ἐφράιμ
Joel	Schol. to I:1.1	ܝܘܐܠ	=	Ἰωήλ
Ṣephnia	"	ܨܦܢܝܐ	=	Σαφανιά
Asir	"	ܐܣܝܪ	=	Ἀσίρ
Quraḥ	"	ܩܘܪܚ	=	Κόρε
Levi	"	ܠܘܝ	=	Λευί
ʿEli	I:1.3	ܥܠܝ	=[45]	Ἠλεί
Samuel	I:1.20	ܫܡܘܐܠ	=[46]	Σαμουήλ
Jeshuʿ	I:6.14	ܝܫܘܥ	=	Ἰωσῆε Luc
Eliʿazar	I:7.1	ܐܠܝܥܙܪ	=	Ἐλεαζάρ
Joel	I:8.2	ܝܘܐܠ	=	Ἰωήλ
Abia	I:8.2	ܐܒܝܐ	=	Ἀβιά
Qish	I:9.1	ܩܝܫ	=	Κείς
Saul	I:9.2	ܫܐܘܠ	=[47]	Σαούλ
Sisera	I:12.9	ܣܝܣܪܐ	=	Σεισαρά
Gideon	I:12.11	ܓܕܥܘܢ	=	(Γεδεών)
Aḥia	I:14.3	ܐܚܝܐ	=	Ἀχιά
Aḥitob	"	ܐܚܝܛܘܒ	=	Ἀχιτώβ
Abner	I:14.50	ܐܒܢܪ	=	Ἀβεννήρ/Ἀβενήρ
Ner	"	ܢܪ	=	Νήρ
Ishai	I:16.1	ܐܝܫܝ	=[48]	Ἰεσσαί
David	I:16.12	ܕܘܝܕ	=[49]	Δαυείδ
Goliath	I:17.4	ܓܘܠܝܬ	=	Γολιάθ
Aḥimelech	I:21.2/1	ܐܚܝܡܠܟ	=	Ἀχειμέλεχ
Aḥimelech (Hittite)	I:26.6	ܐܚܝܡܠܟ	=	Ἀχειμέλεχ

---

[44] Unless otherwise stated, the "standard" Greek form is given.

[45] Syh[B] ܥܠܝ.

[46] Also Syh[B.G] passim.

[47] Also Syh[B.G] passim.

[48] Also Syh[B.G] passim.

[49] Also Syh passim.

		J	P	G
Joab	I:26.6	ܝܘܐܒ	=	Ἰωάβ
Ashir	II:1.18	ܐܫܝܪ	=	εὐθοῦς
Absalom	II:3.3	ܐܒܫܠܘܡ[50]	=	Ἀβεσσαλώμ
ʿAshael	II:2.18	ܥܫܐܠ	=	Ἀσαήλ
Tolmai	II:3.3	ܬܠܡܝ	=	Θολμεί
Toʿ	II:8.9	ܬܥ	=	Θοοῦ M
Ṣiba	II:9.2	ܨܝܒܐ	=	Σειβά
Micha	II:9.12	ܡܝܟܐ	=	Μειχά
Uria	II:11.3	ܐܘܪܝܐ	=	Οὐρεία
Abimelech	II:11.21	ܐܒܝܡܠܟ	=	Ἀβειμέλεχ
Nedobʿal	II:11.21	ܢܕܒܥܠ	=	Ἱεροβάαλ
Aḥithophil	II:15.12	ܐܚܝܬܘܦܠ[51]	=	Ἀχειτόφελ
Armoni	II:21.8	ܐܪܡܘܢܝ[52]	=	Ἑρμωνιεί
Aḥim	II:23.33	ܐܚܝܡ	=	———
Gad	II:24.11	ܓܕ	=	Γάδ

J close to P, with matres lectionis *added:*

		J	P	G[53]
Heman	Schol. to I:1.1	ܗܐܡܢ	ܗܡܢ	Αἰμάν
ʿAzaria	"	ܥܙܐܪܝܐ	ܥܙܪܝܐ	Ἀζαριά
Jashar	"	ܐܝܨܥܪ	ܐܝܨܥܪ	Ἰσσάαρ
Taḥath	"	ܬܐܚܬ	ܬܚܬ	Θαάθ
Qahath	"	ܩܐܗܬ	ܩܗܬ	Καάθ
Benjamin	I:4.12	ܒܢܝܐܡܢ	ܒܢܝܡܢ	Βενιαμείν
Dagon	I:5.2	ܕܐܓܘܢ	ܕܓܘܢ	Δαγών
Naḥash	I:11.1	ܢܐܚܫ[54]	ܢܚܫ	Ναάς
Deborah	I:12.11	ܕܐܒܘܪܐ	ܕܒܘܪܐ	(Δεββωρά)
Baraq	I:12.11	ܒܐܪܩ	ܒܪܩ	Βαράκ
Samson	I:12.11	ܫܐܡܫܘܢ	ܫܡܫܘܢ	(Σαμψών)
Jonathan	I:13.2	ܝܘܢܐܬܢ	ܝܘܢܬܢ[55]	Ἰωναθάν
Eshbashul	I:14.49	ܐܫܒܐܫܘܠ	ܐܫܒܫܘܠ	Εἰσβαάλ Luc

---

[50] Cf. II:13.1 ܐܒܫܠܘܡ.

[51] The spelling ܐܚܝܬܘܦܠ is also found in the manuscript.

[52] Mg Achi ܐܚܝ, cf. Ἀχί Luc.

[53] Unless otherwise stated, the "standard" Greek form is given.

[54] J spells the name of this Ammonite king ܢܚܫ in II:10.2.

[55] Also Syh[B.G].

		J	P	G
Melchishuʿ	I:14.49	(Syriac)	(Syriac)	Μελχεισούε Hex+
Aḥinaʿam[56]	I:14.50	(Syriac)	(Syriac)	Ἀχινάαμ Luc
Aḥimaʿaṣ	I:14.50	(Syriac)	(Syriac)	Ἀχιμάας Hex, Luc
Agag	I:15.9	(Syriac)	(Syriac)	Ἀγάγ
Eliab	I:16.6	(Syriac)	(Syriac)	Ἐλιάβ
Abinadab	I:16.8	(Syriac)	(Syriac)	Ἀμειναδάβ
Nabal	I:25.3	(Syriac)	(Syriac)	Ναβάλ
Aḥinaʿam[57]	I:25.43	(Syriac)	(Syriac)	Ἀχινάαμ
Palṭi	I:25.44	(Syriac)[58]	(Syriac)	Φαλτεί
Nathan	II:7.2	(Syriac)	(Syriac)[59]	Ναθάν
Kalab	II:3.3	(Syriac)[60]	(Syriac)	———
Maʿacha	II:3.3	(Syriac)	(Syriac)	Μααχά
Ḥagith	II:3.4	(Syriac)	(Syriac)	Ἀγγείθ
Shaphaṭia	II:3.4	(Syriac)	(Syriac)	Σαφατειά Hex, Luc
Jethraʿam	II:3.5	(Syriac)	(Syriac)	Ἰεθεραάμ Eg,Hex
ʿAgla	II:3.5	(Syriac)	(Syriac)	Ἀγλά Luc
Reṣpa	II:3.7	(Syriac)	(Syriac)	Ῥεσφά
Rechab	II:4.2	(Syriac)	(Syriac)	Ῥηχάβ
Remmon	II:4.2	(Syriac)	(Syriac)	Ῥεμμών
Ḥiram	II:5.11	(Syriac)	(Syriac)	Χειράμ
Nathan[61]	II:5.14	(Syriac)	(Syriac)	Ναθάν
Naphag	II:5.15	(Syriac)	(Syriac)	Νάφεκ (non-Luc)
Hadraʿazar[62]	II:8.3	(Syriac)	(Syriac)	Ἀδραάζαρ
Joshapaṭ	II:8.16	(Syriac)	(Syriac)	Ἰωσαφάτ
Ṣadoq	II:8.17	(Syriac)	(Syriac)	Σαδδούκ
Machir	II:9.4	(Syriac)	(Syriac)	Μαχείρ
Ḥanon	II:10.1	(Syriac)	(Syriac)	Ἀννών (not Luc)
Nathan (prophet)	II:12.1	(Syriac)	(Syriac)	Ναθάν

[56] Saul's wife.

[57] David's wife.

[58] Mg Palṭiel (Syriac) and ΦΑΛΤΙΗΛ. Cf. Φαλτιήλ some MSS.

[59] Also Syh[G].

[60] Mg Daluia (Syriac), cf. Δαλουιά.

[61] David's son.

[62] But note the three variant spellings in the Synopsis, §7–8.

		J	P	G
Jedida	II:12.25	ܐܝܕܝܕܝܐ	ܝܕܝܕܝܐ	Ἰδεδεί: Ἰεδδιδιά Luc
Tamar	II:13.1	ܬܐܡܪ	ܬܡܪ	Θαμάρ Hex, Luc
Amnon	II:13.1	ܐܡܐܢܘܢ	ܐܡܢܘܢ	Ἀμνών
Ahima'aṣ	II:15.36	ܐܚܝܡܐܥܨ[63]	ܐܚܝܡܥܨ	Ἀχειμάας
Sheme'i	II:16.5	ܫܐܡܥܝ	ܫܡܥܝ	Σεμεεί
'Amesa	II:17.25	ܥܐܡܐܣܐ	ܥܡܣܐ	Ἀμεσ(σ)ά Hex, Luc
Naḥash	II:17.27	ܢܐܚܫ	ܢܚܫ	Ναάς
Berzeli	II:17.27	ܒܐܪܙܐܠ	ܒܪܙܠ	Βερζελλεί vel sim.
Kamaham	II:19.38	ܟܐܡܐܗܡ	ܟܡܗܡ	Χαμαάμ Eg
Adoniram	II:20.24	ܐܕܘܢܝܪܐܡ[64]	ܐܕܘܢܝܪܡ	Ἀδωνειράμ
Elḥanan	II:21.19	ܐܠܚܢܐܢ	ܐܠܚܢܢ	Ἐλλανάν Luc
'Aqis	II:23.26	ܥܐܩܝܫ	ܥܩܝܫ	Ἐκκίς vel sim. Luc+
Abi'ezer	II:23.27	ܐܒܝܥܐܙܪ	ܐܒܝܥܙܪ	Ἀβειέζερ
Ḥusheth	II:23.27	ܚܘܫܐܬ	ܚܘܫܬ	cf. ὁ Ἀσωθείτης Hex
Mahar	II:23.28	ܡܐܗܐܪ	ܡܗܪ	cf. Μαεραεί A
Ba'ana	II:23.29	ܒܐܥܢܐ	ܒܥܢܐ	Βαανά Luc+
Phara'thon	II:23.30	ܦܐܪܥܬܘܢ	ܦܪܥܬܘܢ	ὁ Φαραθωνίτης Hex+
Abi'almon	II:23.31	ܐܒܝܥܐܠܡܘܢ	ܐܒܝܥܠܡܘܢ	cf. Ἀβιήλ some MSS
Eliphaleṭ	II:23.34	ܐܠܝܦܐܠܛ	ܐܠܝܦܠܛ	Ἐλιφαλέτ etc. Hex+
Ḥasri	II:23.35	ܚܐܨܪܝ	ܚܨܪܝ	Ἐσσερεί Luc
Nathan	II:23.36	ܢܐܬܐܢ	ܢܬܢ	Ναθάν

J close to P, with influence from G:

		J	P	G[65]
Hannah	I:1.2	ܚܢܢܐ[66]	ܚܢܐ	Ἄννα
Penana	I:1.2	ܦܢܐܢܐ[67]	ܦܢܢܐ	Φεν(ν)άνα
Ḥophni	I:1.3	ܚܘܦܢܝ	ܚܦܢܝ	Ὀφνεί
Pinḥes	I:1.3	ܦܝܢܚܣ	ܦܢܚܣ	Φεινεές

[63] ܐܚܝܡܐܥܨ at II:15.27 is probably an error.

[64] Mg Izedram ܐܝܙܕܪܐܡ, cf. Ἰεζεδράν Luc.

[65] Closest form to J.

[66] Probably to be transliterated *Ḥanna*, cf. G, though J does not often mark double consonants. P's spelling could be confused with a word referring to the genitals, and it is likely that J was trying to avoid this association, and perhaps alluding instead to the words for mercy (*ḥnana*) and merciful (*ḥanana*).

[67] Mg ΦΕΝΑΝΑ.

		J	P	G
Abiel	I:9.1	ܐܒܝܐܝܠ	ܐܒܝܠ	Ἀβειήλ
Apheḥ	I:9.1	ܐܦܐܚ	ܐܦܝܚ	Ἀφέκ
Maṭari	I:10.21	ܡܐܛܐܪܝ	ܡܛܪܝ	Ματταρεί
Shama'a[68]	II:5.14	ܫܐܡܐܥܐ	ܫܡܘܥ	Σαμαά Luc
Solomon	II:5.14	ܫܠܘܡܘܢ[69]	ܫܠܝܡܘܢ	Σαλωμών
Elishu'	II:5.15	ܐܠܝܫܘܥ	ܐܠܝܫܥ	Ἐλισοῦε Luc
Elphalaṭ	II:5.16	ܐܠܦܐܠܐܛ	ܐܠܦܠܛ	Ἐλφαλάτ c_2
'Oza	II:6.3	ܥܘܙܐ	ܥܐܙܐ	Ὀζά
Raḥab	II:8.3	ܪܐܚܐܒ	ܪܚܘܒ	Ῥαάβ (non-Luc)
Joda'	II:8.18	ܝܘܕܐܥ	ܝܘܕܥ	Ἰωδαε
Shabach	II:10.16	ܫܐܒܐܟ	ܫܘܒܟ	Σαβάχ A
Sobechi (Hittite)	II:21.18	ܣܘܒܐܟ	ܣܒܟ	Σωβεκχί Luc
Ele'azar	II:23.9	ܐܠܐܥܙܪ	ܐܠܝܥܙܪ	Ἐλεαζάρ Hex, Luc
Qabaṣiel	II:23.20	ܩܐܒܐܨܝܐܝܠ	ܩܒܨܝܠ	Καβεσεήλ
Ḥaliṣ	II:23.26	ܚܐܠܝܨ	ܚܠܨ	Χαλλῆς etc. Luc+
Ḥalan	II:23.29	ܚܐܠܐܢ	ܚܠܒ	Ἀλλάν Luc
Ḥasabi	II:23.34	ܚܐܣܐܒ	ܚܘܣܒ	Ἀσαβιτοῦ Eg
Ḥiad	II:23.38	ܚܐܕ	ܚܪܐ	cf. Οἰαδ Luc

J = G, ≠ P:

		J	P	G[70]
Jereḥmeel	I:1.1	ܐܝܪܚܡܐܝܠ	ܝܪܚܡܐ	Ἰερεμιήλ/Ἰερεμεήλ
Abiasaph	Schol. to I:1.1	ܐܒܝܐܣܐܦ	ܐܒܝܣܦ	Ἀβιασάφ
Toḥe	I:1.1	ܬܘܚܐ	ܬܘܚ	Θόκε, cf. Θώε Luc
Math	Schol. to I:1.1	ܡܐܬ	ܢܚܬ	Μαάθ A
Jechonia	I:6.19	ܐܝܟܘܢܝܐ	———	Ἰεχονία
'Aminadab	I:7.1	ܥܐܡܝܢܐܕܐܒ	ܥܡܝܢܕܒ	Ἀμειναδαβ
'Astaroth	I:7.4	ܥܣܬܪܘܬ	———	Ἀσταρώθ
Ṣarar	I:9.1	ܨܐܪܐܪ	ܨܘܪ	Σαρά Luc
				cf. *Sararae* Lat[q]
Bachir	I:9.1	ܒܐܟܝܪ	ܒܟܘܪܬ	Βαχείρ
Jabin	I:12.9	ܝܐܒܝܢ	———	Ἰαβείν Luc
Jephtaḥ	I:12.11	ܐܝܦܬܚ	ܝܦܬܚ	Ἰεφθάε

[68] David's son.

[69] Close to the form that Jacob recommends in his letter on orthography: "[Scribes] shall not write *Shleymun*, as is their habit, instead of my *Sholomon*. I know very well what I have written!" (G. Phillips, *A Letter by Mar Jacob, Bishop of Edessa, on Orthography* (London 1869) p. ܘ). I am grateful to Sebastian Brock for drawing my attention to this passage.

[70] Closest form to J.

		J	P	G
Jochabed	I:14.3			Ἰωχαβέδ/Ἰωχαβήδ
Jeshiu	I:14.49			Ἰεσσιού Luc
Merob	"			Μερόβ/Μερώβ
Melchol	"			Μελχόλ/Μελχώλ
Shama'a[71]	I:16.9			Σαμαά
'Echriel	I:18.19			Ἐχριήλ Luc
Doeq	I:21.8/7			Δωήκ
Ankush	I:21.11/10			Ἄγκους
Abigea	I:25:3			Ἀβιγαία
Joash	I:25.44			Ἰωάς Luc
Abesha	I:26.6			Ἀβεσσά
Ṣaruia	I:26.6			Σαρουία
Memphiboshthe	II:2.8			Μεμφειβόσθε Luc-
Ornia	II:3.4			Ὀρνειά Luc
Abiṭaal	II:3.4			Ἀβειταάλ Luc
Aia	II:3.7			Αἰα Hex
Shelim	II:3.15			Σελλήμ Luc
Banea	II:4.2			Βαναία Luc+
Memphiba'al[72]	II:4.4			Μεμφιβαάλ Luc
Jesheban[73]	II:5.14			Ἰεσσεβάν Luc
Jeba'ar	II:5.15			Ἰεβαάρ
Japhi'	II:5.15			Ἰεφίε some MSS
Janath	II:5.16		—[74]	Ἰανάθ Luc
Shamush	II:5.16		—	Σαμύς Luc
Ba'alidath	II:5.16		—	Βααλιδάθ Luc
Eliphalath	II:5.16		—	Ἐλιφαλάθ Luc
'Aminadab	II:6.3			Ἀμειναδάβ
'Abeddadan	II:6.10			Ἀβεδδαδάν Luc
Jeduram	II:8.10			Ἰεδ(δ)ουρ(ρ)αν
Sharea	II:8.17			Σαραίας Hex, Luc

---

[71] David's brother. His name is spelt ܐܫܡܥܐ at II:13.3.

[72] Syh[G] ܡܦܝܒܥܠ. J ܡܦܝܒܥܠ (II:21.7) is probably an error, as is ܡܦܝܒܥܠ in the Synopsis, §8.

[73] Mg Shobab ܫܘܒܒ cf. Eg.

[74] No equivalent in P for this and the following three names in J. P has two dissimilar names in the same verse.

		J	P	G
Banea	II:8.18			Βαναίας
Amiel	II:9.4			Ἀμμιηλ
Bathsheba	II:11.3			Βηρσαβεε: Βηθσαβεε A
Ila	II:11.3			Ἠλά Luc
Jonathan[75]	II:13.3	[76]		Ἰωναθάν Luc
Ma'acha	II:14. 27	[77]		Μααχά Luc
Abia	II:14.27		——	Ἀβιά
Reheb'am	II:14.27		——	Ῥοβοάμ
Ithi	II:15.18			Ἠθί/Ἠθεί Luc
Hushai Arachi	II:15.32			cf. Χουσεί ὁ Ἀρχί Hex, Luc
Jonathan[78]	II:15.27			Ἰωναθάν
Gera	II:16.5			Γηρά
Jether	II:17.25			Ἰεθέρ Luc+
Abigea[79]	II:17.25			Ἀβιγαία
Shephe'i	II:17.27			Σεφεεί Luc
Shame'e	II:20.1			Σαμεέ b'e
Bedadi	II:20.1			Βεδδαδί Luc
Shaphan	II:20.24			Σαφάν Luc
Shusha	II:20.25			Σουσά Luc+
Ahithalaal	II:20.24			Ἀχιθαλαά Luc
Joda'	II:20.26			Ἰωδάε Luc+
Dadu	II:21.15		——	Δαδού Luc+
Joash	II:21.15		——	Ἰωάς Luc
Jeshba'al	II:23.8		——	Ἰεσβαάλ Luc
Teqemani	II:23.8		——	Θεκεμανεί Luc
Ariel	II:23.20		——	Ἀριήλ
Elhanan	II:23.24		——	Ἐλλανάν
Dudei	II:23.24	[80]	——	Δουδεί
Adari	II:23.25		——	Ἀδαρεί Luc
Elon	II:23.28		——	Ἐλ(λ)ων Bex

[75] David's nephew.

[76] Mg Jonadab , cf. Ἰωναδάβ Hex.

[77] Mg Tamar , cf. Θαμάρ Hex.

[78] Son of Abiathar.

[79] David's sister.

[80] Mg "son of his father's brother", cf. πατραδέλφου αὐτοῦ non-Luc.

		J	P	G
Eththi	II:23.29	ܐܬܬܝ	ܐܬܝ	Ἐθθί Luc
Eriba	II:23.29	ܐܪܝܒܐ	ܪܒ	Ἐριβά Luc
Banea	II:23.30	ܒܐܢܐܐ	ܒܢܝܐ	Βαναία Hex+
Ḥada	II:23.30	ܚܐܕܐ	ܚܕܝ	Ἀδδαί Luc, x.
Shal'abath	II:23.32	ܫܐܠܥܒܐܬ	ܐܠܥܐ	Σαλαβάθ Luc
Shama'a[81]	II:23.32	ܫܐܡܥܐ	———	Σαμαά
Sacharon	II:23.33	ܣܐܟܐܪܘܢ	ܐܫܕܪ	Σαχαρώ e_2
Ararima	II:23.33	ܐܪܐܪܝܡܐ	———	Ἀραρειμά Luc
Asea	II:23.33	ܐܣܐܐ	———	Ἀεσσαιά Luc
Tala'am	II:23.34	ܬܐܠܐܥܡ	ܐܠܥ	Θαλαάμ Luc
Para'i	II:23.35	ܦܐܪܥ	———	Φαραεί A
Joel	II:23.36	ܝܘܐܠ	ܝܓܐܠ	Ἰωήλ Luc
Maṣaba	II:23.36	ܡܐܨܐܒܐ	———	Μασ(σ)αβά Luc
Ageri	II:23.36	ܐܓܪܝ	———	Ἀγηρεί Luc
Ḥarea	II:23.37	ܚܐܪܐܐ	ܚܕܝ	Ἀραιά Luc
Gaber	II:23.39	ܓܐܒܐܪ	———	Γαβέρ Luc+
Orna	II:24.16	ܐܘܪܢܐ	ܐܪ	Ὀρνά
Abishag	I K:1.3	ܐܒܝܫܐܓ[82]	ܐܒܝܫܓ	Ἀβισάγ Hex+
the Shumanite		ܫܘܡܐܢܝܬܐ	ܫܘܠܡܝܬܐ	Σωμανεῖτις B: Σουμανῖτις Hex

No exact parallel extant:

		J	P	G[83]
Amsath	Schol. to I:1.1	ܐܡܣܬ	ܡܘܫ	Ἀμάς A
Bariochaber	I:4.21	ܒܪܘܟܐܒܪ	ܘܟܒܪ	Βαριωχαβήλ Luc
Aḥima'ach	I:27.2	ܐܚܝܡܐܥܐܨ	ܡܥܢܐ	Ἀχιμάαν Luc
'Anazriel	II:21.8	ܥܐܙܪܝܐܠ	ܥܙܪܝܐܠ	Ἐσδριηλ some MSS
Berzeel	II:21.8	ܒܐܪܙܝܐܠ	ܒܪܙܠ	Βερζελλεί
Aldai	II:21.19	ܐܠܕܝ	ܡܠܦ	cf. Ἰαλδειν c_2
Ushi	II.23.9	ܐܘܫ	———	Σουσεί B, Σωσει Hex
Shama'a[84]	II:23.25	ܫܐܡܐܥܐ	ܫܡܥܐ	Σαμαίας Luc, Σεμά a_2, Σαμά x
'Ida	II:23.26	ܥܝܕܐ	ܥܝܪܐ	Ἰδάε Luc

---

[81] Father of one of David's warriors.

[82] Mg and I Kg 1.15 Abishaq ܫܘܡܝܬܐ ܐܒܝܫܐܩ, cf. Ἀβισάκ Luc.

[83] Closest form to J.

[84] One of David's warriors.

		J	P	G
Sabechi	II.23.27	ܣܐܒܐܟ	———	Σαβουχαί some MSS
Ṣalaman	II:23.28	ܨܐܠܐܡܐܢ	ܨܠܡܘܢ	ʼΕλιμάν Luc
Azalmoth	II:23.31	ܐܙܐܠܡܘܬ	ܥܙܡܘܬ	ʼΑζελμών Luc ʼΑζιμώθ m
Sabiai	II:23.31	ܣܐܒܝܐܝ	ܐܒܝ	———
Alad	II:23.37	ܐܠܐܕ	ܨܠܡ	Σαλαάδ Luc

Place names

J = P:

		J	P	G[85]
Ramtha	I:1.3	ܪܡܬܐ	(= 1.19)	ʼΑρμαθάιμ[86]
Shilo	I:1.3	ܫܝܠܘ	=	Luc Σήλω
Philistines	I:4.1	ܦܠܫܬܝ̈ܐ	=	ʼΑλλόφυλοι[87]
Apheq	I:4.1	ܐܦܩ	=	ʼΑφέκ
Stone of Help	I:4.1	ܟܐܦܐ[88] ܕܥܘܕܪܢܐ	=	ʼΑβενέζερ[89]
Ashdod	I:5.1	ܐܫܕܘܕ	=	ʼΆζωτος
ʻEqron	I:5.10	ܥܩܪܘܢ[90]	=	(ʼΑκκαρών)
Gaza	I:6.17	ܥܐܙܐ	=	Γάζα
Beth Shemesh	I:6.14	ܒܝܬ ܫܡܫ	=	Βαιθσάμυς
Maṣpia	I:7.5	ܡܨܦܝܐ	=[91]	Μασσηφάθ/Μασσηφά
Beth El	I:7.16	ܒܝܬ ܐܝܠ	=	Βαιθήλ
Bersheba‘	I:8.2	ܒܪܫܒܥ	=	Βηρσάβεε
(Land of) Fiery Coals	I:9.4	ܕܓܘܡܪ̈ܐ[92]	=	Σελχά
(Land of) Foxes	I:9.4	ܕܬܥܠ̈ܐ	=	Σεγαλέιμ
Bezeq	I:11.8	ܒܙܩ	=	Βέζεκ A[93]

85 Unless otherwise stated, the "standard" Greek form is given.

86 See further in Brock, *Recensions*, 343.

87 Cf Syh^G ܐܚܪ̈ܢ ܫܪܒܬܐ.

88 Cf. Aben‘ezer ܐܒܢܐܥܐܙܪ at I:5.1 and mg to I:4.1.

89 Cf. Syh^G ܒܢܥܙܪ (Goshen-Gottstein, 160).

90 But spelt by J ܥܐܩܪܘܢ in I:17.52.

91 Also Syh^G.

92 Mg of Selcha ܕܣܐܠܟܐ, cf. G.

93 See further in Brock, *Recensions*, 324.

	J		P	G
Geba'	I:13.3	ܓܒܥ	=	Βουνός[94]
Geba'tha	I:14.16	ܓܒܥܬܐ	=	Γαβέε
Ṣoba	"	ܨܘܒܐ	=	Σουβά
Edom	"	ܐܕܘܡ	=	Ἐδώμ
Qinites	I:15.6	ܩܝܢܝܐ	=	Κειναῖος
Ḥawilah	I:15.7	ܚܘܝܠܐ	=	Εὐιλά A
Meḥola	I:18.19	ܡܚܘܠܐ	=	cf. Μαολλαίος Luc
Supha	I:19.22	ܣܘܦܐ	=	Σεφεί
Bethlehem	I:16.4	ܒܝܬ ܠܚܡ	=	Βηθλέεμ
Qe'ila	I:23.1	ܩܥܝܠܐ	=	Κεειλά
Meṣroth	I:23.14	ܡܨܪܬ	=	cf. Μασερέθ A On
Ziph	"	ܙܝܦ	=	Ζείφ
Ma'on	I:23.24	ܡܥܘܢ	=	Μαων etc not Luc[95]
Mt of the Ibexes	I:24.3	ܛܘܪܐ ܕܝܥܠܐ	=	ἡ θήρα τῶν ἐλάφων Luc
Gedula	I:27.8	ܓܕܘܠܐ	=	Γεζραῖος Hex[96]
Boṣor	I:30.21	ܒܨܪ	=	Βοσώρ/Βοσόρ
Shethmo'	I:30.28	ܐܫܬܡܘܥ	=	cf. Ἐσθαμά Hex
Giḥ	II:2.24	ܓܝܚ	=	Γαί not Luc
Meṣroth Ṣehion	II:5.7	ܡܨܪܬ ܨܗܝܘܢ	=	Περιοχὴ Σειών
Jebusites	II:5.6	ܝܒܘܣܝܐ	=	Ἰεβουσαῖοι
Jerusalem	II:5.6	ܐܘܪܫܠܡ	=	Ἰερουσαλήμ
Tyre	II:5.11	ܨܘܪ	=	Τύρος
Hill of Gama	II:8.1	ܪܡܬܐ ܓܡܐ	=	ἡ ἀφωρισμένη
Euphrates	II:8.3	ܦܪܬ	=	Εὐφράτης
Ba'al Parṣim	II:5.20	ܒܥܠ ܦܪܨܝܢ	=	οἱ ἐπάνω διακοπῶν
Ḥemath	II:8.9	ܚܡܬ	=	Ἡμάθ
Teqo'	II:14.2	ܬܩܘܥ	=	Θεκωέ / Θεκουέ
Gelio	II:15.12	ܓܠܝܐ	=	Γωλά not Luc
Ramtha of Saul	II:21.6	ܪܡܬܐ ܕܫܐܘܠ [97]	=	Βούνος τοῦ Σαούλ
Beth Nashor	II:23.32	ܒܝܬ ܢܫܪ	=	———
Shiloḥa	IK:1.33	ܫܝܠܘܚܐ	=	Γειών

---

[94] See further in Brock, *Recensions*, 326-27.

[95] See Brock, *Recensions*, 337.

[96] See Brock, *Recensions*, 328.

[97] Syh[G] ܪܡܬܐ ܕܫܐܘܠ.

J = P with addition of matres lectionis

		J	P	G[98]
Gath	I:5.8			Γέθ
Beth Jashan	I:7.11			Βαιθχόρ/Βαιθχώρ[99]
Galgala	I:7.16	[100]		Γάλγαλ(α)
Machmas	I:13.2			Μαχμάς
‘Ophar	I:13.17			Γοφερά /‘Οφρά
‘Ammon	I:14.47			‘Αμμών
Beth Horon	I:13.18	[101]		Βαιθωρών
Karmela	I:15.12			Κάρμηλος
Geba‘oth	I:26.3			Βουνός
Geshur	I:27.8	[102]		Γεσσούρ Luc
Negab	I:27.10			κατὰ νότον
Hebron	I:30.31			Χεβρών
Jabish of Gal‘ad	I:31.11[103]			‘Ιαβεὶς τῆς
				Γαλααδείτιδος
Herma	I:30.30			‘Ερμά Luc
Ashqalon	II.1.20			‘Ασκάλων
Mahnaim	II:2.12			Μανάειμ not Luc
Gaba‘on	II:2.12			Γαβαών not Luc
Sadan	II.2:16			(τῶν ἐπιβούλων)
Bachim	II:5.23			ὁ κλαυθμών
Ma‘acha	II:10.6			Μααχά A, Luc+
Rabath	II:11.1			‘Ραββάθ
Be‘el Hasor	II:13.23	[104]		Βελλασώρ
				Hex+
Qedron	II:15.23			Κεδρών
Spring of	II:17.17	[105]		ἡ πηγή
the Potter				(τοῦ) ‘Ρωγήλ Eg, Luc
Kechar	II:18.23			Κεχάρ etc. Eg, Hex
Mohula	II:21.8			Μοουλαθί Eg, Hex

---

[98] Form closest to J.

[99] = Syh[G] ....

[100] The Synopsis §6 has ......

[101] Cf. mg to I:14.23 Horon ...., P ...., Βαιθωρών Luc.

[102] Mg to II:3.3 Geshir ...., cf. Γεσείρ etc.

[103] Cf. I:11.1 J ...., versus P ...., and cf. ‘Ιαβεὶς Γαλαάδ.

[104] Mg Basel Hasor ...., cf. Βασελλασώρ Luc.

[105] Mg (of) Rogel ...., cf. G.

		J	P	G
Meṣaroth	II:23.14	ܡܐܨܐܪܘܬ[106]	ܡܨܪܘܬ	ἡ περιοχή[107]
‘Anathoth	II:23.27	ܥܐܢܐܬܘܬ	ܥܢܬܘܬ	Ἀναθωθείτης Hex, Luc
Neṭophath	II:23.29	ܢܐܛܘܦܐܬ	ܢܛܘܦܬ	Νετοφαθί etc. Luc, Hex+
Ma‘achath	II:23.34	ܡܐܥܟܬ	ܡܥܟܬ	Μααχαθί b_2

J = G, with influence from P consonants:

		J	P	G[108]
Quriath Ja‘rim	I:6.21ff.	ܩܘܪܝܬ ܐܝܥܪܝܡ	ܩܘܪܝܬ ܝܥܪܝܡ	Καριαθιαρείμ
Nobaḥ	I:21.2	ܢܘܒܐܚ[109]	ܢܒܚ	Νόβα Hex
Shogal	I:13.3	ܫܘܓܐܠ	ܫܓܘܐܠ	Σωγάλ
Ṣaba‘in	I:13.8	ܨܐܒܐܝܢ	ܨܒܥܘܢ	Σαβαίν Hex, Luc
‘Amaleq	I:15.8	ܥܡܐܠܩ	ܥܡܠܩ	Ἀμαλήκ
Jeshimun	"	ܐܝܐܫܝܡܘܢ	ܐܫܝܡܘܢ	Ἰεσσαιμούν
Jezra‘el	I:25.43	ܐܝܙܪܐܝܠ	ܐܝܙܪܥܝܠ	Ἰεζραήλ
Ṣenqelag	I:27.6	ܨܐܢܩܐܠܐܓ[110]	ܨܩܠܓ	Σεκελάγ Luc
Jerḥemeel	I:30.29	ܐܪܚܐܡܐܠ	ܪܚܡܠ	Ἰερεμεηλ some MSS
Sehira	II:3.26	ܣܐܗܝܪܐ	ܕܣܗܝܪܐ	Σεειρά Luc
Matebaḥ	II:8.8	ܡܐܛܒܚ	ܛܒܚ	Ματεβάκ Luc+
Ḥalama	II:10.16	ܚܐܠܐܡܐ	ܚܠܡ	Χαλλαμά non-aligned MSS
Bethshan	II:21.12	ܒܝܬܫܢ	ܒܝܬ ܫܢ	Βαιθσάν Luc, Hex+
Je‘zer	II:24.5	ܐܝܥܙܪ	ܐܠܥܙܪ	Ἰεζέρ Luc
Geb‘ath Amma	II:2.24	ܠܓܒܥܬ ܐܡܐ	ܠܓܒܥܬ ܐܡܐ	βουνός Ἀμμά Hex

106 Cf. I:24.1 Meṣaroth Gaddi ܡܐܨܐܪܘܬ ܠܓܐܕܕܝ, P ܡܨܪܘܬ ܕܒܓܠܥܘܬ, τὰ στενὰ Γάδδει Luc.

107 = Syh[G] ܬܪܥܐ.

108 Form closest to J.

109 Nomba ܢܘܡܒܐ in Synopsis §12, and mg to I:21.2, cf. Νόμβα.

110 Also spelt ܨܐܢܩܠܐܓ, as at II:1.1.

J = G ≠ P:

		J	P	G[111]
Sipha	I:9.5	ܣܝܦܐ	ܨܘܦ	Σειφά Luc
Beth On	I:13.5	ܒܝܬ ܐܘܢ[112]	ܒܝܬ ܐܝܠ[113]	Βηθαύν some MSS
Magedo	I:14.2	ܡܐܓܐܕܘ	ܠܒܒܘܢ	Μαγεδδώ Luc
Sena	I·14.4	ܣܐܢܐ	ܣܢܐ	Σεν(ν)ά Hex+
Gethem	I:14.33	ܓܐܬܡ[114]	———	Γεθθέμ/Γεθθάμ
Sud	I:15.7	ܣܘܕ	ܫܘܪ	Σούδ b
Soqkoth	I:17.1	ܣܘܩܟܘܬ	ܣܘܦܐ	Σοκχώθ
Azeqa	I:17.1	ܐܙܝܩܐ	ܥܙܩܐ	Ἀζηκά
Sapharmin	I:17.1	ܣܐܦܐܪܡܝܢ	ܐܦܪܣܡܝܢ	Σαφαρμίν Luc
‘Odolam	I:22.1	ܥܘܕܘܠܐܡ	ܥܪܠܡ[115]	Ὀδολλάμ
The Straits	I:23.14	ܐܠ̈ܝܬܐ	———	τὰ στενά
Meṣaram	I:23.19	ܡܐܨܐܪܐܡ[116]	ܡܨܪܘܬ	Μεσσαράμ Luc
Echela	I:23.19	ܐܟܐܠܐ[117]	ܚܠܐ	Ἐχελά
Wilderness of Gaddi	I:24.2	ܡܕܒܪܐ[118] ܕܓܐܕܕܝ	ܡܨܪܘܬ ܕܒܠܒܘܬ	ἡ ἔρημος Γάδδει Luc
"Hearing of Voices"	I:25.1	ܡܫܡܥ ܩ̈ܠܐ	ܦܪܢ	ἡ Ἐπήκοος Luc
Qenezites	I:27.8	ܩܢܙ̈ܝܐ	ܩܝܢܝܐ[119]	Κενεζεί
Shoman	I:28.4	ܫܘܡܐܢ	ܫܘܢܡ	Σωμάν
Gelbo‘	I:28.4	ܓܐܠܒܘܥ	ܓܠܠܐ[120]	Γελβοῦε
A‘endor	I:28.7	ܐܥܝܢܕܘܪ	ܥܝܢܕܘܪ	Ἀενδώρ Luc+
Nain	I:29.1	ܢܐܝܢ	ܢܝܢ	Νάιν bM^mg
Korri	I:30.14	ܟܘܪܝ	ܟܘܕܪܐ	Χορρί Luc+
Kelub	I:30.14	ܟܐܠܘܒ	ܟܠܒ	Χελούβ Luc

111 Form closest to J.

112 Mg Beth El, Beth Ḥoron ܒܝܬ ܐܝܠ . ܒܝܬ ܚܘܪܘܢ.

113 P ܒܝܬ ܐܘܢ I:14.23.

114 Perhaps compare II:4.3 Gethem ܓܐܬܐܡ, P ܓܬܡ, Γεθθάιμ etc. Luc+.

115 = Syh^G ܥܪܠܡ (II.23.13).

116 Cf. I:24.23 Meṣaram the Narrow ܡܐܨܐܪܐܡ ܐܠ̈ܝܬܐ, P ܡܨܦܐ, G Μεσσαρὰ στενή.

117 Cf. mg I.26.1 Eḥela ܐܚܐܠܐ, P ܚܘܠܐ, G Ἐχελά.

118 Cf. II:24.5 Gaddi ܓܐܕܕܝ, P ܓܕܐ, Γαδδί Luc.

119 For the same equivalents in J and G at I:30.29, P has ܩܢܝܢܐ.

120 P ܓܠܒܘܥ elsewhere.

		J	P	G
Beth Ramtha	I:30.27	ܪܡܬܐ [121]	ܪܡܘܬ	Ῥαμά νότου
of the south		ܕܬܝܡܢܐ	ܕܢܓܒ	
Jether	I:30.27	ܐܝܬܐܪ [122]	ܒ	Ἰεθέρ Hex Luc
Jether	II:23.38	ܐܝܬܐܪ	ܝܬܪ	(ὁ Ἰεθερεί Luc)
‘Aruel	I:30.28	ܐܪܘܐܝܠ	ܥܪܘܥܝܪ	Ἀρουήλ Luc
Sephimoth	"	ܣܐܦܝܡܘܬ [123]	ܣܦܡܘܬ	Σεφειμώθ Luc
Eriqen	I:30.28	ܐܪܝܩܐܢ [124]	———	Ἀρικάιν Luc
Karmela	I:30.29	ܟܐܪܡܝܠܐ	ܪܟܠ	Κάρμηλος
Bersheba‘	I·30.30	ܒܪܫܒܒ	ܪܒܒܫܡ	Βηρσάβεε
Beth Shan	I:31.10	ܒܝܬ ܫܐܢ	ܒܝܬ ܫܢ	Βαιθσάν Luc
Baraqim	II:3.16	ܒܐܪܐܩܝܡ	ܒܝܬ ܚܘܪܡ	Βαρακείμ Luc+
Beroth	II:4.2	ܒܪܘܬ	ܒܪܘܬܝ	Βηρώθ
Gazer	II:5.25	ܓܐܙܪ	ܓܙܪ	Γαζηρά non-Hex
Damascus	II:8.5	ܕܐܡܐܣܩܘܣ	ܕܪܡܣܘܩ	Δαμασκός
Ladabar	II:9.4	ܠܐܕܐܒܐܪ	ܠܘܕܒܪ	Λαδαβάρ Eg, Luc
Ishṭob	II:10.6	ܐܫܛܘܒ	ܐܝܫܛܘܒ	Εἰστώβ
Sorem	II:13.34	ܣܘܪܐܝܡ	———	Σωραίμ Luc
Rosh	II:16.1	ܪܘܫ	———	Ῥῶς Luc+
Beth Ḥoram	II:16.5	ܒܝܬ ܚܘܪܐܡ	ܒܝܬ ܚܘܪܡ	Χορράμ Luc
Raqabin	II:17.27	ܪܐܩܐܒܝܢ [125]	ܕܘܓܠܝܡ	Ῥακαβείν Luc+
Ma‘enan	II:18.6	ܡܐܥܢܢ	———	Μααινάν Luc+
Rob	II:21.19	ܪܘܒ	———	Ῥόβ Luc+
Raza	II:21.20	ܪܐܙܐ [126]	———	Ῥααζά Luc
Seran	II:23.9	ܣܐܪܐܢ	———	Σερράν Luc+
Palmon	II:23.26	ܦܐܠܡܘܢ	ܦܠܛ	(Φαλμωνεί Luc)
Jethem	II:23.39	ܐܝܬܐܡ [127]	———	———
‘Aro‘er	II:24.5	ܐܪܘܥܝܪ	ܥܪܘܒ	Ἀροήρ Luc, Hex+
Tabiṣ	II:24.7/6	ܬܐܒܝܨ	———	Θαβασών Eg
Qadesh	II:24.7/6	ܩܐܕܫ	———	Καδής Luc
Great Sidon	II:24.7/6	ܨܝܕܘܢ ܪܒܬܐ	ܨܝܕܘܢ	Σιδών ἡ μεγάλη Hex, Luc

[121] Mg ΡΑΜΜΘ.

[122] Mg ΙΕΘΕΡ.

[123] Mg ΣΕΦΙΜΩΘ.

[124] Mg ΕΡΙΚΕΝ.

[125] Mg and 19.32 Rogelim ܪܘܓܠܝܡ, cf. Ῥωγελλείμ Eg, Hex+.

[126] Mg Madon ܡܐܕܘܢ, cf. Μαδών Eg, Hex.

[127] Mg Jether ܐܝܬܐܪ, cf. Ἰεθηραῖος N.

No exact parallel to J extant:

		J	P	G[128]
Bazez	I:14.4	ܐܝܪܐ	ܒܙܩܪ	Βαζές B
Beth Roḥob	I:14.47	ܒܝܬ ܪܚܘܒ	———	Βαιθροωβεί Luc
Nawiath	I:19.18	ܐܪܐܘܬܐ	ܢܘܬ	Ναυιώθ Hex
Goliam	I:25.44	ܓܘܠܝܡ	ܓܠܝ	Γολιάθ Luc
				Γαλλήμ Hex-
Jermaḥel	I:27.8	ܐܝܪܚܡܐܠ	ܝܪܚܡܐܠ	Ἰεραμηλεί Hex
Beth Uriel	I:30.27	ܒܝܬ ܐܘܪܝܐܠ	ܒܝܬ ܐܠ	Βαιθήλ
				Hex , Luc
Nonthom	I:30.28	ܢܘܬܡ [129]	———	Ὄνθομ Luc-,
				Νόθομ b
Tibeṣ	II:11.21	ܬܒܨ	———[130]	Θαμεσσεί Luc
Naḥabatal	II:23.30	ܢܚܒܛܠ ܐܪܒܐܬܝ	ܢܚܠܝ	Ναχαλιγαία
Ḥushath	II:24.7/6	ܚܘܫܬ	———	———

---

[128]　Form closest to J.

[129]　Mg ΝΟΝΘΟΜ.

[130]　Cf. Judg 9.50 P ܬܒܨ, A Θεβές, B Θηβής.

EXCURSUS III

THE LECTIONARY USE OF THE MANUSCRIPT

Lessons are rubricated in the margin of the manuscript. The hand differs slightly from that of the main text, and a later hand has sometimes added an extra reading. The end of a lesson is normally marked by ⋊ in the manuscript.

The index to the readings appears on folios 2v and 3r, which are part of the first quire: perhaps space was deliberately left for the list by the scribe of the biblical text. Its first page is set out in a very similar fashion to that in a manuscript of the Syrohexaplaric Exodus, also in the British Library (Add. 12,134):[131] the readings are listed in fifteen circles (eighteen in the Exodus manuscript), and the references are to quires and openings. On 3r the remainder of the lections appear between stylized columns and arcades. These closely resemble the list of readings given in the manuscript of Jacob's version of Daniel and Susanna, in Paris Bib. Nat. Syr. 27, folio 92r, and is in fact the work of the same scribe.[132]

The readings on folio 2v are given according to the manuscript order rather than the order of the liturgical year. On folio 3r the arrangement is more haphazard.

New Sunday	Beginning of the book	1 Sam 1.1–13a
Our Lord's Nativity	Quire I, page 9	1 Sam 1.19b–28
The Mother of God	Quire I, page 10	1 Sam 2.1–10
Fifth Sunday of Lent	Quire II, page 1	1 Sam 2.11b–26
Rite of Tonsure	Quire II, page 4	1 Sam 3.1–14
Monday of Holy Week	Quire II, page 8	1 Sam 4.18–22
Beginning of Lent	Quire III, page 3	1 Sam 7.2–8.3
and Tuesday of Easter Week		1 Sam 7.2–17
Second Sunday of Lent	Quire III, page 5	1 Sam 8.4–18
Wednesday of Holy Week	Quire III, page 7	1 Sam 9.1–14
Maundy Thursday	Quire IV, page 2	1 Sam 10.17–27?[133]
Commemoration of Bishops	Quire IV, page 5	1 Sam 11.13–12.5
and the Departed		

---

[131] Dated to A.G. 1008/AD 697, and copied by a scribe named La'zar.

[132] J. Leroy, *Les manuscrits syriaques à peintures conservés dans les bibliothèques d'Europe et d'Orient. Contribution à l'étude de l'iconographie des églises de langue syriaque*. Institut français d'archéologie de Beyrouth; Bibliothèque archéologique et historique 77 (Paris 1964) II, pl. 14 provides plates of both folio 3r of BM Add. 14,429 and folio 92r of Bib. Nat. Syr. 27. See also the discussion of this style in Leroy, ibid. I, 124.

[133] The end of the reading is not marked.

Wednesday of Easter Week and of Rogation Week	Quire IV, page 6	1 Sam 12.6–12
Dedication of the Cross	Quire V, page 3	1 Sam 14.24–29
Third Sunday of Lent	Quire V, page 3	1 Sam 14.28–45
Epiphany and for Pentecost and for Maudy Thursday[134]	Quire V, page 10	1 Sam 16.1–13
Easter and the Commemoration of Martyrs	Quire VI, page 6	1 Sam 17.37–51
John the Baptist and for Monday of Easter Week and for the Sixth Sunday of Lent	Quire VII, page 8	1 Sam 21.1–16?[135]
Saturday of Easter Week and for Martyrs and the Innocents[136]	Quire VII, page 10	1 Sam 22.1?–19
Commemoration of the Apostles	Quire VIII, page 5	1 Sam 24.2–20
Tuesday of Holy Week	Quire IX, page 2	1 Sam 26.1–13
Good Friday	Quire IX, page 4	1 Sam 26.14–25
Thursday of Easter Week	Quire X, page 1	1 Sam 30.?[137]–20
Commemoration of the Just	Quire X, page 6	2 Sam 1.1–16
Dedication of the Temple	Quire XI, page 2[138]	2 Sam 7.1–17
Commemoration of Bishops	Quire XI, page 4	2 Sam 3.23–39
Palm Sunday and Ascension Day	Quire XI, page 9	2 Sam 6.1–23
Friday of Easter Week	Quire XII, page 3	2 Sam 7.18–29
Commemoration of the Prophets and for a priest	Quire XVI, page 3	2 Sam 20.5–13a
Fourth Sunday of Lent[139]	Quire XVII, page 2	2 Sam 23.13–17
Easter Eve, and for Rogation Week, and for pestilence.	Quire XVII, page 4	2 Sam 24.1–25

---

[134] Not given in the lectionary list, but it appears ad loc. in the manuscript. It was probably omitted in error from the list, as it would naturally fall between those readings at the end of folio 2v and those at the beginning of 3r.

[135] The indication for the end of the reading may be lost in the lacuna at the top of folio 68.

[136] The marginal note is absent in the manuscript, a casualty of the damage to folio 68.

[137] The marginal note is absent in the manuscript. It was probably on the missing folio between folios 86 and 87.

[138] An error: the reading in fact occurs on Quire XII, page 2.

[139] Not given in the lectionary list. It may have been intended for the empty "window" at the bottom left hand corner of the list on folio 3r. However, it is marked in the margin of the manuscript ad loc., where there is also a partially erased note in another hand, "Reading for Epiphany".

Abbreviations and symbols

Bibl	*Biblica*
JA	*Journal Asiatique*
JBLMS	Journal of Biblical Literature Monograph Series
JSOTS	Journal for the Study of the Old Testament Supplement
JTS	*Journal of Theological Studies*
OCA	Orientalia christiana analecta
OTS	*Oudtestamentische Studiën*
PO	Patrologia Orientalis
ROC	*Revue de l'Orient Chrétien*
SBLSCS	Society of Biblical Literature Septuagint and Cognate Studies
TU	Texte und Untersuchungen
VT	*Vetus Testamentum*
ZDMG	*Zeitschrift der deutschen morgenländischen Gesellschaft*

P	Peshitta
Mg	marginal reading in the Samuel manuscript

Bibliography

Assemanus, J.S., *Bibliotheca Orientalis Clementino-Vaticana*, 1 (Rome 1719).

Baars, W., *New Syro-Hexaplaric Texts. Edited, Commented upon and Compared with the Septuagint* (Leiden 1968).

——— "Ein neugefundenes Bruchstück aus der syrischen Bibelrevision des Jakob von Edessa," *VT* 18 (1968) 548–54.

de Boer, P.A.H., *Research into the Text of 1 Sam i–xvi* (Amsterdam 1938).

——— "1 Sam 17. Notes on the text and ancient versions," *OTS* 1 (1942) 79–103.

——— "Research into the text of 1 Sam xviii–xxxi," *OTS* 6 (1949) 1–100.

——— "A Syro-hexaplar text of the Song of Hannah: 1 Samuel ii.1–10," *Hebrew and Semitic Studies,* D.W. Thomas and W.D. McHardy, eds. (Oxford 1963) 8–15.

Brière, M., *Les Homiliae Cathedrales de Sévère d'Antioche; Hom. LXXVIII–LXXXIII*, PO XX (1929).

Brière, M., and F. Graffin, *Les Homiliae Cathedrales de Sévère d'Antioche; Hom. XL–XLV*, PO XXXVI/1 (1971).

Brière, M., F. Graffin and C.J.A. Lash, *Les Homiliae Cathedrales de Sévère d'Antioche; Hom. XXXII–XXXIX*, PO XXXVI/2 (1972).

Brière, M., and F. Graffin, *Les Homiliae Cathedrales de Sévère d'Antioche; Hom. XVIII–XXV*, PO XXXVII/1 (1975).

Brock, S.P., *The Holy Spirit in the Syrian Baptismal Traditions* (Poona 1979).

——— "Bibelübersetzungen I,4.1.3 Jakob von Edessa," in G. Krause and G. Müller, eds., *Theologische Realenzyklopädie* 6. (Berlin 1980) 187.

——— "An Early Interpretation of *pasaḥ:'aggen* in the Palestinian Targum," *Interpreting the Hebrew Bible. Essays in honour of E.I.J. Rosenthal,* J.A. Emerton and S.C. Reif, eds. (Cambridge 1982) 27–34.

——— *The Recensions of the Septuaginta Version of 1 Samuel* (Quaderni di Henoch 9; Turin 1996).

Brooke, A.E., N. McLean and H. St.J. Thackeray, eds., *The Old Testament in Greek, 2: The Later Historical Books; Part 1: I and II Samuel; Part 2: I and II Kings* (Cambridge 1927–30).

Brooks, E.W., *The Hymns of Severus and Others in the Syriac Version of Paul of Edessa as revised by Jacxob of Edessa,* PO VI and VII (1911).

Ceriani, A.M. *Monumenta sacra et profana.* 7 vols. (Milan 1861–1913).

Dirksen, P.B. and P.A.H. de Boer, eds., *The Old Testament in Syriac according to the Peshitta Version, International Organization for the Study of the Old Testament, Peshitta Institute, Leiden, Part 2, Fasc. 2: Judges–Samuel* (Leiden 1978).

Duval, R., *Les Homiliae Cathedrales de Sévère d'Antioche; Hom. LII-LVII* PO IV (1908).

Eichhorn, J.G. "Von der syrischen Uebersetzung des Alten Testaments, die Jacob von Edessa recensirt hat," *Allgemeine Bibliothek der biblischen Litteratur* 2 (1789) 270–93.

———— *Einleitung in das Alte Testament* II (Göttingen 1823) 158–81.

Englert, D.M.C., *The Peshitto of Second Samuel*. JBLMS 3 (Philadelphia 1949).

Fernández Marcos, N., and J.R. Busto Saiz, *El Texto Antioqueno de la Biblia Griega I: 1–2 Samuel: II; 1–2 Reyes,* Textos y Estudios "Cardenal Cisneros" 50, 53 (Madrid 1989, 1992).

Gordon, R.P., "The variable wisdom of Abel: MT and versions at 2 Samuel XX 18–19," *VT* 43 (1993) 221–24.

———— "Translational features of the Peshitta in 1 Samuel," *Targumic and Cognate Studies. Essays in Honour of M. McNamara,* K. Cathcart and M. Maher, eds., JSOTS 230 (Sheffield 1996) 163–76.

Goshen-Gottstein, M.H., "Neue Syrohexaplafragmente," *Bibl* 37 (1956) 175–83.

Gottlieb, H., ed., in collaboration with E. Hammershaimb, *The Old Testament in Syriac according to the Peshitta Version, International Organization for the Study of the Old Testament, Peshitta Institute, Leiden, Part 2, Fasc. 4: Kings* (Leiden 1976).

Graffin, F., "Jacques d'Edesse, réviseur des Homélies de Sévère d'Antioche d'après le ms. syriaque BM Add. 12,159," *OCA* 205 (1978) = *Symposium Syriacum 1976, Chantilly, France,* F. Graffin and A. Guillaumont, eds. 243–56.

Hatch, W.H.P., *Monumenta Palaeographica Vetera* II: *Dated Syriac Manuscripts* (Boston 1946).

Jenner, K.D., "Nominal clauses in the Peshitta and Jacob of Edessa," *The Peshitta as a Translation,* P.B. Dirksen and A. van der Kooij, eds., Monographs of the Peshitta Institute, Leiden 8 (Leiden 1995) 47–61.

Joosten, J.,"1 Sam XVI 6,7 in the Peshitta version," *VT* 41 (1991) 226–33.

Kruisheer, D., "Reconstructing Jacob of Edessa's Scholia," *The Book of Genesis in Jewish and Oriental Christian Interpretation. A Collection of Essays,* J. Frishman and L. Van Rompay, eds., Tradition Exegetica Graeca 5 (Louvain 1997) 187–96.

de Lagarde, P., *Bibliothecae Syriacae, a Paulo de Lagarde collectae quae ad philologiam sacram pertinent.* (Göttingen 1892).

Lash, C.J.A., "The scriptural citations in the *Homiliae Cathedrales* of Severus of Antioch and the textual criticism of the Greek Old Testament," *Studia Patristica XII: Papers Presented to the Sixth International Conference on Patristic Studies held in Oxford, 1971*, E.A. Livingstone, ed., TU 115 (Berlin 1975) 321–27.

———— "Techniques of a translator: work-notes on the methods of Jacob of Edessa in translating the Homilies of Severus of Antioch," *Überlieferungsgeschichtliche Untersuchungen*, F. Paschke, ed., TU 125 (Berlin 1981) 365–83.

Leroy, J., *Les manuscrits syriaques à peintures conservés dans les bibliothèques d'Europe et d'Orient. Contribution à l'étude de l'iconographie des églises de langue syriaque. I–II*, Institut français d'archéologie de Beyrouth; Bibliothèque archéologique et historique 77 (Paris 1964).

Lust, J., "EΔPA and the Philistine plague," *Septuagint, Scrolls and Cognate Writings. Papers Presented to the International Symposium on the Septuagint and its Relations to the Dead Sea Scrolls and other Writings (Manchester 1990)*, G.J. Brooke and B. Lindars, eds., SBLSCS 33 (Atlanta, GA 1992) 569–97.

MacHardy, W.D., "James of Edessa's citations from the Philoxenian text of the book of Acts," *JTS* 43 (1942) 168–73.

———— "The Philoxenian text of the Acts in the Cambridge Syriac MS Add. 2053," *JTS* 45 (1944) 175.

———— "The text of Acts in James of Edessa's citations in the Cambridge Add. MS 1700," *JTS* 50 (1949) 186–87.

Martin, P., "La Massore chez les Syriens," *JA* 14 (1869) 245–379; 15: 81–208.

Nau, F., "Traduction des lettres XII et XIII de Jacques d'Edesse," *ROC* 10 (1905) 197–282.

Nestle, E., "Zur Geschichte der syrischen Punctuation," *ZDMG* 30 (1876) 525–33.

Nestle, E., "Jakob von Edessa über den Schem hammephorasch und andere Gottesnamen," *ZDMG* 32 (1878) 465–508, 735–36.

Phillips, A., "David's linen ephod,"*VT* 19 (1969) 485–87.

Phillips, G., *Scholia on Passages of the Old Testament, by Mar Jacob, Bishop of Edessa* (London-Edinburgh 1864).

———— *A Letter by Mar Jacob, Bishop of Edessa, on Orthography . Also a Tract by the Same Author and a Discourse by Gregory BarHebraeus on Syriac Accents* (London 1869).

Rignell, K.-E., *A Letter from Jacob of Edessa to John, the Stylite of Litarba, concerning Ecclesiastical Canons. Edited from MS British Museum Add. 14,493 with Introduction, Translation and Commentary* (Lund 1979).

Saley, R.J., *The Samuel Manuscript of Jacob of Edessa. A Study in its Underlying Textual Traditions*, Monographs of the Peshitta Institute 9 (Leiden 1998).

Salvesen, A.G., "Spirits in Jacob of Edessa's revision of Samuel," *ARAM Periodical* 5 (1993) (= Festschrift for Dr Sebastian P. Brock), 481–90.

——— "The purpose of Jacob of Edessa's version of Samuel," *The Harp* 8–9 (1995–96) 117–26.

——— "An edition of Jacob of Edessa's version of I–II Samuel," *VIIum Symposium Syriacum 1996, Uppsala*, R. Lavenant, ed. = OCA 256 (Rome 1998) 13–22.

——— "Jacob's Version of 1–2 Samuel: Purpose and Methods," *Jacob of Edessa (c.640–708) and the Syriac Culture of his Day,* K. Jenner and L. Van Rompay, eds. (forthcoming).

——— "Jacob of Edessa and the Text of Scripture" in *The Use of Sacred Books in the Ancient World,* L.V. Rutgers, P.V. van der Horst, H.W. Havelaar, and L. Teugels, eds. (Louvain 1998) 235–45.

Schröter, R., "Erster Brief Jakob's von Edessa an Johannes den Styliten," *ZDMG* 24 (1870) 261–300.

Walters, P., *The Text of the Septuagint: Its Corruptions and their Emendation* (Cambridge 1973).

Wright, W., "Two Epistles of Mar Jacob, Bishop of Edessa," *Journal of Sacred Literature* n.s. 10 (1867) 430–60.

——— *Catalogue of Syriac Manuscripts in the British Museum acquired since the year 1838,* Part I (London 1870), Part III (London 1872).

Vööbus, A. *The Synodicon in the West Syrian Tradition. I. Text,* CSCO 368/ SS 162 (Louvain 1975).

Note to the edition

The computer font used is based on the manuscript hand itself: I trust that its unfamiliarity will not prove a hindrance to the reader. As far as possible the points used throughout the manuscript have been reproduced. These reflect a consistent system for the purpose of distinguishing between different persons and tenses of verbs as well as between homonymous nouns. However, the exact positioning of the dots varies a good deal and I have not attempted to be more precise than the scribe himself in this respect. A few points, notably those over *Taw* and *Pe*, proved impossible to reproduce for technical reasons, and these have had to be omitted. A small *Shin* above the line marks the end of a reading. Marginal notes and scholia are reproduced in the footnotes, and verse and folio numbers have been added to the text.

PART ONE:

TEXTS

[3 v]

܀ ܦ̈ܘܠܓܐ ܕܟܬܒܐ ܩܕܡܝܐ ܕܡ̈ܠܟܘܬܐ ܀

ܐ ܦܘܠܓܐ ܩܕܡܝܐ. ܡܛܠ ܡܘܠܕܗ ܕܫܡܘܐܝܠ ܢܒܝܐ
ܡܢ ܚܢܢܐ ܠܐܡܗ. ܘܥܠ ܫܢܝܐ ܐܡܗ ܕܐܬܬܠܝܬ ܠܐܠܗܐ
ܠܡܪܝܐ ܘܐܬܬܚܝܒܬ: ܘܫܐܠܬ ܒܪܐ ܡܢ ܡܪܝܐ
ܘܐܫܬܐܠܬܗ ܐܦ ܗܝ ܘܩܪܒܬܗ ܠܡܪܝܐ ܀

ܒ ܥܠ ܚܛܝܬܐ ܘܫܛܝܘܬܐ ܕܟ̈ܗܢܐ ܒܢ̈ܝ ܥܠܝ: ܘܥܠ ܟܐܒܬܐ
ܢܨܚܬܐ ܕܐܟܡܗܘ: ܘܥܠ ܡܫܒܝܢܘܬܐ ܕܐܪܘܢܗ
ܡܪܝܐ ܒܝܕ ܠܫܡܘܐܝܠ ܢܒܝܐ. ܘܥܠ ܦܠܠܣܐ ܫܡܘܐܝܠ
ܕܒܗ ܡܫܬܥܐ ܗܘܐ ܒܡܕܝܢܬܗ ܕܡܪܝܐ: ܐܬܦܠܠ
ܥܠܘܗܝ ܐܠܗܐ ܠܠܘܝܐ: ܘܐܘܕܥܗ ܡܢܗܘܢ ܒܪܝܐ
ܗܘ ܕܥܬܝܕ ܗܘܐ ܠܡܗܘܐ ܥܠ ܒܝܬܐ ܕܥܠܝ: ܡܛܠ
ܒܛܠܝܘ ܕܒܢ̈ܘܗܝ.

ܓ ܢܦܩܘ ܒ̈ܢܝ ܐܝܣܪܐܝܠ ܠܩܪܒܐ ܠܘܩܒܠ ܦܠܫ̈ܬܝܐ:
ܘܐܬܕܒܪܘ. ܘܫܕܪܘ ܐܝܬܝܘ ܠܘܬܗܘܢ ܠܩܒܘܬܐ
ܕܡܪܝܐ. ܘܠܟܗ̈ܢܐ. ܘܐܬܬܒܪ ܐܝܣܪܐܝܠ:
ܘܐܬܩܛܠܘ ܒ̈ܢܝܐ. ܘܐܬܬܫܒܝܬ ܩܒܘܬܐ ܡܢ
ܦܠܫ̈ܬܝܐ. ܘܫܡܥܬ ܐܢܬܬܗ ܩܒܘܬܐ ܠܦܠܫ̈ܬܝܐ:
ܘܠܦܬܟܪ̈ܝܗܘܢ. ܘܠܐܬܪ̈ܘܬܗܘܢ. ܘܫܕܪܘܗ ܦܠܫ̈ܬܝܐ
ܥܡ ܩܘܪ̈ܒܢܐ: ܘܐܬܦܢܬ ܠܒܝܬ ܫܡܫ. ܘܡܢ ܬܡܢ.
ܐܣܩܘܗ ܠܩܪܝܬ ܝܥܪ̈ܝܢ ܀

ܕ ܕ̣ ܫܡܘܐܝܠ ܠܒ̈ܢܝ ܐܝܣܪܝܠ: ܘܐܘܕܥ ܢܡܘ̈ܣܐ ܕܡܠ̈ܟܐ
ܫܠܦܘܡܗܘܢ. ܒܬܪ ܡܫܬܠܛܘܗܝ ܠܘܬ ܐܠܗܐ. ܘܦܢܝܬ
ܐܝܕܗ ܕܡܪܝܐ ܥܠ ܦܠܫ̈ܬܝܐ. ܘܡܚܘ ܐܢܘܢ ܒ̈ܢܝ
ܐܝܣܪܝܠ ܒܠܝܗܘܢ ܒܝܘ̈ܡܬܗ ܕܫܡܘܐܝܠ. ܘܐܩܝܡ
ܫܡܘܐܝܠ ܠܒܢܘܗܝ ܕ̈ܝܢܐ ܥܠ ܐܝܣܪܝܠ. ܘܣܛܘ
ܫܘܚܕܐ. ܘܠܐ ܐܙܠܘ ܀

ܗ ܫܐܠܘ ܒ̈ܢܝ ܐܝܣܪܝܠ ܡܢ ܡܪܝܐ ܕܢܩܝܡ ܠܗܘܢ
ܡܠܟܐ: ܘܐܩܝܡ ܠܗܘܢ. ܠܫܐܘܠ ܒܪ ܩܝܫ ܡܢ
ܫܪܒܬܐ ܕܒܢܝܡܝܢ ܀

ܘ ܐܬܟܬܫ ܫܐܘܠ ܘܒ̈ܢܝ ܐܝܣܪܝܠ ܥܡ ܥܡܘܢ̈ܝܐ:
ܘܙܟܘ. ܘܒܙܘ ܐܢܘܢ. ܘܐܬܐ ܫܡܘܐܝܠ ܘܡܫܚܗ
ܠܡܠܟܐ ܥܡ ܫܐܘܠ. ܘܫܪܝܘ ܗܝܟ ܡܠܟܘܬܐ.
ܘܐܠܦ ܐܢܘܢ: ܫܡܘܐܝܠ ܡܠܬܗ ܕܡܪܝܐ. ܘܦܩܕ
ܐܢܘܢ. ܕܠܐ ܢܣܛܘܢ ܡܢ ܡܪܝܐ.

ܙ ܡܬܚܘܝܐ ܫܐܘܠ ܒܫܘܠܛܢܐ ܕܡܠܟܘܬܐ. ܘܡܟܬܫ
ܠܐܝܣܪܝܠ ܠܥܡܠܝܩܝܐ. ܘܡܟܬܫ ܦܠܫ̈ܬܝܐ.
ܘܡܬܚܒܝܢ ܥܠܘܗܝ ܠܡܪܝܐ. ܘܗܘܘ ܡܡܪܡܪܝܢ. ܘܡܚܝܢ
ܕܝ̈ܢܐ. ܘܫܡܘܐܝܠ ܢܒܝܐ ܠܗ. ܘܫܕܪ ܠܗ ܘܐܙܠ
ܠܒܝܬܗ ܠܪܡܬܐ. ܘܐܝܣܪܝܠ ܡܬܒ̈ܪܪ ܡܢܗ.
ܘܐܠܗܐ ܒܪ ܝܫܝ ܥܠ ܡܠܟܐ ܕܐܝܣܪܝܠ. ܒܚܪ
ܠܗܘܢ ܦܪܘܩܐ ܒܪ ܝܘܢܬܢ ܒܪܗ ܕܫܐܘܠ. ܘܡܚܝܢܐ
ܐܝܣܪܝܠ ܠܦܠܫ̈ܬܝܐ: ܡܚܘܬܐ ܪܒܬܐ.

ܓ

ܕ

ܗ

ܘ

ܘܬܘܒ ܡܬܬܦܠܐ ܫܐܘܠ ܠܡܩܛܠ ܠܢܦܫܗ ܕܕܘܝܕ.
ܘܦܩܕ ܠܡܩܛܠܗ.

ܒ ܒܬܪ ܕܥܪܩ ܡܢ ܩܕܡ ܫܐܘܠ ܠܘܬ ܐܚܝܡܠܟ ܟܗܢܐ
ܕܢܘܒ. ܘܐܟܠ ܡܢ ܠܚܡ ܕܒ ܐܚܝܡܠܟ ܝܗܒ ܠܗ ܒܬܪ.
ܘܐܫܬܘܕܥ. ܘܐܙܠ ܠܘܬ ܟܗܢܐ ܕܡܘܐܒ. ܘܡܢ ܬܡܢ.
ܠܐܪܥܐ ܕܝܗܘܕܐ. ܘܫܐܘܠ ܩܛܠ ܟܠܗ ܕܗܘܐ
ܠܟܗܢܘ̈ܗܝ ܒܢܘܒ ܩܪܝܬܐ ܕܟܗܢܐ.

ܓ ܢܨܒ ܕܘܝܕ ܠܦܠܫܬܝ̈ܐ ܘܡܫܘܙܒ ܠܩܥܝܠܐ. ܘܡܢ ܬܡܢ
ܐܙܠ ܠܡܕܒܪܐ ܕܙܝ̈ܦܝܐ. ܘܐܙܠ ܠܘܬܗ ܠܘܬܗ ܝܘܢܬܢ
ܒܪ ܫܐܘܠ. ܘܐܩܝܡ ܒܗܘܢ ܩܝ̈ܡܐ ܕܫܠܡܐ. ܘܐܙܠܘ
ܙܝ̈ܦܝܐ ܘܐܘܕܥܘ ܠܫܐܘܠ ܥܠ ܕܘܝܕ. ܘܐܙܠ ܫܐܘܠ
ܒܬܪܗ ܕܢܩܛܠܝܘܗܝ ܫܪܝ ܘܬܪ̈ܬܝܢ. ܘܦܨܝܗ ܡܪܝܐ ܡܢܗ.
ܘܠܐ ܐܫܠܡܗ ܒܐܝ̈ܕܘܗܝ. ܒܬܪ ܗܠܝܢ ܡܬܬܥܝܪ
ܫܐܘܠ ܐܦ ܠܡܘܬܗ ܕܫܡܘܐܝܠ ܀

ܕ ܗܠܝܢ ܕܟܠ ܢܒܠ ܘܟܠ ܐܒܝܓܝܠ ܐܢܬܬܗ.
ܘܬܘܒ ܥܠ ܕܦܓܥܐ ܕܐܬܦܓܥ ܠܫܐܘܠ ܒܡܥܪܬܐ. ܘܟܠ
ܕܗܘܐ. ܘܥܠ ܫܐܘܠ ܕܐܙܠ ܠܡܩܛܠܗ ܠܕܘܝܕ. ܘܦܨܝܗ
ܐܠܗܐ ܡܢ ܐܝ̈ܕܘܗܝ ܀

[4 v]

ܗ ܥܠ ܡܐܬܝܬܗ ܕܕܘܝܕ ܠܘܬ ܐܟܝܫ ܡܠܟܐ ܕܓܬ:
ܘܥܠ ܕܒܬܪܗ ܕܕܘܝܕ ܠܘܬܗ: ܘܥܠ ܫܐܘܠ ܕܐܙܠ ܠܘܬ
ܐܢܬܬܐ ܕܡܩܣܡܐ ܕܒܥܝܢ ܕܘܪܐ: ܘܥܠ ܡܠܟܐ ܕܦܠܫܬܝ̈ܐ
ܘܩܪܒ̈ܐ ܐܝܣܪܐܝܠ: ܘܥܠ ܡܘܬܗ ܘܬܗ ܕܫܐܘܠ

[5 r]

ܟܬܒܐ ܕܫܡܘܐܝܠ ܕܝܠܝܬܐ ܀

(I.1) ܘܗܘܐ ܓܒܪܐ ܚܕ ܡܢ ܪܡܬܐ ܡܢ ܛܘܪ ܕܐܦܪܝܡ ܘܫܡܗ ܐܠܩܢܐ ܒܪ ܝܪܘܚܡ ܒܪ ܐܠܝܗܘ ܒܪ ܬܘܚܘ ܒܪ ܨܘܦ ܡܢ ܛܘܪ ܕܐܦܪܝܡ ܀

(2) ܘܐܝܬ ܗܘܐ ܠܗ ܬܪܬܝܢ ܢܫܝܢ ܚܕܐ ܫܡܗ ܚܢܐ ܘܐܚܪܬܐ ܫܡܗ ܦܢܢܐ ܘܐܝܬ ܗܘܐ ܠܦܢܢܐ ܒܢܝܐ ܘܠܚܢܐ ܠܝܬ ܗܘܐ ܠܗ ܒܢܝܐ ܀

(3) ܘܣܠܩ ܗܘܐ ܓܒܪܐ ܗܘ ܡܢ ܡܕܝܢܬܗ ܡܢ ܪܝܫ ܫܢܐ ܠܫܢܐ ܠܡܣܓܕ ܘܠܡܕܒܚ ܠܡܪܝܐ ܚܝܠܬܢܐ ܒܫܝܠܘ ܘܬܡܢ ܐܝܬ ܗܘܐ ܬܪܝܢ ܒܢܘܗܝ ܕܥܠܝ ܚܦܢܝ ܘܦܝܢܚܣ ܀

[5 v] (4) ܘܗܘܐ ܝܘܡܐ ܘܕܒܚ ܐܠܩܢܐ ܘܝܗܒ ܠܦܢܢܐ ܐܢܬܬܗ ܘܠܟܠܗܘܢ ܒܢܝܗ ܘܒܢܬܗ ܡܢܘܬܐ ܀

(5) ܘܠܚܢܐ ܝܗܒ ܡܢܬܐ ܚܕܐ ܒܬܪܬܝܢ ܥܦܝܢ ܡܛܠ ܕܠܚܢܐ ܪܚܡ ܗܘܐ ܠܗ ܘܡܪܝܐ ܐܚܕ ܗܘܐ ܡܪܒܥܗ ܀

(6) ܘܡܪܓܙܐ ܗܘܬ ܠܗ ܐܝܕܐ ܕܡܪܓܙ ܒܟ ܀

---

¹ Mg: ܡܢ ܪܡܬܐ ܨܘܦܝܡ

² Scholion:

ܡܢ ܟܬܒܐ ܕܡܫܘܚܬܐ ܕܝܘܚܢܢ ܒܪ ܙܘܒܥܝ ܒܡܫܘܚܬܐ ܠܥܠ ܕܫܡܘܐܝܠ ܀ ܕܪܡܬܐ ܨܘܦܝܡ ܡܢ ܡܕܝܢܬܐ ܕܝܗܘܕ ܀ ܕܝܗܘܕ ܀ ܒܪ ܐܠܝܗܘ ܀ ܒܪ ܐܠܩܢܐ ܀ ܒܪ ܐܠܝܗܘ ܀ ܒܪ ܬܘܚܘ ܀ ܒܪ ܨܘܦ ܀ ܒܪ ܐܠܩܢܐ ܀ ܒܪ ܡܚܬ ܀ ܒܪ ܐܠܝܗܘ ܀ ܒܪ ܬܘܚܘ ܀ ܒܪ ܨܘܦ ܀ ܒܪ ܐܠܩܢܐ ܀ ܒܪ ܩܘܪܚ ܀ ܒܪ ܓܪܫܘܢ ܀ ܒܪ ܠܘܝ ܀ ܒܪ ܝܥܩܘܒ ܀ ܒܪ ܐܝܣܚܩ ܀ ܒܪ ܐܒܪܗܡ ܀

³ Mg: ΦΕΝΑΝΑ.

The Syriac name in the text itself is provided with Greek vowels above the *matres lectionis*.

⁴ The Syriac name in the text itself is provided with Greek vowels above the *matres lectionis*.

⁵ Mg: ܐܝܟ

ܠܗ̇. ܡܛܠ ܕܐܚܝܕ ܡܪܝܐ ܒܐܦ̈ܝ ܡܪܒܥܗ̇: ܘܠܐ ܝܗܒ
ܠܗ̇ ܒܪܐ ܒܐܘܠܨܢܗ̇ ܘܒܡܘܬܒܐ ܕܢܦܫܗ̇. (7) ܘܗܟܢܐ
ܥܒܕܐ ܗܘܬ ܠܗ̇ ܦܢܢܐ. ܟܠ ܫܢܐ ܒܫܢܐ: ܒܙܒܢܐ
ܕܣܠܩܐ ܗܘܬ ܠܒܝܬܗ ܕܡܪܝܐ. ܘܗܟܢܐ ܡܪܓܙܐ ܗܘܬ
ܠܗ̇. ܘܡܬܬܥܝܩܐ ܗܘܬ ܚܢܐ ܘܒܟܝܐ. ܘܠܐ ܐܟܠܐ
ܗܘܬ. (8) ܘܐܡܪ ܠܗ̇ ܐܠܩܢܐ ܒܥܠܗ̇. ܚܢܐ. ܗܝ ܕܝܢ
ܐܡܪܬ. ܗܐ ܐܢܐ ܡܪܝ.. ܘܐܡܪ ܠܗ̇ ܠܡܢܐ ܒܟܝܐ
ܐܢܬܝ. [6 r] ܘܡܛܠ ܡܢܐ ܠܐ ܐܟܠܐ ܐܢܬܝ. ܘܠܡܢܐ
ܒܐܫ ܠܒܟܝ. ܗܐ ܐܢܐ ܛܒ ܐܢܐ ܠܟܝ ܡܢ ܥܣܪܐ ܒܢ̈ܝܢ.
(9) ܘܩܡܬ ܚܢܐ ܡܢ ܒܬܪ ܕܐܟܠܬ ܒܫܝܠܘ ܘܡܢ ܒܬܪ
ܕܐܫܬܝܬ. ܘܐܬܝܬ ܘܩܡܬ ܩܕܡ ܡܪܝܐ. ܘܥܠܝ ܟܗܢܐ.
ܝܬܒ ܗܘܐ ܥܠ ܟܘܪܣܝܐ ܥܠ ܐܣܩܘܦܬܐ ܕܗܝܟܠܗ
ܕܡܪܝܐ. (10) ܘܗܝ ܡܪܝܪܐ ܗܘܬ ܢܦܫܗ̇. ܘܡܨܠܝܐ
ܗܘܬ ܩܕܡ ܡܪܝܐ. ܘܒܟܐ ܒܟܝܐ ܗܘܬ. (11) ܘܢܕܪܬ
ܢܕܪܐ ܒܨܠܘܬܗ̇. ܘܐܡܪܬ ܠܡܪܝܐ. ܐܕܘܢܝ ܡܪܝܐ.
ܐܠܗܐ ܨܒܐܘܬ. ܐܢ ܡܚܙܐ ܬܚܙܐ ܠܡܘܟܟܗ
ܕܐܡܬܟ: ܘܬܬܕܟܪܝܢܢܝ. ܘܠܐ ܬܛܥܝܢܗ̇ ܠܐܡܬܟ: ܘܬܬܠ
ܠܐܡܬܟ ܙܪܥܐ ܕܓܒܪܐ. ܐܦ ܐܬܠܝܘܗܝ ܩܕܡܝܟ
ܡܫܡܫܢܐ ܒܠܗܘܢ ܝܘܡ̈ܝ ܚܝ̈ܘܗܝ. [6 v] ܘܚܡܪܐ ܘܫܟܪܐ.
ܠܐ ܢܫܬܐ ܠܥܠܡ. ܘܡܣܦܪܐ. ܠܐ ܢܣܩ ܥܠ
ܪܝܫܗ ܀. (12) ܘܗܘܐ ܕܟܕ ܐܣܓܝܬ ܚܢܐ ܠܡܨܠܝܘ ܩܕܡ
ܡܪܝܐ. ܘܥܠܝ ܟܗܢܐ. ܢܛܪ ܗܘܐ ܠܦܘܡܗ̇. (13) ܘܗܝ
ܚܢܐ. ܒܠܒܗ̇ ܗܘ ܒܠܚܘܕ ܡܡܠܠܐ ܗܘܬ. ܘܣܦܘ̈ܬܗ̇
ܡܬ̈ܬܙܝܥܢ ܗܘܝ. ܘܩܠܗ̇. ܠܐ ܡܫܬܡܥ ܗܘܐ.܊ ܘܚܫܒܗ̇
ܥܠܝ ܐܝܟ ܪܘܝܬܐ. (14) ܘܐܡܪ ܠܗ̇ ܛܠܝܐ ܕܥܠܝ. ܥܕܡܐ
ܠܐܡܬܝ ܪܘܝܐ ܐܢܬܝ. ܐܥܒܪܝ ܚܡܪܟܝ ܡܢܟܝ. ܘܙܠܝ ܠܟܝ ܡܢ
ܩܕܡ ܡܪܝܐ ܀. (15) ܘܥܢܬ ܚܢܐ ܘܐܡܪܬ ܠܗ. ܠܐ
ܡܪܝ.. ܐܢܬܬܐ ܐܢܐ. ܕܩܫܝܐ ܪܘܚܐ. ܘܚܡܪܐ

ܘܫܟܪܐ . ܠܐ ܐܫܬܝܬ . ܘܐܫܕܬ ܢܦܫܝ ܩܕܡ ܡܪܝܐ .
(16) ܠܐ ܬܚܫܒܝܗ̇ ܠܐܡܬܟܝ ܩܕܡܝܟܝ ܒܪܬ ܚܠܘܡܐ . ܡܛܠ
ܕܡܢ ܣܘܓܐܐ ܗܘ ܕܚܫܒܝ ܘܕܪܘܓܙܝ܇ ܐܬܬܢܚܬ ܡܠܬܝ
ܥܕܡܐ ܠܗܫܐ ܀ . (17) ܘܥܢܐ ܥܠܝ . ܘܐܡܪ [7 r] ܠܗ̇ . ܙܠܝ
ܒܫܠܡܐ . ܡܪܝܐ ܐܠܗܐ ܕܐܝܣܪܝܠ܇ ܢܬܠ ܠܟܝ ܟܠܗ̇
ܫܐܠܬܟܝ ܗ̇ܝ ܕܫܐܠܬܝ ܡܢܗ . (18) ܗ̇ܝ ܕܝܢ ܐܡܪܬ . ܬܫܟܚ
ܐܡܬܟܝ ܪ̈ܚܡܐ ܒܥܝ̈ܢܝܟ . ܘܐܙܠܬ ܐܢܬܬܐ ܠܐܘܪܚܗ̇ .
ܘܥܠܬ ܠܒܝܬ ܡܫܬܝܐ . ܘܐܟܠܬ ܥܡ ܒܥܠܗ̇ ܘܐܫܬܝܬ .
ܘܐܦ̈ܝܗ̇ . ܠܐ ܢܦܠܘ ܠܗ̇ ܬܘܒ . (19) ܘܩܕܡܘ ܒܨܦܪܐ ·
ܘܣܓܕܘ ܠܡܪܝܐ . ܘܗܦܟܘ ܘܐܙܠܘ ܠܐܘܪܚܗܘܢ . ܘܥܠ
ܐܠܩܢܐ ܠܒܝܬܗ ܠܪܡܬܐ ܀ . ܘܝܕܥ[6] ܐܠܩܢܐ ܠܚܢܐ
ܐܢܬܬܗ . ܘܐܬܕܟܪܗ̇ ܡܪܝܐ . (20) ܘܗܘܐ ܠܙܒܢܐ
ܕܝܘܡܬܐ . ܘܒܛܢܬ ܚܢܐ . ܘܝܠܕܬ ܒܪܐ . ܘܩܪܬ ܫܡܗ .
ܫܡܘܐܝܠ . ܒܪ ܐܡܪܬ . ܡܛܠ ܕܡܢ ܡܪܝܐ ܫܐܠܬܗ ܀ .
(21) ܘܣܠܩ ܗܘ ܓܒܪܐ ܐܠܩܢܐ · ܘܟܠܗ ܒܝܬܗ : ܠܡܕܒܚܘ
ܠܡܪܝܐ ܒܥܐܕܐ ܕܝܘܡܬܐ : ܘܠܡܦܪܥ ܟܠܗܘܢ
[7 v] ܢܕܪܘܗܝ ܘܡܥܣܪ̈ܐ ܕܐܪܥܗ . (22) ܘܚܢܐ . ܠܐ ܣܠܩܬ
ܥܡܗ . ܡܛܠ ܕܐܡܪܬ ܠܓܒܪܗ̇ . ܐܬܒ ܘܠܐ ܐܣܩ .
ܥܕܡܐ ܕܐܚܣܠܝܘܗܝ ܠܛܠܝܐ ܘܐܬܚܙܐ ܩܕܡ
ܡܪܝܐ܇ ܘܢܬܒ ܬܡܢ ܥܕܡܐ ܠܥܠܡ . (23) ܘܐܡܪ ܠܗ̇
ܐܠܩܢܐ ܓܒܪܗ̇ . ܥܒܕܝ . ܐܝܟܢܐ ܕܫܦܝܪ ܒ̈ܥܝܢܝܟܝ . ܬܒܝ
ܥܕܡܐ ܕܬܚܣܠܝܢܝܗܝ . ܒܪܡ . ܢܩܝܡ ܡܪܝܐ ܡܕܡ ܕܢܦܩ ܡܢ
ܦܘܡܟܝ ܀ . ܘܝܬܒܬ ܗ̇ܝ ܐܢܬܬܐ ܘܐܝܢܩܬܗ ܠܒܪܗ̇ ܥܕܡܐ
ܕܐܚܣܠܬܗ . (24) ܘܐܣܩܬܗ ܥܡܗ̇ ܟܕ ܚܣܠܬܗ . ܒܬܘܪܐ
ܬܠܬܐ · ܘܒܠܚܡܐ ܚܕܐ ܕܣܡܝܕܐ . ܘܒܓܪܒܐ ܚܕ
ܕܚܡܪܐ . ܘܥܠܬ ܠܒܝܬܗ ܕܡܪܝܐ ܒܫܝܠܘ . ܘܛܠܝܐ . ܛܠܝܐ
ܗܘܐ . (24 G) ܘܩܪܒܘܗܝ ܩܕܡ ܡܪܝܐ . ܘܢܟܣ ܐܒܘܗܝ

---

[6] Mg: ܩܪܝ ܕܠܒܗ ܕܝܕܥ

[8 r] (25 P) (25 G)

(26)

(27)

(28)

[7](II.1)

(2)

(3) [8 v]

(4)

(5)

(6)

(7)

(8)

[9 r]

---

[7] Mg: ܐܠܗܐ ܕܒܪ̈ܝ ܗܘ

ܥܡ ܫܠܝܛܐ ܠܗܘ ܕܥܡܡܐ. ܘܟܘܪܣܝ ܫܘܒܚܐ ܕܝܪ̈ܘܬܐ.
(9 P) ܪ̈ܓܠܐ ܕܚܣܝ̈ܕܘܗܝ ܢܛܪ. ܘܪ̈ܫܝܥܐ. ܒܚܫܘܟܐ
ܢܫܬܬܩܘܢ. (9 G) ܡܛܠ ܕܠܐ ܗܘܐ ܒܚܝܠܗ ܡܬܓܢܒܪ
ܓܒܪܐ ܥܠ ܐܪܥܐ. (10 G) ܐܠܗܐ ܡܪܝܐ ܢܥܒܕܝܘܗܝ
ܡܚܝܠܐ ܠܒܥܠ ܕܝܢܗ. ܡܪܝܐ. ܩܕܝܫܐ ܗܘ. ܠܐ ܢܫܬܒܗܪ
ܚܟܝܡܐ ܒܚܟܡܬܗ: ܘܠܐ ܢܫܬܒܗܪ ܚܝܠܬܢܐ ܒܚܝܠܬܢܘܬܗ.
ܘܠܐ ܢܫܬܒܗܪ ܥܬܝܪܐ ܒܥܘܬܪܗ. ܐܠܐ ܒܗܕܐ ܢܫܬܒܗܪ
ܗܘ ܕܡܫܬܒܗܪ. ܕܢܣܬܟܠ ܘܢܕܥ ܠܡܪܝܐ. ܘܢܥܒܕ ܕܝܢܐ
ܘܙܕܝܩܘܬܐ ܒܓܘ ܐܪܥܐ. (10 P) ܡܪܝܐ ܢܬܒܪ
ܒܥܠܕܒ̈ܒܘܗܝ. ܘܥܠܝܗܘܢ ܒܫܡܝܐ ܢܪܥܡ. ܗܘ ܢܕܘܢ
ܠܣܘ̈ܦܝܗ ܕܐܪܥܐ. ܐܝܟ ܐܢܫܐ ܕܙܕܩܐ ܐܢܬܘܗܝ.
ܘܢܬܠ ܚܝܠܐ ܠܡܠܟܗ. ܘܢܪܝܡ ܩܪܢܐ ܕܡܫܝܚܗ ⁘ (11 G)
[9 v] ܘܫܒܩܘܗܝ ܬܡܢ ܠܫܡܘܐܝܠ ܩܕܡ ܡܪܝܐ. (11 P) ܘܐܙܠ
ܐܠܩܢܐ ܘܚܢܐ ܐܢܬܬܗ ܠܪܡܬܐ ܠܒܝܬܗ ⁘. ܘܛܠܝܐ[8]
ܫܡܘܐܝܠ ܡܫܡܫ ܗܘܐ ܩܕܡ ܡܪܝܐ. ܩܕܡ ܥܠܝ ܟܗܢܐ.
(12) ܘܒ̈ܢܘܗܝ ܕܥܠܝ ܟܗܢܐ ܐܬܛܠܡܘ ܗܘܘ ܒ̈ܢܝܐ ܡܬܥܪ̈ܠܐ.
ܕܠܐ ܝܕܥܝܢ ܗܘܘ ܠܡܪܝܐ. (13 P) ܘܕܝܢܐ ܠܗܘܢ ܡܢ ܥܡܐ.
ܕܬܠܬ ܫ̈ܢܝܢ. ܘܢܣܒܝܢ ܗܘܘ ܘܕܒܚܐ ܕܟܗ̈ܢܐ ܡܢ ܥܡܐ. ܡܢ
ܟܠ ܓܒܪܐ ܕܕܒܚ ܗܘܐ ܕܒܚܬܐ. (13 G) ܘܐܬܐ ܗܘܐ
ܛܠܝܐ ܕܟܗ̈ܢܐ: ܡܐ ܕܡܬܒܫܠ ܗܘܐ ܒܣܪܐ. ܘܡܫܠܠܐ
ܕܬܠܬ ܫ̈ܢܝܢ ܒܐܝܕܗ. (14) ܘܡܥܠ ܗܘܐ ܠܗ ܠܩܕܪܐ
ܐܘ ܠܐܣܢܐ ܐܘ ܠܩܕܪܬܐ. ܐܘ ܠܩܕܪܐ. ܘܟܠ ܡܐ
ܕܡܣܩ ܗܘܐ ܒܡܫܠܠܐ. ܫܩܠ ܗܘܐ ܠܗ ܠܟܗܢܐ.
ܗܟܢܐ ܥܒܕܝܢ ܗܘܘ ܠܟܠܗ ܐܝܣܪܐܝܠ: ܠܗܢܘܢ ܕܐܬܝܢ
ܗܘܘ ܠܬܡܢ. ܠܡܕܒܚ ܠܡܪܝܐ [10 r] ܒܫܝܠܘ. (15) ܘܐܦ
ܩܕܡ ܕܢܬܬܩܛܪ ܬܪܒܐ ܕܗܢܘܢ ܕܕܒܚܝܢ ܗܘܘ ܕܒܚܬܐ.

---

[8] Mg: ܩܦ ܒ
ܕܝܢ ܒܥܒܕܐ ܕܫܡܫܐ ܕܢܡܘܣܐ

ܐܬܝܐ ܗܘܐ ܛܠܠܐ ܕܒܗܝܠܐ. ܘܐܡܪ ܗܘܐ ܠܓܒܪܐ
ܗܘ ܕܕܒܝܫ ܗܘܐ. ܗܒ ܒܗܘܪܐ ܠܡܛܠܘ ܠܒܗܬܬܐ. ܘܠܐ
ܢܦܩ ܐܢܫܐ ܡܢܗ ܒܗܘܪܐ ܕܢܥܠ ܡܢ ܦܪܕܝܣܐ. (16) ܘܐܡܪ
ܗܘܐ ܠܗ ܠܓܒܪܐ ܗܘ ܕܕܒܝܫ ܗܘܐ. ܕܗܘܘ ܢܦܩܘ
ܘܡܠܟܐ: ܘܐܬܬܚܒܠܢ ܬܘܪܬܐ ܡܕܡܐܬ ܐܝܟ ܕܐܡܪ. ܘܗܒ
ܠܝ. ܐܝܟ ܟܠܐ ܕܐܠܗܐ ܢܦܫܝ. ܘܐܡܪ ܗܘܐ ܠܗ.
ܠܐ. ܐܠܐ ܗܫܟܐ ܗܘ ܢܦܩ ܐܢܬ. ܘܐܝܟ ܕܝܢ ܠܐ. ܢܦܩ
ܐܢܐ ܒܦܓܪܐ. (17) ܘܐܬܬܢܝܚ ܗܘܬ ܣܓܝܬܐ ܕܛܠܠܐ.
ܪܒܬܐ ܡܢܟ ܡܪܝܐ. ܡܛܠ ܕܡܥܘܠܝܢ ܗܘܘ ܒܪܒܝܬܐ
ܕܡܪܝܐ. ܀ (18) ܘܫܡܥܐܠ ܐܬܚܙܝ ܗܘܐ ܕܡܫܪܫ
ܡܢܟ ܡܪܝܐ: [10 v] ܛܠܠܐ ܕܡܚܝܘ ܗܘܐ ܐܦܢ ܕܒܬܐ.
(19) ܘܦܪܘܫܐ ܕܒܘܪܐ ܗܘ ܕܢܒܪܐ ܗܘܬ ܠܗ ܐܚܕܗ.
ܘܡܗܡܢܐ ܗܘܬ ܠܗ ܡܢ ܒܪ ܠܒܪ: ܐܝܟܘܬ ܕܦܠܚܐ
ܗܘܬ ܥܡ ܠܓܒܪܗ. ܐܝܟܘܬ ܕܦܠܚ ܗܘܐ ܠܡܪܝܗܘܢ ܕܒܝܬܐ
ܕܡܫܡܫܬܐ. ܘܠܡܫܡܫܘ ܒܕܡܘܬܗ. ܀ (20) ܘܐܡܪܝܢ ܟܠ ܠܡܠܐܟܐ
ܘܠܐܢܬܬܗ ܕܐܡܪ. ܢܛܠ ܠܝ ܡܪܝܐ ܙܪܥܐ ܡܢ ܐܢܬܬܐ
ܗܕܐ. ܢܠܦ ܫܐܠܬܐ ܗܝ ܕܐܫܬܐܠܬ ܠܡܪܝܐ ܀. ܘܐܝܟ
ܓܒܪܐ ܗܘ ܠܕܒܬܗ. (21) ܘܡܪܝܐ ܡܚܘܐ ܠܚܘܝܐ. ܘܓܒܝܬ
ܘܒܪܬ ܬܘܒ. ܬܠܬܐ ܒܢܝܢ ܘܬܪܬܝܢ ܒܢܝ. ܘܐܦ ܛܠܠܐ
ܫܡܥܐܠ ܡܢܟ ܡܪܝܐ ܀. (22) ܘܟܠ ܗܐܟܢ. ܗܘܐ. ܘܫܒܩ
ܒܠܗܝܢ ܗܠܝܢ ܕܒܢܝܢ ܗܘܘ ܒܢܘܗܝ. ܠܒܠܗ ܐܝܣܪܝܐܠ:
ܘܡܬܚܒܒܝܢ ܗܘܘ. ܘܡܬܢܚܝܢ ܗܘܘ ܥܡ ܢܫܐ ܗܠܝܢ ܕܐܬܝܢ
ܗܘܝ ܠܡܬܠܘ ܠܗܘܬ ܬܪܥܐ ܕܡܫܒܩܢܐ ܕܚܘܣܕܬܐ.
(23) ܘܐܡܪ ܠܗܘܢ. ܠܡܠܟܐ ܚܟܝܡܝܢ ܐܢܬܘܢ [11 r] ܐܝܟ
ܡܠܟܐ ܗܠܝܢ. ܗܠܝܢ ܕܐܡܪܬ ܐܢܐ ܛܒܘܢ ܒܒܝܬܐ ܡܢ ܟܠܗ
ܒܒܝܬܐ ܕܡܪܝܐ. (24) ܠܐ ܬܒ.. ܡܛܠ ܕܠܐ ܫܦܝܪ ܫܡܝܥܐ
ܗܠܝܢ ܕܐܡܪܬ ܐܢܐ. ܕܫܡܥܬܘܢ ܐܢܬܘܢ ܘܡܬܟܠܝܢ ܐܢܬܘܢ
ܠܒܢܝܐ ܗܠܝܢ ܕܡܪܝܐ. ܘܠܐ ܦܠܚܝܢ ܒܟܘܬܐ ܠܐܠܗܐ.

(25) ܐܢ ܓܒܪܐ ܒܓܒܪܐ ܢܚܛܐ: ܠܘܬ ܡܪܝܐ
ܢܨܠܘܢ ܘܢܨܠܘܢ ܚܠܦܘܗܝ. ܐܢܕܝܢ ܓܒܪܐ: ܒܡܪܝܐ ܢܚܛܐ.
ܡܢ ܡܢܘ ܢܒܥܘܢ. ܘܡܢܘ ܢܨܠܐ ܡܛܠܬܗ. ܘܠܐ ܫܡܥܝܢ
ܗܘܘ ܠܩܠܐ ܕܐܒܘܗܘܢ. ܡܛܠ ܕܡܨܒܐ ܨܒܐ ܗܘܐ
ܡܪܝܐ ܕܢܚܒܠ ܐܢܘܢ ⁖ (26) ܘܛܠܝܐ ܫܡܘܐܝܠ · ܐܙܠ
ܗܘܐ ܘܪܒ. ܛܒ. ܘܛܐܒ ܗܘܐ · ܘܥܡ ܡܪܝܐ. ܘܐܦ
ܥܡ ܒܢܝ̈ܢܫܐ ⁖˟ (27) ܘܐܬܐ ܓܒܪܐ ܕܐܠܗܐ ܠܘܬ
ܥܠܝ. ܘܐܡܪ ܠܗ. ܗܟܢܐ ܐܡܪ ܡܪܝܐ. ܡܬܓܠܝܘ
ܐܬܓܠܝܬ ܥܠ [11 v] ܒܝܬ ܐܒܘܟ: ܟܕ ܐܝܬܝܗܘܢ ܗܘܘ
ܒܐܪܥܐ ܕܡܨܪܝܢ ܥܒ̈ܕܐ ܕܒܝܬ ܦܪܥܘܢ. (28) ܘܓܒܝܬܗ ܠܝ
ܡܢ ܟܠܗܘܢ ܫܒ̈ܛܐ ܕܐܝܣܪܐܝܠ ܠܡܟܗܢܘ ܠܝ. ܠܡܣܩ ܥܠ
ܡܕܒܚܝ. ܘܠܡܣܩܘ ܒܣ̈ܡܐ: ܘܠܡܛܥܢ ܐܦܘܕ ܩܕܡܝ.
ܘܝܗܒܬ ܠܒܝܬ ܐܒܘܟ. ܟܠܗܘܢ ܩܘܪ̈ܒܢܐ ܕܡܢ ܢܘܪܐ ܕܒ̈ܢܝ
ܐܝܣܪܐܝܠ ܠܡܐܟܘܠܬܐ. (29) ܠܡܢܐ ܐܚܝܪܬܘܢ ܒܥܝ̈ܢܝ.
ܘܚܪܬܘܢ ܒܩܘܪ̈ܒܢܝ ܒܥܝܢܐ ܠܡܚܣܢܘܬܐ: ܘܝܩܪܬ ܠܒ̈ܢܝܟ
ܝܬܝܪ ܡܢ ܕܠܝ. ܠܡܒܪܟܘ ܘܠܡܫܩܠ ܪ̈ܝܫܝܬܐ ܕܟܠ ܕܒܚܬܐ
ܕܒ̈ܢܝ ܐܝܣܪܐܝܠ ܡܢ ܩܕܡܝ ⁖ (30) ܡܛܠ ܗܕܐ. ܗܟܢܐ
ܐܡܪ ܡܪܝܐ ܐܠܗܐ ܕܐܝܣܪܐܝܠ. ܡܐܡܪ ܐܡܪܬ·
ܕܒܝܬܟ ܘܒܝܬ ܐܒܘܟ · ܢܥܒܪܘܢ ܩܕܡܝ. ܥܕܡܐ ܠܥܠܡ.
ܘܗܫܐ. ܠܐ ܗܟܢܐ ܐܡܪ ܡܪܝܐ. ܚܣ ܠܝ. ܡܛܠ
ܕܠܡܝܩܪ̈ܝ ܐܝܩܪ. ܘܐܝܠܝܢ ܕܫܝܛܝܢ ܠܝ ܢܬܒܣܪܘܢ ⁖ (31) ܗܐ
ܝܘܡ̈ܬܐ ܐܬܝܢ ܐܡܪ ܡܪܝܐ. [12 r] ܘܐܪܒܛܐ ܙܪܥܟ
ܘܙܪܥܐ ܕܒܝܬ ܐܒܘܟ. ܘܠܐ ܢܗܘܐ ܣܒܐ ܒܒܝܬܟ:
(32 P) ܘܬܚܙܐ ܐܘܠܨܢܐ ܒܡܕܝܪܟ. ܒܟܠܗܝܢ ܗܠܝܢ ܕܢܛܐܒ
ܐܠܗܐ ܠܐܝܣܪܐܝܠ. (32 G) ܘܠܐ ܢܗܘܐ ܣܒܐ ܒܒܝܬܟ.
ܟܠܗܘܢ ܝܘܡ̈ܬܐ. (33) ܘܓܒܪܐ. ܠܐ ܐܘܒܕ ܠܟ ܡܢ
ܡܕܒܚܝ. ܠܡܚܫܟܘ ܥܝ̈ܢܘܗܝ. ܘܠܡܕܒܘ ܢܦܫܗ. ܘܟܠ ܕܫܪܟ
ܡܢ ܒܝܬܟ. ܢܦܠܘܢ ܒܚܪܒܐ ܓܒܪ̈ܐ. (34) ܘܗܕܐ ܠܟ ܐܬܐ

ܗ̇ܝ ܕܐܬܝܐ ܥܠ ܬܪ̈ܝܢ ܒܢ̈ܝܟ ܗܠܝܢ ܚܦܢܝ ܘܦܢܚܣ. ܒܝܘܡܐ
ܚܕ ܢܡܘܬܘܢ ܬܪ̈ܝܗܘܢ. (35) ܘܐܩܝܡ ܠܝ ܟܗܢܐ ܡܗܝܡܢܐ.
ܗ̇ܘ ܕܐܝܟ ܐܝܠܝܢ ܕܒܠܒܝ ܘܗܠܝܢ ܕܒܢܦܫܝ ܢܥܒܕ. ܘܐܒܢܐ
ܠܗ ܒܝܬܐ ܡܗܝܡܢܐ. ܘܢܗܠܟ ܩܕܡ[9] ܒܪ ܡܫܝܚܝ ܟܠܗܘܢ
ܝܘܡ̈ܬܐ. (36) ܘܢܗܘܐ: ܕܟܠ ܕܡܫܬܚܪ ܒܒܝܬܟ. ܢܐܬܐ
ܠܡܣܓܕ ܠܗ [10]ܒܡܥܗ ܚܕ ܕܟܣܦܐ. [11]ܘܒܓܪܝܨܬܐ
ܚܕܐ ܕܠܚܡܐ. ܘܢܐܡܪ ܠܗ. [12 v] ܫܕܝܢܝ ܥܠ ܚܕܐ ܡܢ
ܡܫܡܫܢ̈ܘܬܟ. ܕܐܟܘܠܗ̇ ܒܓܪܝܨܐ ܕܠܚܡܐ. ∴.

(III.1)[12] ܘܛܠܝܐ ܫܡܘܐܝܠ: ܐܫܬܡܫ ܗܘܐ. ܕܡܫܡܫ
ܠܡܪܝܐ ܩܕܡ ܥܠܝ ܟܗܢܐ. ܘܡܠܬܐ ܕܡܪܝܐ. ܝܩܝܪܐ
ܗܘܬ ܒܝܘܡ̈ܬܐ ܗ̇ܢܘܢ. ܠܝܬ ܗܘܐ ܚܙܘܐ ܕܡܬܦܪܫ ܗܘܐ
ܦܬܠܐ. ∴. (2) ܘܗܘܐ ܒܝܘܡܐ ܗ̇ܘ. ܘܥܠܝ ܟܗܢܐ ܕܡܟ
ܗܘܐ ܒܕܘܟܬܗ. ܘܥܝ̈ܢܘܗܝ: ܥܡ̈ܝ ܗܘܝ ܠܡܟܗܝܘ. ܘܠܐ
ܡܫܟܚ ܗܘܐ ܠܡܚܙܐ. (3) ܘܫܪܓܗ ܕܡܪܝܐ ܥܕܟܝܠ ܠܐ
ܕܥܟ ܗܘܐ. ܘܫܡܘܐܝܠ ܕܡܟ ܗܘܐ ܒܗܝܟܠܗ ܕܡܪܝܐ.
ܐܝܟܐ ܕܩܝܡܬܗ ܕܐܠܗܐ. (4) ܘܩܪܐ ܡܪܝܐ
ܠܫܡܘܐܝܠ. ܘܐܡܪ. ܫܡܘܐܝܠ ܫܡܘܐܝܠ. ܘܐܡܪ. ܗܐ
ܐܢܐ. (5) ܘܪܗܛ ܠܘܬ ܥܠܝ. ܘܐܡܪ. ܗܐ ܐܢܐ ܕܩܪܝܬܢܝ.
ܘܐܡܪ ܥܠܝ. ܠܐ ܩܪܝܬܟ: ܙܠ ܕܡܟ. ܘܐܙܠ ܕܡܟ.
(6) ܘܐܘܣܦ ܬܘܒ ܡܪܝܐ ܠܡܩܪܐ ܠܫܡܘܐܝܠ. ܘܐܡܪ.
ܫܡܘܐܝܠ ܫܡܘܐܝܠ. ܘܩܡ ܫܡܘܐܝܠ. [13 r] ܘܐܙܠ ܠܘܬ
ܥܠܝ. ܘܐܡܪ. ܗܐ ܐܢܐ ܕܩܪܝܬܢܝ. ܘܐܡܪ ܥܠܝ. ܠܐ:
ܩܪܝܬܟ ܒܪܝ. ܙܠ ܕܡܟ. (7) ܘܫܡܘܐܝܠ ܥܕܟܝܠ· ܠܐ ܝܕܥ
ܗܘܐ ܠܡܪܝܐ. ܘܥܕܟܝܠ. ܠܐ ܐܬܓܠܝ ܗܘܐ ܥܠܘܗܝ

---

[9] Mg: ܩܕܡ ܡܫܝ̈ܚܝ

[10] Mg: ܡܛܠ

[11] Mg: ܘܡܛܠ

[12] Mg: ܩܪ̇ܝ ܕܗܘܦܪܐ

ܦܬܓܡܗ ܕܡܪܝܐ. (8) ܘܐܘܣܦ ܬܘܒ ܡܪܝܐ ܠܡܩܪܝܗ
ܠܫܡܘܐܝܠ ܕܬܠܬ ܙܒܢܝܢ. ܘܩܡ ܫܡܘܐܝܠ ܘܐܙܠ ܠܘܬ
ܥܠܝ. ܘܐܡܪ. ܗܐ ܐܢܐ ܕܩܪܝܬܢܝ. ܘܐܣܬܟܠ ܥܠܝ. ܕܡܪܝܐ
ܩܪܐ ܠܛܠܝܐ. (9) ܘܐܡܪ ܥܠܝ ܠܫܡܘܐܝܠ. ܙܠ ܕܡܟ
ܒܟ. ܘܐܢ ܢܩܪܝܟ܁ ܐܡܪ. ܡܠܠ ܡܪܝܐ܇ ܡܛܠ ܕܫܡܥ
ܥܒܕܟ. ܘܐܙܠ ܫܡܘܐܝܠ. ܘܕܡܟ ܒܕܘܟܬܗ ܀ (10) ܘܐܬܐ
ܡܪܝܐ. ܘܩܡ ܘܩܪܐ ܠܗ. ܐܝܟ ܙܒܢܝܢ. ܫܡܘܐܝܠ܁
ܫܡܘܐܝܠ. ܘܐܡܪ ܫܡܘܐܝܠ. ܡܠܠ ܡܪܝܐ܇ ܡܛܠ
ܕܫܡܥ ܥܒܕܟ ܀. (11) ܘܐܡܪ ܡܪܝܐ. ܠܫܡܘܐܝܠ. ܗܐ
ܥܒܕ [13 v] ܐܢܐ ܦܬܓܡܐ ܒܐܝܣܪܝܠ. ܕܟܠ ܕܫܡܥܝܘܗܝ
ܬܨܠܢ ܬܪܬܝܗܝܢ ܐܕ̈ܢܘܗܝ. (12) ܒܝܘܡܐ ܗܘ܂ ܐܩܝܡ ܥܠ
ܥܠܝ. ܟܠܗܝܢ ܗܠܝܢ ܕܐܡܪܬ ܥܠ ܒܝܬܗ. ܘܐܫܪܪ.
ܘܐܫܠܡ. (13) ܘܐܚܘܝܬܗ ܠܗ. ܕܕܐܢ ܐܢܐ ܘܬܒܥ ܐܢܐ
ܠܒܝܬܗ ܒܕܝܢܐ ܠܥܠܡ ܒܚܘܒܐ ܕܒ̈ܢܘܗܝ: ܕܝܕܥ ܗܘܐ
ܕܡܨܛܪܝܢ ܗܘܘ ܒ̈ܢܘܗܝ ܠܥܡܐ ܐܦ ܠܐܠܗܐ: ܘܐܦܠܐ
ܗܡܝܢܐ: ܠܐ ܟܐܐ ܗܘܐ ܒܗܘܢ. (14) ܡܛܠ ܗܕܐ ܝܡܝܬ
ܥܠ ܒܝܬܐ ܕܥܠܝ. ܐܢ ܬܬܚܣܐ ܚܛܝܬܐ ܕܒܝܬܐ ܕܥܠܝ:
ܒܕ̈ܒܚܐ ܘܒܩܘܪ̈ܒܢܐ ܒܕܡܐ ܠܥܠܡ ܀.
(15) ܘܕܡܟ ܫܡܘܐܝܠ ܥܕܡܐ ܠܨܦܪܐ. ܘܩܡ ܒܨܦܪܐ.
ܘܦܬܚ ܬܪ̈ܥܐ ܕܒܝܬܗ ܕܡܪܝܐ. ܘܫܡܘܐܝܠ ܕܚܠ ܕܢܚܘܐ
ܚܙܘܐ ܠܥܠܝ ܀. (16) ܘܩܪܐ ܥܠܝ ܠܫܡܘܐܝܠ. ܘܐܡܪ ܠܗ.
ܫܡܘܐܝܠ ܒܪܝ. ܘܐܡܪ. ܗܐ ܐܢܐ. (17) ܘܐܡܪ ܠܗ.
ܡܢܐ ܗܝ ܡܠܬܐ ܗܝ [14 r] ܕܐܬܡܠܠܬ ܠܘܬܟ ܡܢ ܡܪܝܐ.
ܠܐ ܬܛܫܐ ܘܠܐ ܬܟܣܐ ܡܢܝ. ܗܟܢܐ ܢܥܒܕ ܠܟ ܐܠܗܐ܁
ܘܗܟܢܐ ܢܘܣܦ ܠܟ. ܐܢ ܬܟܣܐ ܡܢܝ ܡܠܬܐ: ܡܢ ܟܠܗܝܢ
ܡ̈ܠܐ ܗܠܝܢ ܕܐܡܪ ܠܟ ܡܪܝܐ. (18) ܘܚܘܝ܆ ܘܐܘܕܥܗ
ܫܡܘܐܝܠ: ܟܠܗܝܢ ܡ̈ܠܐ. ܘܠܐ ܟܣܐ ܡܢܗ ܡܕܡ ܀ ܘܐܡܪ
ܥܠܝ. ܡܪܝܐ ܗܘ. ܟܠ ܡܐ ܕܫܦܝܪ ܒܥ̈ܝܢܘܗܝ ܢܥܒܕ ܀.

(19) ܘܪܒܐ ܫܡܘܐܝܠ܆ ܘܡܪܝܐ܇ ܐܝܬܘܗܝ ܗܘܐ ܥܡܗ. ܘܠܐ ܐܦܠ ܡܢ ܟܠܗܘܢ ܡ̈ܠܘܗܝ ܥܠ ܐܪܥܐ. (20) ܘܝܕܥ ܟܠܗ ܐܝܣܪܐܝܠ܆ ܡܢ ܕܢ. ܘܥܕܡܐ ܠܒܐܪܫܒܥ. ܕܐܬܗܝܡܢ ܢܒܝܐ ܠܐܠܗܐ ܫܡܘܐܝܠ. ܀ (21) ܘܐܘܣܦ ܬܘܒ ܡܪܝܐ ܠܡܬܓܠܝܘ ܒܫܝܠܘ ܒܦܬܓܡܘܗܝ ܠܫܡܘܐܝܠ. ܡܛܠ ܕܐܬܓܠܝ ܡܪܝܐ ܠܘܬ ܫܡܘܐܝܠ. ܘܐܬܗܝܡܢ ܫܡܘܐܝܠ [14 v] ܕܢܗܘܐ ܢܒܝܐ ܕܡܪܝܐ ܒܟܠܗ ܐܝܣܪܐܝܠ܆ ܡܢ ܪ̈ܝܫܐ ܕܐܪܥܐ ܘܥܕܡܐ ܠܪ̈ܝܫܐ. ܘܥܠܝ ܣܒ ܗܘܐ ܛܒ. ܦܠ. ܘܒܢ̈ܘܗܝ ܐܙܠܝܢ ܗܘܘ ܒܥܘܠ. ܘܒܝܫܐ ܗܘܬ ܐܘܪܚܗܘܢ ܩܕܡ ܡܪܝܐ ܀.

(IV.1 G)[13] ܘܗܘܐ ܒܝܘܡܬܐ ܗܢܘܢ. ܘܐܬܟܢܫܘ ܦܠܫܬܝܐ ܠܩܪܒܐ ܥܠ ܐܝܣܪܐܝܠ. (IV.1 P) ܘܗܘܐ ܦܬܓܡܗ ܕܫܡܘܐܝܠ ܥܠ ܟܠܗ ܐܝܣܪܐܝܠ. ܘܢܦܩ ܐܝܣܪܐܝܠ ܠܐܘܪܥܗܘܢ ܠܩܪܒܐ. ܘܫܪܘ ܥܠ ܐܒܢܐ ܕܥܘܕܪܪܐ[14]. ܘܦܠܫܬܝܐ ܫܪܘ ܒܐܦܩ. (2) ܘܐܬܛܟܣܘ ܦܠܫܬܝܐ ܠܘܩܒܠ ܐܝܣܪܐܝܠ. ܘܗܘܐ ܩܪܒܐ. ܘܐܬܬܒܪ ܐܝܣܪܐܝܠ ܩܕܡ ܦܠܫܬܝܐ. ܘܐܬܩܛܠܘ ܒܣܕܪܐ ܒܚܩܠܐ. ܐܝܟ ܐܪ̈ܒܥܐ ܐܠܦܝܢ ܓܒܪ̈ܝܢ. (3) ܘܐܬܐ ܥܡܐ ܠܡܫܪܝܬܐ. ܘܐܡܪܘ ܣ̈ܒܐ ܕܐܝܣܪܐܝܠ. ܠܡܢܐ ܬܒܪ ܠܢ ܡܪܝܐ ܝܘܡܢܐ ܩܕܡ ܦܠܫܬܝܐ. ܢܣܒ ܠܘܬܢ ܡܢ ܫܝܠܘ ܠܩܒܘܬܐ ܕܩܝܡܗ ܕܡܪܝܐ [15 r] ܨܒܐܘܬ ܐܠܗܢ. ܘܬܐܬܐ ܒܝܢܬܢ. ܘܬܦܪܩܢ ܡܢ ܐܝܕܐ ܕܒܥܠܕܒܒܝܢ. (4) ܘܫܕܪܘ ܥܡܐ ܠܫܝܠܘ. ܘܫܩܠܘ ܡܢ ܬܡܢ ܠܩܒܘܬܐ ܕܕܝܐܬܝܩܐ ܕܡܪܝܐ ܕܚܝ̈ܠܘܬܐ: ܗܘ ܕܝܬܒ ܥܠ ܟܪܘܒܐ. ܘܬܡܢ ܬܪ̈ܝܗܘܢ ܒܢ̈ܘܗܝ ܕܥܠܝ ܥܡ ܩܒܘܬܐ ܕܕܝܐܬܝܩܐ ܕܡܪܝܐ. ܚܘܦܢܝ. ܘܦܢܚܣ. (5) ܘܗܘܐ ܕܟܕ ܐܬܬ ܩܒܘܬܐ ܕܩܝܡܗ ܕܡܪܝܐ

[13] Mg: ܩܦܠ

[14] Mg: ܐܒܢܐܒܐܙܪ

ܠܡܫܪܝܬܐ܂ ܢܒܥ܂ ܘܙܝܥܐ ܟܠܗ ܐܝܣܪܝܠ ܒܩܠܐ ܪܒܐ܂
ܘܐܬܙܝܥܬ ܐܪܥܐ܂ (6) ܘܫܡܥܘ ܦܠܫ̈ܬܝܐ ܩܠܐ
ܕܩܥܬܐ ܘܙܥܩܬܐ܂ ܘܐܡܪܘ܂ ܡܢܐ ܗܘ ܩܠܐ ܗܢܐ
ܕܩܥܬܐ ܘܙܥܩܬܐ ܪܒܬܐ ܒܡܫܪܝܬܐ ܕܥܒܪ̈ܝܐ܂ ܘܝܕܥܘ
ܦܠܫ̈ܬܝܐ ܕܩܒܘܬܗ ܕܡܪܝܐ ܐܬܬ ܠܡܫܪܝܬܐ܂ (7) ܘܕܚܠܘ
ܦܠܫ̈ܬܝܐ܃ ܘܐܡܪܘ܂ ܕܐܠܗܘܗܝ ܐܬܐ ܠܘܬܗܘܢ
ܠܡܫܪܝܬܐ܂ ܘܐܡܪܘ܂ ܘܝ ܠܢ܂ ܕܠܐ ܗܘܬ ܕܐܝܟ ܗܕܐ
[15 v] ܡܢ ܐܬܡܠ ܘܡܢ ܡܬܘܡܠ܂ (8) ܘܝ ܠܢ܂ ܡܢܘ ܢܦܨܢ ܡܢ
ܐܝ̈ܕܝ ܐܠܗܐ ܚܣܝܢܐ ܗܢܐ܂ ܗܢܘ ܐܠܗܐ ܗܘ ܕܡܚܝܗ
ܠܡܨܪ̈ܝܢ ܒܟܠ ܡܚ̈ܘܢ܃ ܘܐܦ ܒܡܕܒܪܐ ܬܘܒ܂
(9) ܐܬܚܝܠܘ ܘܗܘܘ ܠܓܒ̈ܪܐ ܦܠܫ̈ܬܝܐ܃ ܕܠܡܐ ܬܫܬܥܒܕܘܢ
ܠܥܒܪ̈ܝܐ ܐܝܟܢܐ ܕܫܥܒܕܘ ܠܟܘܢ ܗܢܘܢ܂ ܘܗܘܘ
ܓܒ̈ܪܐ܂ ܘܐܬܟܬܫܘ ܥܡܗܘܢ܀ (10) ܘܐܬܟܬܫܘ ܦܠܫ̈ܬܝܐ
ܥܡ ܐܝܣܪܝܠ܂ ܘܐܬܬܒܪ ܐܝܣܪܝܠ܂ ܘܥܪܩܘ ܟܠ ܚܕ
ܠܡܫܟܢܗ܂ ܘܗܘܬ ܡܚܘܬܐ ܪܒܬܐ ܒܐܝܣܪܝܠ ܛܒ܂
ܘܢܦܠܘ ܡܢ ܐܝܣܪܝܠ ܒܩܪܒܐ ܗܘ܂ ܬܠܬܝܢ ܐܠ̈ܦܝܢ
ܪ̈ܓܠܝܢ ܡܢ ܗܕܕܐ܂ (11) ܘܩܒܘܬܗ ܕܡܪܝܐ܂ ܐܬܕܒܪܬ܂
ܘܬܪ̈ܝܗܘܢ ܒ̈ܢܘܗܝ ܕܥܠܝ܂ ܡܝܬܘ܂ ܚܦܢܝ܂ ܘܦܢܚܣ܀
(12) ܘܪܗܛ ܓܒܪܐ ܡܢ ܕܒܝܬ ܒܢܝܡܝܢ ܡܢ ܗܕܕܐ܂
ܘܐܬܐ ܠܫܝܠܘ ܒܝܘܡܐ ܗܘ܂ ܟܕ ܡܨܪ̈ܝܢ ܢܚܬܘܗܝ܂ ܘܥܦܪܐ
ܥܠ [16 r] ܪܝܫܗ܂ (13 G) ܘܐܬܐ܂ ܘܥܠ܂ (13 P) ܘܗܐ ܥܠܝ܃
ܝܬܒ ܗܘܐ ܥܠ ܟܘܪܣܝܐ ܠܘܬ ܬܪܥܐ܃ ܘܚܐܪ ܗܘܐ
ܘܡܣܟܐ ܠܫܒܝܠ ܐܘܪܚܐ܂ ܡܛܠ ܕܙܥܝܥ ܗܘܐ ܠܒܗ
ܡܛܠ ܩܒܘܬܗ ܕܐܠܗܐ܂ ܘܓܒܪܐ ܐܬܐ܃ ܘܥܠ
ܠܡܘܕܥܘ ܒܡܕܝܢܬܐ܂ ܘܐܬܒܠܒܠܬ ܟܠܗ ܡܕܝܢܬܐ܂
(14) ܘܫܡܥ ܥܠܝ ܩܠܐ ܕܐܬܒܠܒܠܬܐ܂ ܘܐܡܪ܂ ܡܢܐ ܗܘ
ܩܠܐ ܕܫܓܘܫܝܐ ܗܢܐ܂ ܘܓܒܪܐ ܗܘ ܐܣܬܪܗܒ ܘܥܠ܂
ܘܐܘܕܥܗ ܠܥܠܝ܂ (15) ܘܥܠܝ܃ ܐܝܟ ܒܪ ܬܫܥܝܢ ܗܘܐ܂ ܘܬܡܢܐ

ܫ̈ܢܝܢ. ܘܥ̈ܝܢܘܗܝ ܩܡ̈ܝ. ܘܠܐ ܡܫܟܚ ܗܘܐ ܠܡܚܙܐ. ܘܐܡܪ
ܥܠ ܠܒ̈ܢܘܗܝ ܗ̇ܢܘ̱ ܕܡܢܝܚܝܢ ܗܘܘ ܠܗܬܘܢ. ܕܟܢܘ ܘܠܐ
ܕܐܬܠܠܬܐ ܗܕܐ. (16 G) ܘܠܒ̈ܢܘܗܝ ܗ̇ܘ ܐܣܬܪܗܒ ܘܦܩܕ
ܠܘܬ ܥܠܝ. (16 P) ܘܐܡܪ ܠܗ. ܐܢܐ ܐܬܝܬ، ܗ̇ܘ ܕܐܬܦܬܐ
ܡܢ ܡܥܪܟܬܐ. ܘܐܢܐ. ܡܢ ܗܪܟܐ ܥܪܩܬ ܘܐܬܝܬ
ܝܘܡܢܐ. ܘܐܡܪ [16 v] ܠܗ ܥܠܝ. ܡܢܐ ܗܝ، ܡܠܬܐ ܕܗܘܬ
ܒܪܝ، ܐܘܕܥܝܢܝ. (17) ܘܥܢܐ ܓܠܝܢܐ ܗܘ ܡܣܒܪܢܐ. ܘܐܡܪ.
ܥܪܩܘ ܒ̈ܢܝܐ ܕܐܝܣܪܐܝܠ ܡܢ ܩܕܡ ܦܠܫ̈ܬܝܐ. ܘܡܚܘܬܐ
ܪܒܬܐ. ܗܘܬ ܒܥܡܐ. ܘܐܦ ܬܪ̈ܝܗܘܢ ܒܢ̈ܝܟ ܡܝܬܘ.
ܚܦܢܝ ܘܦܢܚܣ. ܘܐܦ ܩܒܘܬܐ ܕܐܠܗܐ، ܐܫܬܒܝܬ ܀.
(18)[15] ܘܗܘܐ ܕܟܕ ܐܬܕܟܪܗ̇ ܥܠ ܠܩܒܘܬܗ ܕܐܠܗܐ.
ܢܦܠ ܡܢ ܟܘܪܣܝܐ ܠܒܣܬܪܗ ܥܠ ܝܕ ܬܪܥܐ. ܘܐܬܬܒܪ
ܨܘܪܗ. ܘܡܝܬ. ܡܛܠ ܕܣܒܐ ܗܘܐ ܓܒܪܐ ܘܝܩܝܪ. ܘܗܘ
ܕܢ̱ ܠܐܝܣܪܐܝܠ. ܥܣܪ̈ܝܢ[16] ܫ̈ܢܝܢ ܀. (19) ܘܟܠܬܗ ܐܢܬܬ
ܦܢܚܣ. ܒܛܢܐ ܗܘܬ. ܘܩܪܝܒܐ ܗܘܬ ܠܡܐܠܕ. ܘܟܕ
ܫܡܥܬ ܫܡܥܬܐ ܕܐܫܬܒܝܬ ܩܒܘܬܐ ܕܐܠܗܐ: ܘܕܡܝܬ
ܚܡܘܗ̇ ܘܒܥܠܗ̇. ܒܪܟܬ ܘܝܠܕܬ. ܡܛܠ ܕܐܬܗܦܟܘ ܥܠܝܗ̇
ܚ̈ܒܠܝܗ̇. (20) ܘܒܥܕܢܐ ܕܡܘܬܗ̇. ܐܡܪ̈ܝ ܠܗ̇ ܢܫ̈ܐ ܐܝܠܝܢ
ܕܩ̈ܝܡܢ [17 r] ܗܘܝ، ܠܥܠ ܡܢܗ̇. ܠܐ ܬܕܚܠܝܢ. ܡܛܠ ܕܒܪܐ
ܝܠܕܬܝ. ܘܠܐ ܦܢܬ. ܘܠܐ ܐܣܬܟܠܬ ܠܒܗ̇ ܒܡܠܝܢ ܕܐܡܪܢ
ܠܗ̇. (21) ܘܩܪܬ ܫܡܗ ܕܛܠܝܐ. ܘ، ܒܪܘܢܐܟܒܕ..
ܘܐܡܪܬ. ܓܠܐ ܐܝܩܪܐ ܡܢ ܐܝܣܪܐܝܠ. ܡܛܠ ܕܐܫܬܒܝܬ
ܩܒܘܬܗ ܕܡܪܝܐ. ܘܡܛܠ ܚܡܘܗ̇. ܘܡܛܠ ܒܥܠܗ̇.
(22) ܡܛܠ ܗܕܐ ܐܡܪܬ ܓܠܐ ܐܝܩܪܐ ܡܢ ܐܝܣܪܐܝܠ.
ܡܛܠ ܕܐܫܬܒܝܬ ܩܒܘܬܗ ܕܐܠܗܐ ܀

[15] Mg: ܡܢ، ܕܐܬܕܟܪ ܒܥܒܕܐ ܕܥܒܕܬܐ ܪܒܬܐ
[16] Mg: ܐܪ̈ܒܥܝܢ

(V.1) ܘܦܠܫܬܝܐ ܢܣܒܘܗܝ ܠܩܒܘܬܗ ܕܐܠܗܐ. ܘܐܝܬܝܘܗܝ
ܡܢ ܐܒܢܐܥܕܪ ܠܐܫܕܘܕ. (2) ܘܢܣܒܘܗܝ ܦܠܫܬܝܐ
ܠܩܒܘܬܗ ܕܐܠܗܐ. ܘܐܥܠܘܗܝ ܠܒܝܬܐ ܕܕܓܘܢ.
ܘܐܩܝܡܘܗܝ ܠܘܬ ܕܓܘܢ. (3) ܘܩܕܡܘ ܐܫܕܘܕܝܐ ܠܝܘܡܐ
ܕܒܬܪܗ. ܘܥܠܘ ܠܒܝܬܐ ܕܕܓܘܢ. ܘܐܫܟܚܘܗܝ ܠܕܓܘܢ.
ܕܢܦܝܠ ܥܠ ܐܦܘܗܝ ܥܠ ܐܪܥܐ. [17 v] ܩܕܡ ܩܒܘܬܗ
ܕܐܠܗܐ. ܘܐܩܝܡܘܗܝ ܠܕܓܘܢ. ܘܐܬܩܢܘܗܝ ܥܠ
ܕܘܟܬܗ ⁘. (4) ܘܩܕܡܘ ܒܨܦܪܐ ܠܝܘܡܐ ܐܚܪܢܐ. ܘܚܙܘ
ܘܗܐ ܕܓܘܢ ܢܦܠ ܥܠ ܐܦܘܗܝ ܥܠ ܐܪܥܐ. ܩܕܡ
ܩܒܘܬܐ ܕܕܝܬܩܐ ܕܡܪܝܐ ܐܠܗܐ ܕܐܝܣܪܐܝܠ.
ܘܪܫܗ ܕܕܓܘܢ: ܘܬܪܬܝܗܝܢ ܦܣܬܐ ܕܐܝܕܘܗܝ. ܦܣܝܩܢ
ܥܠ ܐܣܩܘܦܬܐ ܕܬܪܥܐ. ܘܦܓܪܗ ܕܕܓܘܢ .
ܐܫܬܒܩ. (5) ܡܛܠ ܗܢܐ. ܠܐ ܕܪܟܝܢ ܟܘܡܪܐ ܕܕܓܘܢ:
ܘܟܠܗܘܢ ܥܡܗ ܕܥܐܠܝܢ ܠܒܝܬܐ ܕܕܓܘܢ ܥܠ ܐܣܩܘܦܬܐ
ܕܕܓܘܢ ܒܐܫܕܘܕ: ܥܕܡܐ ܠܝܘܡܐ ܗܢܐ. ܐܠܐ
ܡܦܣܥ ܦܣܥܝܢ ܘܥܒܪܝܢ ܠܗܠ ܡܢܗ ⁘. (6) ܘܝܩܪܬ ܐܝܕܗ
ܕܡܪܝܐ ܥܠ ܐܫܕܘܕܝܐ. ܘܚܒܠ ܐܢܘܢ: ܘܡܚܝܐ ܐܢܘܢ
ܒܛܚܘܪܝܗܘܢ. ܘܠܚܘܡܐ ܪܬܝܚܐ ܒܬܚܘܡܝܗܘܢ. ܘܐܣܩܬ
ܐܬܪܐ ܕܐܫܕܘܕ ܥܘܟܒܪܐ. ܘܗܘܬ [18 r] ܫܓܘܫܝܐ
ܪܒܐ ܕܡܘܬܐ ܒܡܕܝܢܬܐ. (7) ܘܚܙܘ ܟܠ ܐܫܕܘܕ ܕܗܟܢܐ
ܗܘܐ ܐܢܘܢ. ܘܐܡܪܘ. ܠܐ ܬܬܒ ܩܒܘܬܗ ܕܐܠܗܐ
ܕܐܝܣܪܐܝܠ ܥܡܢ. ܡܛܠ ܕܩܫܝܬ ܐܝܕܗ ܥܠܝܢ. ܘܥܠ
ܕܓܘܢ ܐܠܗܢ. (8) ܘܫܕܪܘ ܘܟܢܫܘ ܠܟܠܗܘܢ ܛܪܘܢܐ
ܕܦܠܫܬܝܐ ܠܘܬܗܘܢ. ܘܐܡܪܘ ܠܗܘܢ. ܡܢܐ ܢܥܒܕ
ܠܩܒܘܬܗ ܕܐܠܗܐ ܕܐܝܣܪܐܝܠ. ܘܐܡܪܘ ܠܓܬܝܐ.
ܬܬܦܢܐ ܩܒܘܬܗ ܕܐܠܗܐ ܕܐܝܣܪܐܝܠ ܠܘܬ ܠܓܬ.
ܘܗܦܢܬ ܩܒܘܬܗ ܕܡܪܝܐ ܐܠܗܐ. ܠܓܬ ⁘.
(9) ܘܗܘܐ ܡܢ ܒܬܪ ܕܐܗܦܟܘܗ. ܗܘܬ ܐܝܕܗ ܕܡܪܝܐ

 (10) [18 v]

 (VI.1)
 [19 r] .
----
[17] Mg:

ܕܡܚܘܬܐ ܚܕܐ ܗܝ ܘܡܠܟܘܬܐ. ܒܟܘܢ: ܘܒܪ̈ܫܝܟܘܢ.
ܘܒܟܠܗ ܥܡܐ. (5) ܘܬܥܒܕܘܢ ܕܡܘܬܐ ܕܡܚܘ̈ܬܟܘܢ: [19 v]
ܘܕܡܘܬܐ ܕܥܘܟܒܪ̈ܐ ܗܠܝܢ ܕܡܚܒܠܝܢ ܠܐܪܥܟܘܢ. ܘܬܬܠܘܢ
ܠܐܠܗܐ ܕܐܝܣܪܝܠ ܐܝܩܪܐ ܘܬܫܒܘܚܬܐ. ܟܒܪ:
ܢܩܠ ܐܝܕܗ ܡܢܟܘܢ. ܘܡܢ ܐܠܗܝܟܘܢ. ܘܡܢ ܐܪܥܟܘܢ.
(6) ܘܠܐ ܬܐܩܪܘܢ ܠܒܘ̈ܬܟܘܢ: ܐܝܟܢܐ ܕܐܩܫܝ ܡܨܪ̈ܝܐ
ܘܦܪܥܘܢ ܠܒܗܘܢ: ܘܐܝܟܢܐ ܕܚܒܠ ܒܗܘܢ ܘܠܐ ܫܕܪܘ
ܐܢܘܢ ܘܐܙܠܘ ܐܝܟ ܦܘܩܕܢܐ ܕܐܠܗܗܘܢ. (7) ܘܗܫܐ:
ܗܒܘ ܘܥܒܕܘ ܥܓܠܬܐ ܚܕܐ ܚܕܬܐ. ܘܬܪ̈ܬܝܢ ܬܘܪ̈ܢ
ܕܡܝ̈ܢܩܢ ܕܬ̈ܠܝܢ ܫܘܪܐܝܬ. ܕܠܐ ܢܦܠ ܥܠܝܗܝܢ ܢܝܪܐ.
ܘܐܣܘܪܘ ܐܢܝܢ ܠܬܘܪ̈ܬܐ ܒܥܓܠܬܐ. ܘܐܗܦܟܘ ܒܢ̈ܝܗܝܢ
ܡܢ ܒܬܪܗܝܢ ܠܒܝܬܐ. (8) ܘܣܒܘ ܠܩܒܘܬܗ ܕܡܪܝܐ. ܘܣܝܡܘ
ܥܠ ܥܓܠܬܐ. ܘܠܡܐܢ̈ܐ ܕܕܗܒܐ ܗܠܝܢ ܕܐܝܬܝܬܘܢ ܠܗ̇
ܩܘܪ̈ܒܢܐ. ܣܝܡܘ ܒܐܪܓܘܙܬܐ ܡܢ ܣܛܪܗ̇. ܘܫܕܪܘܗ̇
ܘܬܐܙܠ. (9) ܘܚܙܘ̇ ܐܢ ܒܐܘܪܚܐ ܕܬܚܘܡܗ ܕܝܠܗ̇ ܠܒܝܬ
ܫܡܫ ܐܙܠܐ. ܡܪܝܐ [20 r] ܗܘ ܥܒܕ ܠܢ ܗܕܐ ܒܝܫܬܐ
ܪܒܬܐ. ܘܐܢ ܠܐ. ܢܕܥ. ܕܠܐ ܗܘܐ ܐܝܕܗ ܩܪܒܬ
ܠܢ. ܐܠܐ. ܣܘܟܠܐ[18] ܗܘ ܗܘܐ ܠܢ.܀. (10) ܘܥܒܕܘ
ܦܠܫ̈ܬܝܐ. ܗܟܢܐ. ܘܕܒܪܘ ܬܪ̈ܬܝܢ ܬܘܪ̈ܬܐ ܕܡܝ̈ܢܩܢ
ܫܘܪܐܝܬ ܘܕܬ̈ܠܝܢ. ܘܐܣܪܘ ܐܢܝܢ ܒܥܓܠܬܐ. ܘܠܒܢ̈ܝܗܝܢ
ܚܒܫܘ ܒܒܝܬܐ. (11) ܘܣܡܘܗ̇ ܠܩܒܘܬܐ ܕܡܪܝܐ ܥܠ
ܥܓܠܬܐ. ܘܠܐܪܓܘܙܬܐ ܘܠܥܘܟܒܪ̈ܐ ܕܕܗܒܐ. ܘܠܨܠܡܐ
ܕܫܘܪ̈ܝܗܘܢ. (12) ܘܐܬܬܪܝܨ ܬܘܪ̈ܬܐ. ܘܐܙ̈ܠܢ ܒܐܘܪܚܐ
ܕܬܚܘܡܐ ܕܒܝܬ ܫܡܫ. ܒܫܒܝܠܐ ܚܕ ܡܗ̈ܠܟܢ ܗܘ̈ܝ: ܘܓܥ̈ܝܢ.
ܘܙܢ̈ܝܢ. ܘܠܐ ܡܬܦ̈ܢܝܢ ܗܘ̈ܝ: ܘܠܐ ܠܝܡܝܢܐ. ܘܠܐ ܠܣܡܠܐ.
ܘܣܪ̈ܢܐ ܕܦܠܫ̈ܬܝܐ: ܐܙܠܝܢ ܗܘܘ ܒܬܪܗܝܢ. ܥܕܡܐ

[18] Mg: ܠܓܕܫܐ

. [20 v]

 [21 r] .

: (19 G)

. (19 P)

. [21 v]

---

[19] Sic.

ܡܪܝܐ ܐܠܗܐ ܩܕܝܫܐ ܗܢܐ܂ ܘܠܘܬ ܡܢܘ ܢܣܩ ܡܢܘܬܐ
ܕܡܪܝܐ ܡܢܢ܀ . (21) ܘܫܕܪܘ ܐܝܙܓܕܐ ܠܘܬ ܥܡ̈ܪܝ ܩܘܪܝܬ
ܝܥܪܝܢ܂ ܘܐܡܪܘ܂ ܐܗܦܟܘܗܝ ܦܠܫ̈ܬܝܐ ܠܐܪܘܢܗ
ܕܡܪܝܐ܂ ܢܚܬܘ ܐܣܩܘܗܝ ܠܘܬܟܘܢ܂

(VII.1) ܘܐܬܘ ܐܢ̈ܫܐ ܕܩܪܝܬ ܝܥܪܝܢ܂[20] ܘܐܣܩܘܗܝ
ܠܐܪܘܢܗ ܕܡܪܝܐ܂ ܘܐܥܠܘܗܝ ܠܒܝܬܗ ܕܐܒܝܢܕܒ
ܗܘ ܕܒܪܡܬܐ܂ ܘܩܕܫܘ ܠܐܠܝܥܙܪ ܒܪܗ܂ ܕܢܛܪ ܐܪܘܢܗ
ܕܡܪܝܐ܀ . (2)[21] ܘܗܘܐ ܡܢ ܝܘܡܐ ܕܝܬܒ ܐܪܘܢܐ ܒܩܪܝܬ
ܝܥܪܝܢ܂ ܣܓܝܘ ܝܘܡܬܐ܂ ܘܗ̈ܘܝ ܥܣܪܝܢ ܫ̈ܢܝܢ܂
ܘܐܬܢܚܘ ܟܠܗܘܢ ܕܒܝܬ ܐܝܣܪܝܠ ܒܬܪ ܡܪܝܐ܂ (3) ܘܐܡܪ
ܫܡܘܐܝܠ ܠܟܠܗ ܒܝܬܐ ܕܐܝܣܪܝܠ܂ ܐܢ ܒܟܠܗ ܠܒܟܘܢ
ܡܬܦܢܝܢ ܐܢܬܘܢ ܠܘܬ ܡܪܝܐ܂ ܐܥܒܪܘ ܐܠܗ̈ܐ ܢܘܟܪ̈ܝܐ
ܡܢ ܒܝܢܬܟܘܢ܂ ܘܒ̈ܥܠܬܐ ܘܒܝܬ ܥܫ̈ܬܪܬܐ܂ ܘܐܬܩܢܘ ܠܒܟܘܢ
ܠܘܬ ܡܪܝܐ܂ [22 r] ܘܦܠܘܚܘ ܠܗ ܒܠܚܘܕܘܗܝ܂ ܘܢܦܪܘܩܟܘܢ ܡܢ
ܐܝܕܐ ܕܦܠܫ̈ܬܝܐ܂ (4) ܘܐܥܒܪܘ ܒ̈ܢܝ ܐܝܣܪܝܠ ܡܢܗܘܢ
ܠܒ̈ܥܠܐ ܘܠܥܫ̈ܬܪܬܐ ܘܠܒܝܬ ܥܫ̈ܬܪܬܐ ܕܒܥܫܬܪܘܬ܂ ܘܦܠܚܘ
ܒܒܥܘܬܐ ܠܡܪܝܐ ܒܠܚܘܕܘܗܝ܂ (5) ܘܐܡܪ ܫܡܘܐܝܠ܂
ܟܢܫܘ ܠܟܠܗ ܐܝܣܪܝܠ ܠܡܨܦܝܐ܂ ܘܐܨܠܐ ܡܛܠܬܟܘܢ
ܠܘܬ ܡܪܝܐ܂ (6) ܘܐܬܟܢܫܘ ܠܡܨܦܝܐ܂ ܘܡܠܘ ܡ̈ܝܐ܂
ܘܐܫܕܘ ܩܕܡ ܡܪܝܐ ܥܠ ܐܪܥܐ܂ ܘܨܡܘ ܒܝܘܡܐ ܗܘ܂
ܘܐܡܪܘ܂ ܚܛܝܢ ܠܡܪܝܐ܂ ܘܕܢ ܫܡܘܐܝܠ ܠܒ̈ܢܝ ܐܝܣܪܝܠ
ܒܡܨܦܝܐ܂ (7) ܘܫܡܥܘ ܦܠܫ̈ܬܝܐ܂ ܕܐܬܟܢܫܘ ܒ̈ܢܝ
ܐܝܣܪܝܠ ܠܡܨܦܝܐ܂ ܘܣܠܩܘ ܛܘܪ̈ܢܐ[22] ܕܦܠܫ̈ܬܝܐ ܥܠ
ܐܝܣܪܝܠ܂[23] ܘܫܡܥܘ ܒ̈ܢܝ ܐܝܣܪܝܠ܂ ܘܕܚܠܘ ܡܢ ܩܕܡ

[20] Sic.

[21] Mg: ܦܩ ܕ
ܡܪܝ ܕܡ̈ܠܟ ܨܘܡܐ ܘܕܬܠܬܐ ܒܫܒܐ ܕܫܒܬܐ ܪܒܬܐ

[22] Read with Seyame.

[23] Sic.

 [22 v] .
 [23 r]
 [23 v]

ܗܠܝܢ. (17) ܘܦܢܐ ܗܘܐ ܠܪܡܬܐ. ܡܛܠ ܕܬܡܢ ܐܝܬܘܗܝ
ܗܘܐ ܒܝܬܗ. ܘܬܡܢ ܕܐܢ ܗܘܐ ܠܐܝܣܪܝܠ. ܘܒܢܐ
ܬܡܢ ܡܕܒܚܐ ܠܡܪܝܐ ܀

(VIII.1) ܘܗܘܐ ܕܟܕ ܣܐܒ ܫܡܘܐܝܠ. ܐܩܝܡ ܠܒ̈ܢܘܗܝ
ܕ̈ܝܢܐ ܥܠ ܐܝܣܪܝܠ. (2) ܘܗܠܝܢ ܫܡܗ̈ܐ ܕܒ̈ܢܘܗܝ. ܫܡܐ
ܕܒܘܟܪܗ ܝܘܐܝܠ. ܘܫܡܐ ܕܬܪܝܢܐ. ܐܒܝܐ.[24]
ܕ̈ܝܢܐ ܒܒܐܪܫܒܥ. (3) ܘܠܐ ܗܠܟܘ ܒ̈ܢܘܗܝ ܒܐܘܪ̈ܚܬܗ.
ܘܐܣܛܠܝܘ ܒܬܪ ܢܟܠܐ. ܘܢܣܒܘ ܫܘܚܕܐ. ܘܨܠܘ ܕܝܢܐ ܀
(4)[25] ܘܐܬܟܢܫܘ ܟܠܗܘܢ ܣ̈ܒܐ ܕܒ̈ܢܝ ܐܝܣܪܝܠ. ܘܐܬܘ
ܠܘܬ ܫܡܘܐܝܠ ܠܪܡܬܐ. (5) ܘܐܡܪܘ ܠܗ. ܗܐ ܐܢܬ
ܣܐܒܬ. ܘܒ̈ܢܝܟ ܠܐ ܡܗܠܟܝܢ ܒܐܘܪ̈ܚܬܟ. ܗܫܐ ܐܩܝܡ
ܥܠܝܢ [24 r] ܡܠܟܐ: ܕܢܕܘܢ ܐܝܟ ܟܠܗܘܢ ܥܡ̈ܡܐ.
(6) ܘܐܬܒܐܫ ܦܬܓܡܐ ܗܢܐ ܒܥܝ̈ܢܘܗܝ ܕܫܡܘܐܝܠ: ܟܕ
ܐܡܪܘ ܠܗ ܕܗܒ ܠܢ ܡܠܟܐ ܕܢܕܘܢ ܐܝܟ ܟܠܗܘܢ ܥܡ̈ܡܐ ܀
ܘܨܠܝ ܫܡܘܐܝܠ ܩܕܡ ܡܪܝܐ. (7) ܘܐܡܪ ܠܗ ܡܪܝܐ
ܠܫܡܘܐܝܠ. ܫܡܥ ܒܩܠܗ ܕܥܡܐ ܠܟܠ ܕܐܡܪܝܢ ܠܟ.
ܡܛܠ ܕܠܐ ܗܘܐ ܠܟ ܐܣܠܝܘ. ܐܠܐ. ܠܝ ܐܣܠܝܘ
ܕܠܐ ܐܡܠܟ ܥܠܝܗܘܢ: (8) ܐܝܟ ܟܠܗܘܢ ܥܒ̈ܕܐ ܗܢܘܢ
ܕܥܒܕܘ ܡܢ ܝܘܡܐ ܕܐܣܩܬ ܐܢܘܢ ܡܢ ܐܪܥܐ ܕܡܨܪܝܢ
ܘܥܕܡܐ ܠܝܘܡܐ ܗܢܐ: ܕܫܒܩܘܢܝ ܘܦܠܚܘ ܠܐܠܗ̈ܐ
ܐܚܪ̈ܢܐ. ܗܟܢܐ ܗܢܘܢ ܥܒܕܝܢ. ܘܐܦ ܠܟ. (9) ܘܗܫܐ.
ܫܡܥ ܒܩܠܗܘܢ. ܒܪܡ ܡܣܗܕܘ ܣܗܕ ܐܢܘܢ. ܘܚܘܐ
ܠܗܘܢ ܘܕܝܢܐ ܕܢܡܘܣܗ ܕܡܠܟܐ ܕܡܡܠܟ ܥܠܝܗܘܢ ܀
[24 v] (10) ܘܐܡܪ ܫܡܘܐܝܠ ܠܟܠܗܘܢ ܦܬܓܡ̈ܘܗܝ ܕܡܪܝܐ
ܠܥܡܐ: ܗܢܘܢ ܕܫܐܠܘ ܡܢܗ ܡܠܟܐ. (11) ܘܐܡܪ. ܗܢܐ

---

[24] Mg: ܐܒܝܪܐ

[25] Mg: ܡܦ ܗ
ܕܫܢ ܒܫܒܥܐ ܕܬܡܢ ܕܝܘܡܐ

 [25 r]
 ·:· x (19)
[25 v] (IX.1) [26] .
<hr>

[26] Mg:

ܓܒܪܐ ܕܚܝܠܐ. (2) ܘܠܗܢܐ ܐܝܬ ܗܘܐ ܠܗ ܒܪܐ.
ܘܫܡܗ ܫܐܘܠ. ܓܒܪܐ ܫܦܝܪܐ. ܘܪܒܐ ܒܩܘܡܬܐ.
ܘܠܝܬ ܗܘܐ ܓܒܪܐ ܒܒܢܝ ܐܝܣܪܝܠ܆ ܕܪܒ ܘܛܒ ܝܬܝܪ
ܡܢܗ. ܡܢ ܟܬܦܬܗ ܘܠܥܠ ܪܡ ܗܘܐ. ܡܢ ܟܠܗ ܥܡܐ.
(3) ܘܐܒܕ ܐܬܢ̈ܐ ܕܩܝܫ ܐܒܘܗܝ ܕܫܐܘܠ. ܘܐܡܪ ܩܝܫ
ܠܫܐܘܠ ܒܪܗ. ܕܒܪ ܥܡܟ ܠܚܕ ܡܢ ܛܠܝ̈ܐ. ܘܩܘܡ ܙܠ ܒܥܝ
ܐܢܝܢ ܠܐܬܢ̈ܐ. ܘܩܡ ܫܐܘܠ ܘܐܙܠ. ܘܕܒܪ ܥܡܗ ܚܕ
ܡܢ ܛܠܝ̈ܐ. ܘܐܙܠ ܠܡܒܥܐ ܐܬܢ̈ܐ ܕܐܒܘܗܝ. (4) ܘܥܒܪܘ
ܒܛܘܪܐ ܕܐܦܪܝܡ. ܘܥܒܪܘ ܒܐܪܥܐ ܕܓܘܡܪ̈ܐ.[27] ܘܠܐ
ܐܫܟܚܘ. ܘܥܒܪܘ ܒܐܪܥܐ ܕܬܥܠ̈ܐ. ܘܠܝܬ. ܘܥܒܪܘ
ܒܐܪܥܐ ܕܒܢܝܡܝܢ. ܘܠܐ ܐܫܟܚܘ. (5) ܘܟܕ ܐܬܘ ܠܗܘ
ܠܐܪܥܐ ܕܨܘܦܐ. [26 r] ܐܡܪ ܫܐܘܠ ܠܛܠܝܗ ܗܘ ܕܥܡܗ.
ܬܐ ܢܗܦܘܟ. ܕܠܡܐ ܢܫܒܘܩ ܐܒܝ ܪܢܝܐ ܕܐܬܢ̈ܐ ܘܢܪܢܐ
ܡܛܠܬܢ. (6) ܘܐܡܪ ܠܗ ܛܠܝܗ. ܗܐ ܗܟܝܠ ܓܒܪܐ
ܗܘ ܕܐܠܗܐ ܒܡܕܝܢܬܐ ܗܕܐ ܐܝܬܘܗܝ. ܘܗܘ ܒܪܢܫܐ
ܗܘ ܡܝܩܪܐ. ܘܓܒܪܐ ܕܐܡܪ ܒܢܝܢ ܟܠܗ ܫܪܝܪܐ. ܘܟܠ
ܡܢ ܕܗܘ ܕܢܐܡܪ. ܡܬܐܬܐ ܢܬܐܬܐ ܠܢܒܝܐ. ܗܫܐ
ܢܐܙܠ ܠܬܡܢ. ܟܝ ܢܚܘܢ ܐܘܪܚܐ ܗܝ ܕܐܬܝܢ ܡܛܠܬܗ.
(7) ܘܐܡܪ ܫܐܘܠ ܠܛܠܝܗ ܗܘ ܕܥܡܗ. ܗܐ ܐܙܠܝܢ.
ܡܢܐ ܢܘܒܠ ܠܓܒܪܐ ܕܐܠܗܐ. ܡܛܠ ܕܠܚ̈ܡܐ ܛܠܩܘ
ܠܗܘ ܡܢ ܡܐܢ̈ܝܢ. ܘܩܘܪ̈ܒܐ ܢܬܪ̈ܐ ܠܝܬ ܠܢ܆ ܕܢܘܒܠ
ܠܗ ܠܓܒܪܐ ܕܐܠܗܐ ܀. (8) ܘܐܘܣܦ ܗܘ ܛܠܝܐ.
ܘܐܡܪ ܠܫܐܘܠ. ܗܐ ܐܫܬܟܚ ܒܐܝ̈ܕܝ. ܪܘܒܥܗ
ܕܡܬܩܠܐ ܕܟܣܦܐ. ܢܬܠ ܠܗ ܠܓܒܪܐ ܕܐܠܗܐ. ܘܢܚܘܐ
ܠܢ ܐܘܪܚܢ ܀. [26 v] (9) ܘܡܢ ܩܕܝܡ ܒܐܝܣܪܝܠ. ܗܟܢܐ
ܐܡܪܝܢ ܗܘܘ ܟܠܢܫ܆ ܐܡܬܝ ܕܐܙܠܝܢ ܗܘܘ ܠܡܫܐܠܘ
ܘܠܡܒܥܐ ܡܢ ܐܠܗܐ. ܬܘ ܢܐܙܠ ܥܕܡܐ ܠܚܙܝܐ. ܡܛܠ

[27] Mg: ܕܣܐܠܟܐ

ܕܠܢܒܝܐ. ܚܙܝܐ ܩܪܝܢ ܗܘܘ ܠܗ ܡܢ ܩܕܝܡ ܀. (10) ܘܐܡܪ
ܫܐܘܠ ܠܘܬ ܛܠܝܗ. ܛܒܐ ܡܠܬܟ. ܬܐ ܢܐܙܠ. ܘܐܙܠܘ
ܠܡܕܝܢܬܐ ܐܝܟܐ ܕܐܝܬܘܗܝ ܗܘܐ ܬܡܢ ܓܒܪܐ
ܕܐܠܗܐ. (11) ܘܟܕ ܣܩܘ ܒܡܥܠܢܐ ܕܡܕܝܢܬܐ.
ܐܫܟܚܘ ܥܠܝܡ̈ܬܐ ܕܢܦܩܢ ܠܡܡܠܐ ܡ̈ܝܐ. ܘܐܡܪܝܢ
ܠܗܝܢ. ܐܢ ܐܝܬܘܗܝ ܗܪܟܐ ܚܙܝܐ. (12) ܘܥܢ̈ܝ ܗܠܝܢ
ܥܠܝܡ̈ܬܐ. ܘܐܡ̈ܪܝ ܠܗܘܢ. ܐܝܬܘܗܝ. ܗܐ ܩܕܡܝܟܘܢ.
ܗܦܘ ܗܫܐ ܒܥܓܠ: ܡܛܠ ܕܝܘܡܢܐ ܐܬܐ ܠܡܕܝܢܬܐ.
ܡܛܠ ܕܕܒܚܬܐ ܐܝܬ ܝܘܡܢܐ ܠܥܡܐ ܒܒܡ. (13) ܘܡܐ
ܕܥܠܬܘܢ ܠܡܕܝܢܬܐ. ܗܟܢܐ ܡܫܟܚܝܢ ܐܢܬܘܢ ܠܗ ܡܢ ܩܕܝܡ
[27 r] ܕܢܣܩ ܠܒܐܡܬܐ ܠܡܐܟܠ. ܡܛܠ ܕܠܐ ܐܟܠ ܥܡܐ
ܥܕܡܐ ܕܐܬܐ ܗܘ ܘܐܟܠ. ܡܛܠ ܕܗܘ ܡܒܪܟ ܕܒܚܬܐ.
ܘܒܬܪܟܢ ܐܟܠܝܢ ܐܟܣܢܝܐ ܗܢܘܢ ܕܩܪܝܢ. ܘܗܫܐ ܣܩܘ.
ܡܛܠ ܕܝܘܡܢܐ. ܡܫܟܚܝܢ ܐܢܬܘܢ ܗܘ ܠܗ. (14) ܘܣܠܩܘ
ܠܡܕܝܢܬܐ. ܘܟܕ ܥܠܝܢ ܒܡܨܥܬ ܡܕܝܢܬܐ. ܘܗܐ
ܫܡܘܐܝܠ ܢܦܩ ܠܐܘܪܥܗܘܢ ܠܡܣܩ ܠܒܐܡܬܐ ܀ ܐ
(15) ܘܡܪܝܐ ܐܡܪ ܠܫܡܘܐܝܠ:. ܒܝܘܡܐ ܚܕ ܩܕܡ ܕܢܐܬܐ
ܫܐܘܠ. ܟܕ ܐܡܪ. (16) ܠܥܕܢܐ ܗܢܐ ܠܡܚܪ. ܐܫܕܪ
ܠܘܬܟ ܓܒܪܐ ܡܢ ܐܪܥܐ ܕܒܢܝܡܝܢ. ܘܬܡܫܚܝܘܗܝ
ܠܡܕܒܪܢܐ ܥܠ ܥܡܝ ܐܝܣܪܝܠ. ܘܢܦܪܩܝܘܗܝ ܠܥܡܝ ܡܢ
ܐܝܕܐ ܕܦܠ̈ܫܬܝܐ. ܡܛܠ ܕܚܙܝܬ ܠܡܘܟܟܗ ܕܥܡܝ.
ܘܥܠܬ ܩܥܬܗܘܢ ܠܘܬܝ ܀. (17) ܘܫܡܘܐܝܠ ܟܕ ܚܙܝܗܝ
ܠܫܐܘܠ. ܥܢܐ. ܕܡܪܝܐ [27 v] ܠܓܒܝܗ. ܘܡܪܝܐ. ܐܡܪ
ܠܫܡܘܐܝܠ. ܗܐ ܓܒܪܐ ܗܘ ܕܐܡܪܬ ܠܟ. ܗܢܐ ܢܫܠܛ
ܒܥܡܝ. (18) ܘܩܪܒ ܫܐܘܠ ܠܘܬ ܫܡܘܐܝܠ: ܒܡܨܥܬܗ
ܕܡܕܝܢܬܐ. ܘܐܡܪ ܠܗ. ܐܘܕܥܝܢܝ ܐܝܟܐ ܗܘ ܒܝܬܐ
ܕܚܙܝܐ. (19) ܘܥܢܐ ܫܡܘܐܝܠ. ܘܐܡܪ ܠܫܐܘܠ. ܐܢܐ
ܐܝܬܝ ܚܙܝܐ. ܣܩ ܩܕܡܝ ܠܒܡ. ܘܐܟܘܠ ܥܡܝ ܠܝܘܡܢܐ

ܝܘܡܢܐ. ܘܐܫܕܪܟ ܒܨܦܪܐ. ܘܟܠܗܘܢ ܡܠܝܢ ܕܒܠܒܟ.
ܐܚܘܝܟ. (20) ܘܥܠ ܐܬܢ̈ܬܐ ܗܠܝܢ ܕܐܒܕ ܠܟ ܗܐ ܬܠܬܐ
ܝܘܡ̈ܝܢ ܝܘܡܢܐ. ܠܐ ܬܣܝܡ ܠܒܟ ܥܠܝܗܝܢ. ܡܛܠ ܕܐܫܬܟܚ
ܠܗܝܢ. ܘܕܡܢ ܗܘ ܟܠܗ ܪ̈ܓܬܐ ܕܒܝܬ ܐܝܣܪܝܠ: ܐܠܐ
ܠܟ ܕܠܟ ܘܕܒܝܬ ܐܒܘܟ ⁘ (21) ܘܥܢܐ ܫܐܘܠ. ܘܐܡܪ
ܠܫܡܘܐܝܠ. ܗܐ ܒܪ ܒܢܝܐܡܝܢ ܐܢܐ. ܡܢ ܙܥܘܪܐ ܕܫܒ̈ܛܐ
ܕܐܝܣܪܝܠ. ܘܫܪܒܬܝ ܙܥܘܪܐ ܗܝ ܡܢ ܟܠܗܝܢ ܫܪ̈ܒܬܐ
ܕܫܒܛܐ ܕܒܢܝܐܡܝܢ. ܘܡܛܠ ܡܢܐ [28 r] ܡܠܠܬ ܠܝ ܡܠܬܐ
ܗܕܐ. (22) ܘܕܒܪ ܫܡܘܐܝܠ: ܠܫܐܘܠ ܘܠܛܠܝܗ. ܘܐܥܠ
ܐܢܘܢ ܠܒܝܬܐ. ܘܝܗܒ ܠܗܘܢ ܕܘܟܬܐ ܒܩܕ̈ܡܝܐ ܕܗܢܘܢ
ܩܪ̈ܝܐ. ܘܗܢܘܢ ܐܝܬܝܗܘܢ ܗܘܘ ܐܝܟ ܬܠܬܝܢ ܓܒܪ̈ܝܢ.
(23) ܘܐܡܪ ܫܡܘܐܝܠ ܠܡܐܓܝܪܘܣܐ. ܗܒ ܠܝ ܡܢܬܐ
ܗ̇ܝ ܕܝܗ̇ܒܬ ܠܟ. ܗ̇ܝ ܕܐܡܪܬ ܠܟ ܕܬܣܝܡܝܗ̇ ܠܘܬܟ.
(24) ܘܐܪܝܡ ܗܘ ܡܐܓܝܪܘܣܐ ܫܩܐ ܘܥܠܝܬܐ.[28] ܘܣܡ
ܩܕܡ ܫܐܘܠ. ܘܐܡܪ ܫܡܘܐܝܠ ܠܫܐܘܠ. ܗܐ ܗ̇ܘ
ܡܢܐ[29] ܕܐܫܬܒܩ. ܣܝܡ ܩܕܡܝܟ ܘܐܟܘܠ. ܡܛܠ[30] ܕܡܢ
ܙܒܢܐ ܣܝܡ ܗܘܐ ܘܢܛܝܪ ܠܟ. ܢܛܪ ܡܢ ܕܠܗܠܝܢ ܐܢܫ̈ܐ.
ܦܘܩ. ܘܐܟܘܠ. ܘܐܟܠ ܫܐܘܠ ܥܡ ܫܡܘܐܝܠ ܒܝܘܡܐ
ܗ̇ܘ. (25) ܘܢܚܬ ܡܢ ܒܡ ܠܡܕܝܢܬܐ. ܘܫܘܝܘ ܠܗ ܠܫܐܘܠ
ܥܠ ܐܓܪܐ. ܘܕܡܟ. ܘܡܠܠ ܥܡܗ ܫܡܘܐܝܠ ܥܠ
ܐܓܪܐ. (26) ܘܩܕܡ ܗܘܐ ܫܡܘܐܝܠ [28 v] ܟܕ ܩܠܝܡ
ܨܦܪܐ. ܩܪܐ ܠܗ ܠܫܐܘܠ ܥܠ ܐܓܪܐ. ܘܐܡܪ ܠܗ.
ܩܘܡ ܐܫܕܪܟ. ܘܩܡ ܫܐܘܠ. ܘܢܦܩܘ ܬܪ̈ܝܗܘܢ. ܗܘ
ܘܫܡܘܐܝܠ ܠܒܪ. (27) ܘܟܕ ܗܢܘܢ ܢܚܬܝܢ ܒܣܘܦܗ̇ ܕܡܕܝܢܬܐ.

---

[28] Mg: ܘܥܠܗ̇ ܡܢܐ ܕܥܠܝܗ̇

[29] Mg: ܣܗܕܘܬܐ

[30] Mg: ܡܛܠ ܕܠܣܗܕܘܬܐ ܣܝܡ ܠܟ ܡܢ ܠܘܬ ܥܡܐ

ܘܫܡܘܐܝܠ. ܐܡܼܪ ܠܫܐܘܠ. ܐܡܼܪ ܠܛܠܝܐ ܕܢܥܒܼܪ ܩܕܡܝܢ.
ܘܐܝܬܝ ܗܘܐ ܐܝܟ ܕܗܘܟܢܐ. ܘܐܫܡܥܝܘܗܝ ܡܠܬܗ ܕܐܠܗܐ.

(X.1) ܘܢܣܒ ܫܡܘܐܝܠ ܩܪܢܐ ܕܡܫܚܐ. ܘܢܣܟܗ ܥܠ ܪܫܗ.
ܘܢܫܩܗ. ܘܐܡܼܪ ܠܗ. ܗܐ ܡܫܚܟ ܡܪܝܐ ܥܠ ܥܡܗ
ܐܝܣܪܐܝܠ ܠܡܠܟܘܬܐ. ܘܐܢܬ ܬܕܘܢ ܥܠ ܥܡܗ ܕܡܪܝܐ.
ܘܬܦܪܘܩܝܘܗܝ ܡܢ ܒܥܠܕܒܒܘܗܝ ܗ̇ܢܘܢ ܕܚܕ̈ܪܘܗܝ.
(2 G) ܘܗܕܐ ܠܟ ܐܬܐ̈ ܕܡܫܚܟ ܡܪܝܐ ܥܠ ܝܪܬܘܬܗ
ܠܡܠܟܘܬܐ. (2 P) ܡܚܕܐ ܕܐܙܠ ܐܢܬ ܝܘܡܢܐ ܡܢ ܠܘܬܝ.
ܗܐ ܡܫܟܚ ܐܢܬ ܬܪܝܢ ܓܒܪ̈ܝܢ ܠܘܬ ܩܒܪܗ ܕܪܚܝܠ·
ܒܬܚܘܡܐ ܕܒܢܝܡܝܢ ܒܨܠܨܚ. ܕܡܗܠܟܝܢ ܘܢܐܡܪܘܢ
ܕܐܫܟܚܬ ܐܬܢ̈ܬܐ. ܘܢܐܡܪܘܢ [29 r] ܠܟ. ܫܟܝܚܢ ܚܡܪ̈ܬܐ ܗܠܝܢ
ܕܐܙܠܬ ܠܡܒܥܐ. ܘܗܐ ܫܒܩ ܐܒܘܟ ܦܬܓܡܐ ܕܐܬܢ̈ܬܐ.
ܘܗܘܐ ܒܨܦܬܐ ܥܠܝܟܘܢ ܡܛܠܬܟܘܢ. ܘܐܡܼܪ. ܡܢܐ
ܐܥܒܕ ܡܛܠ ܒܪܝ. (3) ܘܡܢܐ ܕܥܒܪܬ ܬܡܢ: ܡܢ ܬܡܢ
ܘܠܗܠ: ܘܡܛܝܬ ܥܕܡܐ ܠܒܠܘܛܐ ܗ̇ܘ ܪܒܐ ܘܪܒܐ.
ܘܗܐ ܡܫܟܚ ܐܢܬ ܬܡܢ. ܬܠܬܐ ܓܒܪ̈ܝܢ ܕܣܠܩܝܢ ܠܘܬ
ܐܠܗܐ ܠܒܝܬ ܐܝܠ. ܚܕ ܕܫܩܝܠ ܬܠܬܐ ܓܕܝ̈ܐ. ܘܚܕ
ܕܫܩܝܠ ܬܠܬܐ ܟܟܪ̈ܐ ܕܠܚܡܐ. ܘܚܕ ܕܫܩܝܠ ܙܩܐ
ܕܚܡܪܐ. (4) ܘܢܫܐܠܘܢ ܒܫܠܡܟ. ܘܢܬܠܘܢ ܠܟ ܬܪ̈ܬܝܢ
ܓܪ̈ܝܨܬܐ ܕܠܚܡܐ ܘܬܣܒ ܡܢ ܐܝ̈ܕܝܗܘܢ. (5) ܘܒܬܪܟܢ.
ܬܐܬܐ ܠܓܒܥܬܐ ܕܐܠܗܐ: ܐܝܟܢܐ ܕܐܝܬܘܗܝ ܬܡܢ
ܩܘܡܐ ܕܦܠܫ̈ܬܝܐ. ܘܢܗܘܐ: ܕܟܕ ܬܡܛܐ ܠܬܡܢ:
ܘܬܦܓܥ ܠܡܕܝܢܬܐ. ܗܐ [29 v] ܦܓܥ ܐܢܬ ܒܓܘܕܐ[31]
ܕܢܒܝ̈ܐ ܕܢܚܬܝܢ ܡܢ ܒܡܬ. ܘܩܕܡܝܗܘܢ: ܢܒܠܐ ܘܟܢܪܐ:
ܘܦܠܓܐ. ܘܬܒܒܐ. ܘܗܢܘܢ ܡܬܢܒܝܢ. (6) ܘܢܦܠ ܥܠܝܟ
ܪܘܚܗ ܕܡܪܝܐ: ܘܬܬܢܒܐ ܥܡܗܘܢ. ܘܬܬܗܦܟ ܠܓܒܪܐ
ܐܚܪܢܐ. ∴ (7) ܘܢܗܘܐ ܕܟܕ ܢܐܬ̈ܝܢ ܥܠܝܟ ܐܬܘ̈ܬܐ

[31] Mg: ܒܣܝܥܐ

ܗܠܝܢ. ܥܒܕ ܠܟ ܡܕܡ ܕܡܫܟܚܐ ܒܐܝܕܝܟ. ܡܛܠ ܕܐܠܗܐ
ܥܡܟ. (8) ܘܬܚܘܬ ܩܕܡܝ ܠܓܠܓܠܐ. ܘܗܐ ܐܢܐ ܐܢܐ ܢܚܬ
ܐܢܐ ܠܘܬܟ. ܠܡܣܩܘ ܢܣ̈ܩܬܐ ܥܠܘ̈ܬܐ ܘܠܡܕܒܚܘ ܕܒ̈ܚܐ
ܫ̈ܠܡܐ. ܫܒܥܐ ܝܘܡ̈ܝܢ ܬܬܟܪ: ܥܕܡܐ ܕܐܬܐ ܐܢܐ
ܠܘܬܟ. ܘܐܘܕܥܟ ܗܠܝܢ ܕܬܥܒܕ ܀. (9) ܘܗܘܐ: ܕܟܕ ܐܗܦܟ
ܫܐܘܠ ܟܬܦܗ ܠܡܐܙܠ ܡܢ ܠܘܬ ܫܡܘܐܝܠ. ܫܚܠܦ ܠܗ
ܐܠܗܐ ܠܗ ܠܒܐ ܐܚܪܢܐ. ܘܐܬܝ̈ܢ ܟܠܗܝܢ ܠܗܝܢ ܐܬ̈ܘܬܐ
ܗܠܝܢ ܒܝܘܡܐ ܗܘ. (10) ܘܐܬܐ ܡܢ ܬܡܢ: ܠܓܒܥܬܐ
ܠܘܥܕܬܐ ܕܢܒ̈ܝܐ. ܘܗܐ [30 r] ܓܘܕܐ ܕܢܒ̈ܝܐ ܠܐܘܪܥܗ.
ܘܫܪܬ ܥܠܘܗܝ ܪܘܚܐ ܕܐܠܗܐ. ܘܐܬܢܒܝ ܒܝܢܬܗܘܢ.
(11) ܘܗܘܐ: ܕܟܠܗܘܢ ܗܢܘܢ ܕܝܕܥܝܢ ܗܘܘ ܠܗ: ܡܢ ܐܬܡܠ
ܘܡܢ ܡܬܡܠ: ܚܙܘ. ܘܗܐ ܗܘ ܡܬܢܒܐ ܥܡ ܢܒ̈ܝܐ.
ܘܐܡܪ ܥܡܐ ܟܠܢܫ ܠܘܬ ܚܒܪܗ. ܡܢܘ ܗܢܐ ܕܗܘܐ ܠܒܪ
ܩܝܫ. ܐܘ ܐܦ ܫܐܘܠ ܒܢܒ̈ܝܐ. (12) ܘܥܢܐ ܐܢܫ ܡܢ
ܬܡܢ ܘܐܡܪ. ܘܡܢܘ ܐܒܘܗܝ. ܡܛܠ ܗܕܐ ܗܘܬ ܠܡܬܠܐ.
ܐܘ[32] ܐܦ[33] ܫܐܘܠ ܒܢܒ̈ܝܐ. (13) ܘܟܕ ܫܠܡ ܠܡܬܢܒܝܘ.
ܐܬܐ ܫܐܘܠ ܠܪܡܬܐ. (14) ܘܐܡܪ ܠܗ ܕܕܗ ܠܫܐܘܠ
ܘܠܛܠܝܗ. ܠܐܝܟܐ ܐܙܠܬܘܢ. ܘܐܡܪ ܠܗ. ܠܡܒܥܐ
ܐܬ̈ܢܐ. ܘܚܙܝܢ ܕܠܝܬ ܐܢܝܢ. ܘܐܬܝܢ ܠܘܬ ܫܡܘܐܝܠ.
(15) ܘܐܡܪ ܠܗ ܕܕܗ ܠܫܐܘܠ. ܚܘܝ ܠܝ ܡܢܐ ܐܡܪ ܠܟܘܢ
ܫܡܘܐܝܠ. (16) ܘܐܡܪ ܫܐܘܠ [30 v] ܠܕܕܗ. ܡܚܘܝܘ
ܐܘܕܥܢ. ܕܐܫܬܟܚ ܠܗܝܢ ܚܡܪ̈ܬܐ. ܘܠܡܠܬܐ ܕܡܠܟܘܬܐ
ܠܐ ܚܘܝܗ: ܗܝ ܕܐܡܪ ܠܗ ܫܡܘܐܝܠ ܀. (17)[34] ܘܟܢܫ
ܫܡܘܐܝܠ ܠܟܠܗ ܥܡܐ ܠܩܕܡ ܡܪܝܐ ܠܡܨܦܝܐ.
(18) ܘܐܡܪ ܠܒܢ̈ܝ ܐܝܣܪܐܝܠ. ܗܟܢܐ ܐܡܪ ܡܪܝܐ

[32] Mg: ܐ
[33] Mg: ܗܐ
[34] Mg: ܡܪܝ، ܕܫܡܫܐ ܕܐܪܐܡܝܐ (read ܕܐܪ̈ܐܡܝܐ).

ܐܠܗܐ ܕܐܝܣܪܐܝܠ. ܐܢܐ ܐܣܩܬ ܠܐܝܣܪܐܝܠ ܡܢ
ܐܪܥܐ ܕܡܨܪ̈ܝܐ. ܘܦܨܝܬܟܘܢ ܡܢ ܐܝܕܝܐ ܕܦܪܥܘܢ ܡܠܟܐ
ܕܡܨܪ̈ܝܐ. ܘܡܢ ܐܝܕܝܐ ܕܟܠܗܘܢ ܡܠܟܘ̈ܬܐ ܗܠܝܢ ܕܐܠܨ̈ܘ
ܠܟܘܢ. (19) ܘܐܢܬܘܢ ܝܘܡܢܐ ܐܣܠܝܬܘܢ ܠܐܠܗܟܘܢ: ܗܘ
ܕܦܪܩ ܐܢܘܢ، ܦܪܩܟܘܢ ܡܢ ܟܠܗܘܢ ܒܝ̈ܫܬܟܘܢ ܘܐܘ̈ܠܨܢܝܟܘܢ.
ܘܐܡܪܬܘܢ. ܠܐ ܗܟܢܐ. ܐܠܐ ܡܠܟܐ ܐܩܝܡ ܥܠܝܢ.
ܘܗܫܐ. ܩܘܡܘ ܩܕܡ ܡܪܝܐ ܐܝܟ ܫܒ̈ܛܝܟܘܢ. ܘܐܝܟ
ܐܠ̈ܦܝܟܘܢ. (20) ܘܩܪܒ ܫܡܘܐܝܠ ܠܟܠܗܘܢ ܫܒ̈ܛܐ [31 r]
ܕܐܝܣܪܐܝܠ. ܘܡܛܐ ܦܣܐ ܠܫܒܛܐ ܕܒܢܝܡܝܢ.
(21) ܘܩܪܒ ܠܫܒܛܐ ܕܒܢܝܡܝܢ ܒܫܪ̈ܒܬܐ. ܘܡܛܐ ܦܣܐ
ܠܫܪܒܬܐ ܕܡܛܪܝ. ܘܩܪܒ ܫܪܒܬܐ ܕܡܛܪܝ،
ܠܓܒ̈ܪܐ. ܘܡܛܐ ܦܣܐ ܠܫܐܘܠ ܒܪ ܩܝܫ. ܘܒܥܐܘܗܝ،
ܘܠܐ ܐܫܟܚܘܗܝ. (22) ܘܫܐܠ ܬܘܒ ܫܡܘܐܝܠ ܒܡܪܝܐ.
ܐܢ ܐܬܐ، ܠܗܪܟܐ ܓܒܪܐ. ܘܐܡܪ. ܐܝܢܘ ܓܒܪܐ ܗܢܐ.
ܘܐܡܪ ܡܪܝܐ ܠܫܡܘܐܝܠ. ܗܐ ܗܘ ܡܛܫܐ ܗܪܟܐ.
ܒܡܐ̈ܢܐ. (23) ܘܪܗܛܘ. ܘܕܒܪܘܗܝ، ܡܢ ܬܡܢ. ܘܩܡ
ܒܡܨܥܬܐ ܕܥܡܐ. ܘܪܡ ܗܘܐ ܠܥܠ ܡܢ ܟܠܗ ܥܡܐ.
ܡܢ ܟܬܦܗ ܘܠܥܠ. ⁘ (24) ܘܐܡܪ ܫܡܘܐܝܠ ܠܟܠܗ ܥܡܐ.
ܚܙܝܬܘܢ ܠܡܢ ܕܓܒܐ ܠܗ ܡܪܝܐ. ܡܛܠ ܕܠܝܬ ܕܕܡܐ
ܠܗ [31 v] ܒܟܠܗ ܥܡܐ. ܘܝܒܒ ܟܠܗ ܥܡܐ. ܘܝܒܒܘ
ܘܐܡܪܘ ܢܚܐ ܡܠܟܐ ⁘. (25) ܘܐܡܪ ܫܡܘܐܝܠ ܠܥܡܐ
ܕܝܢܐ ܕܡܠܟܐ. ܘܟܬܒ ܒܟܬܒܐ. ܘܣܡ ܩܕܡ ܡܪܝܐ.
ܘܫܪܐ ܫܡܘܐܝܠ ܠܟܠܗ ܥܡܐ. ܘܐܙܠ ܟܠ ܐܢܫ ܠܕܘܟܬܗ.
(26) ܘܐܦ ܫܐܘܠ ܐܙܠ ܠܒܝܬܗ ܠܓܒܥܬܐ ⁘ ܘܐܙܠܘ ܥܡܗ
ܒ̈ܢܝ ܚܝܠܐ. ܗܢܘܢ ܕܐܬܩܪܒ ܐܠܗܐ ܒܠܒܗܘܢ. (27) ܘܒ̈ܢܝܐ
ܡܫ̈ܥܠܐ ܐܡܪܘ. ܒܡܢܐ ܢܦܪܘܩ ܗܢܐ. ܘܫܛܘܗܝ، ܘܠܐ
ܐܝܬܝܘ ܠܗ ܩܘܪ̈ܒܢܐ ܘܡܘܗ̈ܒܬܐ. ܘܗܘܐ ܐܝܟ ܫܬܝܩ
ܗܘܐ ⁘.

(XI.1)[35] ܘܗܘܐ ܡܢ ܒܬܪ ܝܪܚܐ ܚܕ ܕܡܠܟܘܬܐ. ܘܣܠܩ
ܢܚܫ ܥܡܘܢܝܐ. ܘܫܪܐ ܥܠ ܝܒܝܫ ܕܓܠܥܕ. ܘܐܡܪܘ
ܟܠܗܘܢ ܓܒܪ̈ܐ ܕܝܒܝܫ ܠܢܚܫ ܗܘ ܥܡܘܢܝܐ. ܐܩܝܡ
ܥܡܢ ܩܝܡܐ. ܘܢܦܠܘܚ ܠܟ ܒܥܒܕܘܬܐ. (2) ܘܐܡܪ ܠܗܘܢ
ܢܚܫ ܥܡܘܢܝܐ. ܒܗܕܐ ܐܩܝܡ ܥܡܟܘܢ ܩܝܡܐ. ܒܕ
ܚܪܐ[36] ܐܢܐ [32 r] ܟܠ ܥܝܢܟܘܢ ܕܝܡܝܢܐ: ܘܐܣܝܡ ܐܢܐ
ܚܣܕܐ ܥܠ ܟܠܗ ܐܝܣܪܝܠ. (3) ܘܐܡܪܘ ܠܗ ܓܒܪ̈ܐ
ܕܝܒܝܫ. ܐܪܦܐ ܠܢ ܫܒܥܐ ܝܘܡ̈ܬܐ. ܘܢܫܕܪ ܐܝܙܓܕ̈ܐ
ܒܟܠܗ ܬܚܘܡܐ ܕܐܝܣܪܝܠ. ܘܢܚܙܐ ܐܢ ܐܝܬ ܠܢ
ܦܪܘܩܐ. ܘܐܢ ܠܐ ܢܗܘܐ: ܗܘ ܕܦܪܘܩ ܠܢ. ܗܕܝܢ ܢܦܩܝܢ
ܠܘܬܟ. (4) ܘܐܬܘ ܐܝܙܓܕ̈ܐ ܠܓܒܥܬܐ ܕܫܐܘܠ. ܘܡܠܠܘ
ܡ̈ܠܐ ܗܠܝܢ ܩܕܡ ܥܡܐ. ܘܐܪܝܡܘ ܟܠܗ ܥܡܐ ܩܠܗܘܢ
ܘܒܟܘ. (5) ܘܗܐ ܫܐܘܠ ܐܬܐ ܗܘܐ ܒܨܦܪ̈ܐ ܒܬܪ
ܬܘܪ̈ܐ ܡܢ ܚܩܠܐ. ܘܐܡܪ ܫܐܘܠ. ܡܢܐ ܠܗ ܠܥܡܐ
ܕܒܟܐ. ܘܐܫܬܥܝܘ ܠܗ ܡ̈ܠܐ ܕܓܒܪ̈ܐ ܕܝܒܝܫ. (6) ܘܐܬܠ
ܪܘܚܗ ܕܡܪܝܐ ܥܠ ܫܐܘܠ: ܟܕ ܫܡܥ ܡ̈ܠܐ ܗܠܝܢ.
ܘܐܬܚܡܬ ܪܘܓܙܗ ܛܒ. (7) ܘܢܣܒܗ ܠܦܕܢܐ ܕܬܘܪ̈ܐ:
ܘܦܫܚ ܐܢܘܢ. ܘܫܕܪ ܒܟܠܗ ܬܚܘܡܐ ܕܐܝܣܪܝܠ ܒܝܕ
ܐܝܙܓܕ̈ܐ. ܟܕ ܐܡܪ. ܟܠ ܡܢ [32 v] ܕܠܐ ܢܦܩ ܒܬܪ ܫܐܘܠ
ܘܒܬܪ ܫܡܘܐܝܠ. ܗܟܢܐ ܢܬܥܒܕ ܠܬܘܪ̈ܘܗܝ. ܘܢܦܠܬ ܕܚܠܬܗ
ܕܡܪܝܐ ܥܠ ܥܡܐ ܕܐܝܣܪܝܠ. ܘܢܦܩܘ ܟܠܗܘܢ:
ܘܐܬܟܢܫܘ. ܐܝܟ ܓܒܪܐ ܚܕ. (8) ܘܡܢܐ ܐܢܘܢ ܒܒܙܩ.[37]
ܘܗܘܘ ܓܒܪ̈ܐ ܕܐܝܣܪܝܠ. ܬܠܬܡܐܐ[38] ܐܠ̈ܦܐ.
ܘܓܒܪ̈ܐ ܕܝܗܘܕܐ ܫܒܥܝܢ ܐܠ̈ܦܝܢ. (9) ܘܐܡܪܘ ܠܐܝܙܓܕ̈ܐ
ܗܢܘܢ ܕܐܬܘ ܡܢ ܝܒܝܫ. ܗܟܢܐ ܐܡܪܘ ܠܓܒܪ̈ܐ ܗܢܘܢ

35 Mg: ܡܦ ܘ
36 Read ܚܨܐ.
37 Mg: ܒܪܡܬܐ
38 Mg: ܫܬܡܐܐ

ܕܝܒܝܫ ܕܓܠܥܕ. ܠܡܚܪ ܢܗܘܐ ܠܟܘܢ ܦܘܪܩܢܐ. ܡܐ
ܕܚܡ[39] ܫܡܫܐ. ܘܐܬܘ ܐܙܓ̈ܕܐ ܚܘܝܘ ܠܐܢܫ̈ܐ ܕܝܒܝܫ
ܡܕܝܢܬܐ. ܘܐܘܕܥܘ ܠܓܒ̈ܪܐ ܕܝܒܝܫ. ܘܚܕܝܘ.
(10) ܘܐܡܪܘ ܐܢܫ̈ܐ ܕܝܒܝܫ ܠܘܬ ܢܚܫ ܥܡܘܢܝܐ.
ܡܚܪ ܢܦܩ ܠܘܬܟܘܢ. ܘܬܥܒܕܘܢ ܠܢ. ܟܠ ܡܐ ܕܫܦܪ
ܒܥܝ̈ܢܝܟܘܢ ܀ (11) ܘܗܘܐ ܠܝܘܡܐ ܕܒܬܪܗ. ܘܦܠܓ ܫܐܘܠ
ܠܥܡܐ. ܠܬܠܬܐ ܪ̈ܫܝܢ. ܘܥܠܘ ܒܓܘ ܡܫܪܝܬܐ: [33 r]
ܒܡܛܪܬܐ ܕܨܦܪܐ. ܘܡܚܘ ܠܒ̈ܢܝ ܥܡܘܢ. ܥܕܡܐ ܕܚܡ
ܝܘܡܐ. ܘܗܢܘܢ ܕܐܫܬܚܪܘ: ܐܬܒܕܪܘ. ܘܠܐ ܐܫܬܒܩܘ
ܒܗܘܢ ܬܪ̈ܝܢ ܐܟܚܕܐ ܀. (12) ܘܐܡܪܘ ܥܡܐ ܠܫܡܘܐܝܠ.
ܡܢܘ ܗܘ ܕܐܡܪ. ܕܫܐܘܠ ܠܐ ܢܡܠܘܟ ܥܠܝܢ. ܐܝܬܝܘ ܠܢ
ܠܓܒ̈ܪܐ ܘܢܩܛܘܠ ܐܢܘܢ ܀. (13)[40] ܘܐܡܪ ܫܐܘܠ. ܠܐ
ܢܬܩܛܠ. ܘܠܐ ܐܢܫ. ܒܝܘܡܐ ܗܢܐ. ܡܛܠ ܕܝܘܡܢܐ
ܥܒܕ ܡܪܝܐ ܦܘܪܩܢܐ ܠܐܝܣܪܐܝܠ. (14) ܘܐܡܪ ܫܡܘܐܝܠ
ܠܥܡܐ. ܬܘ ܢܐܙܠ ܠܓܠܓܠܐ. ܘܢܚܕܬ ܬܡܢ ܡܠܟܘܬܐ.
(15) ܘܐܙܠ ܟܠܗ ܥܡܐ ܠܓܠܓܠܐ. ܘܐܡܠܟܘ ܬܡܢ
ܫܡܘܐܝܠ ܠܫܐܘܠ ܩܕܡ ܡܪܝܐ ܒܓܠܓܠܐ. ܘܕܒܚܘ
ܬܡܢ ܕܒ̈ܚܐ ܫܠ̈ܡܐ ܩܕܡ ܡܪܝܐ. ܘܚܕܝ ܬܡܢ ܫܐܘܠ:
ܘܟܠܗܘܢ ܒ̈ܢܝ ܐܝܣܪܐܝܠ ܛܒ ܀.

(XII.1) ܘܐܡܪ [33 v] ܫܡܘܐܝܠ ܠܟܠܗ ܐܝܣܪܐܝܠ. ܗܐ
ܫܡܥܬ ܒܩܠܟܘܢ ܟܠ ܕܐܡܪܬܘܢ ܠܝ. ܘܐܡܠܟܬ ܥܠܝܟܘܢ
ܡܠܟܐ ܀ (2) ܘܗܫܐ ܗܐ ܡܠܟܐ ܐܙܠ ܩܕܡܝܟܘܢ:
ܘܐܢܐ ܣܐܒܬ ܘܩܫܝܬ ܠܝ. ܘܒ̈ܢܝ ܗܐ ܥܡܟܘܢ. ܘܐܢܐ:
ܗܠܟܬ ܩܕܡܝܟܘܢ. ܡܢ ܛܠܝܘܬܝ ܘܥܕܡܐ ܠܝܘܡܐ ܗܢܐ. (3) ܗܐ
ܐܢܐ ܩܐܡ ܐܢܐ ܩܕܡܝܟܘܢ. ܐܣܗܕܘ ܒܝ. ܘܦܢܘ ܠܩܘܒܠ
ܩܕܡ ܡܪܝܐ ܘܩܕܡ ܡܫܝܚܗ: ܬܘܪܐ ܕܡܢܘ ܢܣܒܬ: ܐܘ

[39] Mg: ܕܚܡܝ

[40] Mg: ܡܢ ܕܒܘܟܪ̈ܐ ܐܦܝܣܩܘܦܐ ܘܕܒܢ̈ܝܢܐ

ܚܡܪܐ ܕܡܢܘ ܢܣܒܬ. ܐܘ ܠܡܢ ܛܠܡܬ: ܐܘ ܠܡܢ ܐܥܠܒܬ.
ܐܘ ܡܢ ܐܝܕܐ ܕܡܢܘ ܢܣܒܬ ܚܘܣܝܐ: ܘܐܥܡܝܬ ܥܝ̈ܢܝ
ܒܗܘܢ: ܐܘ ܣܐܘܢܐ ܐܘ ܡܕܡ ܐܢܣܝܡ. ܐܡܪܘ ܠܝ.
ܘܐܬܠܐ ܐܦܪܘܥܟܘܢ: (4) ܐܡܪܝܢ ܠܗ. ܠܐ ܛܠܡܬܢ: ܘܠܐ
ܐܥܠܒܬܢ. ܘܠܐ ܢܣܒܬ ܡܢ ܐܝܕܐ ܕܐܢܫ ܡܢܢ ܡܕܡ.
(5) ܐܡܪ ܠܗܘܢ ܫܡܘܐܝܠ. ܣܗܕ ܒܟܘܢ ܐܠܗܐ: ܘܣܗܕ
ܒܟܘܢ ܡܫܝܚܗ ܝܘܡܢܐ: ܕܠܐ ܐܫܟܚܬܘܢ ܒܐܝ̈ܕܝ ܡܕܡ.
ܐܡܪܝܢ ܠܗ. ܣܗܕ ⁘ . [34 r] (6)[41] ܘܐܡܪ ܫܡܘܐܝܠ ܠܥܡܐ.
ܡܪܝܐ ܗܘ ܒܠܚܘܕ ܐܠܗܐ: ܗܿܘ ܕܥܒܕ ܠܡܘܫܐ
ܘܠܐܗܪܘܢ: ܘܐܣܩ ܠܐܒܗ̈ܬܢ ܡܢ ܐܪܥܐ ܕܡܨܪܝܢ.
(7) ܩܘܡܘ ܗܟܝܠ ܗܫܐ: ܘܐܬܕܝܢܘ ܩܕܡ ܡܪܝܐ.
ܘܐܘܕܥܟܘܢ ܟܠܗ̇ ܙܕܝܩܘܬܗ ܗ̇ܝ ܕܥܒܕ ܥܡܟܘܢ ܘܥܡ
ܐܒܗ̈ܬܟܘܢ: (8) ܟܕ ܥܠ ܝܥܩܘܒ ܠܡܨܪܝܢ. ܘܐܠܨܘ ܘܨܠܝܘ
ܐܒܗ̈ܬܟܘܢ ܩܕܡ ܡܪܝܐ. ܘܫܕܪ ܡܪܝܐ ܠܡܘܫܐ
ܘܠܐܗܪܘܢ. ܘܐܦܩ ܠܐܒܗ̈ܬܟܘܢ ܡܢ ܐܪܥܐ ܕܡܨܪܝܢ.
ܘܐܘܬܒ ܐܢܘܢ ܒܐܬܪܐ ܗܢܐ. (9) ܘܛܥܘ ܠܡܪܝܐ
ܐܠܗܗܘܢ. ܘܐܫܠܡ ܐܢܘܢ ܒܐܝܕܐ ܕܣܝܣܪܐ ܪܒ ܚܝܠܐ
ܕܝܒܝܢ ܡܠܟܐ ܕܚܨܘܪ. ܘܒܐܝ̈ܕܝܐ ܕܦܠܫ̈ܬܝܐ:
ܘܒܐܝ̈ܕܝܐ ܕܡܠܟܐ ܕܡܘܐܒ. ܘܐܬܬܟܫܘ ܥܡܗܘܢ.
(10) ܘܨܠܝܘ ܠܘܬ ܡܪܝܐ ܘܐܡܪܘ. ܚܛܝܢ ܕܫܒܩܢ ܠܡܪܝܐ:
ܘܦܠܚܢ ܒܥܒܕܘܬܐ ܠܒܥܠܐ ܘܠܥܫ̈ܬܪܘܬܐ. [34 v] ܘܗܫܐ ܦܨܢ
ܠܢ ܡܢ ܐܝܕܐ ܕܒܥܠܕܒܒ̈ܝܢ. ܘܢܦܠܘܚ ܠܟ ܒܥܒܕܘܬܐ.
(11) ܘܫܕܪ ܡܪܝܐ ܠܝܪܘܒܥܠ ܘܠܒܐܪܩ: ܘܠܓܕܥܘܢ
ܘܠܐܝܦܬܚ ܘܠܫܡܘܐܝܠ. ܘܦܨܝܟܘܢ ܡܢ ܐܝܕܐ
ܕܒܥܠܕܒܒ̈ܝܟܘܢ ܕܚܕܪ̈ܝܟܘܢ. ܘܝܬܒܝܢ ܗܘܝܬܘܢ ܒܫܠܝܐ. ܟܕ
ܬܟܝܠܝܢ ܐܢܬܘܢ. (12) ܘܚܙܝܬܘܢ ܠܢܐܚܫ ܡܠܟܐ ܕܒܢ̈ܝ
ܥܡܘܢ: ܕܐܬܐ ܥܠܝܟܘܢ. ܘܐܡܪܬܘܢ ܠܐ ܗܟܢܐ.

---

[41] Mg: ܡܢ ܕܐܪܒܥܐ ܒܫܒܐ ܕܫܒܬܐ ܕܢܚܫܬܐ ܘܕܒ̈ܥܘܬܐ

ܐܠܐ. ܡܠܟܐ ܢܡܠܟ ܥܠܝܢ. ܘܡܪܝܐ ܐܠܗܟܘܢ. ܗܘ
ܐܝܬܘܗܝ ܗܘܐ ܡܠܟܟܘܢ.* (13) ܗܫܐ ܗܐ ܡܠܟܐ ܗ̇ܘ
ܕܓܒܝܬܘܢ ܘܕܫܐܠܬܘܢ ܠܟܘܢ. ܗܐ. ܝܗܒ ܠܟܘܢ ܡܪܝܐ
ܡܠܟܐ. (14) ܐܢ ܬܕܚܠܘܢ ܡܢ ܡܪܝܐ܆ ܘܬܦܠܚܘܢ ܠܗ
ܒܟܐܢܘܬܐ: ܘܬܫܡܥܘܢ ܒܩܠܗ܆ ܘܠܐ ܬܡܪܡܪܘܢ ܠܡܠܬ
ܦܘܡܗ. ܬܗܘܘܢ ܐܡܝܢ ܐܦ ܐܢܬܘܢ ܐܦ ܡܠܟܟܘܢ܆
ܗܢܐ ܕܐܡܠܟ ܥܠܝܟܘܢ. ܒܬܪ ܡܪܝܐ ܐܠܗܟܘܢ.
(15) ܐܢ ܕܝܢ ܠܐ ܬܫܡܥܘܢ ܠܩܠܗ ܕܡܪܝܐ [35 r] ܐܠܗܟܘܢ܆
ܘܬܡܪܡܪܘܢ܆ ܘܬܬܡܪܘܢ ܠܩܘܒܠ ܡܠܬ ܦܘܡܗ. ܬܗܘܐ
ܐܝܕܗ ܕܡܪܝܐ܆ ܒܟܘܢ ܘܒܡܠܟܟܘܢ. ܐܝܟ ܕܗܘܬ
ܒܐܒ̈ܗܝܟܘܢ܀. (16) ܘܗܫܐ܆ ܩܘܡܘ ܘܐܬܚܙܘ. ܘܚܙܘ
ܡܠܬܐ ܗܕܐ ܪܒܬܐ. ܗ̇ܝ ܕܡܪܝܐ ܥܒܕ ܠܥܝܢܐ ܩܕܡܝܟܘܢ.
(17) ܗܐ. ܚܨܕܐ ܗܘ ܕܚܛ̈ܐ ܝܘܡܢܐ. ܐܩܪܐ ܠܡܪܝܐ܆
ܘܢܬܠ ܩ̈ܠܐ. ܘܡܛܪܐ. ܘܕܥܘ ܘܚܙܘ܆ ܕܒܝܫܬܟܘܢ ܪܒܐ
ܗܝ܆ ܗ̇ܝ ܕܥܒܕܬܘܢ ܩܕܡ ܡܪܝܐ܆ ܕܫܐܠܬܘܢ ܠܟܘܢ ܡܠܟܐ܀
(18) ܗܝܕܝܢ ܩܪܐ ܫܡܘܐܝܠ܆ ܠܡܪܝܐ. ܘܝܗܒ ܡܪܝܐ ܩ̈ܠܐ
ܘܡܛܪܐ ܒܝܘܡܐ ܗ̇ܘ. ܘܕܚܠܘ ܟܠܗ ܥܡܐ. ܛܒ. ܡܢ
ܡܪܝܐ. ܘܡܢ ܫܡܘܐܝܠ܀. (19) ܘܐܡܪܘ ܟܠܗ ܥܡܐ
ܠܘܬ ܫܡܘܐܝܠ. ܨܠܝ ܚܠܦ ܥܒ̈ܕܝܟ ܩܕܡ ܡܪܝܐ ܐܠܗܟ.
ܘܠܐ ܢܡܘܬ܆ ܡܛܠ ܕܐܘܣܦܢ ܥܠ ܟܠܗܘܢ ܚܛ̈ܗܝܢ ܒܝܫܬܐ
ܗܕܐ ܪܒܬܐ܆ ܕܫܐܠܢ ܠܢ ܡܠܟܐ܀. (20) [35 v] ܘܐܡܪ
ܫܡܘܐܝܠ ܠܥܡܐ. ܠܐ ܬܕܚܠܘܢ ܡܛܠ ܗܕܐ. ܐܢܬܘܢ
ܥܒܕܬܘܢ ܟܠܗ̇ ܗܕܐ ܒܝܫܬܐ. ܒܪܡ܆ ܠܐ ܬܣܛܘܢ ܡܢ
ܒܬܪܗ ܕܡܪܝܐ: ܐܠܐ ܦܠܘܚܘ ܠܡܪܝܐ ܒܟܠܗ ܠܒܟܘܢ:
(21) ܘܠܐ ܬܣܛܘܢ ܒܬܪ ܣܪ̈ܝܩܘܬܐ: ܗܠܝܢ ܕܠܐ ܡܘ̈ܬܪܢ
ܠܟܘܢ ܡܕܡ܆ ܘܠܐ ܡܦ̈ܨܝܢ ܠܗܘܢ: ܡܛܠ ܕܣܪ̈ܝܩܘܬܐ
ܐܢܝܢ. ܘܠܐ ܡܬܚܫܒܢ. (22) ܡܛܠ ܕܠܐ ܫܒܩ ܡܪܝܐ
ܠܥܡܗ. ܡܛܠ ܫܡܗ ܗ̇ܘ ܪܒܐ. ܡܛܠ ܕܐܬܬܦܝܣ

ܠܡܥܒܕܟܘܢ ܠܗ ܒܥܡܐ. (23) ܘܐܢܐ. ܚܣ ܗܘ ܠܝ ܕܐܚܛܐ
ܠܡܪܝܐ. ܘܐܦܣܘܩ ܡܢ ܗܝ ܕܐܨܠܐ ܘܐܒܥܐ ܡܢ ܡܪܝܐ
ܡܛܠܬܟܘܢ: ܘܐܠܦܟܘܢ ܘܐܚܘܐ ܠܟܘܢ ܐܘܪܚܐ ܛܒܬܐ
ܘܬܪܝܨܬܐ.܀ (24) ܒܪܡ ܕܚܠܘ ܠܡܪܝܐ: ܘܦܠܘܚܘ ܠܗ
ܒܬܡܝܡܘܬܐ ܒܫܪܪܐ: ܒܟܠܗ ܠܒܟܘܢ ܘܒܟܠܗ ܢܦܫܟܘܢ. ܡܛܠ
ܕܚܙܝܬܘܢ ܟܠܗܝܢ ܗܠܝܢ ܕܐܣܘܪ ܡܪܝܐ ܥܡܟܘܢ. (25) ܘܐܦ[42]
ܡܒܐܫܘ [36 r] ܬܒܐܫܘܢ. ܐܦ ܐܢܬܘܢ: ܘܐܦ ܡܠܟܟܘܢ
ܬܬܘܒܕܘܢ.܀

(XIII.1)[43] ܐܡܝܢ[44] ܒܪ ܫܢܬܐ ܗܘܐ ܫܐܘܠ ܟܕ ܐܡܠܟ.
ܘܒܪ ܫܢܬܐ ܚܕܐ: ܘܬܪ̈ܬܝܢ: ܐܡܠܟ ܫܐܘܠ ܒܡܠܟܘܬܗ
ܥܠ ܐܝܣܪܐܝܠ. (2) ܓܒܐ ܠܗ ܫܐܘܠ ܬܠܬܐ ܐܠ̈ܦܝܢ
ܓܒܪ̈ܐ ܡܢ ܐܝܣܪܐܝܠ. ܘܗܘܘ ܥܡ ܫܐܘܠ ܬܪ̈ܝܢ ܐܠ̈ܦܝܢ
ܒܡܟܡܣ: ܘܒܛܘܪܐ ܕܒܝܬ ܐܝܠ. ܘܐܠܦܐ ܗ̣ܘܘ
ܥܡ ܝܘܢܬܢ ܒܪܗ ܒܓܒܥܬܐ ܗܝ ܕܒܢܝܡܝܢ. ܘܫܪܟܐ
ܕܥܡܐ. ܫܪܐ ܐܢܘܢ ܠܟܠ ܐܢܫ ܠܡܫܟܢܗ܀ (3) ܘܡܚܝܐ
ܝܘܢܬܢ ܠܢܨܝܒܐ ܕܦܠܫ̈ܬܝܐ ܗܘ ܕܒܓܒܥ. ܘܫܡܥܘ
ܦܠܫ̈ܬܝܐ. ܘܫܐܘܠ ܩܪܐ ܒܫܝܦܘܪܐ ܒܟܠܗ ܐܪܥܐ: ܟܕ
ܐܡܪ. ܢܫܡܥܘܢ ܥܒܪ̈ܝܐ. (4) ܘܟܠܗ ܐܝܣܪܐܝܠ. ܕܡܚܝܐ
ܫܐܘܠ ܠܢܨܝܒܐ [36 v] ܕܦܠܫ̈ܬܝܐ. ܘܣܡܘ ܐܝܣܪܐܝܠ
ܠܦܠܫ̈ܬܝܐ. ܘܐܬܩܥܝܘ ܥܡܐ ܒܬܪ ܫܐܘܠ ܠܓܠܓܠܐ.

---

42 Read ܘܐܢ.

43 Mg: ܡܦ ܐ

44 Scholion:

ܢܘܗܪܐ ܕܡܫܝܚܐ ܩܐܪܘܣ. ܩܘܡܐܒܘܣ ܐܡܝܢ. ܕܒܪ
ܫܢܬܐ ܗܘܐ ܫܐܘܠ ܒܪ ܐܡܝܢ. ܒܪ ܡܫܘܕܥ ܕܙܒܢܐ ܦܫܝܛܐ
ܘܠܐ ܡܣܘܟܐ ܒܒܝ̈ܫܬܐ ܐܝܬܘܗܝ ܗܘܐ. ܒܗܘ ܙܒܢܐ ܕܫܢܝ̈
ܕܡܠܟܘܬܗ. ܒܪ ܕܝܢ ܬܪ̈ܬܝܢ ܫܢܝܐ ܒܡܠܟܐ ܕܐܡܝܢ ܗܘܐ ܐܬܡܫܚ:
ܒܬܪܝܢ ܕܝܢ ܐܫܬܟܚ ܘܡܬܠܟܐ ܡܢ ܐܠܗܐ ܗܘܐ.
ܠܫܡܘܐܝܠ. ܠܐ ܚܫܒ ܗܘܐ ܬܠܬܐ ܗܘ ܙܒܢܐ ܕܫܢ̈ܝܐ ܕܫܢ̈ܝܐ
ܕܫܢܘܗܝ܀

(5) ܘܦܠܫ̈ܬܝܐ. ܐܬܟܢܫܘ ܠܡܬܟܬܫܘ ܥܡ ܐܝܣܪܐܝܠ.
ܘܣܠܩܘ ܥܠ ܐܝܣܪܐܝܠ ܬܠܬܐ ܐܠܦ̈ܝܢ ܡܪ̈ܟܒܬܐ. ܘܫܬܐ
ܐܠܦ̈ܝܢ ܦܪ̈ܫܐ. ܘܥܡܐ. ܐܝܟ ܚܠܐ ܕܥܠ ܣܦܬܗ ܕܝܡܐ
ܒܣܓܝܐܘܬܐ. ܘܣܠܩܘ ܘܫܪܘ ܒܡܟܡܐܫ: ܠܡܕܢܚ ܒܝܬ
ܐܘܢ.[45] ܡܢ ܬܝܡܢܐ. (6) ܘܚܙܘ ܒ̈ܢܝ ܐܝܣܪܐܝܠ ܕܐܬܐܠܨܘ:
ܘܕܚܠܘ. ܘܐܬܛܫܝܘ ܠܗܘܢ ܒܡܥܪ̈ܐ ܘܒܚܠ̈ܠܐ: ܘܒܫܩ̈ܝܦܐ
ܘܒܓܘ̈ܒܐ ܘܒܠ̈ܚܬܐ. (7) ܘܗܠܝܢ ܕܐܬܥܒܪܘ ܠܡܥܒܪ ܥܒܪܘ
ܝܘܪܕܢ: ܠܐܪܥܐ ܕܓܕ ܘܕܓܠܥܕ. ܘܫܐܘܠ ܥܕܟܝܠ.
ܒܓܠܓܠܐ ܐܝܬܘܗܝ ܗܘܐ. ܘܟܠܗ ܥܡܐ. ܥܡܗ.
(8) ܘܐܬܬܘܚܝ ܫܒܥܐ ܝܘ̈ܡܝܢ ܠܡܘܥܕܘܬܐ: ܐܝܟ ܕܐܡܪ
ܫܡܘܐܝܠ: ܘܠܐ ܐܬܐ ܫܡܘܐܝܠ ܠܓܠܓܠܐ.
ܘܐܬܒܕܪ ܥܡܐ ܡܢܗ ܀. (9) ܘܐܡܪ ܫܐܘܠ. ܩܪܒܘ ܠܝ:
ܐܝܟܢܐ [37 r] ܕܐܣܩܘܢ ܢܩܪܒܐ ܥܠܬܐ. ܘܕܒ̈ܚܐ ܫܠ̈ܡܐ.
ܘܐܣܩ ܫܐܘܠ ܢܩܪܒܐ ܥܠܬܐ ܀. (10) ܘܗܘܐ ܕܟܕ ܫܠܡ
ܠܡܣܩܘ ܢܩܪܒܐ ܥܠܬܐ. ܐܬܐ ܫܡܘܐܝܠ. ܘܢܦܩ ܫܐܘܠ
ܠܐܘܪܥܗ ܠܡܒܪܟܘܬܗ. (11) ܘܐܡܪ ܫܡܘܐܝܠ. ܡܢܐ
ܥܒܕܬ. ܘܐܡܪ ܫܐܘܠ. ܚܙܝܬ ܕܐܬܒܕܪ ܥܡܐ ܡܢܝ.
ܘܐܢܬ ܠܐ ܐܬܝܬ ܐܝܟ ܙܒܢܐ ܕܗܘܕܥܬ ܠܡܘܥܕܘܬܐ ܠܝܘܡܐ
ܕܡܘܥܕܐ. ܘܦܠܫ̈ܬܝܐ: ܟܢܝܫܝܢ ܒܡܟܡܐܫ.
(12) ܘܐܡܪܬ. ܕܠܡܐ ܢܚܬܘܢ ܦܠܫ̈ܬܝܐ ܥܠ ܠܓܠܓܠܐ.
ܘܐܦ̈ ܡܪܝܐ. ܠܐ ܚܠܝܬ. ܘܐܬܡܪܚܬ: ܘܐܣܩܬ ܢܩܪܒܐ
ܥܠܬܐ ܀. (13) ܘܐܡܪ ܫܡܘܐܝܠ ܠܫܐܘܠ. ܐܣܟܠܬ:
ܘܐܗܡܠܐ ܐܝܬ: ܡܛܠ ܕܠܐ ܢܛܪܬ ܦܘܩܕܢܗ ܕܡܪܝܐ
ܐܠܗܟ: ܗܘ ܕܦܩܕ ܠܟ ܒܐܝ̈ܕܝ. ܡܛܠ ܕܗܫܐ ܥܬܝܕ
ܗܘܐ ܡܪܝܐ ܠܡܬܩܢܘ ܡܠܟܘܬܟ ܥܠ ܐܝܣܪܐܝܠ. [37 v]
ܘܐܡܪ ܗܘܐ ܕܢܬܩܢܝܟ. ܥܕܡܐ ܠܥܠܡ. (14) ܘܗܫܐ ܡܛܠ:
ܡܠܟܘܬܟ. ܠܐ ܬܩܘܡ. ܘܒܥܐ ܠܗ ܡܪܝܐ ܠܓܒܪܐ ܐܝܟ

[45] Mg: ܒܝܬ ܚܘܪܘܢ. ܒܝܬ ܐܝܠ (attached to ܒܣܓܝܐܘܬܗ in error?)

ܠܒܗ. ܘܦܩܕܗ ܘܥܒܕܗ ܠܗ ܡܪܝܐ܇ ܠܡܗܘܐ ܪܫܐ ܡܕܒܪܢܐ
ܥܠ ܥܡܗ. ܡܛܠ ܕܠܐ ܢܛܪܬ ܥܠ ܕܦܩܕܟ ܡܪܝܐ ܀.
(15) ܘܩܡ ܫܡܘܐܝܠ. ܘܐܙܠ ܡܢ ܓܠܓܠܐ ܠܐܘܪܚܗ.
ܘܫܐܘܠ. ܣܠܩ ܡܢ ܓܠܓܠܐ ܠܓܒܥ ܕܒܢܝܡܝܢ. ܘܫܪܟܐ
ܕܥܡܐ. ܣܠܩ ܒܬܪܗ܇ ܒܬܪ ܥܡܐ ܗܘ ܡܩܪܒܢܐ. ܘܡܢܐ
ܫܐܘܠ ܠܥܡܐ ܗܘ ܕܐܫܬܟܚ ܥܡܗ. ܐܝܟ ܫܬܡܐܐ
ܓܒܪܝܢ. (16) ܘܫܐܘܠ܇ ܘܝܘܢܬܢ ܒܪܗ܆ ܘܥܡܐ ܗ̇ܘ
ܕܐܫܬܟܚ ܥܡܗܘܢ܇ ܒܓܒܥ ܕܒܢܝܡܝܢ. ܝܬܒܘ. ܘܒܟܘ.
ܘܦܠܫ̈ܬܝܐ. ܫܪܝܢ ܗܘܘ ܒܡܟܡܣ. (17) ܘܢܦܩܘ
ܡܚ̈ܒܠܢܐ ܡܢ ܡܫܪܝܬܐ ܗ̇ܝ ܕܦܠܫ̈ܬܝܐ. ܒܬܠܬܐ ܪ̈ܫܝܢ.
ܪܫܐ ܚܕ ܡܬܦܢܐ܆ ܚܕ ܘܐܙܠ ܠܐܘܪܚܐ ܕܥܦܪ. ܠܐܪܥܐ
ܕܫܘܥܠ. (18) ܘܪܫܐ [38 r] ܐܚܪܢܐ ܐܙܠ ܠܐܘܪܚܐ
ܕܒܝܬ ܚܘܪܘܢ. ܘܪܫܐ ܐܚܪܢܐ ܗܘ ܬܠܝܬܝܐ܇ ܐܙܠ.
ܠܐܘܪܚܐ ܕܬܚܘܡܐ ܗܘ ܕܡܣܬܟܐ ܠܢܚܠܐ ܕܨܒܥܐܝܢ.
ܠܡܕܒܪܐ ܀. (19) ܘܐܘܡܢܐ ܕܦܪܙܠܐ. ܠܐ ܐܫܬܟܚ
ܒܟܠܗ̇ ܐܪܥܐ ܕܐܝܣܪܝܠ. ܡܛܠ ܕܐܡܪܘ ܦܠܫ̈ܬܝܐ.
ܕܠܐ ܢܥܒܕܘܢ ܥܒܪ̈ܝܐ ܣܝܦܐ ܘܪܘܡܚܐ. (20) ܘܢܚܬܝܢ ܗܘܘ
ܟܠܗ ܐܝܣܪܝܠ ܠܐܪܥܐ ܕܦܠܫ̈ܬܝܐ܆ ܠܡܚܕܕ ܐܢܫ
ܟܠܗ ܣܟܬܗ ܦܕܢܗ܆ ܘܩܘܠܒܗ ܘܡܥܕܪܗ. (21) ܘܡܒܪܝܢ
ܗܘܘ ܫܘܦܢܐ ܕܦܬܐ. ܠܡܓܠܐ܆ ܘܠܣܟܬܐ܆
ܘܠܐܟܬܐ܆ ܘܠܩܘܠܒܐ. ܘܠܡܪܕܝܬܐ ܕܡܣܡܣܐ. ܘܦܠܓܘܬܐ
ܐܬܬܩܢܝ ܗܘܐ ܠܡܚ̈ܪܐ ܗܠܝܢ. ܬܠܬܐ ܣ̈ܩܠܐ ܀.
(22) ܘܗܘܐ ܒܝܘܡܐ ܕܩܪܒܐ ܗܘ ܕܡܟܡܣ. ܠܐ
ܐܫܬܟܚ ܣܝܦܐ ܐܘ ܪܘܡܚܐ ܒܐܝܕܝܐ ܕܟܠܗ ܥܡܐ
ܕܥܡ ܫܐܘܠ ܘܥܡ ܝܘܢܬܢ. [38 v] ܘܐܫܬܟܚ ܠܫܐܘܠ
ܘܠܝܘܢܬܢ ܒܪܗ ܀. (23) ܘܢܦܩ ܡܫܪܝܬܐ ܕܦܠܫ̈ܬܝܐ ܠܥܒܪܐ
ܕܡܟܡܣ.

 (XIV.1)
[39 r]
. [39 v]
---

[46] A line appears to have been omitted here by the copyist.

ܘܐܡܪܘ ܠܝܘܢܬܢ ܘܠܫܩܠ ܡܐܢܘܗܝ. ܣܩܘ ܠܘܬܢ.
ܘܢܘܕܥܟܘܢ ܦܬܓܡܐ ܀. ܘܐܡܪ ܝܘܢܬܢ ܠܫܩܠ ܡܐܢܘܗܝ.
ܣܩ ܒܬܪܝ. ܡܛܠ ܕܐܫܠܡ ܐܢܘܢ ܡܪܝܐ ܒܐܝܕܐ
ܕܐܝܣܪܐܝܠ. (13) ܘܣܠܩ ܝܘܢܬܢ܂ ܥܠ ܐܝܕܘܗܝ ܘܥܠ
ܪ̈ܓܠܘܗܝ. ܘܐܦ ܗܘ ܫܩܠ ܡܐܢܘܗܝ ܒܬܪܗ. ܘܢܦܠ ܦܓܪܐ
ܕܦܠܫ̈ܬܝܐ ܩܕܡ ܝܘܢܬܢ. ܘܫܩܠ ܡܐܢܘܗܝ. ܡܩܛܠ ܗܘܐ
ܒܬܪܗ. (14) ܘܗܘܬ ܡܚܘܬܐ ܩܕܡܝܬܐ ܕܡܚܐ ܝܘܢܬܢ
ܘܫܩܠ ܡܐܢܘܗܝ. ܐܝܟ ܥܣܪ̈ܝܢ ܓܒܪ̈ܝܢ. ܒܠܐܪ̈ܥܐ܆ ܘܒܡܥܒܪ
ܟܐ̈ܦܐ. ܘܒܩܠ̈ܥܐ ܕܦܩܥܬܐ. (15) ܘܗܘܬ ܙܘܥܬܐ
ܒܡܫܪܝܬܐ ܟܠܗ̇ ܗ̇ܝ ܕܦܩܥܬܐ. ܘܒܟܠܗ ܥܡܐ ܗ̇ܘ
ܕܡܢܟܐ ܕܦܠܫ̈ܬܝܐ. ܘܡܚ̈ܒܠܢܐ [40 r] ܗ̇ܢܘܢ ܕܢܦܩܝܢ ܗܘܘ:
ܬܗܘܘ܆ ܘܙܥܘ ܐܦ ܗ̇ܢܘܢ. ܘܠܐ ܨ̇ܒܝܢ ܗܘܘ ܠܡܥܒܪܘ.
ܘܬܗܘܬ ܘܙܥܬ ܐܪܥܐ. ܘܗܘܬ ܒܠܗܘܢ ܬܗܘܬܐ
ܘܙܘܥܬܐ ܡܢ ܡܪܝܐ ܀. (16) ܘܚܙܘ ܕܘܩ̈ܐ ܕܫܐܘܠ܆ ܗ̇ܢܘܢ
ܕܒܓܒܥܬܐ ܕܒܢܝܐܡܝܢ. ܘܗܐ ܚܝܠܐ ܕܡܫܪܝܬܐ
ܕܦܠܫ̈ܬܝܐ ܟܠܗ ܙܥ܆ ܘܐܫܬܓܠܫ ܡܟܐ ܘܡܟܐ. ܘܐܙܠ.
ܘܐܬܬܒܪ. (17) ܘܐܡܪ ܫܐܘܠ ܠܥܡܐ ܕܥܡܗ. ܣܥܘܪܘ
ܘܥܘܩܒܘ. ܘܚܙܘ ܡܢܘ ܐܙܠ ܡܢܟܘܢ. ܘܥܩܒܘ ܘܚܙܘ. ܘܗܐ
ܠܐ ܐܝܬܘܗܝ ܗܘܐ ܝܘܢܬܢ ܘܫܩܠ ܡܐܢܘܗܝ ܀.
(18) ܘܐܡܪ ܫܐܘܠ ܠܐܚܝܐ ܒܗܢܐ: ܡܛܠ ܕܗ̇ܘ ܫܩܠ
ܗܘܐ ܐܦܘܕ: ܩ̇ܪܒ ܐܪܘܢܗ ܕܐܠܗܐ. ܡܛܠ ܕܐܬܝܗ
ܐܝܬܘܗ̇ ܗܘܬ ܡܚܘܬܗ ܕܡܪܝܐ ܒܥܡܐ ܗ̇ܘ ܥܡ ܒܢ̈ܝ
ܐܝܣܪܐܝܠ ܀. (19) ܘܗܘܐ ܟܕ ܐܡܪ ܗܘܐ ܫܐܘܠ
ܠܟܗ̈ܢܐ. ܘܚܠܐ[47] [40 v] ܗ̇ܘ ܕܡܫܪܝܬܐ ܕܦܠܫ̈ܬܝܐ܆ ܐܙܠ
ܗܘܐ ܟܕ ܐܙܠ. ܘܣܓܐ. ܘܐܙܠ ܡܢ ܚܝܠܐ. ܣܓܝܐܐ.
ܘܐܡܪ ܫܐܘܠ ܠܟܗܢܐ. ܟܢܫ ܐܝ̈ܕܝܟ. (20) ܘܙܥܩ ܫܐܘܠ.
ܘܟܠܗ ܥܡܐ ܕܥܡܗ. ܘܐܬܘ ܥܕܡܐ ܠܩܪܒܐ. ܘܚܙܘ.

---

[47] Mg: ܚܠܐ. Read ܚܝܠܐ with P.

ܘܗܘܐ ܡܗܘܐ ܠܗܘܢ ܗܘܦܟܗ ܕܠܒܪܐ. ܒܫܪܗ. ܫܠܡܘܬܐ
ܕܒܪܝܬܐ. ܗܟܠ. (21) ܘܡܕܒ̈ܪܢܐ ܒܪ̈ܝܬܐ ܗܢܘܢ ܕܐܬܝܢ ܗܘܘ
ܡܢ ܦܠܚ̈ܘܬܐ܆ ܡܢ ܐܬܘܬܠ ܘܡܢ ܡܬܘܬܠ: ܗܢܘܢ ܕܗܠܟܝܢ
ܗܘܘ ܠܡܫܪܝܬܐ. ܗܦܟܘ ܐܦ ܗܢܘܢ ܠܡܗܘܐ ܡܢ
ܐܝܣܪܐܝܠ܆ ܡܢ ܗܢܘܢ ܕܡܢ ܫܐܘܠ ܘܡܢ ܘܠܐܝܬ.
(22) ܘܟܠܗܘܢ ܠܒܪ̈ܝܐ ܕܐܝܣܪܐܝܠ܆ ܗܢܘܢ ܕܡܦܠܓܝܢ ܗܘܘ
ܒܬܪܥܐ ܕܐܦܪܝܡ: ܫܡܥܘ ܕܐܬܝܗܘ ܦܠܚ̈ܘܬܐ ܡܢ ܡܕܡ
ܒܢ̈ܝ ܐܝܣܪܐܝܠ. ܘܐܬܚܙܝܘ ܐܦ ܗܢܘܢ ܒܬܪܗܘܢ ܠܡܪܒܐ.
(23) ܘܦܩܕ ܡܠܟܐ ܠܐܝܣܪܐܝܠ ܒܝܘܡܐ ܗܘ ܡܢ ܐܝܕܐ
ܕܦܠܚ̈ܘܬܐ. ܘܡܪܟܐ ܒܝܬ [41 r] ܗܘܐ ܠܗ ܠܒܝܬ ܐܒܘ.[48]
ܘܟܠܗ ܒܢܝܐ ܕܐܝܣܪܐܝܠ ܐܬܘܗܝ ܗܘܐ ܡܢ ܫܐܘܠ
ܗܕܡ. ܐܝܟ ܕܐܡܪܐ ܐܫܠܡ ܠܒܪ̈ܐ. ܘܐܬܘܗܝ ܗܘܐ
ܡܪܟܐ ܕܡܟܒܪ̈. ܒܟܠܗ ܬܚܘܡܐ ܕܐܦܪܝܡ ܀
(24)[49] ܘܐܬܚܒܪ ܫܐܘܠ ܒܝܘܡܐ ܗܘ܆ ܘܬܒܥܐ ܬܚܘܡܘܬܐ.
ܕܒܝܬܐ. ܘܐܡܪ ܠܝܘܡܐ. ܠܘܬ ܗܘ ܠܒܪܐ ܗܘ ܕܐܝܟܘܠ
ܠܝܘܡܐ ܝܘܡܐ ܠܢܫܐ܆ ܒܝܘܡܐ ܕܐܬܦܪܥ ܘܐܬܬܢܩܡ
ܡܢ ܒܥ̈ܠܕܒܒܐ. ܘܠܐ ܛܥܡ ܟܠܗ ܥܡܐ ܠܚܡܐ ܒܝܘܡܐ
ܗܘ. (25) ܘܟܠܗ ܐܪܥܐ ܡܫܬܪܝܐ[50] ܗܘܬ ܒܝܥܪܐ ܗܘ.
ܘܐܙܠ ܥܡܐ ܒܐܪܥܐ. ܘܥܠ ܒܥܒܐ. ܘܒܥܒܐ ܐܬܘܗܝ
ܗܘܐ ܟܠܗ ܒܝܬ ܕܒܘܪ̈ܝܬܐ. ܘܐܬܘܗܝ ܗܘܐ. ܠܗܘܠ
ܟܠܗ ܦܫܝܛܘܬܐ. (26) ܘܥܠ ܟܠܗ ܥܡܐ ܕܒܥܒܐ ܒܥܒܐ ܗܘ
ܕܒܝܬ [41 v] ܕܒܘܪ̈ܝܬܐ. ܘܡܚܙܝܢ ܗܘܐ ܒܥܒܐ: ܟܕ ܢܫܝܡ
ܘܡܬܚܠܠܝܢ: ܘܠܝܬ ܗܘܐ ܕܡܫܝܛ ܐܝܕܗ ܘܡܣܬܦܝܢ
ܠܦܘܡܗ. ܡܛܠ ܕܕܚܠ ܥܡܐ ܡܢ ܡܘܡܬܐ ܕܡܠܟܐ ܗܘ
ܕܐܘܡܝ ܫܐܘܠ. (27) ܘܝܘܢܬܢ ܠܐ ܫܡܥ ܟܕ ܐܘܡܝ

[48] Mg: ܫܘܪܘ

[49] Mg: ܡ ܕܐܬܚܫܒܐ ܕܠܒܪܐ

[50] Mg: ܡܒܪ̈ܝܐ

ܐܒܘܗܝ ܠܥܡܐ. ܘܐܘܫܛ ܪܝܫܐ ܕܫܒܛܐ ܗܘ ܕܐܝܬ
ܗܘܐ ܒܐܝܕܗ: ܘܨܒܥܗ ܒܟܘܪܬܐ ܕܕܒܫܐ. ܘܐܗܦܟ
ܐܝܕܗ ܠܦܘܡܗ. ܘܢܗܪ ܥ̈ܝܢܘܗܝ. ܀ (28)[51] ܘܥܢܐ ܓܒܪܐ
ܚܕ ܡܢ ܥܡܐ. ܘܐܡܪ ܠܝܘܢܬܢ. ܡܘܡܝܘ ܐܘܡܝ ܐܒܘܟ
ܠܥܡܐ ܘܐܡܪ. ܠܝܛ ܗܘ ܓܒܪܐ ܗܘ ܕܢܐܟܘܠ ܠܚܡܐ
ܝܘܡܢܐ. ܘܐܬܡܪܦܝ ܥܡܐ. (29) ܘܥܢܐ ܕܝܢ ܝܘܢܬܢ ܐܡܪ.
ܕܠܚܗ̇ ܐܒܝ ܠܐܪܥܐ. ܚܙܘ ܕܢܗܪ ܥ̈ܝܢܝ: ܟܕ ܕܛܥܡܬ
ܩܠܝܠ ܡܢ ܕܒܫܐ ܗܢܐ. ܀ (30) ܘܐܠܘ ܡܐܟܠ ܐܟܠ
ܥܡܐ ܡܢ ܒ̈ܙܬܐ ܕܒܥܠܕܒܒܘܗܝ؛ ܗܠܝܢ ܕܐܫܟܚܘ. ܗܫܐ
ܪܒܬܐ ܐܝܬܝܗ̇ ܗܘܬ ܡܚܘܬܐ [42 r] ܒܦܠܫ̈ܬܝܐ.
(31) ܘܡܚܪܒ ܗܘܐ ܠܝ ܝܘܡܢܐ ܟܠܗ. ܦܠܫ̈ܬܝܐ ܬܒܪܐܬ
ܡܢ ܥܡܐ ܕܦܠܫ̈ܬܝܐ ܗܘܪܐ. ܬܒܪ ܡܢ ܕܒܡܐܟܡܐܘܣ.
ܘܗܫܐ ܠܐܝ ܥܡܐ: ܘܐܬܡܪܦܝ ܛܒ. ܀ (32) ܘܥܡܐ
ܐܙܠ ܒܥܐܦܐ: ܘܪܗܛ: ܘܐܬܠܒܒ ܥܠ ܒ̈ܙܬܐ. ܘܕܒܪܘ
ܥܢܐ ܘܬܘܪ̈ܐ ܘܥܓ̈ܠܐ: ܘܢܟܣܘ ܥܠ ܐܪܥܐ. ܘܐܟܠ
ܗܘܐ ܥܡܐ ܥܡ ܕܡܐ. ܀ (33) ܘܐܘܕܥܘ ܠܫܐܘܠ.
ܘܐܡܪܘ ܠܗ. ܗܐ ܥܡܐ ܚܛܐ ܠܡܪܝܐ. ܘܐܟܠܝܢ ܥܡ
ܕܡܐ. ܒܠܐܬܘܟ ܀ ܘܐܡܪ ܫܐܘܠ. ܥܒܪܬܘܢ ܢܡܘܣܐ.
ܥܓܠܘ ܠܝ ܠܡܪܝܐ ܟܐܦܐ ܚܕܐ ܪܒܬܐ. (34) ܘܐܡܪ
ܫܐܘܠ. ܐܬܒܕܪܘ ܒܥܡܐ. ܘܐܡܪܘ ܠܗܘܢ. ܩܪܒܘ ܠܡܪܝܐ:
ܟܠ ܚܕ ܬܘܪܗ: ܘܟܠܚܕ ܠܐܡܪܗ. ܘܢܟܣܘ ܗܪܟܐ ܥܠ
ܗܕܐ ܟܐܦܐ ܘܐܟܘܠܘ. ܕܠܐ ܬܚܛܘܢ ܠܡܪܝܐ:
ܘܬܐܟܠܘܢ [42 v] ܥܡ ܕܡܐ. ܘܩܪܒܘ ܟܠܗ ܥܡܐ: ܟܠ ܚܕ
ܬܘܪܗ: ܐܘ ܥܢܗ: ܐܝܟ ܗܘ ܡܢܐ ܕܐܝܬܘܗܝ ܒܠܠܝܐ ܗܘ:
ܘܢܟܣܘ ܬܡܢ. (35) ܘܒܢܐ ܬܡܢ ܫܐܘܠ ܡܕܒܚܐ ܠܡܪܝܐ.
ܗܢܐ ܡܕܒܚܐ ܫܪܝ ܫܐܘܠ ܠܡܒܢܐ ܠܡܪܝܐ. ܀ (36) ܘܐܡܪ
ܫܐܘܠ ܠܥܡܐ. ܢܚܘܬ ܒܬܪ ܦܠܫ̈ܬܝܐ: ܘܢܒܙܘ ܒܗܘܢ ܒܠܠܝܐ

[51] Mg: ܡܢܝ ܕܚܕ ܒܥܡܐ ܟܠ ܕܝܘܡܐ

(37)

(38)

[43 r] (39)

(40)

(41)

[43 v] (42)

(43)

(44)

ܐܠܗܐ ܥܒܕ ܦܘܪܩܢܐ ܗܢܐ ܪܒܐ ܒܐܝܣܪܐܝܠ ܝܘܡܢܐ܄

(45) ܘܐܡܪ ܫܐܘܠ ܠܥܡܐ. ܘܐܡܪܘ ܥܒܕܘ: ܗܘ ܕܫܦܝܪ

ܒܥܝܢܝܟ ܥܒܕ. ܘܐܬܩܪܒ ܟܗܢܐ ܕܢܐܠܘܗܐ. ܘܐܡܪ ܐܠܗܐ

ܐܩܪܒ ܗܪܟܐ ܠܘܬ ܐܠܗܐ܄ [44 r] ܘܒܥܐ ܫܐܘܠ ܦܪܩ

ܐܝܟܢܐ ܕܐܚܛܐ ܥܡ ܫܐܘܠ܄ ܘܐܬܩܪܒ ܟܗܢܐ ܘܐܫܟܚ

ܘܐܡܪ ܡܢ ܟܦܢ ܐܝܟ ܕܐܟܠܬܘܢ ܡܢ ܐܣܪܐ (46) ܘܣܠܩ ܫܐܘܠ ܡܢ

ܒܬܪ ܦܠܫܬܝܐ. ܘܦܠܫܬܝܐ ܐܙܠܘ ܠܐܬܪܗܘܢ܄

(47)[52] ܘܐܡܪ ܫܐܘܠ ܟܕ ܩܒܠ ܡܠܟܘܬܐ ܕܒܝܐܝܣܪܐܝܠ. ܘܗܘܐ ܡܬܟܬܫ

ܒܚܕܪܘܗܝ. ܥܡ ܟܠܗܘܢ ܒܥܠܕܒܒܘܗܝ. ܘܒܡܘܐܒ. ܘܒܒܢܝ

ܥܡܘܢ. ܘܒܐܕܘܡ. ܘܒܡܠܟܐ ܕܨܘܒܐ. ܘܒܦܠܫܬܝܐ. ܒܟܠ ܐܬܪ ܕܐܙܠ ܗܘܐ ܡܬܢܨܚ ܗܘܐ܄

(48) ܘܚܝܠ ܫܠܝ ܘܒܙ ܠܥܡܠܝܩ. ܘܦܪܩ ܠܐܝܣܪܐܝܠ ܡܢ ܐܝܕܐ ܕܒܙܘܙܘܗܝ܄

(49) ܘܗܘܘ ܒܢܘܗܝ ܕܫܐܘܠ ܝܘܢܬܢ. ܘܐܝܫܘܝ. ܘܡܠܟܝܫܘܥ. ܘܬܪܬܝܢ ܒܢܬܗ ܚܕܐ ܫܡܗ ܡܪܒ. ܘܚܕܐ ܫܡܗ ܡܠܟܠ܄

(50)[44 v] ܘܫܡܐ ܕܐܢܬܬܗ ܕܫܐܘܠ. ܐܚܝܢܘܥܡ ܒܪܬ ܐܚܝܡܥܨ. ܘܫܡܐ ܕܪܒ ܚܝܠܗ ܐܒܢܝܪ ܒܪ ܢܝܪ ܕܕܗ ܕܫܐܘܠ.

(51) ܘܩܝܫ ܒܪ ܐܒܘܗܝ ܕܫܐܘܠ. ܘܢܝܪ ܐܒܘܗܝ ܕܐܒܢܝܪ ܒܪ ܐܒܝܐܝܠ܄

(52) ܘܐܝܬܝܗ ܗܘܐ ܩܪܒܐ ܥܫܝܢܐ ܥܠ ܦܠܫܬܝܐ ܟܠܗܘܢ ܝܘܡܬܗ ܕܫܐܘܠ. ܘܚܙܐ ܗܘܐ ܫܐܘܠ ܟܠ ܓܒܪ ܓܢܒܪܐ ܘܟܠ ܒܪ ܚܝܠܐ. ܘܡܟܢܫ ܗܘܐ ܠܘܬܗ܄

---

[52] Mg: ܣܡ ܓܢ

[53] Mg: ܘܐܝܫܘܝ

(XV.1)
 ∴. (3) [45 r] .
ﻼﻟﻟﺐ ﻟﻟﻟﻟﻟ ﻟﻟﻟﻟﻟ ﻟﻟ. ⁵⁴
ﻼﻟﻟ ﻟﻟﻟﻟ ﻟﻟﻟﻟ ﻟﻟﻟﻟﻟ. ﻟﻟﻟﻟﻟ
ﻟﻟﻟﻟﻟﻟ ﻟﻟﻟﻟ ﻟﻟﻟﻟ ﻟﻟﻟﻟﻟ ﻟﻟﻟﻟ ﻟﻟ ﻟﻟﻟ. ﻟﻟﻟ ﻟﻟ ﻟﻟ
ﻟﻟﻟﻟﻟﻟ. ﻟﻟ ﻟﻟﻟﻟﻟ [45 r] ﻟﻟﻟﻟ ﻟﻟ ﻟﻟﻟﻟ. ﻟﻟﻟﻟﻟ.
ﻟﻟﻟﻟﻟﻟ ﻟﻟﻟﻟﻟﻟ ﻟﻟ ﻟﻟ ﻟﻟﻟﻟﻟﻟﻟ (7). ﻟﻟﻟﻟﻟ ﻟﻟﻟﻟ ﻟﻟﻟﻟﻟ
ﻟﻟﻟﻟﻟﻟ. ﻟﻟ ﻟﻟﻟﻟﻟ ﻟﻟﻟﻟ ﻟﻟ, ﻟﻟﻟﻟﻟ ﻟﻟﻟﻟﻟﻟ ﻟﻟﻟﻟﻟﻟﻟ
ﻟﻟﻟﻟ. (8) ﻟﻟﻟﻟﻟ ﻟﻟﻟﻟ ﻟﻟﻟﻟ ﻟﻟﻟﻟﻟ ﻟﻟﻟﻟﻟﻟ ﻟﻟﻟﻟﻟﻟﻟ ﻟﻟ
ﻟ. ﻟﻟﻟﻟﻟﻟ ﻟﻟﻟﻟﻟ ﻟﻟﻟﻟﻟﻟﻟ ﻟﻟﻟﻟ (9). ﻟﻟﻟﻟ.
ﻟﻟﻟﻟﻟ ﻟﻟﻟﻟﻟ ﻟﻟﻟﻟﻟ ﻟﻟﻟﻟﻟ ﻟﻟﻟﻟ ﻟﻟﻟﻟﻟ ﻟﻟﻟﻟﻟﻟﻟ. ﻟﻟﻟﻟ.
ﻟﻟ ﻟﻟﻟﻟ ﻟﻟﻟ ﻟﻟﻟﻟﻟﻟ: ﻟﻟﻟﻟﻟﻟ ﻟﻟﻟﻟﻟﻟﻟﻟ:
ﻟﻟﻟﻟ ﻟﻟﻟ ﻟﻟﻟﻟ ﻟﻟﻟﻟﻟﻟ ﻟﻟﻟ ﻟﻟﻟﻟﻟﻟﻟ ﻟﻟﻟ.
ﻟﻟﻟﻟ ﻟﻟ ﻟﻟﻟﻟﻟﻟ ﻟﻟ, ﻟﻟﻟﻟﻟﻟ ﻟﻟﻟﻟﻟﻟ ﻟﻟﻟﻟﻟﻟ

---

⁵⁴ Mg: ﻟﻟﻟﻟﻟﻟ ﻟﻟﻟﻟﻟ

ܒܚܢ̈ܝܩܘܬܗ܆ ܠܗ ܐܚܪܡܘ ܘܡܚܪܒܘ ܀ (10) ܘܗܘܬ ܡܠܬܗ
ܕܡܪܝܐ ܥܠ ܫܡܘܐܝܠ ܕܐܡܪܐ܆ (11) ܐܬܬܘܝܬ
ܕܐܡܠܟܬ ܡܠܟܐ ܠܫܐܘܠ. ܡܛܠ ܕܗܦܟ ܡܢ ܒܬܪܝ܆
ܘܡ̈ܠܝ ܠܐ ܐܩܝܡ ܀ ܘܐܬܬܥܝܩ ܫܡܘܐܝܠ. ܘܩܥܐ ܠܘܬ
ܡܪܝܐ܆ ܟܠܗ ܠܠܝܐ ܀. (12) ܘܩܕܡ ܫܡܘܐܝܠ܆ [46 r] ܘܐܙܠ
ܠܐܘܪܥܐ ܠܐܝܣܪܐܝܠ ܒܨܦܪܐ. ܘܐܬܬܘܕܥ
ܠܫܡܘܐܝܠ܆ ܕܐܬܐ ܫܐܘܠ ܠܟܪܡܠܐ. ܘܗܘܐ ܐܩܝܡ
ܠܗ ܐܬܪܐ ܠܚܝܠܐ. ܘܐܗܦܟ ܠܡܪ̈ܟܒܬܗ ܘܢܚܬ. ܘܢܚܬ
ܠܗ ܠܓܠܓܠܐ ܀. (13) ܘܐܬܐ ܫܡܘܐܝܠ ܠܘܬ ܫܐܘܠ.
ܘܗܘܐ ܗܘ ܡܩܪܒ ܗܘܐ ܝܩܕܐ ܥܠܘܬܐ ܠܡܪܝܐ܆ ܕܪ̈ܫܝܬܐ
ܕܒܙܬܐ ܗܠܝܢ ܕܐܝܬܝ ܡܢ ܥܡܠܩܝܐ. ܘܟܕ ܐܬܐ ܫܡܘܐܝܠ
ܠܘܬ ܫܐܘܠ. ܐܡܪ ܠܗ ܫܐܘܠ. ܒܪܝܟ[55] ܗܘ ܡܪܝܐ
ܕܐܩܝܡ ܡ̈ܠܘܗܝ ܗ̇ܝ ܕܡܠܠ. (14) ܘܐܡܪ ܠܗ ܫܡܘܐܝܠ.
ܘܡܢܘ ܩܠܐ ܗܢܐ ܕܥܢܐ ܕܫܡܥ ܐܢܐ ܒܐܕ̈ܢܝ܆ ܘܩܠܐ
ܕܬܘܪ̈ܐ ܕܐܢܐ ܫܡܥ ܐܢܐ. (15) ܘܐܡܪ ܫܐܘܠ ܡܢ
ܥܡܠܩܝܐ ܐܝܬܝܬ ܐܢܘܢ܆ ܗܠܝܢ ܕܚܣܟ ܥܡܐ܆ ܛܒ ܡܢ
ܟܠ ܫܘܦܪܐ ܕܥܢܐ ܘܕܬܘܪ̈ܐ܆ ܘܐܝܬܝܘ ܐܢܘܢ ܐܝܟܢܐ
ܕܢܬܕܒܚܘܢ ܠܡܪܝܐ ܐܠܗܟ. ܘܗܠܝܢ ܕܫܪܟܐ܆ ܚܪܡ ܀.
[46 v] (16) ܘܐܡܪ ܫܡܘܐܝܠ ܠܫܐܘܠ. ܫܒܘܩ. ܘܐܚܘܝܟ
ܡܕܡ ܕܐܡܪ ܠܝ ܡܪܝܐ܆ ܒܠܠܝܐ. ܘܐܡܪ ܠܗ ܫܐܘܠ
ܐܡܪ. (17) ܘܐܡܪ ܫܡܘܐܝܠ ܠܫܐܘܠ. ܠܘ ܙܥܘܪܐ܆
ܐܢܬ ܗܘܝܬ ܒܥܝ̈ܢܝ ܢܦܫܟ܆ ܪܫܐ ܕܫܒܛܐ ܗܘ ܕܐܝܬ
ܒܪܝ ܒܟܠܗܘܢ ܫܒ̈ܛܐ ܕܐܝܣܪܐܝܠ ܘܡܫܚܟ ܡܪܝܐ
ܠܡܠܟܐ ܥܠ ܐܝܣܪܐܝܠ. (18) ܘܫܕܪܟ ܡܪܝܐ ܒܐܘܪܚܐ
ܘܐܡܪ ܠܟ. ܙܠ ܚܪܘܒ ܠܚܛܝܐ ܒܥܡܠܩܝܐ ܕܚܛܝܐ ܘܐܩܛܘܠ
ܒ. ܘܐܬܟܬܫ ܥܡܗܘܢ܆ ܥܕܡܐ ܕܬܓܡܪ ܐܢܘܢ. (19) ܡܛܠ
ܡܢܐ ܠܐ ܫܡܥܬ ܒܩܠܗ ܕܡܪܝܐ܆ ܒܟܠܗܘܢ ܗܠܝܢ ܕܐܡܪ

[55] Mg: ܒܪܝܟ ܐܢܬ ܠܡܪܝܐ. ܐܩܝܡܬ ܟܠܗܘܢ ܗܠܝܢ ܕܡܠܠ ܡܪܝܐ

ܠܟ. ܐܠܐ ܗܦܟܬ ܘܪܗܛܬ ܥܠ ܒ̈ܙܬܐ. ܘܥܒܕܬ ܕܒܝܫ
ܩܕܡ ܡܪܝܐ܀. (20) ܘܐܡܪ ܫܐܘܠ ܠܫܡܘܐܝܠ. ܫܡܥܬ
ܒܩܠܗ ܕܡܪܝܐ: ܘܐܙܠܬ ܒܐܘܪܚܐ ܗܝ ܕܫܕܪܢ. ܘܐܝܬܝܬ
ܠܐܓܓ ܡܠܟܐ ܕܥܡܠܝܩ. ܘܠܥܡܠܝܩ ܐܚܪܡܬ.
[47 r] ܘܫܡܥܬ ܒܩܠܗ ܕܥܡܐ. (21) ܘܢܣܒ ܥܡܐ ܡܢ ܒ̈ܙܬܐ
ܡܢ ܥܢܐ ܘܡܢ ܬܘܪ̈ܐ ܪܫܝܬܐ: ܡܢ ܚܪܡܐ ܘܡܢ ܗܘ
ܒܓܠܐ: ܕܢܕܒܚܘܢ ܠܡܪܝܐ ܐܠܗܟ ܒܓܠܓܠܐ ܀.
(22) ܘܐܡܪ ܫܡܘܐܝܠ ܠܫܐܘܠ. ܠܐ ܨܒܐ ܡܪܝܐ ܒܩܘܪ̈ܒܐ
ܥܠ̈ܘܬܐ ܘܕܒ̈ܚܬܐ: ܐܝܟ ܕܒܗ̇ ܕܢܫܬܡܥ ܐܢܫ ܠܩܠܗ. ܗܐ
ܫܡܥܐ. ܝܬܝܪ ܡܢ ܕܒ̈ܚܐ ܛܒ. ܘܡܫܬܡܥܢܘܬܐ ܝܬܝܪ ܡܢ
ܬܪܒܐ ܕܕܟ̈ܪܐ. (23) ܡܛܠ ܕܢܚܫܐ ܘܩܨܡܐ. ܚܛܝܬܐ
ܗܘ. ܘܡܕܡܪܐ ܘܡܣܪܒܢܘܬܐ. ܒܥܠܘܬܐ. ܘܡܕܒ̈ܚܘܬܐ.
ܚܫܐ. ܘܟܐܒܐ ܬܪ̈ܦܝܡ. ܡܛܠ ܕܫܛܝܬ[56] ܘܐܣܠܝܬ ܡܠܬܗ
ܕܡܪܝܐ. ܐܦ ܫܐܛ ܘܡܣܠܐ ܠܟ ܡܪܝܐ. ܕܠܐ ܬܗܘܐ
ܡܠܟܐ ܥܠ ܐܝܣܪܐܝܠ ܀. (24) ܘܐܡܪ ܫܐܘܠ ܠܫܡܘܐܝܠ.
ܚܛܝܬ ܕܥܒܪܬ ܥܠ ܡܠܬܗ ܕܦܘܡܗ ܕܡܪܝܐ ܘܥܠ ܡܠܬܟ.
[47 v] ܡܛܠ ܕܕܚܠܬ ܡܢ ܥܡܐ. ܘܫܡܥܬ ܒܩܠܗܘܢ. (25) ܘܗܫܐ
ܫܩܘܠ: ܫܒܘܩ ܠܚܛܝܬܝ. ܘܗܦܘܟ ܥܡܝ. ܘܐܣܓܘܕ ܠܡܪܝܐ
ܐܠܗܟ. (26) ܘܐܡܪ ܫܡܘܐܝܠ ܠܫܐܘܠ. ܠܐ ܐܗܦܘܟ
ܐܢܐ ܥܡܟ. ܡܛܠ ܕܫܛܝܬ ܡܠܬܗ ܕܡܪܝܐ. ܐܦ ܫܐܛ
ܠܟ ܡܪܝܐ: ܕܠܐ ܬܗܘܐ ܡܠܟܐ ܥܠ ܐܝܣܪܐܝܠ.
(27) ܘܐܗܦܟ ܫܡܘܐܝܠ ܐܦ̈ܘܗܝ ܠܡܐܙܠ. ܘܐܚܕ ܫܐܘܠ
ܒܟܢܦܐ ܕܦܪܘܣܗ. ܘܨܪܝܗ. (28) ܘܐܡܪ ܠܗ ܫܡܘܐܝܠ.
ܨܪܝܗ̇ ܡܪܝܐ ܠܡܠܟܘܬܐ ܕܐܝܣܪܐܝܠ ܡܢ ܐܝܕܝܟ
ܝܘܡܢܐ. ܘܝܗܒܗ̇ ܠܚܒܪܟ. ܕܛܒ ܡܢܟ. (29) ܘܢܬܦܠܓ
ܐܝܣܪܐܝܠ ܠܬܪܝܢ. ܘܢܨܝܚܗ ܕܐܝܣܪܐܝܠ: ܠܐ ܡܬܦܠܓ.
ܘܠܐ ܡܬܗܦܟ. ܘܠܐ ܡܬܬܘܐ. ܘܠܐ ܡܬܬܘܝܢ. ܡܛܠ

[56] Sic. Read as 2 m. sg. ܫܛܝܬ, as in v. 26.

ܕܠܐ ܗܘܐ ܐܢܬ ܐܝܟ ܒܪܝܗܐ ܘܐܬܘܕܝ ܗܘ. ܘܐܬܐܠܒܕܟ ܐܘ
ܐܕܪܝܟܐ ܀. (30) ܘܐܡܪ ܫܐܘܠ. ܚܛܝܬ. ܐܠܐ ܝܩܪܝܢ
ܗܫܐ ܩܕܡ ܣܒܐ ܕܥܡܝ ܘܩܕܡ ܐܝܣܪܐܝܠ ܀.
ܘܗܦܘܟ ܥܡܝ [48 r] ܣܓܘܕ ܠܡܪܝܐ ܐܠܗܟ ܀. (31) ܘܗܦܟ ܫܡܘܐܝܠ ܒܬܪ ܫܐܘܠ. ܘܣܓܕ ܫܐܘܠ
ܠܡܪܝܐ ܀ (32) ܘܐܡܪ ܫܡܘܐܝܠ. ܩܪܒ ܠܝ ܠܐܓܓ
ܡܠܟܐ ܕܥܡܠܩ. ܘܐܙܠ ܠܘܬܗ ܐܓܓ. ܟܕ ܪܥܠ.
ܘܐܡܪ (33) ܐܓܓ. ܫܪܝܪܐܝܬ ܡܪܝܪ ܡܘܬܐ. ܘܐܡܪ ܫܡܘܐܝܠ ܠܐܓܓ. ܐܝܟ ܕܐܓܟܘܠܬ ܠܢܫܐ ܚܪܒܐ. ܗܟܢܐ ܬܓܟܘܠ ܡܢ ܢܫܐ ܐܡܟ. ܘܦܣܩܗ [57]ܫܡܘܐܝܠ ܠܐܓܓ
ܩܕܡ ܡܪܝܐ ܒܓܠܓܠܐ. (34) ܘܐܙܠ ܫܡܘܐܝܠ
ܠܪܡܬܐ. ܘܫܐܘܠ ܣܠܩ ܠܒܝܬܗ. ܠܪܡܬܐ ܕܫܐܘܠ. (35) ܘܠܐ ܐܘܣܦ ܬܘܒ ܫܡܘܐܝܠ ܠܡܚܙܐ ܠܫܐܘܠ.
ܥܕܡܐ ܠܝܘܡܐ ܕܡܝܬ. ܡܛܠ ܕܐܬܐܒܠ ܗܘܐ ܫܡܘܐܝܠ
ܥܠ ܫܐܘܠ. ܘܡܪܝܐ ܐܬܬܘܝ, ܕܐܡܠܟܗ ܠܫܐܘܠ
ܥܠ ܐܝܣܪܐܝܠ ܀.

[48 v] (XVI.1)[58] ܘܐܡܪ ܡܪܝܐ ܠܫܡܘܐܝܠ. ܥܕܡܐ
ܠܐܡܬܝ, ܐܢܬ ܡܬܐܒܠ ܐܢܬ ܥܠ ܫܐܘܠ. ܘܐܢܐ
ܐܣܠܝܬܗ ܕܠܐ ܢܡܠܟ ܥܠ ܐܝܣܪܐܝܠ. ܡܠܝ ܩܪܢܟ
ܡܫܚܐ. ܘܬܐ ܐܫܕܪܟ ܠܘܬ ܐܝܫܝ ܕܡܢ ܒܝܬ ܠܚܡ.
ܡܛܠ ܕܚܙܝܬ ܠܝ ܒܒܢܘܗ̈ܝ, ܡܠܟܐ. (2) ܘܐܡܪ ܫܡܘܐܝܠ.
ܐܝܟܢ ܐܙܠ. ܘܢܫܡܥ ܫܐܘܠ ܘܢܩܛܠܢܝ. ܘܐܡܪ ܡܪܝܐ
ܠܫܡܘܐܝܠ. ܥܓܠܬܐ ܕܒܩܪܐ ܣܒ ܒܐܝܕܟ. ܘܐܡܪ
ܠܡܕܒܚܘ ܠܡܪܝܐ ܐܙܠ, ܐܢܐ (3) ܘܩܪܝ ܠܐܝܫܝ ܠܕܒܚܬܐ.
ܘܐܢܐ ܐܘܕܥܟ ܡܕܡ ܕܬܥܒܕ. ܘܬܡܫܚ ܠܝ ܠܗܘ ܡܢ ܕܐܡܪ

---

[57] Mg: ܘܦܣܩ

[58] Mg: ܩܦ ܠ

      ܡܢ, ܕܟܬܒ ܗܢܐ ܦܘܩܝܠܝܘܣܐ ܘܒܣܝܡܐ ܕܬܪܬܝܢ ܀.

ܠܟ. (4) ܘܥܒܕ ܫܡܘܐܝܠ ܐܝܟܢܐ ܕܦܩܕܗ ܡܪܝܐ.
ܘܐܬܐ ܠܒܝܬ ܠܚܡ. ܘܐܬܬܙܝܥܘ ܘܢܦܩܘ ܩܫܝ̈ܫܐ
ܕܡܕܝܢܬܐ ܠܐܘܪܥܗ. (5 P) ܘܐܡܪܘ ܠܗ. ܫܠܡ ܡܐܬܝܬܟ
ܢܒܝܐ. (5 G) ܘܐܡܪ ܠܗܘܢ. ܫܠܡ. ܠܡܕܒܚܘ ܠܡܪܝܐ
ܐܬܝܬ. ܐܬܩܕܫܘ ܘܬܘ ܥܡܝ ܝܘܡܢܐ ܠܕܒܚܬܐ. ܘܩܕܫ
ܠܐܝܫܝ ܘܠܒܢܘ̈ܗܝ. ܘܩܪܐ ܠܗܘܢ [49 r] ܠܕܒܚܬܐ. (6) ܘܟܕ
ܐܬܘ. ܚܙܐ ܠܐܠܝܐܒ. ܘܐܡܪ. ܐܟܘܬܗ ܕܡܪܝܐ
ܡܫܝܚܗ ∴ (7) ܘܐܡܪ ܡܪܝܐ ܠܫܡܘܐܝܠ. ܠܐ ܬܚܘܪ
ܒܚܙܘܗ ܘܒܪܘܡܐ ܕܩܘܡܬܗ. ܡܛܠ ܕܐܣܠܝܬܗ. ܡܛܠ
ܕܠܐ ܗܘܐ ܐܝܟ ܕܚܙܐ ܒܪܢܫܐ ܚܙܐ ܐܠܗܐ. ܡܛܠ
ܕܒܪܢܫܐ ܚܙܐ ܒܥܝ̈ܢܐ. ܐܠܗܐ ܕܝܢ ܚܙܐ ܒܠܒܐ ∴
(8) ܘܩܪܐ ܐܝܫܝ ܠܐܒܝܢܕܒ. ܘܐܥܒܪܗ ܩܕܡ ܫܡܘܐܝܠ.
ܘܐܡܪ. ܐܦ ܠܐ ܠܗܢܐ ܓܒܐ ܡܪܝܐ. (9) ܘܐܥܒܪ
ܐܝܫܝ ܠܐܫܡܐ. ܘܐܡܪ. ܘܐܦܠܐ ܒܗܢܐ ܓܒܐ ܡܪܝܐ.
(10) ܘܐܥܒܪ ܐܝܫܝ ܠܫܒܥܐ ܒܢ̈ܘܗܝ ܩܕܡ ܫܡܘܐܝܠ.
ܘܐܡܪ ܫܡܘܐܝܠ ܠܐܝܫܝ. ܠܐ ܓܒܐ ܡܪܝܐ ܒܗܠܝܢ.
(11) ܘܐܡܪ ܫܡܘܐܝܠ ܠܐܝܫܝ. ܫܠܡܘ ܛܠܝ̈ܐ. ܘܐܡܪ
ܐܝܫܝ. ܙܥܘܪܐ ܐܫܬܚܪ. ܘܗܐ ܪܥܐ ܥܢܐ. [49 v] ܘܐܡܪ
ܫܡܘܐܝܠ ܠܐܝܫܝ. ܫܕܪ ܐܝܬܝܗ̇. ܡܛܠ ܕܠܐ ܡܣܬܡܟܝܢܢ
ܒܡܟܐ ܕܐܬܐ ܠܗܪܟܐ. (12) ܘܫܕܪ ܐܝܬܝܗ̇ ܘܐܥܠܗ.
ܘܗܘ ܣܡܩܢܝ ܗܘܐ ܘܫܦܝܪ ܥܝ̈ܢܘܗܝ ܘܫܦܝܪ ܚܙܘܗ.
ܘܛܒ ܒܚܙܬܐ ܕܡܪܝܐ. ܘܐܡܪ ܡܪܝܐ ܠܫܡܘܐܝܠ. ܩܘܡ
ܡܫܘܚܝܗܝ ܠ ܠܕܘܝܕ. ܡܛܠ ܕܗܢܐ ܐܝܬܘܗܝ. (13) ܘܢܣܒ
ܫܡܘܐܝܠ ܩܪܢܐ ܕܡܫܚܐ. ܘܡܫܚܗ ܒܡܨܥܬ ܐܚ̈ܘܗܝ.
ܘܐܬܐ ܘܐܬܓܠܝܬ ܪܘܚܗ ܕܡܪܝܐ ܥܠ ܕܘܝܕ ܡܢ ܗ̇ܘ ܝܘܡܐ ܘܠܗܠ.
ܘܩܡ ܫܡܘܐܝܠ. ܘܐܙܠ ܠܪܡܬܐ ܠܒܝܬܗ ∴ ✱ (14) ܘܪܘܚܗ
ܕܡܪܝܐ. ܐܪܚܩܬ ܡܢ ܫܐܘܠ. ܘܐܚܢܩܬܗ ܗܘܬ ܘܡܒܥܬܐ
ܠܗ ܪܘܚܐ ܒܝܫܬܐ ܡܢ ܩܕܡ ܡܪܝܐ. ܘܢܣܒܐ ܪܘܚܐ ܗܘܬ

ܠܗ ܀. (15) ܘܐܡܪܘ ܠܗ ܥܒ̈ܕܘܗܝ ܠܫܐܘܠ. (16 P) ܗܐ
ܪܘܚܐ ܒܝܫܬܐ ܡܢ ܩܕܡ ܡܪܝܐ ܡܕܠܚܐ. ܘܚܢܩܐ ܠܟ.
(16 G) ܢܐܡܪܘܢ ܗܫܐ ܡܪܢ ܥܒ̈ܕܝܟ ܩܕܡܝܟ. [50 r] ܢܒܥܘܢ
ܥܒ̈ܕܝܟ ܠܓܒܪܐ ܕܝܕܥ ܠܡܙܡܪܘ ܒܟܢܪܐ. ܘܢܗܘܐ ܟܕ
ܬܐܬܐ ܥܠܝܟ ܪܘܚܐ ܗܝ ܒܝܫܬܐ ܡܢ ܡܪܝܐ. ܢܙܡܪ
ܒܟܢܪܐ ܒܐܝ̈ܕܘܗܝ. ܘܢܬܬܢܝܚ ܠܟ. (17) ܘܐܡܪ ܫܐܘܠ
ܠܥܒ̈ܕܘܗܝ. ܚܙܘ ܠܝ ܓܒܪܐ ܕܫܦܝܪ ܢܩܫ ܒܟܢܪܐ.
ܘܐܝܬܐܘܗܝ ܠܘܬܝ. (18) ܘܥܢܐ ܚܕ ܡܢ ܥܠܝ̈ܡܐ ܕܫܐܘܠ.
ܘܐܡܪ. ܗܐ ܚܙܝܬ ܒܪܐ ܠܐܝܫܝ ܕܡܢ ܒܝܬ ܠܚܡ. ܘܗܘ
ܝܕܥ ܠܡܙܡܪܘ ܒܟܢܪܐ. ܘܓܒܪ ܚܝܠܐ. ܘܓܒܪܐ ܗܘ
ܩܪܒܬܢܐ ܘܡܣܬܟܠܢܐ ܒܡܠܬܐ. ܘܫܦܝܪ ܚܙܘܗ. ܘܡܪܝܐ
ܥܡܗ. (19) ܘܫܕܪ ܫܐܘܠ ܬܠܬܐ ܐܝܙܓܕ̈ܐ ܠܘܬ ܐܝܫܝ.
ܘܐܡܪ ܠܗ. ܫܕܪ ܠܝ ܠܕܘܝܕ ܒܪܟ ܗܘ ܕܒܥܢܐ. ܡܛܠ
ܕܢܫܡܫ ܠܝ. (20) ܘܢܣܒ ܐܝܫܝ ܚܡܪܐ. ܘܐܛܥܢܗ ܠܚܡܪܐ
ܕܠܚܡܐ ܘܙܩܐ ܕܚܡܪܐ. ܘܓܕܝܐ ܚܕ ܕܥ̈ܙܐ. ܘܫܕܪ
ܒܐܝܕܐ ܕܕܘܝܕ ܒܪܗ ܠܘܬ ܫܐܘܠ. (21) ܘܐܬܐ ܕܘܝܕ
ܠܘܬ ܫܐܘܠ. [50 v] ܘܩܡ ܩܕܡܘܗܝ. ܘܪܚܡܗ ܛܒ. ܘܗܘܐ
ܠܗ ܫܩܠ ܡܐ̈ܢܐ ܀. (22) ܘܫܠܚ ܫܐܘܠ ܠܐܝܫܝ: ܟܕ ܐܡܪ.
ܢܩܘܡ ܗܫܐ ܕܘܝܕ ܩܕܡܝ. ܡܛܠ ܕܐܫܟܚ ܪ̈ܚܡܐ ܒܥܝ̈ܢܝ ܀
(23) ܘܗܘܐ: ܕܐܡܬܝ ܕܗܘܝܐ ܗܘܬ ܪܘܚܐ ܕܡܪܝܐ
ܒܝܫܬܐ: ܥܠ ܫܐܘܠ. ܢܣܒ ܗܘܐ ܕܘܝܕ ܟܢܪܐ: ܘܢܩܫ
ܗܘܐ ܒܐܝܕܗ ܘܢܦܫ ܗܘܐ. ܘܡܬܪܘܚ ܗܘܐ ܠܫܐܘܠ.
ܘܫܦܝܪ ܗܘܐ ܠܗ. ܘܡܬܦܢܝܐ ܗܘܬ ܡܢܗ ܪܘܚܐ ܗܝ
ܒܝܫܬܐ ܀ ܀.

(XVII.1)[59] ܘܟܢܫܘ ܦܠܫ̈ܬܝܐ ܡܫܪ̈ܝܬܗܘܢ ܠܩܪܒܐ.
ܘܐܬܟܢܫܘ ܒܣܘܟܘܬ ܕܝܗܘܕܐ. ܘܫܪܘ ܒܝܬ ܣܘܟܘܬ
ܠܒܝܬ ܐܦܣܐ ܒܐܦܣܕܡܝܢ. (2) ܘܫܐܘܠ: ܘܓܒܪ̈ܐ

[59] Mg: ܦܠ,

(4) [51 r]

, [51 v]

---

[60] Mg:

[61] Mg: .

ܬܡܢܝܐ ܒܢܝܢ. ܘܓܒܪܐ ܗܘܐ ܒܝܘ̈ܡܘܗܝ ܕܫܐܘܠ. ܣܒܐ
ܗܘܐ. ܘܥܠܠ ܒܫܢܝ̈ܐ. (13) ܘܐܙܠܘ ܬܠܬܐ ܒܢܘ̈ܗܝ ܕܐܝܫܝ
ܗܠܘ ܕܪ̈ܘܪܒܐ ܒܬܪ ܫܐܘܠ ܠܩܪܒܐ. ܘܫܡܗ̈ܝܗܘܢ ܕܓܒܪ̈ܐ
ܗܠܝܢ. ܐܠܝܐܒ ܒܘܟܪܗ: ܘܬܪܝܢܗ ܐܒܝܢܐܕܒ. ܘܬܠܝܬܝܗ
ܫܐܡܡܐ. (14) ܘܕܘܝܕ ܗ̣ܘ ܐܝܬܘܗܝ ܗܘܐ ܗܘ ܕܒܬܪ
ܛܠܝܐ ܡܢ ܟܠܗܘܢ ⁘. ܘܗܠܝܢ ܬܠܬܐ ܪ̈ܘܪܒܐ. ܐܙܠܘ ܒܬܪ
ܫܐܘܠ. (15) ܘܗ̣ܘ ܕܘܝܕ: ܗܦܟ ܗܘܐ ܡܢ ܠܘܬ ܫܐܘܠ.
ܘܐܙܠ ܠܡܪܥܐ ܥܢܐ [52 r] ܕܐܒܘܗܝ ܒܒܝܬ ܠܚܡ ⁘.
(16) ܘܡܩܪܒ ܗܘܐ ܦܠܫܬܝܐ ܗ̇ܘ ܟܕ ܡܩܕܡ ܗܘܐ ܘܡܚܫܟ.
ܘܩܡ ܐܝܟ ܩܝܡܬܐ ܠܘܩܒܠ ܐܝܣܪܐܝܠ. ܐܪ̈ܒܥܝܢ
ܝܘ̈ܡܝܢ ⁘. (17) ܘܐܡܪ ܐܝܫܝ ܠܕܘܝܕ ܒܪܗ. ܣܒ ܐܘܒܠ
ܠܐܚܝܟ: ܗܕܐ ܐܝܦܐ ܕܩܠܝܬܐ: ܘܗܠܝܢ ܥܣܪ̈ ܕܠܚܡܐ.
ܘܪܗܛ ܠܡܫܪܝܬܐ. ܘܗܒ ܠܐܚܝܟ. (18) ܘܗܠܝܢ ܥܣܪ̈
ܓܘܒ̈ܬܐ ܕܚܠܒܐ. ܐܘܒܠ ܠܪܒ ܐܠܦܐ. ܘܣܥܘܪ
ܠܐܚܝܟ: ܘܫܐܠ ܒܫܠܡܗܘܢ: ܘܠܒ ܡܛܠ ܟܠܗܝܢ ܗܠܝܢ
ܕܣܘܢܩܢܗܘܢ. ܘܐܝܬܐ ܠ ܡܫܪܬܗܘܢ ⁘. (19) ܘܫܐܘܠ:
ܘܟܠܗܘܢ ܓܒܪ̈ܐ ܕܐܝܣܪܐܝܠ. ܒܥܘܡܩܐ ܕܒܠܘܛܐ
ܡܬܟܬܫܝܢ ܗܘܘ ܥܡ ܦܠܫܬ̈ܝܐ. (20) ܘܩܕܡ ܕܘܝܕ ܒܨܦܪܐ:
ܘܫܒܩ ܥܢܐ ܥܠ ܢܛܘܪܐ. ܘܫܩܠ. ܘܐܙܠ ܐܝܟ ܕܦܩܕܗ
ܐܝܫܝ. ܘܐܬܐ ܠܡܫܪܝܬܐ: ܘܠܚܝܠܐ ܗܘ ܕܢܦܩ ܠܩܪܒܐ.
ܘܢܒܚܘ ܠܩܪܒܐ. [52 v] (21) ܘܐܣܛܕܪܘ ܐܝܣܪܐܝܠ
ܘܦܠܫܬ̈ܝܐ ܣܕܪܐ ܠܘܩܒܠ ܣܕܪܐ ⁘ (22) ܘܐܫܚ[62] ܕܘܝܕ
ܡܐܢ̈ܐ ܡܢܗ: ܥܠ ܐܝܕܐ ܕܢܛܪ ܡܐܢ̈ܐ. ܘܪܗܛ ܠܣܕܪܐ.
ܘܫܐܠ ܒܫܠܡܐ ܕܐܚܘܗܝ. (23) ܘܟܕ ܗܘ ܡܡܠܠ ܥܡܗܘܢ.
ܗܐ ܓܒܪܐ ܗܘ ܕܒܝܢܝ̈ܐ ܩܐܡ ܗܘܐ. ܓܘܠܝܕ ܦܠܫܬܝܐ
ܫܡܗ ܡܢ ܓܬ: ܡܢ ܣܕܪ̈ܐ ܗܘ ܕܦܠܫܬ̈ܝܐ. ܘܐܡܪ
ܐܝܟ ܡ̈ܠܐ ܗܠܝܢ. ܘܫܡܥ ܐܝܢ ܕܘܝܕ. (24) ܘܟܠܗܘܢ ܓܒܪ̈ܐ

---

[62] Read ܐܫܠܚ.

ܕܐܝܣܪܐܝܠ: ܟܕ ܚܙܘܗܝ ܠܓܒܪܐ. ܘܕܚܠܘ ܛܒ. ܘܥܪܩܘ
ܡܢ ܩܕܡܘܗܝ ⁘. (25) ܘܐܡܪܘ ܓܒܪ̈ܐ ܕܐܝܣܪܐܝܠ. ܚܙܝܬܘܢ
ܠܓܒܪܐ ܗܢܐ: ܕܠܡܚܣܕܘܬܗ ܠܐܝܣܪܐܝܠ ܣܠܩ. ܓܒܪܐ
ܗܘ ܕܢܩܛܠܝܘܗܝ. ܢܥܬܪܝܘܗܝ ܡܠܟܐ ܒܥܘܬܪܐ ܪܒܐ.
ܘܒܪܬܗ ܢܬܠ ܠܗ ܒܢܫ̈ܐ. ܘܠܒܝܬ ܐܒ̈ܗܘܗܝ ܢܥܒܕܘܗܝ
ܡܚܪܪܐ ܒܐܝܣܪܐܝܠ ⁘. (26) ܘܐܡܪ ܕܘܝܕ ܠܓܒܪ̈ܐ ܗܢܘܢ
ܕܩܝܡܝܢ ܗܘܘ ܠܘܬܗ. ܡܢܐ [53 r] ܢܬܥܒܕ ܠܓܒܪܐ ܗܘ
ܕܢܩܛܠܝܘܗܝ ܠܦܠܫܬܝܐ ܗܢܐ ܒܥܪܠܐ: ܘܢܥܒܪ ܚܣܕܐ
ܡܢ ܐܝܣܪܐܝܠ. ܡܛܠ ܕܡܢܘ ܦܠܫܬܝܐ ܗܢܐ ܒܥܪܠܐ:
ܕܡܚܣܕ ܠܣܕ̈ܪܘܗܝ ܕܐܠܗܐ ܚܝܐ. (27) ܘܐܡܪܘ ܠܗ
ܥܡܐ: ܐܝܟ ܡܠܬܐ ܗܕܐ: ܟܕ ܐܡܪܝܢ. ܕܗܟܢܐ ܢܬܥܒܕ
ܠܓܒܪܐ ܗܘ ܕܢܩܛܠܝܘܗܝ ⁘. (28) ܘܫܡܥ ܐܠܝܐܒ ܐܚܘܗܝ
ܗܘ ܩܫܝܫܐ: ܟܕ ܐܡܪ ܠܗܘܢ ܠܓܒܪ̈ܐ. ܘܐܬܚܡܬ
ܒܪܘܓܙܐ ܐܠܝܐܒ ܥܠ ܕܘܝܕ. ܘܐܡܪ ܠܗ. ܡܛܠ ܡܢܐ
ܢܚܬܬ ܠܗܪܟܐ. ܘܥܠ ܡܢܘ ܫܒܩܬ ܐܢܘܢ ܠܥܢ̈ܐ ܗܠܝܢ
ܒܡܕܒܪܐ. ܐܢܐ ܝܕܥ ܐܢܐ ܡܪܚܘܬܟ ܘܒܝܫܘܬ
ܠܒܟ. ܕܡܛܠ ܕܬܚܙܐ ܩܪܒܐ ܢܚܬܬ ⁘. (29) ܘܐܡܪ ܕܘܝܕ.
ܡܢܐ ܥܒܕܬ. ܗܫܐ. ܗܐ ܡܠܬܐ ܗܝ ܕܐܡܪܬ.
(30) ܘܐܬܦܢܝ ܡܢ ܠܘܬܗ ܠܓܒܪܐ ܐܚܪܢܐ. ܘܐܡܪ ܐܝܟ
ܡܠܬܐ [53 v] ܗܕܐ. ܘܐܬܦܢܝܘܗܝ ܥܡܐ ܦܬܓܡܐ. ܐܝܟ
ܡܠܬܐ ܗܝ ܩܕܡܝܬܐ ⁘. (31) ܘܐܫܬܡܥܘ ܡ̈ܠܐ ܗܠܝܢ
ܕܡܠܠ ܕܘܝܕ: ܘܐܬܬ̈ܢܝܘ ܩܕܡ ܫܐܘܠ. ܘܫܕܪ. ܘܩܪܝܗ.
(32) ܘܐܡܪ ܕܘܝܕ ܠܫܐܘܠ. ܠܐ ܢܦܠ[63] ܠܒܗ ܕܡܪܐ ܕܠ
ܥܠܘܗܝ. ܡܛܠ ܕܥܒܕܟ ܐܙܠ. ܘܡܬܟܬܫ ܥܡ ܦܠܫܬܝܐ
ܗܢܐ. (33) ܘܐܡܪ ܫܐܘܠ ܠܕܘܝܕ. ܠܐ ܡܫܟܚ ܐܢܬ
ܠܡܐܙܠ ܥܠ ܦܠܫܬܝܐ ܗܢܐ ܠܡܬܟܬܫܘ ܥܡܗ. ܡܛܠ
ܕܛܠܝܐ ܐܢܬ. ܘܗܘ ܓܒܪܐ ܗܘ ܩܪܒܬܢܐ. ܡܢ ܛܠܝܘܬܗ ⁘

[63] Mg: ܢܬܛܠܫ

(34) ܘܐܡܪ ܕܘܝܕ ܠܫܐܘܠ. ܪܥܝܐ ܗܘܐ ܥܒܕܟ ܠܐܒܝ
ܥܢܐ. ܘܐܬܝܐ ܥܠ: ܐܪܝܐ ܘܐܦ ܕܒܐ.[64] ܘܫܩܠ
ܐܡܪܐ ܡܢ ܓܙܪܐ. (35) ܘܢܦܩܬ ܒܬܪܗ ܘܡܚܝܬܗ.
ܘܐܦܨܬܗ ܡܢ ܦܘܡܗ. ܘܐܬܟܪܟܪ· ܘܩܡ ܥܠ.
ܘܐܚܕܬܗ ܒܕܩܢܗ. ܘܡܚܝܬܗ. ܘܩܛܠܬܗ. (36) ܘܐܦ
ܠܐܪܝܐ ܘܐܦ [54 r] ܠܕܒܐ. ܩܛܠ ܥܒܕܟ. ܢܗܘܐ ܦܠܫܬܝܐ
ܗܢܐ ܥܪܠܐ. ܐܝܟ ܚܕ ܡܢܗܘܢ. ܐܙܠ ܐܢܐ ܐܢܐ: ܘܩܛܠ
ܐܢܐ ܠܗ: ܘܡܥܒܪ ܐܢܐ ܚܣܕܐ ܗܢܐ ܡܢ ܐܝܣܪܝܠ.
ܡܛܠ ܕܚܣܕ ܠܣܕܪ̈ܘܗܝ ܕܐܠܗܐ ܚܝܐ ⁘ [65] (37) ܘܐܡܪ
ܕܘܝܕ. ܡܪܝܐ ܗܘ ܕܦܨܝܢܝ ܡܢ ܐܝܕܐ ܕܐܪܝܐ: ܘܡܢ
ܐܝܕܐ ܕܕܒܐ. ܗܘ ܡܦܨܐ ܠܝ. ܐܦ ܡܢ ܐܝܕ̈ܘܗܝ
ܕܦܠܫܬܝܐ ܗܢܐ ܥܪܠܐ ⁘ ܘܐܡܪ ܫܐܘܠ ܠܕܘܝܕ. ܙܠ.
ܘܡܪܝܐ ܢܗܘܐ ܥܡܟ. (38) ܘܐܠܒܫ ܫܐܘܠ ܠܕܘܝܕ ܠܒܘܫܗ.
ܘܣܡ ܩܘܪܬܐ ܕܢܚܫܐ ܒܪܫܗ. ܘܐܠܒܫܗ ܫܪܝܢܐ.
(39) ܘܐܣܪ ܕܘܝܕ ܠܣܝܦܗ ܠܥܠ ܡܢ ܠܒܘܫܗ. ܘܟܕ ܠܒܫ
ܐܢܘܢ ܕܘܝܕ: ܗܠܟ ܒܗܘܢ ܚܕܐ ܐܘ ܬܪ̈ܬܝܢ. ܘܠܐ ܨܒܐ
ܠܡܐܙܠ ܒܗܘܢ. ܡܛܠ ܕܠܐ ܐܝܬܘܗܝ ܗܘܐ ܗܘܐ ܡܢܣܝܐ
ܒܐܝܟ ܗܠܝܢ. ܘܐܥܒܪ ܐܢܘܢ ܕܘܝܕ ܡܢܗ. [54 v] (40) ܘܢܣܒ
ܚܘܛܪܗ ܒܐܝܕܗ. ܘܓܒܐ ܠܗ ܚܡܫܐ ܫܥ̈ܝܥܐ ܕܟܐܦܐ
ܡܢ ܢܚܠܐ. ܘܣܡ ܐܢܘܢ ܒܬܪܡܠܗ ܗܘ ܕܪ̈ܥܘܬܐ. ܘܩܠܥܗ
ܒܐܝܕܗ ⁘ ܘܩܪܒ ܠܘܬ ܦܠܫܬܝܐ ܗܘ. (41) ܘܗܘܐ ܦܠܫܬܝܐ
ܐܙܠ ܘܩܪܒ ܠܘܬ ܕܘܝܕ. ܘܓܒܪܐ ܫܩܠ. ܙܝܢܗ ܩܕܡܘܗܝ.
(42) ܘܚܪ ܦܠܫܬܝܐ ܘܚܙܝܗܝ ܠܕܘܝܕ. ܘܒܣܪ ܒܠܒܗ. ܘܫܛܗ.
ܡܛܠ ܕܐܝܬܘܗܝ ܗܘܐ ܛܠܝܐ. ܘܗܘ ܣܡܩܢܝ ܗܘܐ.
ܘܫܦܝܪ ܗܘܐ ܚܙܘܗ ⁘ (43) ܘܐܡܪ ܦܠܫܬܝܐ ܠܕܘܝܕ. ܟܠܒܐ
ܐܢܐ: ܕܐܬܐ ܐܢܬ ܥܠܝ ܒܚܘܛܪܐ ܘܒܟܐܦ̈ܐ. ܘܠܛ

64 Mg: ܕܐܒܐ

65 Mg: ܩܪ, ܕܡܫܟܢܬܐ ܘܕܒܕܘܢܐ ܕܗܘ̈ܢܐ

 [55 r] .

[55 v] .

 ᵗ . .

ܘܥܕܡܐ ܠܥܩܪܘܢ ܀ (53) ܘܗܦܟܘ ܒܢܝ ܐܝܣܪܝܠ ܡܢ
ܕܪܕܦܘ ܗܘܘ ܒܬܪ ܦܠܫܬܝܐ. ܘܒܙܘ ܡܫܪܝܬܗܘܢ ܀ (54) ܘܢܣܒ
ܕܘܝܕ ܪܝܫܗ ܕܦܠܫܬܝܐ. ܘܐܝܬܝܗ ܠܐܘܪܫܠܡ.
ܘܠܡܐܢܘܗܝ ܣܡ ܒܡܫܟܢܗ ܀. [56 r] (55) ܘܟܕ ܚܙܝܗ ܫܐܘܠ
ܠܕܘܝܕ ܕܢܦܩ ܠܐܘܪܥܗ ܕܦܠܫܬܝܐ. ܐܡܪ ܠܐܒܢܝܪ ܪܒ
ܚܝܠܗ. ܒܪ ܡܢܘ ܗܢܐ ܥܠܝܡܐ. ܘܐܡܪ ܐܒܢܝܪ. ܚܝܐ
ܗܝ ܢܦܫܟ ܡܠܟܐ. ܕܠܐ ܝܕܥ ܐܢܐ. (56) ܘܐܡܪ ܡܠܟܐ.
ܫܐܠ ܐܢܬ ܒܪ ܡܢܘ ܗܢܐ ܥܠܝܡܐ. (57) ܘܟܕ ܗܦܟ
ܕܘܝܕ ܟܕ ܡܩܛܠܗ ܠܦܠܫܬܝܐ. ܕܒܪܗ ܐܒܢܝܪ. ܘܐܥܠܗ
ܩܕܡ ܫܐܘܠ. ܘܪܝܫܗ ܕܦܠܫܬܝܐ ܒܐܝܕܗ. (58) ܘܐܡܪ
ܠܗ ܫܐܘܠ. ܒܪ ܡܢܘ ܐܢܬ ܛܠܝܐ. ܘܐܡܪ ܠܗ ܕܘܝܕ.
ܒܪ ܥܒܕܟ ܐܝܫܝ ܕܡܢ ܒܝܬ ܠܚܡ.

(XVIII.1) ܘܗܘܐ ܟܕ ܫܠܡ ܕܘܝܕ ܠܡܡܠܠܘ ܥܡ ܫܐܘܠ.
ܢܦܫܗ ܕܝܘܢܬܢ ܢܩܦܬ ܘܐܬܐܚܝܕܬ ܥܡ ܢܦܫܗ ܕܕܘܝܕ.
ܘܪܚܡܗ ܝܘܢܬܢ ܐܝܟ ܕܠܢܦܫܗ. (2) ܘܕܒܪܗ ܫܐܘܠ
ܒܝܘܡܐ ܗܘ. ܘܠܐ ܫܒܩܗ ܠܡܗܦܟܘ ܠܒܝܬ ܐܒܘܗܝ.
(3) ܘܐܩܝܡܘ ܝܘܢܬܢ ܘܕܘܝܕ ܩܝܡܐ. ܡܛܠ ܕܪܚܡܗ
[56 v] ܗܘܐ ܝܘܢܬܢ ܠܕܘܝܕ ܐܝܟ ܕܠܢܦܫܗ. (4) ܘܫܠܚ
ܝܘܢܬܢ ܠܡܥܝܠܐ ܕܥܠܘܗܝ. ܘܝܗܒܗ ܠܕܘܝܕ. ܘܐܦ
ܠܡܐܢܐ ܩܪܒܐ ܕܥܠܘܗܝ. ܘܐܦ ܚܪܒܐ ܠܩܫܬܗ ܘܚܨܪܗ
ܘܡܚܨܪܗ. (5) ܘܢܦܩ ܗܘܐ ܕܘܝܕ ܠܟܠ ܐܝܟܐ ܕܡܫܕܪ
ܗܘܐ ܠܗ ܫܐܘܠ. ܘܡܨܠܚ ܗܘܐ. ܘܐܩܝܡܗ ܫܐܘܠ ܥܠ
ܠܓܒܪܐ ܩܪܒܬܢܐ. ܘܫܦܪ ܒܥܝܢܝ ܥܡܐ. ܘܐܦ ܒܥܝܢܝ ܥܒܕܘܗܝ
ܕܫܐܘܠ ܀ (6) ܘܗܘܐ ܟܕ ܐܬܝܢ ܗܘܘ: ܡܢ ܒܬܪ ܕܗܦܟ
ܟܕ ܡܩܛܠܗ ܠܦܠܫܬܝܐ. ܢܦܩ ܢܫܐ ܗܠܝܢ ܕܡܙܡܪܢ ܗܘܝ ܡܢ
ܟܠܗܝܢ ܡܕܝܢܬܐ ܕܐܝܣܪܝܠ: ܠܡܙܡܪܘ ܒܦܠܓܐ
ܘܒܛܒܠܐ: ܘܒܨܠܨܠܐ ܠܐܘܪܥܗ ܕܫܐܘܠ ܡܠܟܐ:
ܘܠܐܘܪܥܗ ܕܕܘܝܕ: (7) ܘܡܥܢܝܢ ܗܘܝ ܚܕܝܢ ܢܫܐ ܒܚܕܘܬܐ

 [57 r] [57 v] .

---

66 Mg:

ܕܫܐܘܠ ܠܕܘܝܕ. ܘܗܝ ܕܫܠܛܬ ܡܢ ܕܘܝܕ. ܘܐܬܝܗܒܬ
ܠܥܕܪܐܝܠ [58 r] ܕܡܢ ܡܚܘܠܐ ܐܢܬܬܐ ܀. (20) ܘܪܚܡܬ
ܡܐܠܟܘܠ ܒܪܬ ܫܐܘܠ ܠܕܘܝܕ. ܘܚܘܝܘ ܠܫܐܘܠ. ܘܫܦܪܬ
ܡܠܬܐ ܒܥܝܢܘܗܝ. (21) ܘܐܡܪ ܫܐܘܠ. ܐܬܠܝܗ̇ ܠܗ.
ܘܬܗܘܐ ܠܗ ܠܬܘܩܠܬܐ. ܐܝܟܢܐ ܕܬܗܘܐ ܒܗ ܐܝܕܐ
ܕܦܠܫ̈ܬܝܐ ܀ ܘܐܡܪ ܫܐܘܠ ܠܕܘܝܕ. ܒܗܕܐ ܙܒܢܐ ܕܬܬܚܬܢ
ܬܗܘܐ ܠܝ ܚܬܢܐ ܝܘܡܢܐ. (22) ܘܦܩܕ ܫܐܘܠ ܠܥܒܕܘܗܝ
ܘܐܡܪ ܠܗܘܢ. ܡܠܠܘ ܥܡ ܕܘܝܕ ܒܪ ܐܢܫ: ܡܛܫܝܐܝܬ
ܘܐܡܪܘ ܠܗ. ܗܐ ܪܓܐ ܒܟ ܡܠܟܐ. ܘܟܠܗܘܢ ܥܒ̈ܕܘܗܝ
ܪ̈ܚܡܝܢ ܠܟ. ܗܫܐ ܗܘܝ ܚܬܢܐ ܠܡܠܟܐ. (23) ܘܐܡܪܘ
ܥܒ̈ܕܘܗܝ ܕܫܐܘܠ ܠܕܘܝܕ ܡ̈ܠܐ ܗܠܝܢ ܀. ܘܐܡܪ ܕܘܝܕ.
ܩܠܝܠܬܐ ܗܝ ܗܕܐ ܒܥ̈ܝܢܝܟܘܢ: ܕܐܗܘܐ ܚܬܢܐ ܠܡܠܟܐ.
ܘܐܢܐ ܓܒܪܐ ܐܢܐ ܡܣܟܢܐ. ܘܡܨܝܪܐ.
(24) ܘܐܘܕܥܘܗܝ ܥܒ̈ܕܘܗܝ ܠܫܐܘܠ. ܘܐܡܪܘ ܠܗ ܡ̈ܠܐ
ܗܠܝܢ ܕܡܠܠ ܕܘܝܕ ܀. [58 v] (25) ܘܐܡܪ ܫܐܘܠ ܗܟܢܐ
ܬܐܡܪܘܢ ܠܕܘܝܕ. ܠܐ ܪܓܐ ܡܠܟܐ ܒܡܗܪܐ
ܘܒܡܘܗܒܬܐ. ܐܠܐ ܒܡܐܬܝܢ[67] ܥܘܪ̈ܠܘܬܐ ܕܦܠܫ̈ܬܝܐ.
ܐܝܟܢܐ ܕܢܬܢܩܡ ܡܢ ܒܥܠܕܒ̈ܒܘܗܝ. ܘܡܠܟܐ ܫܐܘܠ
ܐܬܚܫܒ. ܠܡܪܡܝܘܬܗ ܠܕܘܝܕ ܒܐܝܕܐ ܕܦܠܫ̈ܬܝܐ.
(26) ܘܐܘܕܥܘ ܥܒ̈ܕܘܗܝ ܕܫܐܘܠ ܠܕܘܝܕ ܡ̈ܠܐ ܗܠܝܢ.
ܘܫܦܪܬ ܡܠܬܐ ܒܥ̈ܝܢܘܗܝ ܕܕܘܝܕ. ܠܡܗܘܐ ܚܬܢܐ
ܠܡܠܟܐ. ܘܠܐ ܫܠܡܘ ܗܠܝܢ ܝܘ̈ܡܬܐ. (27) ܘܩܡ ܕܘܝܕ
ܘܐܙܠ ܗܘ ܘܓܒ̈ܪܘܗܝ. ܘܩܛܠ ܡܢ ܦܠܫ̈ܬܝܐ. ܡܐܬܝܢ
ܓܒܪ̈ܝܢ. ܘܐܝܬܝ ܥܘܪ̈ܠܘܬܗܘܢ. ܘܦܪܥ ܐܢܝܢ ܠܡܠܟܐ.
ܐܝܟܢܐ ܕܢܗܘܐ ܚܬܢܐ ܠܡܠܟܐ. ܘܝܗܒ ܠܗ ܫܐܘܠ
ܠܡܐܠܟܘܠ ܒܪܬܗ ܐܢܬܬܐ ܀ (28) ܘܚܙܐ ܫܐܘܠ ܘܝܕܥ:
ܕܡܪܝܐ ܐܝܬ ܥܡ ܕܘܝܕ: ܘܟܠܗ ܐܝܣܪܐܝܠ ܡܪܚܡ ܠܗ:

[67] Mg: ܒܡܐܐ

ܘܡܝܟܐܠ ܒܪܬ ܫܐܘܠ ܪܚܡܬܗ. (29) ܘܐܘܣܦ [59 r][68]
[......] ܕܘܝܕ. ܘܗܘܐ ܫܐܘܠ [......] ܠܕܘܝܕ. ܟܠܗܘܢ ܝܘܡ̈ܬܐ܀.
(30) ܘܢܦܩܘ ܪ̈ܒܢܐ ܕܦܠܫ̈ܬܝܐ ܘܗܘܐ ܡܢ ܙܒܢܐ ܩܠܝܠܐ
ܕܡܦܩܬܗܘܢ ܐܙܠܝܢ: ܘܐܬܪܝܢ ܗܘܐ. ܕܘܝܕ ܝܬܝܪ ܡܢ ܟܠܗܘܢ
ܥ̈ܒܕܘܗܝ ܕܫܐܘܠ ܘܐܬܝܩܪ ܫܡܗ ܛܒ.

(XIX.1) ܘܐܡܪ ܫܐܘܠ ܠܝܘܢܬܢ ܒܪܗ ܘܠܟܠܗܘܢ
ܥ̈ܒܕܘܗܝ: ܠܡܩܛܠܗ ܠܕܘܝܕ܀. ܘܝܘܢܬܢ ܒܪܗ ܕܫܐܘܠ
ܪܚܡ ܗܘܐ ܠܗ ܠܕܘܝܕ ܛܒ. (2) ܘܚܘܝ ܝܘܢܬܢ ܠܕܘܝܕ.
ܘܐܡܪ ܠܗ. ܫܐܘܠ ܐܒܝ. ܠܡܩܛܠܟ ܒܥܐ. ܐܙܕܗܪ
ܗܟܝܠ: ܘܛܪ ܢܦܫܟ ܠܨܦܪܐ. ܘܬܒ ܒܛܘܫܝܐ.
ܘܐܬܛܫܝܐ. (3) ܘܐܢܐ: ܗܐ ܢܦܩ ܐܢܐ. ܘܩܐܡ ܐܢܐ
ܥܠ ܝܕ ܐܒܝ ܒܚܩܠܐ ܗ̇ܘ ܕܐܢܬ ܒܗ. ܘܐܢܐ ܐܡܠܠ
ܡܛܠܬܟ: [59 v] [.............][69]ܟ. (4) ܘܡܠܠ ܝܘܢܬܢ ܡܛܠ ܕܘܝܕ:
ܛܒ̈ܬܐ ܠܫܐܘܠ ܐܒܘܗܝ. ܘܐܡܪ ܠܗ. ܠܐ ܢܚܛܐ
ܡ̇ܠܟܐ ܒܥܒܕܗ ܕܘܝܕ ܡܛܠ ܕܠܐ ܚܛܐ ܠܟ. ܘܐܦ
ܗ̇ܢܘܢ ܥܒܕ̈ܘܗܝ[70] ܫܦܝܪܝܢ ܘܪ̈ܘܪܒܝܢ ܠܟ ܛܒ: (5) ܕܣܡ
ܢܦܫܗ ܒܐܝ̈ܕܝܗ ܘܩܛܠ ܠܦܠܫܬܝܐ. ܘܥܒܕ ܡܪܝܐ ܦܘܪܩܢܐ
ܪܒܐ ܠܟܠܗ ܐܝܣܪܐܝܠ ܒܐܝܕܗ: ܘܚܙܝܬ ܘܚܕܝܬ. ܘܠܡܢܐ.
ܠܡܢܐ ܚܛܐ ܐܢܬ ܒܕܡܐ ܙܟܝܐ: ܘܡܩܛܠ ܐܢܬ ܠܗ
ܠܕܘܝܕ ܡܓܢ܀. (6) ܘܫܡܥ ܫܐܘܠ ܠܡܠܬܐ ܕܝܘܢܬܢ ܒܪܗ.
ܘܝܡܐ ܫܐܘܠ ܘܐܡܪ. ܚܝ ܗܘ ܡܪܝܐ. ܠܐ ܢܡܘܬ.
(7) ܘܩܪܐ ܝܘܢܬܢ ܠܕܘܝܕ. ܘܐܘܕܥܗ ܟܠܗܝܢ ܡ̈ܠܐ ܗܠܝܢ.
ܘܐܥܠܗ ܠܘܬ ܫܐܘܠ ܐܒܘܗܝ. ܘܐܝܬܘܗܝ ܗܘܐ ܠܘܬܗ.
ܐܝܟ ܕܐܬܡܠ. ܘܐܝܟ ܕܡܬܘܡܠ܀. (8) ܘܐܘܣܦ ܬܘܒ
ܩܪܒܐ ܠܡܗܘܐ. [60 r] ܘܢܦܩ ܕܘܝܕ ܘܐܬܬܚܝܠ. ܘܐܬܟܬܫ

68 The top of the folio has been torn off.

69 See previous note.

70 Read ܥ̈ܒܕܘܗܝ.

ܥܡ ܦܠܫܬܝܐ. ܘܩܛܠ ܒܗܘܢ ܡܚܘܬܐ ܪܒܬܐ ܛܒ.
ܘܥܪܩܘ ܡܢ ܩܕܡܘܗܝ ܀ (9) ܘܗܘܬ ܪܘܚܐ ܕܡܪܝܐ ܒܝܫܬܐ
ܥܠ ܫܐܘܠ. ܘܗܘ. ܝܬܒ[71] ܗܘܐ ܒܒܝܬܗ. ܘܡܘܪܢܝܬܗ.
ܒܐܝܕܗ. ܘܕܘܝܕ ܢܩܫ ܗܘܐ ܒܟܢܪܐ ܩܕܡܘܗܝ. (10) ܘܒܥܐ
ܫܐܘܠ· ܠܡܡܚܝܘܗ ܠܡܘܪܢܝܬܐ ܒܕܘܝܕ ܘܒܐܣܬܐ. ܘܓܪܫ
ܠܗ ܕܘܝܕ ܡܢ ܩܕܡ ܫܐܘܠ. ܘܡܚܝܗܝ ܠܡܘܪܢܝܬܐ ܒܐܣܬܐ.
ܘܕܘܝܕ ܥܪܩ. ܘܐܫܬܘܙܒ (11 G) ܒܠܠܝܐ ܗܘ ܀ (11 P) ܘܫܕܪ
ܫܐܘܠ ܐܙܓܕܐ ܠܒܝܬܗ ܕܕܘܝܕ· ܠܡܛܪܗ ܘܠܡܩܛܠܗ
ܒܨܦܪܐ. ܘܐܘܕܥܬܗ ܠܕܘܝܕ ܡܝܟܠ ܐܢܬܬܗ.
ܘܐܡܪܬ ܠܗ. ܕܐܢ ܠܐ ܡܦܠܛ ܐܢܬ ܢܦܫܟ· ܒܠܠܝܐ
ܗܢܐ. ܠܡܚܪ ܡܬܩܛܠ ܐܢܬ. (12) ܘܐܚܬܬܗ ܡܝܟܠ
ܠܕܘܝܕ· ܒܝܕ ܟܘܬܐ. ܘܐܙܠ ܘܥܪܩ ܘܐܫܬܘܙܒ ܀ (13)
[60 v] ܘܢܣܒܬ ܡܝܟܠ ܨܠܡܐ ܐܚܪܢ ܗܘ ܕܬܪܦܐ. ܘܣܡܬܗ
ܥܠ ܥܪܣܐ. ܘܩܛܝܢܐ ܕܥܙܐ ܣܡܬ ܠܐܣܕܘܗܝ. ܘܟܣܬܗ
ܐܝܟ ܒܡܪܓܠܬܐ ܀. (14) ܘܫܕܪ ܫܐܘܠ· ܐܙܓܕܐ
ܠܡܕܒܪܗ ܠܕܘܝܕ. ܘܐܡܪܬ ܡܝܟܠ. ܟܪܝܗ ܗܘ.
(15) ܘܫܕܪ ܫܐܘܠ ܐܙܓܕܐ ܠܡܚܙܝܗ ܠܕܘܝܕ. ܘܐܡܪ.
ܐܣܩܘܗܝ ܠܘܬܝ ܒܥܪܣܐ ܠܡܩܛܠܗ. (16) ܘܐܬܘ
ܐܙܓܕܐ. ܘܗܐ ܨܠܡܐ ܒܥܪܣܐ. ܘܩܛܝܢܐ ܕܥܙܐ
ܐܣܕܘܗܝ. ܘܢܘܣܘ ܠܫܐܘܠ. (17) ܘܐܡܪ ܫܐܘܠ
ܠܡܝܟܠ. ܠܡܢܐ ܗܟܢ ܢܟܠܬܝܢܝ ܘܐܦܠܛܬܝ ܒܝ. ܘܫܕܪܬܝ
ܒܥܠܕܒܒܝ ܘܐܬܦܠܛ. ܘܐܡܪܬ ܡܝܟܠ ܠܫܐܘܠ. ܗܘ
ܐܡܪ ܠܝ. ܫܕܪܢܝ. ܘܐܢ ܠܐ. ܩܛܠ ܐܢܐ ܠܟ. (18) ܘܕܘܝܕ
ܥܪܩ. ܘܐܫܬܘܙܒ. ܘܐܬܐ ܠܘܬ ܫܡܘܐܝܠ ܠܪܡܬܐ.
ܘܚܘܝܗ ܟܠ ܡܐ ܕܥܒܕ ܠܗ ܫܐܘܠ ܀. ܘܐܙܠ ܕܘܝܕ
ܘܫܡܘܐܝܠ. ܘܝܬܒܘ ܒܢܘܝܬ ܕܒܪܡܬܐ. (19) ܘܐܬܚܘܝ
ܠܫܐܘܠ· [61 r] ܘܐܡܪܘ ܠܗ. ܗܐ ܕܘܝܕ ܒܢܘܝܬ

---

71 Mg: ܕܡܟ

ܕܒܪܡܬܐ. (20) ܘܫܕܪ ܫܐܘܠ ܡ̈ܠܐܟܐ ܠܡܐܚܕܗ ܠܕܘܝܕ.
ܘܚܙܘ ܡ̈ܠܐܟܐ ܠܟܢܫܐ ܕܢܒ̈ܝܐ ܕܡܬܢܒܝܢ. ܘܫܡܘܐܝܠ.
ܩܐܡ ܗܘܐ ܥܠܝܗܘܢ. ܘܗܘܬ ܥܠ ܡ̈ܠܐܟܐ ܕܫܐܘܠ
ܪܘܚܐ ܕܐܠܗܐ. ܘܐܬܢܒܝܘ. ܐܦ ܗܢܘܢ. (21) ܘܚܘܝܘ
ܠܫܐܘܠ. ܘܫܕܪ ܡ̈ܠܐܟܐ ܐܚܪ̈ܢܐ. ܘܐܬܢܒܝܘ. ܐܦ
ܗܢܘܢ. ܘܐܘܣܦ ܬܘܒ ܫܐܘܠ: ܘܫܕܪ ܐܦ ܡ̈ܠܐܟܐ
ܬܠܝ̈ܬܝܐ. ܘܐܬܢܒܝܘ. ܐܦ ܗܢܘܢ ܀ (22) ܘܐܬܚܡܬ
ܒܪܘܓܙܐ ܫܐܘܠ. ܘܐܙܠ ܐܦ ܗܘ ܠܪܡܬܐ. ܘܡܛܐ.
ܥܕܡܐ ܠܓܘܒܐ ܪܒܐ ܕܒܣܘܦܐ. ܘܫܐܠ ܫܐܘܠ.
ܘܐܡܪ. ܐܝܟܐ ܫܡܘܐܝܠ ܘܕܘܝܕ. ܘܐܡܪܘ ܠܗ. ܗܐ
ܒܢܘܝܬ ܕܒܪܡܬܐ. (23) ܘܐܙܠ ܠܬܡܢ ܠܢܘܝܬ
ܕܒܪܡܬܐ. ܘܗܘܬ [61 v] ܐܦ ܥܠܘܗܝ: ܪܘܚܗ ܕܐܠܗܐ.
ܘܐܙܠ ܗܘܐ ܡܐܙܠ: ܘܡܬܢܒܐ. ܥܕܡܐ ܕܡܛܐ
ܠܢܘܝܬ ܕܒܪܡܬܐ. (24) ܘܫܠܚ ܐܦ ܗܘ ܡܐ̈ܢܘܗܝ.
ܘܐܬܢܒܝ ܐܦ ܗܘ ܩܕܡ ܫܡܘܐܝܠ. ܘܢܦܠ ܥܪܛܠܝܐܝܬ:
ܟܠܗ ܐܝܡܡܐ ܗܘ̇. ܘܟܠܗ ܠܠܝܐ. ܡܛܠ ܗܕܐ: ܐܡܪ̈ܝܢ
ܗܘܘ. ܗܐ[72] ܐܦ ܫܐܘܠ ܒܢܒ̈ܝܐ ܀.

(XX.1) ܘܒܬܪ ܕܘܝܕ ܡܢ ܢܘܝܬ ܕܒܪܡܬܐ. ܘܐܬܐ.
ܘܐܡܪ ܩܕܡ ܝܘܢܬܢ. ܡܢܐ ܥܒܕܬ. ܘܡܢܐ ܗܝ ܣܟܠܘܬܝ.
ܘܥܘܠ. ܘܡܢܘ ܣܘܪܚܢܝ ܩܕܡ ܐܒܘܟ ܕܒܥܐ ܢܦܫܝ. (2) ܘܐܡܪ
ܠܗ ܝܘܢܬܢ. ܚܣ ܠܟ. ܠܐ ܡܐܬ ܐܢܬ. ܗܐ. ܠܐ
ܥܒܕ ܐܒܝ ܡܠܬܐ ܪܒܬܐ ܐܘ ܡܠܬܐ ܙܥܘܪܬܐ: ܕܠܐ
ܓܠܐ ܠܝ. ܘܡܛܠ ܡܢܐ ܛܫܐ ܐܒܝ ܡܢܝ ܡܠܬܐ ܗܕܐ.
ܠܐ ܐܝܬܝܗ ܗܕܐ ܀. (3) ܘܝܡܐ ܕܘܝܕ ܠܝܘܢܬܢ ܥܡ
ܡܘܡܬܐ. ܘܐܡܪ. ܡܛܠ ܕܝܕܥ ܐܒܘܟ ܕܐܫܟܚܬ ܪ̈ܚܡܐ
[62 r] ܒܥܝ̈ܢܝܟ. ܡܛܠ ܗܕܐ: ܐܡܪ. ܠܐ ܢܕܥ ܝܘܢܬܢ
ܒܗܕܐ: ܕܠܐ ܬܬܪܐ ܠܗ. ܘܠܐ ܢܠܒܐ ܠܕܘܝܕ. ܒܪܡ:

[72] Mg: ܐ

ܚܝ ܗܘ ܡܪܝܐ ܘܚܝܐ ܗܝ ܢܦܫܟ. ܕܐܝܟܢܐ ܕܐܡܪܬ.
ܕܡܠܝܬ ܠܗ ܒܝܢܬܐ ܒܝܢ ܘܒܝܢ ܐܡܘܬܟ ܒܝܡܐ ܠܡܘܬܐ.
ܕܐܡܠܐ ܟܝ ܦܠܚܘܬܐ ܚܕܐ. ܠܐ ܐܝܬ ܗܘܐ ܒܝܢ
ܘܠܡܘܬܐ ܀ (4) ܘܐܡܪ ܝܘܢܬܢ ܠܕܘܝܕ. ܡܗ ܗܘ ܡܐ ܕܪ̈ܓܐ
ܢܦܫܟ. ܐܥܒܕ ܠܟ ܀. (5) ܘܐܡܪ ܕܘܝܕ ܠܝܘܢܬܢ. ܗܐ
ܪܫ ܝܪܚܐ ܗܘ ܡܚܪ. ܘܐܢܐ. ܡܬܦܩܕ ܘܡܬܦܩܕ ܐܢܐ
ܕܐܣܬܦܝ ܥܡ ܡܪܝ ܡܠܟܐ ܠܡܠܥܣ. ܐܠܐ ܐܠܐ ܐܝܬ
ܫܒܩܢܝ ܠܡܬܛܫܝܐ ܒܚܩܠܐ. ܥܕܡܐ ܠܪܡܫܐ ܬܠܝܬܝܐ.
(6) ܘܐܢ ܡܦܩܕ ܢܦܩܕܢܝ ܐܒܘܟ. ܐܡܪ ܠܗ. ܡܒܥܐ
ܒܥܐ ܡܢ ܕܘܝܕ ܕܢܐܙܠ ܒܥܓܠܐ ܠܒܝܬ ܠܚܡ ܡܕܝܢܬܗ.
[62 v] ܡܛܠ ܕܕܒܝܚܬܐ ܕܝܘܡ̈ܬܐ ܐܝܬ ܬܡܢ ܠܟܠܗ ܫܪܒܬܐ.
(7) ܐܢ ܗܟܢܐ ܢܐܡܪ ܛܒ ܫܦܝܪ. ܫܠܡܐ ܗܘ ܠܥܒܕܟ.
ܐܢܘܢ ܡܬܟܪܝܐ ܢܬܟܪܐ ܠܗ: ܘܡܫܐܠܬ ܢܦܩܬ ܠܟ.
ܕܥ. ܕܡܠܝܬ ܠܗ ܒܝܫܬܐ ܡܢ ܠܘܬܗ. (8) ܘܥܒܕ ܛܝܒܘܬܐ
ܗܕܐ ܥܡ ܥܒܕܟ ܘܫܪܝܪ. ܡܛܠ ܕܒܩܝܡܗ ܕܡܪܝܐ
ܐܥܠܬ ܠܥܒܕܟ ܥܡܟ. ܘܐܢ ܐܝܬ ܠ ܗܘܠܬܐ ܩܛܠܢܝ
ܐܢܬ. ܘܠܘܬ ܐܒܘܟ ܠܐ ܬܥܠܢܝ. (9) ܘܐܡܪ ܝܘܢܬܢ.
ܚܘܣ ܠܟ. ܐܢܘ ܠ ܕܐܝܕܥ ܠܟ ܒܝܫܬܐ. ܡܛܠ ܕܐܢ ܡܕܥ
ܐܝܕܥ ܕܡܠܝܬ ܠܗ ܒܝܫܬܐ ܡܢ ܠܘܬ ܐܒܝ ܕܬܐܬܐ
ܥܠܝܟ. ܐܢܐ ܐܘܕܥܢܟ ܒܡܕܝܢܬܟ. (10) ܘܐܡܪ ܕܘܝܕ
ܠܝܘܢܬܢ. ܡܢܘ ܢܘܕܥܢܝ. ܐܢ ܢܥܢܝܟ ܐܒܘܟ ܩܫܝܐܝܬ ܀
(11) ܘܐܡܪ ܝܘܢܬܢ ܠܕܘܝܕ. ܬܐ ܢܦܘܩ ܠܚܩܠܐ. ܘܢܦܩ[73]
ܬܪܝܗܘܢ ܠܚܩܠܐ. (12) ܘܐܡܪ ܝܘܢܬܢ ܠܕܘܝܕ. ܡܪܝܐ
ܐܠܗܐ [63 r] ܕܐܝܣܪܐܝܠ ܝܕܥ. ܘܡܣܗܕ. ܕܐܢ ܠܐ
ܐܒܨܩܝܘܗܝ ܠܐܒܐ ܐܒܘܟ ܘܗܟܢܐ ܡܚܪ ܠܬܠܬ ܫܥܝܢ:
ܐܢ ܐܝܬ ܠܟ ܛܒܬܐ ܡܢ ܐܒܝ ܐܦ ܠܟ: ܘܠܐ ܫܠܚ
ܐܢܐ ܠܘܬܟ ܠܡܠܟܐ: ܘܡܘܕܥ ܐܢܐ ܠܟ. (13) ܗܟܢܐ

[73] Read ܘܢܦܘܩ

 [63v]

 [64r] :

---

[74] Marked in margin: to be omitted?

[75] Mg:

[76] Read , as Peshitta.

ܦܬܘܪܗ ܠܡܐܟܠ. (25) ܘܝܬܒ ܡܠܟܐ ܥܠ ܟܘܪܣܝܗ ܐܝܟ
ܕܒܟܠܙܒܢ. ܥܠ ܟܘܪܣܝܐ ܕܠܘܬ ܐܣܛܘܐ. ܘܩܕܡ ܝܘܢܬܢ:
ܘܐܣܬܡܟܝܢ. ܘܝܬܒ ܐܒܢܝܪ ܡܢ ܠܓܒܗ ܕܫܐܘܠ. ܘܐܬܦܩܕܬ
ܕܘܟܬܗ ܕܕܘܝܕ. (26) ܘܠܐ ܐܡܪ ܫܐܘܠ ܡܕܡ ܒܝܘܡܐ
ܗܘ. ܡܛܠ ܕܐܡܪ. ܕܟܒܪ. ܓܕܫܐ ܡܕܡ ܗܘ. ܕܠܡܐ:
ܕܟܝܐ ܗܘ. ܐܘ ܕܠܡܐ ܠܐ ܐܬܕܟܝ. ܕܟܝܐ. (27) ܘܗܘܐ
ܠܝܘܡܐ ܗܘ ܐܚܪܢܐ ܕܒܬܪ ܝܪܚܐ. ܘܐܬܦܩܕܬ ܕܘܟܬܗ
[64 v] ܕܕܘܝܕ. ܘܐܡܪ ܫܐܘܠ ܠܝܘܢܬܢ ܒܪܗ. ܡܛܠ ܡܢܐ
ܠܐ ܐܬܐ ܒܪ ܐܝܫܝ: ܠܐ ܐܬܡܠ: ܘܠܐ ܝܘܡܢܐ
ܠܦܬܘܪܐ. (28) ܘܥܢܐ ܝܘܢܬܢ ܘܐܡܪ ܠܫܐܘܠ ܐܒܘܗܝ.
ܡܫܐܠ ܫܐܠ ܘܒܥܐ ܡܢܝ ܕܘܝܕ ܕܢܐܙܠ ܥܕܡܐ ܠܒܝܬ
ܠܚܡ ܡܕܝܢܬܗ. (29) ܘܐܡܪ ܠܝ: ܫܕܪܢܝ. ܡܛܠ ܕܕܒܚܬܐ
ܐܝܬ ܠܢ ܕܫܪܒܬܐ ܒܡܕܝܢܬܐ. ܘܦܩܕܘ ܠܝ ܐܚ̈ܝ. ܘܗܫܐ
ܐܢ ܐܫܟܚܬ ܪ̈ܚܡܐ ܒܥܝ̈ܢܝܟ. ܫܕܪܢܝ. ܘܐܙܠ ܐܚܙܐ
ܠܐܚ̈ܝ. ܡܛܠ ܗܢܐ ܠܐ ܐܬܐ ܠܦܬܘܪܐ ܕܡܠܟܐ ܀
(30) ܘܐܬܚܡܬ ܒܪܘܓܙܐ ܫܐܘܠ ܥܠ ܝܘܢܬܢ ܛܒ. ܘܐܡܪ
ܠܗ. ܒܪ ܚܡܪܬ ܡܪܕܘܬܐ ܬܪܥܝܬܐ ܕܢܫ̈ܐ: ܠܐ ܝܕܥ
ܐܢܐ ܓܝܪ ܐܢܬ: ܕܓܒܐ ܐܢܬ ܒܒܪܗ ܕܐܝܫܝ: ܘܠܒܗܬܬܗ
ܐܢܬܝ. ܠܒܗܬܬܟ. ܘܠܒܗܬܬܐ ܕܦܘܪܣܝܗ ܕܐܡܟ.
(31) ܡܛܠ ܕܟܠܗܘܢ ܝܘ̈ܡܬܐ ܕܒܪ ܐܝܫܝ [65 r] ܚܝ ܥܠ
ܐܪܥܐ. ܠܐ ܬܬܩܢ ܐܢܬ ܘܡܠܟܘܬܟ. ܘܗܫܐ ܫܕܪ
ܐܫܕܪ ܐܝܬܝܗܝ. ܡܛܠ ܕܒܪ ܡܘܬܐ ܗܘ ܗܢܐ. (32) ܘܥܢܐ
ܝܘܢܬܢ ܠܫܐܘܠ ܐܒܘܗܝ. ܘܐܡܪ ܠܗ. ܠܡܢܐ ܡܐܬ.
ܡܢܐ ܥܒܕ. (33) ܘܐܪܝܡ ܫܐܘܠ ܡܘܪܢܝܬܐ ܥܠ ܝܘܢܬܢ
ܠܡܩܛܠܗ. ܘܝܕܥ ܝܘܢܬܢ. ܕܓܡܝܪܐ ܒܝ[ܫ]ܬܐ ܡܢ ܠܘܬ
ܐܒܘܗܝ. ܠܡܩܛܠܗ ܠܕ[ܘ]ܝܕ. ܀ (34) ܘܫܘܪ ܘܩܡ ܝܘܢܬܢ
ܡ[ܢ] ܦܬܘܪܐ ܒܚܡܬܐ ܕܪܘܓܙܐ. ܘܠܐ ܐܟܠ ܠܚܡܐ
ܒܝܘܡܐ ܗܘ ܕܬܪܝܢ ܕܒܬܪ ܝܪܚܐ. ܡܛܠ ܕܟܪܝܬ ܠܗ ܥܠ

ܕܘܝܕ܂ ܕܓܕܦܗ̇ ܥܠܘܗܝ ܐܒܘܗܝ ∴ (35) ܘܗܘܐ ܨܦܪܐ܂
ܘܢܦܩ ܝܘܢܬܢ ܠܚܩܠܐ ܠܘܬ ܕܘܝܕ܂ ܐܝܟܢܐ ܕܐܬܦܩܕ ܠܗ
ܙܒܢܐ ܒܡܘܥܕܘܬܐ܂ ܘܛܠܝܐ ܙܥܘܪܐ ܥܡܗ܂ (36) ܘܐܡܪ
ܠܛܠܝܗ܂ ܪܗܛ ܐܫܟܚ ܘܠܩܘܛ ܠܓܐܪ̈ܐ ܗܠܝܢ ܕܫܕܐ
ܐܢܐ܂ ܘܛܠܝܐ܂ ܪܗܛ܂ ܘܗܘ܂ ܫܕܐ [65 v] ܠܓܐܪܐ
ܠܥܒܪܘܬܗ܂ (37) ܘܡܛܐ ܛܠܝܐ܂ ܥܕܡܐ ܠܕܘܟܬܐ
ܕܓܐܪܐ ܗܘ ܕܫܕܐ ܝܘܢܬܢ܂ ܘܩܪܐ ܝܘܢܬܢ ܒܬܪ
ܗܘ ܛܠܝܐ܂ ܘܐܡܪ܂ ܗܐ ܓܐܪܐ ܡܢܟ ܘܠܗܠ܂
(38) ܘܩܥܐ ܝܘܢܬܢ ܠܛܠܝܗ܂ ܟܕ ܐܡܪ܂ ܐܣܬܪܗܒ ܒܥܓܠ
ܘܠܐ ܬܩܘܡ܂ ܘܠܩܛ ܐܢܘܢ ܠܓܐܪ̈ܐ ܛܠܝܐ ܕܝܘܢܬܢ
ܘܐܝܬܝ ܠܡܪܗ܂ (39) ܘܛܠܝܐ ܠܐ ܝܕܥ܂ ܘܠܐ[77] ܡܕܡ܂
ܣܛܪ ܡܢ ܝܘܢܬܢ ܘܕܘܝܕ܂ ܕܝ[ܕܥ]ܝܢ ܗܘܘ ܠܗ̇ ܠܡܠܬܐ܂
(40) ܘܝܗܒ ܝܘܢܬܢ ܡܐܢ̈ܘܗܝ ܠܛܠܝܗ܂ ܘܐܡܪ ܠܗ܂ ܙܠ
ܐܥܠ ܠܡܕܝܢܬܐ܂ (41) ܛܠܝܐ ܥܠ܂ ܘܕܘܝܕ ܩܡ ܡܢ ܠܘܬ
ܬܝܡܢܐ܂ ܘܐܬܐ ܠܘܬ ܝܘܢܬܢ܂ ܘܢܦܠ ܥܠ ܐܦ̈ܘܗܝ ܥܠ
ܐܪܥܐ܂ ܘܣܓܕ ܠܗ ܬܠܬ ܙܒܢ̈ܝܢ܂ ܘܢܫܩܘ ܚܕ ܠܚܒܪܗ܂
ܘܒܟܘ ܟܠ ܚܕ ܥܠ ܨܘܪܗ̇ ܥܕܡܐ ܠܥܕܢܐ ܣܓܝܐܐ܂
ܒܪܡ܂ ܕܘܝܕ ܐܣܓܝ ∴ (42) ܘܐܡܪ ܝܘܢܬܢ ܠܕܘܝܕ܂ ܙܠ
[66 r] ܒܫܠܡܐ܂ ܘܐܝܟܢܐ ܕܐܫܬܒܥܢ ܬܪ̈ܝܢ ܒܫܡܗ ܕܡܪܝܐ ܟܕ
ܐܡܪܝܢ܂ ܕܡܪܝܐ ܢܗܘܐ ܣܗܕܐ ܒܝܢ ܘܠܟ܂ ܘܒܝܢ ܙܪܥܝ
ܠܙܪܥܟ ܥܕܡܐ ܠܥܠܡ ∴ ∴

(XXI.1)[78] ܘܩܡ ܕܘܝܕ܂ ܘܐܙܠ܂ ܘܝܘܢܬܢ ܥܠ ܠܡܕܝܢܬܐ܂
(2) ܘܐܬܐ ܕܘܝܕ ܠܢܘܒܐܝܢ[79] ܠܘܬ ܐܚܝܡܠܟ ܟܗܢܐ܂
ܘܬܘܗ ܐܚܝܡܠܟ ܠܐܘܪܥܗ ܕܕܘܝܕ܂ ܘܐܡܪ ܠܗ܂ ܡܢܘ

77 Mg: ܘܐܦܠܐ ܐܢܫ ܐܚܪܝܢ

78 Mg: ܦܩ ܒ
ܡܢ̇ ܕܗܘܝܘ ܡܫܡܫܢܘܬܐ ܘܕܬܪ̈ܬܝܢ ܒܥܒܕܐ ܕܐܒܗܬܐ ܕܫܘܬܦܘܬܐ ܘܕܫܒܝܒܘܬܐ
ܕܐܒܗܬܐ ܕܢܘܒܐ ∴

79 Mg: ܠܢܘܒܐ

ܕܐܢܬ ܒܠܚܘܕܝܟ ܐܬܝܬ܆ ܘܐܢܫ ܐܚܪܢ ܠܝܬ ܥܡܟ.
(3) ܘܐܡܪ ܕܘܝܕ ܠܐܚܝܡܠܟ ܟܗܢܐ. ܡܠܟܐ ܦܩܕ ܠ
ܡܠܬܐ ܝܘܡܢܐ܆ ܘܐܡܪ ܠܝ. ܕܐܢܫ ܠܐ ܢܕܥ ܗܘ ܡܕܡ
ܕܡܛܠܬܗ ܡܫܕܪ ܐܢܐ ܠܟ. ܘܠܛܠܝ̈ܐ ܗܢܘܢ ܕܥܡܝ܆
ܦܩܕܬ. ܒܕܘܟܬܐ ܦܠܢܝܬ ܕܓܠܝܢܐ ܘܡܛܫܝܢܐ܆
ܕܡܬܐܡܪܐ ܡܫܘܕܥܘܬܐ ܕܐܠܗܐ. (4) ܘܗܫܐ܆ ܐܢ
ܐܝܬ ܬܚܝܬ ܐܝܕܝܟ܆ ܚܡܫܐ ܠܚܡ̈ܐ܆ ܗܒ ܒܐܝ̈ܕܝ. ܐܘ
ܗܘ [66 v] ܡܐ ܕܡܫܬܟܚ. (5) ܘܥܢܐ ܟܗܢܐ. ܘܐܡܪ ܠܗ
ܠܕܘܝܕ. ܠܝܬ ܠܚܡܐ ܚܘܠܐ ܬܚܝܬ ܐܝܕܝ. ܐܠܐ ܠܚܡ̈ܐ
ܕܩܘܕܫܐ. ܐܝܬ. ܐܢ ܐܬܢܛܪܘ ܛܠܝ̈ܐ ܕܢܛܪܝܢ ܡܢ
ܩܘܪܒܐ ܕܢ̈ܫܐ ܐܢܬܬܐ. ܐܦ ܗܢܘܢ ܢܐܟܠܘܢ. (6) ܘܥܢܐ
ܕܘܝܕ. ܘܐܡܪ ܠܗ ܠܟܗܢܐ. ܡܢ ܐܢܬܬܐ܆ ܟܠܝܢ ܚܢܢ ܗܘܘ܆
ܡܢ ܐܬܡܠ. ܘܡܢ ܡܬܬܡܠ. ܘܡܢ ܐܬܡܠܝ܆ ܕܢܦܩܬ
ܒܐܘܪܚܐ. ܡܐ̈ܢܝܐ ܐܬܩܕܫܘ ܘܕܟ̈ܝܐ. ܘܐܦ ܗ̣ܝ
ܐܘܪܚܐ. ܚܘܠܐ ܗ̣ܝ. ܘܐܦ ܝܘܡܢܐ ܢܬܩܕܫܘܢ ܒܡ̈ܐܢܐ.
ܡܛܠ ܡܐ̈ܟܠܐ ܕܠܐ ܗܢܘܢ ܕܛܠܝܢ ܒܟܢ ܀ (7) ܘܝܗܒ ܠܗ
ܟܗܢܐ ܠܚܡ̈ܐ ܩܕܝܫ̈ܐ܆ ܡܢ ܗܢܘܢ ܕܡܩܪܒܘܬ ܦ̈ܐܬܐ.
ܡܛܠ ܕܠܝܬ ܗܘܐ ܬܡܢ ܠܚܡܐ ܐܠܐ ܐܢ ܠܚܡ̈ܐ
ܕܐܦ̈ܐ. ܗܠܝܢ ܕܡܬܪܝܡܝܢ ܗܘܘ ܡܢ ܩܕܡ ܡܪܝܐ܆ ܐܝܟ
ܕܢܣܬܝܡܘܢ ܠܚܡ̈ܐ ܚܡܝܡܐ. ܒܝܘܡܐ ܗ̇ܘ ܕܡܬܢܣܒܝܢ ܒܗ ܀
[67 r] (8) ܘܬܡܢ. ܓܒܪܐ ܚܕ ܡܢ ܥܒ̈ܕܐ ܕܫܐܘܠ܆ ܒܝܘܡܐ
ܗܘ. ܟܠܝܐ ܗܘܐ ܩܕܡ ܡܪܝܐ ܡܛܠ ܒܥܘܬܐ. ܘܫܡܗ
ܕܘܐܝܓ ܐܕܘܡܝܐ܆ ܗܘ ܕܡܐܢܩ ܗܘܐ ܥܠ ܪ̈ܥܘܬܐ
ܕܫܐܘܠ ܀ (9) ܘܐܡܪ ܕܘܝܕ ܠܐܚܝܡܠܟ. ܚܙܝ ܐܢ ܐܝܬ
ܗܪܟܐ ܬܚܝܬ ܐܝܕܝܟ ܡܘܠܛܪܐ ܐܘ ܣܝܦܐ. ܡܛܠ
ܕܣܝܦ ܘܡܘܠܛܪ܆ ܘܡܐ̈ܢܝ ܙܝܢ. ܠܐ ܢܣܒܬ ܒܐܝ̈ܕܝ܆ ܡܛܠ
ܕܡܣܪܗܒܐ ܗܘܬ ܡܠܬܐ ܕܡܠܟܐ ܀ (10) ܘܐܡܪ ܟܗܢܐ.
ܗܐ܆ ܣܝܦܗ ܕܓܘܠܝܕ ܦܠܫܬܝܐ ܗܘ ܕܩܛܠܬ ܒܥܘܡܩܐ

ححفهجة. هم هت هم جنت جنجحة بوبهطحة
ححتوهت. ححنمه بامحة حبث هم لحمله احلال. هم حجطل
لحث بهدجحة هم جت جهجه محه هتجحة. جه بهب لحث
احمبهحة. محمدح, محلله. لحم محمحم, احمحم بهت.
(11 P) محمم بهت بهنت [67 v] جنجحة جحجحة هم هم محمحم
احمح لهه. احثحة جنجهحة لطحلة بحلحة ححلاج.
(12) احجنحة هم لحث جحجحة, حبهانه. حجهحم بهت هم جحلله
ححتنت بححتوهحة. للحلة. حبهم هم, هبه جتنبححة.
هححجحة: بللل, لحدح جحلله للحة. حبهبة بهنة ححجحة.
(13) محمم بهت جحلله محلم حملحم. حبهبل هملت: هم
محمم نجهة جحلله للحنة. (14) هجهة للحة للنجهة هم جنه.
لحح: احفهتوهت جتهحم للحفحة جنجهحة جحجحة هم.
حمتحبه هم لل بحتة احثهة: ححتهحة هم لتحهحة.
حطلهحم; هلل هم لل ححجهحة جتحمة: حجحتهه
جتجه. احفهتوهت. هم بتحة نهم لل حتوهت.∴
(15) هتجحة جنجهة لحبحتة, هم هبهلطه, لحلل,
(16) بحنححة هم. حلل, احطهبهطه, لحل, احبهم بجم
لحطهحة احة لل هبجلنة [......] [68 r] ..., لحل, احهة
∴ [نجحل] بلحل احة لل

(XXII.1) هبهلة بهت هم ثحم. [حم]هبلحه لححتهة جنجته
احجهوجه. [ح]محلحة جتجحمة, حجحله هبه حمحمة. بحهجنه
لحم لحث ثحم ∴ هبهتجحبه لحم للحمتبة حبلة حجحم:
هبل للحتة بهت لحم هم هبلاث: هبل للحتة بلة
حبه نجتة هحجهة. نجهم هحمجهم لحم. هبهة هم احجه
جحم. حلهة للحجحنحة ححتبة. ∴ (3) هبهلة بهت جنه
هم ثحم بجه لطحلل لححمحة. هبهحة لحلل لطحمحة.
هبهه احة جنحة: جنحح بحتبة حمح احة نهت

ܠ ܐܠܗܐ. (4) ܘܐܦܩ ܐܢܘܢ ܩܕܡ ܡܠܟܐ ܕܡܘܐܒ܆ ܘܝܬܒܘ
ܥܡܗ ܟܠܗܘܢ ܝܘܡܬܐ ܕܗܘܐ ܠܗ. ܘܐܡܪ ܓܕ ܢܒܝܐ ܠܕܘܝܕ. [5] [.......] ^{81} [68 r] ܠܐ ܬܬܒ ܐܢܬ ܒܡܨܕܬܐ. ܐܠܐ ܙܠ ܐܘ ^{82} [ܠܟ]
ܠܐܪܥܐ ܕܝܗܘܕܐ. ܘܐܙܠ [ܠܗ] ܕܘܝܕ ܘܥܠ ܠܗ ܠܥܒܐ
ܕܚܪܬ. (6) ܘܫܡܥ ܫܐܘܠ ܕܐܬܚܙܝ ܕܘܝܕ. ܘܓܒܪ̈ܐ ܕܥܡܗ ^{83} [.܂]
ܥܡܗ܆ ܘܫܐܘܠ ܝܬܒ ܗܘܐ ܒܪܡܬܐ. ܬܚܝܬ ܐܝܠܢܐ
ܥܠ ܪܡܬܐ. ܘܢܝܙܟܗ ܒܐܝܕܗ. ܘܟܠܗܘܢ ܥܒܕܘܗܝ܆
ܩܝܡܝܢ ܗܘܘ ܩܕܡܘܗܝ܆ (7) ܘܐܡܪ ܫܐܘܠ ܠܥܒܕܘܗܝ܆ ܩܝܡܝܢ
ܕܩܝܡܝܢ ܗܘܘ ܩܕܡܘܗܝ܂ ܫܡܥܘ ܗܟܝܠ ܒܢܝ ܝܡܝܢ܆ ܗܐ
ܠܟܠܟܘܢ ܢܬܠ ܒܪ ܐܝܫܝ ܚܩ̈ܠܬܐ ܘܟܪ̈ܡܐ܆
ܘܠܟܠܟܘܢ ܢܥܒܕ ܪ̈ܝܫܐ ܕܐܠܦ̈ܐ ܘܪ̈ܝܫܐ ܕܡ̈ܐܘܬܐ܀ (8) ܡܛܠ
ܕܐܬܟܢܫܬܘܢ ܟܠܟܘܢ ܥܠܝ܆ ܘܠܝܬ ܕܓܠܐ ܐܕܢܝ ܟܕ ܐܩܝܡ
ܒܪܝ ܩܝܡܐ ܥܡ ܒܪ ܐܝܫܝ. ܘܠܝܬ ܡܢܟܘܢ ܕܟܐܒ ܠܗ
ܥܠܝ܆ ܘܓܠܐ ܐܕܢܝ܆ ܕܐܩܝܡ ܒܪܝ ܥܠ ܥܒܕܝ [69 r] ܠܟܡܢܐ
ܐܝܟ ܕܝܘܡܢܐ ܀܂ (9) ܘܥܢܐ ܕܘܐܓ ܐܕܘܡܝܐ ܗܘ
ܕܩܐܡ ܗܘܐ ܥܠ ܥܒܕ̈ܘܗܝ ܕܫܐܘܠ. ܘܐܡܪ܆ ܚܙܝܬ
ܠܒܪ ܐܝܫܝ ܟܕ ܐܬܐ ܠܢܘܒ ܠܘܬ ܐܚܝܡܠܟ ܒܪ ܐܚܛܘܒ
ܗܘܐ܂ (10) ܘܫܐܠ ܠܗ ܡܢ ܐܠܗܐ. ܘܙܘܕܗ
ܘܙܘܕܢܐ. ܘܐܦ ܚܪܒܗ ܕܓܘܠܝܕ ܦܠܫܬܝܐ ܝܗܒ
ܠܗ ܀܂ (11) ܘܫܕܪ ܡܠܟܐ ܠܡܩܪܐ ܠܐܚܝܡܠܟ ܒܪ ܐܚܛܘܒ ܗܘܐ
ܗܝ ܟܗܢܐ. ܘܠܟܠܗܘܢ ܐܚܘܗܝ ܒܢܝ ܐܒܘܗܝ܆ ܕܒܢܘܒ ܐܝܬܝܗܘܢ܂
ܘܐܬܘ ܟܠܗܘܢ ܠܘܬ ܡܠܟܐ ܀܂ (12) ܘܐܡܪ ܫܐܘܠ. ܫܡܥ
ܡܕܝܢ ܒܪ ܐܚܛܘܒ.. ܘܐܡܪ ܗܐ ܐܢܐ ܡܪܝ ..܂
[69 v] ܘܐܡܪ (13) ܠܗ ܫܐܘܠ. ܠܡܢܐ ܐܬܟܫܠܬܘܢ ܥܠ
ܐܢܬ ܘܒܪ ܐܝܫܝ. ܘܝܗܒܬ ܠܗ ܠܚܡܐ ܘܚܪܒܐ. ܘܫܐܠܬ

---

81 See previous note.

82 Mg: ܒܕܡܘܬ ܚܝܘܬܐ ܡܢ ܩܘܝܘܬܐ

83 Mg: ܒܕܡܘܬܐ ܕܗܘܐ ܟܐܝܢ

 [69 v]
٪.] [84] [70 r]
[[x] ٪.
 [70 v]

---

[84] The top right hand corner of the folio has been ripped off, and the rest is damaged in places.

[85] Mg: ‎

ܕܘ[ܝܓ ܗܘ ܐܕܘܡܝܐ] ܕܡܚܘܝܘ ܢܚ[ܘܐ ܠܫܐܘܠ] ܘܐܢܐ
ܐܝܬܝ ܚ[ܝܒ ܠܟܠܗܘܢ] ܢܦܫܬܐ ܕܒܝܬ ܐܒ[ܘܟ]. (23) ܬܒ[
ܥܡܝ܂[86] ܘܠܐ [ܬܕܚܠ. ܡܛܠ ܕܕܘܟܬܐ] [87]ܗܝ ܕܐܒܥ[ܐ ܠ]ܢܦܫܝ.
ܐܒܥܐ [ܐܦ] ܠܢܦܫܟ. ܡܛܠ ܕܢܛܝܪ ܐܢܬ[88] ܠܘܬܝ [܀]

(XXIII.1) ܘܚܘܘ ܠܕܘܝܕ܆ ܘܐܡܪܘ ܠܗ܂ ܗܐ ܦܠܫ̈ܬܝܐ
ܡܬܟܬܫܝܢ ܒܩܥܝܠ[ܐ] ܘܗܢܘܢ܂ ܒܙܙܝܢ ܐܕܪ̈ܐ܀. (2) ܘܫܐܠ
ܕܘܝܕ ܒܡܪܝܐ܂ ܘܐܡܪ. ܐܙܠ ܐܡܚܐ ܠܦܠܫ̈ܬܝܐ ܗܠܝܢ܂
ܘܐܡܪ ܡܪܝܐ ܠܕܘܝܕ. ܙܠ ܬܡܚܐ ܠܦܠܫ̈ܬܝܐ ܗܠܝܢ܂ ܘܬܦܪܘܩ
ܠܩܥܝܠܐ܀ (3) ܘܐܡܪܘ ܠܗ ܓܒܪ̈ܘܗܝ ܠܕܘܝܕ܆ ܗܐ ܚܢܢ
ܐܝܟܐ ܕܐܝܬܝܢ ܗܪܟܐ ܒܝܗܘܕ: ܚܢܢ ܕܚܠܝܢ܂ ܘܐܟܡܐ
ܢܐܙܠ ܠܩܥܝܠܐ ܠܡܪ̈ܒܐ ܕܦܠܫ̈ܬ[ܝ]ܐ. (4) ܘܐܘܣܦ ܬܘܒ
[ܕ]ܘܝܕ ܠܡܫܐܠܘ ܒܐܠܗܐ. [ܘ]ܥܢܐ ܠܗ ܡܪܝܐ܆ ܘܐܡܪ
ܠܗ. ܩܘܡ [ܚܘܬ ܠܩܥܝܠܐ ܡܛܠ ܕܐܢ]ܐ ܡܫܠܡ [71 r] ܐܢܐ
ܠܗܘܢ ܠܦܠܫ̈ܬܝܐ ܒܐܝܕ̈ܝܟ. (5) ܘܐܙܠ ܕܘܝܕ ܘܓܒܪ̈ܐ
ܕܥܡܗ ܠܩܥܝܠܐ. ܘܐܬܟܬܫ ܥܡ ܦܠܫ̈ܬܝܐ܂ ܘܕܒܪܗ ܡܢ
ܡܕܒܪܗܘܢ. ܘܡܚܐ ܒܗܘܢ܆ ܡܚܘܬܐ ܪܒܬܐ: ܘܦܪܩ
ܠܒܢ̈ܝܗܘܢ: ܘܕܒܪ ܡܢܗ ܒܥܝܪܐ ܕܝܠܗ. ܘܦܨܝ ܠܥܡܘܪ̈ܝܗ
ܕܩܥܝܠܐ܀. (6) ܘܗܘܐ܆ ܕܟܕ ܥܪܩ ܐܒܝܬܪ ܒܪ
ܐܚܝܡܠܟ ܠܘܬ ܕܘܝܕ: ܘܗܘ ܐܬܘܗܝ ܗܘܐ ܥܡ ܕܘܝܕ
ܠܩܥܝܠܐ. ܟܕ ܐܦܘܕ ܠܗ ܐܝܬ[89] ܒܐܝܕܗ ܢܚܬ. (7) ܘܚܘܘ
ܠܫܐܘܠ. ܕܐܬܐ ܕܘܝܕ ܠܩܥܝܠܐ. ܘܐܡܪ ܫܐܘܠ. ܐܫܠܡܗ
ܐܠܗܐ ܒܐܝܕ̈ܝ. ܡܛܠ ܕܐܬܬܚܝܕ ܕܐܬܐ ܠܡܕܝܢܬܐ
ܕܬܪ̈ܥܐ ܘܕܡܘܟܠܐ. (8) ܘܐܫܡܥ ܫܐܘܠ ܠܟܠܗ ܥܡܐ
ܠܩܪܒܐ ܠܡܚܬ ܠܩܥܝܠܐ. ܠܡܐܚܕ ܠܕܘܝܕ ܘܠܓܒܪ̈ܐ

---

[86] Mg: ܠܘܬܝ
[87] Mg: ܡܛܠ ܕܗܘ ܗܘ ܕܒܥܐ ܠܢܦܫܝ. ܒܥܐ ܐܦ ܠܢܦܫܟ
[88] Mg: ܕܢܛܘܪܐ ܐܢܬ ܥܡܝ.
[89] Mg: ΕΦΟΥΔ

ܕܕܒܪܗ. (9) ܘܝܕܥ ܕܘܝܕ܆ ܕܡܢܟܠ ܫܐܘܠ ܥܠܘܗܝ ܒܝܫܬܐ
[71 v] ܘܠܐ ܫܬܩ ܡܛܠܬܗ. ܘܐܡܪ ܠܐܒܝܐܬܪ ܟܗܢܐ.
ܩܪܒ ܠܝ ܐܦܘܕ ܕܡܪܝܐ. (10) ܘܐܡܪ ܕܘܝܕ. ܡܪܝܐ ܐܠܗܐ
ܕܐܝܣܪܐܝܠ. ܡܫܡܥ ܫܡܥ ܥܒܕܟ܆ ܕܒܥܐ ܫܐܘܠ
ܠܡܐܬܐ ܥܠ ܩܥܝܠܐ܆ ܠܡܚܪܒܘ ܠܡܕܝܢܬܐ ܡܛܠܬܝ.
(11 G)[90] ܘܗܫܐ܆ ܡܪܝܐ܆ ܐܠܗܐ܆ ܐܢ̱ ܗܘ ܕܢܚܬ ܢܚܬ ܫܐܘܠ܆
ܐܝܟܢܐ ܕܫܡܥ ܥܒܕܟ. ܡܪܝܐ ܐܠܗܐ ܕܐܝܣܪܐܝܠ.
ܐܘܕܥ ܠܥܒܕܟ. ܐܢ̱ ܡܬܬܚܕܐ ܡܕܝܢܬܐ܆ (12 P) ܘܐܢ̱
ܡܫܠܡܝܢ ܠܝ ܡܪ̈ܝܗ ܒܐܝ̈ܕܝ ܫܐܘܠ܆ ܠܝ ܘܠܓܒܪ̈ܐ ܕܥܡܝ.
ܘܐܡܪ ܡܪܝܐ. ܡܬܬܚܕܐ ܡܕܝܢܬܐ. ܘܡܫܠܡܝܢ ܠܟ.
ܩܘܡ ܦܘܩ ܡܢ ܡܕܝܢܬܐ.܀ (13) ܘܩܡ ܕܘܝܕ ܘܓܒܪ̈ܐ
ܕܥܡܗ̱ ܕܕܒܪܗ܆ ܐܝܟ ܐܪܒܥܡܐܐ ܓܒܪ̈ܝܢ. ܘܢܦܩܘ ܡܢ
ܩܥܝܠܐ. ܘܐܙܠܝܢ ܗܘܘ ܠܐܝܟܐ ܕܐܙܠܝܢ ܗܘܘ. ܘܐܫܬܡܥ܆
ܘܚܘܘ ܠܫܐܘܠ܆ ܕܢܦܩ ܕܘܝܕ ܡܢ ܩܥܝܠܐ. ܘܦܫ ܠܗ ܡܢ
ܕܠܡܦܩ܀ [72 r] (14) ܘܝܬܒ ܕܘܝܕ ܒܡܕܒܪܐ ܕܡܨܝܕܬ.
ܒܕܘܟܬܐ ܕܡܬܩܪܝܐ ܐܠܝܦܬܐ. ܘܝܬܒ ܗܘܐ܆ ܒܛܘܪܐ
ܕܡܕܒܪܐ ܕܙܝܦ. ܒܛܘܪܐ ܕܚܘܪܐ. ܘܒܥܐ ܗܘܐ ܠܗ
ܫܐܘܠ ܟܠܗܘܢ̱ ܝܘܡ̈ܬܐ. ܘܠܐ ܐܫܠܡܗ ܐܠܗܐ
ܒܐܝ̈ܕܘܗܝ܀. (15) ܘܚܙܐ ܕܘܝܕ܆ ܕܢܦܩ ܫܐܘܠ܆ ܠܡܒܥܝܗ
ܢܦܫܗ. ܘܕܘܝܕ ܒܐܪܥ ܗܘܐ ܒܡܕܒܪܐ ܗܘ ܒܚܘܪܫܐ ܕܙܝܦ.
ܒܚܘܪܫܐ. ܒܚܕܬܐ ܕܙܝܦܐ. (16) ܘܩܡ ܝܘܢܬܢ̱ ܒܪܗ
ܕܫܐܘܠ. ܘܐܙܠ ܠܘܬ ܕܘܝܕ ܠܚܕܬܐ܆ ܠܐܬܪܐ ܗܘ ܚܘܪܫܐ.
ܘܚܝܠ ܐܝ̈ܕܘܗܝ ܒܡܪܝܐ. (17) ܘܐܡܪ ܠܗ. ܠܐ ܬܕܚܠ.
ܡܛܠ ܕܠܐ ܡܫܟܚܐ ܠܟ ܐܝܕܗ ܕܫܐܘܠ ܐܒܝ. ܘܐܢܬ
ܬܡܠܟ ܥܠ ܐܝܣܪܐܝܠ. ܘܐܢܐ ܐܗܘܐ ܠܟ ܠܬܪܝܢܐ.
ܘܐܦ ܫܐܘܠ ܐܒܝ܆ ܝܕܥ ܕܗܟܢܐ ܗܝ. (18) ܘܐܩܝܡܘ
ܬܪ̈ܝܗܘܢ̱ ܩܝܡܐ ܩܕܡ ܡܪܝܐ. ܘܝܬܒ ܗܘܐ ܕܘܝܕ ܒܚܘܪܫܐ.

90 V.11 is absent in P.

[72 v] ܘܝܘܢܬܢ ܐܙܠ ܠܒܝܬܗ ܀ (19) ܘܣܠܩܘ ܙܝ̈ܦܝܐ ܡܢ
ܡܕܒܪܐ ܗ̇ܘ ܒܚܘܪܫܐ܆ ܠܪܡܬܐ ܠܘܬ ܫܐܘܠ. ܘܐܡܪܘ
ܠܗ. ܗܐ ܕܘܝܕ ܡܬܛܫܐ ܠܘܬܢ ܒܡܥܪ̈ܬܐ. ܒܥܘܫ̈ܢܬܐ
ܐܠܝ̈ܬܐ ܒܚܘܪܫܐ܆ ܒܪܡܬܐ ܗܝ ܕܡܬܩܪܝܐ ܐܚܝܠܐ܆.
ܗܝ ܕܡܢ ܝܡܝܢܐ ܕܐܝܫܝܡܘܢ. (20) ܘܗܫܐ܆ ܗܐ ܟܠ
ܡܕܡ. ܐܝܟ ܕܪܓܐ ܢܦܫܟ. ܚܘܬ ܠܘܬܢ. ܘܥܠܝܢ ܢܫܠܡܝܘܗܝ
ܒܐܝܕܝܐ ܕܡܠܟܐ ܀. (21) ܘܐܡܪ ܠܗܘܢ ܫܐܘܠ ܒܪܝܟܝܢ
ܐܢܬܘܢ ܠܡܪܝܐ܆ ܕܟܐܒ ܠܟܘܢ ܡܛܠܬܝ. (22) ܙܠܘ ܗܟܝܠ
ܣܦܩܘ܆ ܘܛܝܒܘ ܬܘܒ. ܘܕܥܘ ܘܚܙܘ ܕܘܟܬܗ܆ ܠܐܝܟܐ
ܕܡܬܐܡܢܐ ܪܓܠܗ ܠܬܡܢ܆ ܐܝܟܐ ܕܐܡܪܝܢ ܐܢܬܘܢ.
ܕܗܠܟܐ ܢܬܢܟܠ ܘܢܫܬܠܒ ܘܢܚܪܘܡ. (23) ܘܕܥܘ ܘܚܙܘ ܠܟܠܗܝܢ
ܕܥܘܫ̈ܢܬܐ ܡܛܫܝ̈ܬܐ܆ ܕܡܬܛܫܐ ܒܗܝܢ ܬܡܢ. ܘܗܦܘܟܘ
ܠܘܬܝ ܠܡܬܛܦܝܘ ܡܫܠܡܐܝܬ. ܘܐܙܠ ܥܡܟܘܢ. ܘܐܢ ܐܝܬܘܗܝ
ܕܐܢ ܐܝܬܘܗܝ [73 r] ܒܟܠ ܐܪܥܐ. ܐܒܥܝܘܗܝ. ܒܟܠܗܘܢ
ܐܠ̈ܦܐ ܕܝܗܘܕܐ. (24) ܘܩܡܘ. ܘܐܙܠܘ ܙܝ̈ܦܝܐ ܩܕܡ
ܫܐܘܠ. ܘܕܘܝܕ ܘܓܒܪܘܗܝ ܒܡܕܒܪܐ ܕܡܥܘܢ܆ ܒܚܠ ܝܡܝܢܐ.
ܡܢ ܝܡܝܢܐ ܕܐܝܫܝܡܘܢ ܀ (25) ܘܐܙܠ ܫܐܘܠ ܘܓܒܪܘܗܝ
ܠܡܒܥܝܗ ܠܕܘܝܕ. ܘܐܬܚܒܪܬ ܠܕܘܝܕ. ܘܢܚܬ ܠܗ ܠܟܐܦܐ
ܗܘ ܕܒܡܕܒܪܐ ܕܡܥܘܢ܆ ܕܡܬܐܡܪ ܡܫܬܡܥܢܐ. ܘܝܬܒ
ܬܡܢ ܀ ܘܫܡܥ ܫܐܘܠ. ܘܪܕܦ ܗܘܐ ܒܬܪ ܕܘܝܕ ܒܗ
ܒܡܕܒܪܐ ܕܡܥܘܢ. (26) ܘܐܙܠܝܢ ܗܘܘ ܫܐܘܠ ܘܓܒܪܘܗܝ܆
ܡܢ ܚܕ ܓܒܗ ܕܛܘܪܐ܆ ܠܡܒܥܝܗ. ܘܕܘܝܕ ܘܓܒܪܘܗܝ
ܡܢ ܓܒܗ ܐܚܪܢܐ ܕܛܘܪܐ ܐܝܟ ܕܠܡܬܦܪܫܐ ܕܫܐܘܠ.
ܘܕܘܝܕ ܡܬܦܪܫ ܗܘܐ ܠܡܥܪܩ. ܘܠܡܬܦܠܛܘ ܡܢ ܩܕܡ
ܫܐܘܠ ܘܓܒܪܘܗܝ. ܘܫܐܘܠ ܘܓܒܪܘܗܝ. [73 v] ܡܬܟܪܝܢ
ܗܘܘ ܡܫܬܪܗܒܐܝܬ ܒܬܪ ܕܘܝܕ ܘܓܒܪܘܗܝ܆ ܠܡܐܚܕ ܐܢܘܢ ܀.
(27) ܘܐܝܙܓܕܐ܆ ܐܬܐ ܠܘܬ ܫܐܘܠ ܡܫܬܪܗܒܐܝܬ.
ܘܐܡܪ ܠܗ. ܬܐ ܒܥܓܠ. ܡܛܠ ܕܒܙܘ ܦܠܫ̈ܬܝܐ܆

ܘܐܬܬܣܝܡܘ ܥܠ ܟܠܗ̇ ܐܪܥܐ ܀. (28) ܘܗܦܟ ܫܐܘܠ
ܡܢ ܕܠܡܪܕܦ ܒܬܪ ܕܘܝܕ. ܘܐܙܠ ܠܐܘܪܥܐ ܕܦܠܫ̈ܬܝܐ.
ܡܛܠ ܗܢܐ ܐܬܩܪܝܬ ܕܘܟܬܐ ܗܝ. ܫܘܥܐ ܕܐܬܦܠܓܠ.

(XXIV.1) ܘܣܠܩ ܕܘܝܕ ܡܢ ܬܡܢ. ܘܝܬܒ ܒܡܥܪ̈ܬܐ
ܥܝܢܓܕܝ ܀ (2)[91] ܘܗܘܐ ܟܕ ܗܦܟ ܫܐܘܠ ܡܢ ܒܬܪ
ܦܠܫ̈ܬܝܐ. ܐܘܕܥܘܗܝ ܘܐܡܪܘ ܠܗ. ܕܗܐ ܕܘܝܕ ܒܡܕܒܪܐ
ܕܥܝܢܓܕܝ ܀. (3) ܘܢܣܒ ܫܐܘܠ ܥܡܗ ܬܠܬܐ ܐܠ̈ܦܝܢ ܓܒܪ̈ܐ
ܓܒ̈ܝܐ ܡܢ ܟܠܗ ܐܝܣܪܐܝܠ. ܘܐܙܠ ܠܡܒܥܝܗ ܠܕܘܝܕ
ܘܠܓܒܪ̈ܘܗܝ. ܥܠ ܐܦ̈ܝ ܛܘܪܐ ܕܝܥ̈ܠܐ. (4) ܘܐܬ݂ܐ ܠܓܙܪ̈ܬܐ
ܕܡܪ̈ܥܝܬܐ ܗܠܝܢ ܕܒܐܘܪܚܐ. ܘܐܝܬ ܗܘܐ ܬܡܢ
ܡܥܪܬܐ. ܘܥܠ ܫܐܘܠ ܠܡܥܪܬܐ ܗܝ. ܘܕܡܟ [74 r] ܬܡܢ.
ܘܕܘܝܕ ܘܓܒܪ̈ܘܗܝ. ܝܬܒܝܢ ܗܘܘ ܠܓܘ ܡܢ ܡܥܪܬܐ.
(5) ܘܐܡܪܘ ܠܗ ܓܒܪ̈ܘܗܝ ܠܕܘܝܕ. ܗܐ ܝܘܡܐ ܗܘ ܕܐܡܪ
ܠܟ ܡܪܝܐ. ܕܗܐ ܡܫܠܡ ܒܥܠܕܒܒܟ ܒܐܝ̈ܕܝܟ. ܥܒܕ ܠܗ
ܐܝܟܢܐ ܕܫܦܝܪ ܒܥܝܢܝܟ. ܘܩܡ ܕܘܝܕ. ܘܦܣܩ ܟܢܦܐ ܕܦܪܝܣܗ
ܕܫܐܘܠ ܡܛܫܝܐܝܬ ܘܪܟܝܢܐܝܬ. (6) ܘܡܢ ܒܬܪܟܢ܇ ܡܚܝܗܝ
ܠܒܗ ܠܕܘܝܕ. ܘܐܬܬܘܝ. ܥܠ ܕܦܣܩ ܟܢܦܐ ܕܦܪܝܣܗ
ܕܫܐܘܠ. (7) ܘܐܡܪ ܕܘܝܕ ܠܓܒܪ̈ܐ ܕܥܡܗ. ܚܣ ܠܝ ܡܢ
ܡܪܝܐ: ܐܢ ܐܥܒܕ ܡܠܬܐ ܗܕܐ ܠܡܪܝ ܠܡܫܝܚܗ
ܕܡܪܝܐ: ܘܐܘܫܛ ܐܝܕܝ ܥܠܘܗܝ. ܡܛܠ ܕܡܫܝܚܗ ܗܘ
ܕܡܪܝܐ. (8) ܘܬܘܝ ܕܘܝܕ ܠܓܒܪ̈ܐ ܗܠܝܢ ܕܥܡܗ܇ ܒܡ̈ܠܐ
ܗܠܝܢ. ܘܠܐ ܫܒܩ ܐܢܘܢ ܠܡܩܡ ܥܠ ܫܐܘܠ ܘܢܩܛܠܘܢܗܝ.
ܘܫܐܘܠ ܩܡ ܡܢ ܡܥܪܬܐ܇ ܘܢܚܬ. ܘܐܙܠ ܒܐܘܪܚܗ.
(9) ܘܩܡ ܕܘܝܕ ܒܬܪܗ. [74 v] ܘܢܦܩ ܡܢ ܡܥܪܬܐ. ܘܩܥܐ
ܕܘܝܕ ܒܬܪ ܫܐܘܠ. ܘܐܡܪ. ܡܪܝ ܡܠܟܐ. ܘܐܬܦܢܝ܇ ܘܚܪ
ܫܐܘܠ ܠܒܣܬܪܗ. ܘܐܬܓܚܢ ܕܘܝܕ ܥܠ ܐܦ̈ܘܗܝ ܥܠ

---

91 Mg: ܡܢ܆ ܒܡܕܒܪܐ ܕܥܝܢ̈ܓܕܝ

ܐܪܥܐ. ܘܣܓܕ ܠܗ ܀. (10) ܘܐܡܪ ܕܘܝܕ ܠܫܐܘܠ. ܠܐ
ܬܫܡܥ ܡ̈ܠܐ ܕܐܢܫܐ ܕܐܡ̈ܪܝܢ ܠܟ. ܕܗܐ ܕܘܝܕ ܒܥܐ
ܒܝܫܬܟ. (11) ܗܐ ܚܙܝ ܝܘܡܢܐ. ܥܝ̈ܢܝܟ. ܕܐܫܠܡܟ ܡܪܝܐ
ܝܘܡܢܐ ܒܐܝ̈ܕܝ، ܒܡܥܪܬܐ: ܘܐܡܪܘ ܠܓܒ̈ܪܐ ܩܛܘܠ ܕܒܥܐ
ܠܡܩܛܠܟ. ܘܚܣܬ ܥܠܝܟ. ܘܐܡܪܬ. ܕܠܐ ܐܘܫܛ ܐܝܕܝ،
ܥܠ ܡܪܝ. ܡܛܠ ܕܡܫܝܚܗ ܗܘ ܕܡܪܝܐ. (12) ܘܐܬܚܙܝ
ܘܚܙܝ. ܕܗܐ ܟܢܦܐ ܕܦܪܥܘܬܟ ܒܐܝܕܝ. ܘܚܙܝ ܕܟܕ ܦܣܩܬ
ܟܢܦܐ ܕܦܪܥܘܬܟ. ܠܐ ܩܛܠܬܟ. ܘܕܥ ܘܚܙܝ. ܝܘܡܢܐ
ܕܠܝܬ ܒܐܝ̈ܕܝ ܒܝܫܬܐ ܘܣܟܠܘܬܐ. ܘܠܐ ܚܛܝܬ ܠܟ.
ܘܐܢܬ. ܡܨܝܕ ܐܢܬ ܠܡܣܒ ܢܦܫܝ. (13) ܢܕܘܢ ܡܪܝܐ ܒܝܢ
ܘܠܟ. ܘܢܬܒܥ ܡܪܝܐ ܡܢܟ. ܘܐܝܕܝ، ܠܐ ܬܗܘܐ ܒܟ.
(14) ܐܝܟܢܐ ܕܐܡܝܪ ܒܡ̈ܬܠܐ ܩܕ̈ܡܝܐ. [75 r] ܕܡܢ ܪ̈ܫܝܥܐ
ܢܦܩ ܪܘܫܥܐ. ܘܐܝܕܝ، ܠܐ ܬܗܘܐ ܥܠܝܟ. (15) ܘܗܫܐ.
ܒܬܪ ܡܢܘ ܢܦܩܬ ܐܢܬ ܡܠܟܐ ܕܐܝܣܪܐܝܠ. ܘܒܬܪ
ܡܢܘ ܪܕܦ ܐܢܬ. ܒܬܪ ܟܠܒܐ ܡܝܬܐ. ܘܒܬܪ ܦܪܥܘܬܐ
ܚܕ. (16) ܢܗܘܐ ܡܪܝܐ ܕܝܢܐ. ܘܢܕܘܢ ܒܝܢ ܘܠܟ. ܘܢܚܙܐ
ܘܢܕܘܢ ܕܝܢܝ. ܘܢܬܒܥ ܡܢ ܐܝ̈ܕܝܟ ܀. (17) ܘܗܘܐ܂ ܕܟܕ
ܫܠܡ ܕܘܝܕ ܠܡܐܡܪ ܠܫܐܘܠ ܡ̈ܠܐ ܗܠܝܢ. ܐܡܪ ܠܗ
ܫܐܘܠ. ܩܠܟ ܗܘ ܗܢܐ ܒܪܝ ܕܘܝܕ. ܘܐܪܝܡ ܫܐܘܠ
ܩܠܗ. ܘܒܟܐ. (18) ܘܐܡܪ ܫܐܘܠ ܠܕܘܝܕ. ܙܕܝܩ ܐܢܬ
ܝܬܝܪ ܡܢܝ. ܡܛܠ ܕܐܢܬ ܦܪܥܬܢܝ ܛܒ̈ܬܐ. ܐܝܟܢܐ ܕܡ
ܦܪܥܬܟ ܒܝ̈ܫܬܐ. (19) ܘܐܢܬ ܚܘܝܬ ܠܝ ܝܘܡܢܐ ܕܥܒܕܬ
ܠܝ ܛܒ̈ܬܐ. ܕܐܫܠܡܢܝ[92] ܡܪܝܐ ܒܐܝ̈ܕܝܟ. ܘܠܐ ܩܛܠܬܢܝ.
(20) ܘܟܕ ܢܫܟܚ ܓܒܪܐ ܠܒܥܠܕܒܒܗ ܒܐܘܪܚܐ:[93] ܘܢܫܕܪܝܘܗܝ
[75 v] ܒܐܘܪܚܐ ܛܒ̈ܬܐ. ܐܦ ܡܪܝܐ ܢܦܪܥܝܘܗܝ ܛܒ̈ܬܐ.
ܐܝܟܢܐ ܕܥܒܕܬ ܠܝ ܝܘܡܢܐ ܛܒ̈ܬܐ. ܢܦܪܥܟ ܡܪܝܐ

[92] Mg: ܕ (separated by a gap from the verb, but apparently in another hand).

[93] Mg: ܒܐܘܠܨܢܐ

ܓܒܘܪܬܐ ܚܠܦ .܀˟ (21) ܘܗܫܐ: ܗܘܐ ܐܢܫܐ ܒܪ ܐܢܫܐ:
ܕܡܡܠܟܘ ܡܡܠܟܝܢ ܐܢܬ. ܘܡܬܦܫܩܢܐ ܒܐܪܙܝܢ ܡܠܟܘܬܐ
ܕܐܝܣܪܐܝܠ. (22) ܘܗܫܐ. ܢܒ ܠ ܒܥܒܪܐ: ܕܠܐ ܬܗܘܐ
ܙܢܝ ܡܢ ܒܬܪ: ܘܕܠܐ ܢܦܠܐ ܐܢܬ ܥܒܕ ܡܢ ܒܝܬ ܐܒ.
(23) ܘܢܦܠܐ ܗܘܐ ܠܫܐܘܠ. ܘܐܙܠ ܫܐܘܠ ܠܒܝܬܗ. ܘܗܘܐ
ܦܠܚܘܬܐ ܕܒܝܬܗ. ܘܫܠܡܘ ܠܒܢܝ̈ܐܣܪܐܝܢ ܐܠܝܫܬܐ .܀

(XXV.1) ܘܡܛܠ ܫܡܘܐܝܠ. ܘܐܬܟܢܫܘ ܟܠܗ ܐܝܣܪܐܝܠ.
ܘܐܪܩܕܘ ܥܠܘܗܝ. ܘܩܒܪܘܗܝ ܒܒܝܬܗ ܒܪܡܬܐ .܀ ܘܩܡ
ܕܘܝܕ ܘܢܚܬ ܠܡܕܒܪܐ ܗܘ ܡܥܢܝܢ[94] ܩܠܐ .܀. (2)[95] ܘܓܒܪܐ
ܚܕ ܐܝܬ ܗܘܐ ܒܡܥܘܢ ܗܘ. ܘܢܟܣܘܗܝ ܒܟܪܡܠܐ.
ܘܓܒܪܐ [76 r] ܗܘ ܪܒ ܗܘܐ. ܛܒ. ܘܐܝܬ ܗܘܐ ܠܗ
ܬܠܬܐ ܐܠܦܝܢ ܥܢܐ. ܘܐܠܦ ܥܙܐ. (3) ܘܫܡܗ ܕܓܒܪܐ.
ܢܒܠ. ܘܫܡܐ ܕܐܢܬܬܗ. ܐܒܝܓܝܠ. ܗܝ ܐܢܬܬܐ:
ܫܦܝܪܬܐ ܗܘܬ ܒܚܙܘܗ ܘܡܣܟܠܢܝܬܐ. ܘܓܒܪܐ ܗܘܬ ܒܡܘܡܠܠܗ.
ܘܗܘ ܠܒܪܐ ܢܒܠ: ܩܫܝܐ ܗܘܐ: ܘܒܝܫ ܒܡܥܒܕܘܗܝ.
ܘܡܟܪܚ ܗܘܐ. ܘܟܠܒ .܀. (4) ܘܫܡܥ ܗܘܐ: ܕܓܙܙ ܢܒܠ ܗܘܐ
ܥܢܗ ܒܟܪܡܠܐ. ܥܒܕ ܗܘܐ ܒܡܕܒܪܐ: ܕܠܢܒܠ ܢܒܠ
ܒܟܪܡܠܐ ܥܢܗ. (5) ܘܫܕܪ ܗܘܐ ܥܣܪܐ ܥܠܝ̈ܡܝܢ ܠܘܬܗ.
ܘܐܡܪ ܗܘܐ ܠܥܠܝ̈ܡܐ. ܣܩܘ ܠܟܪܡܠܐ. ܘܥܘܠܘ ܠܘܬ ܢܒܠ.
ܘܫܐܠܘ ܒܫܠܡܗ ܒܫܡܝ: (6) ܘܐܡܪܘ ܠܗ. ܗܟܢܐ ܠܫܢܬܐ
ܐܚܪܬܐ. ܟܕ ܐܢܬ ܚܝ ܐܢܬ ܘܫܠܝܡ ܐܢܬ ܒܫܠܡܐ
ܘܒܝܬܟ. ܘܟܠ ܡܕܡ ܕܐܝܬ ܠܟ ܒܫܠܡܐ. (7 G) ܘܗܫܐ: ܗܐ
ܫܡܥܬ. (7 P) [76 v] ܕܓ̈ܙܘܙܝܢ ܠܥܢܝܟ[96] ܠܟ ܚܢܝ. ܪ̈ܥܘܢ
ܕܗܘܘ ܥܡܢ ܒܡܕܒܪܐ. ܘܠܐ ܐܟܪܢ ܐܢܘܢ: ܘܠܐ ܚܣܪܘ
ܐܢܘܢ ܡܕܡ. ܘܠܐ ܐܒܕ ܠܗܘܢ ܡܕܡ. ܟܠܗܘܢ ܝܘܡܬܐ

94 Mg: ܕܡܥܢܘܢ

95 Mg: ܡܦ ܒ

96 Read ܠܥܢܝܟ.

ܕܗܘܘ ܥܡܢ ܒܟܪܡܠܐ. (8) ܫܐܠ ܠܛܠܝ̈ܟ. ܘܗܢܘܢ ܢܚܘܘܢܟ.
ܘܗܫܐ ܢܫܟܚܘܢ ܥܠܝܡ̈ܐ ܗܠܝܢ ܪ̈ܚܡܐ ܒܥܝ̈ܢܝܟ. ܡܛܠ
ܕܥܠ ܒܝܘܡܐ ܛܒܐ ܐܬܝܢ. ܗܒ ܗܟܝܠ ܡܕܡ ܕܐܪܓܐ
ܐܝܬ ܠܥܒ̈ܕܝܟ. ܘܠܒܪܟ ܕܘܝܕ.܀. (9) ܘܐܬܘ ܥܠܝܡ̈ܐ ܗܢܘܢ
ܕܕܘܝܕ. ܘܐܡܪܘ ܠܢܒܠ ܟܠܗܝܢ ܡ̈ܠܐ ܗܠܝܢ ܒܫܡܗ
ܕܕܘܝܕ.܀. ܘܫܘܪ ܢܒܠ ܥܡ ܫܒܝܬܐ: (10) ܘܦܣ ܠܗܘܢ
ܠܥܠܝܡ̈ܐ ܗܢܘܢ ܕܕܘܝܕ. ܘܐܡܪ ܠܗܘܢ. ܡܢܘ ܕܘܝܕ. ܘܡܢܘ
ܒܪܗ ܕܐܝܫܝ. ܝܘܡܢܐ. ܣܓܝ̈ܐܐ ܐܬܦܪܩܘ ܥܒ̈ܕܐ:
ܗܢܘܢ ܕܥܪ̈ܩܝܢ ܘܥܪ̈ܩܝܢ ܟܠ ܚܕ ܡܢ ܩܕܡ ܡܪܗ. (11) ܐܣܒ
ܠܚܡܝ ܘܡܝ̈ܢܝ: ܘܢܟܣܬܐ ܕܢܟܣܬ[97] [..........]

(20) [.......] [77 r] ܒܓܢܝܐ ܕܛܘܪܐ. ܘܗܐ ܕܘܝܕ ܘܓܒܪ̈ܘܗܝ
ܢܚܬܝܢ ܗܘܘ ܠܐܘܪܥܗ. ܘܦܓܥܬ ܒܗܘܢ. (21) ܘܕܘܝܕ ܐܡܪ.
ܒܪ ܒܫܠܐܝܬ ܢܛܪܬ ܟܠܗܘܢ ܗܠܝܢ ܕܐܝܬ ܗܘܐ ܠܗ
ܒܡܕܒܪܐ. ܘܠܐ ܐܬܛܥܝ ܡܢ ܟܠ ܕܐܝܬ ܗܘܐ ܠܗ
ܘܦܪܥ ܒܝܫܬܐ ܚܠܦ ܛܒ̈ܬܐ. (22) ܗܟܢܐ ܢܥܒܕ ܐܠܗܐ
ܠܥܒܕܗ ܕܘܝܕ: ܘܗܟܢܐ ܢܘܣܦ ܠܗ. ܐܢ ܐܫܬܒܩ ܡܕܡ ܡܢ
ܟܠ ܡܐ ܕܐܝܬ ܠܗ ܠܢܒܠ ܥܕܡܐ ܠܨܦܪܐ. ܕܡܫܬܢ
ܠܘܬ ܐܢܬܬܐ ܀ (23) ܘܚܙܬ ܐܒܝܓܝܠ ܠܕܘܝܕ.
ܘܐܣܬܪܗܒܬ ܘܥܒܪܬ ܢܚܬܬ ܡܢ ܚܡܪܐ. ܘܢܦܠܬ ܩܕܡ
ܕܘܝܕ ܥܠ ܐܦ̈ܝܗ. ܘܣܓܕܬ ܠܗ ܥܠ ܐܪܥܐ.
(25/24 P: 24 G) ܘܢܦܠܬ ܥܠ ܪ̈ܓܠܘܗܝ. ܘܐܡܪܬ. ܒܝ ܡܪܝ ܐܢܐ
ܡܪܝ ܡܪܝ. ܥܠ ܡܪܝ، ܗܘ ܥܘܠܬܐ. ܬܡܠܠ ܗܟܝܠ ܐܡܬܟ
ܩܕܡܝܟ. ܘܫܡܥ ܡ̈ܠܐ ܕܐܡܬܟ. (25 G) ܠܐ ܢܣܝܡ ܗܟܝܠ
ܡܪܝ، ܠܒܗ ܥܠ ܓܒܪܐ ܗܢܐ ܕܒܠܝܥܠܐ ܢܒܠ. [77 v] ܡܛܠ
ܕܐܝܟ ܫܡܗ. ܗܟܢܐ ܗܘ. ܢܒܠ ܫܡܗ. ܘܗܐ
ܡܣܟܠܘܬܗ. ܥܡܗ. ܗܝ ܢܒܠ ܐܬܬܘܗܝ. ܘܣܟܠܗ.
ܥܡܗ. ܘܐܢܐ ܐܡܬܟ ܡܪܝ، ܠܐ ܚܙܝܬ ܐܢܘܢ ܠܥܠܝܡ̈ܐ

[97] There is one entire folio missing at this point.

ܕܡܪܝ ܩܘܠܗ̱ ܕܒܪ̈ܬܗ. (26) ܗܫܐ ܡܪܝ. ܚܙ ܗܘ ܡܪܝܐ
ܘܡܚܐ ܢܦܫܢ. ܕܟܠܢ ܡܪܝܐ ܕܠܐ ܬܬܦܪܥ ܠܒܪܢܫܐ ܐܢܫܐ.
ܘܦܪܩܢ. ܘܦܪܩܗ̱ ܡܪܝܐ ܠܐܒܗܝܢ ܡܢ ܒܒܠ. ܘܗܫܐ
ܡܪܝ ܢܗܘܘܢ̱ ܬ̈ܠܡܝܕܝܟ ܐܝܟ ܢܐܟܠ. ܘܐܝܠܝܢ ܕܩܪܝܢ ܠܢܦܫܗ
ܕܡܪܝ ܒ̈ܢܝܬܐ ܀. (27) ܘܗܫܐ ܩܒܠ ܒܥܘܬܐ ܡܘܕܐ
ܕܐܬܛܦܬ ܐܡܬܟ ܠܡܪܝ. ܩܒܠ ܡܪܝ. ܘܗܒ ܠܬܠܡ̈ܝܕܐ
ܗܠܝܢ ܕܦܩܕܬܢ ܡܢܟ ܡܪܝ. (28) ܘܐܡܬܟ ܡܪܝ ܫܡܥ ܠܨܠܘܬܗ̇
ܕܐܡܬܟ. ܡܛܠ ܕܡܒܝܢ ܒܟܠ ܡܪܝܐ ܠܡܪܝ ܒܥܘܬܐ
ܡܗܝܡܢܬܐ. ܡܛܠ ܕܡ̈ܬܝܒܘܬܗ ܕܡܪܝܐ ܡܪܝ ܡܫܒܚ.
ܘܒܥܘܬܐ ܠܐ ܐܫܬܒܩܬ ܒܝ ܡܢ ܢܦܫܝ.[98] [.........]

[78r] (39) [......] ܕܘܝܕ ܕܡܢܬ ܢܐܟܠ. ܘܐܡܪ. ܒܪܝܟ ܗܘ
ܡܪܝܐ ܐܠܗܐ ܗܘ ܕܗܢ̱ ܕܒܠܐ ܕܚܣܕܝ ܡܢ ܐ̈ܚܝ ܢܐܟܠ:
ܘܠܥܒܕܗ ܚܣܟܢܝ ܡܢ ܒܝܫܬܐ. ܘܒܝܫܬܗ ܕܢܐܟܠ: ܐܗܦܟ
ܡܪܝܐ. ܥܠ ܪܝܫܗ ܀. ܘܫܒܩ ܕܘܝܕ ܡܛܠ ܐܒܝܓܠ:
ܕܚܣܟܗ̇ ܠܗ ܐܢܬܬܐ. (40) ܘܐܬܘ ܥ̈ܒܕܘܗܝ ܕܕܘܝܕ ܠܘܬ
ܐܒܝܓܠ ܠܟܪܡܠܐ. ܘܐܡܪܘ ܠܗ̇. ܕܘܝܕ ܫܕܪ ܠܢ
ܡܠܘܬܟ. ܕܢܣܒ ܠܗ ܐܢܬܬܐ. (41) ܘܩܡܬ ܘܣܓܕܬ
ܥܠ ܐ̈ܦܝܗ̇ ܥܠ ܐܪܥܐ. ܘܐܡܪܬ. ܗܐ ܐܡܬܟ
ܠܐܡܬܐ: ܠܡܫܝܓܘ ܪ̈ܓܠܐ ܕܥ̈ܒܕܘܗܝ ܕܡܪܝ .
(42) ܘܐܣܬܪܗܒܬ: ܘܩܡܬ ܐܒܝܓܠ. ܘܪܟܒܬ ܥܠ
ܚܡܪܐ. ܘܚܡܫ ܥܠܝ̈ܡܬܗ̇. ܢܩܦܢ ܗܘܝ ܠܗ̇. ܘܐܙܠܬ ܒܬܪ
ܡܠܐ̈ܟܘܗܝ ܕܕܘܝܕ. ܘܗܘܬ ܠܗ ܐܢܬܬܐ ܀
(43) ܘܠܐܚܝܢܥܡ ܢܣܒ ܕܘܝܕ ܡܢ ܐܝܙܪܥܐܝܠ. ܘܐܦ
ܗܘܝ ܠܗ ܬܪ̈ܬܝܗܝܢ ܢ̈ܫܐ. (44) ܘܫܐܘܠ ܝܗܒ [78 v] ܠܡܝܟܐܠ

[98] There is one entire folio missing at this point.

ܒܪܬܗ ܐܢܬܬܗ ܕܕܘܝܕ. ܠܦܐܠܛܝ[99] ܒܪ ܝܐܫ ܗܘ ܕܡܢ
ܓܠܠܐܡ ܀

(XXVI.1)[100] ܘܐܬܘ ܙܝ̈ܦܝܐ ܡܢ ܡܕܒܪܐ ܗܘ ܒܘܪܢܝܐ:
ܠܘܬ ܫܐܘܠ: ܠܓܒܥ. ܘܐܡܪܘ ܠܗ. ܗܐ ܕܘܝܕ ܡܬܛܫܐ
ܠܘܬ ܒܪܡܬܐ ܗ̇ܝ ܕܡܬܩܪܝܐ ܐܟܐܠܐ[101] ܕܩܕܡ
ܐܝܫܝܡܘܢ ܀. (2) ܘܩܡ ܫܐܘܠ. ܘܢܚܬ ܠܡܕܒܪܐ ܕܙܝܦ.
ܘܥܡܗ ܬܠܬܐ ܐ̈ܠܦܝܢ ܓܒܪ̈ܐ ܓܒ̈ܝܐ ܡܢ ܐܝܣܪܐܝܠ:
ܠܡܒܥܝܐ ܠܕܘܝܕ ܒܡܕܒܪܐ ܕܙܝܦ. (3) ܘܫܪܐ ܫܐܘܠ
ܒܓܒܥܬܐ ܕܐܟܐܠܐ ܕܩܕܡ ܐܝܫܝܡܘܢ ܒܐܘܪܚܐ.
ܘܕܘܝܕ. ܝܬܒ ܗܘܐ ܒܡܕܒܪܐ. ܘܚܙܐ ܕܘܝܕ: ܕܐܬܐ
ܫܐܘܠ ܒܬܪܗ ܠܡܕܒܪܐ. (4) ܘܫܕܪ ܕܘܝܕ ܠܓܫܘ̈ܫܐ. ܘܝܕܥ.
ܕܐܬܐ ܫܐܘܠ ܒܬܪܗ ܀. (5) ܘܩܡ ܕܘܝܕ ܡܛܫܝܐܝܬ.
ܘܐܬܐ ܠܐܬܪܐ ܗܘ ܕܫܪܐ ܗܘܐ ܒܗ ܫܐܘܠ ܬܡܢ.
ܘܚܙܐ ܕܘܝܕ ܠܕܘܟܬܐ ܗ̇ܝ ܕܕܡܟ ܗܘܐ ܒܗ̇ ܫܐܘܠ.
ܘܐܒܢܝܪ ܒܪ [79 r] ܢܪ ܪܫ ܚܝܠܗ. ܕܕܡܟ ܗܘܐ ܒܫܒܝܠܐ.
ܘܫܐܘܠ. ܕܕܡܟ ܗܘܐ ܒܡܐܪܘܟܐ.[102] ܘܥܡܐ. ܕܪ̈ܐ
ܗܘܐ ܚܕܪ̈ܘܗܝ ܀. (6) ܘܥܢܐ ܕܘܝܕ. ܘܐܡܪ ܠܐܚܝܡܠܟ
ܚܬܝܐ: ܘܠܐܒܝܫܐ ܒܪ ܨܪܘܝܐ ܐܚܘܗܝ ܕܝܘܐܒ.
ܟܕ ܐܡܪ. ܡܢܘ ܢܐܙܠ ܥܡܝ ܠܘܬ ܫܐܘܠ ܠܡܫܪܝܬܐ.
ܘܐܡܪ ܐܒܝܫܐ. ܐܢܐ ܐܙܠ ܐܢܐ ܥܡܟ. (7) ܘܐܬܐ
ܕܘܝܕ ܘܐܒܝܫܐ. ܘܥܠܘ ܒܥܡܐ ܒܠܠܝܐ. ܘܗܐ ܫܐܘܠ
ܕܡܟ ܗܘܐ ܒܡܐܪܘܟܐ. ܘܡܘܪܓܠܗ ܐܬܢܥܨܗ ܗܘܐ.
ܕܩܒܝܥ ܒܐܪܥܐ ܠܪ̈ܫܘܗܝ. ܘܐܒܢܝܪ ܘܥܡܐ. ܕܡܟܝܢ
ܗܘܘ ܚܕܪ̈ܘܗܝ ܀. (8) ܘܐܡܪ ܐܒܝܫܐ ܠܕܘܝܕ. ܐܫܠܡ
ܡܪܝܐ ܝܘܡܢܐ ܠܒܥܠܕܒܒܟ ܒܐܝ̈ܕܝܟ. ܗܫܐ ܐܡܚܝܘܗܝ

[99] Mg: ܠܦܐܠܛܝܐܠ
ΦΑΛΤΙΗΛ
[100] Mg: ܡ̇ܢܝ ܕܬܠܬܐ ܒܫܒܐ ܕܫܒܬܐ ܪܒܬܐ
[101] Mg: ܐܚܐܠܐ

ܒܡܘܪܢܝܬܐ ܗܕܐ܆ ܘܒܐܪܥܐ ܚܕܐ ܙܒܢ ܘܠܐ [79 v]
ܐܬܢܝܘܗܝ. (9) ܘܐܡܪ ܗܘܐ ܠܐܒܫܝ. ܠܐ ܬܚܒܠܝܘܗܝ.
ܡܛܠ ܕܠܝܬ ܕܡܘܫܛ ܐܝܕܗ ܥܠ ܡܫܝܚܗ ܕܡܪܝܐ ܘܙܟܐ.
(10) ܚܝ ܗܘ ܡܪܝܐ. ܕܐܠܐ ܐܢ ܡܪܝܐ ܢܡܚܝܘܗܝ܆ ܐܘ
ܝܘܡܗ ܢܐܬܐ ܘܢܡܘܬ܆ ܐܘ ܒܩܪܒܐ ܢܚܘܬ ܘܢܐܒܕ.
(11) ܚܣ ܠܝ ܡܢ ܡܪܝܐ ܕܐܘܫܛ ܐܝܕܝ ܥܠ ܡܫܝܚܗ
ܕܡܪܝܐ. ܗܫܐ܆ ܗܒ ܠܡܘܪܢܝܬܐ ܗܕܐ ܡܢ ܐܣ̈ܕܘܗܝ܆
ܘܠܩܐܩܘܠܬܐ ܗܕܐ ܕܡ̈ܝܐ. ܘܢܐܙܠ ܠܢ. (12) ܘܢܣܒ ܗܘܐ
ܠܡܘܪܢܝܬܐ ܘܠܩܐܩܘܠܬܐ ܗܝ ܕܡ̈ܝܐ܆ ܡܢ ܐܣ̈ܕܘܗܝ
ܕܫܐܘܠ. ܘܐܙܠܘ ܠܗܘܢ. ܘܐܢܫ ܠܐ ܚܙܐ ܐܢܘܢ. ܘܠܝܬ
ܗܘܐ ܕܝܕܥ. ܘܠܐ ܕܐܬܬܥܝܪ. ܡܛܠ ܕܟܠܗܘܢ ܕܕܡܟܝܢ
ܗܘܘ. ܘܬܪܕܡܬܐ. ܘܫܢܬܐ ܕܡܢ ܡܪܝܐ ܢܦܠܬ ܥܠܝܗܘܢ ܀
(13) ܘܐܥܒܪ ܗܘܐ ܡܢ ܠܘܬ ܫܐܘܠ. ܘܩܡ ܥܠ ܪܝܫܗ
ܕܛܘܪܐ ܡܢ ܪܘܚܩܐ. ܘܣܓܝ ܗܘܐ ܛܘܪܐ ܒܝܢܬܗܘܢ.[102]
[80 r] (14)[103] ܘܩܪܐ ܗܘܐ ܠܥܡܐ܆ ܘܠܐܒܢܝܪ ܒܪ ܢܪ. ܘܐܡܪ.
ܠܐ ܥܢܐ ܐܢܬ ܐܒܢܝܪ. ܘܥܢܐ ܐܒܢܝܪ. ܘܐܡܪ. ܡܢܘ
ܐܢܬ ܕܩܪܐ ܐܢܬ ܠܝ ܡܢ ܠܘܬ ܡܠܟܐ. ܡܢܘ ܐܢܬ.
(15) ܘܐܡܪ ܗܘܐ ܠܐܒܢܝܪ. ܗܐ. ܓܒܪܐ ܐܢܬ. ܘܡܢܘ
ܐܟܘܬܟ ܒܟܠܗ ܐܝܣܪܐܝܠ. ܘܡܛܠ ܡܢܐ ܠܐ ܢܛܪܬ
ܠܡܪܟ ܡܠܟܐ܆ ܕܥܠ ܚܕ ܡܢ ܥܡܐ ܕܢܚܒܠܝܘܗܝ ܠܡܠܟܐ
ܡܪܟ. (16) ܠܐ ܫܦܝܪܐ ܡܠܬܐ ܗܕܐ ܕܥܒܕܬ. ܚܝ ܗܘ
ܡܪܝܐ. ܕܒ̈ܢܝ ܡܘܬܐ ܐܢܬܘܢ܆ ܕܠܐ ܢܛܪܬܘܢ ܠܡܪܟܘܢ
ܠܡܫܝܚܗ ܕܡܪܝܐ. ܗܫܐ. ܚܙܝ ܐܝܟܐ ܗܘ ܡܘܪܢܝܬܐ
ܕܡܠܟܐ ܘܩܐܩܘܠܬܐ ܕܡ̈ܝܐ ܗܠܝܢ ܕܐܣ̈ܕܘܗܝ܀.
(17) ܘܝܕܥ ܫܐܘܠ ܠܩܠܗ ܕܕܘܝܕ. ܘܐܡܪ ܠܗ. ܩܠܟ ܗܘ
ܗܢܐ ܒܪܝ ܕܘܝܕ. ܘܐܡܪ ܕܘܝܕ. ܩܠܝ ܗܘ ܕܥܒܕܟ ܡܪܝ
ܡܠܟܐ. (18) ܘܐܡܪ [80 v] ܕܘܝܕ. ܠܡܢܐ ܪܕܦ ܐܢܬ ܡܪܝ

102 Mg: ܒܡܫܝܢܐ

ܒܬܪ ܥܒܕܟ. ܡܢܐ ܥܒܕܬ. ܘܡܢܐ ܗܝ ܣܟܠܘܬܝ. ܘܡܢܐ
ܗܘ ܥܘܠܐ ܘܚܛܝܬܐ ܕܐܫܬܟܚܬ ܒܝ. (19) ܗܫܐ ܗܟܝܠ.
ܢܫܡܥ ܡܪܝ، ܡܠܟܐ ܠܡ̈ܠܘܗܝ ܕܥܒܕܗ. ܐܢ ܐܠܗܐ
ܡܓܪܐ ܠܟ ܒܝ. ܢܪܝܚ ܩܘܪܒܢܐ. ܘܐܢ ܒ̈ܢܝܢܫܐ ܡܓܪܝܢ ܠܟ
ܒܝ. ܠܝܛܝܢ ܐܢܘܢ ܩܕܡ ܡܪܝܐ. ܡܛܠ ܕܛܪܕܘܢܝ ܝܘܡܢܐ
ܕܠܐ ܐܬܢܩܦ ܒܝܪܬܘܬܗ ܕܡܪܝܐ. ܟܕ ܐܡܪܝܢ. ܙܠ
ܦܠܘܚ ܠܐܠܗ̈ܐ ܢܘܟܪ̈ܝܐ. (20) ܘܗܫܐ. ܠܐ ܢܦܠ ܕܡܝ
ܥܠ ܐܪܥܐ ܡܢ ܩܕܡ ܡܪܝܐ ܐܠܗܝ. ܡܛܠ ܕܢܦܩ ܡܠܟܐ
ܕܐܝܣܪܝܠ ܠܡܒܥܐ ܠܢܦܫܝ. ܐܝܟ ܕܪܕܦ ܐܢܫ ܠܩܩܝܬܐ
ܒܛܘܪ̈ܐ ܀. (21) ܘܐܡܪ ܫܐܘܠ. ܚܛܝܬ. ܗܦܘܟ ܒܪܝ،
ܕܘܝܕ. ܡܛܠ ܕܠܐ ܐܒܐܫ ܠܟ ܬܘܒ. ܚܠܦ ܕܝܩܪܬ ܢܦܫܝ
ܒܥܝ̈ܢܝܟ ܝܘܡܢܐ. ܗ̇ܐ ܐܣܟܠܬ ܘܛܥܝܬ. ܛܒ ܣܓܝ ܀.
(22) ܘܥܢܐ [81 r] ܕܘܝܕ. ܘܐܡܪ. ܗܐ ܡܘܪܢܝܬܐ ܕܡܠܟܐ.
ܢܥܒܪ ܚܕ ܡܢ ܥܠܝܡ̈ܐ ܘܢܣܒܝܗ̇. (23) ܘܡܪܝܐ ܢܦܪܥܝܘܗܝ،
ܠܟܠ ܚܕ. ܐܝܟ ܙܕܝܩܘܬܗ ܘܗܝܡܢܘܬܗ. ܐܝܟ ܕܐܫܠܡܟ
ܡܪܝܐ ܝܘܡܢܐ ܒܐܝ̈ܕܝ. ܘܠܐ ܨܒܝܬ ܠܡܘܫܛܘ ܐܝܕܝ، ܥܠ
ܡܫܝܚܗ ܕܡܪܝܐ. (24) ܐܝܟܢܐ ܕܝܩܪܬ ܢܦܫܟ ܝܘܡܢܐ
ܒܥܝ̈ܢܝ. ܗܟܢܐ ܬܬܝܩܪ ܢܦܫܝ ܒܥܝ̈ܢܝ ܡܪܝܐ. ܘܢܦܪܩܢܝ ܘܢܦܨܝܢܝ
ܡܢ ܟܠ ܐܘܠܨܢܐ ܀. (25) ܘܐܡܪ ܫܐܘܠ ܠܕܘܝܕ. ܒܪܝܟ
ܐܢܬ ܒܪܝ، ܕܘܝܕ. ܘܐܦ ܡܥܒܕ ܥܒܕܬ. ܘܐܦ ܡܙܟܐ
ܙܟܐܬ. ܘܐܦ ܡܬܚܝܠܘ ܬܬܚܝܠ. ܘܐܙܠ ܕܘܝܕ ܠܐܘܪܚܗ.
ܘܫܐܘܠ ܗܦܟ ܠܕܘܟܬܗ ܀.

(XXVII.1)[104] ܘܐܡܪ ܕܘܝܕ ܒܠܒܗ. ܗܫܐ ܐܢ ܢܦܠ ܐܢܐ
ܝܘܡܐ ܚܕ ܒܐܝ̈ܕܘܗܝ ܕܫܐܘܠ. ܠܝܬ ܠܝ ܛܒܬܐ. ܐܠܐ
ܐܬܦܠܛ ܠܝ ܠܐܪܥܐ ܕܦܠܫ̈ܬܝܐ. ܘܢܬܠܐܐ [81 v] ܫܐܘܠ.
ܘܢܘܚ ܡܢ ܕܠܡܒܥܝܢܝ ܒܟܠܗ ܬܚܘܡܐ ܕܐܝܣܪܝܠ.
ܘܐܫܬܘܙܒ ܡܢ ܐܝ̈ܕܘܗܝ ܀. (2) ܘܩܡ ܕܘܝܕ. ܘܥܒܪ ܗܘ

[103] Mg: ܡܪܝ، ܕܒܪܘܒܬܐ ܕܡܫܝܚܐ

(7) [82r]
 .∴ (11) [82v]
---

[104] Mg:
[105] Mg:

[107]ܕܗܟܢܐ ܥܒܕ ܗܘܐ ܕܘܝܕ. ܘܗܢܐ ܗܘܐ ܢܡܘܣܗ.
ܟܠܗܘܢ ܝܘܡ̈ܬܐ܆ ܗܠܝܢ ܕܝܬܒ ܒܐܪܥܐ ܕܦܠܫ̈ܬܝܐ.
(12) ܘܗܝܡܢ ܐܟܝܫ ܠܕܘܝܕ ܩܠ܆ ܟܕ ܐܡܪ ܗܘܐ. ܕܡܒܐܫܘ
ܐܒܐܫ[108] ܗܘܐ ܒܥܡܗ ܐܝܣܪܝܠ. ܘܡܛܠ ܗܕܐ ܐܬܦܐ
ܠܗ̇. ܘܗܢܐ ܢܗܘܐ ܠܝ ܥܒܕܐ ܠܥܠܡ ⁘.

(XXVIII.1) ܘܗܘܐ ܒܝܘܡ̈ܬܐ ܗܢܘܢ. ܘܟܢܫܘ ܦܠܫ̈ܬܝܐ
ܡܫܪܝܬܗܘܢ ܠܩܪܒܐ܆ ܠܡܦܩ ܘܠܡܬܟܬܫܘ ܥܡ
ܐܝܣܪܝܠ. ܘܐܡܪ ܐܟܝܫ ܠܕܘܝܕ. ܡܕܥ ܬܕܥ. ܕܥܡܝ
ܬܦܩ ܐܢܬ ܠܩܪܒܐ. ܐܢܬ ܘܓܒܪ̈ܝܟ. (2) ܘܐܡܪ ܕܘܝܕ
ܠܐܟܝܫ. ܡܛܠ ܗܢܐ. ܐܢܬ ܠܟ ܗܫܐ ܕܬܕܥ ܡܕܡ
ܕܥܒܕ ܥܒܕܟ ⁘ ܘܐܡܪ ܐܟܝܫ ܠܕܘܝܕ. ܡܛܠ ܗܢܐ.
ܪܒ ܢܛܘܪܐ [83 r] ܕܪܫܝ ܐܣܝܡܟ ܟܠܗܘܢ ܝܘܡ̈ܬܐ ⁘
(3) ܘܫܡܘܐܝܠ ܡܝܬ. ܘܐܪܩܕܘ ܥܠܘܗܝ ܟܠܗ ܐܝܣܪܝܠ.
ܘܩܒܪܘܗܝ ܒܪܡܬܐ ܒܡܕܝܢܬܗ. ܘܫܐܘܠ܆ ܐܥܒܪ ܠܚܪ̈ܫܐ
ܘܕ̈ܟܘܪܐ ܡܢ ܐܪܥܐ. (4) ܘܐܬܟܢܫܘ ܦܠܫ̈ܬܝܐ܆ ܘܐܬܘ
ܘܫܪܘ ܒܫܘܢܡ. ܘܟܢܫ ܫܐܘܠ ܠܟܠܗ ܐܝܣܪܝܠ. ܘܫܪܘ
ܒܓܠܒܘܥ. (5) ܘܚܙܐ ܫܐܘܠ ܠܡܫܪܝܬܐ ܕܦܠܫ̈ܬܝܐ.
ܘܕܚܠ܆ ܘܙܥ ܠܒܗ ܛܒ. (6) ܘܫܐܠ ܫܐܘܠ ܒܡܪܝܐ.
ܘܠܐ ܥܢܝܗ ܡܪܝܐ. ܘܐܦ ܒܚܠܡܐ܆ ܘܐܦ ܒܓܠܝܢܐ.
ܘܐܦ ܒܢܒ̈ܝܐ. (7) ܘܐܡܪ ܫܐܘܠ ܠܥ̈ܒܕܘܗܝ. ܒܥܘ ܠܝ
ܐܢܬܬܐ ܕܡܫܐܠܐ ܒܙܟ̈ܘܪܐ. ܘܐܙܠ ܠܘܬܗ̇. ܘܐܫܐܠ
ܒܗ̇. ܘܐܡܪܘ ܠܗ ܥ̈ܒܕܘܗܝ. ܗܐ ܐܢܬܬܐ ܕܡܫܐܠܐ
ܒܙܟ̈ܘܪܐ. ܒܥܝܢܕܘܪ. (8) ܘܫܢܝ ܫܐܘܠ ܐܣܟܡܗ. ܘܠܒܫ
ܢܚܬܐ ܐܚܪ̈ܢܐ. ܘܐܙܠ܆ ܗܘ ܘܬܪ̈ܝܢ ܓܒܪ̈ܐ ܥܡܗ. [83 v]
ܘܐܬܘ ܠܘܬ ܐܢܬܬܐ ܒܠܠܝܐ. ܘܐܡܪ ܠܗ̇ ܫܐܘܠ. ܩܣܘܡ
ܠܝ ܒܙܟ̈ܘܪܐ. ܘܐܣܩܝ ܠܝ ܠܡܢ ܕܐܡܪ ܠܟ. (9) ܘܐܡܪܬ

[106] Mg: ܬܢܒܝܐ

[107] Line missing by homoioarcton? A phrase in both P and G is absent in J.

ܠܗ ܐܝܬܘܬܐ. ܗܟܐ. ܐܦ ܐܝܬ. ܒܪ ܐܝܬ ܡܕܡ
ܕܒܒܪ ܫܐܘܠ: ܕܐܬܒܒܪ ܘܗܘ̈ܝܐ ܘܒܪ̈ܝܢܐ ܡܢ ܐܪܥܐ.
ܘܠܡܠܟܐ ܡܟܝܪ ܐܝܬ ܠܢܦܫ ܠܡܡܠܟܘܬܗ̇. (10) ܘܡܠܟܐ ܠܗ̇
ܫܐܘܠ ܒܡܪܝܐ. ܘܐܡܪ. ܚܕ ܗܘ ܡܪܝܐ. ܕܠܐ ܬܗܘܐ
ܠܟ ܒܡܫܒܬܐ ܒܡܠܘܬܐ ܗܕܝܐ. (11) ܘܐܡܪܬ ܐܝܬܘܬܐ.
ܠܡܢܘ ܐܢܫ ܠܝ. ܘܐܡܪ. ܠܫܡܘܐܝܠ ܐܢܫ ܠ.
(12) ܘܣܝܡܬܗ ܐܝܬܘܬܐ ܠܫܡܘܐܝܠ. ܘܐܡܠܠܬ ܒܡܠܟܐ ܪܒܐ.
ܘܐܡܪܬ ܠܫܐܘܠ. ܠܡܠܟܐ ܐܬܡܫܚܬ ܒ. ܘܗܟܐ ܐܝܬ.
ܫܐܘܠ ܐܝܬ. (13) ܘܐܡܪ ܠܗ̇ ܡܠܟܐ. ܠܐ ܬܕܚܠܝܢ.
ܐܡܪܝ, ܠܡܢܘ ܚܙܝܬ.[109] ܘܐܡܪܬ ܐܝܬܘܬܐ ܠܫܐܘܠ.
ܐܠܗ̈ܐ ܚܙܝܬ ܕܣܠܩܝܢ ܡܢ ܐܪܥܐ. [84 r] (14) ܘܐܡܪ
ܠܗ̇. ܡܢܘ ܚܙܘܗ ܕܗ̇ܘ ܕܚܙܝܬܝ. ܘܐܡܪܬ ܠܗ. ܓܒܪܐ
ܬܐܪܝܐ ܗܟܐ. ܕܣܠܩ ܡܢ ܐܪܥܐ. ܘܗܘܠܐ. ܡܥܛܦ
ܦܪܗܣܐ. ܘܐܡܪ ܫܐܘܠ. ܕܫܡܘܐܝܠ ܗܘ ܗܘܐ. ܘܢܦܠ
ܥܠ ܐܦ̈ܘܗܝ, ܥܠ ܐܪܥܐ. ܘܣܓܕ ܠܗ. (15) ܘܐܡܪ
ܫܡܘܐܝܠ ܠܫܐܘܠ. ܠܡܢܐ ܐܙܝܥܬܢܝ ܠܡܣܩܘܬܝ. ܘܐܡܪ
ܫܐܘܠ. ܥܩܬ ܠܝ ܛܒ. ܘܦܠܫ̈ܬܝܐ ܡܬܟܬܫܝܢ ܥܡܝ.
ܘܐܠܗܐ ܐܬܪܚܩ ܡܢܝ. ܘܠܐ ܥܢܝܢܝ ܬܘܒ. ܘܐܦ ܒܝܕ
ܢܒ̈ܝܐ ܘܐܦ ܒܚܠܡ̈ܐ ܒܚܝܬ. ܘܠܐ ܐܬܚܙܝܬ. ܘܗܫܐ
ܩܪܝܬ ܠܟ. ܕܬܘܕܥܢܝ ܠ ܡܢܐ ܐܥܒܕ .:. (16) ܘܐܡܪ
ܫܡܘܐܝܠ ܠܫܐܘܠ. ܡܢܐ ܡܫܐܠ ܐܢܬ ܠ. ܕܡܪܝܐ
ܥܒܪ ܠܗ ܡܢܟ. ܘܗܘܐ ܥܡ ܚܒܪܟ. (17) ܘܥܒܕ ܠܟ
ܡܪܝܐ. ܐܝܟܢܐ ܕܡܠܠ ܒܐܝܕܝ. ܘܢܣܒ ܠܡܠܟܘܬܐ ܡܢ
ܐܝܕܟ: ܘܝܗܒܗ̇ ܠܚܒܪܟ ܕܘܝܕ. [84 v] (18) ܥܠ ܕܠܐ ܫܡܥܬ
ܒܩܠܗ ܕܡܪܝܐ: ܘܠܐ ܥܒܕܬ ܚܡܬܐ ܕܪܘܓܙܗ ܒܥܡܠܩ.
ܡܛܠ ܗܕܐ ܡܠܬܐ ܥܒܕ ܠܟ ܡܪܝܐ ܝܘܡܢܐ ܗܢܐ.
(19) ܘܢܫܠܡ ܡܪܝܐ. ܐܦ ܠܐܝܣܪܐܝܠ ܥܡܟ ܒܐܝܕ̈ܝ

[108] Read ܐܒܐܫ.

ܕܦܠܫ̈ܬܝܐ. ܘܠܡܚܪ: ܐܢܬ ܘܒ̈ܢܝܟ ܠܘܬܝ. ܘܐܦ
ܠܡܫܪܝܬܐ ܕܐܝܣܪܐܝܠ. ܢܫܠܡܝܘܗ̇ ܡܪܝܐ ܒܐܝ̈ܕܝܐ
ܕܦܠܫ̈ܬܝܐ ܀ (20) ܘܐܣܬܪܗܒ ܫܐܘܠ ܟܕ ܩܐܡ ܗܘܐ.
ܘܢܦܠ ܡܫܝܚܐ ܥܠ ܐ̈ܦܘܗܝ ܥܠ ܐܪܥܐ. ܘܕܚܠ ܛܒ ܡܢ
ܡ̈ܠܘܗܝ ܕܫܡܘܐܝܠ. ܘܚܝܠܐ ܠܝܬ ܗܘܐ ܒܗ. ܡܛܠ
ܕܠܐ ܐܟܠ ܠܚܡܐ ܟܠܗ ܐܝܡܡܐ ܗܘ ܘܟܠܗ ܠܠܝܐ.
(21) ܘܥܠܬ ܗ̇ܝ ܐܢܬܬܐ ܠܘܬ ܫܐܘܠ. ܘܚܙܬ ܕܕܚܠ ܛܒ.
ܘܐܡܪܬ ܠܗ. ܗܐ ܗܟܝܠ: ܫܡܥܬ ܐܡܬܟ ܠܩܠܟ.
ܘܣܡܬ ܢܦܫܝ ܒܐܝ̈ܕܝ.[110] ܘܫܡܥܬ ܡ̈ܠܝܟ ܗܠܝܢ ܕܐܡܪܬ
ܠܝ. (22) ܗܫܐ ܗܟܝܠ: ܫܡܥ ܐܦ ܐܢܬ ܒܩܠܗ̇ ܕܐܡܬܟ.
ܘܐܣܝܡ [85 r] ܩܕܡܝܟ ܩܨܝܐ ܕܠܚܡܐ. ܘܐܟܘܠ: ܘܢܗܘܐ
ܒܟ ܚܝܠܐ. ܡܛܠ ܕܒܐܘܪܚܐ ܐܙܠ ܐܢܬ. (23) ܘܠܐ
ܨܒܐ ܗܘܐ ܠܡܐܟܠ. ܘܐܡܪ. ܠܐ ܐܟܘܠ ܐܢܐ. ܘܒܥܘ
ܡܢܗ ܥܒ̈ܕܘܗܝ: ܘܐܠܨܘܗܝ: ܘܐܦ ܐܢܬܬܐ ܗ̇ܝ. ܘܫܡܥ
ܒܩܠܗܘܢ. ܘܩܡ ܡܢ ܐܪܥܐ. ܘܝܬܒ ܥܠ ܥܪܣܐ ܀
(24) ܘܠܐܢܬܬܐ ܗ̇ܝ: ܐܝܬ ܗܘܐ ܠܗ̇ ܥܓܠܐ ܕܚܠܒܐ
ܕܡܬܪܒܝܐ ܗܘܐ ܠܗ̇ ܒܓܘ ܒܝܬܗ̇. ܘܐܣܬܪܗܒܬ.
ܘܢܟܣܬܗ. ܘܢܣܒܬ ܩܡܚܐ: ܘܠܫܬ ܘܐܦܬ ܦܛܝܪ̈ܐ.
(25) ܘܩܪܒܬ. ܘܣܡܬ ܩܕܡ ܫܐܘܠ ܘܩܕܡ ܥܒ̈ܕܘܗܝ.
ܘܐܟܠܘ. ܘܩܡܘ ܘܐܙܠܘ ܒܠܠܝܐ ܗܘ ܀.

(XXIX.1) ܘܟܢܫܘ ܦܠܫ̈ܬܝܐ ܟܠܗܘܢ ܡܫܪ̈ܝܬܗܘܢ ܠܐܦܝܩ.
ܘܐܝܣܪܐܝܠ ܫܪܐ ܒܥܝܢܐ ܕܒܐܝܙܪܥܐܝܠ. (2) ܘܛܘܪ̈ܢܐ
ܕܦܠܫ̈ܬܝܐ ܥܒܪܝܢ ܗܘܘ ܒܡܐ̈ܘܬܐ ܘܒܐܠ̈ܦܐ. ܘܕܘܝܕ
ܘܓܒ̈ܪܘܗܝ. [85 v] ܥܒܪܝܢ ܗܘܘ ܒܚܪܬܐ ܥܡ ܐܟܝܫ.
(3) ܘܐܡܪܘ ܪ̈ܘܪܒܢܐ ܕܦܠܫ̈ܬܝܐ ܠܐܟܝܫ. ܕܡܢܘ
ܐܝܬܝܗܘܢ ܗܢܘܢ ܕܥܒܪܝܢ. ܘܠܡܢܐ ܥܒܪܝܢ. ܘܐܡܪ ܐܟܝܫ
ܠܪ̈ܘܪܒܢܐ ܕܦܠܫ̈ܬܝܐ. ܗܢܐ ܐܝܬܘܗܝ. ܕܘܝܕ ܥܒܕܗ

---

[109] Sic. Cf. MS 7a1 of the Peshitta.

ܕܫܐܘܠ ܢܦܠܬܐ ܕܐܝܣܪܐܝܠ. ܗܘ ܕܗܘܦܟܐ ܠܘܬܝ: ܗܢܐ
ܒܝܢ ܒܒܝܢ ܘܢ̈ܫܐ ܬܘܒ. ܘܠܐ ܐܫܬܡܥܬ ܒܗ ܡܕܡ: ܡܢ
ܝܘܡܐ ܕܐܬܦܠܬ ܠܘܬܝ: ܘܥܕܡܐ ܠܝܘܡܐ ܗܢܐ. (4) ܘܪ̈ܓܙܘ
ܥܠܘܗܝ ܪ̈ܘܪܒܢܐ ܕܦܠܫ̈ܬܝܐ. ܘܐܡܪܘ ܠܗ. ܐܗܦܟܘܗܝ
ܠܓܒܪܐ. ܘܢܗܦܘܟ ܠܕܘܟܬܗ: ܠܐܬܪܐ ܕܐܫܠܡܬܘܗܝ[111]
ܬܡܢ. ܘܠܐ ܢܐܙܠ ܥܡܢ ܠܩܪܒܐ. ܘܠܐ ܢܗܘܐ ܠܢ ܣܛܢܐ
ܒܩܪܒܐ. ܒܡܢܐ ܓܝܪ ܢܬܪܥܐ ܓܒܪܐ ܗܢܐ ܠܡܪܗ:
ܐܠܐ ܐܢ ܒܪ̈ܫܝܗܘܢ ܕܠܢ. (5) ܠܐ ܗܘܐ: ܗܢܐ ܗܘ ܐܝܬܘܗܝ
ܕܘܝܕ: ܗܘ ܕܡܫܒܚܢ ܗܘܘ ܠܗ ܒ̈ܢܬ [86 r] ܐܝܣܪܐܝܠ ܒܪ̈ܩܕܐ
ܘܐܡ̈ܪܢ: ܕܩܛܠ ܫܐܘܠ ܒܐ̈ܠܦܐ: ܘܕܘܝܕ ܒܪ̈ܒܘܬܐ. ܀
(6) ܘܩܪܐ ܐܟܝܫ ܠܕܘܝܕ. ܘܐܡܪ ܠܗ. ܚܝ ܗܘ ܡܪܝܐ.
ܕܬܪܝܨ ܐܢܬ. ܘܛܒ ܒܥܝ̈ܢܝ. ܘܡܦܩܢܟ: ܘܡܥܠܢܟ ܕܥܡܝ:
ܒܡܪܥܝܬܐ[112]. ܘܠܐ ܐܫܟܚܬ ܒܟ ܒܝܫܬܐ ܡܢ ܝܘܡܐ ܗܘ
ܕܐܬܝܬ ܠܘܬܝ: ܘܥܕܡܐ ܠܝܘܡܐ ܕܝܘܡܢܐ. ܘܒܥܝ̈ܢܝܗܘܢ
ܕܗܓܡܘ̈ܢܐ. ܠܐ ܛܒ ܐܢܬ. (7) ܗܫܐ: ܗܦܘܟ ܠܟ
ܒܫܠܡܐ. ܘܠܐ ܬܥܒܕ ܒܝܫܬܐ ܒܥܝ̈ܢܝܗܘܢ ܕܗܓܡܘ̈ܢܐ
ܕܦܠܫ̈ܬܝܐ. (8) ܘܐܡܪ ܕܘܝܕ ܠܐܟܝܫ. ܡܢܐ ܥܒܕܬ.
ܘܡܢܐ ܐܫܟܚܬ ܒܥܒܕܟ. ܡܢ ܝܘܡܐ ܗܘ ܕܗܘܝܬ ܩܕܡܝܟ:
ܘܥܕܡܐ ܠܝܘܡܐ ܗܢܐ: ܕܠܐ ܐܐܙܠ ܘܐܬܟܬܫ ܥܡ
ܒܥܠܕܒ̈ܒܘܗܝ ܕܡܪܝ ܡܠܟܐ. ܀ (9) ܘܥܢܐ ܐܟܝܫ. ܘܐܡܪ
ܠܕܘܝܕ. ܝܕܥ ܐܢܐ ܕܛܒ ܐܢܬ ܩܕܡܝ. ܐܝܟ ܡܠܐܟܐ
[86 v] ܕܐܠܗܐ. ܒܪܡ ܪ̈ܘܪܒܢܐ ܕܦܠܫ̈ܬܝܐ ܐܡܪܝܢ. ܕܠܐ
ܢܐܙܠ ܥܡܢ ܠܩܪܒܐ. ܀ (10) ܗܫܐ: ܩܘܡ ܒܨܦܪܐ: ܐܢܬ
ܘܥܒ̈ܕܐ ܕܡܪܟ. ܗܢܘܢ ܕܐܬܘ ܥܡܟ ܠܐܘܪܚܐ. ܘܙܠܘ
ܠܕܘܟܬܐ ܐܝܕܐ ܕܐܫܠܡܬܟܘܢ ܬܡܢ. ܘܡܠܬܐ ܒܝܫܬܐ:
ܠܐ ܬܣܝܡ ܒܠܒܟ. ܡܛܠ ܕܛܒܐ ܐܢܬ ܩܕܡܝ. ܘܩܕܘܡ

[110] Mg: ܒܐܦ̈ܝܟ
[111] Read ܕܐܫܠܡܬܝܗ.

ܠܐܘܪܚܟܘܢ܇ ܘܢܗܪ ܠܟܘܢ ܘܐܙܠܘ ܀ (11) ܘܩܕܡ ܕܘܝܕ ܗܘ
ܘܓܒܪܘܗܝ ܠܡܐܙܠ ܒܨܦܪܐ܆ ܘܠܡܗܦܟ ܠܐܪܥܐ
ܕܦܠܫܬܝܐ܂ ܘܦܠܫܬܝܐ܂ ܣܠܩܘ ܠܡܩܪܒܘ ܠܘܬ
ܐܝܙܪܥܝܠ ܀

(XXX.1) ܘܟܕ ܐܬܐ ܕܘܝܕ ܘܓܒܪܘܗܝ܇ ܠܨܝܩܠܓ
ܒܝܘܡܐ ܬܠܝܬܝܐ܂ ܐܫܟܚܘ ܕܥܡܠܩܝܐ ܢܦܠܘ ܥܠ ܢܓܒ
ܘܥܠ ܨܝܩܠܓ܂ ܘܡܚܘ ܠܨܝܩܠܓ܂ ܘܐܘܩܕܘܗ
ܒܢܘܪܐ܂ (2) ܘܫܒܘ ܠܢܫܐ܂ ܘܐܦ ܠܟܠܗܘܢ ܗ̇ܠܝܢ ܕܒܗ܂
ܡܢ ܙܥܘܪܐ܂ ܘܥܕܡܐ ܠܪܒܐ܂ ܠܐ ܐܩܛܠܘ܆ ܘܠܐ
ܠܓܒܪܐ܂ ܘܠܐ ܠܐܢܬܬܐ܂ ܐܠܐ [..........][113]

(13) [87 r] [.......] ܕܡܢ ܐܢܬ܂ ܘܡܢ ܐܝܟܐ ܐܢܬ܂ ܘܐܡܪ
ܥܠܝܡܐ ܗܘ܇ ܡܨܪܝܐ ܐܢܐ܂ ܥܒܕܐ ܕܓܒܪܐ ܥܡܠܩܝܐ܂
ܘܫܒܩܢܝ ܡܪܝ܆ ܡܛܠ ܕܐܬܟܪܗܬ܂ ܗܐ ܬܠܬܐ ܝܘܡ̈ܝܢ܂
(14) ܗܟܐ ܡܢ ܕܐܬܦܫܛܢ ܡܢ ܢܓܒ ܕܟܪܝ܇ ܘܡܢ ܐܬܪ̈ܘܬܐ
ܕܝܗܘܕܐ܂ ܘܡܢ ܢܓܒ ܕܟܐܠܒ܂ ܘܠܨܝܩܠܓ܂ ܐܘܩܕܢ
ܒܢܘܪܐ܂ ܀ (15) ܐܡܪ ܠܗ ܕܘܝܕ܂ ܡܢܚܬ ܐܢܬ ܠ ܥܠ
ܓܝܣܐ ܗܢܐ܂ ܐܡܪ ܠܗ܂ ܝܡܝ ܠ ܗܝܠ ܒܐܠܗܐ܆
ܕܠܐ ܬܩܛܠܢܝ܆ ܘܠܐ ܬܫܠܡܢܝ ܒܐܝܕܝܐ ܕܡܪܝ܂ ܘܐܢܐ
ܡܢܚܬ ܐܢܐ ܠܟ ܥܠ ܓܝܣܐ ܗܢܐ܂ (16 P) ܘܢܚܬܐ ܠܗ
ܕܘܝܕ܂ (16 G) ܘܐܫܟܚܬ ܐܢܘܢ ܠܬܡܢ܂ ܘܗܐ ܗܢܘܢ ܐܫܝܢ
ܗܘܘ܂ ܥܠ ܐܦ̈ܝ ܟܠܗ ܐܪܥܐ܂ ܘܐܟܠܝܢ ܘܫܬܝܢ܂ ܘܚܕܝܢ
ܒܟܠܗ ܒܙܬܐ ܗܝ ܪܒܬܐ ܕܒܙܘ ܡܢ ܐܪܥܐ ܕܦܠܫܬܝܐ܂
ܘܡܢ ܐܪܥܐ ܕܝܗܘܕܐ܂ ܀ (17) ܘܐܬܐ ܥܠܝܗܘܢ [87 v]
ܕܘܝܕ ܘܡܚܝܐ ܐܢܘܢ ܡܢ ܨܦܪ ܢܓܗܐ܂ ܘܥܕܡܐ ܠܪܡܫܐ
ܡܢ ܒܬܪܗܘܢ܂ ܘܥܕܡܐ ܠܝܘܡܐ ܕܠܡܚܪ܆ ܘܩܛܠ ܐܢܘܢ܂
ܘܠܐ ܐܬܦܠܛ ܡܢܗܘܢ ܠܓܒܪܐ܂ ܐܠܐ ܐܢ ܐܪܒ̈ܥܡܐܐ

[112] Mg: ܒܡܫܝܪܬܐ

[113] One entire folio is missing at this point.

 [88 r]

 [88 v]

---

[114] Mg: ΡΑΜΜΘ.

ܕܒܐܝܐܬܐܪ[115]. (28) ܘܠܗܠܝܢ ܕܒܐܪܘܐܝܠ. ܘܠܗܠܝܢ
ܕܒܐܪܝܩܐ[116]. ܘܠܗܠܝܢ ܕܒܣܐܦܝܡܘܬ[117]. ܘܠܗܠܝܢ
ܕܒܐܫܬܡܘܥ. ܘܠܗܠܝܢ ܕܒܢܘܢܬܘܡ[118]. (29) ܘܠܗܠܝܢ
ܕܒܐܪܡܐܠܐ. ܘܠܗܠܝܢ ܕܒܩ̈ܘܪܝܬܐ ܕܐܝܪܚܡܐܝܠ.
ܘܠܗܠܝܢ ܕܒܩ̈ܘܪܝܬܐ ܕܩܝ̈ܢܝܐ. (30) ܘܠܗܠܝܢ ܕܒܚܐܪܡܐ.
ܘܠܗܠܝܢ ܕܒܒܝܪܫܒܥ. ܘܠܗܠܝܢ ܕܒܢܐܓܒ: (31) ܘܠܗܠܝܢ
ܕܒܚܐܒܪܘܢ. ܘܠܟܠܗܘܢ ܐܬܪ̈ܘܬܐ ܟܠ ܐܝܟܐ ܕܗܠܟ
ܬܡܢ ܕܘܝܕ ܗܘ ܘܓܒܪ̈ܘܗܝ ⁘ [89 r]

(XXXI.1) ܘܦܠܫ̈ܬܝܐ. ܡܬܟܬܫܝܢ ܗܘܘ ܥܡ ܐܝܣܪܐܝܠ
ܘܥܪܩܘ ܓܒܪ̈ܐ ܕܐܝܣܪܐܝܠ ܡܢ ܩܕܡ ܦܠܫ̈ܬܝܐ. ܘܢܦܠܘ
ܩ̈ܛܝܠܐ ܒܛܘܪܐ ܕܓܠܒܘܥ. (2) ܘܐܕܪܟܘ ܦܠܫ̈ܬܝܐ
ܠܫܐܘܠ. ܘܠܒ̈ܢܘܗܝ. ܘܩܛܠܘ ܦܠܫ̈ܬܝܐ ܠܝܘܢܬܢ
ܘܠܐܡܝܢܕܒ: ܘܠܡܠܟܝܫܘܥ: ܒ̈ܢܘܗܝ ܕܫܐܘܠ. (3) ܘܝܩܪ
ܩܪܒܐ ܥܠ ܫܐܘܠ. ܘܐܕܪܟܘܗܝ ܡܫ̈ܕܝܐ ܒܩܫ̈ܬܬܐ.
ܘܡܬܟܐܒܘܗܝ ܬܚܝܬ ܥܒܘܗܝ. (4) ܘܐܡܪ ܫܐܘܠ ܠܫܩܠ
ܡܐ̈ܢܘܗܝ. ܫܡܘܛ ܣܝܦܟ ܘܩܛܘܠܝܢܝ ܒܗ. ܕܠܐ ܢܐܬܘܢ
ܥܪ̈ܠܐ ܗܠܝܢ ܢܩܛܠܘܢܝ ܘܢܒܙܚܘܢ ܒܝ. ܘܠܐ ܨܒܐ ܫܩܠ
ܡܐ̈ܢܘܗܝ. ܡܛܠ ܕܕܚܠ ܛܒ. ܘܢܣܒ ܫܐܘܠ ܣܝܦܗ.
ܘܢܦܠ ܥܠܘܗܝ. (5) ܘܚܙܐ ܫܩܠ ܡܐ̈ܢܘܗܝ: ܕܡܝܬ ܫܐܘܠ.
ܘܢܦܠ ܐܦ ܗܘ ܥܠ ܣܝܦܗ. ܘܡܝܬ ܥܡܗ. (6) ܘܡܝܬ
ܫܐܘܠ ܘܬܠܬܐ ܒ̈ܢܘܗܝ: ܘܗܘ ܕܫܩܠ ܗܘܐ [89 v] ܡܐ̈ܢܘܗܝ.
ܘܐܦ ܟܠܗܘܢ ܓܒܪ̈ܘܗܝ ܒܝܘܡܐ ܗܘ ܐܟܚܕܐ ⁘. (7) ܘܚܙܘ
ܐܢܫܐ ܕܐܝܣܪܐܝܠ: ܗܢܘܢ ܕܒܥܒܪܐ ܕܥܘܡܩܐ: ܘܗܢܘܢ
ܕܒܥܒܪܐ ܕܝܘܪܕܢ: ܕܥܪܩܘ ܓܒܪ̈ܐ ܕܐܝܣܪܐܝܠ ܡܢ ܩܪܒܐ:
ܘܕܡܝܬ ܫܐܘܠ ܘܒ̈ܢܘܗܝ. ܘܫܒܩܘ ܩܘܪ̈ܝܗܘܢ ܘܥܪܩܘ. ܘܐܬܘ

[115] Mg: ΙΕΘΕΡ.
[116] Mg: ΕΡΙΚΕΝ. There are also Greek vowels above the Syriac name in the text.
[117] Mg: ΣΕΦΙΜΩΘ. There are also Greek vowels above the Syriac name in the text.
[118] Mg: ΝΟΝΘΟΜ. There are also Greek vowels above the Syriac name in the text.

ܦܠ̈ܫܬܝܐ. ܘܝܬܒܘ ܒܗܘܢ ܀. (8) ܘܗܘܐ ܠܝܘܡܐ ܐܚܪܢܐ.
ܐܬܘ ܦܠ̈ܫܬܝܐ ܠܡܫܠܚܘ ܩ̈ܛܝܠܐ. ܘܐܫܟܚܘ ܠܫܐܘܠ
ܘܠܬܠܬܐ ܒ̈ܢܘܗܝ: ܕܢܦܝܠܝܢ ܥܠ ܛܘܪܐ ܕܓܠܒܘܥ.
(9) ܘܦܣܩܘ ܪܫܗ: ܘܫܠܚܘܗ ܡܐ̈ܢܘܗܝ. ܘܫܕܪܘ ܐܢܘܢ
ܠܐܪܥܐ ܕܦܠ̈ܫܬܝܐ: ܠܡܣܒܪܘ ܚܕܪܢܐ ܘܒܝܬ ܦܬܟ̈ܪܝܗܘܢ.
(10) ܘܣܡܘ ܡܐ̈ܢܘܗܝ: ܒܒܝܬܐ ܕܥܫܬܪܘܬ. ܘܦܓܪܗ
ܩܒܥܘ ܒܫܘܪܐ ܕܒܝܬ ܫܐܢ ܀ (11) ܘܫܡܥܘ ܡܛܠܬܗ: ܗܢܘܢ
ܕܝܬܒܝܢ ܒܝܒܝܫ ܗܝ ܕܓܠܥܕ: ܡܕܡ ܕܥܒܕܘ ܦܠ̈ܫܬܝܐ:
ܠܫܐܘܠ ܘܠܒ̈ܢܘܗܝ. (12) ܘܩܡܘ ܟܠ ܓܒܪܐ ܚܝܠܬܢܐ. ܘܐܙܠܘ
ܟܠܗ ܠܠܝܐ. ܘܢܣܒܘ ܠܦܓܪܗ ܕܫܐܘܠ: ܘܠܦܓܪܐ ܕܝܘܢܬܢ
[90 r] ܒܪܗ: ܡܢ ܫܘܪܐ ܕܒܝܬ ܫܐܢ. ܘܐܝܬܝܘ ܐܢܘܢ
ܠܝܒܝܫ. ܘܐܘܩܕܘ ܐܢܘܢ ܬܡܢ. (13) ܘܢܣܒܘ ܠܓܪ̈ܡܝܗܘܢ.
ܘܩܒܪܘ ܐܢܘܢ ܬܚܝܬ ܠܒܘܛܐ[119] ܕܒܝܒܝܫ. ܘܨܡܘ ܫܒܥܐ
ܝܘܡ̈ܝܢ.

ܫܠܡ ܟܬܒܐ ܩܕܡܝܐ ܕܡ̈ܠܟܘܬܐ.

[119] Mg: ܚܘܠܐ

ܐܬܬܪܝܢ ܟܬܒܐ ܗܢܐ ܩܕܡܝܐ ܕܡܠ̈ܟܘܬܐ: ܐܝܟ
ܕܡܝܢܐ ܗܘܬ ܘܦܠܓ ܒܗܘܢܐܝܬ: ܡܢ ܡܫܠܡܢܘܬܐ
ܡܫܬܠܦܬܐ: ܡܢ ܗ̇ܝ ܒܬ ܕܠܘܬ ܗܘܕ̈ܝܐ ܘܡܢ ܗܠܝܢ
ܕܠܘܬ ܝܘ̈ܢܝܐ. ܒܐܝ̈ܕܝ ܚܘܫܟܐ ܝܥܩܘܒ ܐܦܣܩܘܦܐ
ܕܐܘܪܗܝ: ܒܫܢܬ ܐܠܦ̄ ܕܝܘܢܝܐ ܕܗ̇ܢܝܐ ܐܝܟ ܘܐ ܒܗܬ
ܕܡܠܦܢܘܬܗ ܩܠܝܠܐ: ܐܦܝܣܩܘܦܘܬܐ ܕܥܠܬܐ ܕܒܪ̈ܝܬܐ
ܝܬܝܪܐ ܕܥܠܡܝܐ ⁘.

ܫܘܒܚܐ ܠܐܒܐ ܘܠܒܪܐ ܘܠܪܘܚܐ ܩܕܝܫܐ. ܗܫܐ
ܘܒܟܠܙܒܢ: ܘܠܥܠܡ. ܥܠܡܝܢ ܐܡܝܢ ⁘

[90 v]

✣ ܩ̈ܦܠܐܐ ܕܟܬܒܐ ܕܬܪ̈ܝܢ ܕܡ̈ܠܟܘܬܐ ✣

ܐ ܩܦܠܐܘܢ ܩܕܡܝܐ. ܥܠ ܥܡܠܩܝܐ ܕܕܘܝܕ ܘܕܣܒܪܘܢ
ܕܒܣܡܗ ܥܠ ܡܘܬܗ ܕܫܐܘܠ ܘܕܝܘܢܬܢ. ܘܥܠ
ܐܘܠܝܬܐ ܕܐܒܠܐ ܥܠܝܗܘܢ. ܥܠ ܡܫܝܚܘܬܗ ܕܕܘܝܕ
ܘܕܛܘ̈ܒܘܗܝ ܠܝܒܝܫܝܐ. ܘܥܠ ܡܘܬܒ ܦܠܓܘܬܐ ܕܚܒܪ
ܠܬܪ ܢܐܒܝܫ ܕܐܡܠܟ. ܥܠ ܕܡܒܪܘ ܠܐܝܣܪܝܠ ܘܠܒ̈ܢܘܗܝ.
ܘܥܠ ܐܒܢܝܪ ܒܪ ܢܪ ܪܒ ܚܝܠܗ ܕܫܐܘܠ. ܕܐܡܠܟܗ
ܠܐܝܫܒܘܫܬܐ ܒܪ ܫܐܘܠ ܒܡܚܢܐܝܡ ܒܡܚܢܝܬܐ
ܕܓܠܥܕ ✣

ܒ ܥܠ ܚܠܡ ܕܡܒܪܘ ܢܐܒܕ ܘܠܒ̈ܢܘܗܝ: ܒܝܕ ܐܒܢܝܪ
ܘܠܒ̈ܢܘܗܝ. ܥܠ ܡܘܬܗ ܕܥܣܐܝܠ ܐܚܘܗܝ ܕܝܘܐܒ ✣

ܓ ܡܢܝܢܐ ܕܒ̈ܢܘܗܝ ܕܕܘܝܕ: ܘܥܠܬܐ ܗ̇ܝ ܕܦܝܣܬ ܠܐܒܢܝܪ
ܕܢܫܬܘܕܐ ܠܡܠܟܘܬܗ ܕܕܘܝܕ. ܘܫܕܪ ܫܠܝܚܐ ܠܘܬ
ܕܘܝܕ: ܘܥܠ ܡܐܬܝܬܗ ܕܐܒܢܝܪ ܠܘܬ ܕܘܝܕ ܘܕܐܝܬܝ
ܡܝܟܠ ܒܪܬ ܫܐܘܠ. ܘܥܠ ܡܘܬܗ ܕܐܒܢܝܪ ܡܢ
ܐܝ̈ܕܝ ܝܘܐܒ ܒܢܟܠܐ. ܘܥܠ ܐܒܠܐ ܕܥܒܕ ܥܠܘܗܝ
ܕܘܝܕ ✣

ܕ ܒܡܘܬܢܐ ܕܒܝܬܐ ܡܛܠ ܡܐܦܝܒܘܫܬ ܒܪ
ܝܘܢܬܢ: ܘܥܠ ܩܛܠܗ ܕܒܝܬܐ ܕܐܝܫܒܘܫܬ:
ܘܥܠ ܦܘܪܥܢܐ ܒܝܫܐ ܕܦܪܥ ܗܘܐ ܠܩ̈ܛܘܠܘܗܝ:
ܘܥܠ ܡܫܬܢܝܢܘܬܗ ܕܕܘܝܕ ܡܢ ܚܒܪܘܢ ܠܐܘܪܫܠܡ:
ܘܥܠ ܚܓ̈ܝܪܐ ܘܕܘ̈ܪܒܬܐ ܘܥ̈ܘܝܪܐ ܗ̇ܢܘܢ ܕܫܒܩܘ ܠܗ
ܒܐܘܪܫܠܡ. ܘܥܠ ܫܠܝܚܐ ܕܚܝܪܡ ܡܠܟܐ ܕܨܘܪ

ܕܠܘܬ ܕܘܝܕ܂ ܕܫܕܪ ܠܗ ܩܝ̈ܣܐ ܡܢ ܠܒܢܢ ܘܐܪ̈ܙܐ
ܠܒܢܝܢܐ ܕܒܝܬܗ ܀

ܗ ܥܠ ܗܝ̇ ܕܙܟܐ ܘܚܪܒ ܐܢܘܢ ܕܘܝܕ ܠܦܠܫ̈ܬܝܐ ܕܣܠܩܘ
ܥܠܘܗܝ ܒܬܪ̈ܝܢ ܙܒ̈ܢܝܢ: ܘܥܠ ܗܝ̇ ܕܕܒܪ ܠܥܠܝ̈ܡܐ
ܕܐܝܣܪܐܝܠ: ܘܐܝܬܝܗ ܠܩܒܘܬܗ ܕܡܪܝܐ ܡܢ ܩܘܪܝܬ
ܝܥܪܝܢ. ܘܥܠ ܡܘܬܗ ܕܥܘܙܐ. ܘܥܠ ܬܘܬܒܘܬܗ
ܕܩܒܘܬܐ ܒܒܝܬܗ ܕܥܒܕܐܕܘܡ ܠܬܠܬܐ. ܘܥܠ
ܡܣܩܬܗ ܠܡܕܝܢܬܐ ܕܕܘܝܕ.

ܘ ܐܬܚܫܒ ܕܘܝܕ ܠܡܒܢܐ ܒܝܬܐ ܠܡܪܝܐ. ܘܗܘܬ
ܡܠܬܗ ܕܡܪܝܐ ܥܠܘܗܝ ܒܝܕ ܢܬܢ ܢܒܝܐ: ܕܦܩܕܐ
ܠܗ ܘܐܡܪܐ. ܕܐܢܬ ܠܐ ܬܒܢܐ ܠܝ ܒܝܬܐ. ܐܠܐ
ܒܪܟ ܗܘ̇ ܕܢܦܩ ܡܢ ܚܨܝܟ. ܗܘ ܢܒܢܐ ܠܝ ܒܝܬܐ.

ܙ ܘܡܚܐ ܕܘܝܕ ܠܦܠܫ̈ܬܝܐ ܘܠܡܘܐ̈ܒܝܐ. ܘܡܚܐ
ܠܗܕܕܥܙܪ ܡܠܟܐ ܕܨܘܒܐ: ܘܢܣܒ ܡܠܟܘܬܗ. ܘܬܒܪ
ܠܐܕܘ̈ܡܝܐ. ܘܥܒܕ ܐܢܘܢ ܠܗ ܥܒ̈ܕܐ ܡܦ̈ܩܝ
ܡܕܐܬܐ. ܘܬܘܒ ܡܠܟܐ ܕܚܡܬ ܫܕܪ ܠܗ ܩܘܪ̈ܒܢܐ
ܥܠ ܕܙܟܐ ܠܗܕܕܥܙܪ.[1]

ܚ ܛܝܒܘܬܐ ܕܘܝܕ ܠܡܐܦܝܒܥܠ[2] ܒܪ ܝܘܢܬܢ. ܘܝܗܒ
ܠܗ ܡܢ ܐܟ̈ܠ ܦܬܘܪܗ. ܘܡܫܕܪ ܡܒ̈ܝܐܢܐ ܠܘܬ
ܚܢܘܢ ܡܠܟܐ ܕܥܡ̈ܘܢܝܐ ܥܠ ܡܘܬܐ ܕܢܚܫ
ܐܒܘܗܝ. ܘܗܘܐ ܒܫܘܪܘܬ ܣܘܟܐ ܡܚܝܪ ܠܕܘܝܕ
ܘܠܥܒ̈ܕܘܗܝ ܕܐܫܬܕܪܘ ܠܘܬܗ. ܘܥܒܕ ܣܘܪܬܐ ܠܟ̈ܠ

1 Sic. In the main text the name is spelt ܗܐܕܪܥܙܪ.

2 Sic. In the main text the name is spelt ܡܐܦܝܒܐܥܠ.

ܐܝܣܪܐܝܠ ܠܡܒܢܐ ܒܝܬܗ ܡܪܝܐ. ܘܥܒܕ ܚܝܘܢ
ܕܐܬܩܛܠ ܘܐܬܝܗܒ ܠܗ ܡܫܪܝܬܐ ܠܡܫܒ ܐܝܣܪܐܝܠ.
ܘܐܬܬܒܝܪ ܩܕܡ ܐܝܣܪܐܝܠ: ܘܐܦ ܗܘ̇. ܐܦ
ܡܫܪܝܬܐ. ܘܗܘ̇ ܡܫܟܢܬ ܐܦ ܡܫܪܝܢ[3] ܐܬܬܒܝܪ ܩܕܡ
ܕܘܝܕ. ܘܗܘܘ ܟܠܗܘܢ ܐܕܘܡܝ̈ܐ ܥܒ̈ܕܐ ܠܕܘܝܕ.

[91 r]

ܛ ܡܛܠ ܒܪܬܫܒܥ ܐܢܬܬܗ ܕܐܘܪܝܐ: ܘܡܛܠ ܡܘܬܗ
ܕܐܘܪܝܐ ܒܥܠܗ̇: ܘܡܛܠ ܡܟܣܢܘܬܐ ܕܐܟܣܢܗ ܢܬܢ
ܢܒܝܐ ܠܕܘܝܕ ܥܠ ܗܕܐ: ܘܥܠ ܡܘܬܗ ܕܒܪܐ ܗ̇ܘ
ܕܗܘܐ ܠܗ ܡܢܗ̇: ܘܥܠ ܬܝܒܘܬܗ ܕܫܠܝܡܘܢ ܕܡܢ
ܒܪܬܫܒܥ. ܘܥܠ ܚܘܪܒܗ̇ ܕܐܪܒܬ ܕܒ̈ܢܝ ܥܡܘܢ.

ܝ ܥܠ ܛܠܘܡܘܬܗ ܕܐܡܢܘܢ ܠܬܡܪ ܚܬܗ
ܕܐܒܫܠܘܡ. ܘܥܠ ܡܘܬܗ. ܘܥܠ ܥܪܘܩܝܗ
ܕܐܒܫܠܘܡ. ܘܥܠ ܦܘܢܝܗ ⁘.

ܝܐ ܬܫܥܝܬܐ ܥܠ ܫܘܦܪܗ ܘܠܣܥܪܘܬܗ ܕܐܒܫܠܘܡ: ܘܥܠ
ܪܘܒܫܗ[4] ܕܠܘܬ ܐܒܘܗܝ: ܘܥܠ ܢܟܠܗ ܕܠܘܩܒܠ ܕܘܝܕ
ܐܒܘܗܝ: ܘܥܠ ܥܪܘܩܝܗ ܕܕܘܝܕ ܡܢ ܩܕܡ ܐܒܫܠܘܡ
ܒܪܗ. ܘܥܠ ܡ̈ܠܟܐ ܗ̇ܢܘܢ ܡܡܠܟ̈ܐ ܕܐܚܝܬܘܦܠ
ܘܚܘܫܝ.

ܝܒ ܥܠ ܡܐܬܝܬܗ ܕܕܘܝܕ ܠܡܚܢܝܡ: ܘܥܠ ܡܬܟܬܫܢܘܬܗ
ܕܐܝܣܪܐܝܠ ܘܡܘܬܗ ܕܐܒܫܠܘܡ: ܘܥܠ ܦܘܢܝܗ

[3] Sic. See note 1.

[4] Perhaps read ܪܘܫܫܗ, "his troubling" ("vexatio" Brockelmann, 737a).

ܕܕܘܝܕ ܠܒܝܬܗ. ܘܥܠ ܡܪܘܕܘܬܗ ܕܫܒܥ ܒܪ
ܒܟܪܝ ܥܠ ܕܘܝܕ. ܘܥܠ ܥܡܣܐ.

ܠܐ ܥܠ ܟܦܢܐ ܗܘ ܕܗܘܐ ܒܝܘܡܝ ܕܘܝܕ ܬܠܬ ܫܢܝܢ: ܘܥܠ
ܦܘܪܥܢܐ ܕܗܘܐ ܠܓܒܥܘܢܝܐ ܡܢ ܒܝܬܗ ܕܫܐܘܠ:
ܘܥܠ ܩܪ̈ܒܐ ܗܢܘܢ ܕܗܘܘ ܠܕܘܝܕ ܘܠܐܝܣܪܐܝܠ
ܠܡܩܛܠ ܦܠܫ̈ܬܝܐ: ܘܥܠ ܓܢܒܪ̈ܐ ܐܪܒܥܐ ܕܐܬܩܛܠܘ
ܡܢܗܘܢ: ܘܥܠ ܓܢܒܪ̈ܐ ܕܡܢ ܐܝܣܪܐܝܠ ܐܪܒܥܐ ܕܐܬܩܛܠܘ
ܐܢܘܢ: ܘܬܫܒܘܚܬܐ ܐܚܪܬܐ ܕܐܡܪ ܕܘܝܕ ܠܡܪܝܐ:
ܒܝܘܡܐ ܗܘ ܕܦܨܝܗ ܡܪܝܐ ܡܢ ܐܝܕܝܐ ܕܒ̈ܥܠܕܒܒܘܗܝ:
ܘܡ̈ܠܐ ܗܠܝܢ ܐܚܪ̈ܝܬܐ ܕܡܠܠ ܕܘܝܕ. ܘܡܢܝܢܐ
ܘܫܡܗܬܐ ܕܚܝ̈ܠܢܐ ܕܓܢܒܪ̈ܐ ܕܕܘܝܕ.

ܠܒ ܥܠ ܚܡܬܗ ܕܡܪܝܐ ܕܐܘܣܦܬ ܠܡܬܚܡܬ
ܒܐܝܣܪܐܝܠ: ܘܐܪܓܬܗ ܠܕܘܝܕ ܠܡܡܢܝܗ ܠܥܡܐ:
ܘܥܠ ܡܘܬܢܐ ܕܐܬܝܗܒ ܒܐܝܣܪܐܝܠ ܡܛܠ ܗܕܐ.
ܘܡܛܠ ܡܕܒܚܐ ܗܘ ܕܒܢܐ ܕܘܝܕ ܒܐܕܪܐ ܕܐܘܪܢܐ
ܗܘ ܝܒܘܣܝܐ ܘܐܬܟܠܝܬ ܡܘܬܢܐ ⁘

ܠܓ ܥܠ ܗܝ ܕܟܕ ܣܐܒ ܕܘܝܕ ܠܐ ܫܚܢ ܗܘܐ ܒܠܒܘ̈ܫܐ:
ܘܐܝܬܝܘ ܠܗ ܥܠܝܡܬܐ ܫܘܠܡܝܬܐ ܕܬܫܡܫ ܒܥܘܒܗ:
ܘܥܠ ܪܘܪܒܗ ܕܐܕܘܢܝܐ ܒܪ ܚܓܝܬ ܠܘܬ ܗܝ ܕܢܡܠܟ
ܘܥܠ ܦܘܩܕܗ ܕܡܢ ܪ̈ܓܠܘܗܝ: ܘܥܠ ܡܠܟܘܬܗ ܕܫܠܝܡܘܢ
ܘܥܠ ܗܠܝܢ ܕܦܩܕܗ ܐܒܘܗܝ ܩܕܡ ܕܢܡܘܬ ⁘

⁘ ܫܠܡܘ ܦ̈ܘܠܓܐ ܕܟܬܒܐ ܕܬܪ̈ܝܢ
ܕܡ̈ܠܟܘܬܐ ⁘

[91 v]

܀ ܟܬܒܐ ܕܬܘܪ̈ܓܡ ܕܡܠܟܘܬܐ ܀

(I.1)[5] ܘܗܘܐ ܡܢ ܒܬܪ ܕܡܝܬ ܫܐܘܠ: ܘܕܘܝܕ ܗܦܟ ܡܢ
ܕܡܚܐ ܠܥܡܠܝܩܝܐ. ܘܝܬܒ ܕܘܝܕ ܒܨܩܠܓ ܝܘܡ̈ܬܐ
ܬܪ̈ܝܢ. (2) ܘܗܘܐ ܒܝܘܡܐ ܬܠܝܬܝܐ. ܘܗܐ ܓܒܪܐ ܐܬܐ
ܡܢ ܡܫܪܝܬܐ. ܡܢ ܥܡܐ ܕܥܡ ܫܐܘܠ. ܘܡܨܪ̈ܝܢ ܠܒܘ̈ܫܘܗܝ
ܘܐܕܡܬܐ ܒܪܫܗ ܀ ܘܗܘܐ ܕܟܕ ܐܬܐ܆ ܘܥܠ ܩܕܡ
ܕܘܝܕ. ܢܦܠ ܥܠ ܐܦ̈ܘܗܝ ܥܠ ܐܪܥܐ. ܘܣܓܕ ܠܗ.
(3) ܘܐܡܪ ܠܗ ܕܘܝܕ ܡܢ ܐܝܟܐ ܐܬܐ ܐܢܬ. ܘܐܡܪ
ܠܗ ܡܢ ܡܫܪܝܬܐ ܕܐܝܣܪܐܝܠ ܐܫܬܘܙܒܬ. (4) ܘܐܡܪ
ܠܗ ܕܘܝܕ ܡܢܐ ܗܝ ܡܠܬܐ. ܚܘܝ. ܘܐܡܪ. ܕܥܪܩ ܥܡܐ
ܡܢ ܩܪܒܐ. ܘܐܦ ܣܘܓܐܐ ܢܦܠ ܡܢ ܥܡܐ. ܘܡܝܬܘ.
ܘܫܐܘܠ ܘܝܘܢܬܢ ܒܪܗ. ܡܝܬܘ ܀ (5) ܘܐܡܪ ܕܘܝܕ
ܠܥܠܝܡܐ ܗܘ ܕܐܘܕܥܗ. ܚܘܝ ܐܝܟܢܐ ܝܕܥ [92 r] ܐܢܬ
ܕܡܝܬܘ ܫܐܘܠ ܘܝܘܢܬܢ ܒܪܗ ܀. (6) ܘܐܡܪ ܠܗ ܥܠܝܡܐ
ܗܘ ܒܡܬܓܕܫܢܘ ܐܫܬܟܚܬ ܒܛܘܪܐ ܕܓܠܒܘܥ. ܘܗܐ
ܫܐܘܠ: ܡܣܬܡܟ ܗܘܐ ܥܠ ܡܘܪܢܝܬܗ. ܘܡܪ̈ܟܒܬܐ
ܘܦܪ̈ܫܐ ܦܪ̈ܫܐ ܐܕܪܟܘܗܝ. (7) ܘܐܬܦܢܝ ܠܒܣܬܪܗ܆ ܘܚܙܢܝ
ܘܩܪܢܝ. ܘܐܡܪܬ ܗܐ ܐܢܐ. (8) ܘܐܡܪ ܠܝ. ܡܢ ܐܢܬ.
ܘܐܡܪܬ ܠܗ. ܥܡܠܝܩܝܐ ܐܢܐ. (9) ܘܐܡܪ ܠܝ. ܩܘܡ
ܩܘܡ ܥܠ ܘܩܛܠܝܢܝ. ܡܛܠ ܕܐܚܕܘܢܝ ܚ̈ܘܫܟܐ ܘܫܢܩܐ.
ܘܥܕܟܝܠ ܟܠܗ ܢܦܫܝ ܒܝ ܐܝܬܝܗ. (10) ܘܩܡܬ ܥܠܘܗܝ
ܘܩܛܠܬܗ. ܡܛܠ ܕܝܕܥܬ ܕܠܐ ܢܚܐ ܒܬܪ ܡܦܘܠܬܗ.
ܘܢܣܒܬ ܠܟܠܝܠܐ ܗܘ ܕܒܪܫܗ܆ ܘܠܫܘܠܒܐ ܗܘ ܕܥܠ
ܕܪܥܗ. ܘܐܝܬܝܬ ܐܢܘܢ ܠܡܪܝ ܠܗܪܟܐ ܀ (11) ܘܐܚܕ
ܕܘܝܕ ܠܡ̈ܐܢܘܗܝ܆ ܘܨܪܐ ܐܢܘܢ. ܘܐܦ ܟܠܗܘܢ ܓܒܪ̈ܐ

5 Mg: ܦܩ ܐ
ܩܪܝ ܒܕܘܟܪܢܐ ܕܐܢ̈ܫܐ

ܟܠܗܘܢ ܕܥܡܗ. (12) ܘܐܪܩܕܘ ܘܒܟܘ. ܘܨܡܘ [92 v] ܥܕܡܐ
ܠܪܡܫܐ. ܥܠ ܫܐܘܠ ܘܥܠ ܝܘܢܬܢ ܒܪܗ. ܘܥܠ ܥܡܗ
ܕܡܪܝܐ. ܘܥܠ ܒ̈ܝܬ ܐܝܣܪܐܝܠ ܕܢܦܠܘ ܒܚܪܒܐ ܀.
(13) ܘܐܡܪ ܕܘܝܕ ܠܥܠܝܡܐ ܗܘ ܕܐܘܕܥܗ. ܡܢ ܐܝܟܐ
ܐܢܬ. ܘܐܡܪ ܠܗ. ܒܪ ܓܒܪܐ ܐܢܐ ܓܝܘܪܐ ܥܡܠܩܝܐ ܀.
(14) ܘܐܡܪ ܠܗ ܕܘܝܕ. ܐܝܟܢܐ ܠܐ ܕܚܠܬ ܠܡܘܫܛܘ
ܐܝܕܟ ܠܡܚܒܠܘ ܠܡܫܝܚܗ ܕܡܪܝܐ. (15) ܘܩܪܐ ܕܘܝܕ
ܠܚܕ ܡܢ ܥܠܝ̈ܡܐ. ܘܐܡܪ ܠܗ. ܩܪܘܒ ܦܓܥ ܒܗ. ܘܩܪܒ
ܦܓܥ ܒܗ. ܘܡܚܝܗܝ ܘܡܝܬ. (16) ܘܐܡܪ ܠܗ ܕܘܝܕ.
ܕܡܟ ܒܪܫܟ. ܡܛܠ ܕܦܘܡܟ ܣܗܕ ܥܠܝܟ ܕܐܡܪܬ.
ܕܐܢܐ ܩܛܠܬ ܠܡܫܝܚܗ ܕܡܪܝܐ ܀. (17) ܘܐܠܝܐ ܕܘܝܕ
ܐܠܝܬܐ ܗܕܐ ܥܠ ܫܐܘܠ ܘܥܠ ܝܘܢܬܢ ܒܪܗ.
(18) ܘܐܡܪ. ܠܡܠܦܘ ܠܒ̈ܢܝ ܝܗܘܕܐ ܩܫܬܐ. ܗܐ ܟܬܝܒ
ܒܟܬܒܐ ܕܐܫܝܪ̈ܐ[6]. (19) ܐܬܚܫܒ ܐܝܣܪܐܝܠ ܩܛܝܠܐ ܥܠ
ܪ̈ܡܬܟ. ܚܠܦ ܩ̈ܛܝܠܐ ܗܠܝܢ ܕܡܚܬܘ ܠܟ. ܐܝܟܢܐ ܢܦܠܘ
ܓܢܒ̈ܪܐ. (20) ܠܐ ܬܚܘܘܢ ܒܓܬ. [93 r] ܘܠܐ ܬܣܒܪܘܢ
ܒܫܘ̈ܩܐ ܕܐܫܩܠܘܢ. ܕܠܐ ܢܚܕܘܢ ܒ̈ܢܬ ܦܠܫ̈ܬܝܐ. ܘܠܐ
ܢܕܨܘܢ ܒ̈ܢܬ ܥܪ̈ܠܐ. (21) ܛܘܪ̈ܐ ܕܓܠܒܘܥ. ܠܐ ܛܠܐ.
ܘܠܐ ܡܛܪܐ ܢܚܘܬ ܥܠܝܟܘܢ. ܘܥܠ ܚܩ̈ܠܬܐ ܕܪ̈ܫܝܬܐ.
ܥܠ ܕܬܡܢ ܛܘ̈ܪܐ ܕܡܚܬܐ. ܡܛܠ ܕܬܡܢ ܐܬܬܒܪܬ
ܡܓܢܐ ܕܓܢܒ̈ܪܐ. ܡܓܢܗ ܕܫܐܘܠ. ܠܐ ܡܫܝܚܐ ܗܘܬ
ܒܡܫܚܐ. (22) ܐܠܐ ܡܢ ܕܡܐ ܕܩ̈ܛܝܠܐ ܘܡܢ ܬܪ̈ܒܐ
ܕܓܢܒ̈ܪܐ. ܩܫܬܗ ܕܝܘܢܬܢ ܠܐ ܗܦܟܐ ܗܘܬ
ܣܪܝܩܐܝܬ ܠܒܣܬܪܗ. ܘܣܝܦܗ ܕܫܐܘܠ ܠܐ ܗܦܟ ܗܘܐ
ܣܪܝܩܐ. (23) ܫܐܘܠ ܘܝܘܢܬܢ. ܪ̈ܚܝܡܐ ܘܫܦܝ̈ܪܐ.
ܒܚܝ̈ܝܗܘܢ ܘܒܡܘܬܗܘܢ. ܠܐ ܦܪܫܘ ܡܢ ܚ̈ܕܕܐ. ܡܢ ܢܫ̈ܪܐ
ܩܠܝܠܝܢ ܗܘܘ. ܘܡܢ ܐܪ̈ܝܘܬܐ ܚܝܠܝܢ ܗܘܘ. (24) ܒ̈ܢܬ

6 Mg: ܕܬܫܒܚܬܐ

 [93 v]
(II.1) .
 ∴ (4) [94 r]
---

[7] Read .

[8] Mg:

[9] Something appears to be missing here, presumably through parablepsis.

ܕܒܝܬ ܝܗܘܕܐ ܕܐܡܫܚܘܢܝ ܥܠܝܗܘܢ ܀ (8) ܘܐܒܢܝܪ ܒܪ ܢܪ
ܪܒ ܚܝܠܐ ܕܫܐܘܠ܆ ܕܒܪ ܠܡܐܡܦܝܒܘܫܬܐ ܒܪܗ ܕܫܐܘܠ.
ܘܐܥܒܪܗ ܠܡܚܢܝܡ. [94 v] (9) ܘܐܡܠܟܗ ܥܠ ܓܠܥܕ
ܘܥܠ ܠܐܫܘܪ. ܘܥܠ ܐܝܙܪܥܝܠ ܘܥܠ ܐܦܪܝܡ. ܘܥܠ
ܒܢܝܡܝܢ ܘܥܠ ܟܠܗ ܐܝܣܪܐܝܠ. (10) ܒܪ ܐܪ̈ܒܥܝܢ ܫ̈ܢܝܢ
ܗܘܐ ܡܐܡܦܝܒܘܫܬܐ ܒܪ ܫܐܘܠ܆ ܟܕ ܐܡܠܟ ܥܠ
ܐܝܣܪܐܝܠ. ܘܬܪ̈ܬܝܢ ܫ̈ܢܝܢ ܐܡܠܟ. ܒܪܡ ܕܒܝܬ ܝܗܘܕܐ
ܐܬܬܠܝܘ ܗܘܘ ܒܬܪ ܕܘܝܕ .܀. (11) ܘܗܘܐ ܡܢܝܢܐ
ܕܝܘ̈ܡܬܐ ܕܐܡܠܟ ܡܠܟܐ ܕܘܝܕ ܒܚܒܪܘܢ ܥܠ ܕܒܝܬ
ܝܗܘܕܐ. ܫܒܥ ܫ̈ܢܝܢ ܘܫܬܐ ܝܪ̈ܚܝܢ .܀. (12)[10] ܘܢܦܩ ܐܒܢܝܪ
ܒܪ ܢܪ ܘܥܒ̈ܕܘܗܝ ܕܡܐܡܦܝܒܘܫܬܐ ܒܪ ܫܐܘܠ܆ ܡܢ
ܡܚܢܝܡ ܠܓܒܥܘܢ. (13) ܘܝܘܐܒ ܒܪ ܨܪܘܝܐ
ܘܥܒ̈ܕܘܗܝ ܕܕܘܝܕ ܢܦܩܘ. ܘܦܓܥܘ ܒܚܕܕܐ ܥܠ ܡܥܝܢܐ ܗܘ
ܕܓܒܥܘܢ ܐܟܚܕܐ. ܘܝܬܒܘ ܗܢܘܢ ܡܟܐ. ܘܗܠܝܢ ܡܟܐ
ܥܠ ܡܥܝܢܐ .܀. (14) ܘܐܡܪ ܐܒܢܝܪ ܠܝܘܐܒ ܘܐܡܪ. ܢܩܘܡܘܢ
ܗܫܐ ܛܠܝ̈ܐ. ܘܢܬܚܪܘܢ [95 r] ܩܕܡܝܢ. ܘܐܡܪ ܝܘܐܒ.
ܢܩܘܡܘܢ ܀ (15) ܘܩܡܘ ܘܥܒܪܘ ܒܡܢܝܢܐ܆ ܬܪܥܣܪ ܡܢ ܛܠܝ̈ܐ
ܕܒܢܝܡܝܢ܆ ܡܢ ܕܡܐܡܦܝܒܘܫܬܐ ܒܪ ܫܐܘܠ. ܘܬܪܥܣܪ
ܡܢ ܛܠܝ̈ܐ ܕܕܘܝܕ. (16) ܘܐܚܕܘ ܟܠ ܚܕ ܡܢܗ[11] ܒܪܫܐ
ܕܚܒܪܗ. ܘܣܝܦܗ. ܒܓܒܐ ܕܚܒܪܗ. ܘܢܦܠܘ ܐܟܚܕܐ.
ܘܩܪܘ ܫܡܗ ܕܕܘܟܬܐ ܗܝ. ܚܠܩܐ ܕܐܦܝܒ[12] ܕܓܠܐܒܘܢ ܀
(17) ܘܗܘܐ ܩܪܒܐ ܩܫܝܐ ܛܒ ܒܝܘܡܐ ܗܘ. ܘܐܬܬܒܪ
ܐܒܢܝܪ ܘܓܒ̈ܪܐ ܕܐܝܣܪܐܝܠ ܩܕܡ ܥܒ̈ܕܘܗܝ ܕܕܘܝܕ .
(18) ܘܗܘܘ ܬܡܢ ܬܠܬܐ ܒܢ̈ܘܗܝ ܕܨܪܘܝܐ. ܝܘܐܒ
ܘܐܒܝܫܝ. ܘܥܣܐܝܠ. ܘܥܣܐܝܠ ܩܠܝܠ ܗܘܐ ܒܪ̈ܓܠܘܗܝ.
ܐܝܟ ܚܕ ܡܢ ܛܒܝ̈ܐ ܕܒܕܒܪܐ. (19) ܘܪܕܦ ܥܣܐܝܠ

[10] Mg: ܢܦܩ ܒ
[11] Read ܡܢܗܘܢ ?
[12] Mg: ܕܡܟ̈ܡܢܐ

ܒܬܪ ܐܒܝܢܪ. ܘܠܐ ܐܣܛܝ ܠܡܐܙܠ. ܠܐ ܠܝܡܝܢܐ.
ܘܠܐ ܠܣܡܠܐ ܡܢ ܒܬܪ ܐܒܝܢܪ. (20) ܘܐܬܦܢܝ ܐܒܝܢܪ
ܠܒܣܬܪܗ̇. ܘܐܡܪ. [95 v] ܐܢܬ ܐܝܬܝܟ ܥܣܗܐܝܠ. ܘܐܡܪ.
ܐܢܐ ܐܝܬܝ. (21) ܘܐܡܪ ܠܗ ܐܒܝܢܪ. ܣܛܝ ܠܟ: ܐܘ
ܠܝܡܝܢܐ: ܐܘ ܠܣܡܠܐ. ܘܐܚܘܕ ܠܟ ܠܚܕ ܡܢ ܛܠܝ̈ܐ.
ܘܣܒ ܠܟ ܙܝܢܗ. ܘܠܐ ܨܒܐ ܥܣܗܐܝܠ ܕܢܣܛܐ ܡܢ ܒܬܪܗ.
(22) ܘܐܘܣܦ ܬܘܒ ܐܒܝܢܪ ܠܡܐܡܪ ܠܥܣܗܐܝܠ. ܐܬܪܚܩ
ܠܟ ܡܢ ܒܬܪܝ. ܕܠܐ ܐܡܚܝܟ ܘܐܪܡܝܟ ܥܠ ܐܪܥܐ.
ܘܐܝܟܢܐ ܐܪܝܡ ܐܦ̈ܝ ܘܐܚܘܪ ܒܝܘܐܒ ܐܚܘܟ.
(23 G) ܘܐܝܟܢܐ ܐܝܟ ܗܠܝܢ. ܦܢ ܠܗܘܬ ܘܐܚܘܪ ܒܝܘܐܒ ܐܚܘܟ.
(23 P) ܘܠܐ ܨܒܐ ܠܡܣܛܝܘ ܘܠܡܗܦܟܘ. ܘܡܚܝܗܝ ܐܒܝܢܪ
ܒܥܘܩܒܐ ܕܪܘܡܚܐ ܥܠ ܚܨܗ. ܘܢܦܩ ܡܢ ܒܣܬܪܗ. ܘܢܦܠ
ܬܡܢ. ܘܡܝܬ ܥܠ ܕܘܟܬܗ. ܘܗܘܐ ܕܟܠ ܕܐܬܐ ܗܘܐ
ܠܕܘܟܬܐ ܗܝ ܕܢܦܠ ܬܡܢ ܥܣܗܐܝܠ ܘܡܝܬ. ܩܐܡ
ܗܘܐ. (24) ܘܪܕܦܘ ܝܘܐܒ ܘܐܒܝܫܝ ܒܬܪ ܐܒܝܢܪ.
ܘܫܡܫܐ. ܥܪܒ ܗܘܐ. ܘܗܘܘ. ܡܛܠܘ ܠܓܒܥܬܐ [96 r]
ܐܡܡܐ ܗܝ ܕܩܕܡ ܓܝܚ. ܕܒܐܘܪܚܐ ܕܡܕܒܪܝܬܐ
ܕܓܒܥܘܢ. (25) ܘܐܬܟܢܫܘ ܒ̈ܢܝ ܒܢܝܐܡܝܢ ܒܬܪ ܐܒܝܢܪ.
ܘܗܘܘ ܠܓܘܕܐ ܚܕܐ. ܘܩܡܘ ܥܠ ܪܫ ܪܡܬܐ ܚܕܐ܀.
(26) ܘܩܪܐ ܐܒܝܢܪ ܠܝܘܐܒ ܘܐܡܪ. ܠܐ ܠܢܨܚܐ ܚܪܒܐ
ܠܥܠܡ ܬܐܟܘܠ ܚܪܒܐ. ܠܐ ܝܕܥ ܐܢܬ ܕܡܪ̈ܝܪܬܐ ܢܗܘܐ
ܠܚܪܬܐ. ܘܥܕܡܐ ܠܐܡܬܝ. ܠܐ ܐܡܪ ܐܢܬ ܠܗ ܠܥܡܐ.
ܠܡܗܦܟܘ ܡܢ ܒܬܪ ܐܚ̈ܘܗܝ. (27) ܘܐܡܪ ܝܘܐܒ. ܚܝ ܗܘ
ܡܪܝܐ ܕܐܠܘ ܠܐ ܡܠܠܬ. ܐܠܐ ܥܕܪܐܢܬ ܠܨܦܪܐ
ܣܠܩ ܗܘܐ ܥܡܐ: ܟܠܢܫ ܒܬܪ ܐܚܘܗܝ܀. (28) ܘܬܩܥ
ܝܘܐܒ ܒܫܝܦܘܪܐ. ܘܩܡܘ ܟܠܗ ܥܡܐ. ܘܠܐ ܪܕܦܘ
ܬܘܒ ܒܬܪ ܐܝܣܪܝܠ. ܘܠܐ ܐܘܣܦܘ ܬܘܒ ܠܡܬܟܬܫܘ܀.
(29) ܘܐܒܝܢܪ ܘܓܒܪ̈ܘܗܝ ܗܠܟܘ ܒܡܥܪܒܐ: ܠܡܥܪܒܐ ܡܢ

ܝܘܪܕܢ. ܟܠܗ ܠܠܝܐ ܗܘ. ܘܥܒܪܘ ܝܘܪܕܢ. ܘܐܙܠܘ [96 v]
ܠܟܦ̈ ܠܡܚܘܪܢ. ܘܐܬܘ ܠܡܚܢܝܡ ܀ (30) ܘܝܘܐܒ
ܗܦܟ ܡܢ ܒܬܪ ܐܒܢܝܪ. ܘܟܢܫ ܠܟܠܗ ܥܡܐ ܕܥܡܗ.
ܘܐܬܦܩܕܘ ܘܐܬܡܢܝܘ ܡܢ ܛܠܝ̈ܐ ܕܕܘܝܕ ܕܢܦܠܘ.
ܬܫܥܣܪ ܛܠܝ̈ܐ. ܘܥܣܐܝܠ ܀. (31) ܘܛܠܝ̈ܐ ܕܕܘܝܕ
ܩܛܠܘ ܡܢ ܒ̈ܢܝܐ ܕܒܢܝܡܝܢ: ܡܢ ܛܠܝ̈ܐ ܕܐܒܢܝܪ.
ܬܠܬܡܐܐ. ܘܫܬܝܢ ܓܒܪ̈ܐ ܀. (32) ܘܫܩܠܘܗܝ ܠܥܣܐܝܠ
ܘܩܒܪܘܗܝ ܒܩܒܪܐ ܕܐܒܘܗܝ ܒܒܝܬ ܠܚܡ. ܘܐܙܠܘ ܟܠܗ
ܠܠܝܐ: ܝܘܐܒ ܘܓܒܪ̈ܘܗܝ. ܘܢܓܗ ܠܗܘܢ ܒܚܒܪܘܢ ܀

(III.1) ܘܗܘܐ ܩܪܒܐ. ܣܓܝܐܐ ܒܝܬ ܒܝܬܐ ܕܫܐܘܠ:
ܘܒܝܬ ܒܝܬܐ ܕܕܘܝܕ. ܘܒܝܬ ܕܘܝܕ: ܐܙܠܝܢ ܗܘܘ ܘܥܫܢܝܢ.
ܘܒܝܬ ܫܐܘܠ: ܐܙܠܝܢ ܗܘܘ ܘܡܬܡܚܟܝܢ ܀. (2)[13] ܘܐܬܝܠܕܘ
ܠܕܘܝܕ ܒ̈ܢܝܐ ܒܚܒܪܘܢ. ܘܐܬܘܗܝ ܗܘܐ ܒܘܟܪܗ
ܐܡܢܘܢ. ܡܢ ܐܚܝܢܘܥܡ ܐܝܙܪܥܐܝܠܝܬܐ.
(3) ܘܬܢܝܢܗ ܟܠܐܒ[14]. ܡܢ ܐܒܝܓܠܐ ܐܢܬܬܗ ܕܢܐܒܠ
ܟܪܡܠܝܬܐ. [97 r] ܘܬܠܝܬܝܐ. ܐܒܫܠܘܡ ܒܪܗ ܕܡܥܟܐ
ܒܪܬ ܬܘܠܡܝ ܡܠܟܐ ܕܓܫܘܪ[15]. (4) ܘܪܒܝܥܝܐ. ܐܕܘܢܝܐ
ܒܪ ܚܓܝܬ. ܘܚܡܝܫܝܐ. ܫܐܦܛܝܐ ܒܪ ܐܒܝܛܐܠ.
(5) ܘܫܬܝܬܝܐ. ܐܝܬܪܥܡ ܕܡܢ ܥܓܠܐ ܐܢܬܬܗ
ܕܕܘܝܕ. ܗܠܝܢ ܐܬܝܠܕܘ ܠܕܘܝܕ ܒܚܒܪܘܢ ܀ (6) ܘܗܘܐ ܕܟܕ
ܐܬܘܗܝ ܗܘܐ ܩܪܒܐ: ܒܝܬ ܒܝܬܐ ܕܫܐܘܠ: ܘܒܝܬ
ܒܝܬܐ ܕܕܘܝܕ. ܘܐܒܢܝܪ. ܡܚܝܠ ܗܘܐ ܒܒܝܬ ܫܐܘܠ.
(7) ܘܠܫܐܘܠ: ܐܝܬ ܗܘܐ ܕܪܘܟܬܐ. ܘܫܡܗ. ܪܐܨܦܐ
ܒܪܬ ܐܝܐ. ܘܐܡܪ ܡܐܦܝܒܘܫܬܐ ܒܪ ܫܐܘܠ
ܠܐܒܢܝܪ. ܠܡܢܐ ܥܠܬ ܐܢܬ ܥܠ ܕܪܘܟܬܗ ܕܐܒܝ.

---

13 Mg: ܦܠ

14 Mg: ܕܐܠܐܝܐ

15 Mg: ܝ , i.e. ܠܐܫܘܪ.

(8) ܘܐܬܬܚܡܬ ܐܒܢܝܪ. ܘܐܬܟܬܫ ܠܗ ܥܠ ܡܠܬܐ ܕܡܐܡܦܝܒܘܫܬܐ. ܘܐܡܪ ܠܗ. ܪܫ ܟܠܒ̈ܐ ܐܢܐ ܕܝܗܘܕܐ ܝܘܡܢܐ. ܥܒܕܬ ܛܝܒܘܬܐ [97 v] ܥܡ ܕܒܝܬ ܫܐܘܠ ܐܒܘܟ. ܘܐܚ̈ܘܗܝ ܘܪ̈ܚܡܘܗܝ: ܘܠܐ ܐܫܠܡܬܟ ܒܐܝ̈ܕܘܗܝ ܕܕܘܝܕ: ܘܐܢܬ ܡܥܒܪ ܐܢܬ ܥܠܝ: ܥܘܠܐ ܕܐܢܬܬܐ ܝܘܡܢܐ. (9) ܗܟܢܐ ܢܥܒܕ ܐܠܗܐ ܠܐܒܢܝܪ: ܘܗܟܢܐ ܢܘܣܦ ܠܗ. ܐܠܐ ܐܝܟܢܐ ܕܐܡܪ ܡܪܝܐ ܠܕܘܝܕ: ܗܟܢܐ ܐܥܒܕ ܠܗ. (10) ܠܡܥܒܪܘ ܡܠܟܘܬܐ ܡܢ ܕܒܝܬ ܫܐܘܠ. ܘܠܡܩܡܘ ܠܟܘܪܣܝܐ ܕܕܘܝܕ ܥܠ ܐܝܣܪܐܝܠ ܘܥܠ ܝܗܘܕܐ: ܡܢ ܕܢ ܘܥܕܡܐ ܠܒܐܪܫܒܥ. (11) ܘܠܐ ܐܫܟܚ ܬܘܒ ܡܐܡܦܝܒܘܫܬܐ ܠܡܦܢܝܘ ܠܐܒܢܝܪ ܦܬܓܡܐ ܡܢ ܕܚܠܬܗ܀ (12) ܘܫܕܪ ܐܒܢܝܪ ܐܝܓܪ̈ܬܐ ܠܘܬ ܕܘܝܕ ܠܡܐܡܪܘ ܒܕ ܐܡܪ. ܕܡܢ ܗܝ ܐܪܥܐ. ܐܩܝܡ ܩܝܡܟ ܥܡܝ. ܘܗܐ ܐܝܕܝ ܥܡܟ: ܠܡܦܢܝܘ ܠܘܬܟ ܠܟܠܗ ܐܝܣܪܐܝܠ. (13) ܘܐܡܪ ܕܘܝܕ. ܫܦܝܪ. ܐܢܐ ܡܩܝܡ ܐܢܐ [98 r] ܥܡܟ ܩܝܡܐ. ܒܪܡ. ܡܠܬܐ ܚܕܐ ܫܐܠ ܐܢܐ ܡܢܟ. ܗܕܐ ܐܡܪ ܐܢܐ ܠܟ. ܠܐ ܬܚܙܐ ܐܦ̈ܝ. ܐܠܐ ܐܢ ܡܝܬܝܬܐ ܐܝܬ ܥܡܟ ܠܡܝܟܐܠ ܒܪܬ ܫܐܘܠ ⁘ (14) ܘܫܕܪ ܕܘܝܕ ܐܝܓܪ̈ܬܐ ܠܘܬ ܡܐܡܦܝܒܘܫܬܐ ܒܪ ܫܐܘܠ: ܒܕ ܐܡܪ. ܗܒ ܠܝ ܠܡܝܟܐܠ ܐܢܬܬܝ ܗܝ ܕܡܟܪܬ ܠܝ ܒܡܐܐ ܥܘܪ̈ܠܘܬܐ ܕܦܠܫ̈ܬܝܐ ⁘ (15) ܘܫܕܪ ܡܐܡܦܝܒܘܫܬܐ. ܘܕܒܪܗ̇ ܡܢ ܠܘܬ ܒܥܠܗ̇. ܡܢ ܠܘܬ ܦܐܠܛܝܐܝܠ ܒܪ ܠܐܝܫ. (16) ܘܐܙܠ ܗܘܐ ܥܡܗ̇ ܒܥܠܗ̇ ܡܗܠܟ ܘܒܟܐ ܒܬܪܗ̇. ܥܕܡܐ ܠܒܚܘܪܝܡ. ܘܐܡܪ ܠܗ ܐܒܢܝܪ. ܗܦܘܟ ܙܠ. ܘܗܦܟ܀ (17) ܘܡܠܬܗ ܕܐܒܢܝܪ ܗܘܬ ܥܡ ܣܒ̈ܐ ܕܐܝܣܪܐܝܠ: ܒܕ ܐܡܪ. ܘܐܦ ܡܢ ܐܬܡܠ: ܘܡܢ ܡܬܬܡܠ. ܒܥܝܢ ܗܘܝܬܘܢ ܠܕܘܝܕ ܕܢܡܠܟ [98 v] ܥܠܝܟܘܢ. (18) ܘܗܫܐ ܥܒܕܘ ܗܟܢܐ. ܡܛܠ ܕܡܪܝܐ ܐܡܪ ܥܠ ܕܘܝܕ. ܕܒܝܕ

ܕܘܝܕ ܥܒܕܝ، ܐܥܒܕ ܦܘܪܩܢܐ ܠܥܡܝ ܐܝܣܪܝܠ܂ ܡܢ ܐܝܕܝܐ
ܕܦܠܫ̈ܬܝܐ܂ ܘܡܢ ܐܝܕܝܐ ܕܟܠܗܘܢ ܒ̈ܥܠܕܒܒܝܗܘܢ ܀.
(19) ܘܡܠܠ ܐܒܢܝܪ܇ ܐܦ ܥܡ ܒ̈ܢܝ ܒܢܝܐܡܝܢ܂ ܘܐܙܠ ܐܒܢܝܪ
ܠܡܡܠܠܘ ܩܕܡ ܕܘܝܕ ܒܚܒܪܘܢ܆ ܟܠܗܝܢ ܗܠܝܢ ܕܫܦܪ
ܒܥ̈ܝܢܝ ܐܝܣܪܝܠ܆ ܘܒܥ̈ܝܢܝ ܟܠܗ ܒܝܬܐ ܕܒܢܝܐܡܝܢ ܀
(20) ܘܐܬܐ ܐܒܢܝܪ ܠܘܬ ܕܘܝܕ ܠܚܒܪܘܢ܂ ܘܥܡܗ ܥܣܪ̈ܝܢ
ܓܒ̈ܪܝܢ܂ ܘܥܒܕ ܕܘܝܕ ܠܐܒܢܝܪ ܘܠܓܒ̈ܪܝܢ ܗܢܘܢ ܕܥܡܗ
ܡܫܬܝܐ ܪܒܐ ܀. (21) ܘܐܡܪ ܐܒܢܝܪ ܠܕܘܝܕ܂ ܐܩܘܡ
ܗܫܐ ܘܐܙܠ܂ ܘܐܟܢܫ ܠܘܬ ܡܪܝ، ܡܠܟܐ ܠܟܠܗ ܐܝܣܪܝܠ܂
ܘܢܩܝܡܘܢ ܥܡܟ ܩܝܡܐ܂ ܘܬܡܠܟ ܒܟܠ ܕܪܓܐ ܢܦܫܟ܂
ܘܫܕܪ ܕܘܝܕ ܠܐܒܢܝܪ܂ ܘܐܙܠ ܒܫܠܡܐ ܀. (22) ܘܗܐ ܓܒ̈ܪܐ
ܕܕܘܝܕ ܘܝܘܐܒ܇ ܐܬܘ ܡܢ ܓܝܣܐ܂ ܘܒܙܬܐ ܣܓܝܐܬܐ܂
ܐܝܬܝܘ ܥܡܗܘܢ܂ [99 r] ܘܐܒܢܝܪ܂ ܠܐ ܗܘܐ ܥܡ ܕܘܝܕ܂
ܐܝܬܘܗܝ، ܗܘܐ ܒܚܒܪܘܢ ܗܕܝܢ܂ ܡܛܠ ܕܫܕܪܗ܂ ܘܐܙܠ
ܒܫܠܡܐ܂ (23) ܘܐܬܐ ܝܘܐܒ ܘܟܠܗ ܚܝܠܐ ܕܥܡܗ܂
ܘܚܘܘ[16] ܠܝܘܐܒ܇ ܕܐܬܐ ܐܒܢܝܪ ܒܪ ܢܪ ܠܘܬ ܡܠܟܐ
ܕܘܝܕ܂ ܘܫܕܪܗ܂ ܘܐܙܠ ܒܫܠܡܐ ܀ (24) ܘܥܠ ܝܘܐܒ ܠܘܬ
ܡܠܟܐ ܕܘܝܕ܂ ܘܐܡܪ ܠܗ܂ ܠܡܢܐ ܗܕܐ ܥܒܕܬ܂ ܗܐ
ܐܬܐ ܐܒܢܝܪ ܠܘܬܟ܂ ܠܡܢܐ ܫܕܪܬܝܗܝ، ܘܐܙܠ ܡܢ ܠܘܬܟ
ܒܫܠܡܐ܂ (25) ܐܢܘ ܠܐ ܝܕܥ ܐܢܬ ܒܝܫܘܬܗ ܕܐܒܢܝܪ ܒܪ
ܢܪ܂ ܕܠܡܛܥܝܘ ܒܟ ܐܬܐ܂ ܘܠܡܕܥ ܡܦܩܢܟ ܘܡܥܠܢܟ܂
ܘܠܡܕܥ ܟܠ ܕܥܒܕ ܐܢܬ܂ (26) ܘܢܦܩ ܝܘܐܒ ܡܢ ܠܘܬ
ܕܘܝܕ܂ ܘܫܕܪ ܐܝܙ̈ܓܕܐ ܒܬܪ ܐܒܢܝܪ܂ ܘܐܗܦܟܘܗܝ، ܡܢ
ܒܐܪܐ ܕܣܐܝܪܐ܂ ܘܕܘܝܕ܂ ܠܐ ܝܕܥ܂ (27) ܘܗܦܟ ܐܒܢܝܪ
ܠܚܒܪܘܢ܂ ܘܐܣܛܝܗ ܝܘܐܒ ܠܓܘ ܡܢ ܬܪܥܐ [99 v]
ܕܡܕܝܢܬܐ܂ ܠܡܡܠܠܘ ܥܡܗ ܒܒܥܐܝܐ ܘܒܫܠܝܐ܂ ܘܡܚܝܗܝ،
ܬܡܢ ܒܚܨܗ܂ ܘܡܝܬ ܒܕܡܐ ܕܥܣܗܐܝܠ ܐܚܘܗܝ، ܀.

---

[16] Mg: ܣ ܒܕܘܒܪ ܐܦܣ̈ܩܘܦܐ

(28) ܘܫܡܥ ܕܘܝܕ ܡܢ ܒܬܪܟܢ. ܘܐܡܪ. ܙܟܝ ܐܢܐ. ܘܡܠܟܘܬܝ
ܡܢ ܩܕܡ ܡܪܝܐ. ܡܢ ܗܫܐ. ܘܥܕܡܐ ܠܥܠܡ. ܡܢ ܕܡܗ
ܕܐܒܢܝܪ ܒܪ ܢܝܪ. (29) ܢܬܬܚܝܢ: ܥܠ ܪܫܗ ܕܝܘܐܒ. ܘܥܠ
ܪܫܐ ܕܟܠܗ ܒܝܬ ܐܒܘܗܝ. ܘܠܐ ܢܦܘܩ ܡܢ ܒܝܬܗ ܕܝܘܐܒ
ܙܒܐ ܘܓܪܒܐ: ܘܐܚܝܕ ܚܘܛܪܐ ܕܢܦܠ ܒܣܝܦܐ: ܘܢܦܠ
ܒܚܪܒܐ ܘܕܚܣܝܪ ܠܚܡܐ. (30) ܘܝܘܐܒ ܘܐܒܝܫܝ
ܐܚܘܗܝ: ܩܛܠܘ ܠܐܒܢܝܪ. ܥܠ ܕܩܛܠ ܠܥܣܐܝܠ ܐܚܘܗܘܢ
ܒܓܒܥܘܢ ܒܩܪܒܐ ∴ (31) ܘܐܡܪ ܕܘܝܕ ܠܝܘܐܒ ܘܠܟܠܗ
ܥܡܐ ܕܥܡܗ ܨܪܘ ܡܐܢܝܟܘܢ: ܘܐܬܟܣܘ ܣܩ̈ܐ. ܘܐܪܩܕܘ
ܩܕܡ ܐܒܢܝܪ. ܘܡܠܟܐ ܕܘܝܕ ܘܟܠܗ ܥܡܐ. ܐܙܠ ܗܘܐ
ܒܬܪ ܥܪܣܐ ܕܐܒܢܝܪ. (32) ܘܩܒܪܘܗܝ ܠܐܒܢܝܪ ܒܚܒܪܘܢ.
[100 r] ܘܐܪܝܡ ܡܠܟܐ ܩܠܗ. ܘܒܟܐ ܥܠ ܩܒܪܗ ܕܐܒܢܝܪ.
ܘܒܟܘ ܐܦ ܟܠܗ ܥܡܐ ܥܠ ܐܒܢܝܪ ∴ (33) ܘܐܬܐܒܠ
ܡܠܟܐ ܥܠ ܐܒܢܝܪ. ܘܐܡܠܐ ܘܐܡܪ. ܠܐ ܗܘܐ ܐܝܟ
ܡܘܬܗ ܕܣܟܠ ܡܝܬ ܐܒܢܝܪ. (34) ܐܝܕ̈ܝܟ ܠܐ ܐܬܐܣܪ̈.
ܘܐܪܓܠܐ ܪ̈ܓܠܝܟ ܒܙܘ̈ܓܐ. ܠܐ ܐܬܩܪܒܬ.[17] ܐܝܟ
ܢܦܠ. ܐܢܫܐ. ܩܕܡ ܒ̈ܢܝ ܥܘܠܐ ܢܦܠܬ. ܘܐܬܟܢܫܘ ܘܐܘܣܦ
ܟܠܗ ܥܡܐ ܠܡܒܟܐ ܥܠ ܐܒܢܝܪ. (35) ܘܐܬܘ ܟܠܗ
ܥܡܐ ܠܡܠܥܣܘܬܗ ܠܕܘܝܕ ܠܚܡܐ ܥܕ ܝܘܡ ܩܝܡܐ.
ܘܝܡܐ ܕܘܝܕ. ܘܐܡܪ. ܗܟܢܐ ܢܥܒܕ ܠܝ ܐܠܗܐ: ܘܗܟܢܐ
ܢܘܣܦ ܠܝ. ܐܢ ܐܛܥܘܡ ܠܚܡܐ ܐܘ ܡܕܡ ܐܚܪܝܢ ܩܕܡ
ܕܢܥܪܒ ܫܡܫܐ. (36) ܘܟܠܗ ܥܡܐ: ܝܕܥܘ. ܘܫܦܪ
ܒܥ̈ܝܢܝܗܘܢ ܟܠ ܡܐ ܕܥܒܕ ܡܠܟܐ. [100 v] ܘܫܦܪ ܒܥ̈ܝܢܝ ܟܠܗ
ܥܡܐ. (37) ܘܝܕܥ ܟܠܗ ܥܡܐ: ܘܟܠܗ ܐܝܣܪܝܠ:

[17] Scholion:
ܡܬܠܝܢ ܕܡܫܝܚܐ ܡܐܣܘܪܘܗܝ. ܠܐ ܐܬܩܪܒܬ ܠ ܐܡܪ ܠܐ
ܡܕܝܢܐܝܬ ܘܡܬܠܐܝܬ: ܐܝܟ ܢܦܠ ܗܘ. ܐܠܐ
ܡܬܠܐܝܬ. ܘܩܕܡ ܫܘܒܚܐ ܕܦܓܪܐ. ܘܠܐ ܐܣܝܪܬ ܒ ܐܝܟ
ܗܘ. ܐܠܐ ܗܘ ܕܠܡܘܒܠܐ. ܐܬܡܣܠ ܒܝ ܡܢ ܗܘܢ ܕܥܒܕ ܒܗ
ܒܦܠܐ ∴∴∴

ܒܝܘܡܐ ܗܘ. ܕܠܐ ܗܘܐ ܡܢ ܡܠܟܐ ܗܘܬ ܕܢܬܩܛܠ
ܐܒܢܝܪ ܒܪ ܢܪ ܀ (38) ܘܐܡܪ ܡܠܟܐ ܠܘܬ ܥܒ̈ܕܘܗܝ. ܠܐ
ܝܕܥܝܢ ܐܢܬܘܢ܂ ܕܡܕܒܪܢܐ ܘܪܫܐ ܪܒܐ ܢܦܠ ܝܘܡܢܐ ܡܢ
ܐܝܣܪܐܝܠ: (39) ܘܕܒܘܪܐ ܒܠܚܘܕܝܐ ܐܝܬܘܗܝ ܝܘܡܢܐ ܕܝܠܝ:
ܘܕܐܬܦܝܣ ܡܢ ܡܠܟܐ ܒܥܘܠܠܐ. ܘܓܒܪ̈ܐ ܗܠܝܢ ܒ̈ܢܝ
ܨܪܘܝܐ. ܩܫܝܢ ܡܢܝ. ܐܠܐ ܢܦܪܘܥ ܡܪܝܐ ܠܥܒ̈ܕ
ܒ̈ܝܫܬܐ. ܐܝܟ ܒܝܫܘܬܗ ܀.

(IV.1)[18] ܘܫܡܥ ܡܐܡܦܝܒܘܫܬܐ ܒܪ ܫܐܘܠ ܕܡܝܬ ܐܒܢܝܪ
ܒܚܒܪܘܢ. ܘܐܬܦܪܥܠ ܐܝ̈ܕܘܗܝ. ܘܟܠܗ ܐܝܣܪܐܝܠ.
ܐܬܬܪܥܠܘ ܀ (2) ܘܬܪܝܢ ܓܒܪ̈ܐ ܪ̈ܫܢܐ ܕܓܝ̈ܣܐ ܐܝܬ
ܗܘܘ ܠܗ ܠܡܐܡܦܝܒܘܫܬܐ ܒܪ ܫܐܘܠ. ܫܡܗ ܕܚܕ
ܒܥܢܐ. ܘܫܡܐ ܕܗܘ ܐܚܪܢܐ. ܪܟܐܒ. [101 r]
ܬܪ̈ܝܗܘܢ ܒ̈ܢܘܗܝ ܕܪܐܡܘܢ ܕܡܢ ܒܐܪܘܬ ܕܒ̈ܢܝ ܒܢܝܡܝܢ.
ܡܛܠ ܕܐܦ ܒܐܪܘܬ. ܕܒ̈ܢܝ ܒܢܝܡܝܢ ܡܬܚܫܒܐ. (3) ܘܥܪܩܘ
ܒ̈ܐܪܘܬܝܐ. ܠܓܬܐܝܡ. ܘܗܘܘ ܬܡܢ ܒܥܡܘܪ̈ܐ. ܒܥܕܢܐ
ܠܗܘܡܢܐ ܀. (4) ܘܠܝܘܢܬܢ ܒܪ ܫܐܘܠ܁ ܐܝܬ ܗܘܐ ܠܗ
ܒܪܐ. ܘܡܚܓܪ ܗܘܐ ܪ̈ܓܠܘܗܝ. ܘܗܘ. ܒܪ ܚܡܫ ܐܝܬܘܗܝ
ܗܘܐ ܫ̈ܢܝܢ. ܟܕ ܐܬܬ ܗܘܬ ܫܡܘܥܬܐ ܡܢ ܐܝܙܪܥܐܝܠ:
ܕܡܝܬܘ ܫܐܘܠ ܘܝܘܢܬܢ. ܘܫܩܠܬܗ ܡܪܒܝܢܝܬܗ ܘܥܪܩܬ.
ܘܗܘܐ ܕܒܪ ܡܣܬܪܗܒܐ ܗܘܬ܁ ܘܡܫܬܠܝܐ ܠܡܥܪܩ.
ܢܦܠ ܛܠܝܐ. ܘܐܬܦܫܚ. ܘܫܡܗ ܡܐܡܦܝܒܘܫܬ ܀
(5) ܘܐܙܠܘ ܒ̈ܢܝ ܪܐܡܘܢ܆ ܗܢܘܢ ܒ̈ܐܪܘܬܝܐ: ܪܟܐܒ
ܘܒܥܢܐ ܐܚܘܗܝ. ܘܥܠܘ ܟܕ ܚܡ ܝܘܡܐ ܠܒܝܬܗ
ܕܡܐܡܦܝܒܘܫܬܐ. ܘܗܘ. ܕܡܟ ܗܘܐ ܒܛܗܪܗ [101 v]
ܡܕܡܕܡܐ ܕܛܗܪܐ. (6) ܘܗܐ ܬܪܥܬܐ ܕܒܝܬܐ. ܡܕܢܩܐ
ܗܘܬ ܚ̈ܛܐ. ܘܢܥܣܬ. ܘܕܡܟܬ. ܘܪܟܐܒ ܘܒܥܢܐ

[18] Mg: ܡܦ ܕ

 (7 G) (7 P) [19] ،
 [102 r]
(V.1)
(2) [102 v]

ܘܐܡܪܢ. ܗܘ ܡܗܦܟ ܗܘܐ ܠܟܠܗ ܠܐܝܣܪܐܝܠ. ܘܐܡܪܝ
ܠܝ ܐܢܬ ܗܘܐ ܬܪܥܐ ܐܢܬ ܐܝܬܝܟ ܠܒܝܬ ܐܝܣܪܐܝܠ. ܘܐܢܬ ܐܝܟ
ܘܐܢܬ (3) ܀ ܠܐܝܣܪܐܝܠ ܒܪ ܡܪܐ ܡܕܝܢܬܐ ܬܗܘܐ.
ܟܠܗܘܢ ܣܒ̈ܐ ܕܐܝܣܪܐܝܠ ܠܘܬ ܡܠܟܐ ܠܚܒܪܘܢ. ܘܐܩܝܡ ܠܗܘܢ
ܘܐܡܠܟ ܠܗܘܢ ܡܠܟܐ ܗܘ ܕܘܝܕ ܡܝܬܬܐ ܡܕܡ
ܡܠܟ. ܘܡܫܚܘܗܝ ܠܕܘܝܕ ܢܒܓܠܝ ܥܠ ܟܠܗ ܠܐܝܣܪܐܝܠ ܀
(4) ܒܪ ܬܠܬܝܢ ܫܢܝܢ ܐܝܬܘܗܝ, ܗܘܐ ܗܘܐ ܕܘܝܕ ܟܕ ܐܡܠܟ.
ܘܐܪܒܥܝܢ ܫܢܝܢ ܐܡܠܟ: ܒܚܒܪܘܢ (5) ܐܡܠܟ ܥܠ ܗܘܕܐ
ܗܘܐ. ܫܒܥ ܫܢܝܢ ܘܫܬܐ ܝܪ̈ܚܝܢ. ܘܒܐܘܪܫܠܡ ܐܡܠܟ
ܬܠܬܝܢ ܘܬܠܬ ܫܢ̈ܝܢ. ܥܠ ܟܠܗ ܠܐܝܣܪܐܝܠ ܘܗܘܕܐ ܀
(6) ܘܐܙܠ ܡܠܟܐ ܗܘܢ ܘܦܠ̈ܚܘܗܝ, ܠܐܘܪܫܠܡ. ܠܘܬ
ܐ̈ܒܘܣܝܐ ܥܡܘܪܝܗ̇ ܗܘܘ ܡܫܬܒܚܝܢ ܕܡܐ. ܘܐܬܐܡܪ
ܠܗ [103 r] ܠܗܘܢ ܕܘܝܕ ܠܐ ܬܥܘܠ ܠܟܐ ܀ ܡܛܠ ܕܗܢܘܢ.
ܚܓ̈ܝܪܐ ܘܣ̈ܡܝܐ ܡ̈ܩܝܡܝܢ ܗܘܘ ܥܠ̈ܝܟ ܘܐܡܪܝܢ.
ܕܠܐ ܥܐܠ ܗܘܢ ܠܘܬ ܕܘܝܕ ܀ (7) ܘܐܚܕ ܗܘܢ ܠܡܕܝܢܬ ܨܗܝܘܢ
ܗܝ ܕܘܝܕ ܗܕܐ. ܗܝ ܡܕܝܢܬܐ ܡܗ, ܗܝ ܕܒܪ̈ܝ (8) ܘܐܡܪ ܗܘܢ
ܕܘܝܕ. ܗܝ ܡܕܝܢܬ ܥܠ ܕܐܒܘ̈ܣܝܐ: ܒܨ̈ܦܪܐ ܕܗܘܐ
ܠܘ̈ܠܝܐ ܘܒ̈ܚܓܝܪܐ: ܘܒ̈ܣ̈ܡܝܐ ܡܣܢ̈ܐܝ ܢܦܫܗ ܕܕܘܝܕ. ܗܕܐ
ܕܒܟ. ܘܠܐ ܡ̈ܫܡܠܝܐ ܐܝܬ ܗܘܐ ܐܝܟ ܡܕܡ. ܕܩ̈ܝܡܝܢ ܗܘܘ
ܡ̈ܫܡܠܝܐ ܠܐ ܢܥܘܠ ܠܒܝܬܐ ܕܡܪܝܐ ܀ (9) ܘܝܬܒ ܗܘܢ ܕܘܝܕ
ܒܚܣܝܪܬܐ. ܘܐܬܩܪܝܬ̇ ܗܝ ܡܕܝܢܬ ܕܕܘܝܕ. ܘܒܢܐ
ܗܘܐ ܗܘܢ ܕܘܝܕ ܡܕܝܢܬܐ ܚܕܪ̈ܐ ܥܠ ܠܐ ܢܘܪܝܚ ܕܒܝܬܐ ܠܓܘܐ ܀
(10) ܘܐܙܠ ܗܘܐ ܕܘܝܕ ܘܪܒ. ܘܡܪܝܐ ܐܠܗܐ ܐܘܪܒ
ܠܗ ܣܓܝ ܀ (11) ܘܫܕܪ ܚܝܪܡ ܡܠܟܐ ܕܨܘܪ ܐ̈ܙܓܕܐ
ܠܘܬ [103 v] ܕܘܝܕ ܘܩ̈ܝܣܐ ܕܐܪ̈ܙܐ. ܘܐ̈ܪܕܟܠܐ ܘܒܢ̈ܝܐ
ܘܒ̈ܢܝܐ ܕܟ̈ܐ̈ܦܐ ܕܐ̈ܣܬܐ. ܘܒ̈ܢܘ ܒܝܬܐ ܠܕܘܝܕ ܀
(12) ܘܝܕܥ ܗܘܢ ܕܐܬܩܢܗ ܡܪܝܐ ܡܠܟܐ ܥܠ ܠܐܝܣܪܐܝܠ.
ܘܐܬܬܪܝܡܬ̇ ܡ̈ܠܟܘܬܗ ܡܛܠ ܥܡܗ ܠܐܝܣܪܐܝܠ ܀

مو (13)
[104 r] .
 [104 v] .
(24) [104 v] .
---

²⁰ Mg:
²¹ Mg:

ܡܪܝܐ. ܘܡܚܝܐ ܐܢܘܢ ܠܦܠܫ̈ܬܝܐ܆ ܡܢ ܓܒܥܘܢ. ܘܥܕܡܐ
ܠܡܥܠܢܗ̇ ܕܓܙܪ ܀

(VI.1)[22] ܘܟܢܫ ܬܘܒ ܕܘܝܕ ܠܟܠܗܘܢ ܓܒ̈ܪܐ ܕܐܝܣܪܝܠ.
ܐܝܟ ܬܠܬܝܢ[23] ܐܠ̈ܦܝܢ. (2) ܘܩܡ ܐܙܠ ܕܘܝܕ ܘܟܠܗ ܥܡܐ
ܗܘ ܕܥܡܗ ܡܢ ܒ̈ܥܠܐ ܕܝܗܘܕܐ. ܘܐܙܠܘ ܠܓܒܥܐ. ܠܡܣܩܘ
ܡܢ ܬܡܢ ܠܐܪܘܢܗ ܕܐܠܗܐ܆ ܥܠ ܗܘ ܕܐܬܩܪܝ܆ ܬܡܢ
ܫܡܗ ܕܡܪܝܐ ܕܚܝ̈ܠܘܬܐ܇ ܕܝܬܒ ܥܠ ܟܪ̈ܘܒܐ ܀
(3) ܘܐܪܟܒܘܗܝ ܠܐܪܘܢܗ ܕܐܠܗܐ ܥܠ ܥܓܠܬܐ ܚܕܬܐ.
ܘܫܩܠܘܗܝ܆ ܡܢ ܒܝܬܐ ܕܐܒܝܢܕܒ܆ ܗܘ ܕܒܓܒܥܐ.
ܘܥܘܙܐ ܘܐܚ̈ܘܗܝ܆ ܒ̈ܢܝܐ ܕܐܒܝܢܕܒ. ܡܕܒ̈ܪܝܢ ܗܘܘ
ܠܗ̇ ܠܥܓܠܬܐ ܒܐܪܚܬܐ. (4) ܘܫܩܠܘܗܝ [105 r] ܡܢ ܒܝܬܐ
ܕܐܒܝܢܕܒ܆ ܗܘ ܕܒܓܒܥܐ ܠܐܪܘܢܗ ܕܐܠܗܐ. ܘܥܘܙܐ܆
ܘܐܚ̈ܘܗܝ܆ ܐܙܠܝܢ ܗܘܘ ܩܕܡ ܩܒܘܬܐ ܘܡܢ ܒ̈ܬܪܗ.
(5) ܘܕܘܝܕ܆ ܘܟܠܗܘܢ ܒ̈ܢܝ ܐܝܣܪܝܠ. ܡܫܬܥܝܢ ܗܘܘ ܩܕܡ
ܡܪܝܐ ܒܩ̈ܝܣܐ ܕܐܪ̈ܙܐ ܘܒܟܢܪ̈ܘܬܐ ܘܒܐܘܪ̈ܓܠܐ
ܡܠܚܡܐ ܒܫܠܝܐ܇ ܘܒܬܦ̈ܢܦܬܐ ܘܒܨܢ̈ܨܠܐ ܘܒܩܝ̈ܬܪܐ܇
ܘܒܦܠܓܠܐ ܘܒܨܪ̈ܝܟܐ ܘܒܐܝܩ̈ܘܒܐ. (6) ܘܐܬܘ.
ܥܕܡܐ ܠܐܕܪ̈ܐ[24] ܕܢܟܘܢ. ܘܦܫܛ ܥܘܙܐ ܐܝܕܗ ܥܠ
ܐܪܘܢܗ ܕܐܠܗܐ ܠܡܐܚܕܗ. ܘܠܒܟܗ܇ ܡܛܠ ܕܬܦܠܗ
ܬܘܪܐ ܘܢܦܠܗ ܡܢ ܥܓܠܬܐ ܒܥܝܢ ܩܠܝܠ. (7) ܘܐܬܚܡܬ
ܪܘܓܙܗ ܕܡܪܝܐ ܥܠ ܥܘܙܐ. ܘܡܚܝܗܝ ܬܡܢ ܡܪܝܐ ܥܠ
ܕܐܘܫܛ ܘܐܚܕ ܐܝܕܗ. ܘܡܝܬ ܬܡܢ ܩܕܡ ܡܪܝܐ
ܠܘܬ ܐܪܘܢܗ ܕܐܠܗܐ. (8) ܘܐܬܬܥܝܩ ܕܘܝܕ ܡܛܠ ܕܬܪܥ
ܡܪܝܐ [105 v] ܬܘܪܥܬܐ ܒܥܘܙܐ. ܘܩܪܐ ܠܕܘܟܬܐ ܗ̇ܝ܆
ܬܘܪܥܬܐ ܕܥܘܙܐ. ܥܕܡܐ ܠܝܘܡܢܐ ܀. (9) ܘܕܚܠ ܕܘܝܕ

[22] Mg: ܣ ܕܐܘܪ̈ܫܠܡܐ ܘܕܐܘܪܫܠܡ
[23] Mg: ܫܒܥܝܢ
[24] Mg: ܠܐܕܪ̈ܐ ܕܐܪܘܢܐ

ܒܝܘܡܐ ܗܿܘ ܡܢ ܩܕܡ ܡܪܝܐ. ܘܐܡܪ. ܐܝܟܢܐ ܐܥܠ
ܠܘܬܝ ܠܩܝܒܘܬܗ ܕܡܪܝܐ. (10) ܘܠܐ ܨܒܐ ܕܘܝܕ ܠܡܥܠܘ
ܠܘܬܗ ܠܐܪܘܢܗ ܕܐܠܗܐ: ܠܡܕܝܢܬܗ ܕܕܘܝܕ. ܘܐܣܛܝܗ
ܕܘܝܕ ܠܒܝܬܗ ܕܥܒܕܐܕܘܡ ܓܬܝܐ. (11) ܘܝܬܒ ܐܪܘܢܗ
ܕܡܪܝܐ ܒܒܝܬܗ ܕܥܒܕܐܕܘܡ ܓܬܝܐ. ܬܠܬܐ ܝܪ̈ܚܝܢ.
ܘܒܪܟ ܡܪܝܐ ܠܥܒܕܐܕܘܡ ܓܬܝܐ ܘܠܟܠܗ ܒܝܬܗ:
ܡܛܠ ܐܪܘܢܗ ܕܐܠܗܐ. (12) ܘܚܘܘ ܠܡܠܟܐ ܕܘܝܕ:
ܘܐܡܪܘ ܠܗ. ܕܒܪܟ ܡܪܝܐ ܠܥܒܕܐܕܘܡ. ܘܠܟܠ ܕܐܝܬ
ܠܗ: ܡܛܠ ܐܪܘܢܗ ܕܐܠܗܐ ܀ ܘܐܙܠ ܕܘܝܕ. ܘܐܣܩܗ
ܠܩܝܒܘܬܗ ܕܡܪܝܐ: ܡܢ ܒܝܬܗ ܕܥܒܕܐܕܘܡ: ܠܡܕܝܢܬܗ
ܕܕܘܝܕ ܒܚܕܘܬܐ. (13) ܘܐܬܬܘܣܦܘ ܗܘܘ ܟܕ ܗܿܢܘܢ ܕܫܩܠܝܢ
ܠܗ̇ ܠܩܝܒܘܬܐ ܕܡܪܝܐ. [106 r] ܫܒ̈ܥ ܦܣ̈ܥܬܐ[25]. ܘܕܒܚܐ:
ܬܘܪ̈ܐ. ܘܐܡܪ̈ܐ. (14) ܘܕܘܝܕ ܡܫܒܚ ܗܘܐ ܒܚܝܠܐ.
ܘܠܒܝܫ ܗܘܐ ܒܐܦܘܕܐ ܕܟܬܢܐ ܩܕܡ ܡܪܝܐ. ܘܕܘܝܕ
ܡܥܛܦ ܗܘܐ. ܐܣܛܠܐ ܕܒܘܨܐ ܀. (15) ܘܕܘܝܕ: ܘܟܠܗ
ܐܝܣܪܐܝܠ. ܡܣܩܝܢ ܗܘܘ ܠܐܪܘܢܗ ܕܡܪܝܐ ܒܫܘܒܚܐ
ܘܒܩܠܐ ܕܫܝܦܘܪܐ ܀ (16) ܘܗܘܐ: ܕܟܕ ܐܬܝܬ ܩܝܒܘܬܐ
ܕܡܪܝܐ: ܥܐܠܐ ܠܡܕܝܢܬܐ ܕܕܘܝܕ. ܘܡܝܟܠ ܒܪܬ
ܫܐܘܠ ܐܣܬܟܝܬ ܡܢ ܟܘܬܐ: ܘܚܙܬ ܠܡܠܟܐ ܕܘܝܕ ܕܫܘܪܐ
ܘܡܪܩܕ: ܘܢܦܩ ܘܡܫܬܥܐ: ܩܕܡ ܡܪܝܐ. ܘܫܛܬܗ.
ܘܒܣܪܬܗ ܒܠܒܗ̇، ܒܠܒܗ̇. (17) ܘܐܥܠܘܗ̇ ܠܩܝܒܘܬܗ ܕܡܪܝܐ.
ܘܐܣܝܡܘܗ̇ ܒܓܘ ܡܫܟܢܐ ܕܥܒܕ ܠܗ̇ ܕܘܝܕ. ܘܐܣܩ
ܕܘܝܕ ܝܩ̈ܕܐ ܥܠܘ̈ܬܐ ܩܕܡ ܡܪܝܐ. ܘܕܒ̈ܚܐ ܫܠܡ̈ܐ.
(18) ܘܟܕ ܫܠܡ ܗܘܐ ܠܡܣܩܘ [106 v] ܝܩ̈ܕܐ ܥܠܘ̈ܬܐ ܩܕܡ
ܡܪܝܐ· ܘܕܒ̈ܚܐ ܫܠܡ̈ܐ. ܒܪܟ ܠܥܡܐ ܒܫܡܗ ܕܡܪܝܐ
ܕܚܝ̈ܠܘܬܐ. (19) ܘܦܠܓ ܠܟܠܗ ܥܡܐ· ܠܟܠܗ ܟܢܫܐ
ܕܐܝܣܪܐܝܠ: ܡܢ ܕܢ ܘܥܕܡܐ ܠܒܐܪܫܒܥ: ܡܢ ܓܒܪܐ

[25] Mg: ܫܒܥܐ ܦܣ̈ܥܐ

ܘܥܕܡܐ ܠܐܢܬܬܐ. ܠܟܠ ܚܕ ܓܪܝܨܬܐ ܚܕܐ ܕܠܚܡܐ:
ܘܠܐܓܢܬܐ ܚܕ ܡܢ ܐܓܢܬܐ: ܘܠܩܘܪܐ ܚܕ ܐܫܝܫܐ ܡܢ
ܬܘܪܐ. ܘܐܙܠܘ ܟܠܗ ܥܡܐ ܐܢܫ ܠܒܝܬܗ ⁘ (20) ܘܗܦܟ
ܕܘܝܕ: ܠܡܐܙܠ ܘܠܡܒܪܟܘ ܠܒܝܬܗ. ܘܢܦܩܬ ܡܝܟܠ
ܒܪܬ ܫܐܘܠ ܠܐܘܪܥܗ ܕܕܘܝܕ. ܘܒܪܟܬܗ. ܘܐܡܪܬ. ܡܐ
ܡܫܒܚ ܗܘܐ ܝܘܡܢܐ ܡܠܟܐ ܕܐܝܣܪܐܝܠ. ܕܐܬܓܠܝ ܝܘܡܢܐ
ܠܥܝܢ ܐܡܗ̈ܬܐ ܕܥܒ̈ܕܘܗܝ: ܐܝܟܢܐ ܕܡܬܓܠܐ ܚܕ ܡܢ
ܣܪ̈ܝܩܐ ܫܝܠܐ ܕܡܪ̈ܩܕܝܢ ⁘. (21) ܘܐܡܪ ܕܘܝܕ ܠܡܝܟܠ.
ܩܕܡ ܡܪܝܐ ܗܘ ܕܓܒܢܝ ܘܨܒܐ ܒܝ ܛܒ ܡܢ ܕܐܒܘܟܝ:
ܘܛܒ ܡܢ ܟܠܗ ܒܝܬܗ: ܘܦܩܕܢܝ ܕܐܗܘܐ ܡܕܒܪܢܐ ܥܠ
ܥܡܗ ܥܠ ܐܝܣܪܐܝܠ. ܡܫܬܥܐ ܐܢܐ ܩܕܡ [107 r] ܘܡܪܩܕ
ܐܢܐ ܩܕܡܘܗܝ: (22 G) ܘܐܙܥܪ ܐܢܐ ܬܘܒ: ܐܦ ܗܟܢܐ.
(22 P) ܘܗܘܝܐ ܐܢܐ ܒܨܝܪܐ ܡܢ ܗܕܐ ܒܥ̈ܝܢܝ ܢܦܫܝ. ܘܥܡ
ܫܦܝܪܐ ܒܥ̈ܝܢܝ ܕܠܒܝ. ܘܥܡ ܐܡܗ̈ܬܐ ܗܠܝܢ ܕܐܡܪܬܝ.
ܒܗܘܢ ܐܬܝܩܪ ܘܐܫܬܒܚ ⁘ (23) ܘܠܡܝܟܠ ܒܪܬ
ܫܐܘܠ. ܠܐ ܗܘܐ ܠܗ ܒܪܐ ܥܕܡܐ ܠܝܘܡܐ ܕܡܘܬܗ ⁘.

(VII.1)[26] ܘܗܘܐ: ܕܟܕ ܝܬܒ ܡܠܟܐ ܒܒܝܬܗ: ܘܡܪܝܐ
ܐܢܝܚ ܠܗ: ܡܢ ܟܠܗܘܢ ܒܥܠܕܒ̈ܒܘܗܝ ܕܚܕܪ̈ܘܗܝ. (2) ܐܡܪ
ܡܠܟܐ ܠܢܬܢ ܢܒܝܐ. ܗܐ ܗܫܐ: ܐܢܐ ܝܬܒ ܐܢܐ.
ܒܒܝܬܐ ܕܐܪ̈ܙܐ. ܘܐܪܘܢܗ ܕܐܠܗܐ. ܝܬܒ ܒܓܘ ܝ̈ܪܝܥܬܐ
ܕܡܫܟܢܐ. (3) ܘܐܡܪ ܢܬܢ ܠܡܠܟܐ. ܟܠ ܕܒܠܒܟ ܥܒܕ.
ܡܛܠ ܕܡܪܝܐ ܥܡܟ ⁘ (4) ܘܗܘܐ ܒܠܠܝܐ ܗܘ. ܦܬܓܡܐ
ܡܠܬܗ ܕܡܪܝܐ ܠܘܬ ܢܬܢ ܢܒܝܐ: ܕܐܡܪܐ. (5) ܙܠ
ܘܐܡܪ ܠܕܘܝܕ ܥܒܕܝ. ܗܟܢܐ [107 v] ܐܡܪ ܡܪܝܐ. ܐܢܬ
ܠܐ ܬܒܢܐ ܠܝ ܒܝܬܐ ܠܡܬܒܝ. (6) ܡܛܠ ܕܠܐ ܥܡܪܬ
ܒܒܝܬܐ ܡܢ ܝܘܡܐ ܕܐܣܩܬ ܠܒܢ̈ܝ ܐܝܣܪܐܝܠ ܡܢ ܐܪܥܐ

26 Mg: ܦܩ ܘ
ܦ ܕܫܘܕܬܐ ܕܗܝܟܠܐ

(10) [108 r] ,

 [108 v]

---

[27] Mg:

[28] Perhaps read with Syh?

ܩܕܡܝ. ܥܕܡܐ ܠܥܠܡ ܀. (17) ܐܝܟ ܟܠܗܘܢ ܡ̈ܠܐ ܗܠܝܢ:
ܘܐܝܟ ܟܠܗ ܚܙܘܐ ܗܢܐ. ܗܟܢܐ ܐܡܪ ܢܬܢ ܠܕܘܝܕ ܀.
(18) [29] ܘܐܬܐ ܡܠܟܐ ܕܘܝܕ. ܘܥܠ: ܘܝܬܒ ܩܕܡ ܡܪܝܐ.
ܘܐܡܪ. ܡܢ ܐܢܬܝ، ܐܢܐ ܡܪܝܐ ܐܠܗܐ. ܘܡܢܘ ܒܝܬܝ:
ܕܐܝܬܝܬܢܝ ܥܕܡܐ ܠܗܪܟܐ. (19) ܒܨܝܪܐ ܗܝ، ܗܕܐ ܒܥ̈ܝܢܝܟ
ܡܪܝܐ ܐܠܗܐ: ܕܐܡܪܬ ܥܠ ܒܝܬܐ ܕܥܒܕܟ
ܠܪܘܚܩܐ[30]. ܗܢܘ ܢܡܘܣܗ ܕܒܪܢܫܐ: ܡܪܝܐ: ܐܠܗܐ.
(20) ܘܡܢܐ ܬܘܒ ܢܘܣܦ ܥܒܕܟ ܕܘܝܕ ܕܢܐܡܪ ܠܟ ܀.
ܘܗܫܐ. ܐܢܬ ܝܕܥ ܐܢܬ ܠܗ ܠܥܒܕܟ ܡܪܝܐ ܡܪܝܐ.
(21) ܡܛܠ ܡܠܬܟ ܥܒܕܬ. ܘܐܝܟ ܠܒܟ ܥܒܕܬ ܟܠܗ ܗܕܐ
ܪ̈ܒܘܬܐ ܠܡܘܕܥܘ ܠܥܒܕܟ. (22) ܡܛܠ ܗܕܐ. ܪܒܐ ܐܢܬ
ܡܪܝܐ ܐܠܗܐ. ܡܛܠ ܕܠܝܬ [109 r] ܐܟܘܬܟ. ܘܠܝܬ ܐܠܗܐ
ܣܛܪ ܡܢܟ. ܒܟܠܗܘܢ ܫܡܥܘ ܕܫܡܥܢ ܒܐܕ̈ܢܝܢ. (23) ܘܡܢܘ
ܐܝܟ ܥܡܟ ܐܝܣܪܝܠ ܥܡܐ ܐܚܪܢܐ[31] ܒܐܪܥܐ
ܕܦܪܩܗ ܐܠܗܐ: ܘܐܙܠ ܠܡܦܪܩܗ ܠܗ ܥܡܐ ܠܗ ܘܠܡܥܒܕ
ܠܗ ܠܫܡܐ: ܘܠܡܥܒܕ ܠܗ ܪ̈ܒܘܬܐ ܘܫܘܒܚܐ ܕܬܒ̈ܝܐ ܟܠ
ܐܪܥܐ ܡܢ ܩܕܡ: ܥܠ ܥܡܟ ܕܦܪܩܬ ܠܟ ܡܢ ܡܨܪܝܢ:
ܘܐܦܩܬ ܡܢ ܩܕܡܝܗܘܢ، ܒܥܡ̈ܡܐ ܪ̈ܘܪܒܐ ܘܚܣ̈ܝܢܐ. ܒܥܡܐ
ܕܐܝܣܪܝܠ ܕܦܪܩܬ ܠܟ ܕܐܢܬ ܐܝܬܝܟ ܐܠܗܗܘܢ:
(24) ܘܐܢܬ ܛܝܒܬܗܘܢ، ܕܢܗܘܘܢ ܠܟ ܥܡܐ ܥܕܡܐ ܠܥܠܡ.
ܘܐܢܬ ܡܪܝܐ ܗܘܝܬ ܠܗܘܢ ܐܠܗܐ ܀ (25) ܘܗܫܐ ܡܪܝܐ
ܐܠܗܐ: ܡܠܬܐ ܗܝ، ܕܐܡܪܬ ܥܠ ܥܒܕܟ: ܘܥܠ ܒܝܬܗ.
ܐܩܝܡܝܗ ܥܕܡܐ ܠܥܠܡ. ܘܥܒܕ ܐܝܟܢܐ ܕܐܡܪܬ.
(26) ܘܢܬܪܒܐ ܫܡܟ ܥܕܡܐ ܠܥܠܡ. ܐܝܟܢܐ ܕܐܡܪܬ
ܡܪܝܐ ܫܠܝܛܐ ܐܠܗܐ ܕܐܝܣܪܝܠ. ܘܒܝܬܗ [109 v]
ܕܕܘܝܕ ܥܒܕܟ: ܢܗܘܐ ܡܬܩܢ ܩܕܡܝܟ: ܥܕܡܐ ܠܥܠܡ.

[29] Mg: ܩܪ، ܕܒܥܘܬܐ ܕܥܒܕܬܐ ܕܫܒܬܐ

[30] Mg: ܠܘܩܪܐ

[31] Mg: ܚܕ

(27) ܡܛܠ ܕܐܢܬ ܡܪܝܐ ܫܠܝܛܐ ܐܠܗܐ ܕܐܝܣܪܐܝܠ
ܡܠܠܬ ܘܐܡܪܬ. ܘܐܢܬ ܡܪܝܐ ܐܚܝܕ ܟܠ ܓܠܝܬ ܠܐܕܢܗ
ܕܥܒܕܟ. ܘܐܡܪܬ ܕܐܒܢܐ ܠܟ ܒܝܬܐ. ܡܛܠ ܗܢܐ
ܐܫܟܚ ܥܒܕܟ ܠܒܗ ܠܡܨܠܝܘ. ܩܕܡܝܟ ܨܠܘܬܐ ܗܕܐ.
(28) ܘܗܫܐ: ܡܪܝܐ ܐܠܗܐ. ܐܢܬ ܗܘ ܐܠܗܐ.
ܘܡܠܝܟ. ܢܗܘܘܢ ܫܪܝܪ̈ܢ: ܕܐܡܪܬ ܥܠ ܥܒܕܟ ܛܒܬܐ
ܗܕܐ ܀ (29) ܫܪܝ: ܒܪܟ ܘܒܪܟ ܠܒܝܬܗ ܕܥܒܕܟ: ܕܢܗܘܐ
ܩܕܡܝܟ ܠܥܠܡ. ܡܛܠ ܕܐܢܬ ܡܪܝܐ ܐܠܗܐ ܡܠܠܬ.
ܘܡܢ ܒܘܪܟܬܟ ܢܬܒܪܟ ܒܝܬܐ ܕܥܒܕܟ. ܒܪܝܟܐ ܠܥܠܡ ܀ ×

(VIII.1)[32] ܘܗܘܐ: ܡܢ ܒܬܪܟܢ. ܘܡܚܝܐ ܕܘܝܕ ܠܦܠܫ̈ܬܝܐ:
ܘܬܒܪ ܐܢܘܢ. ܘܢܣܒ ܕܘܝܕ ܠܐܡܬܓܡܐ ܡܢ ܦܠܫ̈ܬܝܐ ܀
(2) ܘܡܚܝܐ ܕܘܝܕ ܠܡܘܐܒ̈ܝܐ. [110 r] ܘܡܫܚ ܐܢܘܢ ܒܚܒ̈ܠܐ.
ܟܕ ܐܫܟܒ ܐܢܘܢ ܥܠ ܐܪܥܐ. ܘܡܫܚ ܬܪ̈ܝܢ ܚܒ̈ܠܝܢ ܠܡܩܛܠ.
ܘܚܒܠܐ ܚܕ ܠܡܚܝܘ. ܘܗܘܘ ܡܘܐܒ̈ܝܐ ܠܕܘܝܕ. ܥܒ̈ܕܐ
ܡܩܪ̈ܒܝ ܩܘܪ̈ܒܢܐ ܀ (3) ܘܡܚܝܐ ܕܘܝܕ. ܠܗܕܕܥܙܪ ܒܪ
ܪܚܘܒ ܡܠܟܐ ܕܨܘܒܐ: ܟܕ ܐܙܠ ܗܘܐ ܠܡܦܢܝܘ ܐܝܕܗ
ܥܠ ܢܗܪܐ ܦܪܬ. (4) ܘܐܚܕ ܕܘܝܕ ܡܢ ܕܝܠܗ. ܐܠܦܐ
ܕܡܪ̈ܟܒܬܐ: ܘܫܒܥܐ ܐܠܦܝܢ ܦܪ̈ܫܐ. ܘܥܣܪܝܢ ܐܠܦܝܢ
ܓܒܪ̈ܐ ܪ̈ܓܠܝܐ. ܘܥܩܪ ܕܘܝܕ ܠܟܠܗܘܢ ܡܪ̈ܟܒܬܐ. ܘܫܒܩ
ܠܗ ܡܢܗܘܢ. ܡܐܐ ܡܪ̈ܟܒܬܐ. (5) ܘܐܬܬ ܐܕܘܡ ܗܝ
ܕܕܪܡܣܘܩ ܠܡܥܕܪܘ ܠܗܕܕܥܙܪ ܡܠܟܐ ܕܨܘܒܐ.
ܘܡܚܝܐ ܐܢܘܢ ܕܘܝܕ ܠܐܕܘܡ̈ܝܐ. ܘܩܛܠ ܡܢܗܘܢ: ܥܣܪ̈ܝܢ.
ܘܬܪ̈ܝܢ ܐܠܦܝܢ. (6) ܘܐܩܝܡ [110 v] ܕܘܝܕ ܩܘܡܕܢ̈ܐ
ܒܐܕܘܡ ܕܪܡܣܘܩ. ܘܗܘܬ ܠܦܘܬܗ ܒܐܕܘܡ. ܘܗܘܘ
ܐܕܘܡ̈ܝܐ ܠܕܘܝܕ. ܥܒ̈ܕܐ ܡ̈ܝܬܝܢ ܡܕܐܬܐ ܀. ܘܦܪܩ
ܡܪܝܐ ܠܕܘܝܕ. ܠܟܠ ܐܝܟܐ ܕܐܙܠ. (7) ܘܢܣܒ ܕܘܝܕ ܫܠ̈ܛܐ
ܕܕܗܒܐ ܗܢܘܢ ܕܐܝܬ ܗܘܘ ܥܠ ܥܒ̈ܕܘܗܝ ܕܗܕܕܥܙܪ

[32] Mg: ı ܦܩ

ܡܠܟܐ ܕܨܘܒܐ. ܘܐܝܬܝ ܐܢܘܢ ܠܐܘܪܫܠܡ ܀ (8) ܘܡܢ
ܡܐܛܒܚ ܘܡܢ ܡܕ̈ܝܢܬܐ ܠܓ̈ܒܝܬܐ ܕܗܕܪܥܙܪ. ܢܣܒ
ܡܠܟܐ ܕܘܝܕ ܢܚܫܐ ܣܓܝܐܐ ܛܒ. ܘܐܝܬܝܘܗܝ ܒܕܡܗ
ܠܐܘܪܫܠܡ ܀. (9) ܘܫܡܥ ܬܘܥܝ ܡܠܟܐ ܕܚܡܬ: ܕܡܚܝܐ
ܕܘܝܕ ܠܟܠܗ ܚܝܠܗ ܕܗܕܪܥܙܪ. (10) ܘܫܕܪ ܬܘܥܝ ܠܒܪܗ
ܠܐܕܘܪܐܡ ܠܘܬ ܡܠܟܐ ܕܘܝܕ ܕܢܫܐܠ ܒܫܠܡܗ.
ܘܢܒܪܟܝܘܗܝ. ܡܛܠ ܕܐܬܟܬܫ ܥܡ ܗܕܪܥܙܪ ܘܡܚܝܗܝ:
ܡܛܠ ܗ̇ܘ ܕܓܒܪܐ ܡܪܕܘܬܐ ܘܦܘܠܡܐ ܐܝܬܘܗܝ ܗܘܐ
ܠܗܘܢ ܗܕܪܥܙܪ. ܘܢܣܒ ܒܐܝܕܗ ܠܐܕܘܪܐܡ ܡ̈ܐܢܐ
[111 r] ܕܕܗܒܐ ܘܡ̈ܐܢܐ ܕܣܐܡܐ ܘܡ̈ܐܢܐ ܕܢܚܫܐ.
ܘܐܝܬܝ ܠܕܘܝܕ (11) ܘܐܦ ܠܗܘܢ . ܩܕܫ ܡܠܟܐ ܕܘܝܕ
ܠܡܪܝܐ. ܥܡ ܣܐܡܐ ܘܕܗܒܐ ܗ̇ܘ ܕܩܕܫ ܡܢ ܟܠܗܘܢ
ܥܡ̈ܡܐ ܘܡܕ̈ܝܢܬܐ ܗܠܝܢ ܕܟܒܫ. (12) ܡܢ ܐܕܘܡ ܘܡܢ
ܡܘܐܒ ܘܡܢ ܒ̈ܢܝ ܥܡܘܢ. ܘܡܢ ܦܠܫ̈ܬܝܐ ܘܡܢ ܥܡܠܩܝܐ.
ܘܡܢ ܒܙܬܐ ܗ̇ܝ ܕܢܣܒ ܡܢ ܗܕܪܥܙܪ ܒܪ ܪܐܚܐܒ ܡܠܟܐ
ܕܨܘܒܐ ܀. (13) ܘܥܒܕ ܠܗܡ ܕܘܝܕ ܡܪܟܐ. ܘܟܕ ܗܦܟ ܗܘ ܡܚܐ
ܗܘܐ . ܡܚܝܐ ܠܐܕܘܡܝܐ ܒܢܚܠܐ ܕܡܠܚܐ . ܘܢܦܠ
ܡܢܗܘܢ ܬܡܢܬܥܣܪ ܐ̈ܠܦܝܢ. (14) ܘܐܩܝܡ ܕܘܝܕ ܢܛܘܪܬܐ
ܘܡܩ̈ܝܡܐ ܒܟܠܗ̇ ܐܕܘܡ. ܘܗܘܘ ܟܠܗܘܢ ܐܕܘܡܝ̈ܐ.
ܥܒ̈ܕܐ ܠܕܘܝܕ. (15) ܘܐܡܠܟ ܕܘܝܕ ܥܠ ܟܠܗ ܐܝܣܪܐܝܠ.
ܘܐܝܬܘܗܝ ܗܘܐ ܕܘܝܕ ܕܥܒܕ ܕܝܢܐ ܘܙܕܝܩܘܬܐ ܒܟܠܗ
ܥܡܗ ܀. [111v] (16) ܘܝܘܐܒ ܒܪܗ ܕܨܪܘܝܐ. ܥܠ ܚܝܠܐ.
ܘܝܗܘܫܦܛ ܒܪ ܐܚܝܠܘܕ. ܥܠ ܡܥܗܕ̈ܢܘܬܐ.
(17) ܘܨܕܘܩ ܒܪܗ ܕܐܚܝܛܘܒ: ܘܐܒܝܐܬܪ ܒܪ ܐܚܝܡܠܟ
ܟܗܢ̈ܐ. ܘܫܪܐܝܐ ܣܦܪܐ. (18) ܘܒܢܝܐ ܒܪ
ܝܘܝܕܥ. ܥܠ ܟܪ̈ܬܝܐ. ܘܥܠ ܦܠܬ̈ܝܐ. ܘܒ̈ܢܘܗܝ ܕܕܘܝܕ.
ܪ̈ܘܪܒܢܐ ܕܥܛ̈ܠܐ ܐܝܬܝܗܘܢ ܗܘܘ ܀.

(IX.1)[33] ܘܐܡܪ ܕܘܝܕ. ܐܝܬ ܒ ܒܕܘܟ̈ܝܢ: ܐܢܫ ܕܫܪܟ ܡܢ
ܕܒܝܬ ܫܐܘܠ: ܕܐܥܒܕ ܥܡܗ، ܛܝܒܘܬܐ ܡܛܠ ܝܘܢܬܢ.
(2) ܘܠܒܝܬ ܫܐܘܠ ܐܝܬ ܗܘܐ ܥܒܕܐ ܚܕ. ܘܫܡܗ ܗܘܐ ܨܝܒܐ.
ܘܩܪܐܘܗܝ، ܠܘܬ ܕܘܝܕ. ܘܐܡܪ ܠܗ ܡܠܟܐ. ܐܢܬ ܗܘ
ܨܝܒܐ. ܘܐܡܪ. ܐܢܐ ܥܒܕܟ. (3) ܘܐܡܪ ܠܗ ܡܠܟܐ.
ܐܝܬ ܐܢܫ ܒܕܘܟ̈ܝܢ: ܕܫܪܟ ܡܢ ܕܒܝܬ ܫܐܘܠ: ܕܐܥܒܕ
ܥܡܗ، ܛܝܒܘܬܐ ܡܛܠ ܐܠܗܐ. ܘܐܡܪ ܨܝܒܐ ܠܡܠܟܐ.
ܥܘܕ ܒܪܐ ܚܕ ܠܝܘܢܬܢ. ܘܡܚܓܪ ܪ̈ܓܠܘܗܝ. (4) ܐܡܪ
ܠܗ ܡܠܟܐ. [112 r] ܐܝܟܘ ܗܢܘ. ܘܐܡܪ ܨܝܒܐ ܠܡܠܟܐ.
ܗܐ ܗܘ̣ ܒܒܝܬܐ ܕܡܐܟܝܪ ܒܪ ܥܡܝܐܝܠ ܡܢ
ܠܐܕܒܐܪ. (5) ܘܫܕܪ ܡܠܟܐ ܕܘܝܕ. ܘܕܒܪܗ ܡܢ ܒܝܬ
ܡܐܟܝܪ ܒܪ ܥܡܝܐܝܠ ܡܢ ܠܐܕܒܐܪ.܀ (6) ܘܐܬܐ
ܡܐܦܝܒܘܫܬ ܒܪ ܝܘܢܬܢ ܒܪ ܫܐܘܠ ܠܘܬ ܡܠܟܐ
ܕܘܝܕ. ܘܢܦܠ ܥܠ ܐ̈ܦܘܗܝ، ܥܠ ܐܪܥܐ. ܘܣܓܕ ܠܗ.
ܘܐܡܪ ܠܗ ܕܘܝܕ ܡܐܦܝܒܘܫܬ. ܘܐܡܪ. ܗܐ ܥܒܕܟ.
(7) ܘܐܡܪ ܠܗ ܕܘܝܕ. ܠܐ ܬܕܚܠ. ܡܛܠ ܕܡܥܒܕ ܐܥܒܕ
ܥܡܟ ܛܝܒܘܬܐ. ܡܛܠ ܝܘܢܬܢ ܐܒܘܟ. ܘܡܦܢܐ ܐܢܐ
ܠܟ. ܟܠܗܘܢ ܚܩ̈ܠܬܐ ܕܫܐܘܠ ܐܒܘܟ. ܘܐܢܬ ܬܗܘܐ
ܐܟܠ ܠܚܡܐ ܥܠ ܦܬܘܪܝ، ܐܡܝܢܐܝܬ. (8) ܘܣܓܕ
ܡܐܦܝܒܘܫܬ. ܘܐܡܪ. ܡܢܐ ܚܫܝܒ ܥܒܕܟ ܕܚܪܬ،[34]
ܒܝ. ܕܐܝܟ ܟܠܒܐ ܐܝܟܐ ܡܝܬܐ.܀ [112 v] (9) ܘܩܪܐ ܡܠܟܐ
ܠܨܝܒܐ ܥܒܕܐ ܕܫܐܘܠ. ܘܐܡܪ ܠܗ. ܟܠ ܕܐܝܬ ܗܘܐ
ܠܫܐܘܠ: ܘܠܟܠܗ ܒܝܬܗ. ܝܗܒܬ ܠܒܪ ܡܪܟ. (10) ܘܬܦܠܘܚ
ܠܗ ܐܪܥܐ. ܐܢܬ ܘܒܢܝܟ ܘܥܒ̈ܕܝܟ. ܘܬܥܠ ܠܒܪ ܡܪܟ
ܠܚܡܐ ܕܢܐܟܘܠ ܒ̈ܢܝ ܒܝܬܗ. ܘܡܐܦܝܒܘܫܬ ܒܪ ܡܪܟ.
ܢܗܘܐ ܐܟܠ ܠܚܡܐ ܥܠ ܦܬܘܪܝ، ܐܡܝܢܐܝܬ.܀ ܘܠܨܝܒܐ

[33] Mg: ܡܦ ܝܢ

[34] Sic. Read ܚܪܬ.

ܐܝܬ ܗܘܘ ܠܗ ܚܡܫܬܥܣܪ̈ ܒ̈ܢܝܢ. ܘܥܣܪ̈ܝܢ ܥܒ̈ܕܝܢ.
(11) ܘܐܡܪ ܨܝܒܐ ܠܡܠܟܐ. ܟܠ ܕܦܩܕ ܡܪܝ ܡܠܟܐ ܠܥܒܕܗ.
ܗܟܢܐ ܢܥܒܕ ܥܒܕܟ. ܘܡܦܝܒܘܫܬ· ܐܟܠ ܗܘܐ
ܠܚܡܐ ܥܠ ܦܬܘܪܐ ܕܡܠܟܐ. ܐܝܟ ܚܕ ܡܢ ܒ̈ܢܝ ܡܠܟܐ.
(12) ܘܠܡܦܝܒܘܫܬ: ܐܝܬ ܗܘܐ ܠܗ: ܒܪܐ ܚܕ
ܘܫܡܗ ܡܝܟܐ. ܘܟܠܗ ܡܥܡܪܐ ܕܒܝܬ ܨܝܒܐ.
ܗܘܘ ܥܒ̈ܕܐ ܠܡܦܝܒܘܫܬ. (13) ܘܡܦܝܒܘܫܬ:
ܥܡܪ ܗܘܐ ܒܐܘܪܫܠܡ. ܡܛܠ ܕܥܠ ܦܬܘܪܐ ܕܡܠܟܐ
ܐܡܝܢܐܝܬ ܐܟܠ ܗܘܐ. ܘܡܚܓܪ̈ܢ ܗܘܝ [113 r] ܬܪ̈ܬܝܗܝܢ
ܪ̈ܓܠܘܗܝ.:·

(X.1) ܘܗܘܐ ܡܢ ܒܬܪܟܢ. ܡܝܬ ܡܠܟܐ ܕܒ̈ܢܝ ܥܡܘܢ.
ܘܐܡܠܟ ܚܢܘܢ ܒܪܗ ܒܬܪܗ. (2) ܘܐܡܪ ܕܘܝܕ. ܐܥܒܕ
ܛܝܒܘܬܐ ܥܡ ܚܢܘܢ ܒܪܗ ܕܢܚܫ: ܐܝܟܢܐ ܕܥܒܕ
ܐܒܘܗܝ ܥܡܝ ܛܝܒܘܬܐ. ܘܫܕܪ ܕܘܝܕ ܠܡܒܝܐܘܬܗ ܥܠ
ܐܒܘܗܝ ܒܝܕ ܥܒ̈ܕܘܗܝ ܂ ܘܐܬܘ ܥܒ̈ܕܘܗܝ ܕܕܘܝܕ ܠܐܪܥܐ
ܕܒ̈ܢܝ ܥܡܘܢ. (3) ܘܐܡܪܘ ܪ̈ܘܪܒܢܐ ܕܒ̈ܢܝ ܥܡܘܢ ܠܚܢܘܢ
ܡܪܗܘܢ. ܕܠܡܐ: ܡܝܩܪܘ ܡܝܩܪ ܗܘܐ ܕܘܝܕ ܠܐܒܘܟ
ܒ̈ܥܝܢܝܟ: ܕܫܕܪ ܠܘܬܟ ܡܒܝ̈ܐܢܐ. ܠܐ ܗܘܐ ܕܢܒܨܘܢ
ܠܡܕܝܢܬܐ ܘܢܪܓܘܢ ܘܢܗܦܟܘܢ ܒܗ: ܫܕܪ ܕܘܝܕ ܥܒ̈ܕܘܗܝ
ܠܘܬܟ. (4) ܘܐܚܕ ܚܢܘܢ ܠܥܒ̈ܕܘܗܝ ܕܕܘܝܕ. ܘܓܪܥ
ܕܩ̈ܢܝܗܘܢ. ܘܦܣܩ ܡܢ ܠܒ̈ܘܫܝܗܘܢ: ܒܦܠܓܐ ܠܫ̈ܘܬܗܘܢ.
ܘܫܕܪ ܐܢܘܢ. [113 v] (5) ܘܐܘܕܥܘ ܠܓܒ̈ܪܐ ܠܕܘܝܕ ܡܛܠ
ܕܗܘܐ ܠܗܘܢ. ܘܫܕܪ ܠܐܘܪܥܗܘܢ. ܡܛܠ ܕܗܘܘ ܓܒ̈ܪܐ
ܒܗܬܝܢ ܒܨܥܪܗܘܢ ܛܒ. ܘܐܡܪ ܠܗܘܢ ܡܠܟܐ. ܬܒܘ
ܒܐܝܪܝܚܘ: ܥܕܡܐ ܕܢܐܪܒܐ ܕܩ̈ܢܝܟܘܢ. ܘܗܝܕܝܢ ܬܐܬܘܢ ܂:
(6) ܘܚܙܘ ܒ̈ܢܝ ܥܡܘܢ: ܕܐܬܒܐܫܘ ܒܕܘܝܕ. ܘܫܕܪܘ ܒ̈ܢܝ
ܥܡܘܢ. ܘܐܓܪܘ ܠܐܪܘܡ ܕܒܝܬܪܚܘܒ: ܘܠܐܪܘܡ
ܕܨܘܒܐ. ܥܣܪ̈ܝܢ ܐܠ̈ܦܝܢ ܪ̈ܓܠܝܐ. ܘܡܢ ܡܠܟܐ ܕܡܥܟܐ.

ܐܠܦ ܓܒ̈ܪܝܢ. ܘܐܝܫܛܘܒ ܬܪܥܣܪ ܐܠ̈ܦܝܢ ܓܒ̈ܪܐ ܀
(7) ܘܫܡܥ ܕܘܝܕ. ܘܫܕܪ ܠܝܘܐܒ. ܘܠܟܠܗ ܚܝܠܐ ܕܓܒ̈ܪܐ
ܚܝ̈ܠܬܢܐ. (8) ܘܢܦܩܘ ܒ̈ܢܝ ܥܡܘܢ. ܘܣܕܪܘ ܩܪܒܐ ܠܘܬ
ܬܪܥܐ ܕܡܕܝܢܬܐ. ܘܩܡܘ ܕܐܪܡ ܕܪܚܘܒ: ܘܕܐܪܡ
ܕܨܘܒܐ · ܘܕܐܝܫܛܘܒ ܘܕܡܥܟܐ. ܒܠܚܘܕܝܗܘܢ
ܒܚܩܠܐ ܀. (9) ܘܚܙܐ ܝܘܐܒ ܕܐܬܬܩܦܘ ܥܠܘܗܝ ܩܪܒܐ
ܡܢ ܩܕܡܘܗܝ؛ ܘܡܢ ܒܣܬܪܗ. ܘܓܒܐ ܡܢ ܟܠܗܘܢ ܓܢ̈ܒܪܐ
ܕܐܝܣܪܝܠ. [114 r] ܘܣܕܪ ܠܘܩܒܠ ܐܪܡ. (10) ܘܠܫܪܟܐ
ܕܥܡܐ ܐܫܠܡ ܠܐܒܝܫܝ ܐܚܘܗܝ. ܘܣܕܪ ܠܘܩܒܠ
ܒ̈ܢܝ ܥܡܘܢ. (11) ܘܐܡܪ ܠܗ ܠܐܒܝܫܝ ܐܚܘܗܝ. ܐܢ
ܬܬܚܝܠܘܢ ܡܢܝ ܐܪ̈ܡܝܐ. ܬܗܘܘܢ ܠܝ ܡܥܕܪ̈ܢܐ. ܘܐܢ ܒ̈ܢܝ
ܥܡܘܢ ܬܬܚܝܠܘܢ ܡܢܟ. ܐܬܐ. ܘܐܥܕܪܟ. (12) ܐܬܚܝܠ
ܘܢܬܚܝܠ ܥܠ ܐܦ̈ ܥܡܢ: ܘܥܠ ܐܦ̈ ܡܕ̈ܝܢܬܐ ܕܐܠܗܢ.
ܘܡܪܝܐ ܢܥܒܕ ܡܕܡ ܕܫܦܝܪ ܒܥܝ̈ܢܘܗܝ. (13) ܘܩܪܒ ܝܘܐܒ
ܘܥܡܐ ܕܥܡܗ ܠܡܬܟܬܫܘ ܥܡ ܐܪܡ. ܘܥܪܩܘ ܡܢ
ܩܕܡܘܗܝ ܐܪ̈ܡܝܐ ܀. (14) ܘܚܙܘ ܒ̈ܢܝ ܥܡܘܢ: ܕܥܪܩܘ
ܐܪ̈ܡܝܐ ܘܥܪܩܘ ܐܦ ܗܢܘܢ: ܡܢ ܩܕܡ ܐܒܝܫܝ.
ܘܥܠܘ ܠܡܕܝܢܬܐ ∴ ܘܗܦܟ ܝܘܐܒ ܡܢ ܒ̈ܢܝ ܥܡܘܢ.
ܘܐܬܐ ܠܐܘܪܫܠܡ. (15) ܘܚܙܘ ܐܪܡ ܕܐܬܬܒܪܘ ܩܕܡ
ܐܝܣܪܝܠ. ܘܐܬܟܢܫܘ ܐܟܚܕܐ. (16) ܘܫܕܪ ܗܕܪܥܙܪ.
ܘܐܦܩ ܠܐܪܡ ܗܘ [114 v] ܕܒܥܒܪܐ ܕܢܗܪܐ ܠܚܝܠܡ.
ܘܐܬܘ ܕܚܝܠܡ ܘܕܨܘܒܐ . ܘܫܘܒܟ ܪܒܚܝܠܐ
ܕܗܕܪܥܙܪ ܡܕܒܪܢܘܬܗܘܢ ∴ (17) ܘܐܬܚܘܝ ܠܕܘܝܕ. ܘܟܢܫ ܠܟܠܗ
ܐܝܣܪܝܠ. ܘܥܒܪܗ ܠܝܘܪܕܢ . ܘܐܬܐ ܠܚܝܠܡܐ.
ܘܐܣܬܕܪ ܐܪܡ ܠܘܩܒܠ ܐܝܣܪܝܠ. ܘܕܘܝܕ ܐܬܟܬܫ
ܥܡ ܐܪܡ. (18) ܘܥܪܩ ܐܪܡ ܡܢ ܩܕܡ ܐܝܣܪܝܠ.
ܘܩܛܠ ܕܘܝܕ ܡܢ ܐܪܡ. ܐܠܦ[35] ܘܫܒܥܡܐܐ ܡܪ̈ܟܒܢ.

[35] Mg: ܫܒܥܡܐܐ ܦܪ̈ܫܝܢ ܘܐܪ̈ܒܥܝܢ ܐܠ̈ܦܝܢ ܪ̈ܓܠܝܐ

ܘܐܪ̈ܒܥܐ ܐܠ̈ܦܝܢ ܦܪ̈ܫܝܢ. ܘܫܘܒܟܐ ܗܠܝܟܐ. ܩܛܠ.
ܘܠܐܡܐܪ̈ܟܝܢ ܪܒ ܚܝܠܐ ܕܗܕܪܥܙܪ ܟܢܫܗܘܢ. ܘܥܒܕܘ ܫܠܡܐ.
(19) ܘܚܙܘ ܟܠܗܘܢ ܡ̈ܠܟܐ ܥܒ̈ܕܘܗܝ ܕܗܕܪܥܙܪ· ܕܐܬܬ̈ܒܪܘ
ܩܕܡ ܒ̈ܢܝ ܐܝܣܪܝܠ. ܘܐܫܠܡܘ ܫܝܢ ܠܗܘܢ ܠܒ̈ܢܝ
ܐܝܣܪܝܠ. ܘܐܫܥܒܕܘ ܠܗܘܢ ܥܒ̈ܕܘܬܐ. ܘܕܚܠܘ ܐܪ̈ܡܝܐ
ܠܡܥܕܪܘ ܬܘܒ ܠܒ̈ܢܝ ܥܡܘܢ ܀.
(XI.1)[36] ܘܗܘܐ ܠܫܘܦܬܐ ܕܫܢܬܐ : ܠܙܒܢܐ [115 r]
ܕܡܦܩܢܐ ܕܡ̈ܠܟܐ. ܫܕܪ ܕܘܝܕ ܠܝܘܐܒ ܘܠܥܒ̈ܕܘܗܝ ܥܡܗ
ܘܠܟܠܗ ܐܝܣܪܝܠ. ܘܚܪܒܘ ܥܠ ܪܒܬܐ ܕܒ̈ܢܝ ܥܡܘܢ.
ܘܕܘܝܕ. ܝܬܒ ܗܘܐ ܒܐܘܪܫܠܡ ܀ (2) ܘܗܘܐ ܠܥܕܢ ܪܡܫܐ
ܩܡ ܕܘܝܕ ܡܢ ܡܫܟܒܗ. ܘܡܗܠܟ ܗܘܐ ܥܠ ܐܓܪܐ
ܕܒܝܬܐ ܕܡܠܟܘܬܐ. ܘܚܙܐ ܡܢ ܐܓܪܐ ܐܢܬܬܐ ܚܕܐ
ܕܣܚܝܐ. ܘܐܢܬܬܐ ܗ̇ܝ ܫܦܝܪܐ ܗܘܬ ܒܚܙܘܗ̇.
ܛܒ. (3) ܘܫܕܪ ܕܘܝܕ. ܘܫܐܠ ܥܠ ܐܢܬܬܐ. ܘܐܡܪܘ
ܠܗ. ܗܕܐ ܐܝܬܝܗ̇. ܒܬܫܒܥ ܒܪܬ ܐܠܝܥܡ ܐܢܬܬܗ
ܕܐܘܪܝܐ ܚܬܝܐ ܀. (4) ܘܫܕܪ ܕܘܝܕ ܡܠܐܟ̈ܐ. ܘܕܒܪܘܗ̇.
ܘܥܠܬ ܠܘܬܗ. ܘܕܡܟ ܥܡܗ̇[37] ܟܕ ܡܕܟܝܐ ܗܘܬ ܡܢ ܛܡܐܬܗ̇.
ܘܗܦܟܬ. ܘܐܙܠܬ ܠܒܝܬܗ̇. (5) ܘܒܛܢܬ ܐܢܬܬܐ. ܘܫܕܪܬ.
ܘܐܘܕܥܬ ܠܕܘܝܕ. ܘܐܡܪܬ ܠܗ. ܕܒܛܢܐ ܐܢܐ ܀.
(6) ܘܫܕܪ ܕܘܝܕ ܠܘܬ ܝܘܐܒ: ܘܫܠܚ ܠܗ. ܫܕܪ ܠܘܬܝ [115 v]
ܠܐܘܪܝܐ ܚܬܝܐ. ܘܫܕܪܗ ܝܘܐܒ ܠܐܘܪܝܐ ܚܬܝܐ ܠܘܬ
ܕܘܝܕ. (7) ܘܐܬܐ ܐܘܪܝܐ ܠܘܬ ܕܘܝܕ. ܘܫܐܠ ܕܘܝܕ
ܠܐܘܪܝܐ ܫܠܡ ܕܫܠܡܐ ܡܛܠ ܝܘܐܒ: ܘܥܠ ܥܡܐ
ܘܥܠ ܩܪܒܐ. (8) ܘܐܡܪ ܕܘܝܕ ܠܐܘܪܝܐ. ܚܘܬ ܠܒܝܬܟ.
ܘܐܫܝܓ ܪ̈ܓܠܝܟ. ܘܢܦܩ ܐܘܪܝܐ ܡܢ ܒܝܬ ܡܠܟܐ. ܘܢܦܩܬ
ܒܬܪܗ ܡܘܗܒܬܐ ܕܡܠܟܐ. (9) ܘܕܡܟ ܐܘܪܝܐ ܠܘܬ

[36] Mg: ܦܘ ܠ

[37] It is unclear whether the blot adjoining the *Hê* is intended to represent a *pasoqa* or not.

 . [116v]

ܠܐܒܝܡܠܟ ܒܪ ܝܪܘܒܥܠ: ܠܐ ܗܘܐ ܐܢܬܬܐ ܫܕܬ ܥܠܘܗܝ
ܬܒܪܐ ܕܪܟܒܐ ܕܪܚܝܐ ܡܢ ܠܥܠ ܡܢ ܫܘܪܐ: ܘܡܝܬ
ܒܬܒܨ: ܠܡܢܐ ܐܬܩܪܒܬܘܢ ܠܘܬ ܫܘܪܐ. ܐܢܫܘ ܕܢܐܡܪ
ܠܝ ܩܛܠܢ: ܐܡܪ ܠܗ. ܕܐܦ ܥܒܕܟ ܐܘܪܝܐ ܚܬܝܐ.
ܡܝܬ .܀. (22) ܘܐܙܠ ܡܠܐܟܐ ܕܝܘܐܒ ܠܘܬ ܡܠܟܐ
ܠܐܘܪܫܠܡ. ܘܐܘܕܥ ܠܕܘܝܕ ܟܠ ܡܕܡ ܕܦܩܕܗ [117 r]
ܝܘܐܒ: ܒܠܗܘܢ ܡ̈ܠܝ ܕܩܪܒܐ. (23) ܘܐܡܪ ܠܗ ܡܠܐܟܐ
ܠܕܘܝܕ. ܐܬܥܫܢܘ ܥܠܝܢ ܓܒܪ̈ܐ ܗܢܘܢ. ܘܢܦܩܘ ܥܠܝܢ ܠܒܪܝܐ.
ܘܪܕܝܢ ܐܬܬܩܝܦܢܢ ܥܠܝܗܘܢ. ܥܕܡܐ ܠܬܪܥܐ ܕܡܕܝܢܬܐ.
(24) ܘܫܕܘ ܗܢܘܢ ܕܫܕܝܢ ܗܘܘ ܥܠ ܫܘܪܐ. ܘܡܝܬܘ ܡܢ
ܥܒ̈ܕܘܗܝ ܕܡܠܟܐ. ܘܐܦ ܥܒܕܟ ܐܘܪܝܐ ܗܘ ܚܬܝܐ.
ܡܝܬ .܀. (25) ܘܐܡܪ ܕܘܝܕ ܠܡܠܐܟܐ ܗܘ. ܐܡܪ ܠܝܘܐܒ.
ܠܐ ܢܬܒܐܫ ܒܥܝܢܝܟ ܥܠ ܡܠܬܐ ܗܕܐ. ܡܛܠ ܕܒܙܢ ܡܢ
ܗܪܟܐ. ܒܙܢ ܕܝܢ ܗܪܟܐ ܐܟܠܐ ܚܪܒܐ ܀ ܐܥܫܢ ܐܢܬ
ܩܪܒܐ ܥܠ ܡܕܝܢܬܐ. ܘܐܚܪܘܒܝܗ̇. ܘܗܦܘܟܝܗ̇ ܀
(26) ܘܫܡܥܬ ܐܢܬܬܗ ܕܐܘܪܝܐ ܚܬܝܐ: ܕܡܝܬ ܒܥܠܗ̇.
ܘܐܪܩܕܬ ܥܠ ܒܥܠܗ̇ . (27) ܘܥܒܪܘ ܝܘܡ̈ܬܐ ܕܐܒܠܗ̇.
ܘܫܕܪ ܕܘܝܕ. ܘܐܥܠܗ̇ ܠܒܝܬܗ. ܘܗܘܬ ܠܗ ܐܢܬܬܐ.
ܘܝܠܕܬ ܠܗ ܒܪܐ. ܘܐܬܒܐܫܬ ܒܥܒܕܬܐ ܗ̇ܝ [117 v] ܕܥܒܕ
ܕܘܝܕ. ܕܒܝܫܐ ܩܕܡ ܡܪܝܐ ܀
(XII.1) ܘܫܕܪ ܡܪܝܐ ܠܢܬܢ ܢܒܝܐ: ܠܘܬ ܕܘܝܕ. ܘܐܬܐ:
ܘܥܠ ܠܘܬܗ. ܘܐܡܪ ܠܗ. ܬܪ̈ܝܢ ܓܒܪ̈ܝܢ ܐܝܬ ܗܘܘ
ܒܡܕܝܢܬܐ ܚܕܐ. ܚܕ ܥܬܝܪܐ. ܘܚܕ ܡܣܟܢܐ.
(2) ܘܠܥܬܝܪܐ ܐܝܬ ܗܘܐ ܠܗ: ܥܢܐ ܘܬܘܪ̈ܐ ܣܓܝ̈ܐܐ
ܛܒ. (3) ܘܠܡܣܟܢܐ: ܠܝܬ ܗܘܐ ܠܗ ܡܕܡ. ܐܠܐ ܐܢ
ܦܪܬܐ ܚܕܐ ܙܥܘܪܬܐ ܕܩܢܐ ܗܘܐ: ܕܫܒܩ ܘܪܒܝ. ܘܪܒܝܐ
ܗܘܬ ܥܡܗ. ܘܥܡ ܒ̈ܢܘܗܝ ܐܟܚܕܐ. ܡܢ ܠܚܡܗ ܐܟܠܐ
ܗܘܬ. ܘܡܢ ܟܣܗ ܫܬܝܐ ܗܘܬ. ܘܒܥܘܒܗ ܕܡܟܐ ܗܘܬ.

ܘܐܝܟ ܒܪܬܗ ܐܝܬܝܗ̇ ܗܘܬ ܠܗ. (4) ܘܐܬܐ ܐܟܣܢܝܐ܆ ܠܓܒܪܐ ܗ̇ܘ ܥܬܝܪܐ. ܘܚܣ ܠܡܣܒ ܡܢ ܬܘܪ̈ܘܗܝ ܘܡܢ ܥܢܗ: ܘܥܒܕ ܠܐܟܣܢܝܐ ܗ̇ܘ ܕܐܬܐ ܠܗ. ܘܢܣܒ ܠܦܪܬܐ ܕܗ̇ܘ ܡܣܟܢܐ. ܘܥܒܕ ܠܐܟܣܢܝܐ ܗ̇ܘ ܕܐܬܐ ܠܗ.܀ (5) ܗܝܕܝܢ܆ ܐܬܚܡܬ [118 r] ܕܘܝܕ ܒܪܘܓܙܐ܆ ܥܠ ܓܒܪܐ ܗ̇ܘ. ܘܐܡܪ ܠܘܬ ܢܬܢ̱. ܚܝ ܗܘ ܡܪܝܐ. ܕܒܪ ܡܘܬܐ ܗܘ ܓܒܪܐ ܗ̇ܘ ܕܥܒܕ ܗܕܐ. (6) ܠܦܪܬܐ ܢܦܪܘܥ ܒܐܪܒܥܐ ܐܥܦ̈ܐ. ܥܠ ܕܥܒܕ ܗܕܐ ܘܠܐ ܚܣ.܀ (7) ܐܡܪ ܠܗ ܢܬܢ̱ ܠܕܘܝܕ. ܐܢܬ ܐܝܬܝܟ ܓܒܪܐ ܗ̇ܘ ܕܥܒܕ ܗܕܐ. ܗܟܢܐ ܐܡܪ ܡܪܝܐ ܐܠܗܐ ܕܐܝܣܪܐܝܠ. ܐܢܐ ܡܫܚܬܟ ܕܬܡܠܟ ܥܠ ܥܡܝ ܐܝܣܪܐܝܠ. ܘܐܢܐ ܦܨܝܬܟ ܡܢ ܐܝܕ̈ܝ ܫܐܘܠ. (8) ܘܝܗܒܬ ܠܟ ܒ̈ܢܬ ܡܪܟ. ܘܢܫ̈ܘܗܝ ܕܡܪܟ ܐܬܝܗܒܬ ܒܥܘܒܟ. ܘܝܗܒܬ ܠܟ ܒ̈ܢܬ ܐܝܣܪܐܝܠ. ܘܒ̈ܢܬ ܝܗܘܕܐ. ܐܢ̱ ܙܥܘܪ̈ܝܢ ܗܘܝ ܠܟ. ܘܗܐ ܗܘܐ ܠܟ ܕܬܐܡܪ ܠܝ. ܘܡܘܣܦ ܗܘܝܬ ܠܟ ܐܟܘܬܗܘܢ ܘܐܝܟܘܬܗܘܢ. (9) ܠܡܢܐ ܫܛܬ ܦܘܩܕܢܗ ܕܡܪܝܐ. ܘܥܒܕܬ ܕܒܝܫ ܩܕܡ ܡܪܝܐ. ܠܐܘܪܝܐ ܚܬܝܐ. ܩܛܠܬ ܒܚܪܒܐ. [118 v] ܘܠܐܢ̱ܬܬܗ ܢܣܒܬ ܠܟ ܐܢ̱ܬܬܐ. ܘܠܗ ܩܛܠܬ ܒܚܪܒܐ ܕܒ̈ܢܝ ܥܡܘܢ. (10) ܘܗܫܐ ܡܛܠ. ܠܐ ܬܥܒܪ ܚܪܒܐ ܡܢ ܒܝܬܟ܂ ܥܕܡܐ ܠܥܠܡ. ܥܠ ܕܫܛܬܢܝ܆ ܘܢܣܒܬ ܠܐܢ̱ܬܬܗ ܕܐܘܪܝܐ ܚܬܝܐ ܕܬܗܘܐ ܠܟ ܐܢ̱ܬܬܐ. (11) ܗܟܢܐ ܐܡܪ ܡܪܝܐ. ܗܐ ܐܢܐ ܡܩܝܡ ܐܢܐ ܥܠܝܟ ܒܝܫܬܐ ܡܢ ܒܝܬܟ. ܘܐܕܒܪ ܢܫ̈ܝܟ ܠܥܝܢ̈ܝܟ. ܘܐܬܠ ܐܢܝܢ ܠܩܪܝܒܟ. ܘܢܕܡܟ ܥܡ ܢܫ̈ܝܟ. ܠܥܝܢ ܫܡܫܐ ܗܢܐ. (12) ܐܢܬ ܥܒܕܬ ܒܛܘܫܝܐܝܬ. ܘܐܢܐ ܐܥܒܕܝܗ̇ ܠܡܠܬܐ ܗܕܐ. ܠܥܝܢ ܟܠܗ ܐܝܣܪܐܝܠ. ܘܩܕܡ ܫܡܫܐ ܗܢܐ.܀ (13) ܘܐܡܪ ܕܘܝܕ ܠܢܬܢ̱. ܚܛܝܬ ܩܕܡ ܡܪܝܐ.܀ ܐܡܪ ܠܗ ܢܬܢ̱ ܠܕܘܝܕ. ܐܦ ܡܪܝܐ ܐܥܒܪ ܚܛܝܬܟ. ܠܐ ܬܡܘܬ.

(14) ܒܪܡ ܕܝܢ ܥܠ ܕܪܘܪܒܬ ܠܒܥܠܕܒ̈ܒܘܗܝ ܕܡܪܝܐ ܒܡܠܬܐ[38]
ܗܕܐ. ܐܦ ܒܪܐ ܗܘ ܕܐܬܝܠܕ ܠܟ ܡܢܗ̇. [119 r] ܡܡܬ
ܢܡܘܬ .܀ (15) ܘܐܙܠ ܢܬܢ ܠܒܝܬܗ ܀ ܘܡܚܝܗܝ ܡܪܝܐ
ܠܒܪܐ ܗܘ ܕܝܠܕܬ ܐܢܬܬܗ ܕܐܘܪܝܐ ܠܕܘܝܕ. ܘܐܬܟܪܗ.
(16) ܘܒܥܐ ܕܘܝܕ ܡܢ ܐܠܗܐ܂ ܥܠ ܐܦ̈ ܛܠܝܐ. ܘܨܡ
ܕܘܝܕ ܨܘܡܐ܂ ܘܒܬ ܒܗ ܒܣܩܐ. ܘܫܟܒ ܥܠ ܐܪܥܐ.
(17) ܘܩܡܘ ܩܫ̈ܝܫܐ ܕܒܝܬܗ ܥܠܘܗܝ: ܕܢܩܝܡܘܢܝܗܝ ܡܢ
ܐܪܥܐ. ܘܠܐ ܨܒܐ. ܘܠܐ ܐܟܠ ܥܡܗܘܢ ܠܚܡܐ.
ܘܒܝܘܡܐ ܗܘ ܕܫܒܝܥܝܐ܂ ܡܝܬ ܠܗ ܛܠܝܐ. ܘܕܚܠܘ ܥܒ̈ܕܘܗܝ
ܕܕܘܝܕ ܕܢܘܕܥܘܢܝܗܝ ܕܡܝܬ ܠܗ ܛܠܝܐ. ܡܛܠ ܕܐܡܪܘ.
ܕܗܐ܂ ܟܕ ܥܕܟܝܠ ܚܝ ܗܘܐ ܛܠܝܐ܂ ܐܡܪܝܢ ܗܘܝܢ ܠܗ܂
ܘܠܐ ܫܡܥ ܗܘܐ ܠܢ. ܐܝܟܢܐ ܢܐܡܪ ܠܗ ܗܫܐ ܕܡܝܬ
ܠܗ ܛܠܝܐ܂. ܘܢܥܒܕ ܒܝܫܬܐ ܀ (19) ܘܟܕ ܚܙܐ ܕܘܝܕ ܠܥܒ̈ܕܘܗܝ
ܕܡܠܚܫܝܢ. ܐܣܬܟܠ ܕܡܝܬ ܠܗ ܛܠܝܐ. ܘܐܡܪ ܕܘܝܕ
ܠܥܒ̈ܕܘܗܝ. ܡܝܬ ܠܗ ܛܠܝܐ. [119 v] ܐܡܪܝܢ ܠܗ. ܡܝܬ
ܠܗ. (20) ܘܩܡ ܕܘܝܕ ܡܢ ܐܪܥܐ. ܘܐܣܚܝ[39] ܘܡܫܚ.
ܘܚܠܦ ܡܐܢ̈ܘܗܝ. ܘܥܠ ܠܒܝܬܗ ܕܡܪܝܐ܂ ܘܣܓܕ. ܘܐܬܐ
ܠܒܝܬܗ܂ ܘܫܐܠ ܠܚܡܐ ܠܡܐܟܠ. ܘܣܡܘ ܠܗ ܠܚܡܐ܂
ܘܐܟܠ. (21) ܐܡܪܝܢ ܠܗ ܥܒ̈ܕܘܗܝ. ܡܢܐ ܗܘ܂ ܗܢܐ
ܕܥܒܕܬ. ܡܛܠ ܛܠܝܐ ܗܘ. ܕܟܕ ܥܕܟܝܠ ܚܝ ܗܘܐ ܨܐܡ
ܗܘܝܬ ܘܒܟܐ ܗܘܝܬ ܘܫܗܪ ܗܘܝܬ܂. ܘܟܕ ܡܝܬ ܛܠܝܐ܂
ܩܡܬ ܘܐܟܠܬ ܠܚܡܐ ܘܐܫܬܝܬ. (22) ܐܡܪ ܠܗܘܢ ܕܘܝܕ.
ܟܕ ܛܠܝܐ܂ ܥܕܟܝܠ ܚܝ ܗܘܐ. ܨܐܡ ܗܘܝܬ܂ ܘܒܟܐ
ܗܘܝܬ. ܡܛܠ ܕܐܡܪܬ ܗܘܝܬ. ܡܢܘ ܝܕܥ ܐܢ ܡܪܚܡ ܥܠ
ܐܠܗܐ ܘܚܝܐ ܛܠܝܐ. (23) ܘܗܫܐ܂ ܕܡܝܬ ܠܗ ܛܠܝܐ.
ܡܛܠ ܡܢܐ ܨܐܡ ܐܢܐ. ܠܡܐ܂ ܡܫܟܚܢܐ ܕܐܬܘܒ ܢܗܦܘܟ.

[38] Mg: ܒܒܢܕܬܐ

[39] Mg: ܘܣܘܚܐ: also attached to the following verb, mistakenly.

ܐܝܠܐ. ܐܢܫ ܐܝܠܐ ܠܗܘܢ. ܘܗܘ ܠܐ ܡܫܬܡܥ ܕܐܠܗܘܬܐ
ܠܘܬܗ ܀. (24) ܘܒܥܐ ܕܘܝܕ ܠܒܪܬܫܒܥ. ܘܥܠ ܠܘܬܗ̇. ܘܕܒܪܗ̇
ܒܒܝܬܗ. ܘܒܛܢܬ̇ ܘܝܠܕܬ̇ [120 r] ܒܪܐ. ܘܩܪܬ̇ ܫܡܗ ܫܠܝܡܘܢ.
ܘܡܪܝܐ ܪܚܡܗ ܠܝܕܝܕܝܐ. (25) ܘܫܕܪ ܒܝܕ ܢܬܢ ܢܒܝܐ.
ܘܩܪܐ ܫܡܗ ܝܕܝܕܝܐ. ܡܛܠ ܕܡܪܝܐ ܗܘ ܐܕܝܕܗ[40] ܀
(26) ܘܐܬܟܬܫ ܝܘܐܒ ܒܪܒܬ ܕܒ̈ܢܝ ܥܡܘܢ. ܘܟܒܫ
ܠܡܕܝܢܬܐ ܕܡܠܟܘܬܐ. (27) ܘܫܕܪ ܝܘܐܒ ܐܝܙ̈ܓܕܐ ܠܘܬ
ܕܘܝܕ. ܘܐܡܪ. ܐܬܟܬܫܬ ܥܠ ܪܒܬ. ܘܐܚܕܬ ܡܕܝܢܬܐ
ܕܡܠܟܘܬܐ[41]. (28) ܘܗܫܐ ܟܢܘܫ ܠܫܪܟܐ ܕܥܡܐ: ܘܬܐ
ܫܪܝ ܥܠ ܡܕܝܢܬܐ. ܘܐܚܘܕܝܗ̇. ܕܠܐ ܐܚܘܕܝܗ̇ ܐܢܐ.
ܘܬܬܩܪܐ ܫܡܝ ܥܠܝܗ̇ ܀ (29) ܘܟܢܫ ܕܘܝܕ ܠܟܠܗ ܥܡܐ.
ܘܐܙܠ ܥܠ ܪܒܬ. ܘܐܬܟܬܫ ܥܠܝܗ̇. ܘܐܚܕܗ̇. (30) ܘܢܣܒ
ܬܐܓܐ ܕܡܠܟܗܘܢ ܡܢ ܪܝܫܗ: ܗ̇ܘ ܕܡܬܩܠ ܗܘܐ ܟܟܪܐ
ܕܕܗܒܐ: ܘܐܝܬ ܗܘܐ ܒܗ ܟܐܦ̈ܐ ܡܝܩܪ̈ܬܐ.
ܘܐܝܬܘܗܝ̇ ܗܘܬ. ܥܠ ܪܝܫܗ ܕܕܘܝܕ. ܘܒܙܬܐ ܕܡܕܝܢܬܐ
ܐܦܩ [120 v] ܣܓܝܐܐ ܛܒ. (31) ܘܠܥܡܐ ܕܐܝܬ ܗܘܐ
ܒܗ̇. ܐܦܩ. ܘܐܣܪ ܐܢܘܢ ܒܡܘܪ̈ܓܐ ܕܦܪܙܠܐ ܘܒܫܫܠ̈ܬܐ.
ܘܐܥܒܪ ܐܢܘܢ ܒܡܠܒܢܘܬܐ. ܘܗܟܢܐ ܥܒܕ ܠܟܠܗܝܢ
ܡ̈ܕܝܢܬܐ ܕܒ̈ܢܝ ܥܡܘܢ. ܘܗܦܟ ܕܘܝܕ ܘܟܠܗ ܥܡܐ
ܠܐܘܪܫܠܡ ܀.

(XIII.1)[42] ܘܗܘܐ ܡܢ ܒܬܪܟܢ. ܘܐܝܬ ܗܘܬ̇ ܚܬܐ
ܠܐܒܫܠܘܡ ܒܪ ܕܘܝܕ: ܕܫܦܝܪܐ ܗܘܬ ܒܚܙܘܗ̇ ܛܒ.
ܘܫܡܗ̇ ܬܐܡܪ. ܘܪܚܡܗ̇ ܐܡܢܘܢ ܒܪܗ ܕܕܘܝܕ.
(2) ܘܡܬܥܩ ܗܘܐ ܐܡܢܘܢ. ܘܡܬܐܠܨ ܗܘܐ ܒܥܠܬܐ
ܡܛܠ ܬܐܡܪ ܚܬܗ. ܡܛܠ ܕܒܬܘܠܬܐ ܐܝܬܝܗ̇ ܗܘܬ

40 Mg: ܐܚܒܗ

41 Mg: ܕܡ̈ܝܐ

42 Mg: ܩܦ ܒ

ܡܪܥܐ܂ ܘܠܐ ܡܫܟܚ ܗܘܐ ܕܢܥܒܕ[43] ܠܗ̇ ܡܕܡ ܀ (3) ܘܐܝܬ
ܗܘܐ ܠܗ ܠܐܡܢܘܢ ܪܚܡܐ܆ ܘܫܡܗ ܝܘܢܐܬ[44]܂ ܒܪܗ
ܕܫܐܡܐܐ ܐܚܘܗܝ ܕܕܘܝܕ܂ ܘܗܘܐ ܝܘܢܐܬ܆ ܓܒܪܐ
ܗܘܐ ܚܟܝܡܐ ܛܒ܂ (4) ܘܐܡܪ ܠܗ [121 r] ܠܐܡܢܘܢ܂
ܒܪ ܡܠܟܐ܂ ܡܢܐ ܠܟ ܕܗܟܢܐ ܛܠܠ̈ܡ ܐ̈ܦܝܟ܂ ܘܚܘܐ ܠܝ
ܕܡܟܝܟܐ ܐܙܠ ܐܢܬ ܡܢ ܨܦܪ ܠܨܦܪ܂ ܠܐ ܡܚܘܐ ܐܢܬ ܠܝ܂
ܐܡܪ ܠܗ ܐܡܢܘܢ܂ ܠܬܐܡܪ ܚܬܗ ܕܐܒܐܫܐܠܘܡ
ܐܚܝ ܪܚܡ ܐܢܐ܂ (5) ܐܡܪ ܠܗ ܝܘܢܐܬ܂ ܐܬܓܢܐ ܥܠ
ܥܪܣܟ܂ ܘܐܬܟܪܗ܂ ܘܡܟܐ ܕܐܬܐ ܐܒܘܟ ܐܒܘܟ[45]
ܠܡܚܙܝܟ܂ ܐܡܪ ܠܗ܂ ܬܐܬܐ ܗܟܝܠ ܬܐܡܪ ܚܬܝ܂
ܘܬܣܘܒܠ ܠܚܡܐ܂ ܘܬܥܒܕ ܩܕܡ ܥܝ̈ܢܝ ܡܐܟܘܠܬܐ܂[46]
ܐܝܟܢܐ ܕܐܚܙܐ܂ ܘܐܟܘܠ ܡܢ ܐܝ̈ܕܝܗ̇ ܀ (6) ܘܐܬܓܢܐ
ܐܡܢܘܢ ܘܐܬܟܪܗ܂ ܘܐܬܐ ܡܠܟܐ ܠܡܚܙܝܗ܂ ܐܡܪ
ܠܗ ܐܡܢܘܢ ܠܡܠܟܐ܂ ܬܐܬܐ ܗܟܝܠ ܬܐܡܪ ܚܬܝ
ܠܘܬܝ܂ ܘܬܥܒܕ ܬܪ̈ܝܢ ܩܠܘܪ̈ܝܐ[47] ܩܕܡ ܥܝ̈ܢܝ܂ ܘܐܟܘܠ ܡܢ
ܐܝ̈ܕܝܗ̇܂ (7) ܘܫܠܚ [121 v] ܕܘܝܕ ܠܬܐܡܪ ܠܒܝܬܗ̇܂ ܘܐܡܪ
ܠܗ̇܂ ܙܠܝ ܠܒܝܬ ܐܡܢܘܢ ܐܚܘܟܝ܂ ܘܥܒܕܝ ܠܗ ܡܐܟܘܠܬܐ܂
(8) ܘܐܙܠܬ ܬܐܡܪ ܠܒܝܬܗ ܕܐܡܢܘܢ ܐܚܘܗ̇܂ ܘܗܘ܂
ܕܡܟ ܗܘܐ܂ ܘܢܣܒܬ ܠܐܫܐ܂ ܘܠܫܬ܂ ܘܥܒܕܬ ܩܠܘܪ̈ܝܐ
ܩܕܡ ܥܝ̈ܢܘܗܝ܂ ܘܒܫܠܬ ܩܠܘܪ̈ܝܬܐ܂ (9) ܘܢܣܒܬ
ܡܐܟܘܠܬܐ܆ ܘܣܦܩܬ ܩܕܡܘܗܝ܂ ܘܠܐ ܨܒܐ ܠܡܐܟܠ ܀
ܘܐܡܪ ܐܡܢܘܢ܂ ܢܦܩܘܢ ܟܠܗܘܢ ܐܢܫܐ ܡܢ ܠܘܬܝ܂
ܘܐܦܩܘ ܟܠܗܘܢ ܐܢܫܐ ܡܢ ܠܘܬܗ܂ (10) ܐܡܪ ܠܗ̇ ܐܡܢܘܢ
ܠܬܐܡܪ܂ ܐܥܠܝ ܠܝ ܡܐܟܘܠܬܐ ܠܬܘܢܐ܂ ܘܐܟܘܠ ܡܢ

[43] Mg: ܕܢܐܡܪ

[44] Mg: ܝܘܢܐܕܒ

[45] Dittography: omit.

[46] Mg: ܬܪ̈ܝܢ ܩܠܘܪ̈ܝܐ

[47] Mg: ܡܐܢ̈ܐ

ܐܢ̈ܫܐ. ܘܢܣܒܬ ܬܐܡܪ ܠܩܠܘܪ̈ܬܐ ܗܠܝܢ ܕܥܒܕܬ:
ܘܐܥܠܬ ܐܢܝܢ ܠܐܡܢܘܢ ܐܚܘܗ̇ ܠܩܝܛܘܢܐ. (11) ܘܩܪ̈ܒܬ
ܠܗ ܠܡܐܟܠܘ. ܘܐܚܕܗ̇ ܘܐܡܪ ܠܗ̇. ܬܐ ܕܡܟܝ ܥܡܝ ܚܬܝ.
(12) ܐܡ̇ܪܐ ܠܗ. ܠܐ ܐܚܝ: ܠܐ ܬܨܥܪܢܝ ܘܬܬܡܟܟܢ. ܠܐ
ܗ̇ܠܐ [122 r] ܕܬܬܥܒܕ ܗܟܢܐ ܒܐܝܣܪܐܝܠ. ܠܐ ܬܥܒܕ
ܫܛܝܘܬܐ ܗܕܐ. (13) ܘܐܢܐ. ܠܐܝܟܐ ܐܘܒܠ ܚܣܕܝ.
ܘܐܢܬ ܡܬܚܫܒ ܐܢܬ ܐܝܟ ܚܕ ܡܢ ܣ̈ܟܠܐ ܒܐܝܣܪܐܝܠ.
ܗܫܐ ܗܟܝܠ: ܐܡܪ ܠܡܠܟܐ. ܘܠܐ ܟܠܐ ܠܝ ܡܢܟ.
(14) ܘܠܐ ܨܒܐ ܐܡܢܘܢ ܠܡܫܡܥܗ̇. ܘܠܒܟܗ̇ ܘܥܫܢܗ̇.
ܘܕܡܟ ܥܡܗ̇ ܘܨܥܪܗ̇. (15) ܘܣܢܗ̇ ܐܡܢܘܢ ܣܢܝܐܐ
ܣܢܐܬܐ ܪܒܬܐ ܛܒ. ܘܣܓܝܐܬ ܣܢܐܬܐ ܕܣܢܗ̇. ܝܬܝܪ
ܡܢ ܪܚܡܬܐ ܕܪܚܡܗ̇. ܐܡܪ ܠܗ̇ ܐܡܢܘܢ. ܩܘܡܝ ܙܠܝ.
(16) ܐܡܪܐ ܠܗ. ܠܐ ܐܚܝ. ܪܒܐ ܒܝܫܬܐ ܗܕܐ
ܐܚܪܬܐ ܝܬܝܪ ܡܢ ܗ̇ܝ ܩܕܡܝܬܐ: ܕܡܟܠ ܕܗܕܐ ܥܒܕܬ
ܥܡܝ ܐܝܟ ܐܢܬ ܠܡܫܕܪܘܬܝ.܀. ܘܠܐ ܨܒܐ ܐܡܢܘܢ
ܠܡܫܡܥܗ̇. (17) ܘܩܪܐ ܠܛܠܝܐ ܗܘ ܕܡܫܡܫ ܗܘܐ ܒܒܝܬ
[122 v] ܒܝܬܗ ܘܡܫܡܫ ܗܘܐ ܠܗ. ܘܐܡܪ ܠܗ. ܐܦܩ
ܠܗܕܐ ܡܢ ܠܘܬܝ ܠܒܪ. ܘܐܚܘܕ ܬܪ̈ܥܐ ܒܬܪܗ̇.
(18)[48] ܘܐܦܩܗ̇ ܡܫܡܫܢܐ ܠܒܪ ܘܐܚܕ ܬܪ̈ܥܐ ܒܬܪܗ̇ ܀
ܘܥܠܝܗ̇ ܐܝܬ ܗܘܐ ܟܘܬܝܢܐ ܕܦܣ̈ܬܐ. ܡܛܠ ܕܗܟܢܐ
ܠܒ̈ܫܢ ܗܘܝ̈ ܒܢܬܗ ܕܡܠܟܐ ܗ̇ܢܝܢ ܒܬܘܠ̈ܬܐ ܠܒܘܫ̈ܐ
ܬܢ̈ܝܬܐ. (19) ܘܢܣܒܬ ܬܐܡܪ ܩܛܡܐ ܘܐܪܡܝܬ ܥܠ
ܪܝܫܗ̇. ܘܠܟܘܬܝܢܐ ܕܦܣ̈ܬܐ ܗ̇ܝ ܕܠܒܝܫܐ ܗܘܬ ܨܪܝܬ.
ܘܣܡܬ ܐܝ̈ܕܝܗ̇ ܥܠ ܪܝܫܗ̇. ܘܡܗܠܟܐ ܗܘܬ ܘܩܥܝܐ.
(20) ܘܐܡܪ ܠܗ̇ ܐܒܫܠܘܡ ܐܚܘܗ̇. ܠܡܐ ܐܡܢܘܢ
ܐܚܘܟܝ ܕܡܟ ܠܘܬܟܝ. ܗܫܐ ܚܬܝ ܫܬܘܩܝ ܠܝ ܡܛܠ
ܕܐܚܘܟܝ ܗܘ. ܠܐ ܬܣܝܡܝܢ ܠܒܟܝ ܠܡܡܠܠܘ ܡܠܬܐ

[48] V. 18 does not exist in P.

ܘܐܡܪ ܀. ܘܐܬܕܟܪ ܕܘܝܕ ܒܪ ܕܘܟܬܗ. ܐܬܕܟܪ ܩܘܡܬܐ ܗܘܬ

ܘܕܚܠܬܐ ܕܕܚܠܬܐ ܐܦܠܓܘ ܐܘܣܝ ܀. (21) [123 r] ܘܡܠܟܐ ܕܘܝܕ

ܥܒܕ ܛܠܡ ܡܠܟܐ ܡܠܡ ܘܐܬܚܕܬ ܐܬܚܕܬ ܗܘܝ. (22)

ܐܠܐ ܐܡܪ ܪܚܝܩ ܐܪܚܩ ܠܛܠܡ. ܡܛܠ ܕܢܬܒ ܕܢܬܒ

ܗܘܐ ܠܗ. ܡܛܠ ܕܢܬܒ ܗܘܐ. ܘܠܐ ܐܡܪ (22)

ܐܦܠܓܘ ܠܘܐܒܫܠܘܡ: ܐܠܐ ܐܠܦܢ ܘܠܐ ܒܝܫܬܐ.

ܡܛܠ ܕܝܗܝ ܘܒܝܫܬܐ ܠܘܐܒܫܠܘܡ, ܥܠ ܗܢܝܐ ܕܨܥܪ ܠܬܐܡܪ

ܚܬܗ ܀. (23) ܘܗܘܐ ܡܢ ܒܬܪ ܬܪܬܝܢ ܫܢܝܢ ܕܝܘܡܬ.

ܐܝܬ ܗܘܐ ܓܙܘܪܝ ܠܐܒܫܠܘܡ ܒܒܥܠܚܨܘܪ [49]ܕܠܘܬ ܐܦܪܝܡ.

ܕܒܝܬ ܐܦܪܝܡ. ܘܩܪܐ ܐܒܫܠܘܡ. ܠܟܠܗܘܢ ܒܢܝ ܡܠܟܐ.

(24) ܘܐܬܐ ܐܒܫܠܘܡ ܠܘܬ ܡܠܟܐ. ܘܐܡܪ ܠܗ.

ܓܙܘܪܝ ܐܝܬ ܠܥܒܕܟ. ܢܐܙܠ ܡܠܟܐ ܘܥܒܕܘܗܝ, ܥܡ ܥܒܕܗ.

(25) ܘܐܡܪ ܡܠܟܐ ܠܐܒܫܠܘܡ. ܠܐ ܒܪܝ ܠܡ. ܠܐ ܟܠܢ

ܢܐܙܠ. ܘܠܐ ܢܝܩܪ ܥܠܝܟ. [123 v] ܘܦܨܚ ܒܗ. ܘܠܐ ܨܒܐ.

ܕܢܐܙܠ. ܘܒܪܟܗ. (26) ܘܐܡܪ ܠܗ ܐܒܫܠܘܡ. ܘܐܠܐ ܠܐ

ܢܐܙܠ ܥܡܢ ܐܚܘܢ ܐܡܢܘܢ. ܘܐܡܪ ܠܗ ܡܠܟܐ. ܠܡܢܐ ܢܐܙܠ

ܥܡܟ. (27) ܘܐܠܨܗ, ܠܘܐܒܫܠܘܡ. ܘܫܕܪ ܥܡܗ ܠܐܡܢܘܢ,

ܘܠܟܠܗܘܢ ܒܢܝ ܡܠܟܐ ܀. ܘܥܒܕ ܐܒܫܠܘܡ ܡܫܬܝܐ.

ܐܝܟ ܡܫܬܝܐ ܕܡܠܟܐ. (28) ܘܦܩܕ ܐܒܫܠܘܡ

ܠܛܠܝܘܗܝ, ܘܐܡܪ ܠܗܘܢ. ܚܙܘ ܡܐ ܕܢܛܐܒ ܠܒܗ ܕܐܡܢܘܢ

ܒܚܡܪܐ. ܘܐܡܪ ܐܢܐ ܠܟܘܢ. ܡܚܐܘܗܝ, ܠܐܡܢܘܢ,

ܘܩܛܠܘܗܝ, ܠܐ ܬܕܚܠܘܢ. ܡܛܠ ܕܐܢܐ ܗܘ ܦܩܕ ܐܢܐ

ܠܟܘܢ. ܐܬܚܝܠܘ ܘܗܘܘ ܠܒܢܝ̈ܚܝܠܐ ܀ (29) ܘܥܒܕܘ ܛܠܝܘܗܝ,

ܕܐܒܫܠܘܡ ܠܐܡܢܘܢ, ܐܝܟ ܕܦܩܕ ܐܢܘܢ ܐܒܫܠܘܡ.

ܘܩܡܘ ܟܠܗܘܢ, ܒܢܝ ܡܠܟܐ, ܘܪܟܒܘ ܓܒܪ ܀ ܘܥܪܩܘ ܀. (30) ܘܗܘܐ ܟܕ ܗܢܘܢ

ܐܙܠܝܢ ܒܐܘܪܚܐ. ܡܛܐ ܛܒܐ ܠܘܬ ܕܘܝܕ ܕܐܬܐܡܪ. ܕܩܛܠ

---

[49] Mg: ܝ , i.e. ܒܒܥܠ̣ܚܨܘܪ.

 [124 r]
 [124 v]
---

⁵⁰ Read without *seyame*.

(XIV.1) ܘܝܕܥ ܝܘܐܒ ܒܪ ܨܪܘܝܐ. ܕܐܬܪܥܝ ܠܒܗ
[125 r] ܕܕܘܝܕ ܡܠܟܐ ܠܐܒܫܠܘܡ. (2) ܘܫܕܪ ܝܘܐܒ
ܠܬܩܘܥ. ܘܐܝܬܝ[51] ܡܢ ܬܡܢ ܐܢܬܬܐ ܚܟܝܡܬܐ. ܘܐܡܪ
ܠܗ̇. ܐܬܬܐܒܠܝ ܗܫܐ: ܘܠܒܫܝ ܠܒܘܫܐ ܕܐܒܠܐ. ܘܠܐ
ܬܬܡܫܚܝܢ ܡܫܚܐ . ܘܗܘܝ. ܐܝܟ ܐܢܬܬܐ ܕܗܘܐ ܡܢ
ܝܘ̈ܡܬܐ ܣܓܝ̈ܐܐ ܕܡܬܐܒܠܐ ܥܠ ܡܝܬܐ. (3) ܘܬܥܘܠ
ܠܘܬ ܡܠܟܐ. ܘܬܐܡܪ ܠܗ ܐܝܟ ܡܠܬܐ ܗܕܐ ܀ . ܘܣܡ
ܝܘܐܒ ܡ̈ܠܐ. ܒܦܘܡܗ̇. (4) ܘܥܠܬ ܐܢܬܬܐ ܗ̇ܝ
ܬܩܘܥܝܬܐ ܠܘܬ ܡܠܟܐ. ܘܢܦܠܬ ܥܠ ܐܦ̈ܝܗ̇ ܥܠ ܐܪܥܐ.
ܘܣܓܕܬ ܠܗ. ܘܐܡܪܬ. ܦܪܘܩܝܢܝ: ܡܪܝ̈ ܡܠܟܐ .
(5) ܘܐܡܪ ܠܗ̇ ܡܠܟܐ. ܡܢܐ ܠܟܝ. ܐܡܪܐ ܠܗ. ܐܢܬܬܐ
ܐܪܡܠܬܐ ܐܢܐ:. ܘܒܥܠܝ ܡܝܬ. (6) ܘܠܐܡܬܟܝ ܐܝܬ
ܗܘܘ. ܬܪ̈ܝܢ ܒ̈ܢܝܢ. ܘܢܨܘ ܬܪ̈ܝܗܘܢ ܒܒܪܐ. ܘܠܐ ܐܝܬ
ܗܘܐ ܡܦܨܝܢܐ ܒܝܢܬܗܘܢ. ܘܢܨ ܗ̇ܘ ܚܕ ܡܢܗܘܢ
ܠܐܚܘܗܝ: [125 v] ܘܡܚܝܗܝ ܘܩܛܠܗ. (7) ܘܗܫܐ ܩܡܬ ܠܗ̇
ܟܠܗ̇ ܫܪܒܬܐ ܥܠ ܐܡܬܟܝ ܘܐܡܪ̈ܝܢ. ܗܒܘܗܝ ܠܢ ܠܗ̇ܘ
ܕܩܛܠ ܠܐܚܘܗܝ. ܘܢܩܛܠܝܘܗܝ ܚܠܦ ܢܦܫܐ ܕܐܚܘܗܝ
ܗ̇ܘ ܕܩܛܠ. ܘܢܘܒܕܘܢܝܗܝ ܐܦ ܠܝܪܬܐ. ܘܢܕܥܟܘܢ
ܠܓܡܘܪܬܐ ܗ̇ܝ ܕܐܫܬܚܪܬ ܠܝ. ܐܝܟܢܐ ܕܠܐ ܢܣܝܡܘܢ
ܠܐܒܘܗܝ ܫܡܐ ܘܫܪܟܐ ܥܠ ܐܦ̈ܝ ܐܪܥܐ ܀ (8) ܐܡܪ
ܠܗ̇ ܡܠܟܐ. ܙܠܝ ܠܒܝܬܟܝ ܒܫܠܡܐ. ܘܐܢܐ ܐܦܩܕ ܡܛܠܬܟܝ.
(9) ܘܐܡܪܬ ܐܢܬܬܐ ܗ̇ܝ ܬܩܘܥܝܬܐ ܠܡܠܟܐ. ܥܠ
ܡܪܝ ܡܠܟܐ: ܗܕܐ ܣܟܠܘܬܐ. ܘܥܠ ܒܝܬ ܐܒܝ. ܘܡܠܟܐ
ܘܟܘܪܣܝܗ ܢܗܘܐ ܙܟܝ ܀ (10) ܐܡܪ ܠܗ̇ ܡܠܟܐ. ܡܢ
ܕܐܡܪ ܠܟܝ ܡܕܡ. ܐܝܬܝܘܗܝ ܠܘܬܝ. ܘܬܘܒ ܠܐ ܡܬܘܣܦ
ܠܟ. (11) ܘܐܡܪܬ. ܢܬܕܟܪ ܗܫܐ· ܡܪܝ ܡܠܟܐ: ܕܡܪܝܐ
ܐܠܗܟ ܒܣܘܓܐܐ ܕܢܩܘܡܬܐ ܕܕܡܐ: ܠܐ ܡܚܒܠ.

[51] Mg: ܘܕܒܪ (also attached mistakenly to ܘܫܕܪ earlier in the verse).

ܘܠܐ ܢܬܒܥܘ̱ܢ ܠܒܪܝ. ܐܡܪ ܠܗ ܡ̈ܠܐܟܐ. ܚܙ ܗܘܘ: [126 r]
ܡܪܢܐ ܐܠܗܐ. ܐܢ ܢܦܠ ܡܢ ܗܕܪܐ ܕܪܘܚܗ ܕܒܪܝ ܥܠ
ܐܪܥܐ ܀ (12) ܘܐܡܪܬ ܐܢܬܬܐ. ܡܛܠ ܗܢܐ ܐܡܪܬܝܢ
ܠܘܬ ܡܪܝ ܡ̈ܠܐܟܐ ܡܠܬܐ. ܐܡܪ ܠܗ ܡ̈ܠܐܟܐ. ܡܠܠ.
(13) ܐܡܪܢܐ ܠܗ ܐܢܬܬܐ. ܡܛܠ ܡܢܐ ܐܬܢܨܒܬ ܕܐܝܟ
ܗܕܐ ܥܠ ܒܢܝܗ ܕܐܠܗܐ. ܐܘ ܡܢ ܦܘܡܐ ܕܡ̈ܠܐܟܐ
ܫܡܥܬ ܡܠܬܐ ܗܕܐ ܐܝܟ ܣܛܢܬܐ: ܗ̇ܝ ܕܠܐ ܢܦܘܩ
ܡ̈ܠܐܟܐ ܠܣܛܢܐ ܗܘ ܕܐܬܪܡܝ ܡܢܗ. (14) ܡܛܠ ܕܡܡܟܬ
ܡܢܬܝ ܚܢ: ܒܠܝ. ܘܐܝܟ ܡ̈ܠܐܟܐ ܚܝ ܕܡܬܐܡܪܝܢ ܥܠ
ܐܢܫܐ ܘܠܐ ܡܬܬܢܝܢ. ܘܠܐ ܝܕܥ ܐܠܗܐ ܢܦܫܐ:
ܒܒܢܝܐ ܕܡܬܬܢܝܚ ܡܫܒܚܬܐ ܕܠܐ ܢܛܒܐ ܡܢܗ ܐܢܫ
ܗ̇ܘ ܕܛܒܐ ܘܐܬܪܡܝ. ܀ (15) ܘܗܫܐ: ܗܐ ܐܬܝܬ
ܠܡܡܠܠܘ ܠܘܬ ܡ̈ܠܐܟܐ ܡܪܝ: ܡܠܬܐ ܗܕܐ. ܡܛܠ
ܕܫܠܝܚ ܒܒܢܝܐ. ܘܐܡܪ ܠܝ ܒܒܢܝܐ ܕܡܪܝ ܡ̈ܠܐܟܐ. ܐܡܠܠ
ܒܡ ܡܪܝ ܡ̈ܠܐܟܐ. [126 v] ܘܐܡܪܬ ܐܢܬܬܐ. ܐܢܐ ܐܡܪ
ܠܡ̈ܠܐܟܐ. ܕܠܐܠܗܐ ܢܒܝ ܡ̈ܠܐܟܐ ܡܠܬܐ ܕܐܡܬܗ.
(16 G) ܡܛܠ ܕܫܡܥ ܗܘܐ ܡ̈ܠܐܟܐ ܡܠܬܐ ܘܕܒܝܐ. (16 P) ܒܒܪ
ܢܦܩܬ ܠܐܡܬܗ ܡܢ ܐܒܪ̈ܝ ܐܢܫܐ. ܘܠܐ ܢܬܒܥܘܢ ܠ
ܘܠܒܪܝ ܐܢܚܝܐ ܡܢ ܢܬܪܘܬܗ ܕܐܠܗܐ. (17) ܘܐܡܪܬ
ܐܢܬܬܐ. ܬܒܪ ܗܢܐ ܡܠܬܗ ܕܡܪܝ ܡ̈ܠܐܟܐ: ܘܬܗܘܐ
ܐܝܟ ܡܘܪܒܐ. ܡܛܠ ܕܐܝܟ ܡܠܐܟܐ ܕܐܠܗܐ. ܗܢܐ
ܗܘ ܡܪܝ ܡ̈ܠܐܟܐ ܠܡܫܒܚ ܙܒܢܬܐ ܘܡܒܝܬܐ. ܘܡܪܢܐ
ܐܠܗܝܢ. ܢܗܘܐ ܒܒܝܢ ܀ (18) ܘܒܝܬܐ ܡ̈ܠܐܟܐ. ܘܐܡܪ
ܠܗ ܠܐܢܬܬܐ. ܠܐ ܬܬܪܚܡܝ ܡܢ ܡܒܝܢ ܕܡܫܐܪܠ ܐܝܟܐ
ܠܝ. ܐܡܪܢܐ ܠܗ ܐܢܬܬܐ. ܢܛܠ ܗܢܐ ܡܪܝ ܡ̈ܠܐܟܐ.
(19) ܐܡܪ ܠܗ ܡ̈ܠܐܟܐ. ܐܒܪܗܡ ܕܘܐܒ ܐܝܬ ܒܒܢܝ:
ܒܗܠܝܢ ܟܠܗܝܢ. ܀ ܘܒܝܬ ܐܢܬܬܐ. ܘܐܡܪܬ ܠܡ̈ܠܐܟܐ.
[127 r] ܚܝܐ ܗܘ ܢܦܫܝ ܡܪܝ ܡ̈ܠܐܟܐ. ܕܠܐ ܠܡܒܝܢܐ. ܘܠܐ

ܠܣܡܠܐ ܦܘܠܛܢܬ: ܡܢ ܟܠ ܡܕܡ ܕܐܡܪ ܡܪܝ ܡܠܟܐ.
ܡܛܠ ܕܥܒܕܟ ܝܘܐܒ: ܗܘ ܦܩܕܢܝ. ܘܗܘ ܣܡ ܒܦܘܡܗ
ܕܐܡܬܟ ܟܠܗܝܢ ܡ̈ܠܐ ܗܠܝܢ. (20) ܐܝܟܢܐ ܕܢܬܦܢܐ
ܘܬܬܦܢܐ ܦܪ̈ܨܘܦܐ ܕܡܠܬܐ: ܗܘ ܕܥܒܕ ܥܒܕܟ ܝܘܐܒ
ܠܡܠܬܐ ܗܕܐ. ܡܛܠ ܗܕܐ ܥܒܕ ܥܒܕܟ ܗܢܐ. ܘܡܪܝ
ܚܟܝܡ. ܐܝܟ ܚܟܡܬܐ ܕܡܠܐܟܐ ܕܐܠܗܐ: ܠܡܕܥ ܟܠ
ܡܕܡ ܕܐܝܬ ܥܠ ܐܪܥܐ. ܀ (21) ܘܐܡܪ ܠܗ ܡܠܟܐ ܠܝܘܐܒ.
ܗܐ ܥܒܕܬ ܠܟ. ܐܝܟ ܡܠܬܟ. ܙܠ ܐܗܦܟܝܗܝ
ܠܥܠܝܡܐ ܠܐܒܫܠܘܡ. (22) ܘܢܦܠ ܝܘܐܒ ܥܠ ܐ̈ܦܘܗܝ ܥܠ ܐܪܥܐ.
ܘܣܓܕ. ܘܒܪܟܝܗܝ ܠܡܠܟܐ. ܘܐܡܪ ܝܘܐܒ. ܝܘܡܢܐ ܝܕܥ
ܥܒܕܟ. ܕܐܫܟܚܬ ܛܝܒܘܬܐ ܒܥܝܢܝܟ ܡܪܝ ܡܠܟܐ: ܕܥܒܕ
ܡܪܝ [127 v] ܡܠܟܐ ܡܠܬܐ ܕܥܒܕܗ ܀ (23) ܘܩܡ ܝܘܐܒ:
ܘܐܙܠ ܠܓܕܘܪ. ܘܐܝܬܝܗ ܠܐܒܫܠܘܡ ܠܐܘܪܫܠܡ.
(24) ܘܐܡܪ ܡܠܟܐ: ܢܐܙܠ ܠܒܝܬܗ. ܘܦܪܨܘܦܝ ܠܐ ܢܚܙܐ.
ܘܐܙܠ ܐܒܫܠܘܡ[52] ܠܒܝܬܗ. ܘܐܦ̈ܐ ܕܡܠܟܐ ܠܐ ܚܙܐ. ܀
(25)[53] ܘܐܝܟ ܐܒܫܠܘܡ ܠܝܬ ܗܘܐ ܓܒܪܐ ܫܦܝܪܐ
ܒܟܠܗ ܐܝܣܪܝܠ. ܡܫܒܚ ܗܘܐ ܛܒ. ܡܢ ܦܣܬܐ
ܕܪ̈ܓܠܘܗܝ ܘܥܕܡܐ ܠܩܪܩܦܬܗ. ܠܝܬ ܗܘܐ ܒܗ ܡܘܡܐ.
(26) ܘܟܕ ܗܘܐ ܕܡܣܦܪ ܗܘܐ ܪܝܫܗ. ܡܢ ܙܒ̱ ܠܙܒ̱ ܡܣܦܪ
ܗܘܐ: ܡܛܠ ܕܝܩܝܪ ܗܘܐ ܘܢܦܠ ܥܠܘܗܝ. ܘܟܕ ܡܣܦܪ
ܗܘܐ ܠܗ. ܬܩܠ ܗܘܐ ܠܗ ܠܣܥܪܗ. ܡܐܐ[54]
ܡܬܩ̈ܠܝܢ[55] ܒܡܬܩܠܬܐ ܕܡܠܟܐ. ܀. (27) ܘܐܬܝܠܕܘ

[52] Sic. The spelling of Absalom's name varies throughout the manuscript.

[53] Mg: ܣܦ ܟܐ

[54] Scholion:
ܡܐܐ ܣܩ̈ܠܘ ܐܝܟ ܕܐܡܪ ܡܬܩ̈ܠܐ ܕܬܩܠ ܗܘܐ ܣܥܪܗ ܕܐܒܫܠܘܡ
ܒܪ ܡܬܩܠ̈ܬܐ ܗܘܐ ܒܢܝ̈ܢ ܒܩܘ̈ܬܢ ܘܡܬ̈ܩܠ ܐܢܘܫ̈ܐ. ܗܢܘ ܕܝܢ
ܬܪ̈ܬܝܢ ܠܝܛܪ̈ܐ. ܘܐܢܘܫܐ ܚܕܐ. ܕܗܠܝܢ ܡܬܩ̈ܠܐ. ܕܡܐܐ.
ܘܬܫܥܝܢ ܕܚ̈ܕܐ ܀

[55] Mg: ܣܩ̈ܠܘ

 [128 r]

 [128 v]

---

56 Mg:

57 An initial 'Alaph has been erased, in order to correct the form to the imperative (cf. P): the lower dot to indicate the perfect tense has been left.

[ܘ]ܢܫܩ ܠܗ. ܘܢܦܠ ܥܠ ܐܦܘܗܝ ܥܠ ܐܪܥܐ ܩܕܡ
ܡܠܟܐ. ܘܢܫܩܗ ܡܠܟܐ ܠܐܒܫܠܘܡ ܀
(XV.1) ܘܗܘܐ ܡܢ ܒܬܪ ܗܠܝܢ. ܥܒܕ ܠܗ ܐܒܫܠܘܡ
ܡܪ̈ܟܒܬܐ ܘܦܪ̈ܫܐ. ܘܚܡܫܝܢ ܓܒܪ̈ܝܢ ܕܪ̈ܗܛܝܢ ܗܘܘ
ܩܕܡܘܗܝ ܀ (2) ܘܡܩܕܡ ܗܘܐ ܐܒܫܠܘܡ. ܘܩܐܡ ܗܘܐ
ܥܠ [129 r] ܝܕ ܐܘܪܚܐ ܕܬܪ̈ܥܐ ܕܡܠܟܐ. ܘܟܠ ܓܒܪܐ
ܕܐܝܬ ܗܘܐ ܠܗ ܕܝܢܐ܆ ܠܡܐܬܐ ܩܕܡ ܡܠܟܐ. ܩܪܐ
ܗܘܐ ܠܗ ܐܒܫܠܘܡ ܠܘܬܗ. ܘܐܡܪ ܠܗ. ܡܢ ܐܝܕܐ
ܐܢܬ ܡܕܝܢܬܐ ܐܘ ܡܩܪܝܬܐ. ܘܐܡܪ ܗܘܐ ܠܗ. ܥܒܕܟ
ܐܢܐ. ܡܢ ܚܕ ܡܢ ܫܒ̈ܛܐ ܕܐܝܣܪܝܠ. (3) ܘܐܡܪ
ܗܘܐ ܠܗ ܐܒܫܠܘܡ. ܗܐ ܚܙܐ ܐܢܐ ܡ̈ܠܝܟ܆ ܫܦ̈ܝܪܢ
ܘܬܪ̈ܝܨܢ. ܘܫܡܘܥܐ. ܠܝܬ ܠܟ ܡܢ ܠܘܬ ܡܠܟܐ. (4) ܘܐܡܪ
ܗܘܐ ܐܒܫܠܘܡ. ܡܢ ܕܝܢ ܢܥܒܕܢܝ ܕܝܢܐ ܒܐܪܥܐ: ܘܠܘܬܝ
ܢܐܬܐ ܗܘܐ ܟܠ ܓܒܪܐ ܕܐܝܬ ܠܗ ܕܝܢܐ ܘܬܒܥܬܐ.
ܘܡܕܝܢܐ ܗܘܬ ܠܗ. (5) ܘܟܕ ܩܪܒ ܗܘܐ ܓܒܪܐ܆ ܠܡܣܓܕ
ܠܗ. ܦܫܛ ܗܘܐ ܐܝܕܗ܆ ܘܐܚܕ ܗܘܐ ܠܗ ܒܐܝܕܗ.
ܘܢܫܩ ܠܗ. (6) ܘܥܒܕ ܗܘܐ ܐܒܫܠܘܡ ܗܟܢܐ. ܠܟܠܗ
ܐܝܣܪܝܠ܆ ܠܗܢܘܢ ܕܐܬܝܢ ܗܘܘ ܠܕܝܢܐ ܩܕܡ ܡܠܟܐ.
[129 v] ܘܐܣܛܝܗ ܐܒܫܐܠܘܡ ܠܠܒܐ ܕܟܠܗܘܢ ܒ̈ܢܝ
ܐܝܣܪܝܠ ܠܘܬܗ ܀. (7) ܘܗܘܐ ܡܢ ܒܬܪ ܐܪ̈ܒܥ ܫ̈ܢܝܢ.
ܐܡܪ ܐܒܫܠܘܡ ܠܡܠܟܐ. ܐܙܠ ܗܫܐ. ܘܐܫܠܡ
ܒܚܒܪܘܢ܆ ܢܕܪ̈ܝ ܗܠܝܢ ܕܢܕܪܬ ܠܡܪܝܐ. (8) ܡܛܠ ܕܢܕܪܐ
ܢܕܪ ܥܒܕܟ ܟܕ ܝܬܒ ܗܘܝܬ ܒܓܫܘܪ ܘܒܐܕܘܡ. ܕܐܢ
ܡܗܦܟܘ ܢܗܦܟܢ ܡܪܝܐ ܠܐܘܪܫܠܡ܆ ܐܦ ܐܦܠܘܚ
ܠܡܪܝܐ ܀ (9) ܘܐܡܪ ܠܗ ܡܠܟܐ. ܙܠ ܒܫܠܡܐ. ܘܩܡ
ܐܒܫܠܘܡ. ܘܐܙܠ ܠܚܒܪܘܢ ܀. (10) ܘܫܕܪ ܐܒܫܐܠܘܡ
ܡܠܐܟܝܬ ܠܓܫܘ̈ܫܐ ܒܟܠܗܘܢ ܫܒ̈ܛܐ ܕܐܝܣܪܝܠ.
ܘܦܩܕ ܐܢܘܢ ܕܠܐܡܪܘܢ. ܕܡܟܐ ܕܫܡܥܬܘܢ ܩܠܐ.

[130 r]

 [130 v] (16)

[58] Mg:

ܐܢܬ ܐܦ ܐܢܬ ܥܡܢ. ܦܘܫ ܠܟ ܡܟܐ: ܘܥܡܪ ܥܡ
ܡܠܟܐ: ܗܪܟܐ ܒܐܘܪܫܠܡ. ܡܛܠ ܕܐܟܣܢܝܐ ܐܢܬܘܢ.
ܘܐܦ ܡܓܠܝܐ [131 r] ܓܠܝܬ ܡܢ ܐܬܪܟ. (20) ܐܬܡܠ
ܐܬܝܬ: ܘܝܘܡܢܐ ܐܢܝܕܟ ܕܬܐܙܠ ܥܡܢ. ܘܐܢܐ ܐܙܠ
ܐܝܟܐ. ܠܐܝܟܐ ܕܗܘ ܕܐܢ̱ܐ ܐܙܠ ܐܢܐ. ܗܦܘܟ ܘܐܗܦܟ
ܠܐܚܝܟ ܥܡܟ. ܘܦܘܫ. ܘܐܬܘܬܒ ܐܡ̱ܗ ܥܒܕܐ. ܘܡܪܝܐ
ܢܥܒܕ ܥܡܟ ܪ̈ܚܡܐ ܘܫܪܪܐ.:. (21) ܘܥܢܐ ܐܬܝ, ܘܐܡܪ
ܠܡܠܟܐ. ܚܝ ܗܘ ܡܪܝܐ: ܘܚܝܐ ܗܝ ܢܦܫܗ ܕܡܪܝ ܡܠܟܐ.
ܕܒܕܘܟܬܐ ܐܝܢܐ ܕܢܗܘܐ ܐܬܘܗܝ, ܬܡܢ ܡܪܝ ܡܠܟܐ:
ܐܦ ܠܡܘܬܐ ܘܐܦ ܠܚܝܐ. ܬܡܢ ܢܗܘܐ ܥܒܕܟ. (22) ܘܐܡܪ
ܕܘܝܕ ܠܐܬܝ. ܬܐ. ܘܥܒܪ ܥܡܝ ܒܫܠܡܐ. ܘܥܒܪ ܐܬܝ,
ܓܬܝܐ. ܘܟܠܗܘܢ ܓܒܪ̈ܘܗܝ, ܘܟܠܗ ܛܦܠܐ ܕܥܡܗ.
(23) ܘܟܠܗ ܐܪܥܐ: ܒܟܝܢ ܗܘܘ: ܒܩܠܐ ܪܡܐ. ܘܟܠܗ
ܥܡܐ. ܥܒܪܝܢ ܗܘܘ. ܘܡܠܟܐ. ܥܒܪ ܗܘܘ[59] ܒܢܚܠܐ
ܕܩܕܪܘܢ. ܘܟܠܗ ܥܡܐ. ܥܒܪ ܗܘܐ ܥܠ [131 v] ܐܦ̈ܝ
ܐܘܪܚܐ ܕܡܕܒܪܐ.:. (24) ܘܗܐ. ܐܦ ܨܕܘܩ ܟܗܢܐ:
ܘܟܠܗܘܢ ܠܘ̈ܝܐ ܥܡܗ. ܟܕ ܫܩܝܠܝܢ ܠܩܒܘܬܐ ܕܕܝܐܬܩܐ
ܕܡܪܝܐ. ܘܐܣܝܡܘܗ ܠܩܒܘܬܐ ܕܕܝܬܩܐ ܕܡܪܝܐ.
ܒܡܥܒܪܐ ܕܢܥܒܪ ܟܠܗ ܥܡܐ ܕܢܦܩ ܗܘܐ ܡܢ ܡܕܝܢܬܐ :.
(25) ܘܐܡܪ ܡܠܟܐ ܠܨܕܘܩ. ܐܗܦܟܝܗ ܠܩܒܘܬܗ
ܕܐܠܗܐ ܠܡܕܝܢܬܐ. ܘܬܬܒ ܒܡܕܝܢܬܐ ܒܕܘܟܬܗ. ܐܢ
ܐܫܟܚ ܪ̈ܚܡܐ ܒܥܝܢ̈ܝ ܡܪܝܐ. ܘܢܗܦܟܢܝ ܘܢܚܘܝܢܝ ܠ ܠܬܘܒ
ܘܠܦܐܝܘܬܐ ܕܒܝܬܗ. (26) ܘܐܢ ܗܟܢܐ ܢܐܡܪ: ܠܐ
ܨܒܐ ܐܢܐ ܒܟ. ܗܐ ܐܢܐ ܡܩܪܒ ܐܢܐ ܩܕܡܘܗܝ.
ܢܥܒܕ ܠܝ ܐܝܟ ܕܫܦܝܪ ܒܥܝܢܘܗܝ.:. (27) ܘܐܡܪ ܡܠܟܐ
ܠܨܕܘܩ ܟܗܢܐ. ܗܦܘܟ ܐܠ ܠܡܕܝܢܬܐ ܒܫܠܡܐ. ܐܢܬ

[59] Read ܗܘܐ.

⁶⁰
 [132 r] .
 [132 v] ⁶¹
---

⁶⁰ Sic. See v.36 for the usual spelling in the manuscript.

⁶¹ Mg:

ܕܐܒܝܬܪ. ܫܠܘܚܘ ܠܝ ܒܐܝ̈ܕܝܗܘܢ: ܟܠ ܡܕܡ ܕܫܡܥܝܢ
ܐܢܬܘܢ܀. (37) ܘܥܠ ܚܘܫܝ ܗܘ ܐܪܟܝܐ ܪ̈ܚܡܐ ܕܕܘܝܕ
ܠܡܕܝܢܬܐ. ܘܐܒܫܠܘܡ [133 r] ܗܝܕܝܢ ܥܐܠ ܗܘܐ
ܠܐܘܪܫܠܡ ܘܐܚܝܬܘܦܠ ܥܡܗ܀.

(XVI.1) ܘܕܘܝܕ ܥܒܪ ܩܠܝܠ ܡܕܡ ܡܢ ܪܘܫܐ: ܡܢ ܕܘܟܬܐ
ܗܝ ܕܣܓܕ ܗܘܐ ܬܡܢ. ܘܗܐ ܨܝܒܐ ܥܒܕܗ
ܕܡܦܝܒܘܫܬ ܐܬܐ ܠܐܘܪܥܗ. ܘܐܝܬܝ ܥܡܗ ܬܪ̈ܝܢ
ܚܡ̈ܪܝܢ ܟܕ ܛܥܝܢ. ܘܐܝܬ ܗܘܐ ܥܠܝܗܘܢ: ܡܐܬܝܢ.
ܓܪ̈ܝܨܢ ܕܠܚܡܐ. ܘܡܐܐ ܕܩ̈ܛܝܢ. ܘܡܐܐ ܠܩ̈ܛܝܢ ܘܙܩܐ
ܕܚܡܪܐ. (2) ܘܐܡܪ ܡܠܟܐ ܠܨܝܒܐ. ܠܡܢܐ ܠܟ ܗܠܝܢ.
ܐܡܪ ܠܗ ܨܝܒܐ. ܚܡ̈ܪܐ ܕܢܪܟܒܘܢ ܒܢ̈ܝ ܒܝܬܐ ܕܒܝܬ
ܡܠܟܐ. ܘܠܚܡܐ ܘܠܩܝ̈ܛܐ ܘܬܡ̈ܪܐ. ܕܢܐܟܠܘܢ ܛܠܝ̈ܐ.
ܘܚܡܪܐ. ܕܢܫܬܘܢ ܐܝܠܝܢ ܕܡܬܠܗܦܝܢ ܒܡܕܒܪܐ܀ (3) ܘܐܡܪ
ܠܗ ܡܠܟܐ. ܐܝܟܘ ܒܪ ܡܪ̈ܟ. ܘܐܡܪ ܨܝܒܐ ܠܡܠܟܐ.
ܗܐ ܝܬܒ ܒܐܘܪܫܠܡ. ܘܐܡܪ. ܢܦܢܘܢ ܠܝ ܝܘܡܢܐ ܕܒܝܬ
ܐܝܣܪܐܝܠ ܡܠܟܘܬܗ ܕܫܐܘܠ ܐܒܝ܀ (4) ܘܐܡܪ ܠܗ
ܡܠܟܐ ܠܨܝܒܐ. [133 v] ܝܗܒ ܠܟ ܟܠ ܡܕܡ ܕܐܝܬ ܠܗ
ܠܡܦܝܒܘܫܬ. ܘܐܡܪ ܨܝܒܐ ܒܪ ܣܓܕ. ܫܟܚ ܐܢܬ
ܠܝ. ܕܐܫܟܚܬ ܪ̈ܚܡܐ ܒܥܝܢ̈ܝܟ ܡܪܝ ܡܠܟܐ܀. (5) ܘܐܬܐ
ܡܠܟܐ ܕܘܝܕ ܥܕܡܐ ܠܒܝܬ ܚܘܪܐܝܡ. ܘܢܦܩ ܡܢ ܬܡܢ
ܓܒܪܐ ܚܕ ܡܢ ܫܪܒܬܐ ܕܒܝܬ ܫܐܘܠ. ܘܫܡܗ ܫܡܥܝ
ܒܪ ܓܪܐ. ܢܦܩ: ܘܡܨܛܝܐ ܗܘܐ ܠܗ ܠܕܘܝܕ. (6) ܘܪܓܡ
ܗܘܐ ܠܗ ܒܟܐܦ̈ܐ. ܠܗ: ܘܠܟܠܗܘܢ ܥܒ̈ܕܘܗܝ. ܘܠܟܠܗ
ܥܡܐ. ܘܠܟܠܗܘܢ ܓܢܒ̈ܪܘܗܝ. ܕܡܢ ܝܡܝܢܗ ܘܡܢ ܣܡܠܗ.
(7) ܘܗܟܢܐ ܐܡܪ ܗܘܐ ܠܗ ܫܡܥܝ ܠܕܘܝܕ ܒܪ ܡܨܛܝܐ
ܗܘܐ ܠܗ. ܦܘܩ: ܦܘܩ: ܓܒܪܐ: ܐܢܫ ܕܡܐ ܘܒܠܝܥܐ.
(8) ܐܗܦܟ ܡܪܝܐ ܥܠܝܟ ܟܠܗ ܕܡܐ ܕܒܝܬ ܫܐܘܠ
ܕܐܡܠܟܬ ܚܠܦܘܗܝ. ܘܐܫܠܡܗ ܡܪܝܐ ܠܡܠܟܘܬܟ ܒܐܝܕܗ

ܕܐܒܫܠܘܡ ܒܪܗ̇. ܘܗܟܢܐ ܐܬܦܪܫܬ ܒܥܒܕܬܗ. ܡܛܠ
ܕܠܒܪܬܐ ܐܚܬ. ܐܡܪ ܕܡܢܐ. ܀. (9) ܐܡܪ ܠܗ [134 r]
ܐܒܫܐ ܒܪ ܨܪܘܝܐ ܠܕܘܝܕ. ܠܡܢܐ ܡܨܝܢܐ ܠܡܠܟܐ
ܗܘܐ ܡܒܥܬܐ ܠܡܪܝ ܡܠܟܐ. ܐܡܪܝܢ ܐܒܫܠܘܡܝ ܪܚܡܗ. ܀.
(10) ܘܐܡܪ ܡܠܟܐ ܕܘܝܕ. ܡܢܐ ܠܝ ܘܠܟܘܢ ܒ̈ܢܝ ܨܪܘܝܐ.
ܫܒܘܩܘܗܝ ܡܨܝܢܐ. ܡܪܝܐ ܗܘ ܐܡܪ ܠܗ ܕܢܨܛܐ ܠܕܘܝܕ.
ܡܢ ܕܝܢ ܐܡܪ ܠܝ ܠܡܢܐ ܗܘܐ ܗܟܢܐ. (11) ܘܐܡܪ ܠܗ
ܕܘܝܕ ܠܐܒܫܐ. ܘܠܟܠܗܘܢ ܥܒ̈ܕܘܗܝ. ܗܐ ܒܪܝ ܗܘ
ܕܢܦܩ ܡܢ ܒܛܢܝ. ܒܥܐ ܕܢܣܒ ܢܦܫܝ. ܘܗܫܐ ܠܒܪ ܒܢܝܡܝܢ.
ܫܒܘܩܘܗܝ ܡܨܝܢܐ ܠܝ. ܐܠܗܐ ܗܘ ܐܡܪ ܠܗ. (12) ܟܒܪ
ܢܚܙܐ ܡܪܝܐ ܠܫܥܒܕܝ. ܘܢܦܪܘܥ ܛܒܬܐ ܚܠܦ ܨܘܚܬܗ
ܕܝܘܡܢܐ ܀ (13) ܘܐܙܠ ܗܘܐ ܕܘܝܕ ܘܥܒ̈ܕܘܗܝ ܒܐܘܪܚܐ.
ܘܫܡܥܝ ܐܙܠ ܗܘܐ ܒܨܠܥܐ ܕܛܘܪܐ ܠܘܩܒܠܗ. ܡܨܝܢܐ
ܗܘܐ ܠܗ ܒܪ ܐܙܠ. ܘܪܓܡ ܗܘܐ ܠܗ ܒܟܐܦ̈ܐ ܡܢ
[134 v] ܠܥ̈ܡܘܗܝ. ܘܫܕܐ ܗܘܐ ܒܗ. ܐܦ ܥܦܪܐ.
(14) ܘܐܬܐ ܡܠܟܐ ܘܟܠܗ ܥܡܐ ܕܥܡܗ ܒܪ ܡܛܪܦܝܢ.
ܘܐܬܬܢܝܚܘ ܬܡܢ ܀ (15) ܘܐܒܫܠܘܡ ܘܟܠܗ ܥܡܐ ܕܥܡܗ
ܘܟܠܗ ܐܝܣܪܐܝܠ. ܐܬܘ ܠܐܘܪܫܠܡ. ܘܐܚܝܬܘܦ[62]
ܥܡܗܘܢ ܀. (16) ܘܟܕ ܐܬܐ ܚܘܫܝ ܐܪܟܝܐ ܪܚܡܗ ܕܕܘܝܕ
ܠܘܬ ܐܒܫܠܘܡ. ܐܡܪ ܠܗ ܠܐܒܫܠܘܡ. ܚܐ ܡܠܟܐ: ܚܐ
ܡܠܟܐ. (17) ܐܡܪ ܠܗ ܐܒܫܠܘܡ ܠܚܘܫܝ. ܗܕܐ ܗܝ
ܪܚܡܘܬܗ ܕܪܚܡܟ. ܠܡܢܐ ܠܐ ܐܙܠܬ ܥܡ ܪܚܡܟ ܀
(18) ܐܡܪ ܠܗ ܚܘܫܝ ܠܐܒܫܠܘܡ. ܠܐ ܗܘܐ ܥܡ ܡܢ
ܕܓܒܐ ܡܪܝܐ: ܘܥܡܐ ܗܢܐ: ܘܟܠܗ ܐܝܣܪܐܝܠ ܕܠܗ:
ܥܡܗ ܐܬܒ: (19 P) ܘܕܠܗ ܐܗܘܐ. (19 G) ܘܕܬܪ̈ܬܝܢ.
ܠܡܢܘ ܐܢܐ ܐܦܠܘܚ ܒܥܒܕܘܬܐ. ܠܘ ܩܕܡ ܒܪܗ ܕܗܘ
ܕܐܒܘܟ ܠܗܢܐ ܦܠܚܬ ܠܗ. ܘܗܫܐ ܐܡܠܟܐ [135 r]

[62] Sic. Read ܘܐܚܝܬܘܦܠ.

ܕܦܠܚܬ ܒܓܒܘܬܐ ܩܕܡ ܐܒܘܟ. ܗܟܢܐ ܐܦܠܘܚ ܐܦ
ܩܕܡܝܟ ܀. (20) ܐܡܪ ܐܒܫܠܘܡ ܠܐܚܝܬܘܦܠ. ܡܠܟܘ
ܡܠܟܐ ܐܝܟܢܐ ܢܥܒܕ. (21) ܘܐܡܪ ܐܚܝܬܘܦܠ ܠܐܒܫܠܘܡ. ܥܘܠ
ܥܠ ܕܪ̈ܘܟܬܗ ܕܐܒܘܟ ܗܠܝܢ ܕܫܒܩ ܕܢܛܪ̈ܢ ܒܝܬܗ. ܘܟܕ
ܢܫܡܥ ܟܠܗ ܐܝܣܪܝܠ ܕܐܬܒܐܫܬ ܠܐܒܘܟ: ܘܬܬܩܦܢ
ܒܡ ܕܪ̈ܘܟܬܗ. ܢܬܩ̈ܦܢ ܐܝ̈ܕܝܗܘܢ ܕܟܠܗܘܢ ܥܡܗ ܕܥܡܟ ܀
(22) ܘܦܪܣܘ ܠܗ ܠܐܒܫܠܘܡ ܡܫܟܢܐ ܥܠ ܐܓܪܐ. ܘܥܠ
ܐܒܫܠܘܡ ܥܠ ܕܪ̈ܘܟܬܗ ܕܐܒܘܗܝ: ܠܥܝܢ ܟܠܗ ܐܝܣܪܝܠ.
(23) ܘܡܠܟܐ ܕܡܠܟ ܗܘܐ ܐܚܝܬܘܦܠ ܒܝ̈ܘܡܬܐ ܗܠܝܢ
ܩ̈ܕܡܝܐ. ܐܝܟ ܐܢܫ ܕܢܫܐܠ ܒܡܠܬܗ ܕܐܠܗܐ. ܗܟܢܐ
ܗܘܘ ܟܠܗܘܢ ܡ̈ܠܟܘܗܝ ܕܐܚܝܬܘܦܠ ܐܝܬܝܗܘܢ ܗܘܘ. ܘܐܦ
ܠܕܘܝܕ. ܘܐܦ ܠܐܒܫܠܘܡ ܀. [135 v]

(XVII.1) ܘܐܡܪ ܐܚܝܬܘܦܠ ܠܐܒܫܠܘܡ . ܐܓܒܐ
ܬܪ̈ܥܣܪ ܐܠܦܝܢ ܓܒܪ̈ܐ. ܘܐܩܘܡ ܐܪܕܘܦ ܒܬܪ ܕܘܝܕ
ܒܠܠܝܐ. (2) ܘܐܕܪܟܝܘܗܝ. ܟܕ ܠܐܐ ܘܡܪ̈ܦܝܢ ܐܝ̈ܕܘܗܝ.
ܘܐܬܒܗ ܘܐܕܠܚܝܘܗܝ. ܘܢܥܪܘܩ ܟܠܗ ܥܡܐ ܕܥܡܗ.
ܘܐܩܛܘܠܝܘܗܝ ܠܡܠܟܐ ܒܠܚܘܕܘܗܝ. (3) ܘܐܦܢܝܘܗܝ ܠܟܠܗ
ܥܡܐ ܠܘܬܟ. ܐܝܟܢܐ ܕܦܢܝܐ ܟܠܬܐ ܠܘܬ ܒܥܠܗ.
ܒܪܡ ܐܦ ܐܢܬ ܢܦܫܐ ܕܓܒܪܐ ܚܕ ܐܢܬ. ܘܠܟܠܗ
ܥܡܐ ܢܗܘܐ ܫܠܡܐ . (4) ܘܫܦܪܬ ܡܠܬܐ ܩ̈ܕܡ
ܐܒܫܠܘܡ . ܘܩ̈ܕܡ ܟܠܗܘܢ ܣܒ̈ܐ ܕܐܝܣܪܝܠ ܀.
(5) ܘܐܡܪ ܐܒܫܠܘܡ. ܩܪܘ ܘܐܦ ܠܚܘܫܝ ܐܪܟܝܐ. ܘܢܫܡܥ
ܡܢܐ ܐܡܪ ܐܦ ܗܘ. (6) ܘܐܬܐ ܚܘܫܝ ܠܘܬ ܐܒܫܠܘܡ.
ܘܐܡܪ ܠܗ ܐܒܫܠܘܡ . ܗܟܢܐ . ܘܗܟܢܐ ܐܡܪ
ܐܚܝܬܘܦܠ. ܘܠܐ ܕܢܥܒܕ ܡܕܡ ܕܐܡܪ. ܐܘ ܠܐ. ܐܡܪ
ܠܐ ܘܠܐ. ܐܡܪ ܐܢܬ. (7) ܐܡܪ ܠܗ ܚܘܫܝ ܠܐܒܫܠܘܡ.
ܠܐ ܛܒ [136 r] ܡܠܟܐ ܗܢܐ ܕܡܠܟܟ ܐܚܝܬܘܦܠ ܒܗܢܐ
ܙܒܢܐ. (8) ܐܡܪ ܠܗ ܚܘܫܝ ܠܐܒܫܠܘܡ. ܐܢܬ ܝܕܥ ܐܢܬ

 [136 v]
 [137 r].
---

[63] Read with Peshitta ?

ܘܗܟܢܐ ܡܠܟܬ ܐܢܐ. (16) ܐܠܐ ܗܫܐ ܫܕܪܘ ܒܥܓܠ܆
ܘܐܘܕܥܘ ܠܕܘܝܕ܆ ܘܐܡܪܘ ܠܗ܂ ܠܐ ܬܒܘܬ ܒܠܠܝܐ
ܠܡܥܒܪܬܐ ܡܢ ܝܘܪܕܢܢ ܕܡܕܒܪܐ. ܠܐ ܬܩܘܬ ܒܠܠܝܐ
ܒܦܫܝܛܬܐ[64] ܕܡܕܒܪܐ. ܐܠܐ ܥܒܪ ܠܟ ܝܘܪܕܢܢ܂ ܕܠܐ
ܬܬܬܒܪ ܐܢܬ ܘܟܠܗ ܥܡܐ ܕܥܡܟ ܀ (17) ܘܝܘܢܬܢ
ܘܐܚܝܡܥܨ ܩܝܡܝܢ ܗܘܘ ܥܠ ܓܒ ܡܥܝܢܐ ܕܩܨܪܐ[65].
ܘܐܙܠܬ ܐܡܬܐ܂ ܘܐܘܕܥܬ ܠܗܘܢ. ܘܗܢܘܢ ܐܙܠܘ܇
ܠܡܘܕܥܘ ܠܡܠܟܐ ܕܘܝܕ. ܡܛܠ ܕܠܐ ܡܫܟܚܝܢ ܗܘܘ
ܠܡܬܚܙܝܘ ܬܡܢ ܘܠܡܥܠ ܠܡܕܝܢܬܐ ܀ (18) ܘܚܙܐ ܐܢܘܢ
ܛܠܝܐ ܚܕ܂ ܘܐܘܕܥ ܠܐܒܫܠܘܡ. ܘܐܙܠܘ ܗܢܘܢ [137 v]
ܡܣܪܗܒܐܝܬ ܬܪܝܗܘܢ܂ ܘܥܠܘ ܠܒܝܬܗ ܕܓܒܪܐ ܚܕ ܡܢ
ܒܝܬ ܚܘܪܐܡ. ܘܐܝܬ ܗܘܐ ܠܗ ܒܐܪܐ[66] ܒܕܪܬܗ܂
ܘܢܚܬܘ ܠܗ. (19) ܘܫܩܠܬ ܐܢܬܬܐ ܦܪܣܐ܇ ܘܦܪܣܬ ܠܥܠ
ܡܢ ܓܘܒܐ܂ ܘܫܛܚܬ ܥܠܘܗܝ ܕܘܫܐ ܪ̈ܛܝܒܐ. ܘܐܟܣܝ܂ ܠܐ
ܝܕܥ. (20) ܘܐܬܘ ܥܒ̈ܕܘܗܝ ܕܐܒܫܠܘܡ ܠܘܬ ܐܢܬܬܐ
ܗܝ ܠܒܝܬܗ܆ ܘܐܡܪܝܢ܂ ܐܝܟܐ ܐܚܝܡܥܨ ܘܝܘܢܬܢ.
ܐܡܪܐ ܠܗܘܢ ܐܢܬܬܐ. ܥܒܪܘ ܠܗܘܢ ܡܟܐ. ܡܛܠ
ܕܡ̈ܝܐ ܟܒܗ܆ ܘܠܐ ܐܫܟܚܘ܂ ܘܗܦܟܘ ܠܗܘܢ ܠܐܘܪܫܠܡ ܀
(21) ܘܡܢ ܒܬܪ ܕܐܙܠܘ ܗܢܘܢ܂ ܣܠܩܘ ܗܢܘܢ ܡܢ ܒܐܪܐ.
ܘܐܙܠܘ܆ ܘܚܘܘ ܠܡܠܟܐ ܕܘܝܕ܆ ܘܐܡܪܘ ܠܗ܂ ܩܘܡ ܒܥܓܠ.
ܘܥܒܪ ܡ̈ܝܐ܂ ܡܛܠ ܕܗܟܢܐ ܡܠܟ ܥܠܝܟܘܢ ܐܚܝܬܘܦܠ ܀
(22) ܘܩܡ ܕܘܝܕ ܘܟܠܗ ܥܡܐ ܕܥܡܗ܂ ܘܥܒܪܘ ܝܘܪܕܢܢ
ܥܕܡܐ ܕܢܓܗ ܨܦܪܐ. ܘܥܕ [138 v] ܗܠܝܢ ܫܦܪܐ܂ ܠܐ ܦܫ
ܐܢܫ ܘܐܦܠܐ ܚܕ. ܕܠܐ ܥܒܪ ܝܘܪܕܢܢ ܀ (23) ܘܐܚܝܬܘܦܠ܆
ܚܙܐ ܕܠܐ ܗܘܬ ܡܠܟܗ܂ ܘܐܣܪ ܚܡܪܗ ܘܩܡ܂ ܘܩܡ
ܐܙܠ ܠܒܝܬܗ ܘܠܡܕܝܢܬܗ܂ ܘܦܩܕ ܥܠ ܒܝܬܗ܆ ܘܚܢܩ ܢܦܫܗ܂

[64] Mg: ܒܥܪܒܘܬ

[65] Mg: ܕܪܘܓܠ

[66] Mg: ܠܓܘܒܐ

 (XVIII.1) (2 G) . (2 P) . [139 r] (3)

---

[67] Mg:

[68] Mg:

[69] Read .

ܕܐܢ̱ ܡܥܪܩ ܢܥܪܘܩ ܡܢ ܘܢܦܪܘܡ. ܠܐ ܣܝܡܝܢ ܥܠܝܢ ܒܠܒܗܘܢ̱.
ܘܐܠܐ ܪ̈ܕܦܝܢ ܒܬܪܢ. ܐܢ̱ ܠܐ ܢܦܩ ܐܢܬ ܥܡܢ. ܘܐܢ̱
ܡܝܬܝܢ ܦܠܓܢ. ܠܐ ܣܝܡܝܢ ܥܠܝܢ ܠܒܗܘܢ̱. ܡܛܠ ܕܐܠܐ
ܗܘܐ ܠܗ ܒܢܝ ܕܢܚܬܘܢ̱. ܐܠܐ ܠܟ. ܡܛܠ ܗܪܟܐ. ܠܐ
ܬܦܘܩ ܥܡܢ. ܡܛܠ ܕܐܢܬ ܛܒ ܐܢܬ ܠܝ. ܐܝܟ ܒܥܣܪܐ
ܐ̈ܠܦܝܢ. ܒܪ ܐܢܬܘܢ ܠܟܠ ܒܡܕܝܢܬܐ. ܘܐܡܦ ܣܘܦܢ̱ ܒܢܝܢ
ܠܝ. ܛܒ ܡܢ ܒܥܣܪܐ ܐ̈ܠܦܝܢ. ܡܛܠ ܗܕܐ ܗܫܐ. ܛܒ
ܠܝ ܕܬܗܘܐ ܠܝ ܒܡܥܕܪܢܐ ܒܪ ܐܢܬܘܢ ܒܡܕܝܢܬܐ. ܘܐܡܪܘ
ܠܗ ܥܒ̈ܕܘܗܝ ܠܕܘܝܕ. ܚܝ ܢܦܫܟ. ܘܡܫܬܡܥܝܢ ܠܡܬܬܟܐܘ
ܒܒܝܬܗܘܢ̱. (4) ܘܐܡܪ ܠܗܘܢ̱ ܡܠܟܐ. ܐܝܟܢܐ ܕܫܦܝܪ ܠܟܘܢ̱.
ܐܥܒܕ. ܘܐܬܩܘܡ̱ ܗܘ ܡܠܟܐ ܕܫܦܝܪ ܒܥ̈ܝܢܝܟܘܢ̱ ܥܒܕܘ .܀
[139 v] ܘܩܡ ܥܠ ܣܛܪܐ ܕܬܪܥܐ ܕܡܕܝܢܬܐ. ܘܟܠܗ
ܥܡܐ ܢܦܩ ܗܘܐ ܒܡܐ̈ܘܬܐ. ܘܒܐܠ̈ܦܐ. (5) ܘܦܩܕ
ܡܠܟܐ ܠܝܘܐܒ. ܘܠܐܒܝܫܝ. ܘܠܐܬܝ ܒܪ ܐܓܬܝ. ܚܘܣܘ
ܠ ܥܠ ܛܠܝܐ ܐܒܫܠܘܡ. ܘܐܫܬܘܕܥܘܗܝ ܠ. ܒܪ ܚ.
ܘܥܡܐ ܟܠܗ ܫܡܥ ܟܕ ܦܩܕ ܡܠܟܐ ܠܟܠܗܘܢ̱ ܪ̈ܘܪܒܢܐ.
ܥܠ ܨܒܘܬܐ ܕܐܒܫܠܘܡ. (6) ܘܢܦܩ ܥܡܐ ܟܠܗ ܠܚܩܠܐ
ܠܐܘܪܥܗ ܕܐܝܣܪܐܝܠ. ܘܗܘܐ ܩܪܒܐ ܒܝܥܪܐ ܕܐܦܪܝܡ.
(7) ܘܐܬܬܒܪ ܬܡܢ ܥܡܐ ܕܐܝܣܪܐܝܠ ܩܕܡ ܥܒ̈ܕܘܗܝ
ܕܕܘܝܕ. ܘܗܘܬ ܬܡܢ ܡܚܘܬܐ ܪܒܬܐ ܒܝܘܡܐ ܗ̇ܘ.
ܥܣܪܝܢ ܐ̈ܠܦܝܢ ܓܒܪ̈ܐ. (8) ܘܗܘܐ ܬܡܢ ܩܪܒܐ ܡܬܒܕܪܐ.
ܕܡܬܚܙܐ ܗܘܐ. ܥܠ ܐ̈ܦܝ ܕܟܠܗ ܐܪܥܐ ܗ̇ܝ. ܘܐܣܓܝܬ
ܚܘܫܬ[70] ܥܡܐ ܡܢ ܚܪܒܐ. ܝܬܝܪ ܡܢ ܗ̇ܢܘܢ̱ ܕܐܘܒܕܬ
ܚܪܒܐ ܒܝܘܡܐ ܗ̇ܘ ܀ (9) ܘܐܬܦܓܥ ܐܒܫܠܘܡ ܩܕܡ
ܥܒ̈ܕܘܗܝ ܕܕܘܝܕ. ܘܐܒܫܠܘܡ ܪܟܝܒ ܗܘܐ. ܥܠ ܟܘܕܢܝܐ.
ܘܥܒܪ ܗ̇ܘ ܟܘܕܢܝܐ܇ ܬܚܝܬ [140 r] ܥܒܘܛܬܐ ܕܒܘ̈ܛܡܬܐ
ܕܒܠܛܐ ܪܒܐ. ܘܐܬܬܚܝܕ ܣܥܪܐ ܕܪܝܫܗ ܕܐܒܫܠܘܡ

[70] Mg: ܘܐܣܓܝ ܚܪܒܐ ܠܡܐܟܠ

ܒܣܘܟܬܐ ܕܒܠܘܛܐ. ܘܐܬܬܠܝ ܒܝܢܬ ܫܡܝܐ
ܠܐܪܥܐ. ܘܟܘܕܢܝܐ ܗܘ ܕܬܚܘܬܘܗܝ: ܥܒܪ. ܘܐܙܠ.
(10) ܘܚܙܝܗܝ ܓܒܪܐ ܚܕ: ܘܐܘܕܥ ܠܝܘܐܒ ܘܐܡܪ. ܚܙܝܬܗ
ܠܐܒܫܠܘܡ ܟܕ ܬܠܐ ܒܒܠܘܛܐ. (11) ܘܐܡܪ ܠܗ ܝܘܐܒ
ܠܓܒܪܐ ܗܘ ܕܐܘܕܥܗ. ܘܟܕ ܚܙܝܬܗܝ ܠܡܢܐ ܠܐ
ܡܚܝܬܗܝ، ܘܐܪܡܝܬܗܝ ܥܠ ܐܪܥܐ. ܘܐܢܐ ܝܗܒ ܗܘܝܬ
ܠܟ ܥܣܪܐ ܕܣܐܡܐ. ܘܠܒܘܫܐ ܚܕ. (12) ܐܡܪ ܠܗ
ܓܒܪܐ ܗܘ ܠܝܘܐܒ. ܐܦܠܘ ܡܬܝܗܒ ܗܘܬ ܠܝ: ܐܠܦܐ
ܕܣܩ̈ܠܘ ܕܣܐܡܐ. ܠܐ ܡܘܫܛ ܗܘܝܬ ܐܝܕܝ، ܥܠ ܒܪ
ܡܠܟܐ ܡܛܠ ܕܠܢ ܦܩܕ ܡܠܟܐ ܠܟ ܘܠܐܒܝܫܝ ܘܠܐܝܬܝ،
ܘܐܡܪ: ܐܙܕܗܪܘ ܠܝ ܒܛܠܝܐ ܐܒܫܠܘܡ. (13) ܐܠܘ ܥܒܕܬ
ܗܕܐ. ܥܘܠܐ. ܡܛܠ [140 v] ܗܘܬ ܒܢܦܫܝ. ܘܡܕܡ ܠܐ
ܡܬܛܫܝܐ ܗܘܐ ܡܢ ܡܠܟܐ. ܘܐܢܬ ܩܐܡ ܗܘܬ ܡܢ
ܡܩܘܒܠ ܀. (14) ܐܡܪ ܠܗ ܝܘܐܒ. ܠܐ ܗܟܢܐ. ܐܠܐ
ܐܢܬ ܚܙܝܗܝ ܠܝ. ܘܐܢܐ ܡܚܐܪܐ ܐܢܐ ܡܩܕܡܢ. ܘܢܣܒ
ܝܘܐܒ ܬܠܬܐ ܫܒ̈ܛܐ ܒܐܝܕܗ. ܘܡܚܐ ܐܢܘܢ ܒܠܒܗ
ܕܐܒܫܠܘܡ. ܘܥܕܟܝܠ ܚܝ ܗܘܐ. ܘܬܠܐ ܗܘܐ ܒܐܝܠܬܐ.
(15) ܘܐܬܟܪܟܘ ܥܣܪܐ ܥܠܝ̈ܡܐ ܫܩ̈ܠ ܡܐ̈ܢܐ ܕܝܘܐܒ.
ܘܡܚܐܘܗܝ ܠܐܒܫܠܘܡ. ܘܩܛܠܘܗܝ ܀. (16) ܘܩܪܐ ܝܘܐܒ
ܒܫܝܦܘܪܐ: ܘܗܦܟܘ ܥܡܐ ܡܢ ܕܠܡܪܕܦ ܒܬܪ ܐܝܣܪܝܠ.
ܡܛܠ ܕܚܣܟܗ ܗܘܐ ܝܘܐܒ ܥܠ ܥܡܐ ܀. (17) ܘܫܩܠܘܗܝ
ܠܐܒܫܠܘܡ. ܘܐܪܡܝܘܗܝ ܒܦܚܬܐ ܚܕ ܕܒܥܒܐ ܗܘ
ܒܥܡܝܩܐ ܪܒܐ. ܘܐܩܝܡܘ ܥܠܘܗܝ ܝܓܪܐ ܪܒܐ ܕܟܐ̈ܦܐ
ܪ̈ܘܪܒܬܐ. ܘܟܠܗ ܐܝܣܪܝܠ. ܥܪܩ ܐܢܫ ܠܡܫܟܢܗ ܀
(18) ܘܐܒܫܠܘܡ ܟܕ ܒܚܝܠ ܗܘ ܚܝ ܗܘܐ. ܢܣܒ [141 r]
ܗܘܐ. ܘܐܩܝܡ ܠܗ ܩܝܡܬܐ ܘܓܠܠܐ ܒܥܘܡܩܐ
ܕܡܠܟܐ. ܡܛܠ ܕܐܡܪ ܗܘܐ. ܕܠܝܬ ܠܝ ܒܪ ܕܢܬܕܟܪ
ܫܡܝ. ܘܩܪܝܗ̇ ܠܩܝܡܬܐ ܥܠ ܫܡܗ. ܘܐܬܩܪܝܬ ܐܝܕܐ

ܕܐܒܫܠܘܡ. ܥܕܡܐ ܠܝܘܡܢܐ ܀. (19) ܘܐܚܝܡܥܨ ܒܪ
ܨܕܘܩ. ܐܡܪ ܠܝܘܐܒ. ܐܪܗܛ ܐܣܒܪܝܘܗܝ ܠܡܠܟܐ.
ܕܕܢ ܠܗ ܡܪܝܐ ܕܝܢܐ ܡܢ ܐܝܕܐ ܕܒܥܠܕܒܒܘܗܝ ܀.
(20) ܐܡܪ ܠܗ ܝܘܐܒ. ܠܘ ܓܒܪܐ ܕܣܒܪܬܐ ܕܝܘܡܢܐ
ܗܢܐ ܐܢܬܝܢ. ܣܒܪ ܐܢܬ ܒܝܘܡܐ ܐܚܪܢܐ. ܒܝܘܡܐ
ܕܝܢ ܗܢܐ: ܠܐ ܘܠܐ ܠܟ ܕܬܣܒܪ. ܡܛܠ ܕܒܪ ܒܪܗ
ܕܡܠܟܐ ܡܝܬ ܐܝܬ ܕܡܝܬ ܀. (21) ܘܐܡܪ ܝܘܐܒ ܠܟܘܫ.
ܙܠ ܐܘܕܥ ܠܡܠܟܐ ܡܕܡ ܕܚܙܝܬ. ܘܣܓܕ ܟܘܫ ܠܝܘܐܒ.
ܘܪܗܛ. (22) ܘܐܘܣܦ ܬܘܒ ܐܚܝܡܥܨ ܒܪ ܨܕܘܩ.
ܘܐܡܪ ܠܗ ܠܝܘܐܒ. ܡܢܐ. ܡܕܡ ܐܪܗܛ. [141 v] ܐܦ
ܐܢܐ ܐܙܠ ܒܬܪ ܟܘܫ. ܐܡܪ ܠܗ ܝܘܐܒ. ܠܡܢܐ ܪܗܛ
ܐܢܬ ܒܪܝ. ܕܠܐ ܐܝܬܝܗ ܠܟ ܣܒܪܬܐ ܕܡܘܬܪܐ ܒܗ
ܐܙܠ ܐܢܬ. (23) ܘܐܡܪ ܐܚܝܡܥܨ. ܘܡܢܐ ܢܗܘܐ
ܐܢ ܪܗܛ ܐܢܐ. ܡܕܡ ܐܪܗܛ. ܐܡܪ ܠܗ ܝܘܐܒ.
ܪܗܛ. ܘܪܗܛ ܐܚܝܡܥܨ ܒܐܘܪܚܐ ܕܟܐܟܪ.[71]
ܘܥܒܪܗ ܠܟܘܫ ܀ (24) ܘܕܘܝܕ. ܝܬܒ ܗܘܐ ܒܝܬ ܬܪ̈ܥܝܗܘܢ
ܬܪ̈ܥܐ. ܘܣܠܩ ܕܝܘܩܐ ܥܠ ܐܓܪܐ ܕܬܪܥܐ ܠܘܬ ܫܘܪܐ.
ܘܐܪܝܡ ܥܝܢܘܗܝ ܘܚܙܐ. ܘܗܐ ܓܒܪܐ ܕܪܗܛ ܒܠܚܘܕܘܗܝ.
(25) ܘܩܪܐ ܕܝܘܩܐ. ܘܐܘܕܥ ܠܡܠܟܐ. ܘܐܡܪ ܡܠܟܐ.
ܐܢ ܒܠܚܘܕܘܗܝ ܗܘ. ܣܒܪܬܐ ܒܦܘܡܗ. ܘܐܙܠ ܘܐܬܩܪܒ.
ܘܩܪܝܒ. (26) ܘܚܙܐ ܕܝܘܩܐ ܓܒܪܐ ܐܚܪܢܐ ܕܪܗܛ. ܘܩܪܐ
ܠܘܬ ܬܪ̈ܥܐ. ܘܐܡܪ. ܗܐ ܓܒܪܐ ܐܚܪܢܐ ܕܪܗܛ
ܒܠܚܘܕܘܗܝ. ܘܐܡܪ ܡܠܟܐ. ܘܐܦ ܗܢܐ. ܡܣܒܪܢܐ
ܗܘ. (27) ܘܐܡܪ [142 r] ܗܘ ܕܝܘܩܐ. ܚܙܐ ܐܢܐ ܠܪܗܛܗ
ܕܩܕܡܝܐ. ܐܝܟ ܪܗܛܗ ܕܐܚܝܡܥܨ ܒܪ ܨܕܘܩ.
ܘܐܡܪ ܡܠܟܐ ܓܒܪܐ ܗܘ ܛܒܐ ܗܢܐ. ܘܐܦ ܒܣܒܪܬܐ
ܛܒܬܐ ܐܬܐ. (28) ܘܩܪܐ ܐܚܝܡܥܨ ܘܐܡܪ ܠܡܠܟܐ.

[71] Mg: ܡܬܦܢܝܐ ܗܘܬ

ܫܠܡܐ. ܘܐܡܪ ܠܗ ܡܠܟܐ. ܐܬܬܒ ܒܡܠܟܐ. ܘܗܦܟ
ܐܣܬܓܕ ܠܡܠܟܐ ܥܠ ܐܦܘܗܝ ܥܠ ܐܪܥܐ. ܘܐܡܪ.
ܒܪܝܟ ܗܘ ܡܪܝܐ ܐܠܗܟ. ܗܘ ܕܐܫܠܡ ܐܢܘܢ ܠܐܢܫܐ
ܕܐܘܫܛܘ ܐܝܕܝܗܘܢ ܥܠ ܡܪܝ ܡܠܟܐ .:. (29) ܐܡܪ ܠܗ
ܡܠܟܐ. ܫܠܡ ܠܛܠܝܐ ܐܒܫܠܘܡ. ܘܐܡܪ ܐܚܝܡܥܨ.
ܚܙܝܬ ܩܠܐ ܕܪܘܫܬܐ ܪܒܬܐ. ܟܕ ܫܕܪ ܥܒܕܐ ܕܡܠܟܐ
ܘܠܥܒܕ: ܠܥܒܕܟ. ܘܠܐ ܝܕܥܬ ܡܢܐ ܗܘܐ ܬܡܢ. (30) ܐܡܪ
ܠܗ ܡܠܟܐ. ܥܒܪ ܩܘܡ ܗܪܟܐ. ܘܐܬܗܦܟ. ܘܩܡ.
(31) ܘܗܐ ܟܘܫ ܐܬܐ. ܘܐܡܪ. ܢܣܬܒܪ ܡܪܝ ܡܠܟܐ.
ܕܕܢ ܠܗ ܡܪܝܐ ܝܘܡܢܐ ܕܝܢܟ. ܡܢ ܐܝܕܝܐ [142 v] ܕܟܠܗܘܢ
ܗܢܘܢ ܕܩܡܝܢ ܥܠܝܟ. (32) ܐܡܪ ܠܗ ܡܠܟܐ ܠܟܘܫ.
ܫܠܝܢ[72] ܠܛܠܝܐ ܐܒܫܠܘܡ. ܐܡܪ ܟܘܫ. ܢܗܘܘܢ ܐܝܟ
ܛܠܝܐ ܒܥܠܕܒܒܘܗܝ ܕܡܪܝ ܡܠܟܐ. ܘܟܠܗܘܢ ܗܢܘܢ ܕܩܡܘ
ܥܠܘܗܝ ܠܒܝܫܬܐ.

(XIX.1 (XVIII.33 G)) ܘܐܬܬܙܝܥ ܡܠܟܐ: ܘܣܠܩ
ܠܥܠܝܬܐ ܕܬܪܥܐ. ܘܒܟܐ. ܘܟܕ ܒܟܐ. ܗܟܢܐ ܐܡܪ
ܗܘܐ. ܒܪܝ ܐܒܫܠܘܡ. ܒܪܝ.. ܒܪܝ.. ܐܒܫܠܘܡ. ܡܢ ܕܢ
ܐܡܘܬ ܚܠܦܝܟ: ܐܒܫܠܘܡ.. ܒܪܝ.:. (2P: 1G) ܘܐܬܐܡܪܘ
ܠܗ ܠܝܘܐܒ. ܕܗܐ ܡܠܟܐ ܒܟܐ ܘܡܬܐܒܠ ܥܠ
ܐܒܫܠܘܡ. (3P: 2G) ܘܗܘܬ ܦܘܪܩܢܐ ܒܝܘܡܐ ܗܘ.
ܠܐܒܠܐ ܠܟܠܗ ܥܡܐ: ܡܛܠ ܕܫܡܥܘ ܥܡܐ ܒܝܘܡܐ ܗܘ
ܗܘ ܕܐܡܪܝܢ: ܕܟܪܝܬ ܠܡܠܟܐ ܗܟܢܐ ܘܡܬܐܒܠ ܥܠ
ܒܪܗ. (4P: 3G) ܘܐܬܓܢܒܘ ܥܡܐ: ܘܥܠܝܢ ܗܘܘ ܒܝܘܡܐ
ܗܘ ܠܡܥܠ ܠܡܕܝܢܬܐ. ܐܝܟܢܐ ܕܡܬܓܢܒܝܢ ܥܡܐ ܘܥܠܝܢ
ܡܢܐ ܕܢܦܩܝܢ ܡܢ ܩܪܒܐ .:. (5P: 4G) ܘܡܠܟܐ ܢܟܦ ܐܦܘܗܝ.
ܘܐܠܠ ܒܩܠܐ ܪܡܐ[73]. [143 r] ܘܐܡܪ. ܒܪܝ.. ܐܒܫܠܘܡ.

---

[72] Mg: ܫܠܡ

[73] Mg: ܪܒܐ

ܒܪܝ܆ ܒܪܝ܆ ܐܒܫܠܘܡ. ܐܒܫܠܘܡ܆ ܒܪܝ܀ (6P: 5G) ܘܥܠ
ܝܘܐܒ ܠܘܬ ܡܠܟܐ ܠܒܝܬܐ. ܘܐܡܪ ܠܗ. ܐܒܗܬܬ
ܝܘܡܢܐ ܠܐܦ̈ܐ. ܕܟܠܗܘܢ ܥܒ̈ܕܝܟ. ܕܦܠܛܘ ܢܦܫܟ ܝܘܡܢܐ.
ܘܢܦܫܐ ܕܒ̈ܢܝܟ ܘܕܒ̈ܢܬܟ. ܘܢܦܫܐ ܕܢܫ̈ܝܟ ܘܕܪ̈ܘܒܬܟ.
(7P: 6G) ܕܪܚܡܬ ܠܣܢ̈ܐܝܟ ܘܣܢܝܬ ܠܪ̈ܚܡܝܟ. ܘܚܘܝܬ ܝܘܡܢܐ.
ܕܠܝܬ ܐܝܬ ܠܟ܂ ܠܐ ܪ̈ܘܪܒܢܐ. ܘܠܐ ܥܒ̈ܕܐ. ܘܝܕܥ
ܐܢܐ ܝܘܡܢܐ. ܕܐܠܘ ܐܒܫܠܘܡ ܚܝ ܗܘܐ. ܚܢ ܟܠܢ܂
ܝܘܡܢܐ. ܡܝܬܝܢ ܗܘܝܢ. ܘܗܕܐ[74] ܒܒܪ ܫܦܝܪܐ ܗܘܬ
ܒܥ̈ܝܢܝܟ܀ (8P: 7G) ܘܗܫܐ܂ ܩܘܡ ܦܘܩ. ܘܡܠܠ ܥܠ ܠܒܐ
ܕܥ̈ܒܕܝܟ. ܡܛܠ ܕܒܡܪܝܐ ܝܡܝܬ. ܕܐܢ ܠܐ ܢܦܩ ܐܢܬ.
ܠܐ ܒܐܬܪ ܐܢܫ ܠܘܬܟ ܒܠܠܝܐ ܗܢܐ. ܘܒܝܫܐ ܠܟ
ܗܕܐ. ܝܬܝܪ ܡܢ ܟܠܗܝܢ ܒܝ̈ܫܬܐ ܕܐܬ̈ܝܢ ܥܠܝܟ܂ ܡܢ
ܛܠܝܘܬܟ ܘܥܕܡܐ ܠܗܫܐ܀ (9P: 8G) ܘܩܡ ܡܠܟܐ. ܘܝܬܒ
ܒܬܪܥܐ. ܘܚܘܘ ܘܐܘܕܥܘ܂ ܠܟܠܗ ܥܡܐ܂ ܘܐܡܪܘ.
ܕܗܐ ܡܠܟܐ ܝܬܒ ܒܬܪܥܐ. [143 v] ܘܐܬܬܐ ܘܥܠ ܟܠܗ
ܥܡܐ ܩܕܡ ܦܪܨܘܦܐ ܕܡܠܟܐ. ܘܐܝܣܪܐܝܠ܂ ܥܪܩܘ ܟܠܢܫ
ܠܡܫܟܢܗ܀ (10P: 9G) ܘܐܬܕܘܢܘ ܗܘܐ ܟܠܗ ܥܡܐ܂
ܒܦܫܒܛܐ. ܕܡܬܕܠܝܢ ܘܐܡܪܝܢ ܒܟܠܗܘܢ ܫܒ̈ܛܐ ܕܐܝܣܪܐܝܠ.
ܘܐܡܪܝܢ ܗܘܘ. ܕܡܠܟܐ ܕܘܝܕ ܦܪܩ ܠܢ ܡܢ ܐܝܕܝܐ ܕܟܠܗܘܢ
ܒܥܠܕܒ̈ܒܝܢ. ܘܗܘ ܦܨܝ ܠܢ ܡܢ ܐܝܕܝܐ ܕܦܠܫ̈ܬܝܐ. ܘܗܫܐ܂
ܥܪܩ ܠܗ ܡܢ ܐܪܥܐ. ܘܡܢ ܡܠܟܘܬܗ ܡܢ ܩܕܡ ܐܒܫܠܘܡ.
(11P: 10G) ܘܐܒܫܠܘܡ ܗܘ ܕܡܫܚܢ܂ ܘܐܬܡܫܚ ܥܠܝܢ. ܡܝܬ
ܠܗ ܒܩܪܒܐ܀ ܘܐܡܪܘ ܓܒܪ ܠܚܒܪܗ. ܠܡܢܐ ܫܬܝܩܝܬܘܢ
ܐܢܬܘܢ ܘܒܪܥܝܢ ܐܢܬܘܢ ܕܬܗܦܟܘܢ ܠܘܬ ܡܠܟܐ. (12P) ܘܬܘ
ܢܐܬܐ. ܘܢܗܦܟܘܢܗܝ ܠܒܝܬܗ. ܘܡܠܬܐ ܕܟܠܗܘܢ ܕܒ̈ܢܝ
ܐܝܣܪܐܝܠ. ܥܠܬ ܩܕܡ ܡܠܟܐ܀ (13P: 11G) ܘܡܠܟܐ ܕܘܝܕ
ܫܕܪ ܠܘܬ ܨܕܘܩ ܘܠܘܬ ܐܒܝܬܪ ܟܗ̈ܢܐ܂ ܘܐܡܪ ܠܗܘܢ܂

[74] Mg: ܡܛܠ ܒܥܬ ܕܗܘܐ ܫܦܝܪ ܗܘܐ ܡܕܡܝܢ ܠܟ ܡܢ ܟܠܡ

[144 r]
 (13 P) (12 G)
(14P: 13G)
 ∴. (15P: 14G)

 (16P: 15P)
(17P: 16G) ∴. ∴.

[144 v]
 (17 G)
. (18 P)
 (19 P)
(18 G)
(20P: 19G)

ܣܝܡ ܡܪܝ ܡܠܟܐ ܥܠ ܠܒܗ. (21P: 20G) ܝܕܥ ܐܢܐ ܐܢܐ ܐܢܐ
[145 r] ܥܒܕܟ ܕܚܛܝܬ. ܘܡܛܠ ܗܕܐ. ܗܐ ܐܢܐ ܐܬܝܬ
ܝܘܡܢܐ ܩܕܡܝܐ ܡܢ ܟܠܗܘܢ ܕܒܝܬ ܝܘܣܦ܆ ܘܢܚܬܬ
ܠܐܘܪܥܗ ܕܡܪܝ ܡܠܟܐ.܀ (22P: 21G) ܘܥܢܐ ܐܒܝܫܐ
ܒܪ ܨܪܘܝܐ. ܘܐܡܪ. ܠܡܢܐ܆ ܐܦ ܡܛܠ ܗܕܐ܆
ܠܐ ܢܡܘܬ ܫܡܥܝ: ܕܨܝܕ ܠܡܫܝܚܗ ܕܡܪܝܐ.܀.
(23P: 22G) ܘܐܡܪ ܕܘܝܕ. ܡܢܐ ܠܝ ܘܠܟܘܢ ܒܢܝ ܨܪܘܝܐ܆
ܕܩܘܡ ܐܝܬܝܟܘܢ ܠܝ ܝܘܡܢܐ ܣܛܢܐ.[75] ܝܘܡܢܐ. ܠܐ ܢܡܘܬ
ܓܒܪܐ ܡܢ ܐܝܣܪܐܝܠ.܀. ܠܐ ܝܕܥ ܐܢܐ ܝܘܡܢܐ܆ ܕܡܠܟܐ
ܐܢܐ ܥܠ ܐܝܣܪܐܝܠ. (24P: 23G) ܘܐܡܪ ܠܗ ܡܠܟܐ
ܠܫܡܥܝ. ܠܐ ܬܡܘܬ ܐܢܬ. ܘܝܡܐ ܠܗ ܡܠܟܐ.܀.
(25P: 24G) ܘܡܦܝܒܐܒܥܠ ܒܪ ܝܘܢܬܢ ܒܪ ܫܐܘܠ. ܢܚܬ
ܠܐܘܪܥܗ ܕܡܠܟܐ. ܘܠܐ ܚܦܐ ܪ̈ܓܠܘܗܝ܆ ܘܠܐ ܫܩܠ
ܛܦܪ̈ܘܗܝ܆ ܘܠܐ ܣܦܪ ܣܦܪܬܗ. ܘܠܐ ܐܫܝܓ ܡܐܢ̈ܘܗܝ܆.
ܡܢ ܝܘܡܐ ܗܘ ܕܐܙܠ ܡܠܟܐ܆ ܘܥܕܡܐ ܠܝܘܡܐ [145 v]
ܕܒܗ ܐܬܐ ܡܠܟܐ ܒܫܠܡܐ. (26P: 25G) ܘܗܘܐ܆ ܕܟܕ
ܐܬܐ ܠܐܘܪܫܠܡ ܠܐܘܪܥܗ ܕܡܠܟܐ. ܐܡܪ ܠܗ
ܡܠܟܐ. ܡܦܝܒܐܒܥܠ. ܠܡܢܐ ܠܐ ܐܙܠܬ ܥܡܝ.
(27P: 26G) ܘܐܡܪ ܠܗ ܡܦܝܒܐܒܥܠ. ܡܪܝ ܡܠܟܐ. ܥܒܕܝ
ܐܛܥܝ ܒܝ. ܘܐܬܢܟܠ ܥܠܝ. ܡܛܠ ܕܐܡܪ ܠܗ ܥܒܕܟ.
ܕܐܣܪܐ ܠܝ ܚܡܪܐ ܐܪܟܒ ܥܠܘܗܝ܆ ܘܐܙܠ ܥܡ ܡܪܝ ܡܠܟܐ:
ܡܛܠ ܕܚܓܝܪܐ ܗܘ ܥܒܕܟ. (28P: 27G) ܘܐܟܠ ܒܝ ܥܒܕܟ܆
ܘܐܬܛܠܡ ܠܝ. ܘܡܛܠܡ ܩܕܡ ܡܪܝ ܡܠܟܐ. ܘܐܢܬ ܡܪܝ
ܡܠܟܐ. ܐܝܟ ܡܠܐܟܗ ܐܝܬ ܕܐܠܗܐ. ܥܒܕ ܡܕܡ
ܕܫܦܪ ܒܥܝܢܝܟ. (29P: 28G) ܡܛܠ ܕܟܠܗ ܒܝܬ ܐܒܝ. ܚܝܒܝܢ
ܗܘܘ ܡܘܬܐ ܠܡܪܝ ܡܠܟܐ. ܘܫܘܝܬܢܝ ܠܥܒܕܟ. ܡܢ
ܗܢܘܢ ܕܐܟܠܝܢ ܦܬܘܪܟ. ܘܡܢܐ ܠܐ ܡܣܒܪ ܐܢܐ ܕܐܙܥܐ.

[75] Mg: ܕܠܡܩܒܠܐ

 (30P: 29G) .

[146 r]

 (31P: 30P)

(32P: 31G)

 (33P: 32G)

 (34P: 33G)

 (35P: 34G) .

 (36P: 35G)

 [146 v]

(37P: 36G) .

 (38P: 37G) .

. (39P: 38G) .

---

[76] Read with *Seyame?*

ܕܫܦܪ ܒܥܝܢܝܟ. ܘܟܠ ܡܐ ܕܬܒܥܐ ܡܢܝ. ܐܥܒܕ ܠܟ ܀
(40P: 39G) ܘܥܒܪ ܟܠܗ ܥܡܐ ܝܘܪܕܢ. ܘܐܦ ܡܠܟܐ ܥܒܪ.
ܘܢܫܩܗ ܡܠܟܐ ܠܒܪܙܠܝ ܘܒܪܟܗ. ܘܗܦܟ ܠܐܬܪܗ ܀.
(41P: 40G) ܘܥܒܪ ܡܠܟܐ ܠܓܠܓܠܐ. ܘܟܐܡܟܐܡܗܡ ܥܒܪ
[147 r] ܥܡܗ. ܘܟܠܗ ܥܡܐ ܕܝܗܘܕܐ ܥܒܪ ܥܡ ܡܠܟܐ.
ܘܐܦ ܦܠܓܗ ܕܥܡܐ ܕܐܝܣܪܐܝܠ. (42P: 41G) ܘܟܠܗ
ܐܝܣܪܐܝܠ: ܐܬܘ ܠܘܬ ܡܠܟܐ. ܘܐܡܪܝܢ ܠܗ ܠܡܠܟܐ.
ܠܡܢܐ ܐܓܢܒܘܟ ܐܚܝܢ ܒܢ̈ܝܐ ܕܝܗܘܕܐ. ܘܐܥܒܪܘܟ
ܝܘܪܕܢ ܠܟ ܡܠܟܐ ܘܠܟܠܗܘܢ ܓܒ̈ܪܝ ܒܝܬܟ. (43P: 42G) ܘܥܢܘ
ܟܠܗܘܢ ܕܒܝܬ ܝܗܘܕܐ. ܘܐܡܪܝܢ ܠܕܒܝܬ ܐܝܣܪܐܝܠ.
ܡܛܠ ܕܩܪܝܒ ܗܘ ܠܝ ܡܠܟܐ. ܠܡܢܐ ܐܬܚܡܬ ܠܟܘܢ ܥܠ
ܡܠܬܐ ܗܕܐ. ܕܠܡܐ: ܡܐܟܠ ܐܟܠܢ ܡܢ ܡܠܟܐ: ܐܘ
ܡܘܗܒܬܐ ܐܬܝܗܒܬ ܠܢ ܡܢܗ. (44P: 43G) ܘܥܢܘ ܒܢ̈ܝܐ
ܕܐܝܣܪܐܝܠ ܠܘܬ ܒܢ̈ܝܐ ܕܝܗܘܕܐ. ܘܐܡܪܘ. ܥܣܪ
ܡ̈ܢܘܢ[77] ܐܝܬ ܠܢ ܒܡܠܟܐ. ܘܒܘܟܪܐ ܐܢܚܢܐ ܐܢܬ. ܘܠܐ
ܐܝܬ. ܘܐܦ ܒܕܘܝܕ ܐܝܬ ܠܢ. ܝܬܝܪ ܡܢܟܘܢ. ܘܠܡܢܐ
ܐܫܛܬܘܢ ܠܢ ܘܠܐ ܫܡܥܬܘܢ ܠܡܠܬܢ. ܠܢ ܗܘ ܓܝܪ ܦܠܓܐ
ܗܘܐ [147 v] ܕܫܘܒܩܐ ܡܠ̈ܟܐ ܕܢܗܦܟܘܢ ܠܡܠܟܐ. ܘܥܫܢܬ
ܡܠܬܐ ܕܒܢ̈ܝܐ ܕܒܝܬ ܝܗܘܕܐ. ܝܬܝܪ ܡܢ ܡܠܬܐ ܕܒܢ̈ܝܐ
ܕܒܝܬ ܐܝܣܪܐܝܠ ܀.

(XX.1) ܘܐܫܬܟܚ ܬܡܢ ܓܒܪܐ ܚܕ ܒܠܝܥܐ. ܘܫܡܗ
ܫܒܥ ܒܪ ܒܟܪܝ ܡܢ ܫܒܛܐ ܕܒܢܝܡܝܢ. ܓܒܪܐ
ܐܪܐܒ. ܘܩܪܐ ܒܫܝܦܘܪܐ ܘܐܡܪ. ܠܝܬ ܠܢ ܡܢܬܐ
ܒܕܘܝܕ. ܘܐܦܠܐ ܝܪܬܘܬܐ ܠܢ ܒܒܪܗ ܕܐܝܫܝ. ܙܠܘ ܟܠ
ܚܕ ܠܡܫܟܢܝܟ ܐܝܣܪܐܝܠ .. (2) ܘܣܠܩܘ ܟܠܗܘܢ ܒܢ̈ܝ
ܐܝܣܪܐܝܠ ܡܢ ܒܬܪ ܕܘܝܕ. ܘܐܙܠܘ ܒܬܪ ܫܒܥ ܒܪ
ܒܟܪܝ. ܘܒܢ̈ܝ ܝܗܘܕܐ ܢܩܦܘ ܠܡܠܟܗܘܢ. ܡܢ ܝܘܪܕܢ.

[77] Mg: ܐܪ̈ܒܥܐ

(7) ܘܐܡܪ ܡܠܟܐ ܠܓܒܪ̈ܐ ܕܐܝܬ ܀ ܘܐܢ̈ܫܐ ܠܐܪܥܟܘܢ. ܘܐܡܪ ܡܢ ܫܠ̈ܝܛܐ ܡܢ ܓܒ̈ܠܝܟܘܢ (8) ܗܐ ܡܢ ܐܝܬܝܟܘܢ ܐܝ̈ܕܐ ܕܝܢ ܐܝܟܕܝܢ. ܐܬ̈ܝܟܘܢ ܗܘܘ ܠܟܠ ܟܐ̈ܦܐ ܗܢܐ ܗܝ, ܕܗܘ̈ܠܐ ܀ ܘܐܡܪ ܓܠܝ ܡܢ ܕܡܗܝܡܢܘܬܐ [148 v]. ܗܘܐ ܡܠܟܐ ܕܐܡܪ ܗܘܢܝ. ܠܠܗ ܡܕܡ ܘܐܡܪ ܐܪܥܐ ܗܘܐ ܩܐ̈ܦ ܡܛܠ ܗܘܝܗ ܡ̈ܫܬ ܗܘܐ ܗܘܐ ܘܩ̈ܦ ܐܡܪ ܟܕ. ܕܟܠ ܡܬܡܢܗ ܡ̈ܠܘܗܝ. ܡܐ̈ܦ ܘܐܡܪ ܐܪܥܐ ܕܝܢ ܡܣܝܒܪ ܗܘܐ

78 Mg: ܡܢ, ܕܕܒܒ̈ܬܐ ܗܢ̈ܘܢ ܕܐܝܬ ܡܢ ܚܡ̈ܘܗܝ

79 Mg: ܘܢܬ̈ܢ̈ܘܗܝ ܡܢ

ܒܬܪ ܫܒܥ ܒܪ ܒܟܪܝ. (11) ܘܓܒܪܐ ܚܕ ܩܡ
ܥܠܘܗܝ ܡܢ ܓܒܪ̈ܐ ܕܝܘܐܒ: ܘܐܡܪ ܠܗ. ܡܢ ܕܨܒܐ ܐܝܬ.
ܡܢ ܕܕܘܝܕ ܕܒܬܪ ܝܘܐܒ. (12) ܘܥܡܐܣܐ ܡܚܢܬ·
ܘܡܬܦܠܦܠ ܗܘܐ ܒܕܡܐ. ܘܪܡܐ ܗܘܐ ܒܫܒܝܠܐ. ܘܟܕ
ܚܙܐ ܓܒܪܐ ܗܘ ܕܩܐܡ ܠܗ ܟܠܗ ܥܡܐ [149 r] ܠܡܚܙܝܗ.
ܓܪܗ ܠܥܡܐܣܐ ܡܢ ܫܒܝܠܐ. ܘܐܪܡܝܘܗ ܒܚܩܠܐ.
ܘܐܪܡܝ ܥܠܘܗܝ ܡܪܛܘܛܐ: ܟܕ ܚܙܐ ܕܟܠ ܕܐܬܐ ܥܠܘܗܝ
ܩܐܡ ܗܘܐ. (13) ܘܟܕ ܓܪܗ ܡܢ ܫܒܝܠܐ. ܥܒܪ ܟܠ ܐܢܫ
ܒܬܪ ܝܘܐܒ:× ܠܡܪܕܦ ܒܬܪ ܫܒܥ ܒܪ ܒܟܪܝ.
(14) ܘܥܒܪܘ ܒܗ ܒܫܒܛܝܢ ܠܗ. ܒܟܠܗܘܢ ܫܒ̈ܛܐ ܕܐܝܣܪܝܠ.
ܘܠܐܒܠ. ܘܒܒܝܬ ܡܥܟܐ. ܘܡܢ ܟܠܗܝܢ ܡ̈ܕܝܢܬܐ
ܘܐܬܬܘ̈ܬܐ: ܐܬܟܢܫܘ ܘܐܙܠܘ ܒܬܪܗ. (15) ܘܐܬܘ ܘܨܪܘ
ܥܠܘܗܝ: ܒܐܒܠ ܘܒܒܝܬ ܡܥܟܐ. ܘܫܕܘ ܠܡܕܡܕ ܩܪܒܐ
ܥܠ ܡܕܝܢܬܐ. ܘܐܚܕܘܗ ܦܘܬܐ ܕܡܩܪ̈ܒܢܐ. ܘܥܒܕܘܗ
ܒܐܘܠܝܐ. ܘܟܠܗ ܥܡܐ ܕܥܡ ܝܘܐܒ. ܡܓܪܓܝܢ ܗܘܘ
ܕܢܗܦܟܘܢܗܝ ܠܫܘܪܐ ⁘ (16) ܘܩܪܬ ܐܢܬܬܐ ܚܕܐ
ܚܟܝܡܬܐ· ܡܢ ܫܘܪܐ. ܘܐܡܪܬ. ܫܡܥܘ· ܫܡܥܘ·
ܘܐܡܪܘ ܠܝܘܐܒ. [149 v] ܩܪܘܒ ܠܗܪܟܐ. ܘܐܡܠܠ ܥܡܟ.
(17) ܘܩܪܒ ܠܘܬܗ̇ ܝܘܐܒ. ܘܐܡܪܬ ܠܗ. ܐܢܬ ܗܘ ܝܘܐܒ.
ܘܐܡܪ ܠܗ̇. ܐܢܐ ܗܘ. ܐܡܪܬ ܠܗ. ܫܡܥ ܡ̈ܠܝ ܐܡܬܟ.
ܘܐܡܪ ܠܗ̇ ܝܘܐܒ. ܫܡܥ ܐܢܐ. ܐܢܐ ܐܢܬܝ; ܐܡܪܝ.
(18) ܘܐܡܪܬ ܠܗ ܐܢܬܬܐ. ܡܠܬܐ ܡܬܡܠܠܐ ܗܘܬ
ܡܢ ܩܕܝܡ ܕܐܡܪܝܢ ܗܘܘ. ܕܡܫܐܠܘ ܐܫܬܐܠܬ ܗܘܕܐ:
ܒܐܒܠ. ܘܟܢ. ܗܟܢ ܠܡܫܝܢ ܘܫܠܡܝܢ ܗܘܝܢ ܕܗܘܝܢ ܗܘܘ
ܡܗܝ̈ܡܢܐ ܠܐܝܣܪܝܠ. ܡܫܐܠܘ ܢܫܐܠܘܢ. ܘܗܟܢܐ
ܫܠܡܘ. (19 G) ܐܢ ܐܬܬܒܛܠܝܢ ܠܗܘܢ ܡܫ̈ܝܢܬܐ ܕܫܘܪܪܐ
ܕܐܝܣܪܝܠ. (19 P) ܡܢܐ· ܦܪܥܬ ܫܠ̈ܡܐ ܐܢܐ
ܕܐܝܣܪܝܠ: ܕܒܢܝܐ ܐܢܬ ܠܡܚܒܠ ܘܠܡܘܒܕܘ: ܡܕܝܢܬܐ·

ܘܐܡܟܐ ܕܡܬܢܝܬܐ ܒܐܝܣܪܐܝܠ. ܠܐ ܬܬܠܟܕ ܪܬܘܬܗ
ܕܡܪܝܐ. ܀ (20) ܘܚܝܠܐ ܢܐܡܪ. ܘܐܡܪ ܠܗ. ܢܗܘ ܠܝ: ܗܘ ܢܗܘ
ܠ. ܠܐ ܬܬܠܟܕ ܘܠܐ ܬܬܢܦܠ. (21) ܠܘ ܡܪܝܐ ܗܘ ܡܠܬܐ.
ܐܠܐ [150 r] ܠܓܒܪܐ ܚܕ: ܡܢ ܫܒܛܐ ܕܐܦܪܝܡ: ܥܡܐܝܐ
ܒܪ ܒܐܕܐܕܝ، ܥܒܕܗ. ܐܘܥܝܒ ܐܬܢܬܐ ܥܠ ܡܠܟܘܬܐ ܕܕܘܝܕ.
ܘܠܗ ܒܢܝܐ ܐܢܐ. ܗܒܘܗܝ ܠ ܒܠܫܪܘܗܝ، ܘܡܫܝܚܐ ܐܡܪ
ܐܢܐ ܡܢ ܡܪܝܢܬܐ.܀ ܐܡܪܬܐ ܠܗ ܐܝܬܝܬܐ ܠܗܐܒ.
ܗܟܢܐ ܢܗܘܐ ܒܪܝܐ ܠܝ ܕܝܢܗ ܡܢ ܥܘܡܪܐ. (22) ܘܚܒܠܬ
ܗܘ ܐܝܬܝܬܐ ܘܐܬܒܠܬ ܠܗܘܬ ܟܠܗ ܚܝܠܐ ܘܡܬܠܠܬ ܠܗܘܬ
ܟܠܗ ܡܪܝܢܬܐ ܒܡܫܡܫܢܘܬܗ. ܠܡܪܝܡ ܕܝܢܗ ܕܥܡܐܝܐ
ܒܪ ܒܐܕܐܕܝ. ܘܒܫܡܗܘܗܝ، ܕܝܢܗ ܕܥܡܐܝܐ ܒܪ ܒܐܕܐܕܝ.
ܘܥܒܕܐܘܗܝ، ܡܢ ܥܘܡܪܐ ܠܗܐܒ. ܘܡܪܐ ܢܐܡܪ ܒܥܢܦܘܪܐ.
ܘܦܪܡ ܚܠܐ ܡܢ ܡܪܝܢܬܐ. ܘܐܬܬܒܪ ܠܗܘܢ ܟܠܗ ܠܡܟܝܢܗ.
ܘܗܦܟ ܢܐܡܪ ܠܐܘܪܫܠܡ ܠܗܘܬ ܡܠܟܘܬܐ.܀ (23) ܘܢܐܡܪ
ܐܝܬܘܗܝ، ܗܘܐ ܥܠ ܟܠܗ ܚܝܠܐ ܕܐܝܣܪܐܝܠ. ܘܒܐܝܠܝܐ
ܒܪ ܢܘܐܡܪ. ܥܠ ܚܝܠܘܬܐ. ܘܥܠ ܦܠܓܘܬܐ.
(24) ܘܐܕܘܢܝܪܐܡ[80]. ܥܠ ܡܪܐܡܬܐ. ܘܝܗܘܫܦܛ ܒܪ
ܐܚܝܠܘܕ ܡܟܬܒܢܐ. (25) ܘܫܘܐ ܣܦܪܐ.
ܘܨܕܘܩ ܘܐܒܝܬܪ ܟܗܢܐ. (26) ܘܥܝܪܐ ܗܘ ܒܪ
ܐܝܬܝܪ. ܐܝܬܘܗܝ، ܗܘܐ ܟܗܢܐ ܠܕܘܝܕ.܀

(XXI.1)[81] ܘܩܘܡܐ ܕܩܦܠܐ ܒܐܪܒܥܐ ܒܫܢܝܬܗ ܕܕܘܝܕ. ܬܠܬ
ܫܢܝܐ: ܥܢܬܐ ܒܬܪ ܥܢܬܐ. ܘܒܥܐ ܕܘܝܕ ܡܠܬܐ ܡܢ
ܡܪܝܐ. ܘܐܡܪ ܡܪܝܐ. ܡܛܠ ܫܐܘܠ: ܘܡܛܠ ܒܝܬܗ
ܕܕܡܐ. ܘܡܛܠ ܕܩܛܠ ܕܐܬܚܙܝ ܕܩܛܠ ܠܓܒܥܘܢܝܐ.
(2) ܘܩܪܐ ܡܠܟܐ ܠܓܒܥܘܢܝܐ. ܘܐܡܪ ܠܗܘܢ ܥܠ ܡܠܬܐ.
ܘܓܒܥܘܢܝܐ. ܠܐ ܐܝܬܝܗܘܢ ܗܘܘ ܡܢ ܒܢܝ ܐܝܣܪܐܝܠ.

[80] Mg: ܘܐܕܘܢܝܪܐܡ

[81] Mg: ܦܘ ܠ

ܐܠܐ܂ ܡܢ ܫܪܟܐ ܕܐܡܘܪ̈ܝܐ. ܘܒ̈ܢܝ ܐܝܣܪܝܠ܂ ܝܡܘ
ܠܗܘܢ ܕܠܐ ܢܩܛܠܘܢ ܐܢܘܢ. ܘܒܥܐ ܫܐܘܠ ܕܢܩܛܘܠ ܐܢܘܢ܆
ܒܛܢܢܐ ܕܒ̈ܢܝ ܐܝܣܪܝܠ ܘܕܝܗܘܕܐ. (3) ܘܐܡܪ ܕܘܝܕ
ܠܓܒܥܘܢ̈ܝܐ. ܡܢܐ ܐܥܒܕ [151 r] ܠܟܘܢ܂ ܘܒܡܢܐ ܐܚܣܐ܆
ܘܬܒܪܟܘܢ ܝܪܬܘܬܗ ܕܡܪܝܐ ܀ (4) ܐܡܪܝܢ ܠܗ
ܓܒܥܘܢ̈ܝܐ. ܠܝܬ ܠܢ ܕܗܒܐ܂ ܘܠܐ ܣܐܡܐ ܥܡ ܫܐܘܠ
ܘܥܡ ܒܝܬܗ . ܘܠܐ ܐܝܬ ܠܢ ܠܡܩܛܠ ܓܒܪܐ ܡܢ
ܐܝܣܪܝܠ. ܐܡܪ ܠܗܘܢ . ܘܡܢܐ ܐܡܪܝܢ ܐܢܬܘܢ .
ܘܐܥܒܕ ܠܟܘܢ. (5) ܐܡܪܝܢ ܠܗ ܠܡܠܟܐ. ܓܒܪܐ ܕܓܡܪ
ܠܢ ܘܪܕܦ ܠܢ: ܘܐܬܚܫܒ ܕܢܓܡܪ ܠܢ ܘܢܘܒܕ ܠܢ: ܕܠܐ
ܢܬܩܝܡ ܒܟܠܗ ܬܚܘܡܐ ܕܐܝܣܪܝܠ. (6) ܢܬܠܘܢ ܠܢ ܫܒܥܐ
ܓܒܪ̈ܐ ܡܢ ܒ̈ܢܘܗܝ. ܘܢܙܩܘܦ ܐܢܘܢ ܩܕܡ ܡܪܝܐ ܒܪܡܬܐ
ܕܫܐܘܠ. ܓܒܝܐ ܐܢܘܢ ܒܡܪܝܐ. ܘܐܡܪ ܠܗܘܢ ܡܠܟܐ.
ܐܢܐ ܐܬܠ. (7) ܘܚܣ ܡܠܟܐ ܥܠ ܡܦܝܒܘܫܬ ܒܪ
ܝܘܢܬܢ ܒܪ ܫܐܘܠ: ܡܛܠ ܡܘܡܬܐ ܕܡܪܝܐ ܗܝ ܕܝܡܘ
ܒܝܢܬܗܘܢ܆ ܒܝܢ ܕܘܝܕ ܠܝܘܢܬܢ ܒܪ ܫܐܘܠ. (8) ܘܢܣܒ
ܡܠܟܐ ܠܬܪ̈ܝܢ [151 v] ܒ̈ܢܝܗ ܕܪܝܨܦܐ ܒܪܬ ܐܝܐ:
ܗܠܝܢ ܕܝܠܕܬ ܠܗ ܠܫܐܘܠ : ܠܐܪܡܘܒ[82]
ܘܠܡܦܝܒܘܫܬܐ: ܘܠܚܡܫܐ ܒ̈ܢܝܗ ܕܡܐܪܒ ܒܪܬܗ
ܕܫܐܘܠ: ܗܠܝܢ ܕܝܠܕܬ ܠܥܕܪܐܝܠ ܒܪ ܒܪܙܠܝ ܡܢ
ܡܚܘܠܐ. (9) ܘܐܫܠܡ ܐܢܘܢ ܒܐܝܕܝܐ ܕܓܒܥܘܢ̈ܝܐ.
ܘܙܩܦܘ ܐܢܘܢ ܒܛܘܪܐ ܩܕܡ ܡܪܝܐ. ܘܢܦܠܘ ܐܢܘܢ
ܫܒܥܬܐ. ܘܩܛܠܘ ܫܒܥܬܝܗܘܢ ܐܟܚܕܐ. ܘܗܢܘܢ ܐܬܩܛܠܘ
ܒܝܘܡܬܐ ܩܕܡ̈ܝܐ ܕܚܨܕܐ. ܒܫܘܪܝܐ ܕܚܨܕܐ ܕܣܥ̈ܪܐ ܀
(10) ܘܢܣܒܬ ܪܝܨܦܐ ܒܪܬ ܐܝܐ ܣܩܐ. ܘܦܪܣܬܗ ܠܗ
ܥܠ ܫܘܥܐ. ܡܢ ܪܫ ܚܨܕܐ ܕܣܥ̈ܪܐ. ܥܕܡܐ ܕܢܚܬܘ
ܥܠܝܗܘܢ ܡ̈ܝܐ ܡܢ ܫܡܝܐ. ܘܠܐ ܫܒܩܬ ܠܦܪ̈ܚܬܐ

[82] Mg: ܠܐܪܒ

ܕܫܡܫܐ ܠܡܕܒܪܘ ܥܠܝܗܘܢ ܒܐܝܡܡܐ. ܘܐܦܠܐ ܠܣܘܬ
ܥܠܝܐ ܕܕܒܪܐ ܠܡܕܒܪܘ ܠܗܘܢ ܒܠܠܝܐ. (11) ܘܐܬܕܒܪܘ ܠܕܘܪ
ܡܕܡ ܕܒܕܒܪܘܬ ܢܐܝܦܐ [152 r] ܒܪܬ ܐܝܟܢܐ ܕܪܘܒܝܘܬܗ
ܕܫܐܘܠ ܀ (12) ܘܐܙܠ ܕܘܝܕ܆ ܘܢܣܒ ܠܓܪ̈ܡܐ ܕܫܐܘܠ
ܘܠܓܪ̈ܡܐ ܕܝܘܢܬܢ ܒܪܗ. ܡܢ ܡܪ̈ܘܗܝ ܕܝܒܝܫ ܕܓܠܥܕ:
ܗܢܘܢ ܕܓܢܒܘ ܐܢܘܢ ܡܢ ܫܘܩܐ[83] ܕܒܝܬܫܢ܆ ܕܬܠܘ ܐܢܘܢ
ܬܡܢ ܦܠܫܬܝ̈ܐ: ܒܝܘܡܐ ܗܘ ܕܩܛܠܘܗܝ ܦܠܫܬܝ̈ܐ ܠܫܐܘܠ
ܒܛܘܪܐ ܕܓܠܒܘܥ. (13) ܘܐܣܩ ܐܢܘܢ ܡܢ ܬܡܢ ܠܓܪ̈ܡܐ
ܕܫܐܘܠ܆ ܘܠܓܪ̈ܡܐ ܕܝܘܢܬܢ ܒܪܗ: ܘܟܢܫ ܐܢܘܢ ܠܓܪ̈ܡܐ
ܕܗܢܘܢ[84] ܕܐܬܩܛܠܘ ܘܙܩܝܦܝܢ ܗܘܘ ܒܫܡܫܐ. (14) ܘܩܒܪ
ܐܢܘܢ ܠܓܪ̈ܡܐ ܕܫܐܘܠ ܘܕܝܘܢܬܢ ܘܕܗܢܘܢ ܕܐܬܩܛܠܘ
ܒܐܪܥܐ ܕܒܢܝܡܝܢ܆ ܒܨܠܥܗ[85] ܕܩܒܪܐ ܗܘ ܕܩܝܫ
ܐܒܘܗܝ. ܘܥܒܕܘ ܟܠ ܡܕܡ ܕܦܩܕ ܠܗܘܢ ܡܠܟܐ. ܘܐܬܪܥܝ
ܐܠܗܐ ܠܐܪܥܐ ܡܢ ܒܬܪ ܗܠܝܢ ܀ (15) ܘܗܘܝܐ ܬܘܒ
[152 v] ܩܪܒܐ ܠܦܠܫܬܝ̈ܐ ܥܡ ܐܝܣܪܝܠ. ܘܢܚܬ ܕܘܝܕ
ܘܥܒ̈ܕܘܗܝ ܥܡܗ ܠܡܬܟܬܫܘ ܥܡ ܦܠܫܬܝ̈ܐ. ܘܐܬܡܚܝ
ܥܠܝܗܘܢ ܕܐܬܐ ܒܪ ܢܐܫ. ܘܡܚܝܗܝ ܕܘܝܕ ܘܕܒܝܠ܆ ܘܐܬܬܪܝܠ.
ܘܐܫܬܪܝ. (16 P?) ܘܐܦ ܗܘ ܘܐܦ ܢܐܡܪ܆ ܘܐܦ
ܐܝܬܝܐ. ܘܕܒܝܠܗ ܡܢܗܘܢ ܕܓܢܒܪ̈ܐ ܗܘ. (16 G?) ܘܐܦ
ܗܘ ܕܐܬܐ. ܚܕ ܐܝܬܘܗܝ ܗܘܐ ܡܢ ܒ̈ܢܝܐ ܕܓܢܒܪ̈ܐ.
ܘܡܬܩܠܐ ܕܢܚܫܐ. ܬܠܬܡܐܐ ܡܬܩ̈ܠܘ ܒܡܬܩܠܐ
ܕܢܚܫܐ. ܘܗܘ ܐܣܝܪ ܗܘܐ܆ ܘܫܠܝܦ ܚܪܒܐ ܕܦܪܙܠܐ.
ܘܡܬܚܫܒ ܗܘܐ ܠܡܩܛܠܗ ܠܕܘܝܕ. (17) ܘܥܕܪܗ ܐܒܝܫܝ
ܒܪܗ ܕܨܪܘܝܐ܆ ܘܥܕܪܗ ܠܕܘܝܕ. ܘܡܚܝܗܝ ܠܦܠܫܬܝܐ
ܗܘ. ܘܩܛܠܗ ܀. ܗܝܕܝܢ ܝܡܘ ܓܒܪ̈ܐ ܕܕܘܝܕ ܠܗ ܐܡܪܝܢ
ܠܗ. ܕܠܐ ܬܦܘܩ ܥܡܢ ܠܩܪܒܐ ܬܘܒ. ܘܠܐ ܬܕܥܟ.

[83] Mg: ܫܘܪܐ

[84] Sic. Read with higher point.

[85] Mg: ܒܨܠܥܗ

ܫܪܓܗ ܕܐܝܣܪܐܝܠ ܀ (18) ܡܢ ܒܬܪ ܗܟܝܢ܆ ܗ̣ܘܐ ܬܘܒ
ܩܪܒܐ ܥܡ ܦܠܫ̈ܬܝܐ܂ ܒܓܐܒܐ.[86] ܗܝܕܝܢ ܩܛܠ ܣܘܒܟܐܝ
ܚܫܬܝܐ ܠܣܦܘ [153 r] ܕܡܢܒܢܝܡ[87] ܗܘܘ ܡܢ ܒ̈ܢܝܐ ܕܓܢܒܪ̈ܐ ܀.
(19) ܘܗ̤ܘܐ ܬܘܒ ܩܪܒܐ ܠܐܝܣܪܐܝܠ܆ ܥܡ ܦܠܫ̈ܬܝܐ܂
ܒܓܘܒ. ܘܩܛܠ ܐܠܚܢܢ ܒܪ ܐ̇ܝܠܝ܁ ܕܡܢ ܒܝܬ ܠܚܡ.
ܠܓܘܠܝܬ ܦܠܫܬܝܐ ܕܡܢ ܓܬ. ܘܗ̇ܘ ܕܩܝܣܐ ܕܡܘܢܛܪܗ
ܢܓܕܐ ܗܘܐ܂ ܐܝܟ ܟܢܘܬܐ ܕܙܩܘܪ̈ܐ ܀ (20) ܘܗ̤ܘܐ ܬܘܒ
ܩܪܒܐ ܥܡ ܦܠܫ̈ܬܝܐ܆ ܒܓܬ܂ ܘܐܝܬ ܗܘܐ ܬܡܢ
ܓܒܪܐ ܓܢܒܪܐ ܡܢ ܪܐܦܐ.[88] ܘܨ̈ܒܥܬܐ ܕܐܝ̈ܕܘܗܝ܆
ܘܨ̈ܒܥܬܐ ܕܪ̈ܓܠܘܗܝ܂ ܫܬ ܫܬ. ܥܣܪܝܢ ܘܐܪ̈ܒܥ ܒܡܢܝܢܐ.
ܘܐܦ ܗ̤ܘ ܐܬܝܠܕ ܠܓܢܒܪ̈ܐ܂ (21) ܘܚܣܕ ܠܐܝܣܪܐܝܠ.
ܘܩܛܠܗ܂ ܝܘܢܬܢ ܒܪ ܫܡܥܐ ܐܚܘܗܝ ܕܕܘܝܕ ܀.
(22) ܗܠܝܢ ܐܪ̈ܒܥܐ ܐܬܝܠܕܘ ܡܢ ܒ̈ܢܝ ܕܓܢܒܪ̈ܐ
ܒܓܬ܂ ܠܚܝܠܐ ܕܪܐܦܐ. ܘܢܦܠܘ ܒܐܝܕܐ ܕܕܘܝܕ
ܘܒܐܝܕܐ ܕܥ̈ܒܕܘܗܝ ܀

(XXII.1) ܘܡܠܠ ܕܘܝܕ ܠܘܬ ܡܪܝܐ ܡ̈ܠܐ ܕܬܫܒܘܚܬܐ
ܗܕܐ܆ ܒܝܘܡܐ ܗ̇ܘ ܕܦܪܩܗ [153 v] ܡܪܝܐ ܡܢ ܐܝܕܐ
ܕܒ̈ܥܠܕܒܒܘܗܝ܆ ܘܡܢ ܐܝܕܐ ܕܫܐܘܠ܂ (2) ܘܐܡ̣ܪ ܀.
ܬܫܒܘܚܬܐ ܕܕܘܝܕ ܀.. ܐܬܪܚܡܟ ܡܪܝܐ܆ ܚܝܠܝ. ܡܪܝܐ
ܫܘܪܝ܆ ܘܒܝܬ ܓܘܣܝ܁ ܘܡܦܠܛܢܝ. (3) ܐܠܗܐ ܡܥܕܪܢܝ ܕܐܬܟܠ
ܥܠܘܗܝ. ܬܪܣܝ. ܘܩܪܢܐ ܕܦܘܪܩܢܝ. ܘܒܝܬ ܓܘܣܝ܆
ܘܡܦܠܛܢܝ ܡܢ ܢܟܘ̈ܠܐ. ܘܦܪܘܩܢ (4) ܡܫܒܚܐ. ܐܩܪܐ
ܠܡܪܝܐ܆ ܘܡܢ ܒ̈ܥܠܕܒܒܝ ܐܬܦܪܩ. (5) ܡܛܠ ܕܐܚܕܘܢܝ
ܚ̈ܒܠܐ ܕܡܘܬܐ. ܘܓ̈ܠܠܬܐ ܕܢ̈ܟܠܐ ܕܠܚܝ. (6) ܚ̈ܒܠܐ
ܕܫܝܘܠ ܚܕܪܘܢܝ. ܘܩܕܡܘܢܝ ܦ̈ܚܘܗܝ ܕܡܘܬܐ. (7) ܘܒܐܘܠܨܢܝ

[86] Mg: ܒܓܐܬ

[87] Mg: ܠܣܘܦܪ ܕܡܢ ܒ̈ܢܝ ܓܢܒܪ̈ܐ

[88] Mg: ܡܐܕܘ

(11) [154 r] .
 [154 v] .

ܕܪ̈ܡܐ ܬܡܟܟ. (29) ܐܢܬ ܬܢܗܪ ܫܪܓܝ. ܘܡܪܝܐ ܐܠܗܝ
ܬܢܗܪ ܚܫܘܟܝ. (30) ܡܛܠ ܕܒܟ ܐܪܗܛ ܥܠ ܓܝܣܐ.
ܘܒܐܠܗܝ ܐܫܘܪ ܫܘܪܐ. (31) ܐܠܗܝ ܕܠܐ ܡܘܡܐ
ܗܝ ܐܘܪܚܗ. ܡܐܡܪܗ ܕܡܪܝܐ ܒܚܝܪ. ܘܡܣܝܥ ܠܟܠ
ܕܬܟܠܝܢ ܥܠܘܗܝ. (32) ܡܛܠ ܕܠܝܬ ܐܠܗܐ ܠܒܪ ܡܢ ܡܪܝܐ.
ܘܠܝܬ ܐܠܗܐ ܐܚܪܢ [155 r] ܐܠܗܢ. (33) ܐܠܗܐ ܕܚܣܢ
ܚܝܠܐ. ܘܥܒܕ ܕܠܐ ܡܘܡ ܐܘܪܚܝ. (34) ܫܘܝ ܪ̈ܓܠܝ ܐܝܟ
ܕܐܝܠܐ. ܘܥܠ ܪ̈ܘܡܐ ܐܘܩܡܢܝ. (35) ܐܠܦ ܐܝ̈ܕܝ
ܠܩܪܒܐ. ܘܫܪܪ ܐܝܟ ܡܩܫܬܐ ܕܢܚܫܐ ܕܪ̈ܥܝ. (36) ܘܝܗܒܬ
ܠܝ ܣܒܪܐ ܕܦܘܪܩܢܟ. ܘܝܡܝܢܟ ܣܡܟܬܢܝ. ܘܡܪܕܘܬܟ
ܬܪܒܬܢ. (37) ܐܪܘܝܚܬ ܦܣ̈ܥܬܝ ܬܚܬܝ. ܕܠܐ ܢܘܚܘܢ
ܡܘܪ̈ܟܠ. (38) ܐܪܕܘܦ ܒܒ̈ܥܠܕܒܒܝ: ܘܐܕܪܟܢ ܐܢܘܢ. ܘܠܐ
ܐܗܦܘܟ ܥܕܡܐ ܕܐܓܡܪ ܐܢܘܢ. (39) ܐܚܡܣܐ ܐܢܘܢ:
ܘܠܐ ܢܩܘܡܘܢ ܠܡܩܡ. ܘܢܦܠܘܢ ܬܚܝܬ ܪ̈ܓܠܝ. (40) ܬܚܣܢ
ܚܝܠܐ ܠܩܪܒܐ. ܘܬܟܪܥ ܠܗܘܢ ܕܩܝܡܝܢ ܥܠ ܬܚܘܬܝ.
(41) ܘܠܒ̈ܥܠܕܒܒܝ: ܬܬܒܘܪ ܩܕܠ. ܘܠܣ̈ܢܐܝ ܬܬܒܪ ܐܢܘܢ.
(42) ܢܒܥܘܢ. ܘܠܐ ܢܗܘܐ ܠܗܘܢ ܦܪܘܩܐ. ܘܢܒܥܘܢ ܡܢ
ܡܪܝܐ. ܘܠܐ ܢܥܢܐ ܐܢܘܢ. (43) ܘܐܫܚܘܩ ܐܢܘܢ ܐܝܟ
[155 v] ܥܦܪܐ ܥܠ ܐܦ̈ܝ ܪܘܚܐ. ܘܐܝܟ ܛܝܢܐ ܕܫܘ̈ܩܐ
ܐܕܘܫ ܐܢܘܢ. (44) ܬܦܨܝܢ ܡܢ ܕܝ̈ܢܘܗܝ[89] ܕܥܡܐ. ܘܬܥܒܕܢ
ܪܝܫܐ ܠܥܡ̈ܡܐ. ܥܡܐ ܕܠܐ ܝܕܥܬ ܢܦܠܚܘܢ ܠܝ.
(45) ܘܡܫܡܥ ܐܕܢܐ ܢܫܬܡܥܘܢ. ܒ̈ܢܝ ܢܘܟܪ̈ܝܐ ܢܬܟܕܒܘܢ
ܠܝ. (46) ܒ̈ܢܝ ܢܘܟܪ̈ܝܐ ܢܬܠܠܘܢ. ܘܢܬܚܪܓܘܢ ܡܢ ܫܒܝܠܝܗܘܢ.
(47) ܚܝ ܗܘ ܡܪܝܐ: ܘܡܒܪܟ ܗܘ ܐܠܗܝ. ܘܢܬܬܪܝܡ ܐܠܗܝ
ܦܪܘܩܝ: (48) ܐܠܗܐ ܗܘ ܕܝܗܒ ܠܝ ܬܒܥܬܐ: ܘܡܫܥܒܕ
ܠܥܡ̈ܡܐ ܬܚܘܬܝ: (49) ܘܦܨܝܢ ܡܢ ܒ̈ܥܠܕܒܒܝ. ܘܡܢ ܐܝܠܝܢ
ܕܩܝܡܝܢ ܥܠܝ ܬܪܝܡܢ. ܘܐܦ ܡܢ ܓܒܪܐ ܥܘ̈ܠܐ ܬܦܨܝܢ.

[89] Mg: ܚܪ̈ܝܢܘܗܝ

(50) ܡܛܠ ܗܢܐ ܐܘܕܐ ܠܟ ܒܥܡ̈ܡܐ ܡܪܝܐ. ܘܠܫܡܟ ܐܙܡܪ܇ (51) ܕܡܘܪܒ ܦܘܪܩܢܐ ܕܡܠܟܗ: ܘܥܒܕ ܛܝܒܘܬܐ ܠܡܫܝܚܗ. ܠܕܘܝܕ ܘܠܙܪܥܗ ܥܕܡܐ ܠܥܠܡ.

(XXIII.1) ܘܗܠܝܢ ܡ̈ܠܘܗܝ ܕܕܘܝܕ ܐܚܪ̈ܝܬܐ ܀ ܐܡܪ ܕܘܝܕ ܡܗܝܡܢܐ ܒܪ ܐܝܫܝ. [156 r] ܐܡܪ ܓܒܪܐ ܡܗܝܡܢܐ ܕܐܩܝܡ ܡܪܝܐ ܡܫܝܚܐ: ܐܠܗܐ ܕܝܥܩܘܒ: ܗܘ ܕܡܬܒܣܡ ܒܬܫ̈ܒܚܬܗ ܕܐܝܣܪܐܝܠ ܀ (2) ܪܘܚܗ ܕܡܪܝܐ ܡܠܠ ܒܝ. ܘܡܠܬܗ ܥܠ ܠܫܢܝ: (3) ܐܡܪ ܐܠܗܐ ܕܝܥܩܘܒ. ܒܝ ܡܠܠ ܠܒܢ̈ܘܗܝ ܕܐܝܣܪܐܝܠ. ܒܪ ܐܢܫܐ. ܐܬܕܒܪ ܒܟܐܢ̈ܘܬܐ ܒܟܐܢܘܬ. ܐܬܕܒܪ ܒܕܚܠܬܐ ܕܐܠܗܐ. (4) ܐܝܟ ܢܘܗܪܐ ܨܦܪܐ ܐܡܬܝ ܕܕܢܚ ܫܡܫܐ ܒܨܦܪܐ. ܘܠܐ ܗܘܐ ܚܫܘܟܐ ܕܡܢ ܙܗܪܐ. ܐܝܟ ܡܛܪܐ ܕܡܪܒܝܐ ܠܐܪܥܐ. (5) ܐܠܐ ܠܐ ܗܘܐ ܗܟܢܐ ܒܝܬܝ ܥܡ ܐܠܗܐ. ܡܛܠ ܕܩܝܡܐ ܕܠܥܠܡ ܣܡ ܠܝ. ܠܡܦܪܩܘ ܒܟܠܡܐ ܠܥܠܡ ܒܟܠܗܝܢ. ܘܢܛܪܘܗܝ ܠܦܘܩܕܢܘܗܝ. ܘܟܠ ܕܐܝܬܘܗܝ ܕܠܡܨܒܝܢܐ ܠܝ. ܠܐ ܢܦܩܐ ܒܗ. (6) ܘܒܠܗܘܢ ܒܢ̈ܝܠܐ: ܘܒܠܒ̈ܒܐ ܕܥܩܝܢ. ܐܝܟ ܟܘ̈ܒܐ [156 v] ܕܥܩ̈ܪܝܢ ܒܥܘܪܐ. ܘܐܝܟ ܡܢܝܠܐ ܕܡܢ ܥܙܠܐ ܠܗܘܢ. ܡܛܠ ܕܗܠܝܢ ܟܠܗܘܢ: ܠܐ ܗܘܐ ܒܐܝܕܐ ܡܬܬܦܝܣܝܢ. (7) ܐܠܐ ܠܓܒܪܐ ܡܢܐ ܕܦܓܥ ܠܗܘܢ. ܒܥܘܢܐ ܗܘ ܕܦܪܙܠܐ. ܘܒܩܝܪܠܐ ܡܟܝܢ ܠܗܘܢ. ܘܒܠܗܘܢ ܒܢܘܪܐ ܢܐܩܕܘܢ ܒܒܗܬܬܗܘܢ. (8) ܘܗܠܝܢ ܫܡ̈ܗܐ ܕܓܢܒܪ̈ܐ ܕܕܘܝܕ. ܐܫܒܥܐܝܠ ܒܪ ܬܚܟܡܘܢܝܐ ܡܕܡܢܐ ܕܬܠܬܐ. ܗܢܐ ܫܡܛ ܣܝܦܗ ܘܩܛܠ. ܬܡܢܡܐܐ ܩܛ̈ܝܠܝܢ.[90] ܒܙܒܢܐ ܚܕܐ ܀. (9) ܘܒܬܪܗ ܐܠܥܙܪ ܒܪ ܕܘܕܗ ܒܪܗ ܕܐܚܘܚܝ. ܗܢܐ ܢܦܩ ܒܬܠܬܐ ܓܢܒܪ̈ܐ. ܘܐܬܚܣܕܘܗܝ ܗܘܐ ܥܡ ܕܘܝܕ ܒܦܠܫܬܝ̈ܐ: ܟܕ ܚܣܕܘ ܐܢܘܢ ܦܠܫ̈ܬܝܐ. ܘܐܬܟܢܫܘ ܬܡܢ ܠܡܩܪܒ ܩܪܒܐ.

[90] Sic. Read passive participle plural with P.

ܘܐܙܕܗܡܘ̇ ܠܓܒܪ̈ܐ ܕܐܝܣܪܐܝܠ ܡܢ ܩܕܡܝܗܘܢ. (10) ܘܗܘ̣
ܩܡ ܘܡܚܐ ܒܦܠܫܬܝ̈ܐ܇ ܥܕܡܐ ܕܠܐܝܬ ܐܝܕܗ. ܘܐܬܕܒܩܬ
ܐܝܕܗ ܒܐܣܦܛܐ[91] ܕܣܝܦܗ܆ [157 r] ܘܥܒܕ ܡܪܝܐ
ܦܘܪܩܢܐ ܪܒܐ ܒܝܘܡܐ ܗ̇ܘ. ܘܥܡܐ܇ ܗܦܟ ܒܬܪܗ ܠܡܫܠܚܘ
ܠܩ̈ܛܠܐ. ܀ (11) ܒܬܪܗ ܫܡܐ̣ ܐܪܡܝܐ ܒܪ ܐܠܐ ܗ̇ܘ
ܐܬܐܟܒ ܡܢ ܛܘܪ ܢܚܠܐ܆ ܟܕ ܐܬܟܢܫܘ ܦܠܫܬܝ̈ܐ ܠܚܝܘ
ܣܘܬܐ. ܘܐܝܬ ܗܘܐ ܬܡܢ܆ ܚܩܠܐ ܕܙܪܥܐ ܛܠܦ̈ܚܐ.
ܘܥܡܐ̣ ܥܪܩ ܡܢ ܩܕܡ ܦܠܫܬܝ̈ܐ. (12) ܘܩܡ ܗ̣ܘ ܒܓܘ
ܚܩܠܐ. ܘܦܨܝ̣ ܠܚܩܠܬܐ܆ ܘܡܚܐ ܠܦܠܫܬܝ̈ܐ. ܘܥܒܕ ܡܪܝܐ
ܦܘܪܩܢܐ ܪܒܐ ܒܝܘܡܐ ܗ̇ܘ. ܀ (13)[92] ܘܢܚܬܘ ܬܠܬܐ ܓܒܪ̈ܐ
ܡܢ ܬܠܬ ܪ̈ܝܫܢܘܬܐ. ܘܐܬܘ ܒܥܪܐ ܕܚܕܝܐ ܠܘܬ ܕܘܝܕ܆
ܠܚܨܕܐ ܠܡܥܪܬܐ ܕܥܕܘܠܡ. ܘܡܫܪܝܬܐ ܕܦܠܫܬܝ̈ܐ.
ܪܡܝܐ ܗܘܬ ܒܥܘܡܩܐ ܕܓܢܒܪ̈ܐ. (14) ܘܕܘܝܕ ܗܝܕܝܢ
ܒܡܐܨܘܪܬ. ܘܩܘܪ̈ܒܢܐ ܕܦܠܫܬܝ̈ܐ܆ ܘܟܠܗ ܚܝܠܗܘܢ.
ܚ̣ܢܝܢ ܗܘܘ ܗܝܕܝܢ [157 v] ܒܒܝܬ ܠܚܡ. (15) ܘܐܬܪܓܪܓ
ܕܘܝܕ ܘܐܡܪ̣. ܡܢ ܕܝܢ ܐܝܬ ܗܘܐ ܐܢܫ ܕܢܫܩܝܢܝ ܡ̈ܝܐ
ܡܢ ܓܘܒܐ ܗ̇ܘ ܪܒܐ ܕܐܝܬ ܒܒܝܬ ܠܚܡ. ܗ̇ܘ ܕܒܬܪܥܐ.
(16) ܘܒܙܥܘ ܬܠܬܐ ܓܒܪ̈ܐ ܚ̈ܝܠܬܢܐ ܠܡܫܪܝܬܗܘܢ
ܕܦܠܫܬܝ̈ܐ. ܘܡܠܘ ܘܕܠܘ ܡ̈ܝܐ ܡܢ ܓܘܒܐ ܗ̇ܘ ܪܒܐ
ܕܒܒܝܬ ܠܚܡ܆ ܗ̇ܘ ܕܒܬܪܥܐ. ܘܫܩܠܘ ܘܐܝܬܝܘ ܠܕܘܝܕ.
ܘܠܐ ܨܒܐ ܠܡܫܬܐ ܐܢܘܢ. ܘܢܣܟ ܐܢܘܢ ܠܡܪܝܐ.
(17) ܘܐܡܪ܆ ܚܣ ܠܝ ܡܢ ܡܪܝܐ ܠܡܥܒܕ ܗܕܐ܆ ܘܕܡܐ
ܕܓܒܪ̈ܐ ܕܐܙܠܘ ܥܠ ܕܡܐ ܕܢܦܫܬ̈ܗܘܢ ܐܫܬܝܐ. ܘܠܐ
ܨܒܐ ܕܢܫܬܐ ܐܢܘܢ. ܗܠܝܢ ܥܒܕܘ ܗܠܝܢ ܬܠܬܐ ܓܒܪ̈ܐ
ܚ̈ܝܠܬܢܐ ܀ [93] (18) ܘܐܒܝܫܐ ܐܚܘܗܝ ܕܝܘܐܒ܆ ܒܪܗ̇

[91] The usual spelling is ܐܣܦܬܐ.

[92] Mg: ܡܪܝ ܕܫܒ ܒܝܘܡܐ ܕܐܪܒܥܐ ܕܨܘܡܐ

Also, partially erased (?) in another hand, ܡܪܝ ܕܕܝܘܢܐ ܕܠܠܐ.

[93] There is also a sign to mark the end of the second listed lection, see previous note.

ܕܨܪܘܝܐ. ܗ̇ܘ ܐܝܬܘܗܝ ܗܘܐ ܪܫܐ ܒܗܠܝܢ ܬܠܬܬܐ.
ܘܗ̇ܘ ܐܪܝܡ ܡܘܪܢܝܬܗ ܥܠ ܬܠܬܡܐܐ ܩ̈ܛܝܠܝܢ. ܘܠܗ̇
ܫܡܐ: ܒܗܠܝܢ ܬܠܬܬܐ. (19) ܘܡܢ ܗܠܝܢ ܬܠܬܬܐ: ܗ̇ܘ
ܡܝܩܪ ܗܘܐ. ܘܗ̇ܘ [158 r] ܐܝܬܘܗܝ ܗܘܐ ܠܗܘܢ ܪܫܐ.
ܘܢܨܝܚܐ. ܐܝܟ ܬܠܬܬܐ ܚܕܪ ܗܘܐ. ∴ (20) ܘܒܢܝܐ
ܒܪ ܝܗܘܝܕܥ: ܓܢܒܪܐ ܓܒܪ ܚܝܠܐ ܐܝܬܘܗܝ ܗܘܐ.
ܘܥܫܝ̈ܢ ܗܘܘ ܥܒ̈ܕܘܗܝ ܛܒ ܡܢ ܕܡܩܒܨܐܝܠ. ܘܗ̇ܘ:
ܩܛܠ ܠܬܪ̈ܝܢ ܒܢ̈ܘܗܝ ܕܐܪܝܐܝܠ ܗ̇ܘ ܕܡܘܐܒ. ܘܗܘܝܐ
ܢܚܬ. ܘܩܛܠ ܠܐܪܝܐ ܒܓܘ ܓܘܒܐ ܒܝܘܡܐ ܕܬܠܓܐ.
(21) ܘܗ̇ܘ ܩܛܠ ܠܓܒܪܐ ܗ̇ܘ ܡܨܪܝܐ: ܓܒܪܐ. ܓܒܪܐ ܫܦܝܪ
ܚܙܘܐ. ܘܒܐܝܕܗ ܕܡܨܪܝܐ: ܐܝܬ ܗܘܐ ܡܘܪܢܝܬܐ. ܐܝܟ
ܩܝܣܐ ܕܓܪ̈ܕܝܐ. ܘܢܚܬ ܠܘܬܗ ܗ̇ܘ: ܒܫܒܛܐ. ܘܚܛܦܗ
ܠܡܘܪܢܝܬܐ ܡܢ ܐܝܕܗ ܕܡܨܪܝܐ. ܘܩܛܠܗ ܒܡܘܪܢܝܬܗ.
(22) ܗܠܝܢ ܥܒܕ ܒܢܝܐ ܒܪ ܝܗܘܝܕܥ. ܘܠܗ ܐܝܬ ܗܘܐ
ܫܡܐ ܘܢܨܝܚܐ ܒܗܠܝܢ ܬܠܬܬܐ. (23) ܘܗ̇ܘ ܡܝܩܪ ܗܘܐ.
ܡܢ ܬܠܬܝܗܘܢ. ܘܢܨܝܚܐ. ܐܝܟ ܬܠܬܬܐ ܚܕܪ ܗܘܐ.
ܘܥܒܕܗ [158 v] ܕܘܝܕ ܠܡܫܡܥܬܗ. ܘܠܡܦܩ ܘܠܡܥܠ ܡܕܒܪܢܘܬܗ.
ܘܐܦ ܗܠܝܢ ܫܠܝ̈ܛܢܐ ܕܕܘܝܕ ܡܠܟܐ. (24) ܥܣܐܝܠ ܐܚܘܗܝ
ܕܝܘܐܒ. ܒܬܠܬܝܢ ܓܒܪ̈ܝܢ ∴ ܐܠܚܢܢ ܒܪ ܕܘܕܝ[94] ܡܢ ܒܝܬ
ܠܚܡ ∴ (25) ܫܡܐܡܥܐ ܒܪ ܐܗܕܐܪ ܕܡܢ ܛܘܪ ܡܠܟܐ ∴.
(26) ܚܐܠܝܨ ܗ̇ܘ ܕܡܢ ܦܐܠܛܘܢ ∴. ܥܝܪܐ ܒܪ ܥܩܐܫ
ܗ̇ܘ ܕܡܢ ܬܩܘܥ ∴ (27) ܐܒܝܥܙܪ ܗ̇ܘ ܕܡܢ ܥܢܬܘܬ.
ܡܢ ܒ̈ܢܝܐ ܕܒܢܝܐܡܝܢ ∴ ܡܒܢܐܝ ܗ̇ܘ ܚܘܫܝܐ ∴.
(28) ܨܠܡܘܢ ܗ̇ܘ ܐܚܘܚܝܐ ܕܡܢ ܛܘܪ ܒܝܬܐ ∴.
ܐܠܗ ܗ̇ܘ ܒܢܛܘܦܐ ∴ ܡܗܪܐܝ ܗ̇ܘ ܕܡܢ ܢܛܘܦܐܬ ∴
(29) ܚܐܠܒ ܒܪ ܒܥܢܐ ܗ̇ܘ ܕܡܢ ܢܛܘܦܐܬ ∴ ܐܬܬܝ
ܒܪ ܐܪܝܒܐ ܕܡܢ ܓܒܥܬܐ ܕܒ̈ܢܝ ܒܢܝܐܡܝܢ ∴ (30) ܒܢܝܐ

[94] Mg: ܒܪ ܐܚܘܗܝ ܕܐܒܘܗܝ

ܗܘ ܒܪ ܦܐܪܥܬܘܢ ܕܡܢ ܓܐܒ ÷ ܚܐܕܐ ܗܘ ܕܡܢ
ܢܚܠܐܓܐܥܫ ÷ (31) ܘܐܒܝܐܝ, ܒܪ ܐܒܝܐܠܒܘܢ ܗܘ
ܐܪܐܒܘܬܝܐ ÷ ܐܙܐܠܡܘܬ [159 r] ܗܘ ܒܪܘܬܝܐ .:.
(32) ܫܐܠܒܐܬ ܗܘ ܫܐܠܡܐܢܝܐ .:. ܡܢ ܒ̈ܢܝ ܐܫܢ .:.
ܘܝܘܢܬܢ ܒܪܗ ܕܫܐܡܡܐ ܡܢ ܒܝܬ ܢܗܘܪ .:. (33) ܫܐܡܡܐ
ܕܡܢ ܛܘܪ ܐܪ̈ܝܬܐ .:. ܐܚܝܐܡ ܒܪܗ ܕܣܐܟܐܪܘ .:.
ܐܪܐܪܒܝܐ ܗܘ ܐܘܦܠܝܐ ܒܪ ܐܐܘܣܐ .:.
(34) ܐܠܝܦܠܛ ܒܪ ܚܐܣܒܐܝ ܕܡܢ ܡܐܥܟܬ .:.
ܐܠܝܐܥܡ ܒܪ ܐܚܝܬܘܦܠ ܗܘ ܓܐܠܘܢܝܐ .:. (35) ܚܐܨܪܝ,
ܗܘ ܟܐܪܡܠܝܐ .:. ܦܐܪܐܝ ܗܘ ܐܪܐܒ .:. (36) ܘܐܝܓܠ
ܐܚܘܗܝ ܕܢܐܬܢ ÷ ܡܨܘ̈ܒܐ ܒܪ ܐܓܪܝ .:.
(37) ܐܠܐܩ ܗܘ ܕܡܢ ܥܐܡܘܢ ÷ ܢܐܚܪܐܝ ܗܘ ܒܐܪܘܬܝܐ.
ܗܘ ܕܫܩܠ ܗܘܐ ܡܐܢ̈ܘܗܝ ܕܝܘܐܒ ܒܪܗ ܕܨܐܪܘܝܐ .:.
(38) ܥܝܪܐ ܗܘ ܕܡܢ ܝܐܬܐܪ .:. (39) ܓܐܒܐܪ ܗܘ ܕܡܢ
ܐܬܐܪܝܡ[95] ÷ ܟܠܗܘܢ ܒܡܢܝܢܐ܆ ܠܓܢܒܪ̈ܘܗܝ ܕܕܘܝܕ. ܬܠܬܝܢ.
ܘܫܒܥܐ .:. [159 v]

(XXIV.1)[96] ܘܐܘܣܦܬ ܬܘܒ ܚܡܬܐ ܕܪܘܓܙܗ ܕܡܪܝܐ
ܠܡܬܚܡܡܘ ܒܐܝܣܪܐܝܠ. ܘܐܙܝܥ܆ ܦܠܢ̈ܝ, ܒܗܘܢ ܠܕܘܝܕ ܟܕ
ܐܡܪ. ܙܠ ܡܢܝ ܠܐܝܣܪܐܝܠ ܘܠܝܗܘܕܐ. (2) ܘܐܡܪ ܡܠܟܐ
ܕܘܝܕ ܠܝܘܐܒ ܘܠܪ̈ܒܝ ܚܝܠܐ ܕܥܡܗ. ܗܠܟ ܗܫܐ܆ ܘܡܢܝ
ܒܟܠܗܘܢ ܫܒ̈ܛܐ ܕܐܝܣܪܐܝܠ܆ ܡܢ ܕܢ ܘܥܕܡܐ ܠܒܐܪܫܒܥ.
ܘܡܢܝܘܗܝ, ܠ ܠܥܡܐ. ܘܐܕܥܬܐ. ܘܐܕܥ ܠ ܡܢܝܢܐ
ܘܡܢܝܢܐ ܕܟܠܗ ܥܡܐ ÷ (3) ܘܐܡܪ ܝܘܐܒ ܠܡܠܟܐ.
ܢܘܣܦ ܡܪܝܐ ܐܠܗܟ ܥܠ ܥܡܐ܆ ܐܝܟܘܬܗܘܢ܆ ܡܐܐ

95 Mg: ܪ̇ , i.e. ܐܬܐܪ.

96 Mg: ܣܦ ܪ̈
ܡܢ, ܕܡܣܒܪܬܐ ܒܪܫܝܬܐ. ܘܕܒܪ̈ܘܬܐ ܘܕܡܥܢܝܬܐ.
Scholion:
ܠܡܕܥ ܕܐܦ ܕܠܘ ܗܠܝܢ ܕܒܙܒܢܐ ܗܢܐ ܕܗܘܐ ܒܠܚܘܕ ܚܛܐ. ܐܠܐ
ܐܦ ܗܠܝܢ ܕܩܕܡܝܢ ܗܘܘ ܡܚܛܝܢ.

ܒܐ̈ܦܝܢ. ܘܥ̈ܝܢܘܗܝ ܕܡܪܝ، ܡܠܟܐ ܚܙ̈ܝܢ. ܘܡܪܝ، ܡܠܟܐ.
ܠܡܢܐ ܨܒܐ ܒܦܬܓܡܐ ܗܢܐ ܀ (4) ܘܐܬܥܫܢܬ ܡܠܬܗ
ܕܡܠܟܐ ܥܠ ܝܘܐܒ ܘܥܠ ܪ̈ܒܝ ܚܝܠܐ. ܘܢܦܩ ܝܘܐܒ ܘܪ̈ܘܪܒܢܐ
ܕܚܝܠܐ ܡܢ ܩܕܡ ܡܠܟܐ. ܠܡܡܢܐ ܠܥܡܐ ܕܐܝܣܪܐܝܠ ܀.
(5) ܘܥܒܪܘ ܝܘܪܕܢܢ. ܘܫܪܘ ܡܢ ܥܪܘܥܝܪ. ܘܡܢ ܡܕܝܢܬܐ
ܗܝ ܕܐܝܬܝܗ ܗܘܬ [160 r] ܒܡܨܥܬܗ ܕܢܚܠܐ ܗܘ ܕܓܕ،
ܘܕܐܥܙܝܪ. (7/6: 6 G) ܘܐܬܘ ܠܓܠܥܕ ܘܠܐܪܥܐ ܕܬܚܬܝܡ.
ܘܠܐܪܥܐ ܕܬܚܬܝܡ ܘܕܐܕܫܝ. ܗܝ ܕܚܕܫܝ. ܘܐܬܘ.
ܠܕܢܝܥܢ ܠܗ̇. ܘܐܬܟܪܟܘ ܠܨܝܕܘܢ ܕܪܒܬܐ. (7 G) ܘܐܬܘ
ܠܚܨܢܐ ܕܨܘܪ. ܘܠܟܠܗܘܢ ܡܕ̈ܝܢܬܐ ܕܚܘ̈ܝܐ ܘܕܟ̈ܢܥܢܝܐ.
ܘܐܬܘ ܠܐܪܥܐ ܕܐܝ̈ܒܘܣܝܐ. ܘܢܦܩܘ ܠܐܪܥܐ ܕܬܝܡܢܐ
ܕܝܗܘܕܐ. ܒܒܐܪܐ ܠܒܪܫܒܥ. (8) ܘܐܬܟܪܟܘ ܠܟܠܗ̇
ܐܪܥܐ ܕܐܝܣܪܐܝܠ. ܘܐܬܘ. ܡܢ ܒܬܪ ܬܫܥܐ ܝܪ̈ܚܝܢ
ܘܥܣܪ̈ܝܢ ܝܘ̈ܡܝܢ ܠܐܘܪܫܠܡ ܀. (9) ܘܐܘܕܥ، ܝܘܐܒ ܡܢܝܢܐ
ܘܫܘܡܠܝܐ ܕܥܡܐ. ܘܝܗܒ ܠܡܠܟܐ. ܘܗܘܐ ܗܘܐ ܡܢܝܢܐ
ܕܒ̈ܢܝ ܐܝܣܪܐܝܠ. ܬܡܢܡܐܐ ܐ̈ܠܦܝܢ ܓܒ̈ܪܝܢ
ܚܝܠܐ ܫܠܝܦܝ ܣܝܦܐ. ܘܓܒ̈ܪܐ ܕܝܗܘܕܐ. ܚܡܫܡܐܐ
ܐ̈ܠܦܝܢ ܓܒ̈ܪܝܢ ܡܬܟܬ̈ܫܢܐ ܀ (10) ܘܡܚܝܗ، ܡܚܫܒܐ [160 v]
ܠܒܗ ܠܕܘܝܕ. ܘܡܬܬܘܐ ܗܘܐ ܒܪܥܝܢܗ. ܡܢ ܒܬܪ ܕܡܢܝܗ،
ܠܥܡܐ. ܘܐܡܪ ܕܘܝܕ ܩܕܡ ܡܪܝܐ. ܣܟܠܬ ܛܒ ܕܥܒܕܬ
ܡܠܬܐ ܗܕܐ. ܘܐܦ ܗܫܐ ܒܥܐ ܐܢܐ ܡܢܟ ܡܪܝܐ.
ܐܥܒܪ ܣܟܠܘܬܗ ܕܥܒܕܟ. ܡܛܠ ܕܐܣܟܠܬ. ܘܣܟܠܬ
ܛܒ ܀. (11) ܘܩܡ ܕܘܝܕ ܠܨܦܪܐ. ܘܡܠܬܗ ܕܡܪܝܐ. ܗܘܬ
ܥܠ ܓܕ ܢܒܝܐ ܚܙܝܐ ܕܕܘܝܕ. ܘܐܡܪ ܠܗ (12) ܙܠ ܐܡܪ
ܠܕܘܝܕ. ܗܟܢܐ ܐܡܪ ܡܪܝܐ. ܬܠܬ ܐܢܐ ܐܡܪ ܐܢܐ
ܥܠܝܟ. ܓܒܝ ܠܟ ܚܕܐ ܡܢܗܝܢ ܐܝܕܐ ܕܨܒܐ ܐܢܬ.
ܘܐܥܒܕ ܠܟ ܀ (13) ܘܐܬܐ ܓܕ ܢܒܝܐ ܘܥܠ ܠܘܬ ܕܘܝܕ
ܘܐܘܕܥܗ. ܘܐܡܪ ܠܗ. ܗܟܢܐ ܐܡܪ ܡܪܝܐ. ܓܒܝ ܠܟ

ܡܢܐ ܢܗܘܐ ܠܟ. ܐܘ ܢܐܬܐ ܥܠܝܟ ܬܠܬ ܫ̈ܢܝܐ ܟܦܢܐ
ܒܐܪܥܟ. ܐܘ ܬܠܬܐ ܝܪ̈ܚܝܢ ܬܥܪܘܩ ܩܕܡ ܒܥܠܕܒ̈ܒܝܟ:
ܘܗܢܘܢ ܢܗܘܘܢ ܪ̈ܕܦܝܢ ܠܟ. ܐܘ ܕܢܗܘܐ ܬܠܬܐ ܝܘܡ̈ܝܢ
ܡܘܬܢܐ ܒܐܪܥܟ. ܗܫܐ ܗܟܝܠ: ܕܥ. ܘܚܙܝ ܡܢܐ
ܦܬܓܡܐ ܐܦܢܐ [161 r] ܠܗܘ ܡܢ ܕܫܕܪܢܝ ܠܘܬܟ. (14) ܥܢܐ
ܕܘܝܕ. ܘܐܡܪ ܠܓܕ ܢܒܝܐ. ܥܩܬ ܠܝ ܛܒ. ܘܐܝܠܝܢܐ ܗܘ
ܠܝ. ܡܢ ܟܠ ܠܒ̈ܝܢ. ܡܥ̈ܩܬܐ ܐܝܬܝܗܝܢ. ܬܠܬܝܗܝܢ. ܐܠܐ
ܛܒ[97] ܠܝ ܕܢܦܠ ܒܐܝ̈ܕܘܗܝ ܕܡܪܝܐ ܕܣ̈ܓܝܐܝܢ ܪ̈ܚܡܘܗܝ
ܛܒ. ܘܠܐ ܢܦܠ ܒܐܝ̈ܕܝܐ ܕܒ̈ܢܝܢܫܐ܀. (15 G) ܘܓܒܐ ܠܗ
ܕܘܝܕ. ܡܘܬܢܐ. ܘܡܚ̈ܘܬܐ ܐܬܬܣܝܡܘ ܗܘܘ. ܕܫܝܕܐ
ܕܫ̈ܠܛܐ. (15 P) ܘܫܕܪ ܡܪܝܐ ܡܘܬܢܐ ܒܐܝܣܪܐܝܠ. ܡܢ
ܨܦܪܐ. ܘܥܕܡܐ ܠܫܥܬ ܫ̈ܬܝ. ܘܫܪܝܬ ܡܘܬܢܐ ܒܥܡܐ.
ܘܡܝܬܘ: ܡܢ ܕܢ: ܘܥܕܡܐ ܠܒܐܪܫܒܥ. ܫܒܥܝܢ ܐܠ̈ܦܝܢ
ܓܒ̈ܪܝܢ. (16) ܘܦܫܛ ܡܠܐܟܐ ܕܐܠܗܐ ܐܝܕܗ ܥܠ
ܐܘܪܫܠܡ ܠܡܚܒܠܘ ܒܗ̇. ܘܐܬܬܦܝܣ ܡܪܝܐ ܥܠ ܒܝܫܬܐ.
ܘܐܡܪ ܠܡܠܐܟܐ ܕܡܚܒܠܢܐ ܗ̇ܘ ܕܡܚܒܠ ܗܘܐ ܘܪܒ
ܠܥܡܐ. ܘܐܡܪ ܠܗ̇. ܣܦܩ ܢܝܚܬ. ܡܦܘܣ ܐܝܕܟ.
ܘܡܠܐܟܗ [161 v] ܕܡܪܝܐ. ܩܐܡ ܗܘܐ ܠܘܬ ܐܕܪܗ
ܕܐܘܪܢܐ ܐܝܒܘܣܝܐ܀. (17) ܘܐܡܪ ܕܘܝܕ ܩܕܡ ܡܪܝܐ.
ܟܕ ܚܙܗ̇ ܠܡܠܐܟܐ ܕܡܚܐ ܗܘܐ ܠܥܡܐ. ܢܒܝܐ. ܘܐܡܪ
ܠܗ. ܗܐ ܐܢܐ ܐܝܬܝ ܕܐܚܛܝܬ. ܐܢ ܐܢܐ ܪܥܝܐ:
ܣܟܠܬ ܘܐܒܐܫܬ. ܗܠܝܢ ܥܢ̈ܐ ܡܢܐ ܥܒܕܘ.
ܬܗܘܐ ܠܗ̇ ܗܟܝܠ: ܐܝܕܟ ܒܝ ܘܒܒܝܬ ܐܒܐ ܀ (18) ܘܐܬܐ
ܓܕ ܢܒܝܐ ܠܘܬ ܕܘܝܕ: ܒܗ ܒܝܘܡܐ ܗܘ. ܘܐܡܪ ܠܗ.
ܣܩ ܒܢܝ ܡܕܒܚܐ ܠܡܪܝܐ ܒܐܕܪܗ ܕܐܘܪܢܐ ܗܘ
ܐܝܒܘܣܝܐ. (19) ܘܣܠܩ ܕܘܝܕ ܒܡܠܬܗ ܕܓܕ. ܐܝܟܢܐ
ܕܦܩܕ ܠܗ ܡܪܝܐ ܀ (20) ܘܐܬܦܢܝ ܐܘܪܢܐ ܗܘ ܐܝܒܘܣܝܐ:

[97] Mg: ܦܫܝܚ

ܘܚܙܝܗܝ ܠܡܠܟܐ ܕܘܝܕ ܘܠܥܒ̈ܕܘܗܝ܆ ܕܥܒܪܝܢ ܠܒܠ ܡܢܗ܂
ܘܢܦܩ ܐܘܪܢܐ܆ ܘܣܓܕ ܠܡܠܟܐ ܥܠ ܐܦ̈ܘܗܝ ܥܠ ܐܪܥܐ܂
(21) ܘܐܡܪ܂ ܡܛܠ ܡܢܐ ܐܬܐ ܡܪܝ ܡܠܟܐ ܠܘܬ ܥܒܕܗ܂
ܘܐܡܪ ܕܘܝܕ܂ ܠܡܙܒܢ ܡܢܟ ܐܕܪܐ ܗܢܐ܆ ܠܡܒܢܐ ܒܗ
ܡܕܒܚܐ ܠܡܪܝܐ܂ ܘܬܬܟܠܐ ܡܚܘܬܐ ܡܢ ܥܡܐ܂ [162 r]
(22) ܘܐܡܪ ܐܘܪܢܐ ܠܕܘܝܕ܂ ܢܣܒ ܡܪܝ ܡܠܟܐ ܟܠ ܡܐ
ܕܫܦܝܪ ܒܥܝ̈ܢܘܗܝ܆ ܘܢܣܩ ܠܡܪܝܐ܂ ܘܗܐ ܬܘܪ̈ܐ ܠܝܩܕܐ
ܥܠܘܬܐ܂ ܘܓܪ̈ܓܪܐ . ܘܡܐܢܝ̈ܐ ܕܬܘܪ̈ܐ ܠܩܝ̈ܣܐ .
(23) ܟܠܗܝܢ ܗܠܝܢ ܝܗܒ ܐܘܪܢܐ ܠܡܠܟܐ ܕܘܝܕ܂ ܘܐܡܪ
ܐܘܪܢܐ ܠܡܠܟܐ ܕܘܝܕ . ܡܪܝܐ ܐܠܗܟ ܢܪܥܝܟ ܀ .
(24) ܘܐܡܪ ܡܠܟܐ ܠܐܘܪܢܐ܂ ܡܙܒܢ ܙܒܢ ܐܢܐ ܡܢܟ
ܒܛܝܡܐ܂ ܘܠܐ ܡܣܩܢܐ ܐܢܐ ܠܡܪܝܐ ܐܠܗܐ ܢܟܣܬܐ
ܥܠܘܬܐ ܕܡܓܢ܂ ܘܙܒܢ ܕܘܝܕ܆ ܐܕܪܐ܆ ܘܠܬܘܬܐ܆ ܘܬܘܪ̈ܐ܂
ܒܣܐܡܝܢ ܡܬܩ̈ܠܐ . (25) ܘܒܢܐ ܬܡܢ ܕܘܝܕ ܡܕܒܚܐ ܠܡܪܝܐ܂
ܘܐܣܩ ܢܟ̈ܣܬܐ ܥܠܘ̈ܬܐ ܘܡܫ̈ܝܢܝܐ ܀ . ܘܥܠ ܡܕܒܚܐ ܗܢܐ܆
ܐܘܣܦ ܫܠܝܡܘܢ܂ ܡܛܠ ܕܙܥܘܪܐ ܐܝܬܘܗܝ ܗܘܐ ܡܢ
ܫܘܪܝܐ ܀ . ܘܐܬܟܠܠ ܡܪܝܐ ܥܠ ܐܪܥܐ܆ ܘܒܛܠܬ ܟܠܝܐ܂
ܘܐܬܟܠܬ ܡܚܘܬܐ ܡܢ ܐܝܣܪܐܝܠ ܀ .

(1 Kings I.1)[98] ܘܡܠܟܐ ܕܘܝܕ ܣܐܒ ܦܠ ܘܥܠ ܒܝܘ̈ܡܬܐ .
ܘܡܟܣܝܢ [162 v] ܗܘܘ ܠܗ ܒܠܒܘ̈ܫܐ . ܘܠܐ ܫܚܢ ܗܘܐ .
(2) ܘܐܡܪܘ ܠܗ ܥܒ̈ܕܘܗܝ. ܗܐ ܥܒ̈ܕܝܟ ܩܕܡܝܟ. ܢܒܥܘܢ
ܠܡܪܢ ܡܠܟܐ܆ ܥܠܝܡܬܐ ܒܬܘܠܬܐ܂ ܘܬܩܘܡ ܩܕܡ
ܡܠܟܐ܂ ܘܬܗܘܐ ܠܗ ܡܫܡܫܢܝܬܐ܂ ܘܬܫܟܒ ܒܥܘܒܟ܂
ܘܢܫܚܢ ܠܡܪܢ ܡܠܟܐ. (3) ܘܒܥܘ ܥܠܝܡܬܐ ܕܫܦܝܪܐ܆ ܒܟܠܗ
ܬܚܘܡܐ ܕܐܝܣܪܐܝܠ . ܘܐܫܟܚܘ . ܠܐܒܝܫܓ[99]
ܫܘܢܡܝܬܐ . ܘܐܝܬܝܘܗ̇ ܠܡܠܟܐ . (4) ܘܥܠܝܡܬܐ ·

[98] Mg: ܣܦ ܚܗ

[99] Mg: ܣ, i.e. ܐܒܝܫܣ.

ܫܦܝܪܐ ܗܘܬ ܒܚܙܘܗ̇. ܛܒ. ܘܐܝܬܝܗ̇ ܗܘܬ ܠܡܠܟܐ
ܟܪܝܬ ܡܫܡܫܢܝܬܐ. ܘܡܫܡܫܢܝܬܐ ܗܘܬ ܠܗ. ܘܡܠܟܐ. ܠܐ
ܝܕܥܗ̇ ܀ (5) ܘܐܕܘܢܝܐ ܒܪܗ̇ ܕܚܓܝܬ ܡܬܪܘܪܒ ܗܘܐ
ܘܐܡܪ. ܐܢܐ ܐܡܠܟ. ܘܥܒܕ ܠܗ ܡܪ̈ܟܒܬܐ ܘܦܪ̈ܫܐ:
ܘܚܡܫܝܢ ܓܒܪ̈ܝܢ ܕܪܗܛܝܢ ܗܘܘ ܩܕܡܘܗܝ. (6) ܘܠܐ ܐܟܐܒ
ܒܗ ܐܒܘܗܝ، ܡܢ ܝܘ̈ܡܘܗܝ، ܘܐܡܪ ܠܗ: ܡܛܠ ܡܢܐ
ܗܟܢܐ ܥܒܕ ܐܢܬ. ܘܐܦ ܗܢܐ: [163 r] ܫܦܝܪ ܗܘܐ
ܒܚܙܘܗ. ܛܒ. ܘܠܗ ܐܬܝܠܕ ܒܬܪ ܐܒܫܠܘܡ.
(7) ܘܐܬܡܠܟܘܢ ܗܘܘ ܡ̈ܠܘܗܝ، ܥܡ ܝܘܐܒ ܒܪ ܨܪܘܝܐ:
ܘܥܡ ܐܒܝܬܪ ܟܗܢܐ. ܘܡܥܕܪܝܢ ܗܘܘ ܠܗ.
(8) ܘܨܕܘܩ ܟܗܢܐ: ܘܒܢܝܐ ܒܪ ܝܗܘܝܕܥ: ܘܢܬܢ
ܢܒܝܐ: ܘܫܡܥܝܐ ܘܪ̈ܥܘܗܝ، ܟܠܗܘܢ ܕܐܝܬܝܗܘܢ ܫ̈ܠܝܛܐ
ܕܕܘܝܕ. ܠܐ ܐܝܬܝܗܘܢ ܗܘܘ ܥܡ ܐܕܘܢܝܐ ܀ (9) ܘܕܒܚ
ܐܕܘܢܝܐ[100] ܥܢܐ ܘܬܘܪ̈ܐ ܘܡܦ̈ܛܡܐ: ܠܘܬ ܟܐܦܐ
ܗ̇ܝ، ܪܒܬܐ ܕܡܬܩܪܝܐ ܙܚܠܬ· ܕܥܠ ܓܒ ܥܝܢܐ
ܕܩܨܪܐ.[101] ܘܩܪܐ ܠܟܠܗܘܢ ܐܚ̈ܘܗܝ، ܒ̈ܢܝ ܡܠܟܐ. ܘܠܟܠܗܘܢ
ܓܒ̈ܪܐ ܕܝܗܘܕܐ ܥܒ̈ܕܐ ܕܡܠܟܐ. (10) ܘܠܢܬܢ ܢܒܝܐ:
ܘܠܒܢܝܐ ܒܪ ܝܗܘܝܕܥ: ܘܠܓܢܒܪ̈ܐ ܕܕܘܝܕ: ܘܠܫܠܡܘܢ
ܐܚܘܗܝ، ܠܐ ܩܪܐ ܀ (11) ܘܐܡ̣ܪ ܢܬܢ ܢܒܝܐ: ܠܘܬ
ܒܬܫܒܥ ܐܡܗ [163 v] ܕܫܠܡܘܢ. ܘܐܡܪ ܠܗ̇. ܠܐ ܫܡܥܬܝ،
ܕܐܡܠܟ ܐܕܘܢܝܐ ܒܪ ܚܓܝܬ: ܘܡܪܢ ܕܘܝܕ ܠܐ ܝܕܥ.
(12) ܗܫܐ ܗܟܝܠ: ܬܝ، ܐܡܠܟܟܝ ܡܠܟܐ. ܘܦܨܝ ܢܦܫܟ
ܘܢܦܫܗ ܕܒܪܟܝ ܫܠܡܘܢ. (13) ܙܠܝ ܥܘܠܝ ܠܘܬ ܡܠܟܐ ܕܘܝܕ.
ܘܐܡܪܝ ܠܗ. ܠܐ ܗܘܐ ܐܢܬ ܡܪܝ ܡܠܟܐ· ܝܡܝܬ
ܠܐܡܬܟܝ: ܒܡܪܝܐ ܐܠܗܟܝ: ܘܐܡܪܬ: ܕܫܠܡܘܢ ܒܪܟܝ
ܢܡܠܟ ܒܬܪܝ: ܘܗܘ ܢܬܒ ܥܠ ܟܘܪܣܝ: ܕܡܢܐ ܗܟܢܐ ܐܡܠܟ

[100] Sic. Read ܐܕܘܢܝܐ.

[101] Mg: ܕܪܘܓܠ

. [164 r] .
 [164 v]

ܥܒܕܟ܆ ܘܠܨܕܘܩ ܟܗܢܐ܆ ܘܠܒܢܝܐ ܒܪ ܝܗܘܝܕܥ܆
ܘܠܫܠܝܡܘܢ ܥܒܕܟ ܠܐ ܩܪܐ. (27) ܐܢ ܡܢ ܩܕܡܝܟ ܡܪܝ܂
ܡܠܟܐ ܗܘܐ ܦܬܓܡܐ ܗܢܐ. ܘܡܛܠ ܡܢܐ ܠܐ ܐܘܕܥܬ
ܠܥܒܕܝܟ. ܕܡܢܘ ܢܬܒ ܥܠ ܟܘܪܣܝܗ ܕܡܪܝ܂ ܡܠܟܐ ܡܢ ܒܬܪܗ ܀ .
(28) ܘܐܡܪ ܡܠܟܐ. ܩܪܘ ܠܝ ܠܒܬܫܒܥ. ܘܥܠܬ ܒܬܫܒܥ.
ܘܩܡܬ ܩܕܡ ܡܠܟܐ. (29) ܘܝܡܐ ܠܗ ܡܠܟܐ܂ ܘܐܡܪ.
ܚܝ ܗܘ ܡܪܝܐ܆ ܗ̇ܘ ܕܦܪܩ ܢܦܫܝ ܡܢ ܟܠ ܐܘܠܨܢܐ ܘܥܩܬܐ܂
(30) ܕܐܝܟܢܐ [165 r] ܕܝܡܝܬ ܠܟܝ ܒܡܪܝܐ ܐܠܗܐ
ܕܐܝܣܪܝܠ ܘܐܡܪܬ: ܕܫܠܝܡܘܢ ܒܪܟܝ ܢܡܠܟ ܒܬܪܝ: ܘܗܘ
ܢܬܒ ܥܠ ܟܘܪܣܝ܂ ܗܟܢܐ ܐܥܒܕ ܝܘܡܢܐ. (31) ܘܓܚܢܬ
ܒܬܫܒܥ ܥܠ ܐܦܝܗ ܥܠ ܐܪܥܐ܂ ܘܣܓܕܬ ܠܡܠܟܐ .
ܘܐܡܪܬ. ܢܚܐ ܡܪܝ ܡܠܟܐ ܕܘܝܕ ܠܥܠܡ ܀ . (32) ܘܐܡܪ
ܡܠܟܐ ܕܘܝܕ. ܩܪܘ ܠܝ ܠܨܕܘܩ ܟܗܢܐ܆ ܘܠܢܬܢ ܢܒܝܐ܂
ܘܠܒܢܝܐ ܒܪ ܝܗܘܝܕܥ. ܘܐܬܘ܂ ܘܥܠܘ ܩܕܡ ܡܠܟܐ.
(33) ܘܐܡܪ ܠܗܘܢ ܡܠܟܐ. ܘܣܒܘ ܕܒܪܘ ܥܡܟܘܢ ܠܥܒ̈ܕܐ
ܕܡܪܟܘܢ: ܘܐܪܟܒܘ ܠܫܠܝܡܘܢ ܒܪܝ܆ ܥܠ ܟܘܕܢܬܐ ܕܝܠܝ.
ܘܐܘܒܠܘܗܝ ܠܓܝܚܘܢ. (34) ܘܢܡܫܚܘܢܝܗܝ ܬܡܢ ܨܕܘܩ
ܟܗܢܐ܆ ܘܢܬܢ ܢܒܝܐ܂ ܕܢܡܠܟ ܥܠ ܐܝܣܪܝܠ. ܘܩܪܘ
ܒܫܝܦܘܪܐ܆ ܘܐܡܪܘ. ܢܚܐ ܡܠܟܐ ܫܠܝܡܘܢ. (35) ܘܗܘܘ
ܒܬܪܗ. ܘܢܐܬܐ܂ ܘܢܬܒ ܥܠ ܟܘܪܣܝ. ܘܗܘ ܢܡܠܟ ܒܬܪܝ.
ܘܠܗ ܦܩܕܬ ܐܢܐ ܕܢܗܘܐ ܡܠܟܐ ܥܠ ܐܝܣܪܝܠ ܘܥܠ
ܝܗܘܕܐ. (36) ܘܥܢܐ ܒܢܝܐ ܒܪ ܝܗܘܝܕܥ. ܘܐܡܪ ܩܕܡ
ܡܠܟܐ. ܐܡܝܢ. ܗܟܢܐ ܢܥܒܕ ܡܪܝܐ ܐܠܗܟ. (37) ܘܐܝܟ
ܕܗܘܐ ܡܪܝܐ ܥܡ ܡܪܝ ܡܠܟܐ܂ ܗܟܢܐ ܢܗܘܐ ܐܦ
ܥܡ ܫܠܝܡܘܢ܂ ܘܢܪܒ ܟܘܪܣܝܗ ܝܬܝܪ ܡܢ ܟܘܪܣܝܗ ܕܡܪܝ
ܡܠܟܐ ܕܘܝܕ ܀ (38) ܘܢܚܬ ܨܕܘܩ ܟܗܢܐ܆ ܘܢܬܢ
ܢܒܝܐ܆ ܘܒܢܝܐ ܒܪ ܝܗܘܝܕܥ: ܘܩܫ̈ܬܐ ܘܕܫܝܢ ܒܩ̈ܠܥܐ.
ܘܐܪܟܒܘܗܝ ܠܫܠܝܡܘܢ ܥܠ ܟܘܕܢܬܗ ܕܡܠܟܐ ܕܘܝܕ.

 . [166 r]

، [166 v]

ܘܣܓܶܕ݂ ܡܰܠܟܳܐ ܥܰܠ ܡܫܟܒܗ. (48) ܘܐܦ ܡܰܠܟܳܐ ܗܟܢܐ
ܐܶܡܰܪ݂. ܒܪܝܟ ܗܘ ܡܪܝܐ ܐܠܗܐ ܕܐܝܣܪܝܠ: ܗܿܘ
ܕܝܗܒ ܠܝ ܒܪܐ ܝܘܡܢܐ ܡܢ ܙܪܥܝ. ܕܝܬܒ ܥܠ ܟܘܪܣܝ: ܘܥܝܢ̈ܝ
ܚܙ̈ܝܢ ܀ (49) ܘܕܚܠܘ: ܘܥܪܩܘ ܡܢܗ: ܟܠܗܘܢ ܠܩܪ̈ܝܐ.

[...............][102]

102 The last folios of the MS are missing.

PART TWO:

TRANSLATION

Abbreviations and symbols

Notes to the English translation draw attention to the more interesting or significant changes that Jacob has made to the Peshitta text or which share the exact wording of the Syrohexapla for that passage.

= G   A reading from the Greek tradition (in the broadest sense)
= Luc A reading specific to the Lucianic tradition
= Syh A reading corresponding verbatim to the Syrohexapla
= J   Material added by Jacob, without parallel in another tradition, and usually representing his own gloss on the text.
P   Peshitta

Extant fragments of the Syrohexapla have been published as follows:

Syh^B = Baars, W., *New Syro-Hexaplaric Texts. Edited, Commented upon and Compared with the Septuagint.* (Leiden 1968) 104–114:

    1 Sam 2.12–17, 22–24;16.13; 20.27–33
    2 Sam 6.1–6, 13–14

Syh^{Bo} = de Boer, P.A.H., "A Syro-hexaplar text of the Song of Hannah: 1 Samuel ii.1–10" in ed. D.W. Thomas and W.D. McHardy, *Hebrew and Semitic Studies* (Oxford 1963) 8–15:

    1 Sam 2.1–10

Syh^G = Goshen-Gottstein, M.H., "Neue Syrohexaplafragmente" *Bibl* 37 (1956) 175–183:

    1 Sam 7.5–12; 20.11–23, 35–42
    2 Sam 7.1–17; 21.1–7; 23.13–17

Syh^L = de Lagarde, P., *Bibliothecae Syriacae* (Göttingen 1892) 190–92:

    1 Kg 1.1–49.

Note to the translation

Jacob of Edessa's version of the Books of Samuel (plus 1 Kings 1) is a very mixed text indeed, combining the Peshitta, Septuagint and Syrohexapla not only in terms of the texts and traditions but also the syntax and vocabulary. At times Jacob has attempted to introduce a degree of uniformity, but at others he is seduced by variety. The speed at which he worked was no doubt the main factor in preventing him from polishing the style of his version, but it is doubtful that literary merit as was important to him in this particular project as the entwining of the Syriac and Greek Samuel in a text designed for study.

In translating Jacob's version of Samuel, I have tried to stay faithful to the meaning of the Syriac, without attempting either to reproduce minutely the mixed style of the original (which would have produced a somewhat rebarbative effect in English), or to polish what is often rather inelegant Syriac. Idioms have been rendered fairly literally, except where the result would have been incomprehensible or misleading in English: many such exceptions are noted. The considerable difficulties involved in rendering names consistently are explained in the Introduction to the edition, Excursus II.

The translation also attempts to reproduce the punctuation system of the manuscript, as far as English syntax allows. The cluster of four dots and sundry variants found in the Syriac text represent a sense break somewhere between that of a full stop and a paragraph break. For simplicity's sake, all such have been represented by paragraph breaks.

The work of Richard Saley[1] established conclusively that Jacob's base text was the Peshitta, and so the footnotes to the translation note only the addition of elements which differ significantly from the Peshitta, whether from one of the Greek traditions, the Syrohexapla or Jacob himself. It is a crude method, but any other would have proved too complex and unwieldy. The reader is recommended to consult Saley's excellent monograph for much more detailed analysis than has been possible here.

---

[1] Saley, R.J., *The Samuel Manuscript of Jacob of Edessa. A Study in its Underlying Textual Traditions*, Monographs of the Peshitta Institute 9 (Leiden 1998).

[3v]

Sections of the First Book of Kingdoms[1]

1.   First section. The birth of Samuel the prophet by Helqana the Levite. About Hannah his mother who prays a prayer to the Lord and prophesies. She asks the Lord for a son and she herself loans him and gives him to the Lord.

2.   The greed and sin of the priests, the sons of 'Eli, their father's feeble reproach, and the rebuke which the Lord delivers him through a prophet. The boy Samuel, to whom God appears by night when he is serving in the Tabernacle of the Lord and tells him of the punishment that is going to come upon the house of 'Eli because of the iniquity of his sons.

3.   The Israelites go out to battle against the Philistines and are defeated, so they send and fetch the Ark of the Lord and the priests. Israel is routed, the priests killed, and the Ark taken away by the Philistines. The Ark smites the Philistines, their idols, and their lands. So the Philistines send it away with offerings and it comes to Beth Shemesh. From there they take it up to Quriath Jar'im.

4.   Samuel judges the Israelites and makes whole burnt offerings on their behalf. He prays for them to the Lord, and the Lord's hand is against the Philistines. The Israelites smite them as long as Samuel lives. Samuel appoints his sons as judges over Israel, but they take bribes and are no good.

5.   The Israelites ask the Lord to appoint a king for them, and he appoints Saul son of Qish from the tribe of Benjamin.

6.   Saul and the Israelites make war on the 'Ammonites and are victorious and defeat them. Samuel and the people go to Galgala with Saul and they renew the kingship there. Samuel teaches them the word of the Lord and commands them not to turn away from the Lord.

7.   Saul acts haughtily in ruling the kingdom, and assembles Israel at Galgala. The Philistines hear and assemble for battle against him. He presumes to offer sacrifices, so Samuel censures him and abandons him, going [back] to his house in Ramtha. Israel disperses from him, but since God has mercy on

---

[1] Wright (*Catalogue*, I, 37–39) observes that the synopses at the beginning of each book are not a translation of John Chrysostom's Synopsis.

the sons of Israel, he brings about victory for them through Jonathan, Saul's son. Israel deals the Philistines a great blow. [4 r]

8.   When Saul has little power over the kingdom, at the word of the Lord Samuel sends him to go and destroy 'Amaleq. But Saul does not keep God's command. Samuel is angry with Saul and mourns over him. The Lord is sorry that he has made Saul king over Israel.

9.   The Lord sends Samuel and he anoints David as king over Israel instead of Saul. The Spirit of the Lord alights upon David when it departs from Saul,[2] and an evil spirit consumes Saul. David plays music before Saul, and drives the evil spirit away from him, giving him respite.

10.   The Philistines gather for battle against Saul. David slays Goliath, triumphs and is praised. But he is hated by Saul.

11.   Once more Saul is consumed by the evil spirit, and David plays music and gives him respite. But [Saul] tries to kill him. Again he finds a pretext concerning David in order to do away with him, and sends him against the Philistines. But he wins and triumphs. Saul gives him his daughter in marriage, and again wishes to kill him. David flees to Samuel and tells him about Saul's wickedness. Again Saul takes offence at David's victories and decides to kill him.

12.   David flees from Saul to Ankush king of Gath, and when he has feigned madness he flees from there too and escapes. He goes to the king of Moab and from there to the land of Judah. Saul slaughters all the priests who are in Nomba because of David.

13.   David defeats the Philistines and saves Qeʿila. From there he goes to the wilderness of the Ziphites, and Saul's son Jonathan goes to him there and makes covenants of friendship with him. The Ziphites go up and tell Saul about David. Saul goes against him once and a second time, but the Lord saves him from him and does not hand him over to him. Along with these things Scripture also mentions the death of Samuel.

---

[2] In the main text, as opposed to the Synopsis, Jacob treats the gender of the spirit of the Lord as masculine, in line with the attitude of his time towards the Holy Spirit. I have rendered the verb here "alights" according to the context: in native Syriac *ṣlḥ* really means "to be successful", but here there is something of a calque on the Hebrew *ṣlḥ* found also in the Peshitta. See A.G. Salvesen, "Spirits in Jacob of Edessa's revision of Samuel," *ARAM Periodical* 5 (1993) 481–90.

14. The events regarding Nabal and Abigea his wife. Once more the Ziphites treacherously inform Saul about David, and Saul goes to kill David, but the Lord saves him from his hands. [4 v]

15. David's journey to Ankush king of Gath, and David's behaviour towards him. Saul goes to a woman who brings up familiar spirits. The battle of the Philistines and the Israelites. Saul's death and Israel's defeat. The things that David does to the 'Amaleqites when they defeat them and he saves from them his wives and all that they had captured.

End of the sections of the First Book of Kingdoms.

[5 r]

First Book of Kingdoms[3]

ONE

(1)[4] There was a certain man from Ramtha of the Watchmen, from the mountain of Ephraim, and his name was Helqana, son of Jerehmeel, son of Elihu, son of Tohe son of Soph, from the mountain of Ephraim. (2) This man had two wives. The name of one was Hannah, and the name of the second Penana. Penana had children, and Hannah had no children. (3) The man used to go up from his city Ramtha each year to worship and sacrifice to the Lord Sabaoth God Almighty in Shilo.[5] And there were 'Eli and his two sons, [5 v] Hophni and Pinhes, priests to the Lord.

(4) The day came and Helqana made a sacrifice, and he gave portions to Penana his wife and all her sons and daughters, (5) while to Hannah he gave only one portion to her face,[6] because she had no son. However, because Helqana loved Hannah more than Penana, though the Lord had shut up her womb, (6) her rival used to provoke her most dreadfully, for she despised her since the Lord had shut up her womb and had not given her a son in her affliction and in the anguish of her spirit. (7) Penana used to treat her this way year by year at the time that she used to go up to the house of the Lord, and in this way she would provoke her. Hannah would be distressed and weep and would not eat. (8) Helqana her husband said to her, "Hannah!" She said, "Here I am, my lord". He said to her, "Why are you weeping, [6 r] and why are you not eating? Why is your heart sad? See, I am better than ten children to you." (9) Hannah got up after she had eaten at Shilo, and after she had drunk, and she went and stood before the Lord. 'Eli the priest was sitting on the chair by the threshold of the temple of the Lord. (10) Her own soul was sad, and she was praying before the Lord, and also weeping bitterly. (11) She made a vow in her prayer and said to the Lord, "Adonai Lord God Sabaoth, if you truly see your maidservant's humiliation and remember me and do not forget your maidservant and give your maidservant human offspring,[7] I in turn will give him to you as a gift for all the days of

---

[3] Margin: "In the Book of Chronicles the complete genealogy of Samuel is laid out fully as follows: Heman the singer, son of Joel, son of Samuel, son of Helqana, son of Jerehmeel, son of Elihu, son of Tohe, son of Soph, son of Helqana, son of Math, son of Amsath, son of Helqana, son of Joel, son of 'Azaria, son of Sephnia, son of Tahath, son of Asir, son of Abiasaph, son of Qorah, son of Jashar, son of Qahath, son of Levi." [From I Chron 6.33–38, but based on a Greek text.]

[4] Margin: "Reading for New Sunday".

[5] "each year": literally, "from time to time".

[6] "only one" = G. Margin "double", = P. "to her face" = Luc.

[7] "human offspring": lit. "seed of man".

his life. [6 v] Wine and liquor he shall not drink until his death, and a razor shall not touch his head."[8]

(12) It happened that when Hannah prayed at length before the Lord, 'Eli the priest was watching her mouth. (13) Hannah was speaking only in her heart: her lips were moving, but her voice could not be heard.[9] 'Eli supposed her a drunkard. (14) 'Eli's young servant said to her, "How long will you stay drunk? Recover from your wine, and depart from the Lord's presence."

(15) Hannah answered and said to him, "No, my lord, I am a woman distressed in spirit: wine and liquor I have not drunk. I have poured out my soul before the Lord. (16) Do not consider your maidservant before you a sinful woman, because it is from the greatness of my distress and sorrow that I prolonged my speech until now."

(17) 'Eli answered and said [7 r] to her, "Go in peace. May the Lord God of Israel grant you the whole of the request that you made of him." (18) She said, "May your maidservant find mercy in your eyes." The woman went her way, and entered her lodgings, and ate with her husband and drank, and her face was no longer troubled.

(19) They rose early in the morning, worshipped the Lord, returned and went their way. And Helqana entered his house in Ramtha.

[10]Helqana knew Hannah his wife, and the Lord remembered her. (20) It happened after a while that Hannah conceived and bore a son. She called his name Samuel, since she said, "Because I asked the Lord for him."

(21) The man Helqana and all his household went up to make the sacrifice of days to the Lord in Shilo and to pay all [7 v] his vows and the tithes of his land. (22) Hannah did not go up with him, because she said to her husband, "I shall stay and not go up,[11] until I have weaned the boy. Then I will bring him and he shall appear before the Lord and remain there forever." (23) Helqana her husband said to her, "Do as is good in your eyes. Stay until you have weaned him: only, may the Lord confirm what has gone forth from your mouth."

The woman remained and nursed her son until she weaned him. (24) She took him up with her when she had weaned him, along with a three-year-old bull, a seah of fine wheat flour, and a skin of wine. They entered the house of the Lord at Shilo, and the boy was young. (24 G) They brought him forward (25 G) and he stood before the Lord. His father slew the sacrifice of days which he used to make from time to time [8 r] to the Lord.[12] (25 P) They

---

[8] "shall not touch": lit."go up on".

[9] End of the Reading for New Sunday.

[10] Margin: "Reading for Our Lord's Nativity".

[11] "I shall stay and not go up" = J's gloss.

[12] Most of this verse is taken from the Greek, apart from "and he stood" which is J's gloss.

brought the boy forward and they sacrificed the bull. Hannah the boy's mother approached 'Eli (26) and said to him, "Please, my lord, as your soul lives, my lord, I am that woman who stood before you here to pray before the Lord (27) for this boy. I prayed and the Lord granted me my request that I made to him. (28) I also have lent him to the Lord for all the days that he lives, as a loan to the Lord." And they worshipped the Lord there.[13]

TWO

(1)[14] Hannah prayed and said, "[The prayer of Hannah][15] My heart is made strong in the Lord,[16] and my horn has been exalted in my God. My mouth has been opened against my enemies because you have made me rejoice in your salvation. (2) Because there is no holy one like the Lord, and there is no righteous one like our God,[17] and no holy one except you. [8 v] (3) Do not boast and do not speak great things in pride,[18] and let not grand words come forth from your mouth![19] Because a God of knowledge is the Lord and a God who plans stratagems before him.[20] (4) The bows of the warriors have become weak, but the weak have been strengthened with might.[21] (5) Those full of bread are in want, while those who were hungry have eaten and have more to spare.[22] The barren woman has borne children and is satisfied, but the woman with many children is left desolate. (6) It is the Lord who causes death and brings to life: he sends down to Sheol and brings up. (7) The Lord impoverishes and enriches, he humbles and also exalts. (8) He raises from the ground the poor man and from the dung heap he raises the unfortunate one,[23] in order to seat him with the nobles of his people, and he will make him inherit a throne of glory. The Lord has roofed over the depths of the earth and set [9 r] upon them the foundations of the world.[24] He grants prayer for the one who prays, and he has blessed the years of the righteous.[25]

---

[13] End of the Reading for Our Lord's Nativity.

[14] Margin: "Reading for the Mother of God".

[15] This is often a heading in Peshitta manuscripts.

[16] "My heart is made strong in the Lord" = Syh^{Bo}, G.

[17] "righteous one" = Syh^{Bo}, G.

[18] "Do not boast and do not speak" = Syh^{Bo}, G.

[19] "grand words": lit. "greatness of words", a rendering of μεγαλορρημοσύνη, but differing from that of Syh^{Bo}.

[20] "a God who plans" = Syh^{Bo}, G.

[21] "have become weak, but the weak" = Syh^{Bo}, G.

[22] "are in want, while those who were hungry" = Syh^{Bo}, G.

[23] "He raises from the ground" = Syh^{Bo}, G.

[24] "...the foundations" = J. The rest of the sentence is from P: it is not found in G.

[25] This entire sentence = Syh^{Bo}, G.

(9) The feet of his saints he will guard, but the wicked shall be silenced in darkness. For it is not by his might that a mighty man prevails upon the earth,[26] (10 G) but the Lord shall make his enemy weak. The Lord is the Holy One. Let not the wise man glory in his wisdom, nor the strong man glory in his strength, nor the rich man glory in his riches, but let him that glories, glory in this,[27] understanding and knowing the Lord, and practising justice and righteousness on the earth.[28]

(10 P) The Lord shall break those who provoke him, and thunder against them in the heavens. He will judge the ends of the earth, as the one who is righteous. And he will give strength to his king, and lift up the horn of his anointed one."[29] [9 v]

(11 G) They left Samuel there before the Lord, (11 P) and Helqana and Hannah his wife went to Ramtha to his house.

[30]The boy Samuel was ministering before the Lord, before 'Eli the priest. (12) The sons of 'Eli the priest were corrupt sons,[31] who did not know the Lord. (13 P) They made themselves a three-pronged fork, and they used to take (13 G) the priests' due from the people, from every man who offered a sacrifice. The priests' young servant would come when the meat was being cooked, with the three-pronged fork in his hand. (14) He would plunge it into the pan, cauldron, kettle or pot, and whatever he brought up with the fork, he would take for the priests. This is how they would treat all Israel, those who used to come there to sacrifice to the Lord [10 v] in Shilo.[32] (15) Even before the fat of those who were offering sacrifice was burnt,[33] the priest's young servant would come and say to the man who was sacrificing, "Give meat for the priests to roast: I will not take any meat from you that is stewed from the pot."[34] (16) The man who was sacrificing would say to him, "They may certainly take it today, but let the fat be burnt first, as is right, then take whatever your soul desires."[35] And he would say to him, "No, instead you must give it now! And if not, I will take it by

---

[26] "...upon the earth" = J.

[27] "nor the rich man...but let him that glories, glory in this" = Syh[Bo], G.

[28] "... but the Lord...": this whole passage = G (and is ultimately derived from Jeremiah 9.22–23), and the wording is especially close to Luc. See S.P. Brock, *The Recensions of the Septuaginta Version of I Samuel* (Turin 1996) 278, 290.

[29] End of the Reading for the Mother of God.

[30] Margin: "Section 2. [Reading for] the Fifth Sunday of Lent".
The following passage is mentioned in Jacob's answer to Addai, no. 39 (A. Vööbus, *The Synodicon in the West Syrian Tradition. I. Text* [Louvain 1975] p.265).

[31] "corrupt sons" = Syh[B], G.

[32] "with the fork, he would take", "to sacrifice to the Lord" = Syh[B], G.

[33] "...of those who were offering sacrifice" = J.

[34] "before the fat", "was burnt", "that is stewed from the pot" = Syh[B], G.

[35] "who was sacrificing", "be burnt first, as is right" = Syh[B], G.

force." (17) The young men's sin was great before the Lord, because they were trespassing against the Lord's sacrifice.

(18) Samuel was ministering before the Lord, [10 v] a boy who was girded with a linen ephod, (19) and a little cloak that his mother used to make for him and bring up for him every year, whenever she came up with her husband, whenever he came up to offer the sacrifice of days and to offer up his vows.

(20) 'Eli blessed Helqana and his wife, saying, "May the Lord give you offspring from this woman in place of the loan which she made to the Lord."

The man went to his place. (21) The Lord looked after Hannah, and she conceived and bore again, three sons and two daughters. The boy Samuel grew up before the Lord.

(22) 'Eli was very old, and he heard all the things that his sons were doing to all Israel, and that they were dishonouring and lying with the women who came to pray at the entrance of the tent of Testimony.[36] (23) He said to them, "Why are you doing [11 r] such things? This that I hear is an evil rumour about you from all the people of the Lord. (24) No, my sons, for this report that I hear is not good, that you are obstructing and stopping this people of the Lord,[37] and they are not serving God. (25) For if a man sins against a man, they may pray to the Lord and make intercession for him. But if a man sins against the Lord, to whom can they make petition, and who shall pray for him?"[38] They did not listen to their father, because the Lord surely wished to put them to death.

(26) The boy Samuel continued to grow strong and was pleasing before both God and men.[39]

(27) A man of God came to 'Eli and said to him, "Thus says the Lord, 'I plainly appeared to [11 v] your father's house when they were in the land of Egypt as slaves of Pharaoh's house, (28) and I chose him for myself from all the tribes of Israel to serve me as priest, to make offerings upon my altar, to burn sweet incense, and to bear the ephod before me. And I gave your father's house all the offerings by fire of the Israelites for food. (29) Why have you acted iniquitously towards my sacrifices and looked on my offerings with a presumptuous eye?[40] You have honoured your sons more than me by blessing and choosing the finest parts of every sacrifice of the sons of Israel before me. (30) Because of this, thus says the Lord God of Israel: I certainly said that your house and the house of your father should serve before me

---

[36] "the tent of Testimony" : the same expression as in Syh[B].

[37] "obstructing" = J.

[38] "...and who shall pray for him?" = G.

[39] End of the Reading for the Fifth Sunday of Lent.

[40] "and looked on my offerings with a presumptuous eye" = G.

forever. But now, it shall not be so, says the Lord, far from it! Because I will honour those who honour me, and those who despise me shall be disgraced.

(31) 'See, the days are coming, says the Lord, [12 r] when I will blot out your descendants and the descendants of your father's house, and there will not be an old man in your house, (32 P) nor anyone who bears the ruler's staff in your dwelling, in all the good things that God does to Israel. (32 G) There shall never be an old man in your house. (33) And I will not deprive my altar of a man of yours to make his eyes dim and wear out his soul. As for all who remain of your house, the men shall fall by the sword. (34) This is the sign for you that is coming upon these your two sons Ḥophni and Pinḥes: on a single day both of them shall die. (35) I will raise up for myself a faithful priest, who will do everything that is in my heart and what is in my soul. I will build him a faithful house, and he shall walk anointed before me always.[41] (36) It shall be that anyone left in your house will come to bow down to him with a single small silver coin and with a single loaf of bread.[42] He will say to him, [12 v] 'Appoint me to one of your priestly offices, that I may chew a morsel of bread.'"

THREE

(1)[43] Samuel was a boy who ministered to the Lord before 'Eli the priest. The word of the Lord was precious in those days. There was no vision that was clear and plain. (2) It happened on that day that 'Eli the priest was sleeping in his place. His eyes had begun to dim and he could not see. (3) The lamp of the Lord had not yet gone out, and Samuel was lying in the temple of the Lord, where the Ark of God was. (4) The Lord called to Samuel, and said, "Samuel, Samuel". And he said, "Here I am." (5) He ran to 'Eli and said, "Here I am, for you called me." 'Eli said, "I did not call you. Go and lie down." He went and lay down. (6) The Lord went on to call Samuel again, and he said, "Samuel, Samuel." Samuel arose [13 r] and went to 'Eli and said, "Here I am, for you called me." 'Eli said, "I did not call you, my son. Go and lie down." (7) Samuel did not yet know the Lord, and the word of the Lord had not yet been revealed to him. (8) The Lord went on to call Samuel again a third time, and Samuel arose and went to 'Eli and said, "Here I am, for you called me." 'Eli realised that the Lord had called the boy. (9) 'Eli said to Samuel, "Go and lie down, my son, and if he calls

---

[41] "anointed before me" = J. Margin: " before my anointed ones" = Luc. The reading of J's text is unparalleled. P has "before me, my anointed one".

[42] "with" (1) = Luc. Margin: "for the sake of". This marginal reading is repeated at the next occurrence of "with".

[43] Margin: "Reading for the Rite of Tonsure".

you, say, "Speak, Lord, because your servant is listening." So Samuel went and lay down in his place.

(10) The Lord came and stood and called him twice, "Samuel, Samuel," and Samuel said, "Speak, Lord, because your servant is listening."

(11) The Lord said to Samuel, "See, I am doing [13 v] a thing in Israel, and the two ears of everyone who hears of it will tingle.[44] (12) On that day I will raise up against 'Eli all the things that I said concerning his house. I will start it and bring it to completion.[45] (13) I will show him that I am judging and punishing his house forever for his sons' iniquity, in that he knew that his sons weredishonouring both the people and God, and even so he did not rebuke them. (14) For this reason I have sworn concerning the house of 'Eli that the iniquity of the house of 'Eli shall never be expiated by incense or sacrifices or offerings."[46]

(15) Samuel slept until morning. He arose in the morning and opened the doors of the Lord's house. Samuel was afraid to disclose the vision to 'Eli. (16) 'Eli called Samuel and said to him, "Samuel, my son!" He said, "Here I am." (17) He said to him, "What is the word that [14 r] was spoken to you by the Lord? Do not conceal it and do not be in awe of me. May God do so to you and even more besides if you hide from me any word of the whole message that the Lord told you." (18) Samuel told and informed him of the whole message, and did not conceal anything from him. 'Eli said, "He is the Lord. Whatever is good in his eyes let him do."

(19) Samuel grew up and the Lord was with him. He did not let any of his words fall to the ground. (20) All Israel from Dan to Bersheba' knew that Samuel was found trustworthy as God's prophet. (21) The Lord continued to be revealed once more at Shilo in his words to Samuel. Because the Lord revealed himself to Samuel, Samuel was trusted [14 v] to become a prophet of the Lord throughout Israel, from one end of the land to the other.[47] 'Eli grew old and very aged. His sons carried on, and their way was evil before the Lord.[48]

---

[44] Literally, "Everyone who hears of it—both his ears will tingle."

[45] "I will start it and bring it to completion" = G.

[46] "that the iniquity...": lit. "if...", the usual formula for a biblical oath (the implicit apodosis being, "may dire consequences befall me!")
End of the Reading for the Rite of Tonsure.

[47] Lit. "from the heights of the land and as far as the heights".

[48] "Because the Lord revealed...their way was evil before the Lord" = G, with no corresponding material in P.

FOUR

(1 G)[49] It happened in those days that the Philistines gathered for war against Israel.[50] (1 P) The word of Samuel was over all Israel,[51] and Israel went out to meet them in battle. They encamped by the Rock of Help,[52] and the Philistines encamped at Apheq. (2) The Philistines drew up battle lines opposite Israel. Battle commenced, and Israel was routed before the Philistines. About four thousand men in the battle line in the field were slain. (3) The people came to the camp, and the elders of Israel said, "Why has the Lord routed us today before the Philistines? Let us fetch to us from Shilo the Ark of the Covenant of the Lord [15 r] Ṣabaoth our God, and it shall go among us and deliver us from the hand of our enemies." (4) The people sent to Shilo and removed from there the Ark of the Covenant of the Lord of Armies,[53] he who sits upon the cherubim. The two sons of ʿEli, Ḥophni and Pinhes, were there with the Ark of the Covenant of the Lord. (5) It happened that when the Ark of the Covenant of the Lord came to the camp, all Israel cried out jubilantly and shouted with a loud voice, and the earth shook. (6) The Philistines heard the sound of jubilation and shouting, and said, "What is this sound of jubilation and of loud shouting in the Hebrews' camp?" The Philistines realised that the Ark of the Lord had come to the camp. (7) The Philistines were afraid and said, "Their god has come to them, to the camp!" They said, "Alas for us, for there has not been the like of this [15 v] in times past.[54] (8) Woe to us! Who will deliver us from the hands of this mighty god? He is the god who struck the whole of Egypt with every plague, and also again in the desert. (9) Be strong and be men, Philistines, lest you serve the Hebrews as they have served you. Be men and fight them!"

(10) The Philistines fought Israel. Israel was defeated, and each one fled to his tent. There was very great slaughter in Israel, and there fell from Israel that day thirty thousand foot soldiers from the battle line. (11) The Ark of the Lord was captured, and the two sons of ʿEli, Ḥophni and Pinhes, died.

(12) A man from the house of Benjamin ran from the battle line, and came to Shilo that day, with his clothes torn and dust on [16 r] his head. (13 G) He came and entered, (13 P) and there was ʿEli sitting on a chair by the gate. He was looking and peering towards the road, because his heart was trembling for the Ark of God. The man came and entered to make it known in the city, and the whole city lamented. (14) ʿEli heard the sound of lamentation and said, "What is this sound of commotion?" The man rushed

---

[49] Margin: "Section 3".

[50] This verse is from G: it does not appear in P.

[51] This phrase is from P: it is not found in G.

[52] "Rock of Help" = P. Margin: "Abenezer", = G.

[53] "Covenant": here and in the next occurrence the word used is a transliteration of διαθήκη.

in and informed 'Eli. (15) Now 'Eli was about ninety eight years old,[55] his eyes were dim, and he could not see. 'Eli said to those men who were standing near him, "What is the sound of this lamentation?" (16 G) The man rushed in and approached 'Eli (16 P) and said to him, "I am the one who came from the camp. I myself fled from the battle line and have come today." 'Eli said [16 v] to him, "What is the thing that has happened, my son? Tell me." (17) The young messenger, answered and said, "The men of Israel have fled from the Philistines and there was great slaughter among the people. Your two sons, Hophni and Pinhes, have died, and also the Ark of God has been captured."

(18)[56] It came to pass that when 'Eli remembered the Ark of God, he fell backwards off the chair by the side of the gate. His back was broken and he died, because the man was old and heavy. He had judged Israel for twenty years.[57]

(19) His daughter-in-law, Pinhes' wife, was pregnant, and was close to giving birth. When she heard the news that the Ark of God had been captured, and that her father-in-law and husband had died, she knelt down and gave birth, because her labour pains had come upon her.[58] (20) At the moment of her death the women who were standing [17 r] over her said to her, "Do not be afraid, because you have given birth to a male." But she did not respond, nor did her heart understand these things that they said to her.[59] (21) She called the boy's name "Alas, Bariochaber",[60] and she said, "The glory has departed from Israel", because the Ark of the Lord had been captured, and because of her father-in-law and her husband. (22) For this reason she said, "The glory has departed from Israel, because the Ark of God has been captured."[61]

FIVE

(1) The Philistines took the Ark of God and conveyed it from Aben'ezer to Ashdod. (2) The Philistines carried the Ark of God, brought it into the house of Dagon, and set it up by Dagon. (3) The next day the Ashdodites rose early, entered the house of Dagon and found Dagon lying on his face on [17 v] the ground before the Ark of God. They raised Dagon up and set him on his place.

---

[54] "in times past": literally, "since yesterday and the day before yesterday".

[55] "ninety eight" = Hex and Luc. P has "seventy eight", Eg "ninety".

[56] Margin: "Reading for the Monday of Holy Week".

[57] "twenty" = G. Margin: "forty", = P.

[58] "had come upon her": lit. "had turned over upon her", a calque on the Hebrew.

[59] "...these things that they said to her" = J.

[60] Possibly originally *rywkbyd from *Βὰρ Ἰωχαβήδ, corrupted from Βὰρ Ἰωχαβήλ of Luc.

[61] End of the Reading for the Monday of Holy Week.

(4) They rose early in the morning the next day, and saw: there was Dagon fallen on his face on the ground before the Ark of the Covenant of the Lord God of Israel! Dagon's head and both the palms of his hands had been broken off on the threshold of the entrance, while Dagon's torso remained. (5) Because of this the priests of Dagon and all who enter the house of Dagon do not tread on Dagon's threshold in Ashdod to this day, but carefully step over it.

(6) The hand of the Lord was heavy upon the Ashdodites, and he tormented them, and struck them with haemorrhoids and made purulent boils erupt on their seats. In the middle of the territory of Ashdod mice swarmed forth, and there was [18 r] a great stirring of death in the city.[62] (7) The people of Ashdod saw that this had happened to them, and they said, "The Ark of the God of Israel must not stay with us, because his hand is heavy upon us and upon Dagon our god." (8) They sent and gathered all the lords of the Philistines to them, and they said to them, "What shall we do with the Ark of the God of Israel?" The Gittites said, "Let the Ark of the God of Israel move to us, to Gath." So the Ark of the Lord God moved to Gath.

(9) It happened after they had moved it that the Lord's hand was on the city, a very severe plague. He struck the people of the city from least to greatest, and haemorrhoids broke out on them. The Gittites made themselves seats of leather,[63] [18 v] (10) and sent the Ark of God to 'Eqron.[64] It so happened that when the Ark of God entered 'Eqron, the 'Eqronites lamented and said, "Why have you brought the Ark of the God of Israel against us, for it will kill us and our people!" (11) They sent and gathered all the lords of the Philistines, and said to them, "Send back the Ark of the God of Israel and let it return to its place, so that it will not kill us and our people." For there was a stirring of death in the whole city, and the hand of God was very strong there. (12) Those men who were alive and had not died were smitten on their seats, and the outcry of the city went up to heaven.

SIX

(1) The Ark of the Lord was in Philistine territory for seven months, and the entire land of the Philistines spewed forth mice.[65]

---

[62] "...and made purulent boils....death in the city": from G, mainly according to Luc. For the Greek text which underlies Jacob's version at this point, see J. Lust, "EΔPA and the Philistine plague," *Septuagint, Scrolls and Cognate Writings*, G.J. Brooke and B. Lindars, eds. (Atlanta, GA 1992) 569–97.

[63] "of leather" = J. Luc. speaks of seats of gold.

[64] "'Eqron" = P. Margin: "Ashqelon" = G.

[65] "and the entire land...mice" = G.

(2) The Philistines summoned the priests, diviners, [19 r] soothsayers, and lords, and said to them, "What shall we do with the Ark of the Lord? Tell us with what we should send it to its place." (3) They said, "If you are going to send back the Ark of the God of Israel, do not send it off without a gift.[66] Rather, you should certainly bring it offerings, and make restitution to it for these torments of your plague. Then you will be healed and it will be pardoned you, lest the hand of the Lord not depart from you." (4) They said, "What offerings shall we bring to it so that we may make restitution for the torment?" They said, "According to the number of the lords of the Philistines: five golden seats and five golden mice, because it is a single plague and transgression on you, your leaders and all the people. (5) You must make a likeness of your seats [19 v] and a likeness of the mice that are destroying your land, and you must give glory and praise to the God of Israel. Perhaps he will lighten his hand on you, your god and your land. (6) Do not harden your hearts as the Egyptians and Pharaoh hardened theirs and as they scorned them and did not let them go. And they went in accordance with the command of their God.[67] (7) Now, take and make a new cart, and two milking cows who have calved for the first time,[68] on whom the yoke has not fallen. Tie the cows to the cart and take their calves back home from following them. (8) Take the Ark of the Lord and put it on the cart, and the objects of gold that you have brought to it as offerings put in a bag beside it. Send it off so that it goes away. (9) See: if it goes by the border road that ascends to Beth Shemesh, it is the Lord [20 r] who has done us this great harm. But if not, we shall know that it was not his hand that touched us, but it was adversity that came to us."[69]

(10) The Philistines did so. They took two cows that had calved for the first time and were suckling, and yoked them to the cart, while their calves they shut up at home. (11) They put the Ark of the Lord on the cart, with the bag, the golden mice and the images of their haemorrhoids. (12) The cows were sent off, and they went straight along the road of the border of Beth Shemesh. They walked along a single path, lowing as they went, and did not stray to right or left. The lords of the Philistines followed them as far as the borders of Beth Shemesh. (13) The people of the city of Beth Shemesh were reaping the wheat harvest in the valley. [20 v] They lifted their eyes and saw the Ark,[70] and rejoiced when they saw it and were glad to meet it. (14) The cart entered the field of Jeshu', who was from Beth Shemesh, and

---

[66] "without a gift": lit. "emptily".

[67] " in accordance with the command of their God": J's gloss.

[68] "who have calved for the first time" = G.

[69] "adversity" = P. Margin: "chance" , = G.

[70] Here, the Syriac term for the Ark ('rwn') differs from that used early in the chapter (qbwt'), following P.

it stopped there by a great stone. They split the wood of the cart and the cows they offered up as a whole offering to the Lord. (15) The Levites took down the Ark of the Lord from the cart, and the bag that was with it and the golden objects that were in it, and they set them on the great stone. The men of Beth Shemesh offered whole offerings and made a sacrifice to the Lord that day. (16) The five lords of the Philistines saw, and turned back to 'Eqron that day.

(17) These seats of gold that the Philistines brought as offerings to God for their plague were [21 r] one for Ashdod, one for 'Aza,[71] one for Ashqelon, one for Gath, and one for 'Eqron, (18) and a golden mouse each, according to the number of all the cities of the Philistines, and of the five principalities from the fortified cities to the village of the Perezites, and up to the great rock on which they placed the Ark of the Lord until today, in the field of Jeshu' who was from Beth Shemesh.

(19 G) The sons of Jechonia who were among the men of Beth Shemesh were not glad to see the Ark of the Lord, [72] (19 P) and the Lord struck the men of Beth Shemesh, because they did not rejoice over the Ark of the Lord—five thousand and seventy men.[73] The people mourned because the Lord had struck the people with a great plague. (20) The people who were in Beth Shemesh said, [21 v] "Who can stand before the Lord, this holy God, and to whom shall the Ark of the Lord go up from us?"

(21) They sent messengers to the inhabitants of Quriath Ja'rim and said, "The Philistines have returned the Ark of the Lord. Come down and take it up to you."

SEVEN

(1) The people of Quriath Ja'rim came and took up the Ark of the Lord, and brought it into the house of 'Aminadab which was on the hill. He consecrated Eli'azar his son to look after the Ark of the Lord.

(2)[74] It happened that from the day that the Ark settled in Quriath Ja'rim, the days multiplied, and about twenty years passed. Everyone of the house of Israel looked to follow the Lord.[75] (3) Samuel said to the whole house of Israel, "If you are turning to the Lord with your whole heart, remove the foreign gods from among you, and the secret places and the groves. Set your heart towards the Lord, [22 r] and serve him alone, and he

---

[71] "'Aza": "Gaza" in Western tradition.

[72] "The sons of Jechonia...Ark of the Lord" = G.

[73] "because they did not rejoice"= J.

[74] Margin: "Section 4".
"Reading for the Beginning of Lent and for the Tuesday of Holy Week".

[75] "looked to follow the Lord", lit. "looked after the Lord", the reading of a number of G MSS, including B (not Luc).

will deliver you from the hand of the Philistines." (4) The sons of Israel removed the Master and the secret places and the groves of 'Astaroth,[76] and served the Lord alone. (5) Samuel said, "Assemble the whole of Israel at Maṣpia, and I will pray for you to the Lord." (6) So they assembled at Maṣpia. They drew water and poured it out before the Lord on the ground.[77] They fasted that day and said, "We have sinned against the Lord." Samuel judged the sons of Israel at Maṣpia. (7) The Philistines heard that the sons of Israel had assembled at Maṣpia, and the lords of the Philistines went up against Israel. The sons of Israel heard and were afraid of the Philistines. (8) The sons of Israel said to Samuel, "Do not cease to pray for us [22 v] before the Lord your God that he may deliver us from the hand of the Philistines." Samuel said, "Far be it from me to depart from the Lord my God and stop praying for you!"[78]

(9) Samuel took a sucking lamb and offered it up as a whole burnt offering to the Lord on behalf of all the people. Samuel prayed and cried out to the Lord for Israel, and the Lord answered him.[79]

(10) It was Samuel who was offering up the whole burnt offering when the Philistines approached to fight with Israel.[80] The Lord thundered loudly that day against the Philistines and threw them into confusion, and they were routed before Israel. (11) The sons of Israel came out from Maṣpia and pursued the Philistines, and massacred them as far as below Beth Jashan.

(12) Samuel took a stone and set it up [23 r] between Maṣpia and Beth Jashan,[81] and called its name Aben'ezer. He said, "As far as this place the Lord has helped us." (13) The Lord routed the Philistines, and they no longer attacked the border of Israel. The hand of the Lord was against the Philistines all Samuel's days. (14) The Philistines returned to Israel the cities that they had taken from Israel, from 'Eqron as far as Gath, and their borders. The Lord delivered Israel from the hand of the Philistines, and there was peace between Israel and the Amorites. (15) Samuel judged Israel all the days of his life.

(16) He would go year by year, making a circuit [23 v] to Beth El and Galgala and Maṣpia, and would judge Israel in all these places. (17) He would return to Ramtha because his house was there. There he used to judge Israel, and he built an altar to the Lord there.[82]

---

[76] "the Master": *b'l*, i.e. Baal. "and the groves of 'Astaroth" = G, also "groves" in v. 3.

[77] "on the ground" = Syh[G].

[78] "Samuel said... for you!" = some MSS of G (not Luc.) and similar to Syh[G]: influenced by 1 Sam 12.23. See Brock, *Recensions,* 70.

[79] "as a whole burnt offering", "all the people" = Syh[G].

[80] "the whole burnt offering" = Syh[G].

[81] "and set it up" = Syh[G].

[82] End of the Reading for the Beginning of Lent and for the Tuesday of Holy Week.

EIGHT

(1) It happened that when Samuel was old he appointed his sons as judges over Israel. (2) These are the names of his sons: the name of his firstborn son was Joel and the name of the second was Abia,[83] judges in Bersheba'. (3) But his sons did not walk in his ways. They inclined to dishonesty, and took bribes, and perverted justice.[84]

(4)[85] All the elders of the sons of Israel gathered together and came to Samuel at Ramtha. (5) They said to him, "Look, you are old and your sons do not walk in your ways. Now appoint over us [24 r] a king to judge us, like all the nations." (6) This matter was displeasing in Samuel's eyes, when they said to him, "Give us a king to judge us, like all the nations."

Samuel prayed before the Lord, (7) and the Lord said to Samuel, "Listen to the people in all that they are saying to you, because it was not you that they have rejected, but me they have rejected from being king over them. (8) Just as all the things they did from the day I brought them up from the land of Egypt until this day, abandoning me and serving other gods, so also are they are doing to you. (9) Now listen to them, but call them solemnly to witness, and show them the right of the custom of the king who is going to rule over them." [24 v]

(10) So Samuel told the people who had asked him for a king all the Lord's words. (11) He said, "This will be the custom of the king who is going to rule over you: he will take your sons and set them for himself in his chariots and his cavalry, and they will run before his chariots. (12) He will make them his chiefs of thousands, chiefs of hundreds, chiefs of fifties, and chiefs of tens. They will lead his cattle, gather his vintage, do his reaping, and make his weapons and the equipment for his chariots. (13) He will take your daughters and make them his weavers, perfumers, cooks, and bakers. (14) Your fields, vineyards and good olive groves he will take and give to his servants, (15) and your seed and your vineyards he will tithe and give to his eunuchs and servants. (16) Your menservants, maidservants and fine young lads, your oxen and donkeys he will take, [25 r] and do his own work. (17) Your sheep and cattle he will tithe and give to his servants. You yourselves will become his servants. (18) You will lament on that day before your king whom you have chosen for yourselves, and the Lord will not answer you on that day, because you wished to choose for yourselves a king."[86]

---

[83] "Abia" = P. Margin: "Abira" = Luc.

[84] An alternative end to the previous reading.

[85] Margin: "Section 5".
"(Reading) for the Second Sunday of Lent".

[86] End of the Reading for the Second Sunday of Lent.

(19) Samuel told them these things,[87] but the people refused to listen to Samuel, and said to him, "No! Rather, let there be a king over us. (20) We too shall be like all the nations, and our king will judge us and go out before us and fight our battles."

(21) Samuel heard all the words of the people and spoke them before the Lord.

(22) The Lord said to Samuel, "Listen to them and make a king for them." Samuel said to the sons of Israel, "Let everyone go to his city."

[25 v]   NINE

(1)[88] There was a man of the sons of Benjamin, and his name was Qish, son of Abiel, son of Sarar, son of Bachir, son of Apheḥ. He was a Jeminite man from the sons of Benjamin, a powerful man of wealth. (2) This man had a son whose name was Saul. He was a handsome man and great in stature. There was no man among the sons of Israel who was greater or finer than he. From his shoulder up he was taller than all the people. (3) The asses of Saul's father Qish had become lost, and Qish said to his son Saul, "Take one of the young servants with you, and get up, go and look for the donkeys." So Saul got up and went. He took with him one of the young servants, and went to look for his father's asses. (4) They passed through the mountain of Ephraim and passed through the land of Fiery Coals,[89] but did not find them. They passed through the land of Foxes and they were not there, and passed through the land of Benjamin but they did not find them. (5) When they came to the land of Sipha, [26 r] Saul said to his young servant who was with him, "Come, let us turn back, lest my father cease from concern about the asses and become concerned about us." (6) His young servant said to him, "Look, then: the man of God is in this city, and he is an illustrious person,[90] a man honoured in the eyes of all the people. Whatever he says will come to pass for sure. Now let us go there. Perhaps he will show us the way for which we have come." (7) Saul said to his young servant who was with him, "See, we are going: what shall we take to the man of God? For the loaves from our baggage are gone, and there are no more provisions with us to take to the man of God."

(8) The young servant said again to Saul, "Look, I happen to have a quarter of a silver shekel.[91] Let us give it to the man of God and he will tell us our way." [26 v]

(9) Formerly in Israel everyone used to say this, whenever they went to

---

[87] "Samuel told them these things": J's gloss.

[88] Margin: "Reading for the Wednesday of Holy Week".

[89] "Fiery Coals" = P. Margin: "of Selcha" = G.

[90] "he is an illustrious person" = G.

[91] "I happen to have": lit. "there is found in my hands".

enquire and seek from God: "Come, let us go to the seer", because formerly they called a prophet a seer.

(10) Saul said to his young servant, "Your word is good. Come, let us go." They went to the city where the man of God was. (11) While they were going up the ascent to the city, they found some young girls who were going out to draw water. They said to them, "Is the seer here?" (12) The girls answered and said to them, "He is: look, ahead of you! Go up now quickly, because today he came to the city, because there is a sacrifice today for the people at the judgement seat. (13) When you enter the city you will find him thus, before [27 r] he goes up to the judgement seat to eat. For the people do not eat until he comes and enters, because he is going to bless the sacrifice, and afterwards the guests who are invited eat. Now go up, because today you will find him." (14) They went up to the city. While they were entering within the city, there was Samuel coming out to meet them in order to go up to the judgement seat.[92]

(15) The Lord had spoken to Samuel the day before Saul came, saying, (16) "At this time tomorrow I will send to you a man from the land of Benjamin. Anoint him as leader over my people Israel. He shall deliver my people from the hand of the Philistines, because I have seen the humiliation of my people, and their cry has come to me."

(17) So when Samuel saw Saul, he knew that the Lord [27 v] had chosen him. The Lord said to Samuel, "Look, the man of whom I spoke to you! This one shall rule over my people." (18) Saul approached Samuel in the middle of the city and said to him, "Tell me which is the seer's house." (19) Samuel answered and said to Saul, "I am the seer. Go up with me to the judgement seat, and eat bread with me today. I will send you away in the morning, and everything that is in your heart I will show you. (20) As for those asses that you lost three days ago today—do not think about them, because they have been found. And to whom belongs every desirable thing of the house of Israel if not to you and your father's house?"

(21) Saul answered and said to Samuel, "See, I am a son of Benjamin from the smallest of the tribes of Israel, and my family is the smallest of all the families of the tribe of Benjamin. Why [28 r] have you spoken of this matter to me?" (22) Samuel led Saul and his young servant and brought them into the house. He gave them a place among the foremost of the guests: they were about thirty men. (23) Samuel said to the cook,[93] "Give me the portion that I gave you, the one that I told you to put by you." (24) The cook picked up the leg and haunch,[94] and put it in front of Saul.

---

[92] End of the Reading for the Wednesday of Holy Week.

[93] The word for "cook" here is a loan from Greek μάγειρος.

[94] "haunch" = P. Margin: "and what was on it "= G.

Samuel said to Saul, "Look, this is what was left!^{95} Set it in front of you and eat, because some time ago there was set aside and kept for you more than for these others.^{96} Cut it up and eat." And Saul ate with Samuel that day. (25) They came down from the judgement seat to the city, and they spread a bed for Saul on the roof and he lay down. Samuel spoke with him on the roof. (26) Samuel had risen early [28 v] when dawn broke, and called to Saul on the roof, and said to him, "Get up, I will send you off." Saul got up and the two of them went outside, he and Samuel. (27) While they were going down to the edge of the city, Samuel said to Saul, "Tell your young servant to pass on ahead of us. You, stand still as now, and I will announce to you the word of God."

TEN

(1) Samuel took the horn of oil and poured it on his head. He kissed him and said to him, "See, the Lord has anointed you over his people Israel as leader, and you shall reign over the Lord's people and deliver them from their enemies who are around them.^{97} (2 G) This is a sign for you that the Lord has anointed you leader over his inheritance: (2 P) as soon as you leave me today, see, you will find two men near Rachel's tomb on the border of Benjamin at noon, running mightily along. They will say [29 r] to you, 'Those donkeys that you went to look for are found. And see, your father has ceased from concern about the asses and is in great anxiety over you. He said, "What shall I do about my son?"' (3) When you have passed on again from there and beyond, and you have reached as far as the chosen great oak, see, you will find there three men going up to God at Beth El, one carrying three kids, one carrying three bags of bread, and one carrying a skin of wine. (4) They will greet you and give you two offerings of bread, and you will take it from their hands. (5) Afterwards you will come to the hill of God where the Philistine post is. It will so happen that when you arrive there and enter the city, see, [29 v] you will meet a band of prophets going down from the judgment seat,^{98} with harps, lyres, tambourines, and timbrels in front of them. They will be prophesying. (6) The Spirit of the Lord will rest upon you,^{99} you will prophesy with them and you will be changed into another man.

---

^{95} "what was left" = P, cf. Eg. Margin: "the testimony" = Luc.

^{96} "more than for these others" = G. Margin: "because it was set aside for you from the people as a testimony" = Luc.

^{97} "over his people Israel... (2G) This is a sign for you that the Lord has anointed you": = G.

^{98} "band" = G. Margin: "line "= P.

^{99} "rest upon": Jacob's term, used elsewhere in Syriac to denote the descent of the Spirit; see S.P. Brock., *The Holy Spirit in the Syrian Baptismal Tradition* (Poona 1979) 6–7, and Salvesen, "Spirits in Jacob of Edessa's revision of Samuel," *ARAM Periodical* 5 (1993) 481–90.

(7) "Let it be that when these signs come upon you, you do whatever you are able, because God is with you. (8) Go down before me to Galgala, and see, I myself shall come down to you to offer up whole burnt offerings and to sacrifice peace offerings. You must wait seven days until I come to you, and I shall inform you of the things that you must do."

(9) It happened that as Saul turned his shoulder to leave Samuel, God changed him with another heart, and all these signs came upon him on that day. (10) He came from there as far as the hill of the prophets, and there was [30 r] a band of prophets coming towards him. The Spirit of God rested upon him and he prophesied among them. (11) It happened that all those who knew him previously looked, and there he was, prophesying with the prophets! The people said to one another, "What is this that has happened to the son of Qish? Is Saul also among the prophets?" (12) Someone from there answered and said, "And who is his father?" Because of this it became a proverb, "Is[100] Saul also among the prophets?" (13) When they had finished prophesying, Saul came to Ramtha. (14) His uncle said to Saul and his young servant, "Where did you go?" He said to him, "To look for the asses. We saw that they were not [there], and we went to Samuel." (15) His uncle said to Saul, "Reveal to me what Samuel said to you." (16) Saul said [30 v] to his uncle, "He certainly told me that the donkeys had been found." But about the matter of the kingdom of which Samuel had spoken to him, he did not disclose to him.

(17)[101] Samuel gathered the entire people before the Lord at Maṣpia, (18) and said to the sons of Israel, "Thus says the Lord God of Israel, 'I brought up Israel from the land of Egypt and saved you from the hand of Pharaoh king of Egypt and from the hand of all the kingdoms that were oppressing you. (19) But you today have rejected your God, the One who is your deliverer from all your troubles and afflictions. You said, "Not so! Rather, set up a king over us!" Now stand before the Lord according to your tribes and according to your thousands." (20) Samuel brought forward all the tribes [31 r] of Israel, and the lot fell upon the tribe of Benjamin. (21) He brought forward the tribe of Benjamin by families, and the lot fell upon the family of Maṭari. He brought forward the family of Maṭari man by man, and the lot fell upon Saul son of Qish.[102] They looked for him but he could not be found. (22) Samuel enquired again of the Lord, "Has the man come here?", and he said, "Where is this man?" The Lord said to Samuel, "Look, he is hiding here in the baggage." (23) They ran and brought him from

---

[100] "Is...?" = G. Margin "Look, [Saul is also among the prophets!]" = P. Another marginal reading to this word is "if", = some MSS of G.

[101] Margin: "Reading for Maundy Thursday".

[102] "He brought forward the family of Maṭari ... the lot fell upon" = G.

there. He stood in the midst of the people, and he was taller than all the people from his shoulder up.

(24) Samuel said to all the people, "You have seen the one whom the Lord has chosen, because there is no one like him [31 v] among all the people." All the people knew, and shouted jubilantly and said, "Long live the king!"

(25) Samuel told the people the king's right. He wrote it in a book and set it before the Lord. Samuel sent all the people away, and everyone went to his own place. (26) Saul too went to his house in Ramtha.

There went with him soldiers whose hearts God had touched. (27) But some corrupt sons said, "How will this man deliver us?" They despised him and did not bring him presents and gifts. But he was as if mute.[103]

ELEVEN

(1)[104] It happened one month later that Nahash the 'Ammonite went up and encamped against Jabish of Gal'ad. All the men of Jabish said to Nahash the 'Ammonite , "Make a covenant with us and we will be your slaves." (2) Nahash the 'Ammonite said to them, "On this condition I will make a covenant with you, when I pluck out [32 r] every right eye of yours and make it an insult to all Israel." (3) The men of Jabish said to him, "Leave us alone for seven days, and we will send messengers throughout the territory of Israel and see whether we have a deliverer. If there is no one to deliver us, then we will come out to you." (4) The messengers came to the hill of Saul, and they spoke these words in front of the people. The whole people raised their voices and wept. (5) Now Saul was coming behind the oxen from the field at dawn. Saul said "What is the matter with the people that they are weeping?" They recounted to him the words of the men of Jabish. (6) The Spirit of the Lord rested upon Saul when he heard those words, and he grew very angry. (7) He took the yoke of oxen and dismembered them, and sent them throughout the whole territory of Israel by messengers, saying, "Anyone [32 v] who does not come out after Saul and Samuel, the same shall be done to his oxen." The fear of the Lord fell on the sons of Israel and all of them went out and shouted aloud as one man. (8) He counted them at Bezeq,[105] and there were three hundred thousand men of Israel,[106] and seventy thousand men of Judah. (9) They said to the messengers who had come from Jabish, "Say this to the men of Jabish of Gal'ad: 'Tomorrow you shall have deliverance when the sun is hot.'"[107] The messengers came to the city of Jabish and informed the

---

[103] Probable ending of the Reading for Maundy Thursday.

[104] Margin: "Section 6".

[105] "Bezeq" = P. Margin: "at Ramtha" = Luc.

[106] "three hundred" = P. Margin: "six hundred" = G.

[107] "is hot" = P. Margin: "becomes warm" = G.

men of Jabish, and they were glad. (10) The citizens of Jabish said to Nahash the 'Ammonite, "Tomorrow we shall come out to you and you may do to us whatever is good in your eyes."

(11) It happened the following day that Saul divided the people into three groups, and they entered the camp [33 r] during the morning watch. They ravaged the sons of 'Ammon until the day grew warm. Those who were left were scattered, and no two among them were found together.

(12) The people said to Samuel, "Who is it that said that Saul should not reign over us! Hand over the men to us, and we will put them to death!"

(13)[108] But Saul said, "No one at all shall be killed on this day, because today the Lord has wrought deliverance for Israel." (14) Samuel said to the people, "Come, let us go to Galgala and renew the kingship there." (15) All the people went to Galgala, and there Samuel made Saul king before the Lord in Galgala. He offered peace sacrifices there before the Lord, and there Saul and all the sons of Israel were very glad.

TWELVE

(1) And Samuel said [33 v] to all Israel, "See, I have listened to you in all that you have said to me, and I have set a king over you.

(2) "Now see, the king goes before you, and I have grown old and aged. See, my sons are with you, and I have led you, from my youth until today. (3) See, I am standing before you: testify against me and answer against me before the Lord and his anointed one. Whose ox have I taken, or whose ass have I taken? Whom have I wronged or whom have I oppressed? From whose hand have I taken a bribe and averted my eyes from him, or a shoe or anything else?[109] Tell me, and I will make restitution to you." (4) They said to him, "You have not wronged us and you have not oppressed us. You have not taken anything from the hand of any one of us." (5) Samuel said to them, "God testifies against you, and his anointed testifies against you today, that you have found nothing in my hands." They said to him, "He is witness."[110] [34 r]

(6)[111] Samuel said to the people, "The Lord is God alone, he who made Moses and Aaron, and brought up our fathers from the land of Egypt. (7) Stand now, therefore, and I will judge you before the Lord, and tell you the righteous way he has treated you and your fathers.[112] (8) When Jacob entered Egypt, and your fathers prayed and cried out before the Lord, the Lord sent Moses and Aaron. He brought up your fathers from the land of

---

[108] Margin: "Reading for the Commemoration of Bishops and the Departed".

[109] "or anything else": J's gloss.

[110] End of the Reading for the Commemoration of Bishops and the Departed.

[111] Margin: "Reading for the Wednesday of Easter Week and of Rogation Week".

[112] Lit. "all his righteousness that he has done with you".

Egypt, and settled them in this land. (9) They forgot the Lord their God, and he delivered them into the hand of Sisera, commander of Jabin, king of Haṣor, and into the hands of the Philistines and into the hands of the king of Moab. And they fought with them. (10) They cried out to the Lord and said, 'We have sinned because we abandoned the Lord, and served the Master and the secret places.[113] [34 v] Now save us from the hand of our enemies and we will serve you.' (11) The Lord sent Deborah and Baraq, Gideon, Jephtah, and Samson,[114] and he saved you from the hand of your enemies round about you. You were dwelling in security while you trusted.[115] (12) But you saw that Naḥash king of the sons of 'Ammon had come against you, and you said, 'Not so: rather, a king shall rule over us,' but the Lord your God, he was your king.[116] (13) Now, here is the king whom you have chosen and requested for yourselves! See, the Lord has given you a king. (14) If you fear the Lord and serve him, and listen to him, and do not provoke the word of his mouth, both you and your king who reigns over you shall follow the Lord your God. (15) But if you do not listen to the voice of the Lord [35 r] your God, and provoke him and resist the word of his mouth, the Lord's hand will be against you and your king, as it was against your fathers.

(16) "Now stand and prepare yourselves, and see this great thing that the Lord has done today before you. (17) See, it is the wheat harvest today. I will call to the Lord and he will send thunder and rain. Know and see that the evil that you have done before the Lord is great, in that you asked for a king for yourselves."

(18) Then Samuel called to the Lord, and the Lord caused thunder and rain in that place. All the people were very afraid of the Lord and of Samuel.

(19) All the people said to Samuel, "Pray for your servants before the Lord your God, that we may not die, because we have added to all our sins this great evil in asking for a king for ourselves." [35 v]

(20) Samuel said to the people, "Do not be afraid because of this. You have done all this evil, but do not turn aside from following the Lord. Rather, serve the Lord with all your heart (21) and do not incline after worthless things which cannot do anything and do not save you, because they are worthless, and you will not die.[117] (22) For the Lord does not abandon his people, for his great name's sake, because he has consented to take you for his own people. (23) As for me, far be it from me to sin against

---

[113] "the Master", Syr. *b'l*, i.e. Baal.

[114] The list follows P rather than G, but the form of Jephtah's name is from G..

[115] "while you trusted", cf. G.

[116] End of the Reading for the Wednesday of Easter Week and of Rogation Week.

[117] "and you will not die": J's gloss.

the Lord and refrain from praying and beseeching the Lord on your behalf. I will teach you and show you the good and right way.

(24) "Only, fear the Lord and serve him in truth with your whole heart and your whole soul, because you have seen all these great things that the Lord has done with you.[118] (25) And if you act [36 r] very wickedly, both you and your king shall die."

THIRTEEN

(1)[119] Saul was like[120] a one year old when he became king.[121] When he had been king a year or two in his reign over Israel, (2) Saul chose for himself three thousand men from Israel. Two thousand were with Saul at Machmas and in the mountain of Beth El, and a thousand were with Jonathan his son on the hill that is in Benjamin. The rest of the people he dismissed, each one to his home.

(3) Jonathan smote the garrison of the Philistines which was in Geba', and the Philistines heard. Saul sounded the trumpet throughout the land, saying, "Let the Hebrews (4) and all Israel hear that Saul has defeated the Philistines' garrison, [36 v] and Israel has prevailed over the Philistines." So the people gathered behind Saul at Galgala. (5) The Philistines gathered to fight Israel. There went up against Israel three thousand chariots, six thousand horsemen, and people like the sand that is on the seashore in multitude. They came up and encamped at Machmas opposite Beth On[122] to the south. (6) The sons of Israel saw that they were hard-pressed and they were afraid. They concealed themselves in caves and holes, in crevasses, clefts and cisterns. (7) Those who were able to cross, crossed the Jordan to the land of Gad and of Gal'ad. Saul was still at Galgala, and all the people were with him. (8) He delayed seven days for testimony as Samuel had said, but Samuel did not come to Galgala, and the people were dispersing from him. (9) Saul said, "Bring it to me so that [37 r] I may make a whole burnt offering and peace offerings." And Saul offered up the whole burnt offerings.

---

[118] "because you have seen...has done with you" = G.

[119] Margin: "Section 7".

[120] Margin: "Explanation of the holy Severus: Symmachus transmits that 'Saul was a year old when he became king' signifies that he was a simple man and inexperienced in evil things at the time that he began to reign. But when he had behaved wilfully in this way for two years, he afterwards altered and was rejected by God. He was not considered king by Samuel for that remaining period of years of his life."

[121] "Saul was like a one year old when he became king" = Symmachus, as explained in the scholion contained in the previous note.

[122] "Beth On": this place name is unique to Jacob and may represent a corruption in a Greek MS.

Margin: "Beth Horon" (= G), also "Beth El" (= P). In the margin these are noted as variants to Machmas, but do in fact correspond to Beth On in the text.

(10) It happened that when he had finished offering up the whole burnt offerings, Samuel arrived, and Saul went out to meet him in order to bless him. (11) Samuel said, "What have you done?" Saul said, "I saw that the people had dispersed from me, and you did not come within a few days as you had made testimony. The Philistines were gathering in Machmas, (12) and I said,'Perhaps the Philistines will come down against me to Galgala, and I have not seen the face of the Lord.' So I presumed to offer up a whole burnt offering."

(13) Samuel said to Saul, "You have acted foolishly, you are worthless, because you have not kept the commandment of the Lord your God which he commanded you through me, since the Lord was now going to establish your kingdom over Israel. [37 v] He had said that he would establish you forever. (14) And now, henceforth your kingdom shall not stand. The Lord will look for a man for himself after his own heart, and the Lord will appoint and seek out for himself a man as leader over his people, because you have not observed all that the Lord commanded you."

(15) Samuel rose and went on his way from Galgala. Saul went up from Galgala to Geba' of Benjamin. The rest of the people went up after him, after the fighting men.[123] Saul counted the people who were present with him, about six hundred men. (16) Saul and his son Jonathan and the people who were present with them at Geba' of Benjamin sat and wept.[124] The Philistines were encamped at Machmas. (17) Raiders went out from the Philistines' camp in three companies. One company of them had looked and gone to the road to 'Ophar, to the land of Shogal. (18) Another company [38 r] had gone to the road to Beth Horon. Another company, the third, had gone to the border road that faces the valley of Saba'in and the wilderness.

(19)[125] There was no ironsmith in the entire land of Israel, because the Philistines said, "So that the Hebrews do not make swords and lances." (20) All Israel used to go down to the land of the Philistines, each one to dip his sickle,[126] his ploughshare, his axe and his goad. (21) They would make a file for the edge of the sickle, the ploughshare, the scraper, the axe and the post of the goad. The fee for these tools was three shekels.

(22) It happened that on the day of the battle of Machmas, there was no sword or spear in the hand of any of the people with Saul and Jonathan, [38 v] but Saul and his son Jonathan had them.

(23) The garrison of the Philistines went out to the pass of Machmas.

---

[123] "The rest of the people...fighting men" = G.

[124] "sat and wept": = G.

[125] In vv. 19–21 Jacob has interwoven P, G and his own glosses here in order to make better sense of the Greek and Syriac originals.

[126] "to dip": Jacob's own term, perhaps influenced by the similar-sounding place name Saba'in in v.18.

FOURTEEN

(1) The day came when Saul's son Jonathan said to the young man who carried his armour, "Come on, let us cross over to the garrison of the Philistines, to that side over there." But he did not inform his father. (2) Saul was staying at the edge of the hill, under the pomegranate tree that is in Magedo. The people were with him, around six hundred men, (3) and Ahia son of Ahitob, brother of Jochabed, son of Pinhes, son of 'Eli, the priest of God in Shilo, bearing the ephod.

The people did not know that Jonathan had gone (4) into the pass and had tried to cross over to the Philistines' garrison. There was a rocky crag on one side and another rocky crag on the other. The name of one was Bazez, and the name [39 r] of the other was Sena. (5) One crag jutted out from the north opposite Machmas, and the other crag jutted out from the south opposite Geba'.

(6) Jonathan said to the young man who carried his armour, "Come on, let us cross to the garrison of those uncircumcised men. Perhaps the Lord will help us,[127] <. . . . .> from delivering, with many or with a few." (7) His armour bearer said to him, "Do all that your heart wishes. Proceed, and let us go. See, I am with you. As your heart is, my heart is too." (8) Jonathan said to him, "Look, we are going to go close to the men, and we will show ourselves to them. (9) If this is what they say to us: 'Wait for us until we come to you,' let us remain in our place and not go up to them. (10) But if this is what they say to us: 'Come up to us,' we will go up because the Lord has delivered them into our hand. This is the sign for us." [39 v] (11) The two of them showed themselves to the Philistines' garrison.

The Philistines said, "Look, the Hebrews are coming out of the holes they were hiding in!" (12) The members of the Philistines' garrison answered and said to Jonathan and his armour bearer, "Come up to us, and we will tell you something!"

Jonathan said to his armour bearer, "Come up behind me, because the Lord has delivered them into Israel's hand." (13) Jonathan climbed up on his hands and feet, and his armour bearer behind him too. The Philistines' garrison fell before Jonathan. His armour bearer was slaying behind him. (14) The first slaughter that Jonathan and his armour bearer carried out was of about twenty men, with arrows and slings and pebbles of the valley.[128] (15) There was quaking in the whole camp that was in the valley, and among all the people of the Philistine garrison. The raiders [40 r] who had gone out were stunned and even quaked, and refused to fight.[129] The earth

---

[127] A line appears to be missing here, perhaps through the fault of the copyist. P reads, "because there is nothing to stop the Lord...."

[128] "with arrows...of the valley" = Luc.

[129] "who had gone out": J's gloss, referring back to 13.17.

was stunned and quaked, and there was consternation and quaking upon them from the Lord.

(16) Saul's watchmen who were on Geba'tha of Benjamin looked, and there was the whole army of the Philistine camp quaking and in commotion from one end to the other, and it continued to be defeated. (17) Saul said to the people with him, "Check and investigate, and see who has gone from you." They investigated and saw: Jonathan and his armour bearer were absent.

(18) Saul said to Aḥia the priest, since he was bearing the ephod, "Bring the Ark of God here", because the Ark of the Lord was there on that day with the sons of Israel.

(19) It happened that when Saul had spoken to the priests, the noise[130] [40 v] of the Philistines' camp continued to increase, and came from a huge force. Saul said to the priest, "Withdraw your hands". (20) Saul and all the people with him shouted. They came to the battle, and saw that each man's sword was against his fellow there, in very great confusion. (21) The Hebrew slaves who had been with the Philistines formerly and who had come up to the camp, also turned to be with Israel, with those who were with Saul and Jonathan. (22) All the men of Israel who had been hiding in the mountain of Ephraim heard that the Philistines had fled from the sons of Israel, and they too armed themselves for battle after them. (23) The Lord delivered Israel that day from the hand of the Philistines, and the battle passed [41 r] on to Beth On.[131] All the sons of Israel were with Saul then, about ten thousand men. It was a battle that spread throughout the entire mountain of Ephraim.[132]

(24)[133] Saul transgressed that day and made a great error.[134] He said to the people, "Cursed is the man who eats bread before evening, before I have punished and been avenged on my enemies." So none of the people tasted bread that day, (25) and the whole land was faint[135] at that time. The people went through the land and entered a forest. The entire forest was a place of bees. It faced the whole of the valley.[136] (26) The whole mass of the people entered the forest of the place [41 v] of the bees, and the people walked along, looking and talking. There was no one who stretched out his hand and brought it back to his mouth, because the people were afraid of the oath of the Lord that Saul had made them swear.[137] (27) But Jonathan had not

---

[130] "noise" = G. Margin: "dust" (*hl'*) – a mistake for "force" (*ḥyl'*) (=P).

[131] "Beth On" = P. Margin: "Ḥoron".

[132] "All the people...mountain of Ephraim": largely = G.

[133] Margin: "Reading for the Dedication of the Cross".

[134] "transgressed" = J; "and made a great error" = G.

[135] "was faint" = J? Margin: "taking breakfast", cf. G.

[136] "The whole forest...the entire valley": largely = G.

[137] "that Saul had made them swear": J's gloss, as a reminder.

heard when his father had made the people swear. He stretched out the head of the staff that was gripped in his hand, dipped it in the honeycomb and brought his hand to his mouth, and his eyes shone.

(28)[138] A man from the people answered and said to Jonathan, "Your father made the people swear solemnly, and said, 'Cursed is the man who eats bread today.' And the people were weary." (29) When Jonathan knew, he said, "My father has troubled the land. See how my eyes shone because I tasted a little of this honey![139]

(30) "If the people had actually eaten some of the plunder of their enemies that they found, now the slaughter would be great [42 r] among the Philistines. (31) We would have destroyed all of it today, many more of the people of the Philistines here than those in Machmas. But now the people are tired and very weary."[140]

(32) The people rushed up and ran, and greedily seized the plunder. They led off the sheep, oxen and calves, and slaughtered them on the ground, and the people were eating them with the blood.

(33) They informed Saul and said to him, "The people have sinned against the Lord and are eating with the blood in Gethem!"

Saul said, "You have transgressed the Law.[141] Roll a large stone here to me." (34) Saul said, "Go around among the people and say to them, 'Everyone bring his ox and his sheep here, and slaughter them here on this stone, and eat, so that you do not sin against the Lord by eating them [42 v] with the blood." All the people brought them, each one his ox or his sheep or whatever he had that night, and they slaughtered them there. (35) Saul built an altar to the Lord there. This altar Saul started to build to the Lord.

(36) Saul said to the people, "Let us go down after the Philistines, and plunder them this night until dawn breaks, and we will not leave a man of them alone." The people said to him, "We will do whatever is good in your eyes."

The priest said to Saul, "Let us approach God here,"[142] (37) and Saul enquired of God and said, "Shall I go down after the Philistines? Will you deliver them into the hand of Israel?" But the Lord did not answer him that day.

(38) Saul said, "Bring here to me all the families of the people, and know and see in whom this sin was today. (39) Because as the Lord lives who delivered Israel, if it is the case that the Lord responds that there is sin

---

[138] Margin: "Reading for the Third Sunday of Lent".

[139] End of the Reading for the Dedication of the Cross.

[140] Jacob has edited v.31 to make better sense than in P or G and to bring out the point of Jonathan's argument.

[141] "transgressed the Law": J's own phrase. P and G do not mention the Law here.

[142] "The priest said to Saul, 'Let us approach God here'" = G.

in Jonathan my son, he shall certainly die." There was no one of all the people who answered him or responded to him concerning this matter.

(40) He said to all Israel, "You be on one side, and I and Jonathan my son will be on the other side." The people said to Saul, "All that is pleasing in your eyes, do."

(41) Saul said, "Lord God of Israel, why have you not answered or responded to your servant today? If there is iniquity in me or in Jonathan my son, Lord God of Israel, give 'indications.' And if you say this, that there is unrighteousness among the people, give 'holiness'."[143]

They cast the lot,[144] and Saul and Jonathan were taken [43 v] by the lot, and the people went out. (42) Saul said, "Cast it between me and my son Jonathan. The one to whom the Lord brings the lot shall die." The people said to Saul, "This thing shall not be!" But Saul prevailed against the people. They cast between him and his son Jonathan, and the lot fell on Jonathan.[145] (43) Saul said to Jonathan, "Tell me what you have done." Jonathan told him and said to him, "With the tip of the staff that was in my hand I tasted a little honey. Am I going to die because of this?" (44) Saul said to him, "Thus may God do to me and even more, for you shall certainly die today."

(45) The people said to Saul, "Today shall the one who has accomplished this great deliverance in Israel die? God forbid! As the Lord God of Israel lives, not a single hair of his head shall fall to the ground today,[146] because he delivered the people [44 r] of God today." The people prayed for Jonathan to God and saved him that day, and he did not die.[147]

(46) Saul turned back from pursuing the Philistines, and the Philistines went to their own territory.

(47)[148] Saul held the kingdom of Israel, and made war around him on all his enemies: on Moab, the sons of 'Ammon, Edom, Beth Rohob, the kingdom of Ṣoba, and the Philistines. Wherever he turned he was victorious. (48) He gathered an army and destroyed 'Amaleq too, and saved Israel from the hand of its plunderers.

(49) These were Saul's sons: Jonathan, Jeshiu, Melchishu' and Eshbashol.[149] The names of his two daughters: the name of the elder was Merob, and the name of the younger was Melchol. [44 v] (50) The name of Saul's wife was Aḥina'am, daughter of Aḥima'aṣ. The name of the chief of his

---

[143] "Lord God of Israel... give 'holiness'" = G.

[144] "They cast the lot" : J's gloss.

[145] "The one to whom... the lot fell on Jonathan" = G.

[146] Lit. "if there falls from the hair of his head..."

[147] "The people prayed for Jonathan" = G: "to God" is J's gloss.
End of the Reading for the Third Sunday of Lent.

[148] Margin: "Section 8."

[149] "Eshbashol" = P. Margin: "And Eshbaal", cf. Luc.

army was Abner son of Ner, Saul's uncle. (51) Ner was son of Abiel and father of Abner and Qish, a son of Benjamin.

(52) There was strong and hard fighting continually with the Philistines all Saul's days. Saul would any man who was mighty and a warrior, and any man who was strong, and he used to gather them to himself.

FIFTEEN

(1) Samuel said to Saul, "The Lord sent me to anoint you as king over his people Israel. Now listen to the words of the Lord. (2) Thus says the Lord Sabaoth, "Now I will take vengeance on 'Amaleq for that which he did to Israel when he met them on the way, when they were coming up from Egypt.[150] [45 r] (3) And now go, destroy 'Amaleq, and do not preserve anything of him. Rather, wipe him out and anathematise him.[151] Destroy all that they have, and do not have pity on them. Slay both men and women, youths and children, oxen and sheep, camels and donkeys." (4)[152] He counted them with the young men in Galgala,[153] twenty thousand foot soldiers, and ten thousand with the men of Judah.[154] (5) Saul came as far as the city of 'Amaleq, and lay in wait in a river gorge.[155] (6) Saul said to the Qinites, "Turn aside, go away from among the 'Amaleqites. Do not approach them or associate with them and so perish along with them.[156] For you dealt kindly with the sons of Israel when they were coming up [45 v] from Egypt." So the Qinites turned aside and departed out of 'Amaleq. (7) Saul smote 'Amaleq from Hawilah as far as Sud which is at the approach to Egypt.[157] (8) He took Agag King of 'Amaleq alive, and all the people he killed with the edge of the sword. (9) Saul and all the people spared and preserved king Agag, and spared the finest of the sheep and oxen, of the fatlings and the fattened, and any good thing of theirs, and they did not want to destroy them.[158] But any property that was worthless and despised in their eyes they killed and destroyed.

(10) The word of the Lord came to Samuel, saying, (11) "I regret that I made Saul king, because he has turned back from following me, and has not

---

[150] "Now I shall take vengeance on 'Amaleq", "when he met them on the way" = G.

[151] "and do not save anything of him. Rather, wipe him out and anathematise him" = G.

[152] There is nothing in J here to correspond to G and P's reading "Saul summoned all the people (for war)." The phrase may have been omitted by parablepsis on the part of Jacob or the scribe of the manuscript.

[153] "with the young men" or possibly a place name, "in Telaye" (cf. P); "in Galgala" = G.

[154] "twenty thousand...ten thousand" = P. Margin: "four hundred thousand warriors and thirty thousand men of Judah" = G.

[155] "lay in wait" = G.

[156] "Do not approach them or associate": probably J's addition.

[157] "as far as Sud" = G.

[158] "and preserved" = G; "and spared" is J's own addition.

carried out my words." Samuel was grieved and he cried to the Lord all night.[159]

(12) Samuel rose early [46 r] and went to meet Israel in the morning.[160] It was made known to Samuel that Saul had come to Karmela, and that he was making ready a place for the goods.[161] He turned his chariot around,[162] passed on and went down to Galgala. (13) Samuel came to Saul, and he was offering up a whole offering to the Lord, as first-offerings of the plunder that he had brought from 'Amaleq. When Samuel came to Saul,[163] Saul said to him, "Blessed is the Lord who carried out his word that he had spoken!"[164] (14) Samuel said to him, "And what is this noise of sheep that I hear with my ears, and the noise of oxen that I hear?"[165] (15) Saul said, "From 'Amaleq I brought those that the people preserved when they spared the finest of the sheep and the oxen, and they brought them in order to be sacrificed to the Lord your God.[166] The rest we destroyed." [46 v]

(16) Samuel said to Saul, "Be quiet! I will show you what the Lord told me in the night." Saul said to him, "Speak." (17) Samuel said to Saul, "Were you not small in your own eyes, head of the tribe that was least of all the families of Israel,[167] yet the Lord anointed you as king over Israel? (18) The Lord sent you on a journey and said to you, 'Go, destroy the sinner 'Amaleq, who sinned and offended against me.[168] Fight them until you make an end of them.' (19) For what reason did you not obey the Lord in everything that he said to you, but dared to rush on the plunder and did what is evil before the Lord?"[169]

(20) Saul said to Samuel, "I listened to the Lord and went on the journey on which he sent me. I brought Agag king of 'Amaleq, and 'Amaleq I killed. [47 r] I listened to the people,[170] (21) and the people took some of the plunder, as a first-offering of the finest sheep and oxen, from the ban and extermination,[171] in order to sacrifice to the Lord our God at Galgala."

---

[159] "was grieved and he cried to" = G.

[160] "and went to meet Israel" = G.

[161] "for the goods": = J's gloss.

[162] "He turned his chariot around" = G.

[163] "and he was offering up a whole offering...When Samuel came to Saul" = G, but closest to Luc.

[164] "Blessed is the Lord..." = P. "that he had spoken" = J's addition. Margin: "Blessed are you to the Lord. I have done all that the Lord said" = G.

[165] "that I hear" (1) = G.

[166] "I brought those that the people preserved", in order to be sacrificed" = G.

[167] that was least of all the families" = G.

[168] "sinned" = G; "offended" = J.

[169] "For what reason" = G; " in everything that he said to you", "rush" = Luc.

[170] "I listened to the people" = G.

[171] "from the ban and extermination" = Luc.

(22) Samuel said to Saul, "The Lord does not delight in whole burnt offerings and sacrifices as much as in this—that someone should listen to him. See, listening is much better than sacrifices, and obedience is better than the fat of rams.[172] (23) For augury and divination are a sin, and provocation and stubbornness, unrighteousness. Images bring iniquity and pain. Because you have despised and rejected the word of the Lord, the Lord too despises and rejects you, that you may not be king over Israel."[173]

(24) Saul said to Samuel, "I have sinned in that I transgressed the word of the Lord's mouth, and your word, [47 v] because I was afraid of the people and listened to them. (25) Now therefore, forgive my sin, and go back with me, and I will worship the Lord your God." (26) Samuel said to Saul, "I am not going back with you. Because you despised the word of the Lord, the Lord too despises you, that you may not be king over Israel."[174] (27) Samuel turned his face to go, and Saul seized the edge of his mantle and tore it. (28) Samuel said to him, "The Lord has torn the kingdom of Israel from your hand today and has given it to your fellow who is better than you. (29) Israel will be divided in two.[175] The Victorious One of Israel does not act falsely or take counsel; he will not turn back and he will not feel regret, because he is not like a man who takes counsel or regrets."[176]

(30) Saul said, "I have sinned. Yet, honour me now therefore before the elders who are with me and before Israel, and return with me [48 r] so that I may worship the Lord your God."

(31) And Samuel went back after Saul, and Saul worshipped the Lord. (32) Samuel said, "Bring me Agag, king of 'Amaleq." Agag came to him quivering,[177] and Agag said, "Truly, death is bitter!" (33) Samuel said to Agag, "As your sword bereaved women, so shall your mother be bereaved among women." Samuel dismembered Agag the king before the Lord in Galgala.[178] (34) Samuel went to Ramtha, and Saul went up to his house in Ramtha of Saul. (35) Samuel did not see Saul again to the day of his death, because Samuel was mourning over Saul, and the Lord regretted that he had made Saul king over Israel.

---

[172] "and obedience is better" = G.

[173] The whole verse is closer to G than P, and especially close to Luc.

[174] "Because you despised", "despises" = G.

[175] "Israel will be divided in two" = G.

[176] "he will not turn back and he will not feel regret", "like", "or regrets" = G.

[177] "Agag came to him quivering" = G.

[178] "dismembered" = P. Margin: "slew" = G.

SIXTEEN

(1)[179] The Lord said to Samuel, "How long [48 v] will you mourn over Saul? I have rejected him, that he may not be king over Israel. Fill your horn with oil, and come, I will send you to Ishai[180] as far as Bethlehem, because I have seen a king for myself among his sons." (2) Samuel said, "How can I go? Saul will hear and kill me." The Lord said to Samuel, "Take a cow-calf with you and say,'I have come to make a sacrifice to the Lord.' (3) Call Ishai to the sacrifice. And I myself will show you what to do. You shall anoint for me the one I tell you." (4) Samuel did as the Lord commanded him. He went to Bethlehem, and the elders of the city were alarmed and went out to meet him.[181] (5 P) They said to him, "Is your coming in peace, seer?"[182] (5 G) He said to them, "In peace: I have come to sacrifice to the Lord. Sanctify yourselves and come with me today to the sacrifice. And sanctify Ishai and his sons, and call them [49 r] to the sacrifice." (6) When they came he saw Eliab, and he said, "The Lord's anointed is like him himself."[183] (7) But the Lord said to Samuel, "Do not look at his appearance and his tall stature, because I have rejected him. For it is not as a man sees that God sees, because a man sees with the eyes, but God sees with the heart."

(8) Ishai called Abinadab and made him pass before Samuel. He said, "Neither has the Lord chosen this one."[184] (9) Ishai made Shama'a pass by, and he said, "Neither does the Lord want this one." (10) Ishai made his seven sons pass before Samuel, and Samuel said to Ishai, "The Lord does not want these." (11) Samuel said to Ishai, "Are these all the young men?" Ishai said, "The youngest is left, but he is looking after the sheep." [49 v] Samuel said to Ishai, "Send and fetch him, because we will not sit at table until he comes here."[185] (12) He sent and fetched him, and made him come in.[186] He was ruddy, his eyes were fine, and his appearance fine, and he was good in the sight of the Lord.[187] The Lord said to Samuel, "Rise, anoint David for me, because this is the one." (13) Samuel took a horn of oil and

---

[179] Margin: "Section 9. Reading for Epiphany and for Pentecost and for Maundy Thursday".

[180]"Ishai" = English Jesse.

[181] "were alarmed" = G.

[182] "seer" = G.

[183] "The Lord's anointed is like him himself": = P. See the discussion of this verse by J. Joosten, "1 Samuel XVI 6,7 in the Peshitta version," *VT* 41 (1991) 226–33, and R.P. Gordon, "Translational features of the Peshitta in 1 Samuel," *Targumic and Cognate Studies. Essays in Honour of Martin McNamara*, K.J. Cathcart and M.Maher, eds., JSOTS 230 (Sheffield 1996) 166–67.

[184] "Neither has the Lord chosen this one" = G.

[185] "sit at table" (lit. "recline") = G.

[186] "and made him come in" = G.

[187] "and he was good in the sight of the Lord" = G.

anointed him in the midst of his brothers.[188] The Spirit of the Lord rested
upon David and made him succeed from that day.[189] Samuel rose and went
home to Ramtha.[190]

(14) The Spirit of the Lord departed from Saul, and an evil spirit from
the Lord used to possess and consume him, and it would try to choke him.[191]

(15) His servants said to Saul, (16 P) "See, an evil spirit from the Lord
is consuming and choking you.[192] (16 G) So let your servants speak before
you, sir: [50 r] let your servants look for a man who knows how to play the
harp.[193] It shall be that when the evil spirit from the Lord comes upon you,
he will play on his harp with his hands and you will be well." (17) Saul said
to his servants, "Look out for me a man who plays the harp well, and bring
him to me." (18) One of Saul's youths answered and said, "I have indeed
seen a son of Ishai from Bethlehem. He knows how to play the harp and he
is brave. The man is a warrior, and intelligent in speech. His appearance is
fine, and the Lord is with him." (19) King Saul sent messengers to Ishai and
said to him, "Send me David your son who is with the sheep, because I need
him."[194] (20) Ishai took an ass and loaded it with a gomor of bread and a
skin of wine and a goat kid.[195] He sent it with David his son to Saul. (21)
David came to Saul [50 v] and attended him. He loved him very much and
he became his armour bearer.

(22) Saul sent a message to Ishai, saying, "Therefore let David attend
me, because he has found favour in my eyes."

(23) It happened that whenever the evil spirit of the Lord was upon
Saul, David would take the harp and would play with his hand and make
music, and he would bring Saul relief. He would make him well, and the
evil spirit would depart from him.[196]

---

[188] "in the midst" = G, Syh.

[189] "rested": = Jacob's term; "made him succeed": a possible interpretation of the Syriac.
See Salvesen, "Spirits in Jacob of Edessa's revision of Samuel," *ARAM Periodical* 5 (1993)
481–90.

[190] End of the Readingfor Epiphany and for Pentecost and for Maundy Thursday.

[191] "of the Lord departed", "possess", "it would try to choke him" = G, especially Luc. See
Salvesen, "Spirits".

[192] This sentence is found in Hebrew and G, but is absent in P. Jacob accordingly supplies it,
largely from the Greek.

[193] P has the word *knr'*, "harp", and G the similar word κινύρα. However, Jacob uses the
term *qtr'*, a Greek loanword, throughout the chapter.

[194] "messengers", "who is with the sheep" = G.

[195] "gomor" = G.

[196] "with his hand and make music", "depart" = G.

SEVENTEEN

(1)[197] The Philistines gathered their armies for war and assembled at Soqkoth of Judah. They encamped between Soqkoth and Azeqa, in Sapharmin.[198] (2) Saul and the men of Israel assembled and encamped in the Valley of the Oak, these and those. They were drawn up for battle against the Philistines.[199] (3) The Philistines were standing on the mountain on one side, and Israel was standing on the mountain on the other side, with the river gorge between them. (4) A champion came out [51 r] from the Philistine line: his name was Goliath from Gath. His height was four cubits and a span.[200] (5) There was a bronze helmet on his head, and he was wearing a cuirass of scale armour. The weight of his cuirass was five thousand shekels of bronze and iron.[201] (6) The greaves on his legs were of bronze, and there was a bronze buckler between his shoulders.[202] (7) The shaft of his javelin was like a weaver's beam and the head of the lance that was on it weighed six hundred iron shekels.[203] His armour bearer went before him.

(8) He stood and shouted towards the Israelite ranks, and said to them, "Why are you going out to draw up battle lines against us? I am a Philistine, and you are Saul's Hebrews! Choose a man and let him come out against me.[204] (9) If he is able to fight me and kill me, we will be your slaves, but if I [51 v] am victorious over him and kill him, you shall be our slaves and serve us." (10) The Philistine said, "See, I have insulted the ranks of Israel today! Give me a man and let the two of us fight in single combat."[205]

(11) Saul and the whole of Israel heard the Philistine's words, and trembled and were very afraid.

(12) David was a certain youth,[206] the son of an Ephrathite man from Bethlehem of Judah whose name was Ishai. He had eight sons. In Saul's time, this man was elderly and advanced in years. (13) The three eldest sons of Ishai followed Saul to battle. The names of these men were Eliab his firstborn, his second son Abinadab, and his third Shama'a. (14) As for David, he was the youngest of them all.[207]

---

[197] Margin: "Section 10".

[198] "Soqkoth and Azeqa, in Sapharmin": = G, the last two being closest to Luc.

[199] "...Oak, these and those. They were drawn up" = G. Margin: "Terebinth" = P.

[200] "four" = G. P gives his height as six and a half cubits.

[201] "and iron" = G.

[202] " The greaves on his legs", "buckler" = G.

[203] "a weaver's beam" (?): probably = G. "the head of the lance...six hundred..." P, G. Margin: "eight and a third pounds was in the point of his spear": source unknown.

[204] " shouted towards", "against us", "Hebrews", "against me" = G.

[205] "the two of us","fight in single combat" = G.

[206] "a certain youth": = J's addition

[207] " the youngest of them all": closest to Luc.

The three eldest had followed Saul.[208] (15) But David had returned from Saul's side and gone to pasture [52 r] his father's sheep in Bethlehem.

(16) The Philistine used to come forward morning and evening, and he stood like a pillar against Israel for forty days.[209]

(17) Ishai said to David his son, "Take and convey to your brothers this seah of parched grain and these ten loaves. Run to the camp and give them to your brothers. (18) These ten curd cheeses convey to the chief of the thousand. Visit your brothers and greet them. Learn about all their needs and bring me news of them."[210]

(19) Saul and all the men of Israel were fighting the Philistines in the Valley of the Oak.[211] (20) David rose early in the morning, left the sheep with keepers, and set out and went as Ishai had commanded him. He came to the camp and to the force that was going out to battle, and they shouted out for battle.[212] [52 v] (21) Israel and the Philistines were drawn up, rank against rank.

(22) David put down the baggage by the keeper of the baggage, ran to the line and greeted his brothers. (23) While he was speaking with them, the champion came up, Goliath the Philistine by name, from Gath, from the Philistine line. He said the same words and David heard them. (24) When all the men of Israel saw the champion, they were very afraid and fled from him.

(25) The men of Israel said, "You have seen this man who has come up to insult Israel. The king will give the man who kills him great riches, and give him his daughter in marriage, and make his parents' house free in Israel."

(26) David said to the men who were standing near him, "What [53 r] shall be done for the man who kills this uncircumcised Philistine and removes the insult from Israel? For who is this uncircumcised Philistine to insult the ranks of the living God?" (27) The people told him the same thing, saying, "So shall it be done for the man who kills him."

(28) His eldest brother Eliab heard when he spoke to the men, and Eliab was hot with anger against David and said to him, "Why did you come down here, and with whom have you left those little sheep in the wilderness?[213] I know your impudence and the wickedness of your heart: it was so that you would see the battle that you came down."

---

[208] "The three eldest fhad ollowed Saul" = G.

[209] "like a pillar against": = G ἐστηλώθη, Luc. ἐναντίον.

[210] "Visit your brothers...news of them": a pastiche of G, P and J.

[211] "Oak" = G.

[212] "force" = G. Has Jacob used G to correct an early corruption in P (nhl')?

[213] "those little sheep" = G.

(29) David said, "What have I done? Now see, it is [just] a word that I said!" (30) He turned away from him to the other side and said the same thing. [53 v] The people gave him the same answer as before.

(31) The words that David spoke were heard and made known to Saul, and he sent and fetched him.[214] (32) David said to Saul, "May my lord's heart not fail[215] him, because your servant will go and fight this Philistine."[216] (33) Saul said to David, "You cannot go against this Philistine to fight him, because you are a boy and he has been a fighting man from his youth."

(34) David said to Saul, "Your servant used to tend sheep for his father.[217] There have come against me both a lion and a bear,[218] and taken a lamb from the sheepfold. (35) I went out after him and struck him, and removed it from his mouth. He was enraged and rose up against me.[219] I took hold of his beard and struck him and hurt him severely. (36) Both the lion and [54 r] the bear has your servant killed. This uncircumcised Philistine shall be like one of them. I will go, and I will kill him, and I will remove the insult from Israel today,[220] because he has insulted the ranks of the living God."

(37)[221] David said, "The Lord who saved me from the paw of the lion and the paw of the bear, he will also save me from the hands of this uncircumcised Philistine."[222]

Saul said to David, "Go, and may the Lord be with you." (38) Saul clothed David in his clothing, and placed a bronze helmet on his head. He clothed him in a cuirass, (39) and girded David with his sword over his clothing. When David had put them on, he walked one or two steps in them,[223] and he refused to go in them because he was not accustomed to such things. David removed them. [54 v] (40) He took his staff in his hand and selected for himself five smooth stones from the gorge,[224] put them in his shepherd's bag, and his sling in his hand.

He drew near the Philistine, (41) and the Philistine came and drew near David, with a man bearing his shield in front of him. (42) The Philistine

---

[214] "and made known"; "and he sent" = G.

[215] "fail" (lit. "fall") = P. Margin: "be troubled" = G.

[216] "my lord's" = G.

[217] Lit. "my father".

[218] "bear" = G. Margin: "wolf" = P.

[219] "rose up" = G.

[220] "I will go... Israel today" = G.

[221] Margin: "Reading for Easter and on the Commemoration of Martyrs".

[222] "uncircumcised" = G, and many manuscript families in P : see Leiden edition.

[223] "When David had put them on" = J; "he walked one or two steps in them": cf. G.

[224] J *nhl'*, P *hl'*: the use of G corrects an early corruption in P.

looked and saw David, and he scorned him and despised him.[225] For he was a boy, he was ruddy and his appearance was handsome.

(43) The Philistine said to David, "Am I a dog, that you come against me with a staff and stones?" And the Philistine cursed David by his gods.[226] (44) The Philistine said to David, "Come to me, and I will give your flesh to the birds of heaven and to the wild beasts of the earth."[227]

(45) David said to the Philistine, "You come against me with sword and spear and shield, and I go against you in the name [55 r] of the Lord God Sabaoth, God of the ranks of Israel, he whom you have insulted today. (46) The Lord will bind you today and deliver you into my hands.[228] I will kill you and take your head off and give your corpse and the corpses of the Philistine camp on this day to the wild beasts of the land and the birds of heaven.[229] The whole earth shall know that Israel has a God. (47) The whole of this gathering shall know that it is not by sword and spear that the Lord saves. For the battle is the Lord's, and he will deliver you today into our hands."

(48) The Philistine came and drew near to meet David. David hurried and ran to the line to meet the Philistine. (49) David put out his hand for his bag, and took from there a single stone. He whirled it round and struck the Philistine [55 v] on the forehead. The stone sank through the helmet into his forehead,[230] and he fell on his face to the ground.

(50) So David was proved stronger than the Philistine with a sling and a stone, and he struck the Philistine and killed him. David had no sword in his hand. (51) David ran and stood over him. He picked up his sword, drew it from its sheath, killed him and cut off his head.[231]

The Philistines saw that their champion was dead, and they fled.

(52) The men of Israel and Judah rose up and yelled.[232] They were heartened and pursued the Philistines as far as the entrance of the gorge and up to the gate of 'Eqron. The Philistine slain fell up to the gates as far as Gath and as far as 'Eqron.[233]

(53) The Israelites who were pursuing the Philistines turned back and plundered their camps.

(54) David took the Philistine's head and brought it to Jerusalem, and his weapons he put in his tent. [56 r]

---

[225] "looked" = G; "despised" Luc.

[226] "stones", "cursed" = G.

[227] "birds", "earth" = G.

[228] "bind" = G.

[229] "your corpse", "on this day", "birds" = G.

[230] "through the helmet" = G.

[231] End of the Reading for for Easter and on the Commemoration of Martyrs.

[232] "and yelled" = G.

(55) When Saul saw that David had gone out to meet the Philistine, he said to Abner, the captain of his army, "Whose son is this youth?"[234] Abner said, "As your soul lives, your Majesty, I do not know." (56) The king said, "You ask whose son this youth is!" (57) When David returned after killing the Philistine, Abner took him and brought him in before Saul, with the Philistine's head in his hand. (58) Saul said to him, "Whose son are you, boy?" David said to him, "The son of your servant Ishai from Bethlehem."

EIGHTEEN

(1) It happened that when David had finished speaking with Saul, Jonathan's soul cleaved to and was bound with David's soul.[235] And Jonathan loved him as himself. (2) Saul took him that day and did not let him return to his father. (3) Jonathan and David made a covenant because Jonathan had loved [56 v] David as himself. (4) Jonathan took off the upper garment that was on him, and gave it to David, and also the military garment on him, even as far as his sword, his bow and his girdle.[236] (5) David used to go out wherever Saul sent him and be victorious. Saul set him over the fighting men, and it was good in he eyes of the people and also in the eyes of Saul's servants.

(6) It happened that while they were entering after he had returned from killing the Philistine, the women who used to sing came out from all the cities of Israel in order to praise with tambourines, timbrels and cymbals, to meet King Saul and David.[237] (7) The women sang with exultation and joy, and as they made merry they were saying,[238] "Saul has killed in thousands, and David in tens of thousands." (8) Saul was very angry, [57 r] and this saying was displeasing in his eyes. He said, "They have given David tens of thousands, and me they have given thousands! What is there for him after this except for the kingdom?"[239] (9) And Saul began to envy David from that day on.

(10)[240] It happened after a few days that the evil spirit of God prospered upon Saul,[241] and he prophesied within his house. David was playing the harp with his hands and making music before him as usual.[242] There was a

---

[233] "gate (of 'Eqron)... up to the gates" = G.

[234] "youth" = G.

[235] "and was bound with": = G.

[236] "upper garment"; "military garment": = G.

[237] The verse is an amalgam of P, G and Luc, hence the awkward phrasing.

[238] "with exultation and joy"; "made merry" = G.

[239] "What is there for him after this except for": largely = G.

[240] Margin: "Section 11".

[241] "prospered upon": = P. A conjectural translation. The alternative is to treat it as a Hebrew calque, no doubt intended by the original translator of P: "lighted upon".

spear in Saul's hand. (11) Saul cast the spear and said, "I will strike David to the wall." David swerved away from him twice. (12) Saul was afraid of David because the Lord was with him and had forsaken Saul.[243] (13) Saul removed him from his presence and made him the chief of a thousand, and he would go out [to battle] [57 v] and come in before the people. (14) David was capable in all his ways, and the Lord was with him. (15) Saul saw that he was very capable, and he feared him. (16) All Israel and Judah loved David because he used to go out [to battle] and come in before them.

(17) Saul said to David, "Here is my elder daughter Merob. I will give her to you for a wife. Only be valiant for me, and fight in the Lord's battles." Saul said, "My hand must not be against him, but let the hand of the Philistines be against him."

(18) David said to Saul, "Who am I and what have I done, and what is my life and that of my father's family in Israel, that I should be son-in-law to the king?"[244]

(19) The time came for Merob, Saul's daughter, to be given to David, and she was afraid of David. So she was given as wife to 'Echriel [58 r] from Mehola.[245]

(20) Melchol, Saul's daughter, loved David. They told Saul, and the matter was good in his eyes. (21) Saul said, "I will give her to him, and she will be a hindrance to him, so that the hand of the Philistines may be against him."

Saul said to David, "By this second one you shall be my son-in-law now."[246] (22) Saul commanded his servants and said to them, "Speak with David son of Ishai secretly, and say to him, 'See, the king is pleased with you! All his servants love you. Now become the king's son-in-law'."[247] (23) And Saul's servants told David these words.

David said, "Is this a light thing in your eyes that I should be son-in-law to the king?[248] I am a poor man without honour." (24) His servants informed Saul, and told him the words that David had spoken. [58 v]

(25) Saul said, "You shall say this to David, 'The king does not desire a brideprice or gifts, but two hundred Philistine foreskins,[249] so that he may be avenged on his enemies.'"[250] King Saul intended to make David fall by the hand of the Philistines. (26) Saul's servants informed David of these words,

---

[242] "the harp with his hands, and making music" = G.

[243] "forsaken" = G.

[244] "that I should be son-in-law to the king" = G.

[245] "and she was afraid of David...'Echriel" = Luc.

[246] "By this second one" = J.

[247] "Speak with David son of Ishai secretly, and say to him" = G.

[248] "light" = G.

[249] "two hundred" = P. Margin: "One hundred" = G.

and the matter was good in David's eyes, to become the king's son-in-law. The days were not over (27) when David arose and went, he and his men, and killed two hundred men of the Philistines. He brought their foreskins and offered them to the king, in order to become the king's son-in-law. And Saul gave him his daughter Melchol as wife.

(28) Saul saw and knew that the Lord was with David, all Israel adored him, and Melchol, Saul's daughter, loved him.[251] [59 r] (29) And [Saul feared] David [yet] more, and Saul became David's [enemy] continually.[252]

(30) The chiefs of the Philistines went out [to battle], and it happened that during the long period of their going forth David was more successful and triumphant than all Saul's servants, and his name was highly honoured.[253]

NINETEEN

(1) Saul told his son Jonathan and all his servants to kill David.

But Saul's son Jonathan loved David very much.[254] (2) Jonathan told David and said to him, "Saul my father is trying to kill you. So beware, and guard yourself tomorrow morning.[255] Stay in hiding and conceal yourself. (3) See, I myself will go out and stand beside my father in the field where you are, and I will speak about you [59 v] [to my father. I will see what is in his mind and tell] you.[256] (4) Jonathan spoke good things about David to Saul his father, and he said to him, "The king must not sin against his servant David, since he has not sinned against you. Besides, these deeds of his are sufficiently great by far for you,[257] (5) in that he put his life in your hands and killed the Philistine, and the Lord has wrought great deliverance for all Israel through him. You saw and were glad. And now, why are you now sinning against innocent blood by killing David for no reason?"

(6) Saul listened to the voice of Jonathan his son, and Saul swore an oath and said, "As the Lord lives, he shall not die." (7) Jonathan called David and informed him of all these words. He brought him in to Saul his father, and he was with him as in former times.

(8) There was war once again, [60 r] and David went out and was strong, and fought the Philistines.[258] He dealt them a very great blow and they fled from him.

---

[250] "gifts"; "so that he may be avenged" = G.

[251] "all Israel adored him" cf. G.

[252] The MS is damaged at this point. Lacunae are supplied from P.

[253] "chiefs" = G; "in the lengthy period of their going forth"; cf. Luc.; "triumphant" = J.

[254] "loved" = Luc.

[255] "and guard yourself tomorrow in the morning" = G.

[256] Approximately one line of text is missing from the MS at this point. P reads, "...to my father, and I will see what is in his mind and I will tell you."

[257] "great by far" = G + J.

(9) The evil spirit of the Lord came upon Saul as he was sitting in his house.²⁵⁹ His spear was in his hand. David was strumming on the harp in front of him.²⁶⁰ (10) Saul tried to strike David to the wall with the spear, but David fled from Saul, and he struck the spear into the wall. But David had fled and escaped (11 G) that night.

(11 P) Saul sent envoys to David's house to guard him and kill him in the morning. His wife Melchol informed David, and said to him, "If you do not save yourself tonight, tomorrow you will die." (12) Melchol lowered David through a window, and he fled away, and escaped. [60 v]

(13) Melchol took an image like that for a burial, and placed it on the bed.²⁶¹ She put a goatskin on his pillows and covered them with a cloak.

(14) Saul sent envoys to fetch David, and Melchol said, "He is ill." (15) Saul sent envoys to see David. He said, "Bring him up to me on his bed in order to kill him!" (16) The envoys came, and there was the image in the bed, and goatskin [on] his pillows! They told Saul. (17) Saul said to Melchol, "So why have you tricked me and deceived me? You have let my enemy go and he has got away!" Melchol said to Saul, "He said to me, 'Let me go: if you do not, I am going to kill you!'"²⁶² (18) David had fled and got away. He came to Samuel at Ramtha and told him all that Saul had done to him.

David and Samuel went and stayed in Nawiath in Ramtha. (19) They informed Saul [60 v] and told him, "See, David is in Nawiath in Ramtha!" (20) Saul sent messengers to take David.²⁶³ The messengers saw the company of prophets prophesying, and Samuel was leading them. The Spirit of God came upon Saul's messengers, and they also prophesied. (21) They told Saul, and he sent other messengers, and they also prophesied. Saul once again sent more messengers, a third group, and they too prophesied.

(22) Saul was hot with anger, and he went himself to Ramtha.²⁶⁴ He came as far as the great well that is in Supha. Saul made enquiries and said, "Where are Samuel and David?"²⁶⁵ He said to him, "At Nawiath in Ramtha!" (23) He went there to Nawiath in Ramtha, and [61 v] God's Spirit came upon him also, and he went along prophesying until he reached Nawiath in Ramtha. (24) He too stripped off his clothes and he too prophesied in front of Samuel.²⁶⁶

---

²⁵⁸ "and was strong" = G.

²⁵⁹ "sitting" = P. Margin: "lying" = G.

²⁶⁰ "on the harp" = J's gloss.

²⁶¹ "like that for a burial": cf. G κενοτάφια.

²⁶² "deceived me", "if you do not, I am going to kill you!" = G

²⁶³ "messengers to take" = G.

²⁶⁴ "Saul was hot with anger" = G.

²⁶⁵ "made enquiries" = G.

²⁶⁶ "he too": J's gloss.

He fell down naked for the whole of that day and the whole of the night. Because of this they used to say, "See,[267] Saul is also among the prophets!"

TWENTY

(1) David fled from Nawiath in Ramtha, and came and said before Jonathan, "What have I done, and what is my offence and my iniquity?[268] What is my crime before your father, that he seeks my life?" (2) Jonathan said to him, "God forbid! You are not going to die! Look, my father does nothing great or small without revealing it to me. And for what reason would my father have concealed this matter from me? It is not [so]."

(3) David answered Jonathan with an oath and said,[269] "Since your father knew that I had found favour [62 r] in your eyes, because of this he said, 'Jonathan must not know of this, in case it distresses him and he reveals it to David.'[270] But as the Lord lives and as your soul lives, as I have said, evil has been determined between me and your father until death, since there was nothing between me and death but a single step."[271]

(4) Jonathan said to David, "Whatever your soul desires I will do for you."[272]

(5) David said to Jonathan, "Look, tomorrow is the beginning of the month, and I shall certainly be sought for to sit down to eat before your father the king.[273] For your part, send me away to hide in the field until the third evening.[274] (6) If your father looks for me at all, tell him, 'David earnestly requested permission from me to go as far as Bethlehem his city, [62 v] because it is the annual sacrifice there for the whole family.[275] (7) If he says 'Very good', it is well for your servant, but if it greatly displeases him and he answers harshly, know that evil has been determined on his part.[276] (8) Do this kindness for your servant and send me away because you have made your servant enter into the Lord's covenant with you.[277] If I am guilty, kill me yourself, but do not take me to your father." (9) Jonathan said, "Far be it from you or me that I should do you harm![278] Because if I knew for

---

[267] "See" = P. Margin: "Is...? "(i.e., "is Saul also among the prophets?") = G.

[268] "my iniquity" = G.

[269] "answered Jonathan with an oath": rephrased as a blend of G and P.

[270] "because of this" = J; "and he reveals it to David" = Luc.

[271] "as I have said" = G; "evil" = J (cf. v.9 P); "has been determined between me and your father till death" = G; "there was nothing","single" = J.

[272] "desires" = G.

[273] "certainly be missed": influenced by P in the next verse. "the king" = G.

[274] "For your part" = J.

[275] "earnestly requested", "as far as" = G.

[276] "but if", "he answers harshly" = G.

[277] "and let me go" = J.

[278] " or me that I should do you harm!" = J.

sure that evil had been determined on my father's part so that he would come against you, I myself would inform you in your city."[279] (10) David said to Jonathan, "Who will inform me if your father answers you harshly?" (11) Jonathan said to David, "Come, let us go out to the field," and the two of them went out to the field. (12) Jonathan said to David, "The Lord God of Israel [63 r] knows,[280] and let him be witness, if I do not search out my father at about this time tomorrow at the third hour whether there is good for you from my father or not, and I do not send a message to you in the field and inform you,[281] (13) thus may the Lord do to Jonathan, and more besides, and if I do not investigate and inform you of evil against you, and reveal it to you, and send you away so that you may go safely.[282] May the Lord be with you as[283] he was with my father. (14) If only, while I live, you would treat me with God's kindness until I die, (15) and may your kindness never depart from my house! When the Lord has destroyed David's enemies from the face of the earth, (16) may there be found some of Jonathan's [family] with the house of David.[284] May the Lord have exacted vengeance [63 v] from the hand of David's enemies."[285]

(17) Jonathan swore another oath again to David, in that he loved him, because he loved him as he loved himself.[286] (18) He said to him, "Tomorrow is the beginning of the month, and you will certainly be missed, because your seat will be empty.[287] (19) At the third hour you will be sought by every means.[288] You must go to the place in which you hid yesterday,[289] and stay by that rock.[290] (20) As for me, I will aim and shoot three arrows to hit a target.[291] (21) See, I will send a young servant, saying to him, 'Go, pick up the arrows.'[292] If I say to the boy, 'Look, the arrow is on this side of you,'

---

[279] "so that he would come against you": cf. G; "I myself will inform you in your city": cf. Luc.

[280] "knows" = Syh[G].

[281] "good", " from my father or not" = J; "and I do not send a message to you to the field" = Syh[G]; "and inform you" = J.

[282] "investigate and inform" = J.

[283] Margin: "as" omitted (i.e. "[the Lord] who was with my father")?

[284] "may there be found" = Syh[G].

[285] "from the hand of" = G.

[286] "swore" = G. "because he loved him...himself": lit. "because he loved him [with] the love of himself".

[287] "certainly" = Luc.

[288] "by every means" = J.

[289] "yesterday" = J. Margin: "of work" = G.

[290] "you will stay" = Syh[G].

[291] "shoot" = Syh[G]. "hit": corrected by means of P: the MS reading is "imitate".

[292] "saying" = Syh[G].

take them and come. Know and see that that you are safe, and there is no danger for you, as the Lord lives.

(22) "And if I say [64 r] this to the boy, 'Look, the arrow is on the far side of you,' go, because the Lord has sent you away. (23) In the matter of which we have spoken, you and I, see, the Lord is witness between you and me forever."[293]

(24) So David concealed himself in the field. It was the beginning of the month and the king sat down at his table to eat.[294] (25) The king was sitting on his chair as usual, on the chair by the wall.[295] Jonathan rose and sat down, and Abner was sitting at Saul's side.[296] David's place was empty, (26) but Saul did not say anything that day, because he thought, "Maybe it is just chance. Perhaps he is clean or perhaps he is unclean." (27) It happened that on the next day of the beginning of the month, David's place was empty. [64 v] Saul said to his son Jonathan, "Why did the son of Ishai not come to the table either yesterday or today?"[297] (28) Jonathan answered and said to his father Saul, "David asked especially and sought my permission to go to Bethlehem his city.[298] (29) He said to me, 'Let me go, because we have a family sacrifice in the city, and my brothers sent me a message.[299] Now if I have found favour in your eyes, let me go and I will go and see my brothers.' Because of this he did not come to the king's table."

(30) Saul was hot with anger against Jonathan, and said to him, "Son of a headstrong girl, reared by women![300] Do you suppose I do not know that you favour the son of Ishai?[301] And you are his associate, to your own shame and the shame of your mother's nakedness![302] (31) Because all the days that the son of Ishai [65 r] is alive on the earth, you and your kingdom will not be established! So now I will send and get him, because this man deserves to die." (32) Jonathan answered Saul his father and said to him, "Why is he going to die? What has he done?" (33) Saul raised a spear against Jonathan to strike him, and Jonathan knew that evil had been determined on his father's part to kill David.[303]

---

[293] "witness" = G.

[294] "at his table to eat" = G.

[295] "was sitting", "his chair", "on the chair by" = G.

[296] "was sitting" = G.

[297] "to the table" = G, Syh^G.

[298] "asked especially"= J, against G, P, and Syh. "and sought my permission to go" cf. G, "his city" = Syh^G.

[299] "sent me a message" = J.

[300] "reared by women" = Luc, Syh^G.

[301] "Do you suppose" = J.

[302] "And you are his associate" = Syh^G.

[303] "a spear against Jonathan" = Syh^G; "evil" = G, and P elsewhere.

(34) Jonathan leapt up and rose from the table in rage and anger.[304] He did not eat bread that second day of the month, because he was distressed about David, since his father had determined against him.[305]

(35) Morning came, and Jonathan went out to the field to David, just as he had vowed to him with testimony.[306] A little lad was with him. (36) He said to his boy, "Run, find and pick up these arrows that I am going to shoot."[307] The lad ran, and he fired [65 v] an arrow to pass him. (37) The lad reached the place of the arrow that Jonathan had fired. (38 G) Jonathan shouted after the lad and said, "Look, the arrow is on the far side of you!"[308] (38 P) Jonathan shouted to his boy, saying, "Hurry, quickly, do not stay!"[309] Jonathan's lad picked up the arrows and brought them to his master.[310] (39) The lad knew nothing at all,[311] except for Jonathan and David who knew the matter. (40) Jonathan gave his weapons to his boy, and said to him, "Go, take them into the city." (41) The boy went in, and David arose from beside the rock and came to Jonathan. He fell on his face to the ground, and bowed down to him three times. They kissed each other, and each one wept over his neighbour for a long time,[312] but David the most.

(42) Jonathan said to David, "Go [66 r] in peace, and just as the two of us have sworn in the Lord's name, saying, 'May the Lord be witness between you and me, and between my offspring and your offspring forever.'"[313]

TWENTY ONE

(1 P: 43 G)[314] David got up and left, and Jonathan entered the city.[315] (2 P: 1 G) David came to Nobah,[316] to Ahimelech the priest. Ahimelech was alarmed to meet David, and said to him, "Why have you come alone, with no one else accompanying you?" (3 P: 2 G) David said to Ahimelech the priest, "The king charged me with a matter today, and said to me, 'No one

---

[304] "leapt up" = G. "anger" cf. G.

[305] "bread" = Syh[G].

[306] "just as he had vowed to him with testimony" cf. G.

[307] "find" = G.

[308] "shouted after" = G.

[309] "shouted" = G.

[310] "the arrows" = G.

[311] "The lad knew nothing at all, except for" = Syh[G].
Margin: "or any other person" = J?

[312] "and each one wept over his neighbour for a long time" cf. Syh[G].

[313] "and just as" = G; "saying, 'May the Lord be witness'" = Syh[G].

[314] Margin: "Section 12. Reading for John the Baptist and for the Monday of Easter Week, and for the Sixth Sunday of Lent".

[315] "David got up and left, and Jonathan entered the city" = G.

[316] "to Nobah" cf. Hex. Margin: "to Nomba" = G.

may know what I am sending you for.'[317] As for the young men who are
with me, I have called them to witness in a certain secret and concealed
place that is called the Faithfulness of God.[318] (4 P: 3 G) And now, if there
are five loaves under your hand, give them into my hands, or [66 v] whatever
there is." (5 P: 4 G) The priest answered and said to David, "There is no
ordinary bread under my hand, but there are the consecrated loaves. If the
young men have abstained from contact with a woman, they too may eat."[319]
(6 P: 5 G) David answered and said to the priest, "We have been forbidden
a woman for some days. And since I set out on the journey they have been
holy and pure. Even though the journey itself is profane,[320] today the young
men are sanctified, because of my vessels that they carry along with me."[321]
(7 P: 6 P) The priest gave him the holy loaves from those of the Presentation,[322]
because there was no bread there except the loaves of the Presence, which
were removed[323] from before the Lord, in order to set out hot loaves on the
same day that they were received. [67 r]

(8 P: 7 G) That day there was a certain man there from Saul's servants,
detained before the Lord because of illness.[324] His name was Doeq the
Edomite,[325] who was in charge of Saul's mules.[326]

(9 P: 8 G) David said to Aḥimelech "See if there is a spear or a sword
under your hand here, because I did not take my sword, my spear and my
weapons in my hand, because the king's business was pressing."[327]

(10 P: 9 G) The priest said, "Here is the sword of Goliath the Philistine
whom you killed in the Valley of the Terebinth. See, it is wrapped in a veil
and placed behind the ephod. If you are going to take this, take it, because
there is no other here apart from it."

---

[317] The phrase "and (about which) I have instructed you", present in both G and P, is absent
from J, perhaps by homoioteleuton.

[318] "I have called them to witness in a certain" = G, "place that is called the Faithfulness of
God" = G. Vv. 3–7 have been intensively reworked by Jacob: see A.G. Salvesen, "An edition
of Jacob of Edessa's version of I-II Samuel," *VIIum Symposium Syriacum 1996*, R. Lavenant,
ed. (Rome 1998) 16–22.

[319] "have abstained from contact with a woman, they too may eat" cf. Luc.

[320] The MS points as a passive participle.

[321] This verse is influenced largely by G, with J's glosses added: "and pure", "the young
men", "that they carry along with me".

[322] "the Presentation": J employs the Syrohexaplaric rendering of πρόθεσις.

[323] "removed": the MS apparently points as an Aph'el active participle of *rm'*, which would
mean "placing", but this makes little sense in the immediate context. It is possible that the
scribe was reluctant to place a dot over the Resh, and it may be better to read an Aph'el passive
participle from *rwm*, "removed", which would represent a translation of the Lucianic ἀφῃρημένοι.

[324] From G νοσερός (see MSS cx), a corruption of Νεεσσάραν etc.

[325] LXX describes him as a Syrian: Jacob prefers the P reading, perhaps out of patriotism.

[326] "mules" = G.

[327] "See if there is", "my weapons" = G.

David said, "There is none like it. Give it to me." (10 G) He gave it to him, and David took it.[328] (11 P) David rose [67 v] and fled from Saul that day, and came to Ankush, king of Gath. (12 P: 11 G) His servants said to Ankush, "This is David, king of the land of Israel! The women of Israel used to sing to this man and say, 'Saul has killed in thousands and David in tens of thousands.'" (13 P: 12 G) David took these words to heart and he feared Ankush king of Gath very much. (14 P: 13 G) He altered his expression and changed his manner, and was transformed in the sight of the Philistines that day, banging on the city gates. He staggered about on his legs and kept falling down on the thresholds of the gates, stretching out his hands and making his spittle run down his beard.[329]

(15 P: 14 G) Ankush said to his servants, "Look, you have seen that the man is mad! Why did you bring him to me? (16 P: 15 G) Am I lacking in wit or fools[330] [68 r][331] .... to me. This man shall not enter my [*house*]."

TWENTY TWO

(1) David went from there and escaped to the cave of 'Odolam. His brothers and all his father's family heard, and they went down to him there. (2) There gathered to him every man who was in distress, and every man who had a creditor, and every man bitter of spirit, and he became chief over them. There were about four hundred men with him.

(3) David went from there to Maṣpia of Moab, and said to the king of Moab, "Let my father and mother stay with you until I know what God is going to do for me." (4) He petitioned the person of the king of Moab and entreated him, and he left them with him.[332] They dwelt with him all the time [68 r][333] ...

(5) The prophet Gad said to David, "[*Do not*] remain in Maṣpia.[334] Go, enter the land of Judah." And D[*avid*] went, and entered and remained in the Forest of Ḥezio[*th*].[335] (6) Saul heard that David and the men who were with him had been recognised.[336] Saul was sitting in Geba', under the almond tree that is on the hill. His spear was in his hand. All his servants were

---

[328] "He gave it to him" = G. "and David took it" = J.

[329] "He altered his expression", "and deceived", "that day, banging on the city gates. He staggered about on his legs and kept falling down", "stretching out his hands and making run down" = G.

[330] "fools" = G.

[331] The top of folio 68 has been torn off. Emendations are in square brackets.

[332] "He petitioned the person of the king of Moab and entreated him": cf. G.

[333] The top of folio 68 has been torn off. Emendations are in square brackets.

[334] "Maṣpia" = P. Margin: "in the fortified city" = G.

[335] "Ḥezioth" = P. Margin: "in the city of Sarik"= G. "and remained" = G.

[336] "recognised" = G.

attending him. (7) Saul said to his servants who were attending him, "Listen, sons of Benjamin! Will the son of Ishai truly give all of you fields and vineyards, and make you chiefs of thousands and chiefs of hundreds?[337] (8) For all of you have rebelled together against me, and no one reveals to me my son's covenant with the son of Ishai. None of you feels pain on my account and reveals to me that my son has incited [69 r] my servant as an enemy against me, as today!"[338]

(9) Doeq the Edomite who was in charge of Saul's mules answered and said, "I have seen the son of Ishai: he came to Nobah to Ahimelech, son of Ahitob, the priest, (10) and he made enquiry for him by God. He gave him not only equipment and provisions, but also the sword of Goliath the Philistine."

(11) The king sent and summoned Ahimelech the priest, the son of Ahitob, and all the priests of his father's family in Nobah, and all of them came to the king.

(12) Saul said, "Listen then, son of Ahitob," and he said, "Here I am, my lord." (13) Saul said to him, "Why have you and the son of Ishai deceived me? You gave him bread and a sword, and enquired of God for him, in order to incite him against me [69 v] as an enemy, as now?"[339]

(14) Ahimelech the priest answered the king and said, "And who among all your servants is as faithful as David, the king's son-in-law and a chief and keeper of all your commands, honoured and praised in your household?[340] (15) Was it today that I started to enquire of the Lord for him? God forbid! May the king not lay this thing against his servant, and against my father's whole house, because your servant knew nothing, great or small, in all these matters."

(16) King Saul said, "You shall certainly die, Ahimelech, you and all your father's house!"

(17) The king said to the runners who were standing round him, "Draw near, and put to death the priests of God, because their hand is with David.[341] For they knew that he had fled, and they did not reveal it to me." But the king's servants did not want to stretch out [70 vr [*their hands*][342] and harm [*the priests of God*].

(18) [*The king*] said [*to Doe*]q, "You, turn around, [*and attack the*] priests." [*Doeq*] the Edo[*mite*] turned around and put to death the priests

---

[337] "truly", "chiefs" = G.

[338] "as an enemy" = G.

[339] "as an enemy" = G.

[340] "a chief", "of all", "praised" = G.

[341] "Draw near, and put to death" = G.

[342] The top corner of folio 70 has been torn off. Emendations are in square brackets.

that [*day*], [*eigh*]ty five men, all [*be*]aring the linen ephod.[343] (19) Nombah, the priests' city, he slew with the edge of the sword. Both men and women, youths and infants, and even bulls, donkeys and sheep he slew with the edge of the sword.[344]

(20)[345] One son of Ahimelech son of Ahitob escaped, and his name was Abiathar. He fled and went after David. (21) Abiathar informed David that Saul [*had killed*] the priests of God. (22) [*David*] said [*to Abi*]athar, "I knew [*on that day when*] [70 v] Doeq [*the Edomite*] was there, that he would certainly [*inform Saul.*] I am [*liable for all*] the lives of [*your*] father's house. [*Stay*] with me,[346] and do not [*be afraid, because the place that*] I seek for myself,[347] I will seek for your life also, because you are protected with me."[348]

TWENTY THREE

(1) They told David and said to him, "See, the Philistines are fighting against Qe'ila, and they are plundering the threshing floors."

(2) David enquired of the Lord and said, "Shall I go and slay these Philistines?" The Lord said to David, "Go and slay these Philistines, and deliver Qe'ila."

(3) His men said to David, "See, for as long as we have been here in Judah we have been afraid! How can we go to Qe'ila for battle with the Philistines?" (4) David enquired of God once again, and the Lord answered him and said to him, "Rise, [*go down to Qe'ila, because I*] am going to give [71 r] the Philistines into your hands." (5) David and the men with him went to Qe'ila, and joined battle with the Philistines, and they fled before him.[349] He struck them a great blow, he drove off their cattle and took as many of them as he wanted, and he delivered the inhabitants of Qe'ila.[350]

(6) It happened that when Abiathar son of Ahimelech fled to David and joined David in Qe'ila, he came down with the ephod in his hand.[351] (7) They told Saul that David had entered Qe'ila, and Saul said, "God has delivered him into my hands, because he has become trapped by entering a city of

---

[343] "turn around", "turned around", "the priests", "all " = G.

[344] End of the reading for John the Baptist and for the Monday of Easter Week, and for the Sixth Sunday of Lent.

[345] Margin: "Section 13".

[346] "with me" = G. Margin: "where I am" = P.

[347]"[*because the place that*] I seek..." = G. Margin: "because the one who seeks my life, seeks yours too" = P.

[348] "because you are protected with me" = G. Margin: "there is a guard with me" = P.

[349] "and they fled before him" = G.

[350] "he drove off their cattle" = G; "as many of them as he wanted" = J.

[351] "and joined David", "he came down with the ephod in his hand" = G.

gates and bars." (8) Saul called all the people to go down to Qe'ila to battle, in order to seize David and the men with him.[352] (9) David knew that Saul was plotting evil against him [71 v] and would not be silent concerning him.[353] He said to Abiathar the priest, "Bring me the ephod of the Lord." (10) David said, "Lord God of Israel, your servant has heard for sure that Saul wishes to come against Qe'ila, to destroy the city on my account. (11 G)[354] Now, Lord God, if it is the case that Saul is coming down, as your servant has heard, Lord God of Israel, inform your servant whether the city is going to be captured, (12 P) and whether its lords are going to deliver me into Saul's hands, myself and the men with me." (12 G) The Lord said, "The city is going to be captured and they will hand you over. Rise, go out of the city."[355]

(13) David and the men who were with him, about four hundred men, arose and left Qe'ila.[356] They went wherever they could go.[357] They turned back and told Saul that David had gone out of Qe'ila, and refrained from going forth. [72 r]

(14) David remained in the wilderness of Meṣroth, in a place that is called the Straits.[358] He was living in the mountain of the wilderness of Ziph, in the mountain of drought.[359] Saul was seeking for him every day, but God did not deliver him into his hands.

(15) David saw that Saul had come out to seek his life, and David stayed quietly in the parched wilderness of Ziph, in the wasteland, in the forest of the mountain.[360] (16) Saul's son Jonathan arose and went to David to the forest, to that waste place, and strengthened his hands in the Lord.[361] (17) He said to him, "Do not be afraid, because my father Saul's hand shall not find you. You shall reign over Israel, and I shall be second to you. Even Saul my father knows that it is so."[362] (18) The two of them made a convenant before the Lord, and David remained in the wasteland, [72 v] and Jonathan went home.[363]

---

[352] "to seize" = G.

[353] "and would not be silent concerning him" = G.

[354] V.11 is absent in P. This entire verse in J is based on the Greek tradition.

[355] "The city" = J; "is going to be captured" = G.

[356] "four hundred" = G.

[357] "They went wherever they could go" = G.

[358] "in a place that is called" = J; " the Straits" = G.

[359] "in the mountain of drought" = G.

[360] "stayed quietly " = J; "in the parched", " in the wasteland", "of the mountain" = G.

[361] "to that waste place" = J + G κενή ; "and strengthened" = G.

[362] "second" = G.

[363] "and David remained in the wasteland" = G.

(19) The Ziphites went up from that parched wilderness to the hill, to Saul, and said to him,[364] "See, David is hiding near us in Meṣaram, in the narrow places in the wasteland, on the hill called Echela which is south of Jeshimun.[365] (20) Now see, everything is as your soul desires! Come down to us, and we will deliver him over in the king's hand."

(21) Saul said to them, "Blessed are you to the Lord, because you were pained on my account! (22) Go, then, return and prepare his dwelling.[366] Know and see where he is,[367] where his foot frequents, wherever you say, in case he becomes cunning and crafty and flees.[368] (23) Know and see all the hidden places in which he hides, and return to us to get ready promptly, and we will go with you.[369] It shall be that if he is [73 r] on the earth, I will track him down among all the thousands of Judah." (24) The Ziphites arose and went ahead of Saul. David and his men were in the wilderness of Maʿon every evening, south of Jeshimun.[370]

(25) Saul and his men went to seek David. It was made known to David, and he went down to the crag which is in the wilderness of Maʿon called Obedient, and he remained there.[371]

Saul heard and pursued David in the wilderness of Maʿon. (26) Saul and his men were going round one side of the mountain in front of them, and David and his men on the other side of the mountain, behind Saul.[372] David was in haste to flee, and to conceal himself from Saul and his men.[373] Saul and his men [73 v] were hastily going around after David and his men in order to capture them.

(27) An envoy came hastily to Saul and said to him, "Come quickly, because the Philistines have encamped and attacked the whole land."[374]

(28) Saul turned back from pursuing David, and went to meet the Philistines. Because of this, the place is called "the rock that was divided."[375]

---

[364] "parched wilderness to the hill" cf. G. See Brock, *Recensions,* 329–30.

[365] "near us in Meṣaram" = G; "in the narrow places in the wasteland, on the hill called Echela" = J + G.

[366] "return" = J.

[367] "where he is": lit. "his place".

[368] "frequents" = J; "wherever you say, in case he becomes cunning and crafty" = G.

[369] " places", "promptly", "and we will go" = G.

[370] "every evening, south" = G.

[371] "crag" = G; "which is called" = J; "Obedient" = Luc.

[372] "in front of them", "behind Saul" = J; "of the mountain" = G. Jacob is attempting to clarify the situation described in the passage.

[373] "to conceal himself" = G; "and his men" = J.

[374] "hastily " = J (see preceding verse); "quickly", "laid siege to" = G.

[375] "pursuing", "the place is called", "that was divided" = G.

TWENTY FOUR

(1) David went up from there and settled in Meṣaroth Gaddi.

(2)[376] It happened that when Saul turned back from pursuing the Philistines, they informed him and said to him, "See, David is in the wilderness of Gaddi!" (3) He took with him three thousand picked men from the whole of Israel, and went to look for David and his men on the face of the Mountain of the Ibexes. (4) He came to the sheepfolds of the flocks that are on the way, and there was a cave there.[377] Saul entered the cave and lay down [74 r] there. David and his men were sitting inside the cave.[378] (5) His men said to David, "This is the day of which the Lord said to you, 'See, I am going to deliver your enemy into your hands. Do to him as is right in your eyes.'" David got up and cut off the hem of Saul's cloak secretly and gently.[379] (6) Afterwards David's heart smote him, and he regretted cutting off the hem of Saul's cloak.[380] (7) David said to the men who were with him, "God forbid that I should do this thing to my lord, the Lord's anointed, and stretch out my hand against him, since he is the Lord's anointed." (8) With these words David moved to regret the men who were with him, and he did not let them rise against Saul and put him to death.[381] Saul arose from the cave and descended, and went on his way.[382] (9) David arose after him [74 v] and went out from the cave. David shouted after Saul and said, "My lord the king!"[383] Saul turned round and looked behind him, and David bent down with his face to the ground and bowed down to him.[384]

(10) David said to Saul,"Do not listen to the words of people who say to you, 'David seeks your life!'[385] (11) See today with your own eyes that the Lord delivered you into my hands today in the cave, and the men that are with me said to kill you. I spared you and said, 'I will not stretch out my hand against my lord, because he is the Lord's anointed. (12) Turn round and see: here is the hem of your cloak in my hand. See that when I cut off the hem of your cloak, I did not kill you.[386] Know and see today that there is no evil or wrong in my hands and I have not sinned against you. Yet you are hunting me down to take my life! (13) May the Lord judge between you and

---

[376] Margin: "Reading for the Commemoration of the Apostles".

[377] "the sheepfolds of the flocks" = G.

[378] "inside the cave" = G.

[379] "secretly" = G.

[380] "smote" = G.

[381] "put him to death" = G.

[382] "and descended" = G (not Luc).

[383] "shouted" = G.

[384] "looked","bent down" = G.

[385] "your life" = G.

[386] "See" = J.

me, and may the Lord avenge me upon you: my hand will not be against you. (14) As it is said in ancient proverbs, [75 r] 'From the wicked man wickedness comes forth,' and my hand shall not be against you. (15) Now, after whom have you come out, king of Israel? Whom are you pursuing? A dead dog or a single flea! (16) May the Lord be judge and may he judge between you and me. May he see and judge my cause, and avenge me at your hands."

(17) It happened that when David had finished speaking these words to Saul, Saul said to him, "Is this is your voice, my son David?" And Saul lifted up his voice and wept. (18) Saul said to David, "You are more righteous than I, because you repaid me with good, and I repaid you with evil. (19) You have shown me today that you treated me well: the Lord put me in your power but you did not kill me. (20) When a man finds his enemy on the road,[387] and he sends him off [75 v] on a good road, the Lord will also reward him with good things. Just you have done me good today, may the Lord reward you with good on my behalf.

(21) "Now I myself know that you shall certainly be king, and the kingdom of Israel shall be established in your hands. (22) Now swear to me by the Lord that you will not destroy my seed after me, and that you will not wipe out my name from my father's house." (23) So David swore an oath to Saul. Saul went home, and David and the men with him went up to Meṣaram the Narrow.

TWENTY FIVE

(1) Samuel died. All Israel gathered and lamented over him, and they buried him in his grave at Ramtha.

David arose and went down to the wilderness "Hearing of Voices".[388]

(2)[389] There was a man in the wilderness, and his property was in Karmela.[390] The man [76 r] was very great, and he had three thousand sheep and a thousand goats. (3) The man's name was Nabal, and the name of his wife was Abigea. The woman was beautiful in her appearance and form, and intelligent.[391] But the man Nabal was harsh and evil in his habits, brash and a dog.[392]

(4) It so happened that while he was shearing his sheep in Karmela,[393]

---

[387] "on the road" = J. Margin: "in trouble" = G.

[388] "Hearing of Voices" cf. Luc. Margin: "of Maʿon" = P.

[389] Margin: "Section 14.

[390] "in the wilderness", "his property" = Luc.

[391] "intelligent": lit. "good in her understanding", = G.

[392] "his habits" = G; "brash" = J, probably to re-translate the following word *klb* and its equivalent in LXX, κυνικός.

[393] This phrase has been transferred from v. 3 of the P and G texts.

David heard in the wilderness that Nabal the Karmelite was shearing his sheep. (5) David sent ten youths to him. David said to the youths, "Go up to Karmela and go to Nabal. Greet him in my name (6) and say to him, 'In the same way next year may you be alive and well in security, and your house too, and all these that are yours in peace.[394] (7 G) Now, I have heard that [76 v] your shepherds are shearing your sheep for you that were with us in the wilderness,[395] and we did them no harm and we did not harass them at all, and none of them went missing all the time that they were with us in the wilderness.[396] (8) Ask your servants and they themselves will tell you. Now may these youths find favour in your eyes, because we have come on a good day. So give whatever you wish to your servants and to your son David.'"

(9) David's youths came and said all these things to Nabal in David's name.

Nabal leapt up in anger,[397] (10) and answered David's youths and said to them, "Who is David, and who is the son of Ishai? Nowadays many are the slaves who are rebelling and running away, each from his master.[398] (11) Shall I take my bread and my wine, and the meat that I have slaughtered. . .[399]

[. . . . . . .]

(20) . . . in the shelter of the mountain, David and his men were coming up towards her, and she met them. (21) David said, "Perhaps we wrongly guarded all these that he owns in the wilderness and did not let anything of his go missing.[400] He has repaid us evil for good. (22) So may God do to his servant David, and even worse, if by morning anything of all that Nabal owns is left that is upright by the wall!"

(23) Abigea saw David, and made haste and leapt down from the ass.[401] She fell on her face before David, and bowed down to him to the ground. (24 G: 24/25 P) She fell at his feet and said, "I beg you, my lord, may the guilt be on me, my lord! So let your maidservant speak before you, and hear the words of your maidservant![402] (25 G) So may my lord pay no attention to this corrupt man Nabal.[403] [77 v] Because as his name, so is he: Nabal is

---

[394] "next year may you be alive ... in peace": based on G.

[395] "Now, I have heard...your sheep for you" cf. G. The phrase is absent in P.

[396] "that were with us in the wilderness", "we did not harass them at all" cf. G.

[397] "leapt up" = G; "in anger" = J.

[398] "and running away, each" = G.

[399] A folio is missing at this point.

[400] "Perhaps", "wrongly" = G.

[401] "leapt" = G.

[402] "and hear the words of your maidservant!" = G.

[403] "So may my lord pay no attention", "corrupt" = G.

his name, and see, his insolent behaviour goes with him. He is Nabal, and his insolence goes with him.[404] But I your maid servant, my lord, did not see my lord's youths whom you sent. (26) Now my lord, as the Lord lives and as your soul lives, the Lord held you back from touching innocent blood, and the Lord delivered you and saved your hand from wrongdoing.[405] Now my lord, let your enemies be as Nabal, and those who seek evil for the life of my lord.[406]

(27) And now accept this blessing which your maidservant has brought to my lord. Accept, my lord, and give it to the youths who attend my lord.[407] (28) And you, my lord, forgive your maidservant's offence, because the Lord is surely making a faithful house for my lord.[408] Because my lord fights the Lord's battles, and no evil has been found in you throughout your life. . .[409]

[. . . . . .]

[78 r] (39) David [heard] that Nabal had died, and he said, "Blessed be the Lord God, who judged the case of the insult I received at Nabal's hands, and kept his servant from evil. The Lord has brought back Nabal's evil-doing upon his own head."

David sent for Abigea to take her as his wife. (40) David's servants came to Abigea at Karmela, and said to her, "David sent us for you, to take you as his wife." (41) She got up and bowed down with her face to the ground, and said, "See, your maidservant is a maidservant to wash the feet of my lord's servants." (42) Abigea made haste and arose, and mounted the ass. Five young girls accompanied her.[410] She went with David's messengers and became his wife.

(43) David had married Aḥina'am from Jezra'el, so he had two wives. (44) Saul had given [78 v] his daughter Melchol, David's wife, to Palṭi,[411] son of Joash, who was from Goliam.

---

[404] "He is Nabal, and his insolence goes with him": apparently J's gloss.

[405] "the Lord held you back","saved your hand" = G: "from wrongdoing" = J.

[406] "for the life of my lord" = G + J.

[407] "accept" (1st), "who attend my lord" = G; "Accept it, my lord" = J.

[408] "And you, my lord" = J: "offence" = G.

[409] A folio is missing at this point.

[410] "accompanied her" = G.

[411] "Palṭi" = P and part of the Greek tradition: see 2 Sam 3.15. Margin: "To Paltiel" (in Syriac letters), "Phaltiel" (in Greek letters). See Brock, *Recensions*, 341.

TWENTY SIX

(1)[412] The Ziphites came from the parched wilderness to Saul at Gebaʿ, and said to him, "Look, David is hidden near us on the hill called Echela,[413] before Jeshimun!"[414]

(2) Saul arose and went down to the wilderness of Ziph. With him were three thousand picked men from Israel to search for David in the wilderness of Ziph. (3) Saul encamped at Gebaʿoth towards Hela[415] before Jeshimun on the road. David was dwelling in the wilderness. David saw that Saul had come after him to the wilderness, (4) and David sent spies, and knew that Saul had come after him. (5) David arose secretly and came to the place where Saul was encamped.[416] David saw the place in which Saul was sleeping. Abner son of [79 r] Ner the chief of his army was asleep on the path. Saul was asleep in the chariot,[417] and the people were encamped around him. (6) David spoke up and said to Ahimelech the Hittite and Abesha son of Ṣaruia, Joab's brother, saying, "Who will enter the camp to Saul with me?" Abesha said, "I will enter with you." (7) David and Abesha came and entered among the people by night. There was Saul, asleep in the chariot, and his spear was stuck into the ground beside his head.[418] Abner and the people were asleep around him.

(8) Abesha said to David, "Today the Lord has delivered your enemy into your hands. Now I will strike him to the ground with this spear just once, and [79 v] I will not do it again." (9) David said to Abesha, "Do not destroy him, because there is no one who stretches out his hand against the Lord's anointed and remains guiltless. (10) As the Lord lives, if the Lord does not strike him, either his day will come and he will die, or he will be wounded in battle and die. (11) The Lord forbid that I should stretch out my hand against the Lord's anointed. Now take this spear from beside his head, and this flask of water, and let us go."[419] (12) David took the spear and the flask of water from beside Saul's head, and they went off. No one saw them. There was no one who knew, nor awoke, because all of them were asleep, and stupor and sleep from the Lord had fallen upon them.[420]

---

[412] Margin: "Reading for Tuesday of Holy Week".

[413] Margin: "Eḥela", perhaps an alternative transliteration of Ἐχελα of Luc. Cf 23.19?

[414] "from the parched wilderness", "on the hill that is called Echela, before Jeshimun": a pastiche of J, G and Luc.

[415] In error for Eḥela? See v. 1, and Brock, *Recensions*, p. 330.

[416] "secretly" = G.

[417] "Saul was asleep in the chariot" = G. Margin: "in a tent." An alternative interpretation of ἐν λαμπήνῃ, "in a covered wagon"?

[418] "stuck" = G.

[419] "flask" = G.

[420] "There was no one who", "stupor" = G.

(13) David went away from Saul, and stood on top of a mountain a long way off. The distance between them was great.[421]

(14)[422] David called to the people and to Abner son of Ner and said, "Will you not answer, Abner?"[423] Abner answered and said, "Who are you that calls me from the king's side? Who are you?"[424] (15) David said to Abner, "You are a warrior, and who is like you in the whole of Israel? So why did you not guard your lord the king, because today someone entered to destroy the king your lord.[425] (16) This thing that you have done is not good.[426] As the Lord lives, you all deserve to die, because you did not guard your lord, the Lord's anointed. Now see where the king's spear is, and the water flask that was beside his head."

(17) Saul knew David's voice and said to him, "Is it your voice, David my son?"[427] David said, "It is my voice, your servant's, my lord the king."[428] (18) David said, [80 v] "Why, my lord, are you pursuing your servant? What have I done? What is my sin and what is the offence and the evil found in me?[429] (19) So now let my lord the king hear the words of his servant. If God is stirring you up against me, let us present offerings. If people are inciting you against me, they are cursed before the Lord, because they have driven me out today so that I may not be included in the Lord's inheritance, saying, "Go, serve other gods".[430] (20) Now may my blood not fall upon the ground before the Lord my God because the king of Israel has gone out to seek my life like someone chasing a partridge in the mountains."[431]

(21) Saul said, "I have sinned. Return, my son David, because I will not do you any more harm, since my life was precious in your eyes today. See, I was foolish and I have sinned very greatly."

(22) David answered [81 r] and said, "Here is the king's spear: let one of the youths come over and take it. (23) May the Lord repay each one according to his righteousness and faithfulness, as the Lord delivered you into my hands and I refused to stretch out my hand against the Lord's anointed. (24) Just as today your life was important in my eyes, may my life

---

[421] "The distance between them was great" = largely G.
End of the Reading for Tuesday of Holy Week.

[422] Margin: "Reading for Good Friday".

[423] "people" = G.

[424] "Who are you?" = Luc.

[425] "why", "entered" = G.

[426] "This thing" = G.

[427] "knew" = G.

[428] "your servant" = G.

[429] "What is my sin.... found in me?" = largely G.

[430] "are inciting you against me" = J.

[431] "my life" = G.

be as important in the Lord's eyes. May he protect me and save me from every tribulation."[432]

(25) Saul said to David, "Blessed are you, my son David. You have certainly acted, and you have certainly done right, and you will surely prevail."[433] David went his way and Saul returned to his place.[434]

TWENTY SEVEN

(1)[435] David said in his heart, "Now, if I fall into Saul's hands one day, there will be no good thing for me. Instead, I shall escape to the land of the Philistines, and Saul will grow weary [81 v] and cease from searching for me throughout the territory of Israel, and I shall escape from his hands."

(2) David arose, and he and the six hundred men who were with him crossed over and went to Ankush son of Aḥima'ach, the king of Gath. (3) David lived with Ankush in Gath, he and his men, each one and his household, and David and his two wives, Aḥina'am from Jezra'el and Abigea wife of Nabal who was from Karmela.

(4) They told Saul that David had fled and gone down to Gath, and he did not search for him again.

(5) David said to Ankush, "If your servant has found favour in your eyes, let them give me a place in one of the cities that are in the wilderness, and I will live there, and your servant will not live in the royal city with you." (6) Ankush gave him Ṣenqelag that day. Because of this, Ṣenqelag has belonged to the king of Judah up to the present day. [82 r]

(7) The number of days that David lived in the land of the Philistines was an entire year and four months.

(8) David and his men used to go up and raid Geshur and Gedula and 'Amaleq, for these were the inhabitants of the land from of old. They used to pass over against Geshur as far as the land of Egypt. (9) David would lay the land waste and would leave neither man nor woman alive. They would take sheep, oxen, donkeys, camels, and clothing, and return and come to Ankush. (10) Ankush would to say to David, "Where were you today, and whom did you raid?"[436] David would say to Ankush, "The Negab[437] of Judah and the Negab of Jermeḥel[438] and the Negab of the Qenezites."[439] [82 v]

---

[432] "May he protect me and save me from every trouble" = G.

[433] "and you will surely prevail" = G.

[434] "place" = G.
End of the Reading for Good Friday.

[435] Margin: "Section 15.

[436] "and whom did you raid?" = G.

[437] "the Negab" = P. Margin: "south" = G. "

[438] "Jermeḥel": unparalleled elsewhere, but perhaps an error for the P reading *yrḥml*.

[439] J has supplemented many of the P verbs in vv. 8–11 with auxiliary verbs in order to convey the imperfect sense of the G verbs.

(11) David would leave neither man nor woman alive, so that they would not enter Gath and say,[440] "This was what David was doing." This was his custom all the days that he dwelt in the land of the Philistines. (12) Ankush trusted David greatly, saying, "This man has surely done much harm to his people Israel. Because of this he has come to me, and see, he has become my servant forever!"[441]

TWENTY EIGHT

(1) It happened in those days that the Philistines gathered their armies for war, to go out and fight Israel.[442] Ankush said to David, "You of course know that you are going out with me to battle, you and your men."[443] (2) David said to Ankush, "Because of this, now you will know what your servant can do."

Ankush said to David, "Because of this, I will make you the head of my bodyguards [83 r] for life."[444]

(3) Samuel had died, and all Israel had lamented over him. They had buried him in Ramtha in his grave. Saul had removed the necromancers and soothsayers from the land. (4) The Philistines assembled, and came and encamped at Shoman.[445] Saul gathered all Israel together, and they encamped at Gelbo'. (5) Saul saw the Philistines' camp and was afraid, and his heart trembled greatly. (6) Saul enquired of the Lord, but the Lord did not answer him, either through a dream, or through visions, or through prophets. (7) Saul said to his servants, "Search out for me a woman who raises familar spirits, and I will go to her and enquire of her." His servants said to him, "See, there is a woman who raises familar spirits in A'endor." (8) Saul stripped off his garments and put on different garments. He went, he and two men with him. [83 v] They entered the woman's home by night. Saul said to her, "Divine for me by familar spirits, and bring up for me whomsoever I tell you." (9) The woman said to him, "See, you too must know what Saul did, that he removed the necromancers and soothsayers from the land! And why do you hunt my life, to put it to death?" (10) Saul swore an oath to her by the Lord and said, "As the Lord lives, no harm shall come to you through this matter."[446] (11) The woman said, "Whom shall I bring up for you?" He said, "Bring up Samuel for me." (12) The woman saw Samuel: she wailed with a loud voice and said to Saul, "Why have you misled me? You yourself

---

[440] A phrase present in both P and G is unrepresented here.

[441] "Because of this he has come to me" = J.

[442] "go out" = G.

[443] "to war" = G.

[444] "the head of my bodyguards" cf. G ἀρχισωματοφύλαξ.

[445] "Shoman" cf. G.

[446] "harm" cf. the reading of Symmachus and Theodotion κάκωσις?

are Saul!" (13) The king said to her, "Do not be afraid. Tell me whom you saw."[447] The woman said to Saul, "I saw gods coming up from the ground." [84 r] (14) He said to her, "What was the appearance of the one you saw?" She told him, "An upright, elderly man, coming up from the ground, and this man was wrapped in a mantle."[448] Saul knew that this was Samuel, and he fell on his face to the ground and bowed down to him. (15) Samuel said to Saul, "Why have you disturbed me by bringing me up?" Saul said, "I am in great distress. The Philistines are fighting me. God has departed from me and no longer listens to me. I have sought both through prophets and by dreams, and I have not been answered.[449] So now I have summoned you to show me what I should do."

(16) Samuel said to Saul, "Why do you ask me, since the Lord has left you, and has joined your fellow? (17) The Lord has done to you as he spoke through me. He has torn the kingdom out of your hand and given it to your fellow, David, [84 v] (18) because you did not listen to the Lord, and you did not carry out his fierce anger against 'Amaleq. For this reason the Lord has done this to you today. (19) The Lord will also deliver Israel your people into the hand of the Philistines. Tomorrow you and your sons shall be with me. The Lord will also deliver the army of Israel into the hand of the Philistines."

(20) Saul made haste as he stood, and immediately fell on his face to the ground.[450] He was very afraid of Samuel's words. There was no strength in him because he had not eaten food all that day and all the night. (21) The woman came in to Saul and saw that he was very frightened, and she said to him, "So your maidservant has listened to your voice. I placed my life in my hands,[451] and I listened to the words that you said to me. (22) So now you too listen to your maidservant! I will set [85 r] before you a morsel of food. Eat it and you will have strength in you, because you are going on a journey." (23) Saul kept refusing to eat, and said, "I will not eat."[452] His servants implored him and pressed him, and the woman also.[453] He listened to them, arose from the ground and sat on a chair.

(24) The woman had a sucking calf that was being reared by her in her house, and she made haste and slaughtered it.[454] She took flour and kneaded

---

[447] "Tell me whom" = G.

[448] "upright", "from the ground", " this man" = G.

[449] "and I have not been answered" = J.

[450] "as he stood" = G; "immediately" = J.

[451] "in my hands" = G. Margin: "in your hands" = P.

[452] "to eat" = G.

[453] "pressed him" = G.

[454] "sucking" = Luc.

it and baked unleavened bread. (25) She served it and placed it before Saul and his servants. They ate, and arose and went that night.

TWENTY NINE

(1) The Philistines gathered all their armies at Apheq, and Israel encamped at Nain in Jezra'el. (2) The rulers of the Philistines were passing on in hundreds and thousands, and David and his men [85 v] were passing on in the rear with Ankush. (3) The princes of the Philistines said to Ankush, "Who are these who are passing, and why are they passing?"[455] Ankush said to the princes of the Philistines, "This is David, the servant of Saul, king of Israel, who has been with us now for a whole year and a few months beside. I have found nothing [wrong] with him, from the day he came to me, up to this very day." (4) The princes of the Philistines were angry with him and said to him, "Make the man return, and let him go back to the place where you established him.[456] He shall not go with us to battle, so that he will not be a hindrance to us in war. For how else should this man be reconciled with his lord if not by our very own heads? (5) Is this not David, to whom the daughters [86 r] of Israel used to sing with timbrels, saying, 'Saul has killed in thousands, and David in tens of thousands'?"

(6) Ankush called David and said to him, "As the Lord lives, you are upright and good in my eyes, and also your going out and coming in with me in war.[457] I have not found wrong in you from the day that you came to me until this very day. But you are not good in the eyes of the governors. (7) Now return, go in peace, and do not do wrong in the eyes of the governors of the Philistines." (8) David said to Ankush, "What have I done, and what have you found in your servant, from the day that I came before you until this day, that I should not go and fight the enemies of my lord the king?"

(9) Ankush answered and said to David, "I know that you are as good as an angel [86 v] of God in my eyes. But the princes of the Philistines are saying, 'He shall not go to battle with us'.

(10) "Now rise early in the morning, you and your lord's servants, who came with you on the journey, and go to the place where I established you. Do not take to heart pernicious talk, because you are good before me. Set out early on your journey that you may have light, and go."[458] (11) David and his men rose to go early in the morning to guard the land of the Philistines, and the Philistines went up to make war near Jezra'el.[459]

---

[455] "Who are these who are passing on" = G.

[456] "Make (the man) go back, and let him return", "where you established him" = G.

[457] "in war" = P. Margin: "in the army" = G.

[458] " and go to the place ...Set out early on your journey" = G.

[459] "in the morning to guard" = G.

THIRTY

(1) When David and his men came to Ṣenqelag on the third day, they found that the 'Amaleqites had raided the Negab and Ṣenqelag, and had struck Ṣenqelag and set it on fire.[460] (2) They had taken the citizens captive , and also all the women in it, from the least to the greatest. They had not killed any man or woman,[461] but...[462]

[. . . . . .]

[87 r] (13). . . "Who are you, and where are you from?" The youth said, "I am an Egyptian, the servant of an 'Amaleqite man. My master abandoned me because I fell ill three days ago now. (14) It was after we had come from the Negab of Kori and from the regions of Judah, and from the Negab of Kelub, and we had set Ṣenqelag on fire."[463]

(15) David said to him, "Will you take me down against this band?" He said to him, "Swear to me then by God that you will not kill me and that you will not deliver me into the hand of my master, and I will take you down against this band."[464] (16 P) David swore an oath to him, (16 G) and he took them down there. And there they were, spread out over the face of the whole land, eating and drinking and making merry with all the great plunder that they taken from the land of the Philistines and from the land of Judah.[465]

(17) David came against them [87 v] and struck them from the morning star until evening from the rear, and until the next day.[466] He slew them, and not a man of them escaped except for four hundred youths who mounted camels and fled.[467]

(18) David saved everything that the 'Amaleqites had taken, and David also saved his two wives. (19) Nothing of theirs was missing, from least to greatest, from sons to daughters.[468] Rather, David brought back everything. David also brought back all the spoils that they had taken.[469] (20) David took all the sheep and oxen, and led them in front of the plunder.[470] All that property was referred to as "The spoils that David recovered."[471]

---

[460] " they found that" = J; "had raided", "had struck Ṣenqelag" = G.

[461] "and also all the women in it" = J; "from least to greatest. They had not killed any man or woman, but" = G.

[462] One folio is missing at this point.

[463] "and from the regions of" = G.

[464] "and I will take you down against" = G.

[465] "spread out" = G.

[466] "came against them", "from the morning star", "and until the next day" = G.

[467] "He slew" = Luc.

[468] " from least to greatest, from sons to daughters" = G.

[469] "David also brought back all the spoils that they had taken" = G.

[470] "and led them in front of the plunder" = G.

[471] "was referred to as 'The spoils that David recovered'" = G.

(21) David came to the two hundred men who had remained to guard the baggage, whom he had stationed to guard at the gorge of Boṣor.[472] [88 r] They went out to meet David and the people with him.[473] David and the people approached and greeted them. (22) Some evil and wicked men of the fighting men who had gone with David answered and said, "Because they did not go and pursue with us, no part of this booty that we saved should be given to them.[474] But each may take his wife and children and return, and that is enough for them."[475] (23) David said, "Do not do so, my brothers, after the Lord has given us and guarded us, and delivered the band that came against us into our hands! (24) Who will listen to this talk of yours? For they are not inferior to you.[476] Because the share of the one who stays by the baggage shal be as the share of the one who goes down to battle. They shall divide it up together." (25) And it happened that from that day onwards [88 v] David made this a commandment and law for Israel up to the present time.[477]

(26) David came to Ṣenqelag, and he sent some of the spoils to the elders of Judah and their friends, saying, "Here is a gift for you from the spoils of the Lord's enemies." (27)[478] He sent some to those in Beth Uriel, and to those of Beth Ramtha[479] of the south, and to those in Jether,[480] (28) and to those in 'Aruel, and to those in Eriqen,[481] and to those in Sephimoth,[482] and to those in Shethmo', and to those in Nonthom,[483] (29) and to those in Karmela, and to those in the cities of Jerḥemeel, and to those in the cities of

---

End of the Reading for Thursday of Easter Week.

[472] "gorge" = G.

[473] " to meet David and" = G.

[474] "fighting", "pursue" = G.

[475] "each", "and return" = G; "and that is enough for them" = J.

[476] "For they are not inferior to you" = G.

[477] "this" = J; "commandment", "for Israel" = G.

[478] The following list of place names shows a good deal of influence from the Greek tradition: see Excursus II. While a few names are peculiar to the Lucianic recension, others are common to the mainstream LXX, and most would be found in the LXX of the Syriac region. See N. Fernández Marcos and J.R. Busto Saiz, *El Texto Antioqueno de la Biblia Griega* I: *1–2 Samuel* (Madrid 1989) 87–88.

[479] Margin: "Rammth" (in Greek characters).

[480] Margin: "Jether" (in Greek characters).

[481] Margin: "Eriken" (in Greek characters).

[482] Margin: "Sephimoth" (in Greek characters).

[483] Margin: "Nonthom" (in Greek characters).

the Qenezites, (30) and to those in Ḥerma, and to those in Bersheba', and to those in Negab, (31) and to those in Ḥebron, and to all those regions, wherever David and his men had been. [89 r]

THIRTY ONE

(1) The Philistines fought with Israel, and the men of Israel fled from the Philistines. The slain fell on the mountain of Gelbo'. (2) The Philistines caught up with Saul and his sons, and the Philistines killed Jonathan, Jeshiu and Melchishu', Saul's sons. (3) The battle pressed hard upon Saul, and the archers overtook him with their bows, and struck him beneath his abdomen.[484] (4) Saul said to his armour bearer, "Draw your sword and run me through with it, so that these uncircumcised men do not come and kill me and abuse me." But his armour bearer did not want to, because he was very afraid. So Saul took his sword and fell upon it. (5) His armour bearer saw that Saul was dead, and he too fell upon his sword and died with him. (6) Saul, his three sons, the one who carried [89 v] his armour, and also all his men, died together on that day.

(7) The Israelites who were across the valley and those across the Jordan saw that the men of Israel had fled from the battle, and that Saul and his sons were dead, and they abandoned their cities and fled.[485] The Philistines came and settled in them.

(8) It happened the next day that the Philistines came to strip the slain. They found Saul and his three sons lying on the mountains of Gelbo'. (9) They cut off his head and stripped off his armour, and sent them to the land of the Philistines, to take the good news to the people and the temple of their idols.[486] (10) They put his armour in the temple of Astaroth, and his body they fixed to the wall of Beth Shan. (11) Those living in Jabish of Gal'ad heard about what the Philistines had done to Saul and his sons, (12) and every mighty man arose and travelled all night. They took Saul's body and the body of his son Jonathan from the wall of Beth Shan, brought them to Jabish, and burned them there.[487] (13) They took their bones and buried them under the almond tree in Jabish.[488] And they fasted seven days.

---

[484] "and struck him beneath his *abdomen*", cf. Luc. "*abdomen*". A tentative translation of an unknown Syriac word which presumably translates Greek ὑποχόνδρια.

[485] "and those across" = G; "from the battle" = J.

[486] "to take the good news" = G.

[487] "and the body of his son Jonathan" = G.

[488] "almond tree" = P. Margin: field = G.

End of the First Book of Kingdoms

This First Book of the Kingdoms was corrected as far as possible and with much difficulty from the different traditions—from that of the Syrians and from those of the Greeks—by the holy Jacob bishop of Edessa, in the 1016th year of the calendar of the Greeks, or rather of King Seleucus, the third indiction, in the great monastery of Tel 'Adda.

Glory to the Father and to the Son and to the Holy Ghost,
now and always and forever, Amen.

[90 v]

Sections of the Second Book of Kingdoms

1: First section. The mourning of David and those with him over the death of Saul and his sons. The lament that [David] makes over them. The ascent of David and his wives to Hebron, and the thanks that he renders to the people of Jabish of Gal'ad for burying Saul and his sons. Abner son of Ner, captain of Saul's army, who makes Saul's son Memphiboshthe king in Mahnaim, in the city of Gal'ad.

2: The things that Joab and his men do with Abner and his men. The death of 'Ashael, Joab's brother.

3: The number of David's sons. Abner's reason for abandoning Memphiboshthe and forming a friendship with David. Abner's journey to David, accompanied by Melchol, Saul's daughter. Abner's unlawful death at Joab's hands, and the mourning that David makes over him.

4: A note concerning Memphiba'al, Jonathan's son. The unlawful killing of Memphiboshthe. The just punishment that David metes out to those who killed him. David's arrival at Jerusalem from Hebron. The wives, concubines and children he acquires in Jerusalem. The friendship of Hiram king of Tyre towards David, in sending him wood from Lebanon and craftsmen for the construction of his house.

5: David's vanquishing and massacre of the Philistines who came up against him in two battles. How he assembles the youths of Israel, and brings up the Ark of the Lord from Quriath Ja'rim. The death of 'Oza,[1] and the delaying of the Ark in the house of 'Abeddadan the Gittite. Its ascent to the City of David.

6: David considers building a house to the Lord. The word of the Lord concerning this comes through Nathan the prophet, commanding him and saying, "You yourself will not build a house for me, but your son who will reign after you, he shall build me a house."

7: David defeats the Philistines and the Moabites. He defeats Hadra'azar, king of Soba and destroys his kingdom. He crushes the Edomites and makes them his vassals, subject to tribute. To', king of Hamath, sends him gifts for destroying Hadra'azar.

---

[1] The Synopsis uses the Peshitta form 'Aza, but the form used by Jacob in ch. 6 is used here for the sake of consistency.

8: David fetches Memphiba'al, Jonathan's son, and makes him one of those who eat at his table. He sends comforters to Ḥanon, king of the 'Ammonites, on the death of his father Naḥash. Ḥanon foolishly insults David and those who were sent to him, and causes a quarrel with the sons of Israel so that they make war on him. Ḥanon realises that he has made a mistake and he hires allies against Israel. Both he and the allies are crushed by Israel. He is crushed just as Hadra'azar was by David, and all the Edomites become David's vassals. [91 r]

9: Bathsheba', wife of Uria, and the death of Uria her husband. The rebuke that Nathan the prophet delivers to David concerning this, and the death of the son that he had by her. The birth of Solomon by Bathsheba'. The destruction of Rabath of the 'Ammonites.

10: The evil-doing of Amnon towards Tamar, Absalom's sister, and his death. Absalom's flight and his return.

11: Account of Absalom's beauty and prowess. His wickedness towards his father, and his treachery towards David his father. David's flight from his son Absalom, and the conflicting advice of Aḥithophil and Ḥushai.

12: David's journey to Maḥnaim. Israel's defeat and Absalom's death. David's return to his house. The revolt of Shame'e son of Bedadi against David, and his ruin.

13: The three-year famine that occurs in David's reign. The Gaba'onites' punishment of Saul's house. The wars of David and Israel against the Philistines. The mighty men who are slain by them, and the mighty men from Israel who kill them. The hymn that David sings to the Lord on the day that the Lord saves him from the hand of his enemies. The last words that David speaks. The enumeration and description of the victories of David's mighty men.

14: The anger of the Lord that is again kindled against Israel, and provokes David to count the people. The plague that is permitted in Israel because of this. The altar that David builds on the threshing-floor of Orna the Jebusite, and the staying of the plague.

15: On how, when David grows old, he cannot keep warm in his clothes. They bring him a young virgin to lie with him. The exaltation of Ornia son of Ḥagith with a view to becoming king, and the error arising from his desire. The reign of Solomon and the instructions his father gives him before he dies.

End of the sections of the Second Book of Kingdoms.

Second Book of Kingdoms

ONE

(1)[2] It happened that after Saul died and David returned from routing the 'Amaleqites, David stayed in Senqelag for two days. (2) On the third day a man came from the camp, from the people who were with Saul.[3] His clothes were torn and there was earth on his head.

When he came and entered before David, he fell on his face to the ground and bowed down to him.[4] (3) David said to him, "Where do you come from?" He said to him, "I have escaped from Israel's camp." (4) David said to him, "What is the word? Tell me." He said, "The people fled from the battle, and many of the people fell and died.[5] Saul and his son Jonathan have died." (5) David said to the young man who informed him, "Tell me how you [92 r] know that Saul and his son Jonathan are dead."[6]

(6) The young man said, "I happened by chance to be on Mount Gelbo', and there was Saul leaning on his spear, and the chariots and horsemen had overtaken him. (7) He turned round and saw me, and called me. I said, 'Here I am!' (8) He said to me, 'Who are you?' and I told him, 'I am an 'Amaleqite.' (9) He said to me, 'Then stand by me and kill me, because faintness and darkness have taken hold of me, and all my life is still in me.'[7] (10) I stood by him and killed him, because I knew that he would not live after his fall. I took the crown that was on his head and the bracelet that was on his arm, and I have brought them here to my lord."

(11) David took hold of his clothes and rent them, and so did all the men who were with him. (12) They lamented and wept, [92 v] and fasted until evening, over Saul and his son Jonathan, over the people of the Lord and over the sons of Israel who had fallen by the sword.

(13) David said to the young man who had informed him, "Where are you from?" He said to him, "I am the son of a stranger, an 'Amaleqite."

(14) David said to him, "How were you not afraid to stretch out your hand to destroy the Lord's anointed?" (15) David called one of the youths and said to him, "Draw near and attack him." He drew near and attacked him, and struck him, and he died. (16) David said to him, "Your blood is on

---

[2]   Margin: "Section 1."
"Reading for the Commemoration of the Just".

[3]   "the people who were with" = G.

[4]   "entered", "on his face" = G.

[5]   "and died" = G.

[6]   "who informed him","you know that" = G

[7]   "darkness", "still" = G.

your head because your own mouth testified against you when you said, "I myself killed the Lord's anointed."[8]

(17) David made this lament over Saul and his son Jonathan, (18) and he said, "To teach the sons of Judah the bow, see, it is written in the book of Ashir.[9] (19) Israel, set up a pillar on your heights for your slain who have died.[10] How the mighty men have fallen! (20) Do not tell it in Gath, [93 r] and do not proclaim it in the streets of Ashqalon, that the daughters of the Philistines may not rejoice and the daughters of the uncircumcised exult. (21) Mountains of Gelbo', may neither dew nor rain descend upon you or upon the fields of first fruits; on your summits, mountains of death, because there the shield of the warriors was broken.[11] Saul's shield was not anointed with oil,[12] (22) but by the blood of the slain and by the fat of warriors.[13] Jonathan's bow did not turn back in vain, and Saul's sword did not return empty.[14] (23) Saul and Jonathan were beloved and lovely: in their lives and in their deaths they were not parted from each other.[15] They were swifter than eagles, and stronger than lions. (24) Daughters of Israel, weep over Saul who used to clothe you in scarlet upon the dyed cloth [93 v] of your adornments, and would add gold figures to your clothes.[16]

(25) "How the mighty men have fallen in the midst of battle, Jonathan; upon your heights, the slain! (26) I grieve for you, my brother, Jonathan. You were very dear to me. Your love was more wonderful to me than the love of women. (27) How the mighty men have fallen, and the weapons of war are lost!"

TWO

(1) It happened after these things that David enquired of the Lord and said, "Shall I go up to one of the cities of Judah?" The Lord said to him, "Go up." David said, "Where shall I go up to?" He said to him, "To Hebron." (2) David went up there, and his two wives, Ahina'am from Jezra'el, and Abigea, wife of Nabal the Karmelite. (3) David's men who were with him went up at the same time: each one of them and his household went up, and they lived in the city of Hebron.[17] [94 r]

---

[8]   End of the Reading for the Commemoration of the Just.

[9]   "book" = G.
"Ashir" = P. Margin "of the upright" , = G

[10] "set up a pillar", "for your slain who have died" = G.

[11] "descend", "of first fruits" = G (not Luc.); "on your summits, mountains of death" = Luc.

[12] "not" = G.

[13] "but" = J.

[14] "in vain", "empty" = G.

[15] "from each other" = J.

[16] "your adornments" = G.

[17] V. 3 is taken largely from G, with some additions from J.

(4) The men of Judah came and anointed David there as king over the house of Judah.

They informed and told David, and said to him that the men of Jabish of Gal'ad had buried Saul. (5) David sent envoys to the citizens of Jabish of Gal'ad,[18] and said to them, "Blessed are you to the Lord because you did this kindness to your lord, to Saul, the Lord's anointed, and to Jonathan his son by burying them.[19] (6) Now may the Lord treat you with kindness and truth. I also will do you this kindness.[20] (7) Now may your hands be strengthened, and be valiant! For Saul your Lord is dead, and the house of Judah has anointed me as king over them."

(8) But Abner son of Ner, the captain of Saul's army, took Memphiboshthe, son of Saul, and brought him over to Maḥnaim. [94 v] (9) He made him king over Gal'ad, Geshur, Jezra'el, Ephraim and Benjamin, and over all Israel. (10) Saul's son Memphiboshthe was forty years old when he became king over Israel, and he reigned for two years. But the house of Judah followed David.

(11) The number of days that David reigned as king in Hebron over the house of Judah was seven years and six months.

(12)[21] Abner son of Ner and the servants of Memphiboshthe, son of Saul, went out from Maḥnaim to Gaba'on. (13) Joab son of Ṣaruia and David's servants went out, and they encountered one another by the spring that is in Gaba'on at the same time. They sat down, one group on one side and the other on the other side of the spring.[22]

(14) Abner said to Joab, "Let the young men arise, then, and play [95 r] before us." Joab said, "Let them arise."

(15) They arose and passed over by number, twelve of the young men of Benjamin, of Memphiboshthe son of Saul, and twelve of David's young men. (16) Each one of them seized the head of the other and his sword [went] into the side of the other, and they fell down together. They called the name of that place the Field of Ṣadan[23] that is in Gab'aon.

(17) There was a very fierce battle that day, and Abner and the men of Israel were defeated by David's servants. (18) The three sons of Ṣaruia were there, Joab and Abesha and 'Ashael. 'Ashael was as swift on his feet as one of the wild deer that are in the wilderness. (19) 'Ashael pursued Abner, and he did not turn aside either to the right or to the left in going after Abner. (20) Abner turned round and said, [95 v] "Are you 'Ashael?" He said, "I

---

[18] "envoys" = P. Margin "leaders" = G

[19] "the Lord's anointed" = G: "and to Jonathan his son" = J.

[20] Jacob omits with some LXX MSS the phrase "because you have done this thing", which appears in both P and G.

[21] Margin: "Section 2".

[22] The verse is strongly influenced by Luc.

[23] "Ṣadan" = P. Margin "of the injurious" = G.

am." (21) Abner said to him, "Turn aside, either to the right or to the left! Seize one of the young men for yourself, and take his weapons for yourself." But 'Ashael refused to turn aside from following him. (22) Once again Abner said to 'Ashael, "Depart from following me, lest I strike you and throw you to the ground! How would I lift up my face and look at your brother Joab? (23 G) Where are these things? Turn back to your brother Joab!"[24] (23 P) But he refused to turn aside and depart. Abner struck him with the butt of a lance on the chest, and it came out behind him. He fell there and died where he lay.[25] It so happened that everyone who came up to that place where 'Ashael had fallen and died would halt. (24) Joab and Abesha pursued Abner, and the sun was setting. They reached Geb'ath [96 r] Amma that is before Giḥ on the wilderness road to Gaba'on. (25) The sons of Benjamin assembled behind Abner and became a single band, and they stood at the top of a hill.

(26) Abner called to Joab, and said, "Don't let the sword slaughter in strife forever![26] Do you not know that bitterness will be the result? How long will it be before you tell the people to turn back from following their brothers?" (27) Joab said, "As the Lord lives, if you had not spoken, truly in the morning the people would have gone up, each one after his brother!"[27]

(28) Joab sounded the trumpet and the whole army halted. They did not pursue Israel again, and they no longer fought.

(29) Abner and his men marched through the desert to the west of the Jordan all that night.[28] They crossed the Jordan and went [96 v] towards Geshur, and came to Maḥnaim.

(30) Joab turned back from following Abner and assembled all the people who were with him. Search was made for David's men who had fallen and they numbered nineteen besides 'Ashael.[29]

(31) David's men had slain three hundred and sixty men of the sons of Benjamin, of Abner's men.

(32) They picked up 'Ashael and buried him in his father's grave in Bethlehem. Joab and his companions travelled the whole night, and dawn found them in Ḥebron.

---

[24] "Where are these things? Turn back to your brother Joab!" = G.

[25] "where he lay": lit. "upon his place".

[26] "in strife", which suggests G *εἰς νεῖκος, though most MSS have εἰς νῖκος.

[27] "the people would have gone up, each one" = G.

[28] "to the west" = G; "of the Jordan" = J.

[29] "who had fallen" = Luc; "search was made", "nineteen" = G.

THREE

(1) There was much warfare between the house of Saul and the house of David. Those of David's house grew stronger, and those of Saul's house grew weaker.[30]

(2) Sons were born to David in Hebron. His firstborn was Amnon, from Ahina'am the Jezra'elite. (3) His second was Kalab,[31] from Abigea, wife of Nabal the Karmelite. [97 r] The third was Absalom, son of Ma'acha, daughter of Tolmai, king of Geshur;[32] (4) the fourth, Ornia, son of Hagith; the fifth, Shaphatia, son of Abitaal; (5) the sixth, Jethra'am, by David's wife 'Agla. These were born to David in Hebron.

(6) It happened that while there was war between the house of Saul and the house of David, Abner was gaining control of the house of Saul. (7) Saul had had a concubine, and her name was Respa, the daughter of Aia. Memphiboshthe, Saul's son, said to Abner, "Why are you going in to my father's concubine?" (8) Abner was angry, and the word of Memphiboshthe displeased him. He said to him, "Am I head of the dogs of Judah today? I have shown kindness [97 v] to the house of your father Saul and his brothers and friends, and I have not delivered you into David's hands. Yet you are now mentioning against me an injury concerning a woman! (9) Thus may the Lord do to Abner, and more besides, if I do not do for David as the Lord told him: (10) remove the kingdom from the house of Saul and establish David's throne over Israel and Judah, from Dan to Bersheba'." (11) Memphiboshthe was unable to give Abner any further reply out of fear of him.

(12) Abner sent envoys to Hebron to David,[33] saying, "Whose is the land? Establish your covenant with me, and see, my hand is with you, to return all Israel to you!" (13) David said, "Good. I will establish [98 r] a covenant with you. But one thing I ask of you. See, I say to you, you shall not see my face unless you bring with you Melchol, Saul's daughter."

(14) David sent envoys to Memphiboshthe, Saul's son, saying, "Return to me Melchol my wife, whom I betrothed to myself for two hundred Philistine foreskins."

(15) Memphiboshthe sent and fetched her from her husband Paltiel son of Shelim, (16) and her husband went with her, walking and weeping behind her as far as Baraqim. Abner said to him, "Turn back, go!" and he turned back.

(17) The word of Abner came to the elders of Israel, saying, "Even for some time past you have been wanting David to be king [98 v] over you.

---

[30]"weaker" = G.
Margin: "Section 3."

[31] "Kalab"= P. Margin "Daluia" = G.

[32] "Geshur" = P. Margin implies "Geshir" = G.

[33] "to Hebron" = Luc.

(18) Now do so, because the Lord said concerning David, 'Through David my servant I will work deliverance for my people Israel from the hand of the Philistines and from the hand of all their enemies.'"

(19) Abner also spoke with the sons of Benjamin. Abner went to speak before David in Ḥebron all that was good in the eyes of Israel and in the eyes of the whole house of Benjamin.

(20) Abner came to David at Ḥebron, and with him were twenty men. David made a great feast for Abner and the twenty men who were with him.

(21) Abner said to David, "I will arise then and go, and I will gather all Israel to my Lord the king. They will establish a covenant with you, and you shall reign over all that your soul desired." David sent Abner away, and he went in safety.

(22) Now the men of David and Joab came from a raid, and they brought much plunder with them. [99 r] Abner was not with David. He was in Ḥebron then, because David had sent him off, and he had gone in peace.
(23) Joab came and all the people who were with him.[34] They told Joab that Abner son of Ner had come to King David and he had sent him off, and he had gone in safety.

(24) Joab went in to King David and said to him, "Why have you done this? See, Abner came to you—why did you send him away, and he departed from you in peace? (25) Do you not know the wickedness of Abner son of Ner, that he came to deceive you and to know your going out and your coming in, and to know all that you are doing?" (26) Joab went out from David's presence, and he sent envoys after Abner, and they made him come back from the well of Sehira. David did not know. (27) Abner returned to Ḥebron and Joab made him turn aside within the city gate to speak with him, treacherously and with guile.[35] He struck him there in the abdomen, and he died for the blood of 'Ashael his brother.

(28) David heard afterwards, and he said, "I and my kingdom are innocent before the Lord of the blood of Abner son of Ner from now on and for ever. (29) May it rest on the head of Joab and on the head of the whole of his father's house. May Joab's house never lack one with a discharge, or a leper, or one who holds a begging bag and dish, or who falls by the sword or who lacks bread."[36] (30) Joab and his brother Abesha had killed Abner because he had killed 'Ashael their brother at Gaba'on in war.

(31) David said to Joab and all the people with him, "Tear your clothes, put on sackcloth, and lament before Abner." King David and all the people followed Abner's bier. (32) They buried Abner [100 r] in Ḥebron. The king

---

[34] Margin: "Reading for the Commemoration of Bishops".

[35] "made him turn aside", "treacherously" = G; "with guile" = Luc; "of the city"= J.

[36] "a begging bag and dish" = J (probably an interpretation of the reading of P).

raised his voice and wept over Abner's grave. All the people also wept over Abner.

(33) The king mourned over Abner, and lamented, and said, "It was not as Nabal's death that Abner died. [37] (34) Your hands were not bound, nor were your feet in shackles.[38] You did not approach as Nabal, but rather you fell before evildoers."[39] All the people gathered, and they wept over Abner again. (35) All the people tried to make David eat bread while it was still day.[40] But David swore an oath, and said, "Thus may God do to me, and more besides, if I taste bread or anything else before the sun sets." (36) All the people knew [this], and everything that the king did was pleasing in their sight. It was good in the eyes of all the people. (37) All the people and all Israel knew that day that it was not through the king that Abner son of Ner had been killed.[41]

(38) The king said to his servants, "Do you not know that a leader and great chief from Israel has fallen today,[42] (39) and that he is my kinsman today, and that he was set in authority by a king?[43] These men, the sons of Saruia, are stronger than me. But the Lord will punish the doer of evil deeds according to his wickedness."[44]

FOUR

(1)[45] Memphiboshthe son of Saul heard that Abner had died in Hebron, and his hands faltered. All Israel was troubled.

(2) Memphiboshthe son of Saul had two men, chiefs of raiding bands. The name of one was Banea, and the name of the second was Rechab. [101 r] Both were sons of Remmon from Beroth of the sons of Benjamin, since Beroth is also reckoned as belonging to the sons of Benjamin. (3) The Berothites fled to Gethem, and have been settlers there up to the present day.

(4) Jonathan son of Saul had a son whose feet were maimed. He was five years old when the news had come from Jezra'el that Saul and Jonathan

---

[37] "lamented" = G.

[38] "shackles" = G.

[39] "You did not approach", "Nabal" = G.
Margin: "Scholion of the holy Severus: 'You did not approach (me)' means 'not by way of confession and foolishly, as Nabal, but intelligently, and with appropriate submissiveness, and you did not sin against me, as he, but the opposite. Wrong was committed against you by those evildoers who are with me.'"

[40] "tried": lit. "said".

[41] "had been killed" = J.

[42] "a leader" = G.

[43] "And that he is my kinsman", "he was set","by a king" = G; "in authority" = J.

[44] End of the Reading for the Commemoration of Bishops.

[45] Margin: "Section 4".

had died.[46] His nurse picked him up and fled, and it happened that while she was making haste and leaving to flee, the boy fell and was crippled. His name was Memphiba'al.

(5) The sons of Remmon, the Berothites, Rechab and Banea his brother, went and entered Memphiboshthe's house when the day was hot.[47] He was in his bed taking [101 v] the midday rest.[48] (6 G)[49] The doorkeeper of the house was there, cleaning wheat, and she dozed off and fell asleep. Rechab and his brother Banea came secretly (7 G) and entered Memphiboshthe's house. He was asleep on his bed in his bedchamber. They struck him in the abdomen and killed him. They took his head and went by the road to the west all night. (8) They brought Memphiboshthe's head to David at Hebron, and they said to King David, "Here is the head of Saul's son Memphiboshthe, your enemy who sought your life! The Lord has given our lord the king vengeance on his enemies this day, on Saul your enemy and on his seed."[50]

(9) David answered Rechab and his brother Banea, the sons of Remmon, the Berothites, and he said to them, "As the Lord lives, [102 r] who redeemed my life from every affliction, (10) the one who informed me and told me that Saul was dead, and was as one bringing good news before me, when he said that he himself had killed him I seized him and killed him in Şenqelag, instead of giving him something for the good news.[51] (11) Now you evil and wicked men, you have killed a innocent man in his house, on his bed![52] Now I shall require his blood at your hands, and destroy you from the land." (12) David gave orders to the youths of his servants and they slew them.[53] They cut off their hands and feet, and hung them by the spring that is in Hebron.[54] They took Memphiboshthe's head and buried it in Abner's grave in Hebron.

FIVE

(1) All the tribes of Israel came to David at Hebron, and said to him, "See, we are your flesh and bones! (2) Even [102 v] in times past, when Saul was

---

[46] "had died" = J.

[47] "his brother" = Luc; "entered" = G.

[48] "in his bed" = G.

[49] Vv. 6–7 in P give a version of the narrative that is even more confused than that in the Hebrew, so J largely follows G instead, and it is from G that he has added the sentence about the doorkeeper. See A.G. Salvesen, "Jacob of Edessa and the Text of Scripture," *The Use of Sacred Books in the Ancient World*, L.V. Rutgers, P.V. van der Horst, H.W. Havelaar, and L. Teugels, eds. (Louvain 1998) 235–45.

[50] "has given", "on his enemies this day","your enemy" = G.

[51] "when he said that he himself had killed him" = J, a gloss to remind the reader of the full circumstances (2 Sam. 1.14).

[52] Jacob changes the wording to a direct address to the brothers. "Evil", "innocent" = G.

[53] "gave orders to" = G; "of his servants" = J's gloss.

[54] "spring" = G.

king over us, you were the one who led out and brought in Israel. The Lord said to you, 'You shall shepherd my people Israel, and you shall be leader over my people Israel.' "

(3) All the elders of Israel came to the king at Ḥebron, and King David established a covenant with them in Ḥebron before the Lord. They anointed David as king over all Israel.

(4) David was thirty years old when he became king, and he was king for forty years. (5) In Ḥebron he was king over the house of Judah for seven years and six months. In Jerusalem he was king for thirty three years over the whole of Israel and Judah.

(6) King David and his men went to Jerusalem, to the Jebusites, who were living in the land. It was said [103 r] to David by them, "You shall not enter here." For the blind and the lame stood in opposition and said "David shall not enter here."[55]

(7) David seized Meṣroth Ṣehion. This is the City of David. (8) David said that day, "Anyone who strikes a Jebusite and stabs with a sword the lame and the blind and those who hate David's life is not subject to the law or to vengeance."[56] For this reason the blind and the lame say they shall not enter the house of the Lord.[57]

(9) David settled in Meṣroth, and this was called the City of David. In it David built the city surrounding the whole summit, and his house.[58]

(10) David continued to grow great, and the Lord God Almighty was with him.

(11) Ḥiram king of Tyre sent envoys to [103 v] David and cedar wood, carpenters, and masons, and they built a house for David.

(12) David knew that the Lord had established him as king over Israel, and his kingdom was exalted for the sake of his people Israel.

(13) David took more wives and concubines from Jerusalem after he came from Ḥebron, and more sons and daughters were born to David.

(14) These are the names of the sons who were born to him in Jerusalem, thirteen sons: Shamaʿa, Jesheban,[59] Nathan, Solomon, (15) Jebaʿar, Elishuʿ, Naphag, Japhiʿ, (16) Elphalaṭ, Janath, Shamush, Baʿalidath, Eliphalath.

---

[55] Vv. 6 and 8 are hard to understand in the versions, since the underlying Hebrew is notoriously difficult. Jacob has fused P and G and added the occasional gloss in order to make some sense of the narrative. See Salvesen, "Jacob of Edessa and the Text of Scripture", 237–38.

[56] See previous note. "...is not subject to the law or to vengeance" (i.e. no one who kills them will be punished) = Jacob's gloss.

[57] Or, with a change in punctuation, "they say, 'The blind and the lame shall not enter the house of the Lord'."

[58] "the city surrounding the whole summit, and his house": cf. G.

[59] "Jesheban" = Luc. Margin: "Shobab" = Eg. "thirteen sons" = Luc.

(17)[60] The Philistines heard that they had anointed David as king over Israel, and all the Philistines went up to look for David.

David heard and went down to Meṣroth. (18) The Philistines [104 r] came and encamped in the Valley of the Warriors. (19) David enquired of the Lord and said, "Shall I go up against the Philistines? Will you deliver them into my hands?" The Lord said to David, "Go up, because I am going to deliver the Philistines into your hands." (20) David came to Ba'al Parṣim and smote them there. David said, "The Lord has burst out through my enemies before me, like the bursting out of waters." Because of this he called the name of that place Ba'al Parṣim. (21) They abandoned their idols there, and David and his men took them.[61]

(22) The Philistines again went up and encamped in the Valley of the Warriors. (23) David enquired of the Lord, and the Lord said to him, "Do not go up to meet them, but turn back from them, and be behind them.[62] Come upon them opposite the Forest of Bachim.[63] (24) It shall be that when [104 v] you hear the sound of the shaking of the forest of Bachim, then be strong and go down against them, because then the Lord is going out in front of you to smite the Philistines' camp.[64] (25) David did as the Lord had commanded him. He smote the Philistines from Gaba'on as far as the pass of Gazer.

SIX

(1)[65] David again gathered all the youths of Israel, about thirty[66] thousand. (2) David arose and went, and all the people who were with him from the chiefs of Judah.[67] They went to Geba' to bring up from there the Ark of God upon which was invoked there the name of the Lord of Armies, who sits upon the cherubim.

(3) They put the Ark of God on a new cart and took it from the house of 'Aminadab who was in Geba'. 'Oza and his brothers, the sons of 'Aminadab, were guiding the cart in the rear.[68] (4) They took the Ark of God from 'Aminadab's house which was in Geba', and 'Oza and his brothers were going before the Ark and alongside it. (5) David and all the sons of Israel

---

[60] Margin: "Section 5".

[61] J does not have the pious addition found in Luc. and other MSS, "and David said, 'Burn them with fire!'".

[62] "to meet them", "from them, and be" = G.

[63] "the Forest of " = J (influenced by G in the next verse).

[64] "It shall be that when you hear", "of the shaking of the forest", "go down against them" = G.

[65] Margin: "Reading for Palm Sunday and for Ascension Day".

[66] "thirty" = P. Margin: "seventy" = G, Syh[B].

[67] "chiefs" = G, Syh[B].

[68] "'Aminadab who was in Geba'. 'Oza and his brothers, the sons of 'Aminadab" = G.

were making merry before the Lord with branches of cedar and cypress, with harmonious instruments vigorously, and with hymns, harps, lyres, tambourines, timbrels, castanets and pipes.[69] (6) They came as far as the firm threshing floors.[70] 'Oza stretched out his hand over the Ark of God to take hold of it, and he grasped it because the ox jerked it and tipped it very slightly from the cart.[71] (7) The Lord's anger burned against 'Oza, and the Lord struck him there because he dared to stretch out his hand.[72] He died there before the Lord by the Ark of God.[73] (8) David was grieved because the Lord had broken [105 v] out against 'Oza.[74] And he called that spot "Oza's Breach" to the present day.

(9) David was afraid of the Lord that day, and he said, "How shall I bring the Ark of the Lord in to me?" (10) David was unwilling to bring the Ark of God in to him, to the City of David. David made it turn aside to the house of 'Abeddadan the Gittite. (11) The Ark of the Lord stayed in the house of 'Abeddadan the Gittite for three months. The Lord blessed 'Abeddadan the Gittite and his whole house because of the Ark of God. (12) They told King David and said to him, "The Lord has blessed 'Abeddadan and all that he has because of the Ark of God."

So David went and brought up the Ark of the Lord from the house of 'Abeddadan to the City of David with rejoicing. (13) There were with those who were carrying the Ark of the Lord [106 r] seven choirs and a sacrifice, a bull and a lamb.[75] (14) David was praising mightily and playing harmonious instruments before the Lord.[76] David was wearing a linen robe.[77]

(15) David and all Israel were bringing up the Ark of the Lord with shouts and with the sound of the trumpet.

(16) It happened that when the Ark of the Lord had come as far as the City of David, Melchol, Saul's daughter, looked down from a window, and

---

[69] "branches" = J, as more appropriate than P "trees". "With harmonious instruments vigorously, and with hymns", "and pipes" = Syh[B], G.

[70] "firm threshing floors" = P: margin: "to the threshing floor of Orna" = G, cf. Syh[B].

[71] "and tipped it very slightly from the cart" = J, in order to explain the temerity of Oza's action (his concern was quite unwarranted) and thus the severity of the Lord's punishment. See A.G. Salvesen, "Jacob's Version of 1–2 Samuel: Purpose and Methods," in *Jacob of Edessa (c.640–708) and the Syriac Culture of his Day*, K. Jenner and L. Van Rompay, eds. (forthcoming).

[72] "was bold" cf. G.

[73] "before the Lord" = G.

[74] "David was grieved" = G.

[75] "seven choirs" = Syh[B], G. Margin: "seven choral dances"—the other meaning of G ἑπτὰ χοροί. "seven choirs and a sacrifice, a bull and a lamb": very close to Syh[B] and G. This entire verse is based largely on the Greek tradition.

[76] "and playing harmonious instruments" = Syh[B], G.

[77] Here J has followed the wording of Syh[B] and G, perhaps since P's wording, "David was clothed in an ephod of linen", is too reminiscent of the priesthood. See Salvesen, ""Jacob of Edessa and the Text of Scripture," *The Use of Sacred Books in the Ancient World*, L.V. Rutgers et al., eds. (Louvain 1998) 235–45.

she saw King David rejoicing and dancing, playing music and making merry
before the Lord, and she despised him and scorned him in her heart.[78]
(17) They brought the Ark of the Lord and set it up inside the tent that
David had pitched for it. David offered up whole burnt offerings before the
Lord, and peace sacrifices.[79] (18) When David had finished offering up
[106 v] whole burnt offerings before the Lord, and peace sacrifices, he blessed
the people in the name of the Lord of Armies. (19) He distributed to the
entire people, the whole assembly of Israel from Dan to Bersheba', both
men and women, to each one a loaf of bread, a pancake, and a hot cake
from the oven.[80] All the people departed, each to his own home.

(20) David turned to go to bless his house, and Melchol the daughter of
Saul came out to meet David, and she blessed him.[81] She said, "How
honoured the king of Israel is today, who was uncovered today in the view
of his servants' maids, just as one of those worthless dancers uncovers
himself!"[82]

(21) David said to Melchol, "Before the Lord who chose me and took
more delight in me than in your father and all his house, and commanded
me to be leader over his people, Israel, I will make merry [107 r] and dance,[83]
(22 G) and rejoice still more in this way.[84] (22 P) I will be lower than this
in my own eyes, and useless in your eyes.[85] And with the maids of whom
you spoke, with them I shall be honoured and praised."

(23) And Saul's daughter Melchol had no son to the day of her death.[86]

SEVEN

(1)[87] It happened that when the king was sitting in his house, and the Lord
had given him rest from all his enemies round about him,[88] (2) the king said
to Nathan the prophet, "So see, I am living in a house of cedar, and the Ark
of God is sitting within awnings of hair!"[89] (3) Nathan said to the king, "All
that is in your heart, do, because the Lord is with you."

---

[78] "dancing, playing music", "despised him"= G.

[79] "whole burnt offerings", "peace sacrifices" = G (also in next verse).

[80] "from Dan to Bersheba'", "to each one", "a pancake, and a hot cake from the oven" = G.

[81] "to bless", "she blessed him" = G.

[82] "just as", "uncovers himself" = Luc.; "dancers" = G.

[83] "who chose me", "I will make merry and dance" = G.

[84] "still more in this way" = G; "and rejoice"= J, corresponding in position to the non-
Hexaplaric Greek reading "and be uncovered".

[85] "and useless in your eyes" = G.

[86] End of the Reading for Palm Sunday and for Ascension Day.

[87] Margin: "Section 6".
"Reading for the Dedication of the Temple".

[88] "round about him" = G.

[89] "So see" ,"I am living" = Syh[G], G; "of hair" is the reading of P MS 6h1.

(4) It happened that night that the word of the Lord came to Nathan the prophet, saying, (5) "Go and say to David my servant, 'Thus [107 v] says the Lord: You yourself will not build me a house for my dwelling place, (6) because I have not lived in a house from the day that I brought up the sons of Israel from the land of Egypt, up to this day. I was with them, travelling in a lodging and a tent,[90] (7) in all the places where I travelled throughout Israel. Did I say a word to one from the tribes of Israel whom I commanded to shepherd my people Israel, saying, 'Why have you not built me a house of cedar?'" (8) Now, thus you will say to my servant David, 'Thus says the Lord Almighty,[91] "I have led you from the sheepfold, from behind the flock, to be leader over my people Israel. (9) And I was with you wherever you went, and I destroyed all your enemies before you. I will make a great name for you, like the name of the great ones who are on earth. (10) I will make a place for my people [108 r] Israel, and I will plant them and lodge them in their place in security alone. They shall no longer tremble, and a son of unrighteousness shall not humble them again as in former times,[92] (11) from the day that I appointed judges over my people Israel.[93] I will give you rest from all your enemies. The Lord will show you that the Lord is building[94] a house for you. (12) When your days are over, and you lie with your fathers, I will appoint after you your seed that comes forth from your loins, and I will establish his kingdom. (13) He shall build a house for my name, and I will establish the throne of his kingdom for ever. (14) I myself will be a father to him, and he shall be a son to me. If he does wrong, I will rebuke his fault with the rod of men, and with punishments of the sons of men.[95] (15) But my mercy I will not remove from him, as I removed it from Saul who was before you [108 v] and I rejected him from before me.[96] (16) His house and his kingdom shall be faithful for ever before me. His throne shall be established before me for ever.'"

(17) Nathan spoke to David in accordance with all these words and all this vision.[97]

(18)[98] King David came and entered, and sat before the Lord, and he said, "Who am I, Lord God, and what is my house that you have brought me as far as this? (19) Is this a small thing in your eyes, Lord God, that you

---

[90] "in a lodging and a tent" = G, probably Syh[G].

[91] "Almighty" = Syh[G], G.

[92] "a son of unrighteousness", "humble them" = Syh[G], G.

[93] "appointed judges" = G.

[94] "building" = Luc. Margin: "making" = P.

[95] "If he does wrong" , cf. G.

[96] "mercy", "remove", "removed", "rejected" (if J's *dḥqth* is an error for *rḥqth*) = Syh, G.

[97] End of the Reading for the Dedication of the Temple.

[98] Margin: "Reading for the Friday of Easter Week".

have spoken concerning your servant's house a long way off?[99] Is this the way of man, Lord God? (20) What more can your servant David say to you?

"Now, you know your servant, O Lord, the Lord. (21) For you have carried out your word, and according to your heart you have wrought all this greatness in order to inform your servant. (22) Because of this you are great, Lord God, since there is none [109 r] like you, and there is no god apart from you, in all these things that we have heard with our ears. (23) What other people on earth is like your people Israel, whom God has guided?[100] He went to redeem a people for himself and to make a name for himself, and perform for them great things and clear manifestations on the earth from of old,[101] on your people whom you redeemed for yourself from Egypt. You drove out great and powerful nations before them, the people of Israel whom you redeemed for yourself, because you are their God.[102] (24) You have prepared them to be your people for ever, and you, Lord God, have become their God.

(25) "Now Lord God, confirm for ever the word that you have spoken concerning your servant and his house, and do as you have said. (26) May your name be great for ever, just as you have said, Lord, the Mighty One, God of Israel. [109 v] Let the house of David your servant be established before you for ever, (27) because you, Lord, the Mighty One, God of Israel, have spoken and said it. You, Lord Almighty, have uncovered your servant's ear and said, 'I will build a house for you.' Because of this, your servant decided in his heart to pray this prayer before you. (28) Now, Lord God, you are God, and may your words be confirmed, since you promised this good thing concerning your servant.

(29) "Therefore begin and bless your servant's house, that it may be before you for ever, because you, Lord God, have spoken. By your blessing may your servant's house be blessed for ever."[103]

EIGHT

(1)[104] It happened afterwards that David smote the Philistines and crushed them. David took the Height of Gama from the Philistines.

(2) David defeated the Moabites, [110 r] and measured them out with lines, making them lie down on the ground. He measured out two lines to kill, and one line to let live. The Moabites became David's servants, bringing gifts.

---

[99] "along way off" = P. Margin: "for a long while" = G.

[100] "other" = G. Margin: "single " = P. "guided" = G.

[101] "great things": lit. "greatness",

[102] This sentence is a pastiche of P, G and J.

[103] End of the Reading for the Friday of Easter Week.

[104] Margin: "Section 7".

(3) David defeated Hadra'azar son of Rahab, king of Soba, as he was going to establish his power on the river Euphrates. (4) David seized from him a thousand chariots, seven thousand cavalry, and twenty thousand foot soldiers.[105] David unharnessed all the chariots and left from them a hundred chariots for himself. (5) Edom that is in Damascus came to help Hadra'azar, king of Soba, and David smote the Edomites.[106] He killed twenty two thousand of them.[107] (6) David established garrisons in Damascus, and put guard posts in Edom.[108] The Edomites became David's servants, paying tribute.

The Lord saved David wherever he went. (7) David took the golden quivers which had been on the servants of Hadar'azar, king of Soba, and he brought them to Jerusalem.

(8) From Matebah and from the chosen cities of Hadra'azar, King David took a very great amount of bronze, and he brought it with him to Jerusalem.[109]

(9) To', king of Hemath, heard that David had defeated Hadra'azar's entire force, (10) and To' sent his son Jeduram to King David to greet him and to bless him because he had fought Hadra'azar and smitten him, since Hadra'azar had been warlike and hostile towards them. Jeduram brought with him vessels [111 r] of gold, vessels of silver and vessels of bronze, and he brought them to David. (11) These too David consecrated to the Lord, along with the silver and gold that he had consecrated from all the nations and the cities he had conquered,[110] (12) from Edom, Moab, the sons of 'Ammon, the Philistines, the 'Amaleqites, and some of the plunder which he had taken from Hadar'azar son of Rahab, king of Soba.[111]

(13) David made war there, and as he was returning, he defeated the Edomites in the Gorge of Salt, and destroyed eighteen thousand of them. (14) David set up guard posts and garrisons throughout Edom.[112] All the Edomites became David's servants. (15) David reigned over the whole of Israel. It was David who used to administer justice and righteousness throughout his people. [111 v]

(16) Joab son of Saruia was over the army, and Joshaphat son of Ahina'am was over the records. (17) Sadoq son of Ahitob and Abiathar son of Ahimelech were priests, and Sharea was scribe. (18) Banea son of Joda' was over the freeborn and the artisans. David's sons were chiefs of the tribes.

---

[105] " seized of his", " chariots, seven thousand cavalry" = G.

[106] "Edom that is in Damascus": this geographical impossibility results from Jacob's harmonisation of P "Edom" (resulting from a misreading or corruption of "Aram" in the Hebrew) and G "Syria".

[107] "the Edomites. He killed", "of them" = J's harmonisation.

[108] "and put guard posts" = G.

[109] A pastiche of G, P and J.

[110] "the cities" = G.

[111] "which he had taken from" = J's gloss.

[112] "guard posts" = G.

NINE

(1)[113] David said, "Is there still anyone left from Saul's house to whom I may show favour for Jonathan's sake?" (2) There was a servant belonging to Saul's house, and his name was Ṣiba. They summoned him to David and the king said to him, "Are you Ṣiba?" He said, "I am your servant." (3) The king said to him, "Is there still anyone left from Saul's house, to whom I may show favour for God's sake?" Ṣiba said to the king, "There is a son of Jonathan's still living, whose feet are maimed." (4) The king said to him, [112 r] "Where is this man?" Ṣiba said to the king, "See, he is in the house of Machir son of Amiel, from Ladabar." (5) King David sent and fetched him from the house of Machir, son of Amiel, from Ladabar. (6) Memphiba'al, son of Jonathan, son of Saul, came to King David and fell on his face to the ground, and bowed down to him. David said to him, "Memphiba'al!" and he said, "Here is your servant!" (7) David said to him, "Do not be afraid, because I will certainly show you favour for the sake of your father Jonathan. I am restoring to you all the fields of your father Saul, and you shall always eat bread at my table." (8) Memphiba'al bowed down and said, "Why is your servant so esteemed, that you have looked upon me? For I am like a dead dog." [112 v]

(9) The king summoned Ṣiba, Saul's servant, and said to him, "Everything that Saul and all his house owned, I have given to your master's son. (10) You shall work the land for him, you and your sons and your servants, and you shall bring bread to your master's son for his household to eat. Memphiba'al, your master's son, shall always eat at my table."

Now Ṣiba had fifteen sons and twenty servants. (11) Ṣiba said to the king, "All that my lord the king commands his servant, your servant will do." Memphiba'al used to eat bread at the king's table, like one of the king's sons. (12) Memphiba'al had a small son whose name was Micha. All the inhabitants of Ṣiba's house were Memphiba'al's servants. (13) Memphiba'al lived in Jerusalem, because he always ate at the king's table. Both his feet were maimed. [113 r]

TEN

(1) It happened afterwards that the king of the sons of 'Ammon died, and Ḥanon his son reigned after him. (2) David said, "I will show favour towards Ḥanon, son of Naḥash, just as his father showed kindness towards me." Through his servants David sent to console him concerning his father .

David's servants came to the land of the sons of 'Ammon, (3) and the chiefs of the sons of 'Ammon said to their master Ḥanon, "Was David really honouring your father in your eyes by sending comforters to you? Was it not to spy out the city and to investigate and observe it that David

---

[113] Margin: "Section 8".

sent his servants to you?"[114] (4) Ḥanon seized David's servants, shaved off
their beards, cut off their clothes up to their hips, and sent them off.[115] [113 v]
(5) The men informed David of what had happened to them,[116] and he sent
to meet them, because the men were very ashamed at the insult done to
them.[117] The king said to them, "Stay in Jericho until your beards have
grown and then come."

(6) The sons of 'Ammon saw that they had offended David. The sons
of 'Ammon sent and hired Edom of Raḥab, and Edom of Ṣoba, twenty
thousand infantry, and from the king of Ma'acha, a thousand men, and
twelve thousand men of Ishṭob.

(7) David heard, and sent Joab and his entire force of fighting men.
(8) The sons of 'Ammon went forth and drew up in battle array by the gate
of the city. Those of Edom of Raḥab, of Edom of Ṣoba, and the men of
Ishṭob and Ma'acha were by themselves in the field.

(9) Joab saw that the battle was set against him, before and behind, and
he chose some out of all the picked men of Israel, [114 r] and arrayed them
against Edom. (10) The rest of the people he entrusted to Abesha his brother,
and he arrayed them against the sons of 'Ammon. (11) He said to his brother
Abesha, "If the Edomites prove too strong for me, you shall be our helpers,
and if the sons of 'Ammon prove too strong for you, we will come and help
you. (12) Let us take courage and fight for the sake of our people and the
cities of our God. May the Lord do what is good in his eyes." (13) Joab and
the people with him drew near to fight Edom, and the Edomites fled before
him.

(14) The sons of 'Ammon saw that the Edomites had fled, and they
also fled from Abesha and entered the city.

Joab returned from the sons of 'Ammon and they came to Jerusalem.
(15) Edom saw that they had been crushed by Israel, and they gathered
together. (16) Hadra'azar sent and gathered Edom that is [114 v] on the far
side of the River Ḥalama. Those of Ḥalam and Ṣoba came, with Shabach,
the captain of Hadra'azar's army, before them.[118]

(17) They told David, and he gathered all Israel. They crossed the
Jordan and came to Ḥalama. Edom was arrayed against Israel, and David
fought Edom. (18) Edom fled before Israel, and from Edom David killed
one thousand seven hundred chariot teams, four thousand horsemen, and a
very great many people.[119] He struck Shabach, the captain of Hadra'azar's

---

[114] "and to investigate and observe it" = G.

[115] "cut off their clothes up to their hips" cf. G.

[116] This phrase is largely J's gloss.

[117] Lit. "at their insulting".

[118] This verse has been influenced by G.

[119] These figures = P. Margin: "seven hundred cavalry and forty thousand infantry" = Luc.

army, and he died there. (19) All the kings who were servants of Hadra'azar saw that they had been crushed by the sons of Israel. They surrendered to the sons of Israel, and they made them live in servitude. And the Edomites were afraid of helping the sons of 'Ammon again.

ELEVEN

(1)[120] It happened the following year, at the time [115 r] of the king's going out [to war], that David sent out Joab and his servants with him and all Israel, and they besieged Rabath of the sons of 'Ammon. But David remained in Jerusalem.

(2) It happened at the time of early evening that David rose from his bed and was walking on the roof of the royal palace. From the roof he saw a woman bathing, and the woman was very beautiful in appearance.[121] (3) David sent and enquired about the woman, and they said to him, "This is Bathsheba', daughter of Ila, the wife of Uria the Hittite."

(4) David sent messengers and they fetched her. She came in to him, and he lay with her when she had bathed from her menstruous state. And she returned and went to her house. (5) The woman conceived, and she sent and informed David. She told him, "I am pregnant."

(6) David sent to Joab and gave him the message, "Send [115 v] Uria the Hittite to me." Joab sent Uria the Hittite to David, (7) and Uria came to David. David asked Uria about the welfare of Joab, and about the army, and about the war. (8) David said to Uria, "Go down to your house and wash your feet." Uria left the king's house, and a gift from the king went out after him. (9) Uria lay down by the door of the king's house, with all his lord's servants, and he did not go down to his house. (10) They told David that Uria had not gone down to his house, and David said to Uria, "See, you have come from a journey! Why have you not gone down to your house?" (11) Uria said to David, "The Ark of the Lord's Covenant and Israel and Judah are staying in tents, and my master Joab and my master's servants are encamped in the open country. Shall I go to my house and eat and drink and lie [116 r] with my wife? No, by your life, and no, by the life of your soul, I will do no such thing." (12) David said to Uria, "Stay here for today also, and tomorrow I will send you off." Uria stayed in Jerusalem that day. The next day (13) David summoned him and he ate in front of him. He drank and became drunk. He went out in the evening and lay beside his master's servants. But he did not go down to his house. (14) In the morning David wrote Joab a letter and sent it by Uria's hand. (15) He wrote to him as follows: "Put Uria at the head of fierce fighting. Withdraw from him, so that he will be wounded and die."

---

[120] Margin: "Section 9".

[121] "From the roof" = G.

(16) It happened that when Joab besieged the city, he stationed Uria in the place where he knew that there were fighting men. (17) The men of the city came out and fought [116 v] with Joab. Some of the people of David's servants fell there, and Uria the Hittite also died. (18) Joab sent and informed David of everything that had happened in the battle. (19) Joab instructed the messenger and said to him, "When you have finished telling the king everything that happened in the battle, (20) if the king's anger flares up and he says to you, 'Why did you approach the city to fight it? Did you not know that they were shooting from above, from the wall? (21) Who killed Abimelech, son of Nedob'al? Was it not a woman who threw a piece of an upper millstone from above from the wall on top of him, and he died in Tibeṣ? Why did you approach the wall?': if he says this to you,[122] say to him, 'Also, your servant Uria the Hittite is dead.'" (22) Joab's messenger went to the king in Jerusalem, and informed David of everything that Joab had instructed him, [117 r] all the details of the battle.[123] (23) The messenger said to David, "The men resisted us and came out against us to the open country. But we charged at them as far as the city gate. (24) Those who were standing on the wall fired arrows, and some of the king's servants died. Also, your servant Uria the Hittite is dead."

(25) David said to the messenger, "Tell Joab, 'Do not be displeased about this affair,[124] because in battle it goes sometimes one way and sometimes another. Strengthen the battle against the city, take it and overthrow it.'"

(26) The wife of Uria the Hittite heard that her husband was dead, and she lamented over her husband. (27) The days of her mourning passed, and David sent and brought her into his house. She became his wife and bore him a son. But the deed [117 v] that David had done was seen, that it was evil before the Lord.[125]

TWELVE

(1) The Lord sent Nathan the prophet to David. He came and entered his presence, and said to him, "There were two men in a certain city, one rich and one poor. (2) The rich man had a great many sheep and cattle. (3) The poor man had nothing except for a single little ewe lamb that he owned, that he had saved and reared.[126] She lived together with him and his children. She used to eat of his food and drink from his cup and sleep in his arms. She was like his own daughter to him. (4) There came a traveller to the rich man, and he forbore from taking any of his cattle or sheep to prepare for the

---

[122] "if he says to you": J's gloss.

[123] Jacob has added some phrases from G to this verse.

[124] "Do not be displeased...": lit. "may this matter not be evil in your eyes".

[125] Probable translation: a combination of Luc and P.

[126] "that he had saved and reared" = G.

traveller who had come to him. He took the poor man's ewe lamb and prepared her for the traveller who had come to him."

(5) Then David became hot [118 r] with anger against that man, and he said to Nathan, "As the Lord lives, the man who did this deserves to die! (6) Let him pay sevenfold for the lamb, because he did this and did not show pity."[127]

(7) Nathan said to David, "You are the man who did this! Thus says the Lord God of Israel, 'I anointed you as king over my people Israel. I saved you from Saul's hands, (8) and I gave you your masters' daughters, and I made your lord's wives lie in your arms. I gave you the daughters of Israel and the daughters of Judah. If they were too few for you, you should have told me, and I would have given you even more like them. (9) Why have you despised the Lord's command, and done what is evil before the Lord? Uria the Hittite you killed by the sword, [118 v] and his wife you have taken as your own wife. You killed him by the sword of the sons of 'Ammon. (10) So now the sword shall never depart from your house, because you despised me and took the wife of Uria the Hittite as your own wife. (11) Thus says the Lord, 'See, I am raising up evil against you from your own house. I will take your wives before your very eyes and I will give them to your fellow. He shall lie with your wives in the sight of this sun. (12) You acted secretly, but I will do this thing in full view of all Israel, and before this sun.'"

(13) David said to Nathan, "I have sinned before the Lord."

Nathan said to David, "The Lord has even taken away your offence, you shall not die. (14) But because you have given great occasion to the Lord's enemies in this thing,[128] the son that was born to you by her [119 r] shall certainly die." (15) And Nathan went to his house.

The Lord struck the son that the wife of Uria had borne to David, and he fell ill. (16) David pleaded with God for the child. David fasted and spent the night in sackcloth, and he lay down on the ground.[129] (17) The elders of his house stood beside him to raise him from the ground, but he refused and did not eat bread with them. (18) On the seventh day the boy died, and David's servants were afraid of informing him that the boy was dead. For they said, "See, while the boy was still alive, we spoke to him, and he would not listen to us: how shall we tell him now that the boy is dead? He may do some harm."

(19) When David saw his servants whispering, he understood that the boy had died. David said to his servants, "Is the boy dead?" [119 v] They told

---

[127] "show pity": same verb as v.4, "forbore".

[128] "in this thing" = G. Margin: "through the deed" = P.

[129] "in sackcloth, and he lay down" = G.

him, "He is dead." (20) David arose from the ground, washed[130] and anointed himself, and changed his clothes. He entered the house of the Lord and bowed down. He went to his house and asked for bread to eat. They set bread before him and he ate. (21) His servants said to him, "What is this that you have done? For the boy's sake, while he was still alive, you fasted and wept and kept vigil. When the boy died, you arose and ate bread and drank!"[131] (22) David said to them, "While the boy was still alive, I fasted and wept,[132] because I said, 'Who knows whether God will have mercy on me and the boy will live?' (23) Now the boy has died. Why should I fast? Can he come back again? I am going to him, but he cannot come to me."

(24) David comforted Bathsheba', and went in to her and slept with her. She conceived and bore [120 r] a son. She called his name Solomon, and the Lord loved the boy. (25) He sent a message through Nathan the prophet, and called his name Jedida, because the Lord was his friend.[133]

(26) Joab fought against Rabath of the sons of 'Ammon, and conquered the royal city. (27) Joab sent envoys to David and said, "I have attacked Rabath and taken the royal city.[134] (28) Now gather the rest of the people, and come and besiege the city and take it, so that I do not conquer it myself and name it after me."[135]

(29) David gathered all the people, and went against Rabath. He attacked it and took it. (30) He took the crown of their king from his head: it weighed a talent of gold, and there were precious stones in it, and it was on David's head. He brought out the spoil of the city, [120 v] a very large amount. (31) The people who were in it he brought out and threw into iron collars and chains, and made them pass through the measure. He did the same to all the cities of the sons of 'Ammon, and David and all the people returned to Jerusalem.

THIRTEEN

(1)[136] It happened afterwards that Absalom, David's son, had a sister, who was very beautiful in appearance, and her name was Tamar. Amnon, David's son, loved her. (2) Amnon was tormented, and he was afflicted with anguish

---

[130] "washed" = P. Margin: "bathed" = G.

[131] This verse is largely modelled on G.

[132] "wept" = G. Peshitta MS 11l2 is similar, perhaps due to Syrohexaplaric influence.

[133] Margin: "He loved him", a translation of P's yddh. J is closer to the reading of some MSS of P, e.g. 6h4.19, 8a1 ydydh, "his friend", and J may also have been influenced here by the Luc. reading earlier in the verse, Ιεδδιδιά.

[134] "royal" (lit. "of the kingdom") = P. Margin: "(city) of waters" = G.

[135] Lit. "and my name be called over it".

[136] Margin: "Section 10 ".

for the sake of his sister Tamar.[137] For she was a virgin, and he was unable to do anything to her.[138]

(3) Amnon had a friend whose name was Jonathan,[139] son of Shama'a, David's brother. This Jonathan was a very clever man. (4) He said to [121 r] Amnon, "Son of the king, what is the matter with you that your face is so wasted and what is wrong with you that you go about like this from one morning to the next? Will you not inform me?" Amnon said to him, "I love Tamar, my brother Absalom's sister." (5) Jonathan said to him, "Lie down on your bed and sicken. When your father comes to see you, say to him, 'Let Tamar my sister come, then, and feed me bread. Let her prepare food[140] before my eyes so that I may see, and eat from her hands.'"[141]

(6) Amnon lay down and sickened. The king came to see him. Amnon said to the king, "Let my sister Tamar come to me, then, and make two round loaves before my eyes, and I will eat from her hands."[142] (7) David sent [121 v] a message to Tamar at her house and told her, "Go to your brother Amnon and make him some food." (8) Tamar went to her brother Amnon's house, and he was lying down. She took dough and kneaded it, and made round loaves before his eyes. She cooked the rolls, (9) took the food and placed it in front of him, but he refused to eat.

Amnon said, "Let everyone leave me!" And everyone left him. (10) Amnon said to Tamar, "Bring the food into the chamber to me, and I will eat from your hands." Tamar took the rolls that she had made and brought them into the bedroom to her brother Amnon. (11) She offered them to him to eat. But he caught hold of her and said to her, "Come, lie with me, my sister!" (12) She said to him, "No, my brother, don't dishonour and humiliate me![143] [122 r] It should not be done thus in Israel! Do not do this foolish thing![144] (13) As for me, where would I take my shame? And as for you, you would be regarded as one of the fools in Israel. So now, speak to the king, and he will not withold me from you." (14) Amnon refused to listen to her. He seized her and overpowered her, lay with her and dishonoured her. (15) Immediately Amnon hated her with a very great hatred.[145] The hatred with which he hated her was greater than the love with which he had loved

---

[137] "tormented... afflicted with anguish": a pastiche of P and G with J's own gloss, no doubt for emphasis.

[138] "to do" = G. Margin: "to say" = P

[139] "Margin: "Jonadab" = P. The addition "this (Jonathan)" in the next phrase is probably to distinguish him from the sons of Saul and Abiathar of the same name.

[140] "food" = G. Margin: "two round loaves" = some MSS of G, and see J v.6.

[141] "food before my eyes" = G.

[142] "two round loaves" = G. Margin: "vessels": possibly meant to correspond to G "pan" in v. 9.

[143] "humiliate" = G.

[144] Phrase added from G.

her. Amnon said to her, "Get up, go!" (16) She said to him, "No, my brother, this latest evil is greater than the first, that after this that you did to me, you want to send me away!"[146]

Amnon refused to listen to her. (17) He summoned the boy who stood at the head [122 v] of his household and attended him,[147] and he told him "Get this girl out, away from me, and shut the doors behind her!" (18 G)[148] The attendant put her out and shut the doors behind her.

She had on an embroidered tunic, because this was what the king's virgin daughters wore as lower garments. (19) Tamar took ashes and threw them on her head, and she rent the embroidered tunic that she was wearing. She put her hands on her head and went along wailing. (20) Absalom her brother said to her, "Has Amnon your brother lain with you? Now, my sister, keep quiet, because he is your brother. Do not set it in your heart to speak about this thing." And Tamar sat widowed and stupefied in her brother Absalom's house. [123 r]

(21) King David heard all these things and was grieved and very sad. But he did not grieve the spirit of his son Amnon because he loved him, since he was his eldest son.[149] (22) Absalom said neither good nor bad to Amnon, because Absalom hated Amnon for dishonouring his sister Tamar.

(23) It happened after two full years that Absalom had shearers in Be'el Ḥaṣor near Ephraim.[150] Absalom invited all the king's sons. (24) Absalom came to the king and said to him, "Your servant has shearers. Let the king and his servants go with your servant." (25) The king said to Absalom, "We will not all go and be a burden to you." He pressed him but he refused to go [123 v] with him and blessed him.[151] (26) Absalom said to him, "If not, let Amnon my brother go with us." The king said to him, "Why should he go with you?" (27) Absalom pressed him, and he sent with him Amnon and all the king's sons.

Absalom made a feast like the king's feast.[152] (28) Absalom commanded his servants and said to them, "See when Amnon's heart is merry with wine, I will say to you, 'Strike Amnon and kill him!' Do not be afraid, because I myself am commanding you. Take courage and be men!"

---

[145] "Immediately" = J's gloss.

[146] Tamar's speech here is largely based on Luc.

[147] "who stood at the head of his household" = G.

[148] P has no v. 18. J supplies the narrative from G.

[149] "and was grieved and very sad...since he was his eldest son" = G. The second sentence is lacking in P.

[150] "two full years": lit. "two years of days", from Luc.
"Be'el Ḥaṣor": the note in the margin implies the reading "Baṣel Ḥaṣor".

[151] "pressed" = G, also v.27. The P reading rejected by J in both places is "afflict".

[152] This sentence is from G.

(29) Absalom's servants did to Amnon as Absalom commanded them, and they struck him and killed him.[153] All the king's sons arose, and each man mounted his mule and fled.

(30) It happened that while they were still on the road, a report reached David saying, "Absalom has slain all [124 r] the king's sons and not one of them remains!"

(31) The king arose and rent his garments and lay down on the ground. All his servants who were standing around him rent their clothes. (32) Jonathan son of Shamaʿa, David's brother, responded and said to the king, "May my lord the king not suppose that all the king's sons have died, because it is Amnon alone who is dead. For Absalom intended it from the day that he dishonoured his sister Tamar.[154] (33) Even now, may my lord the king not lay this word to heart and say that all the king's sons are dead, because Amnon alone is dead."

(34) Absalom fled away. The look-out boy went up and raised his eyes and saw many people coming on the road to Sorem, from the side of the mountain on the way down. The look-out came and informed the king, and said, "I saw men coming from the road to Sorem, from the side of the mountain."[155] (35) Jonathan said to the king, "See, the king's sons have come! It was as your servant said."

(36) It happened that when he had finished speaking, the princes themselves arrived. They raised their voices and wept. Both the king and all his servants wept bitterly.

(37) Absalom had fled, and he went to Tolmai, son of ʿAmihud, king of Geshur, to the land of Maʿacha.[156] David sat in mourning over his son for many days.

(38) Absalom had fled and gone to Geshur, and was there for three years. (39) David failed to go out in search of Absalom, because he was consoled over Amnon who was dead.

FOURTEEN

(1) Joab son of Ṣaruia knew that [125 r] King David's heart was thinking of Absalom. (2) Joab sent to Teqoʿ and fetched[157] from there a wise woman. He said to her, "Mourn then, put on mourning clothes, and do not anoint yourself with oil. Behave like a woman who has been mourning over the dead for many days now. (3) Enter the king's presence and say to him something like this." Joab prepared the words and put them in her mouth.

---

[153] "and they struck him and killed him" = J's gloss.

[154] "Absalom intended it": lit. "it was placed in Absalom's mind".

[155] "on the way down... from the side of the mountain" is entirely from G: it is lacking in P.

[156] "to the land of Maʿacha" = G.

[157] "fetched" = G. Margin: "and led" = P.

(4) The Teqoʻite woman entered the king's presence, and fell on her face to the ground and bowed down to him. She said, "Deliver me, my lord the king!" (5) The king said to her, "What is the matter?" She said to him, "I am a widow woman: my husband is dead. (6) Your maidservant had two sons. The two of them quarrelled in the open country, and there was no one to intervene between them.[158] One of them overpowered his brother, struck him and killed him. (7) See, the whole family has risen against your maidservant, saying, 'Give us the one who killed his brother and we will put him to death for the life of his brother whom he killed.'[159] They seek to destroy the heir as well, and to extinguish the living ember that remains to me, so as not to leave his father a name and remnant on the face of the earth."

(8) The king said to her, "Go to your house in peace. I will issue a command concerning you." (9) The Teqoʻite woman said to the king, "Let this offence be upon me, my lord the king, and upon my father's house. Let the king and his throne be blameless."

(10) The king said to her, "Whoever says anything to you, bring him to me, and he shall not touch you again." (11) She said, "Then let my lord the king remember that the Lord God does not ravage with much renewing of bloodshed, and may they not destroy my son." The king said to her, [126 r] "As the Lord God lives, not a hair of your son's head shall fall to the ground."

(12) The woman said, "Then let your maidservant speak a word to my lord the king." The king said to her, "Speak." (13) The woman said to him, "Why have you planned such a thing against God's people? Surely this word from the king's mouth was like a sin, in that the king does not bring back his missing one whom he banished from himself![160] (14) For we are all surely dying, and we are like water that is poured out upon the ground and cannot be gathered up. God does not take a life until he takes thought not to forget someone who is absent and far away.[161]

(15) "Now, see, I have come to speak this word to the king my lord, because the people have stirred me up. The people of my lord the king said to me, 'I will speak with my lord the king.'[162] [126 v] And your maidservant said, 'I will speak to the king, for perhaps the king will perform his maidservant's request, (16 G) because the king hears request and lawsuit.[163] (16 P) Perhaps he will save his maidservant from the hands of men, and they will not destroy both me and my son together from God's heritage.'

---

[158]"no one to intervene between them": lit. "no saviour between them".

[159] "put him to death for the life" = G.

[160] Or, "his forgotten one". J has added material from G to this difficult verse.

[161] Or, "one whom he forgot and banished".

[162] The verse in J makes little sense, and may be due to corruption from LXX λαλησάτω to *λαλήσω.

[163] "for perhaps...the king hears" = G; "request and lawsuit" = J.

(17) Your maidservant said, 'Let the word of my lord the king be confirmed, then, and let it be as an offering. For my lord the king is like an angel of God, in hearing good and evil.' May the Lord your God be with you."

(18) The king answered and said to the woman, "Do not hide anything from me that I ask you." The woman said to him, "Let my lord the king speak, then." (19) The king said to her, "Is Joab's hand with you in all this?"

The woman answered and said to the king, [127 r] "As your soul lives, my lord the king, I have not turned aside to the right or the left from anything that my lord the king has said. For it is your servant Joab who commanded me, and he put all these words into your maidservant's mouth, (20) in order that the plain face of the matter should be wrapped up and concealed. He who did this thing is your servant Joab.[164] For this reason your servant acted thus. My lord is wise as the wisdom of an angel of God, knowing everything that is on the earth."

(21) The king said to Joab, "See, I have done for you according to your request. Go, bring back Absalom." (22) Joab fell on his face to the ground, and bowed down and blessed the king. Joab said, "Today your servant knows that I have found favour in your eyes, my lord the king, in that my lord the king has performed [127 v] his servant's request."

(23) Joab rose and went to Geshur, and brought Absalom to Jerusalem. (24) The king said, "Let him go to his house. But before me he shall not appear." Absalom went to his house and the king's face he did not see.

(25)[165] There was no man as handsome as Absalom in the whole of Israel. He was much praised. From the the the sole of his foot to the crown of his head there was no blemish in him.[166] (26) Whenever he cut off his hair (every year he would cut it off, because it would become heavy and weigh him down) when he used to cut it, he would weigh his hair[167] at one hundred units of weight[168] by the royal weight.

(27) There were born to Absalom three sons and one daughter. Her name was Ma'acha,[169] and she was a woman [who was] very beautiful in appearance. She became the wife of Reheb'am, [128 r] Solomon's son, and bore him Abia.[170]

---

[164] This first half of the verse is a pastiche of G, Luc, P and J, hence the convoluted style.

[165] Margin: "Section 11."

[166] "crown of his head" = G.

[167] Scholion: "The 100 shekels or units of weight which Absalom's hair used to weigh when it was cut make 25 ounces, which is 2 pounds and 1 ounce, which amount in weight to 150 dinars."

[168] "units of weight" = P. Margin: "shekels (*syqlw*)" = G.

[169] Ma'acha" = Luc. Margin: "Tamar "= P, G majority text.

[170] This sentence does not appear in P, and is added from G.

(28) Absalom lived in Jerusalem for two full years, but the king's face he did not see.

(29) Absalom sent to Joab in order to send him to the king, but he refused to come to him. He sent twice more to him, and he refused to come. (30) Absalom said to his servants, "Find a part of the field, of wheat o[r *of barle*]y, which belongs to Joab and is next to me. Go and set it on f[*ire*.]" Absa[*lom's*] servants went and set Joab's field alight. Joab's servants came to him rending their clothes and said, "Absalom's servants have set the field on fire."[171]

(31) Joab arose and went to Absalom's house. Joab said to Absalom, "Why did [128 v] your servants set my field on fire?" (32) Absalom said to Joab, "See, I sent to you and said 'Come to me: I will send you to the king,' but you refused to come. For this reason I said to set your field alight, so that you would come to me.[172] Now why did I come from Geshur? It would be better for me if I were still there even now. I wish to appear before the king, and if there is offence in me, let him kill me."

(33) Joab came to the king, and i[*nformed*] him of Absalom's words. He summoned A[*bsalo*]m, and Absalom entered before the king and [*bo*]wed down to him. He fell on his face to the ground before the king, and the king kissed Absalom.

FIFTEEN

(1) It happened after these events that Absalom provided himself with chariots and cavalry, and fifty men who ran in front of him.[173]

(2) Absalom used to get up early and stand [129 r] at the side of road to the king's gates. Any man who had a lawsuit to plead before the king Absalom would call over to himself and would say to him, "From which city or town are you?" He would say to him, "I your servant am from one of the tribes of Israel." (3) Absalom would say to him, "I see that your words are good and right, but you have no one from the king to give a hearing." (4) Absalom would say, "If only I were judge in the land! Every man who had a lawsuit or claim would come to me, and I would give him justice!" (5) Whenever a man approached in order to bow down to him, he would stretch out his hand and grasp him by his hand and kiss him.[174] (6) Absalom used to behave in this way towards the whole of Israel, to those who came for judgment before the king. [129 v] And Absalom turned the hearts of all the sons of Israel to himself.

---

[171] This sentence has been added from G.

[172] "but you refused...so that you would come to me" = J.

[173] "provided himself with": lit. "made for himself".

[174] "approached", "he would stretch out his hand" = G.

(7) It happened after four years that Absalom said to the king, "Let me go, then, and fulfil in Ḥebron my vows that I made to the Lord, (8) because your servant made a vow when I was staying in Geshur and in Edom, 'If the Lord will bring me back for sure to Jerusalem, I in turn will worship the Lord".

(9) The king said to him, "Go in peace." Absalom arose and went to Ḥebron.

(10) Absalom secretly sent out spies throughout the tribes of Israel.[175] He instructed them to say, "When you hear the sound of the trumpet, say, 'Absalom is king in Ḥebron!'" (11) With Absalom went two hundred invited men. They went in their simplicity, knowing nothing of the reason [130 r] for their journey.[176]

(12) Absalom sent and summoned Aḥithophel the Gelionite,[177] David's counsellor, and fetched him from the city of Gelio as he was making a sacrifice.

The rebellion grew stronger, and the people on Absalom's side increased greatly. (13) A messenger came to David and said to him, "The hearts of all the sons of Israel have gone after Absalom."

(14) David said to all his servants who were with him in Jerusalem, "Get up, let us flee, lest we are unable to escape from Absalom! Let us go quickly, lest he make haste and overtake us, and thrust evil upon us, and strike the city with the sword's edge because of us!"[178] (15) The king's servants said to the king, "Everything you wish, our lord the king, [130 v] your servants will do."

(16) The king went out, and all his household with him on foot. The king left ten women from the concubines to look after his house. (17) The king went out and all the people of his house after him, the foot soldiers from his house, and they stood at a distance. (18) All his servants passed by him, and all his nobles and all his attendants. Everyone went out, and stood by the olive tree which was outside the city. All the people passed in front of him, all the great men and all the king's warriors, and also the six hundred men who had come to him on foot from Gath with Ithi the Gittite. They marched past before the king's face.[179] (19) The king said to Ithi the Gittite, "Why are you also going with us? Leave us, and live with the king here in Jerusalem, because you are a foreign guest, and you were also [131 r]

---

[175] "secretly" = J.

[176] "invited", "in their simplicity" = G; "of the reason for their journey" = J.

[177] "Gelionite" = P. Margin: "Gelmonite"= Luc.

[178] "because of us" = J.

[179] V.18b-d is largely from G, with additions from J as follows: "which was outside the city" (a possible allusion to the garden of Gethsemane, with the betrayed David as a type of Christ?), "with Ithi the Gethite."

exiled far away from your homeland.[180] (20) You arrived yesterday, and today shall we make you move so that you go with us? I myself am going wherever it is that I may. Turn back, and take back your brothers with you. Stay, and settle them well. May the Lord show mercy and truth to you."[181]

(21) Ithi answered and said to the king, "As the Lord lives, and as the soul of my lord the king lives, in whatever place my lord the king shall be, whether for death or for life, there will your servant be." (22) David said to Ithi, "Come and pass on with me in peace." So Ithi the Gittite, all his men and all the crowd that was with him passed on. (23) The whole land was weeping loudly. All the people passed on, and the king crossed over the Qedron gorge. All the people passed on [131 v] towards the way of the wilderness.

(24) And there was also Ṣadoq the priest and all the Levites with him, carrying the Ark of the covenant of the Lord. They set down the Ark of the covenant of the Lord until all the people had finished going out of the city.[182]

(25) The king said to Ṣadoq, "Take back the Ark of God to the city, and let it remain in its place in the city. Perhaps I shall find mercy in the Lord's eyes, and he will bring me back and let me again see it and the beauty of his house.[183] (26) If he should say, 'I have no pleasure in you', see, I am standing before him. Let him do to me as is good in his eyes."

(27) The king said to Ṣadoq the priest, "Go back, go to the city in peace, you and your son Aḥima'aṣ and Jonathan son of Abiathar — your two sons with you. (28) See, I am going [132 r] to delay and wait for you at the valley of the wilderness, until word comes from you informing me."

(29) Ṣadoq and Abiathar the priests took back the Ark of God to Jerusalem and remained there.

(30) David went up the ascent of the mountain of the place of olive trees.[184] He ascended weeping as he walked with his head covered. He was walking barefoot, and all the people with him, their heads covered, were weeping as they ascended.

(31) They told David, saying, "Aḥithophil has rebelled and is among those stirring up sedition with Absalom." David said, "May the Lord bring

---

[180] "and live with the king", "you are a foreign guest" = G; "here in Jerusalem" = J.

[181] "Turn back, and take back your brothers with you", "May the Lord show..." = G.

[182] "of the covenant of the Lord. They set down the Ark of the covenant of the Lord" = G. P's description of Abiathar's ascent is omitted.

[183] This verse has been embellished with elements from G and J.

[184] This phrase has been influenced by the Peshitta text of Luke, especially Luke 19.37 ("he approached the descent of the mountain of the place of olives") and also 22.39. J's identification of David with Christ is evident.. See Salvesen, "Jacob of Edessa and the Text of Scripture," *The Use of Sacred Books in the Ancient World,* L.V. Rutgers et al., eds. (Louvain 1998) 235–45.

Aḥithophil's advice to nothing!" (32) David reached a place at the top of the mountain, where he usd to worship God. And there came towards him Ḥushai Arachi, the chief of David's friends,[185] [132 v] with his tunic rent and dust on his head.

(33) David said to him, "If you pass over with me, you will become a burden to me. (34) Instead, go back to the city and say to Absalom, 'Your brothers have crossed the Jordan, and the king your father crossed after me, but I turned back.[186] I am your servant, your Majesty, and formerly your father's servant.' Now, see, I the king am asking you: go, bring Aḥithophil's advice to nothing. (35) See, there with you are Ṣadoq and Abiathar the priests. Every word that you hear from the king's house, tell to Ṣadoq and Abiathar the priests. (36) See, there with them are their two sons, Aḥima'aṣ, Ṣadoq's son, and Jonathan, Abiathar's son. Send a message to me through them about all that you hear."

(37) Ḥushai the Arachi, David's friend, entered the city. Absalom [133 r] was then entering Jerusalem, and Aḥithophil with him.[187]

SIXTEEN

(1) David had passed on a little way from Rosh, from the place in which he used to worship, when Ṣiba, Memphiba'al's servant, came to meet him. He brought with him two laden donkeys. On them were two hundred loaves of bread, one hundred cakes of figs, one hundred cakes of dates and a skin of wine. (2) The king said to Ṣiba, "Why do you have these?" Ṣiba said to him, "The donkeys are to carry the load of the king's house. The bread, fig cakes and dates are for the young men to eat. The wine is for those exhausted in the wilderness to drink."

(3) The king said to him, "Where is your lord's son?" Ṣiba said to the king, "He is sitting in Jerusalem, saying, 'Today the house of Israel will return to me the kingdom of my father Saul.'"

(4) The king said to Ṣiba, [133 v] "All that belongs to Memphiba'al is given to you." Bowing, Ṣiba said, "I have much because I have found favour in your eyes, my lord the king."

(5) King David came to Beth Ḥoram. There came out from there a man from the family of Saul's house, whose name was Sheme'i, son of Gera. He came out reviling David, (6) and throwing stones at him, all his servants, all the people, and all his servants to his right and his left. (7) And as he was reviling David, Sheme'i was saying to him the following: "Get out! Get out, man, shedder of blood, criminal! (8) The Lord has brought back upon you all the blood of the house of Saul, whom you succeeded as king. The Lord

---

[185] Text "friends" and margin "companions" appear to be alternative renderings of G ἑταῖρος.

[186] This sentence has been created out of a blend of G, Luc. and J.

[187] "and Aḥithophil with him" = Luc.

has delivered your kingdom into the hand of your son Absalom. See, your evildoing has been punished, because you are a man who sheds blood."

(9) [134 r] Abesha, son of Ṣaruia, said to David, "Why is this dead dog reviling my lord the king? Let me go over and take off his head!"

(10) King David said, "What have I to do with you, sons of Ṣaruia? Let him revile. It is the Lord who told him to revile David. If only someone would tell me why this has happened to me!" (11) David said to Abesha and all his servants, "See, my own son who came forth from my belly wants to take my life! Now as for the son of Benjamin, let him revile me. It is God who told him to. (12) Perhaps the Lord will see my abasement, and recompense me with good things for the abuse I received today."

(13) David and his servants were going along the road, and Sheme'i was going along the side of the mountain opposite him, reviling him as he went, throwing stones at him from [134 v] his side, and flinging dust at him as well. (14) The king arrived, and all the people with him, exhausted, and they rested there.

(15) Absalom, all the people with him and all Israel came to Jerusalem. Aḥithophil was with them.

(16) When Ḥushai Arachi, David's friend, came to Absalom, he said to Absalom, "Long live the king! Long live the king!" (17) Absalom said to Ḥushai, "Is this the friendship of a friend? Why did you not go with your friend?"

(18) Ḥushai said to Absalom, "Is it not with the one the Lord has chosen, to whom these people and all Israel belong, that I should stay, (19 P) and be his? (19 G) Secondly, to whom should I render service, if not before the son of the one I served up till now?[188] Now, just [135 r] as I rendered service before your father, I will also serve before you."

(20) Absalom said to Aḥithophil, "Advise me what I should do." (21) Aḥithophil said to Absalom, "Go in to your father's concubines whom he left to look after his house. When all Israel hears that you have shamed your father and were with his concubines, the hands of all those with you will be strengthened."[189]

(22) They pitched a tent on the roof for Absalom, and Absalom went in to his father's concubines in the sight of all Israel. (23) The advice which Aḥithophil gave in those early days was as if one enquired of the word of God. Aḥithophil's advice was like this for both David and Absalom. [135 v]

---

[188] "should I render service, if not before the son" = G; "of the one I served up till now? Now" = J.

[189] "you have shamed your father and" = G.

SEVENTEEN

(1) Ahithophil said to Absalom, "Let me choose twelve thousand men, and I will arise and pursue David tonight. (2) I will overtake him while he is tired and his hands weak, and I will startle him and throw him into disorder. All the people with him will flee, and I will kill only the king. (3) I will return all the people to you, as a bride returns to her husband. But as for you, it is the life of [just] one man that you are seeking, and the whole people will have peace."[190] (4) The speech was good in Absalom's eyes, and in the eyes of all the elders of Israel.

(5) Absalom said, "Also call Hushai Arachi, and let us hear what he says too." (6) Hushai came to Absalom, and Absalom said to him "This is what Ahithophil said. Is it right that we should do what he said, or not? But if it is not right, speak yourself." (7) Hushai said to Absalom, [136 r] "This advice that Ahithophil has given is not good this time." (8) Hushai said to Absalom,[191] "You yourself know your father and the men who are with him: they are mighty men and very strong. They are embittered men, like a bear crashing through open country when she is deprived of her cubs, and like a fierce wild boar in the forest. Besides, your father is a fighting man, and he will not spend the night beside the people. (9) Instead, he is now hidden in one of the gullies or in some spot. It will happen that when the people fall upon them at first, someone listening will hear the news and say, 'There has been a massacre among the people following Absalom.' (10) And even the man who is a mighty soldier with a heart like that of a lion will melt away completely, because all Israel knows [136 v] that your father is a mighty man and those with him are mighty soldiers. (11) I advise that when all Israel has gathered to you from Dan to Bersheba', like the sand on the seashore in multitude, you yourself should go in the middle of the army. (12) We should go against him to some place, wherever we found him, and encamp against him as the dew falls upon the ground. We must not leave a single one of him or of all the men who are with him. (13) And if he enters a city, all Israel will throw ropes onto it, and drag it as far as the gorge, and we shall not leave there even a cricket or a stone."

(14) Absalom and all Israel said, "The advice of Hushai Arachi is better than the advice of Ahithophil." The Lord had given the command to bring Ahithophil's good advice to nothing, so that the Lord might bring evil upon Absalom. (15) Hushai said to Sadoq and Abiathar the priests, "This is what Ahithophil advised Absalom and the elders of Israel. This is what I advised. (16) But now, send quickly and inform David. Tell him, 'Do not go

---

[190] "as a bride ... the life of [just] one man" = G.

[191] Jacob has further dramatised Hushai's speech with elements from the Greek, including the Lucianic tradition, coupled with his own glosses.

west of the Jordan into the wilderness tonight![192] Do not spend the night in the valley of the wilderness,[193] but cross the Jordan, so that you and all the people with you do not perish.'"

(17) Jonathan and Aḥima'aṣ were standing beside the spring of the Fuller.[194] A maid came and informed them, and they went to inform King David, because they could not be seen there or enter the city.

(18) A young man saw them and informed Absalom. [137 v] The two of them hurriedly entered the house of a man from Beth Ḥoram. He had a well in his courtyard,[195] and they went down into it. (19) The woman took a covering, and covered over the cistern. She spread out barley on it to dry, and no one knew. (20) Absalom's servants came to the woman at her house, saying, "Where are Aḥima'aṣ and Jonathan?" The woman said to them, "They passed on from here."[196] Because they wanted water and did not find any, they returned to Jerusalem.

(21) After they had gone, [Aḥima'aṣ and Jonathan] came up from the well and went and told King David. They said to him, "Arise quickly and cross the water, because this is what Aḥithophil advised against you."

(22) David arose, and all the people with him, and they crossed the Jordan before daybreak came. When [138 r] dawn rose, there was not a single person left who had not crossed the Jordan.

(23) Aḥithophil had seen that his advice had not been followed.[197] So he saddled his donkey, mounted, and set off for his house and his city. He gave orders concerning his house, hanged himself and died. He was buried in his father's grave.

(24)[198] David passed over to Maḥnaim, and Absalom crossed the Jordan, he and all Israel with him. (25) Absalom appointed 'Amesa over the army instead of Joab. 'Amesa was the son of an Ishmaelite man whose name was Jether, who had slept with Abigea, daughter of Ishai, sister of Ṣaruia, the mother of Joab.[199] (26) All Israel and Absalom had encamped in the land of Gal'ad.

(27) When David came to Maḥnaim, Shephe'i the son of Naḥash from Rabath of the sons of 'Ammon, [138 v] Machir son of Amiel from Ladabar,

---

[192] This sentence is added from Luc., with J's gloss "of the Jordan".

[193] "in the valley" = P. Margin: "in Raḥboth" = some G MSS Ραβώθ, from Ἀραβώθ. J appears to have re-semiticised a Greek transliteration—incorrectly.

[194] "of the Fuller" = P. Margin: "of Rogel" = G.

[195] "well" = P. Margin: "cistern" = G.

[196] This is the interpretation suggested by the punctuation of the MS. Other possibilities are "'...because they wanted water.' They did not find them...", or "'They passed on from here, because they wanted water and they did not find any.' So they returned to Jerusalem."

[197] Lit. "had not happened".

[198] Margin: "Section 12".

[199] See Introduction, xiv–xv.

and Berzeli the the Gal'adite from Raqabin²⁰⁰ (28) brought ten beds and mattresses and rugs, and ten pots and earthernware vessels, and wheat, barley, flour, barley meal, beans, lentils and parched grain, (29) and honey, butter, sheep, cheese, and sucking calves from the cattle. They offered them to David and the people with him to eat, because they said, "The people are hungry, exhausted and thirsty in the wilderness."

EIGHTEEN

(1) David numbered the people who were with him, and he appointed chiefs of thousands and chiefs of hundreds over them. (2 G) He prepared the people for battle.²⁰¹ (2 P) One third of the army he put under Joab, one third under Abesha, son of Ṣaruia and brother of Joab, and one third under Ithi the Gittite.²⁰²

King David said to the people,²⁰³ "I will also go out [139 r] with you myself." (3) His servants said to him, "You shall not go out with us, because if we are soundly defeated and flee, they will pay no attention to us nor pursue us, if you do not go out with us. If half of us die, they will pay no attention to us, because it is not us that they are seeking to put to death but you. For this reason, you shall not go out with us, since you are as good to us as ten thousand when you are inside the city, and they are seeking you rather than ten thousand. For this reason now, it is better for us that you should be our helper by remaining in the city."²⁰⁴ His servants said to David, "We will go out and make haste to engage them." (4) The king said to them, "I will do as it pleases you. And you, do what is pleasing in your eyes." [139 v]

He stood at the side of the city gate, and all the people were going out by hundreds and thousands. (5) The king charged Joab, Abesha and Ithi, saying, "Have pity on the young man Absalom for me, and take him alive for me." All the people heard the king charging all the chiefs about Absalom. (6) All the people went out to the forest to meet Israel, and the battle took place in the forest of Ma'enan. (7) There the people of Israel were crushed before David's servants, and there was great slaughter there that day, twenty thousand men. (8) There was much fighting there, scattered over the face of

---

²⁰⁰ "from Raqabin" = Luc. Margin: "In another [version], from Rogelim" = non-Luc G MSS.

²⁰¹ Sentence added by J.

²⁰² "he put under...": lit. "he gave into the hand of...".

²⁰³ The following interchange between David and his servants (vv.2b–3) is composed of G with additional material from J himself, largely replacing the wording of P, which is very confused until the last part of v.3. See Salvesen, "Jacob of Edessa and the Text of Scripture," *The Use of Sacred Books in the Ancient World*, L.V. Rutgers et al., eds. (Louvain 1998) 235–45.

²⁰⁴ "by remaining in the city": lit. "while you are in the city".

that whole land. The beasts of the forest devoured more people than those the sword destroyed that day.[205]

(9) Absalom chanced to come before David's servants. Absalom was riding a mule, and the mule went in beneath [140 r] the dense growth of the branches of a great oak. The hair of Absalom's head became entwined in the dense branches of the oak, and he dangled between heaven and earth. The mule beneath him passed on and went off. (10) A man saw him and informed Joab, saying, "I saw Absalom hanging in an oak." (11) Joab said to the man who had informed him, "And when you saw him, why did you not strike him and throw him to the ground? I would have given you ten silver coins and a garment!" (12) The man said to Joab, "Even if you had counted out and given me a thousand silver shekels, I would not have stretched out my hand against the king's son. For in front of me the king charged you and Abesha and Ithi, and said, 'Take care of the young man Absalom for me.' (13) If I had done this, I would have harmed [140 v] myself. Nothing would be hidden from the king. As for you, you would have stood aloof."

(14) Joab said, "Not so! But you show him to me,[206] and I myself will start before you." Joab took three arrows in his hand, and struck them into Absalom's heart. He was still alive, hanging in the bush. (15) Joab's ten young armour bearers surrounded him, struck Absalom and killed him.

(16) Joab sounded the trumpet, and the people returned from pursuing Israel, because Joab had pity on the people.

(17) They took Absalom and threw him into a pit in the forest, into a large trench. They set up a great cairn of large stones over him. All Israel had fled, each man to his tent.

(18) While Absalom was still living, he had taken [141 r] and erected a monument and image for himself in the King's Valley. For he used to say, "I have no one to remember my name." He called the image by his own name, and it was called, "Absalom's Hand" up to the present day.

(19) Ahima'aṣ son of Ṣadoq said to Joab, "Let me run and bring news to the king that the Lord has vindicated his cause at the hand of his enemies."

(20) Joab said to him, "You are not the man for this day's news. You may bring news on another day. But on this day, you should not take the news, because you would be bringing the news that the king's son is dead."[207]

(21) Joab said to Ḥushai, "Go, inform the king of what you saw." Ḥushai bowed down to Joab and ran off.[208] (22) Ahima'aṣ son of Ṣadoq

---

[205] "the beasts of the forest devoured more" = P.
Margin: "the forest devoured many more" = G.

[206] Phrase added by J.

[207] "You are not the man for this day's news. You may bring news", "But on this day" = G.

[208] Sentence added from G, with the second verb found in Luc.

again said to Joab, "Why, then, let me run! [141 v] I too will go after Hushai." Joab said to him, "Why will you run, my son? For you do not have news that will bring gain when you go."[209] (23) Ahima'as said, "And what will happen if I run?[210] Then let me run!" Joab said to him, "Run!" And Ahima'as ran by the road to Kechar,[211] and passed Hushai.

(24) David was seated between the two gates. The watchman walked onto the roof of the gate towards the wall, raised his eyes and saw a man running alone. (25) The watchman shouted and informed the king. The king said, "If he is alone, he has news to tell."[212] He continued to draw near. (26) The watchman saw another man running, shouted towards the gate and said, "Look, another man running alone!" The king said, "This one also is a bringer of news." [213] (27) The watchman said, [142 r] "I see the gait of the first one is like the gait of Ahima'as, Sadoq's son." The king said, "He is a good man, and he has come with good news also." (28) Ahima'as approached and said to the king, "Peace!" The king said to him, "Have you come in peace?" Ahima'as bowed down to the king with his face to the ground and said, "Blessed be the Lord your God, who has handed over the ones who stretched out their hands against my lord the king." (29) The king said to him, "Is the lad Absalom well?" Ahima'as said, "I heard the sound of loud shouting when the king's servant Joab sent your servant, and I do not know what happened there."[214] (30) The king said to him, "Move aside, stand here." He turned round and stood. (31) Hushai came and said, "May my lord the king have good news! For the Lord has vindicated his cause today at the hand [142 v] of all those who oppose him." (32) The king said to Hushai, "Is the lad Absalom safe?"[215] Hushai said, "May the enemies of my lord the king, and all those who rose against him for harm, be like the lad."

NINETEEN

(1 P: 18.33G) The king was bitterly distressed, and he went up to the upper room of the gate and wept. As he wept he kept saying, "My son Absalom, my son, my son, Absalom! If only I had been killed instead of you, Absalom, my son!"

(2P: 19.1G) They said to Joab, "See, the king is weeping and mourning over Absalom!" (3P: 2G) Deliverance that day became mourning for the whole people, because that day the people heard that they were saying, "The

---

[209] "news that will bring gain": lit. "news of profit". Sentence from G.

[210] Sentence from Luc.

[211] "Kechar" = non-Luc. G MSS. Margin: "that was arranged" = Luc.

[212] "to tell", lit. "in his mouth".

[213] "The watchman saw another man running, shouted", "The king said, 'This one also is a bringer of news.'" = G.

[214] Sentence based on G.

[215] "safe" = P. Margin: "well" = G.

king is so sad that he is mourning over his son."[216] (4P: 3G) The people hid away and were ashamed that day to enter the city, just as people hide away and are ashamed when they flee from battle.

(5P: 4G) The king covered his face and lamented in a piercing voice,[217] [143 r] and said, "My son, Absalom! My son, my son, Absalom! Absalom, my son!"

(6P: 5G) Joab came into the house to the king and said to him, "Today you have shamed the faces of all your servants who today saved your life, the lives of your sons and daughters, and the lives of your wives and concubines. (7P: 6G) You have loved those who hate you and hated those who love you. Today you have shown that you do not have nobles or servants. Yet I know today that if Absalom were alive, all of us would be dead today. Perhaps that would have been pleasing in your eyes.[218]

(8P: 7G) "Now stand up, go out, comfort[219] the hearts of your servants. For I have sworn by the Lord that if you do not go out, no one will remain with you tonight. This will be worse for you than all the troubles that have come upon you from your youth until now."

(9P: 8G) The king stood up and sat in the gate. They showed and informed all the people, and said, "Look, the king is sitting in the gate!" [143 v] All the people came and entered before the king's face. But Israel had fled, each to his tent.

(10P: 9G) The entire people was in uncertainty, complaining and considering throughout the tribes of Israel.[220] They were saying, "King David delivered us from the hand of all our enemies, and he saved us from the hand of the Philistines. Now he has fled from the land and from his kingdom before Absalom.[221] (11P: 10G) But Absalom, whom we anointed and set over us, has died in battle."

Each man said to his companion, "Why are you hesitant and silent about returning to the king? (12P) Come, let us go and bring him back to his house." And the words of all the sons of Israel came in before the king.

(13P: 11G)[222] King David sent to Ṣadoq and Abiathar the priests, and dispatched a message to them, saying, "Speak with the elders of Judah and say [144 r] to them, 'Why be the last to bring the king back to his house?[223] See, the words of all Israel have come to the king!' (13P) Say to them, 'The

---

[216] " Deliverance that day became mourning" = G.

[217] "piercing" = P. Margin: "loud" = G

[218] "Perhaps" = J; "that" = G. Margin: "because he was certainly more pleasing before you than all of us" = a gloss influenced by Luc.

[219] Syr. *mly*. Apparently unique to J. P and G have "speak to" (Syr. *mll*).

[220] "uncertainty" = J; "complaining" = G.

[221] "he has fled", "and from his kingdom" = G.

[222] There is a lacuna in most P MSS, except for 6h1, with which J shows affinities here.

[223] "Why be the last to bring the king back" = G.

king said this:[224] (12G) You are my brothers, my flesh and my bones. Why should you be the last to bring the king back to his house?" (14P: 13G) To 'Amesa you will say, 'See, you are my flesh and bone! Thus may the Lord do to me, and more besides, if you are not always permanent chief of the army before me, instead of Joab.'"

(15P: 14G) So 'Amesa swayed the hearts of all those of the house of Judah as of one man. They sent a message to the king, saying, "Return, you and all your servants!" (16P: 15G) The king returned and came as far as the Jordan. The men of Judah came to Galgala to go and meet the king, in order to bring the king across the Jordan. [144 v]

(17P: 16G) Sheme'i son of Gera, the son of Benjamin from Beth Horam, hurriedly came down with the men of Judah to meet King David. (17G) With him were a thousand men from the sons of Benjamin.[225] (18P) Siba, the servant of Saul's house, his fifteen sons and his twenty servants came down with them. They made straight towards the Jordan and made a bridge before the king.[226] (19P) They made fords so that the king's household could cross, and so that the people could cross. (18G) They performed service before the king, and before his servants, and did what was pleasing in his eyes.[227] Sheme'i son of Gera fell down on his face before the king when he had crossed the Jordan, (20P: 19G) and said to the king, "Do not reckon the offence against me, my lord! Do not remember against me the offence your servant committed on the day when my lord the king had left Jerusalem. May my lord the king not take these things to heart. (21P: 20G) I myself, [145 r] your servant, know that I have sinned. Because of this, see, I myself have come today as the first of the whole house of Joseph, and I have come down to meet my lord the king."

(22P: 21G) Abesha son of Saruia answered and said, "Shall Sheme'i not die even because of this, for reviling the Lord's anointed?"

(23P: 22G) David said, "What do I have to do with you, sons of Saruia? You are Satan to me today.[228] Today no man of Israel shall die. Do I not know today that I am king in Israel?" (24P: 23G) The king said to Sheme'i, "You are not going to die." And the king swore an oath to him.

(25P: 24G) Memphiba'al, son of Jonathan, son of Saul, came down to meet the king. He had neither bandaged his feet, nor cut his nails, nor trimmed his moustache nor washed his clothes from the day that the king had gone until the day [145 v] on which the king arrived safely.[229] (26P: 25G) It

---

[224] "The king said this": J's gloss.

[225] Sentence based on G.

[226] "They made straight towards the Jordan" = G.

[227] "They performed service before the king" cf. G: "and before his servants, and did" = J.

[228] "Satan" = P and some Greek MSS. Margin: "who opposes", a gloss.

[229] "He had neither bandaged his feet, nor cut his nails", "moustache", "washed" = G.

happened that when he came to Jerusalem to meet the king, the king said to him, "Memphiba'al, why did you not go with me?" (27P: 26G) Memphiba'al said to him, "My lord the king, my servant deceived me and acted treacherously against me. For your servant said to him, 'Saddle a donkey for me that I may mount it and go with my lord the king,' because your servant is crippled. (28P: 27G) But my servant behaved falsely to me, and schemed against me, and denounced me before my lord the king.[230] But you, my lord the king, are like an angel of God. Do what is pleasing in your eyes. (29P: 28G) For the whole of my father's house deserved death before my lord the king, yet you reckoned your servant among those eating at your table. So I cannot be justified, nor speak before my lord the king. What right do I have to importune my lord the king again?"[231]

(30P: 29G) The king said to him, "You have already made your speech. I have said [146 r] that the fields are to be divided up between you and Ṣiba."

(31P: 30G) Memphiba'al said to the king, "Let him even take everything, since my lord the king has come home in peace."

(32P: 31G) Berzeli the Gal'adite came down from Rogelim and crossed the Jordan with the king in order to send him on from there. (33P: 32G) Berzeli was a very old man, for he was eighty years old. He had provided for the king while he was living in Maḥnaim, because he was a great man. (34P: 33G) The king said to Berzeli, "You too cross with me, and I will provide for your old age in Jerusalem with me."

(35P: 34G) Berzeli said to the king, "How many are the days of the years of my life, that I should go up with the king to Jerusalem? (36P: 35G) I am eighty years old today, and I do not know the difference between good and bad, and what your servant eats or drinks [146 v] cannot be tasted by him. Nor can I any longer hear the voices of one woman or another,[232] or the sound of male and female singers. Again, why should your servant become a burden to my lord the king? (37P: 36G) For your servant was barely able to cross the Jordan with my lord. Why should my lord the king repay me with such a reward? (38P: 37G) Let your servant stay, that I may die in my own city, by the grave of my father and mother. Here is your servant Kamaham, my son. Let him cross with my lord the king. Do for him is as pleasing in your eyes." (39P: 38G) The king said, "Kamaham shall cross over with me and I will do for him what is pleasing in my eyes. Whatever you ask of me, I will do for you."

(40P: 39G) All the people crossed the Jordan, and the king also crossed.

---

[230] "schemed against me" = G; "and denounced me before" = Luc.

[231] The last sentence is from G.

[232] "voices": reading with Seyame. P has *bql*, but cf. the reading of 9a1, *bqly*. An alternative would be to treat the verb as an Aph'el, "(I can no longer) shout one thing or another with my voice", but that would produce a dislocation with the next phrase.

The king kissed Berzeli and blessed him, and he returned to his own region.

(41P: 40G) The king passed on to Galgala, and Kamaham passed on [147 r] with him. All the people of Judah went on with the king, and also half the people of Israel. (42P: 41G) All Israel came to the king and said to the king, "Why did our brothers, the men of Judah, hide you, and take you, the king, and all the members of your household across the Jordan?" (43P: 42G) All those of the house of Judah replied and said to those of the house of Israel, "Because the king is our kinsman. Why are you displeased about this matter? Did we eat at the king's expense at all, or was any present given to us by him?" (44P: 43G) The men of Israel replied to the men of Judah and said, "We have ten parts in the king.[233] I am the eldest, not you.[234] We also have more in David than you. Why did you despise us and think nothing of our word?[235] For we ought to have been the first to bring back the king." But the words of the men of the house of Judah prevailed over the words of the men of the house of Israel.

TWENTY

(1) A certain lawless man happened to be present there. His name was Shame'e son of Bedadi, from the tribe of Benjamin, an Arachi man.[236] He sounded the trumpet and said, "We have no part in David, nor inheritance with the son of Ishai. Everyone, go to your tents, Israel!"

(2) All the sons of Israel stopped following David, and followed Shame'e son of Bedadi. The sons of Judah stayed close to their king from the Jordan as far as Jerusalem.

(3) David came and entered his house in Jerusalem. The king took the ten concubines whom he had left to look after his house, and confined them in a guard-house. He provided for them, but did not go in to them. They were under restraint until the day [148 r] of their death, living in widowhood.

(4)[237] The king said to 'Amesa, "Arrange a meeting for me with the house of Judah, for three days from now, and be here yourself." (5) 'Amesa went to arrange a meeting for the house of Judah, but he delayed beyond the time which David had set him.[238]

(6) David said to Abesha, "Now Shame'e son of Bedadi will do us more harm than Absalom. But now, take your lord's servants with you and

---

[233] "parts" = P. Margin: "hands" = G

[234] Phrase from G.

[235] Composed of P, G, Luc and J.

[236] The biographical details are chiefly from Luc.

[237] Margin: "Reading for the Commemoration of the Prophets and for a priest."

[238] "the time which David had set him" = G.

pursue him, in case he finds fortified cities for himself and stays in them and gouges out[239] our eyes."

(7) Joab's men went out after him, the free men and the soldiers, and all the warriors. They left Jerusalem and went to pursue Shameʻe son of Bedadi. (8) When they were by the great rock that is in Gabaʻon, ʻAmesa entered before them. [148 v] Joab was equipped with his armour, and on top of it a sword was bound over his loins.[240] He went out with his hand resting on his sword.[241] (9) Joab said to ʻAmesa, "Peace to you, my brother!" And Joab's hand slipped onto ʻAmesa's beard as if in order to kiss him. (10) ʻAmesa did not watch out for the blade in Joab's hand. Joab struck him on the loins, and his bowels were poured out onto the ground. He did not strike again, and [ʻAmesa] died. Joab and his brother Abesha pursued Shameʻe son of Bedadi. (11) A man from Joab's men stood by him and said to him, "On whose side are you? If on David's side, [go] after Joab!" (12) ʻAmesa was dying and wallowing in blood. He was lying on the path. When the man saw that all the people were stopping [149 r] to look, he dragged ʻAmesa from the path and threw him into a field. He threw a cloak over him when he saw that everyone who came by him was stopping. (13) When he had dragged him from the path, everyone passed on after Joab[242] to pursue Shameʻe son of Bedadi. (14) Seeking him, they passed through all the tribes of Israel, through Abel and Beth Maʻacha. They assembled from all the cities and regions and went after him. (15) They came in and encamped against him in Abel and in Beth Maʻacha, and they began to make war on the city. They surrounded it with a fighters' trench and placed it under siege. All the people with Joab were eager to pull down the wall.[243]

(16) A certain wise woman cried out from the wall saying, "Listen, listen! Say to Joab, [149 v] ʻApproach here and I will speak with you.'" (17) Joab approached her and she said to him, "Are you Joab?" He said to her, "I am." She said to him, "Hear your maidservant's words." Joab said to her, "I myself am listening. Speak." (18) The woman said to him, "A saying used to be spoken long ago, as they would say, ʻThis should surely be asked in Abel and in Dan.' Shall those things that faithful people have ordained for Israel cease and vanish away, they will surely ask, and shall they destroy them in this way? (19 G) Shall the peaceful ways of the strength of Israel be wiped out? (19 P) What reward have I given to Israel that you are trying to pull down and destroy a city and mother of cities in Israel? Do not swallow up the Lord's heritage!"

---

[239] "gouges out" = P. Margin: "and is hidden from" = Luc.

[240] "and on top of it a sword was bound over his loins" = G.

[241] Jacob has glossed this sentence in order to improve the sense.

[242] End of the Reading for the Commemoration of the Prophets and for a priest.

[243] Jacob has rewritten the verse in a more military style, using material from G.

(20) Joab answered and said to her, "Far be it from me! Far be it from me! I will not swallow up or ruin! (21) This is not the case. But [150 r] a man from the mountain of Ephraim, Shame'e son of Bedadi by name, has stretched out his hands against King David, and I am looking for him.[244] Give him alone to me, and I will leave the city immediately."

The woman said to Joab, "His head shall now be thrown down to you from the wall." (22) The woman entered and went to all the people and spoke to the whole city in her wisdom, to remove the head of Shame'e son of Bedadi.[245] They took the head of Shame'e son of Bedadi and threw it down from the wall to Joab. Joab sounded the trumpet, the army withdrew from the city, and each man dispersed to his tent. Joab returned to Jerusalem to the king.

(23) Joab was over the whole army of Israel. Banea son of Joda' was over the free men [150 v] and the soldiers. (24) Adoniram was over tribute,[246] and Shaphan son of Aḥithalaal was the secretary. (25) Shusha was the scribe, and Ṣadoq and Abiathar were the priests. (26) Joda' son of Jether was David's priest.

TWENTY ONE

(1)[247] There was a famine in the land in David's days, for three years, year after year. David sought a word from the Lord, and the Lord said, "Because of Saul and because of his house of bloodshed, and because of the wrong he did in killing the Gaba'onites."[248] (2) The king summoned the Gaba'onites and spoke to them concerning this. (The Gaba'onites were not from the sons of Israel, but from the remnant of the Amorites. The sons of Israel had sworn to them that they would not destroy them. But Saul sought to slaughter them in zeal for the sons of Israel and for Judah.) (3) David said to the Gaba'onites, "What shall I do [151 r] for you, and how shall I atone, that you may bless the Lord's heritage?"[249] (4) The Gaba'onites said to him, "Saul and his house do not owe us gold or silver, and it is not for us to kill a man from Israel."[250] He said to them, "Then what do you say that I shoul do for you?" (5) They said to the king, "The man who put an end to us and persecuted us,[251] and planned to put an end to us and destroy us, so that we would not be found in any of the territory of Israel, (6) let them give us

---

[244] "and I am looking for him" = J.

[245] "spoke to the whole city","to remove the head of Shame'e son of Bedadi" = G.

[246] "Adoniram" = P. Margin: "Izedram", cf. Luc.

[247] Margin: "Section 13".

[248] "wrong" = G, Syh^G.

[249] "that you may bless" = G, Syh^G.

[250] "a man from" = G, Syh^G.

[251] "and persecuted us" = G, Syh^G, G.

seven men from his sons. We will sacrifice them before the Lord on the Hill of Saul and expose them in the sun." The king said to them, "I will give [them]." (7) The king spared Memphiba'al, son of Jonathan, Saul's son, because of the oath of the Lord that existed between them, between David and Jonathan son of Saul. (8) The king took the two [151 v] sons of Reṣpa daughter of Aia, whom she had borne to Saul, Armoni and Memphiboshthe;[252] and the five sons of Merob, daughter of Saul, whom she had borne to 'Anazriel son of Berzeel from Moḥula. (9) He delivered them into the hand of the Gaba'onites. They sacrificed them on the mountain before the Lord, and laid them out in the sun. The seven of them fell together. They were slain in the first days of the harvest, at the beginning of the barley harvest.

(10) Reṣpa daughter of Aia took sackcloth and spread it out for herself on the rock from the start of the barley harvest until water from heaven descended upon them. She did not let the birds of heaven settle upon them by day nor the wild beasts of the open country approach them by night. (11) They informed David what Reṣpa [152 r] daughter of Aia, Saul's concubine, had done.

(12) David went and took from the lords of Jabish of Gal'ad the bones of Saul and the bones of Jonathan his son, which they had stolen from the market place[253] of Bethshan, where the Philistines had hung them on the day that the Philistines had killed Saul on the mountain of Gelbo'. (13) He took up from there the bones of Saul and the bones of his son Jonathan, and gathered the bones of those who had been killed and laid out in the sun. (14) He buried the bones of Saul, of Jonathan and of those who had been killed in the land of Benjamin, at the side of the grave of his father Qish.[254] They did everything that the king commanded them, and God was reconciled with the land after these things.

(15)[255] [152 v] The Philistines again did battle with Israel, and David and his men with him went down to fight the Philistines. Dadu son of Joash came against them. David saw him and was afraid, and he faltered and was paralysed. (16 P?)[256] Both he, Joab and Abesha were afraid of the giant.[257] (16 G?) Dadu was also one of the sons of the giants, and the weight of his spear was three hundred shekels by weight of bronze. He was girded and clothed with an iron breastplate, and he was planning to kill David. (17) Abesha

---

[252] "Armoni" = P. Margin: "Achi", cf. Luc.

[253] "market place" = G (Eg and Hex). Margin: "wall" = Luc and other G MSS.

[254] "at the side" = G. Margin: "in Ṣalṣaḥ" = P.

[255] For vv. 15–22, J has rewritten and rearranged the material in P and G, and added the occasional gloss of his own.

[256] There is no clear correspondence with the order of either G or P, though Jacob has elements of the wording of both.

[257] "giant", also vv. 18, 20, 22, or possibly "mighty man", as translated elsewhere. The Syriac word is ambiguous, but in the next sentence it renders G γίγας, "giant".

son of Ṣaruia helped him and saved David. He struck the Philistine and killed him.

Then David's men swore an oath, saying to him, "You shall not go out with us to battle any more, that you may not extinguish the lamp of Israel."

(18) After that time, there was a battle with the Philistines in Gaza.[258] Then Sobechi the Hittite killed those [153 r] who were gathered[259] from the sons of the giants.

(19) Israel had another battle with the Philistines in Rob, and Elḥanan son of Aldai from Bethlehem killed Goliath the Philistine from Gath, whose spear shaft was as thick as a weaver's beam.

(20) There was a battle again with the Philistines in Gath, and there was a giant there from Raza.[260] The fingers of his hands and the toes of his feet were in sixes, twenty four in number. He too was born to the giants. (21) He insulted Israel, but Jonathan son of Shamaʻa, David's brother, killed him. (22) These four were born of the grandsons of the giants in Gath, to the house of Rapha. They fell by David's hand and by the hand of his servants.[261]

TWENTY TWO

(1) David spoke the words of this hymn to the Lord on the day that the Lord delivered him [153 v] from the hand of his enemies, and from the hand of Saul, (2) and he said:

(The hymn of David.[262])

"I will love you, O Lord my strength. The Lord is my might, my refuge and my deliverer. (3) God is my helper, in whom I trust;[263] my aid and the horn of my salvation; my refuge and my deliverer from evildoers, and my glorious (4) saviour. I will call to the Lord, and from my enemies I shall be saved. (5) For the pangs of death surrounded me, and the deceptions of the evildoers troubled me. (6) The pangs of Sheol encircled me and the snares of death went before me. (7) In my affliction I called to the Lord and to my God I cried out. He heard my voice from his temple, my cry before him entered his ears. (8) The earth was troubled and quaked, the foundations of the mountains quaked and burst because he was angry with them. (9) Smoke ascended in his wrath, and fire flamed out from his countenance, coals blazing from him. (10) He inclined the heavens and came down, thick darkness

---

[258] "Gaza": cf. Luc. Margin: "in Gath" = P.

[259] "those who were gathered" = Luc. Margin: "(killed) Sophar who was from the sons of the giants" = P.

[260] "Raza" cf. Luc. Margin: "Madon" = Eg and Hex.

[261] "to the house of Rapha" = Luc. "They fell" = G.

[262] This title is in the main text. The hymn stays generally close to P, and most of the differences from it are noted below.

[263] "helper" = J; "in whom I trust" = G.

beneath his feet.[264] (11) He rode on [154 r] the cherubim and flew, and soared on the wings of the wind. (12) He set darkness as his lair,[265] and his shelter encircled him; the darkness of water in the clouds of the air. (13) From the brightness before him he made his clouds hail and fiery coals.[266] (14) The Lord thundered from heaven and the Most High gave voice.[267] (15) He sent his arrows and scattered them. He made his lightning plentiful and discomfited them. (16) The springs of water were seen and the foundations of the world were revealed by your rebuke, O Lord, and by the breath of the wind of your anger. (17) He sent from on high and took me,[268] and drew me out of many waters. (18) He delivered me from my strong enemies, and from my foes who were stronger than me. (19) They came before me on the day of my affliction, and the Lord was my aid. (20) He brought me out to an open space, he delivered me because he delighted in me. (21) The Lord rewarded me according to my righteousness, and according to the cleanness of my hands he rewarded me.[269] (22) For [154 v] I kept the ways of the Lord and did not rebel against my God. (23) For all his judgements are in front of me, and I have not banished his laws from me. (24) I was without fault with him and I was wary of my sins. (25) The Lord rewarded me according to my righteousness, and according to the cleanness of my hands before his eyes.

(26) With the holy you will be holy,[270] and with the perfect man you will be perfect. (27) With the chosen you will be chosen, and with the crooked you will be perverse.[271] (28) For you yourself will save a poor people, but the eyes of the lofty you will humble. (29) You will light my lamp; Lord my God, you will lighten my darkness. (30) For by you I will run against a troop, and by my God I will leap a wall.[272] (31) My God—without fault is his way. The speech of the Lord is proved, and aids all who trust in him.[273] (32) For there is no god apart from the Lord, and no god like [155 r] our God:[274] (33) God who girded me with strength and made my way without fault. (34) He made my feet like those of a stag, and on the heights he set me. (35) He taught my hands for battle and made my arms strong as a bow of bronze. (36) You gave me the shield of your salvation. Your right hand

---

[264] "inclined" = G, cf. P 9a1 *wrkn*.

[265] "set" = P 6h1 and G.

[266] "before him" = G.

[267] "the Most High" = G. The end of this verse in P is the same as the ending of v.13, but J and G do not have this repetition.

[268] "took" = G.

[269] "rewarded me" = G.

[270] "holy" (2) = G.

[271] "you will be perverse" = Luc., cf. P 9a1 fam.

[272] "leap" = Luc.

[273] "proved, and aids" = G.

[274] "no god like" = J.

aided me, and your instruction directed me.[275] (37) You broadened my steps beneath me so that my ankles would not quake. (38) I will pursue my enemies and overtake them, I will not turn back until I have made an end of them. (39) I will smite them and they shall be unable to stand, they shall fall beneath my feet. (40) You will gird me with strength in battle, and you will make those who stand against me bow beneath me. (41) My enemies you will break before me, and my foes you will destroy.[276] (42) They will call out, and they will have no saviour. They will seek from the Lord and he will not answer them. (43) I will grind them like [155 v] dust upon the wind, and like the mire of the streets I will trample them. (44) You will deliver me from the judgements of the people,[277] and you will make me the head of the peoples. A people that I do not know shall serve me. (45) They shall hear me with the hearing of the ear. Foreigners shall be subject to me.[278] (46) Foreigners will deceive and be hindered from their paths. (47) The Lord lives, and blessed be my God. May my God and Saviour be exalted: (48) the God who granted me my request and subjected peoples beneath me. (49) He delivered me from my enemies. Above those who stand against me you will exalt me. Also from evil men you will deliver me. (50) Because of this I will acknowledge you among the peoples, O Lord, and I will sing to your name, (51) that makes the king's salvation great and shows kindness to his anointed one, to David and his seed forever."

TWENTY THREE

(1) These are the last words of David.

Faithful David, son of Ishai, spoke: [156 r] there spoke the faithful man whom the Lord, the God of Jacob, appointed as the anointed one, he who made sweet psalms of Israel.

(2) "The Spirit of the Lord spoke through me, and his word was on my tongue. (3) The God of Jacob said, the Maker of Israel spoke through me, saying, 'Rule over the sons of men justly, rule in the fear of God, (4) like morning light when the sun shines in the morning, and is cloudless from brightness, as rain that makes the earth spring forth. (5) But was my house not so with God? For he made an everlasting covenant for me, to save me for ever in everything, and he will keep his covenant. And in anything that is against me he will not delight. (6) All the evildoers and enemies who flourish are like thorns [156 v] which burn in the fire, and all of them like wipings from a lamp.[279] For none of these are grasped in the hand, (7) but

---

[275] "aided me, and your instruction directed me" = Luc.

[276] "My enemies" = G; "you will break before me", "you will destroy" = J.

[277] "judgements" = P. Margin: "disputes" = some G MSS.

[278] "Foreigners": lit. "foreign sons", also in the next verse.

[279] A rare word, cf. *mḥwṭ'* and corresponding to ἀπόμυγμα of Luc..

when a man approaches them it is with the handle of an axe, and with iron he gathers them. All of them will be burnt in the fire with their shame."

(8) These are the names of David's warriors: Jeshba'al son of Teqemani, the first of the three. This one drew a sword and killed eight hundred slain on a single occasion. (9) After him, Ele'azar his uncle's son, son of Ushi. This one went down with three men and was with David in Seran when the Philistines insulted them and were gathered there to make war. The men of Israel shouted out in front of them. (10) He stood and destroyed the Philistines until his hand grew weary. His hand stuck fast to the hilt of his sword. [157 r] The Lord wrought great salvation that day, and the people rose up after him to strip the slain.

(11) After this one, [there was] Shama'a son of Ila the Arachi from the king's mountain, when the Philistines were gathered to plunder the animals. There was a field sown with lentils there, and the people fled from the Philistines. (12) He stood in the middle of the field and delivered the animals, and destroyed the Philistines. The Lord wrought great salvation through him.

(13)[280] The three men from the three principalities came down and came at harvest time to David, to the rock of the cave of 'Odolam. The Philistines' animals were grazing in the valley of the giants. (14) David was then at Meṣaroth and the great men of the Philistines and all their army were encamped then [157 v] at Bethlehem. (15) David longed and said, "If only someone would give me a drink of water from the great cistern that is in Bethlehem, the one in the gate!"[281] (16) The three mighty men penetrated the Philistines' camp, and entered and drew water from the great cistern of Bethlehem that is in the gate.[282] They took it and brought it to David, but he refused to drink it. He poured it out to the Lord,[283] (17) and he said, "God forbid that I should do this, and drink the blood of men who went at peril of their lives!"[284] And he refused to drink it. These things the three mighty men did.[285]

(18) Abesha, Joab's brother, son of Ṣaruia, was the leader of the three. He raised his spear over three hundred slain, and he had a name with the three. (19) He was the most renowned of the three, and he [158 r] was their head. He used to gain success as the three did.

---

[280] Margin: "Reading for the Fourth Sunday of Lent". In another hand, "Reading for Epiphany, Night Office".

[281] "If only someone would give me": lit. "So who is there who will give me". "the one in the gate" = Syh[G], G (also in v.16).

[282] "mighty men" = Syh[G], G (also in v.17).

[283] "He poured it out to the Lord" = Syh[G], G.

[284] "at peril of their lives" lit. "by the blood of their lives".

[285] End of the Reading for the Fourth Sunday of Lent.

(20) Banea son of Joda' was a man who was a mighty soldier, and his deeds were finer than those of Qabaṣiel. He killed the two sons of Ariel of Moab, and the same man went down and killed a lion inside a pit on a snowy day. (21) He killed the Egyptian man, a handsome man. In the Egyptian's hand was a spear like the timber of a bridge. He went down against him with a staff, and snatched the spear from the Egyptian's hand, and killed him with his own spear. (22) These things Banea son of Joda' did, and he had a name and success with the three. (23) He was more renowned than the three of them and used to gain success as the three. David [158 v] made him his guard, to go out and come in before him. These also were warriors of King David: (24) 'Ashael brother of Joab among the thirty men;[286] Elhanan son of Dudei from Bethlehem;[287] (25) Shama'a son of Adari from the King's Mountain; (26) Ḥaliṣ from Palmon; 'Ida son of 'Aqis from Teqo'; (27) Abi'ezer from 'Anathoth, from the sons of Ḥusheth; Sabachi the Hittite; (28) Ṣalaman the Aqachi from the Mountain of the House; Elon the 'Uthite; Mahar from Neṭuphath; (29) Ḥalan son of Ba'ana from Neṭophath; Eththi son of Eriba from the hill of the sons of Benjamin; (30) Banea son of Para'thon from Geba'; Ḥada from Naḥabaṭal; (31) Sabiai son of Abi'almon the Arabothite; Azalmoth [159 r] the Berothite; (32) Shal'abath the Salamanite. From the sons of Ishai: Jonathan son of Shama'a from Beth Nashor; (33) Shama'a from the Mountain of Olives; Aḥim son of Sacharon; Ararima the Ophalite, son of Asea; (34) Eliphaleṭ son of Ḥasabi from Ma'achath; Tala'am son of Aḥithophil the Gal'adite; (35) Ḥasri the Karmelite; Para'i the Arachi; (36) Joel brother of Nathan; Maṣaba son of Ageri; (37) Alad from 'Ammon; Harea the Berothite, who used to carry the armour of Joab son of Ṣaruia; (38) Ḥiad from Jether; (39) Gaber from Jethem.[288] David's mighty men were thirty seven altogether in number. [159 v]

TWENTY FOUR

(1)[289] The hot anger of the Lord was once more kindled against Israel, and he incited and provoked David against them, saying, "Go and number Israel and Judah."[290] (2) King David said to Joab and the army captains who were

---

[286] The following names, patronymics and place names are a mixture of forms found in the P and G traditions. Many resemble Luc., or are adaptations of P names with vowels appearing to correspond to the G forms of similar names. Others have no parallels in the P or G MSS known to us. My transcriptions are therefore to some extent guesswork. See Introduction, Excursus II, on names.

[287] "son of Dudei" = G. Margin: "son of his father's brother" = many G MSS (not Luc.).

[288] Margin: "(Jethe)r."

[289] Margin: "Section 14. Reading for Easter Eve at Vespers, and for Rogation Week and for pestilence".
Scholion: "It is necessary to realise that David did not count only those of that time, but also those who had died before that".

[290] "of the anger", "kindled", "incited", "saying" = G.

with him, "Go about, then, and pass through all the tribes of Israel from Dan to Bersheba', and number the people for me. Fetch and inform me of the number and reckoning of all the people."[291]

(3) Joab said to the king, "May the Lord your God add to the people a hundredfold of their like, and may the eyes of my lord the king see it. But why does my lord the king want such a thing?" (4) The king's word prevailed over Joab and the chiefs of the people, and Joab and the captains of the army left the king's presence to number the people of Israel.

(5) They crossed the Jordan and began from 'Aro'er and the city which was [160 r] in the middle of the gorge of Gaddi and Je'zer.[292] (7/6 P:6 G) They came to Gal'ad and the land of the Hittites, and the land of Tabiṣ and of Ḥushath, which is of Qadesh. They came as far as Dan and went around great Sidon.[293] (7G) They came to the fortress of Tyre, and to all the cities of the Hivites and Canaanites. They came to the land of the Jebusites and went out to the land of the south of Judah as far as Bersheba'.[294] (8) They went around the whole land of Israel and came after nine months and twenty days to Jerusalem.

(9) Joab brought the number and reckoning of the people and gave it to the king. The number of the sons of Israel was eight hundred thousand men, mighty soldiers who drew the sword. As for the men of Judah, there were five hundred thousand fighting men.[295]

(10) David's heart smote him immediately, [160 v] and he was agitated in his mind after he had counted the people.[296] David said before the Lord, "I have sinned greatly in doing this thing. Even now, I ask you, Lord, forgive your servant's offence, because I have offended and acted very foolishly."[297]

(11) David rose in the morning, and the word of the Lord came to the prophet Gad, David's seer.[298] He said to him, (12) "Go, tell David, 'Thus says the Lord: I am going to say three things concerning you. Choose one of them, whichever you wish, and I will do it to you.'"[299] (13) The prophet Gad came and entered David's presence, and told him. He said to him, "Thus says the Lord,[300] 'Choose what will happen to you.[301] Either there will come

---

[291] "pass through", "tribes" = G; "let me know" = J, cf. G.

[292] "and began from 'Aro'er...and Je'zer": entirely from Luc.

[293] Most of this verse is from Luc.

[294] This verse is influenced by G.

[295] "gave it", "fighting men" = G.

[296] "David's heart smote him" = G; "immediately", "in his mind" = J.

[297] This verse is taken mainly from G.

[298] "rose", "David's seer" = G.

[299] "I am going to say...one of them" = G; "whichever you wish" = J.

[300] "Thus says the Lord" = J's gloss.

[301] Phrase from G.

upon you three years of famine in your land,[302] or for three months you will flee before your enemies and they will be pursuing you,[303] or there will be three days of pestilence in your land.' Now then, know and see what response I should give [161 r] to the One who sent me to you." (14) David answered and said to Gad the prophet, "I am very distressed and I am afflicted on every side.[304] The three of them are harsh. But it is better[305] for us to fall into the hands of the Lord whose mercies are many. Let us not fall into the hands of men!"[306]

(15 G) And David chose pestilence. The days were during the wheat harvest.[307] (15 P) The Lord granted a pestilence in Israel from morning until the sixth hour. The plague began among the people and seventy thousand men died from Dan to Bersheba'.[308] (16) The angel of God stretched out his hand against Jerusalem to ravage it. The Lord was persuaded[309] concerning the evil and spoke to the angel of death who was ravaging and destroying the people.[310] He said to him, "You have destroyed much. Hold back your hand." The angel [161 v] of the Lord was standing by the threshing floor of Orna the Jebusite.

(17) David spoke to the Lord when he saw the angel who was destroying the people. He spoke up and said to him, "See, I am the one who did wrong. If I the shepherd have sinned and provoked anger, these are innocent sheep![311] What have they done? So let your hand be on me and my father's house."

(18) The prophet Gad came to David that same day and said to him, "Go up, build an altar to the Lord on the threshing floor of Orna the Jebusite." (19) David went up at the word of Gad, just as the Lord had commanded him.

(20) Orna the Jebusite turned and saw King David and his servants passing above him. Orna went out and bowed down to the king with his face to the ground, (21) and said, "Why has my lord the king come to his servant?" David said, "To buy this threshing floor from you, in order to build an altar to the Lord on it, so that the plague may be held back from the people." [162 r] (22) Orna said to David, "Let my lord the king take whatever

---

[302] "Either there will come upon you three" = G.

[303] "you will flee" = G.

[304] "I am afflicted on every side": cf. G.

[305] "better" = G. Margin: "expedient "= P.

[306] "The three of them are harsh. But it is better for us to fall", "very great. Let us not fall into the hands of men!": cf. G, especially Luc.

[307] This verse is entirely from G.

[308] "The plague began among the people" = G.

[309] "persuaded": cf. B παρακλήθη...ἐπί, but this is hardly a usual equivalence.

[310] "The Lord was persuaded concerning the evil and spoke" = G; "who was ravaging": cf. G.

[311] "I am the one who did wrong", "the shepherd", "sheep" = G.

is good in his eyes and offer it to the Lord. Here are bulls for the whole burnt offering, and threshing sledges and the bulls' gear for wood." (23) Orna gave all these things to King David. Orna said to King David, "May the Lord your God bless you."

(24) The king said to Orna, "I will certainly buy them from you for a price: I will not offer the Lord God a burnt offering that cost nothing." David bought the threshing floor and garden and bulls for fifty shekels. (25) David built there an altar to the Lord and offered up whole burnt offerings and peace offerings.

(Solomon added to this altar, because it was small in the beginning.)

The Lord appeared to the land and answered them, and the pestilence was held back from Israel.[312]

FIRST BOOK OF KINGS, CHAPTER ONE

(1)[313] King David was very old and advanced in years. They used to cover him [162 v] with clothes but he could not keep warm. (2) His servants said to him, "See, your servants are before you. Let them find for our lord the king a young girl, a virgin, and let her stand before the king and be his attendant. She will lie in your arms and our lord the king will be warm." (3) They looked for a young girl who was beautiful throughout the entire territory of Israel, and they found Abishag[314] the Shumanite, and brought her to the king. (4) The young girl was beautiful in appearance, and she was the king's bedmate and attended him, but the king did not know her.[315]

(5) Ornia son of Ḥagith was behaving arrogantly and saying, "I will be king." He made himself chariots and horsemen, and fifty men who used to run in front of him. (6) His father never rebuked him and said to him, "Why are you doing this?" This man [163 r] was also very handsome in appearance. He had been born after Absalom. (7) He spoke with Joab son of Ṣaruia and Abiathar the priest,[316] and they assisted him. (8) Ṣadoq the priest, Banea son of Joda', Nathan the prophet, and Shama'a and his companions who were David's warriors were not with Ornia.[317]

(9) Ornia sacrificed sheep and bulls and fatlings at the great rock called Selath, which is beside the spring of the fuller.[318] He invited all his brothers, the king's sons, and all the men of Judah who were the king's servants.

---

[312] End of the Reading for Easter Eve at Vespers, and for Rogation Week and for pestilence.

[313] Margin: "Section 15".

[314] Margin: "(Abisha)q" = Luc.

[315] "bedmate" = Luc.

[316] "He spoke with...": lit. "His words were with..."

[317] "mighty men" = Syh[L].

[318] Margin: "Of Rogel" = G, cf. Syh[L].

(10) He did not invite Nathan the prophet, Banea son of Joda', David's mighty men, or Solomon his brother.

(11) Nathan the prophet came to Bathsheba', [163 v] Solomon's mother, and said to her, "Have you not heard that Ornia son of Ḥagith has become king, and our lord David does not know?" (12) So now, come and I will give you advice, and save your life and the life of your son Solomon. (13) Go and enter King David's presence and say to him, 'My lord the king, did you yourself not swear to your maidservant by the Lord your God and say, "Solomon your son shall be king after me, and he shall sit on my throne"? For see, Ornia has become king!' (14) While you are speaking there before the king, I too will enter after you and confirm your words."[319]

(15) Bathsheba' went in to King David in the bedchamber. Now King David was very old and Abishaq the Shunammite was attending the king. (16) Bathsheba' knelt and bowed down to the king.

The king said to her, "What do you want, Bathsheba'?" (17) She said to him, "My lord the king, you yourself swore to your maidservant by the Lord your God, [164 r] 'Solomon your son shall be king after after me, and he shall sit on my throne.' (18) But now, see, Ornia has become king, and you, my lord the king, did not know! (19) He has sacrificed bulls and fatlings and many sheep. He has invited all the king's sons, Abiathar the priest, and Joab, the chief of the army. But he has not invited Nathan the prophet, Banea son of Juda' and Solomon your servant. (20) If this business was from my own lord the king, since the eyes of the whole people are looking to you, you should tell them who shall sit on the throne of my lord the king after him. (21) It shall be that when my lord the king lies with his fathers in peace that I and Solomon my son will be sinners."

(22) While she was still speaking there before the king, Nathan the prophet came. (23) They informed the king and said to him, "See, [164 v] Nathan the prophet has come." Nathan entered before the king and fell on his face to the ground and bowed down to him.

(24) Nathan said, "My lord the king, have you yourself said, 'Ornia shall be king after me, and he shall sit on my throne'? (25) For Ornia has gone down today, sacrificed bulls and fatlings and many sheep, invited all the king's sons, Joab the chief of the army and Abiathar the priest. See, they are eating and drinking before him, and saying, 'Long live King Ornia!' (26) But he did not invite me, who am your servant, or Ṣadoq the priest, or Banea son of Juda', or Solomon your son. (27) If this matter was from you, my lord the king, why did you not inform your servant who should sit on the throne of my lord the king after him?"

(28) The king said, "Summon Bathsheba' to me." Bathsheba' came in and stood before the king. (29) The king swore an oath to her and said, "As

---

[319] "I too shall enter after you" = Syh[L], cf. Luc.

the Lord lives, who delivered my life from every affliction and adversity,[320] (30) just as [165 r] I swore to you by the Lord the God of Israel and said, 'Solomon your son shall be king after me and he shall sit on my throne,' that will I do today." (31) Bathsheba' knelt with her face to the ground, bowed down to the king, and said, "May my lord the king live for ever."

(32) King David said, "Summon Ṣadoq the priest, Nathan the prophet, and Banea son of Juda' to me." They came and entered the king's presence. (33) The king said to them, "Arise and take with you your lord's servants. Mount Solomon my son on my own mule and conduct him to Shiloḥa.[321] (34) Let Ṣadoq the priest and Nathan the prophet anoint him there as king over Israel. Blow the trumpet and say, 'Long live King Solomon!' (35) Go up after him, and let him come and sit on my throne. It is he who shall be king after me, him that I appoint as king over Israel and Judah." (36) Banea son of Juda' responded and said to the king, "Amen! May the Lord your God do so! (37) Just as the Lord was with my lord the king, may he also be with Solomon. May he make his throne greater than the throne of my lord King David."

(38) Ṣadoq the priest, Nathan the prophet and Banea son of Joda' went down with the archers and slingers. They mounted Solomon on King David's mule and conducted him to Shiloḥa. (39) Ṣadoq the priest and Nathan the prophet took the horn of oil from the Tabernacle and anointed Solomon. They sounded the trumpet and all the people said, "Long live King Solomon!" (40) All the people went up after him. All the people were beating timbrels and singing praise in choirs and with dances, rejoicing with great joy.[322] [166 r] They were glad and made music on horns and pipes, and were shouting jubilantly.[323] The earth was rent asunder by their noise.

(41) Ornia heard it, and all those who had been invited by him and were eating and drinking with him. They had finished eating. When Joab heard the sound of the trumpet he said, "What is this sound of shouting?[324] For see, the city is in uproar!" (42) While he was still speaking Jonathan son of Abiathar the priest came to them, and Ornia said to him, "Come in, because you are a worthy man and you have good news to give."

(43) Jonathan answered and said to Ornia, "Truly, our lord King David has made Solomon king. (44) He sent with him Ṣadoq the priest, Nathan the prophet and Banea son of Joda' and the archers and slingers. They mounted

---

[320] "affliction" = Syh^L, G.

[321] "Shiloḥa": P only.

[322] "in choirs" = Syh^L, G (ἐν χοροῖς); "with dances" is a doublet translation of the same word.

[323] "They were glad" = G; "and made music on horns and pipes" cf. Luc; "and were shouting jubilantly": probably J's addition, but cf. also the longer texts of the Old Latin and Josephus.

[324] "shouting" cf. G.

[166 v] Solomon on the king's mule, (45) and Ṣadoq the priest and Nathan the prophet anointed him in Shiloḥa as king over Israel.[325] They went up from there rejoicing and the whole city rejoiced. That is the sound that you heard. (46) Moreover, Solomon has sat down on the throne of the kingdom, (47) and also the king's servants have come to bless king David. They have gone in to him separately and said to him,[326] 'May the Lord your God make the name of Solomon your son more famous than your own, and may he make his throne even greater than yours.'[327] The king bowed down on his bed. (48) The king also said this: 'Blessed is the Lord God of Israel, who has today allowed me a son from my seed to sit on my throne, my own eyes seeing it.'"[328]

(49) They were afraid, and all the men leapt up and arose...[329]

[The last folios of the manuscript are missing.]

---

[325] "as king over Israel" = J's gloss.

[326] "They have gone in to him separately" = Luc.

[327] "more famous": lit. "better".

[328] "from my seed" = Syh[L], G.

[329] "all","arose" = G; "leapt up" = Luc.